TRAINING
BETRIEBSWIRTSCHAFTSLEHRE RECHNUNGSWESEN

Josef Nerl

BwR 9. Klasse

Grundwissen • Aufgaben

Realschule

STARK

ISBN 978-3-89449-596-1

www.stark-verlag.de
1. Auflage 2002

Inhalt

Fortsetzung nächste Seite

Bewertung und Ausfall von Forderungen

Vorwort

Liebe Schülerin, lieber Schüler,

das vorliegende Trainingsbuch Betriebswirtschaftslehre/Rechnungswesen 9. Klasse dient sowohl als **unterrichtsbegleitende Arbeitsunterlage** wie auch als **Lernhilfe für die Wiederholung** des im Unterricht behandelten Stoffes.
Folgende **Neuerungen** sind eingearbeitet:

- Änderungen aufgrund des Unternehmenssteuerreformgesetzes, wie z. B. Wegfall der degressiven AfA, Neueinteilung der GWG u. a.;
- zeitanteilige Abschreibung bei beweglichen Anlagegütern über 1.000,00 € Anschaffungs- oder Herstellungskosten.

Du kannst dich damit gezielt auf **Schulaufgaben, Kurzarbeiten** und **Stegreifaufgaben** oder eine Nachprüfung **vorbereiten**. Interessant ist dieser Trainingsband auch für Schülerinnen und Schüler der 10. Klasse, insbesondere zur Vorbereitung auf die **Abschlussprüfung.**

Die **Auswahl des Stoffes** orientiert sich eng am **Lehrplan** der Realschulen für das Fach Betriebswirtschaftslehre/Rechnungswesen in Bayern. Die erforderlichen Lerninhalte werden anhand eines Modellunternehmens schülergerecht dargestellt.
Jeder Themenbereich wird in vier nachvollziehbaren Teilschritten abgehandelt:

- kurze Darstellung des Lerninhalts;
- Veranschaulichung anhand eines oder mehrerer konkreter Beispiel(e);
- Festigung des Stoffes durch „Wiederhole und lerne"-Kästen;
- zahlreiche Aufgaben zum selbstständigen Einüben des Stoffes.

Die Aufgaben sind **praxisnah** und **handlungsorientiert** aufbereitet: **Belege, Grafiken** und **Abbildungen** sind ein wichtiges Mittel zur Veranschaulichung der dargestellten Inhalte.

In einem separaten **Lösungsband** findest du zur Lernkontrolle alle vollständigen und ausführlichen **Lösungen** zu den insgesamt **238 Aufgaben**.

Mithilfe des Inhalts- sowie des Stichwortverzeichnisses kann jede(r) Benutzer(in) die seinem/ihrem Unterricht entsprechende Auswahl treffen und Übungen bzw. Wiederholungseinheiten ansetzen. Im **Anhang** bietet eine **Formelsammlung** mit Schemaansätzen noch einmal einen Überblick über Lösungs- und Lernwege.

Und nun: **Viel Erfolg und Freude bei der Arbeit!**

Josef Nerl

Wiederholung der allgemeinen Buchungsregeln

Grundsätzlich unterscheidet man in der Buchführung **Bestandskonten** und **Erfolgskonten.** Die Bestandskonten unterteilen sich in **Aktivkonten** = Konten der Vermögenswerte (Kontenklassen 0, 1 und 2) und **Passivkonten** = Konten der Vermögensquellen (Kontenklassen 3 und 4). Die Erfolgskonten finden ihre Unterteilung in **Aufwandskonten** (Kontenklassen 6 und 7) sowie **Ertragskonten** (Kontenklasse 5).

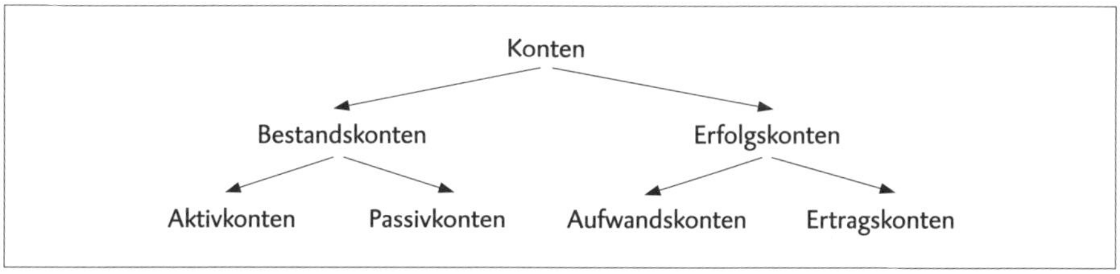

Kontenarten in der Buchführung

Die Aktiv- und Passivkonten werden als **Bestandskonten** bezeichnet, weil sie am Anfang eines Abrechnungszeitraumes (z. B. Anfang eines Jahres) aus der Eröffnungsbilanz (z. B. Bilanz zum 01. 01.) die Anfangsbestände (**AB**) übernehmen. Die **Erfolgskonten** unterscheiden sich formal von den Bestandskonten u. a. dadurch, dass sie am Jahresanfang **ohne Anfangsbestand** beginnen. Die Erfassung (das Buchen) von Wertveränderungen (Geschäftsfällen) auf Bestandskonten erfolgt nach bestimmten Buchungsregeln. Jeder Geschäftsfall ruft Veränderungen auf **mindestens zwei Konten** hervor (**doppelte Buchführung**). Vor jeder Buchung sind folgende Überlegungen anzustellen:

- Welche Konten werden berührt?
- Um welche Kontenart handelt es sich (Aktiv- oder Passivkonto)?
- Liegt ein Zugang oder ein Abgang vor?
- Auf welcher Kontoseite wird deshalb gebucht (Soll oder Haben)?

Merke

- Bei **Aktivkonten** steht der Anfangsbestand auf der Sollseite, deshalb werden die Zugänge bei diesen Konten auf der Sollseite eingebucht. Die Abgänge werden auf der Habenseite gebucht.
- Bei den **Passivkonten** ist es genau umgekehrt: Der Anfangsbestand steht im Haben, ebenso stehen hier die Zugänge. Die Abgänge werden bei den Passivkonten auf der Sollseite gebucht.
- Die **Aufwendungen** werden im Soll des entsprechenden Aufwandskontos gebucht; sie vermindern das Eigenkapital.
- Die **Erträge** stehen im Haben des entsprechenden Ertragskontos; sie vermehren das Eigenkapital.

Beim Abschluss der Bestandskonten am Ende einer Abrechnungsperiode (z. B. am Ende eines Geschäftsjahres) stellt sich immer folgende Frage: Auf welcher Seite steht der Saldo beim Abschluss des Kontos? Die Differenz (Saldo) zwischen wertmäßig kleinerer und wertmäßig größerer Seite wird als Schlussbestand (Endbestand) ermittelt und im Schlussbilanzkonto bzw. in der **Schlussbilanz** erfasst. Im jeweiligen Konto ist der Saldo immer auf der wertmäßig kleineren Seite einzutragen, damit das Konto ausgeglichen ist. Der Abschluss der Bestandskonten ist vom Abschluss der Erfolgskonten zu unterscheiden.

Merke

- Die **Bestandskonten** werden auf das Schlussbilanzkonto bzw. auf die Schlussbilanz abgeschlossen. In den Aktivkonten steht der Schlussbestand auf der Haben-, in den Passivkonten auf der Sollseite.
- Die **Erfolgskonten** werden auf das GUV-Konto abgeschlossen. Der Abschlusssaldo steht bei den Aufwandskonten auf der Habenseite, bei den Ertragskonten auf der Sollseite.

Eine Sonderstellung nehmen die **Unterkonten** (auch als Hilfskonten bezeichnet) ein, z. B. 6001 BZKR. Diese Unterkonten werden nicht über das GUV-Konto abgeschlossen, sondern auf das jeweilige Hauptkonto, z. B. 6001 BZKR wird auf 6000 AWR abgeschlossen. Die Unterkonten dienen der besseren Übersicht in der Buchführung.

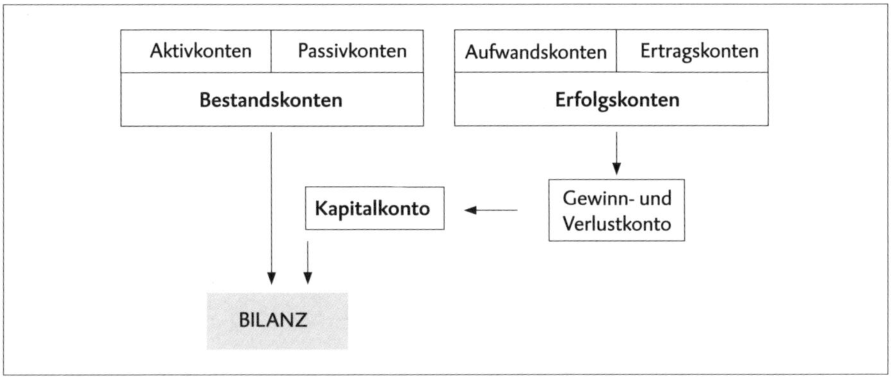

Zusammenhang der Konten und ihr Abschluss bei der doppelten Buchführung

Aufgabe 1

a) Wie unterscheiden sich die Erfolgskonten von den Bestandskonten?
b) Was versteht man unter der „Vier-Fragen-Methode"?
c) Inwiefern nehmen die Unterkonten in der Buchführung eine Sonderstellung ein?

Aufgabe 2

Wo ist die Rechtsgrundlage für die Buchführungspflicht festgelegt?
Welche Ziffer trifft zu?

1 Im Einkommensteuergesetz
2 Im Betriebsverfassungsgesetz
3 In der Gewerbeordnung
4 Im Bürgerlichen Gesetzbuch
5 Im Handelsgesetzbuch

Aufgabe 3

Kreuze entsprechend an.	richtig	falsch
a) Ein Gewinnsaldo auf dem GUV-Konto ergibt sich, wenn die Aufwendungen größer sind als die Erträge.	☐	☐
b) Erfolgskonten können keinen Anfangsbestand haben.	☐	☐
c) Das GUV-Konto ist ein Unterkonto des Schlussbilanzkontos.	☐	☐
d) Aufwendungen vermehren, Erträge vermindern das Eigenkapital.	☐	☐
e) Im GUV-Konto steht der Gewinnsaldo im Soll, der Verlustsaldo im Haben.	☐	☐
f) Ein Verlustsaldo auf dem GUV-Konto ergibt sich, wenn die Erträge kleiner sind als die Aufwendungen.	☐	☐

Aufgabe 4

Die Geschäftsbuchführung der Fa. *Ottus Eichus* beinhaltet die Bestands- und die Erfolgskonten. Kennzeichne die Konten, die zur Bestandsrechnung gehören, mit einem **B** und diejenigen, die zur Erfolgsrechnung gehören, mit einem **E**.

	B	E
a) Passivkonten	☐	☐
b) Schlussbilanzkonto	☐	☐
c) Aufwandskonten	☐	☐
d) Aktivkonten	☐	☐
e) Ertragskonten	☐	☐
f) GUV-Konto	☐	☐

Das Modellunternehmen

Die einzelnen Themenbereiche für das Fach Betriebswirtschaftslehre/Rechnungswesen der 9. Jahrgangsstufe werden am Beispiel eines Wohnmöbelherstellers (Modellunternehmen *Wohnkreativ Ottus Eichus)* dargestellt und erarbeitet. An typischen Situationen dieses Unternehmens lernst du die Bereiche des Rechnungswesens der 9. Klasse kennen. Du erfährst, wie betriebswirtschaftliche Entscheidungen zustande kommen und welche Methoden eingesetzt werden, um einem Unternehmen zum Erfolg zu verhelfen.

Das Modellunternehmen *Wohnkreativ Ottus Eichus* ist wie jedes Unternehmen in der Wirklichkeit auch gleichzeitig Kunde bei anderen Unternehmen (Lieferanten) und hat selbst Abnehmer (Kunden). Diese Modellunternehmung ist ein familiärer Fertigungsbetrieb. Fertigungsunternehmen beschaffen Werkstoffe und produzieren unter Einsatz von menschlicher Arbeitskraft, Betriebsmitteln – z. B. Maschinen – und Werkstoffen neue Fertigerzeugnisse, also neue Produkte, die sie ihren Kunden anbieten und verkaufen.

Der Fertigungsbetrieb und die Büroräume des Unternehmens *Wohnkreativ Ottus Eichus* liegen in Nittenau, einer Kleinstadt in der mittleren Oberpfalz, am Ludwig-Thoma-Weg 1. Hier befindet sich die Produktionshalle, in einem Anbau ist das Büro eingerichtet. Derzeit ist daran gedacht, einen Ausstellungspavillon zu bauen. Die Bundesstraße 16 NEU schließt Nittenau direkt an Regensburg und die Autobahnen Weiden – Regensburg, Regensburg – Nürnberg und Regensburg – München an. Verschiedene Staatsstraßen ermöglichen ebenfalls weitere gute Verkehrsanbindungen.
Ein Einblick in das Produktionsspektrum der Fa. *Wohnkreativ* zeigt eine breite Palette an Produkten, die auf Lager, aber auch auf Einzelbestellung gefertigt werden. Es werden Wohnmöbel der gehobenen Klasse hergestellt, das Design stellt dabei einen entscheidenden Faktor dar.

Der Slogan

> „Willst du wohnen bequem und fein,
> kauf bei *Wohnkreativ Ottus Eichus* ein.“

ist ein Firmencredo und spielt sowohl in der Ausbildung der Handwerker als auch in der kaufmännischen Ausbildung der Firmenmitarbeiter eine wesentliche Rolle.

Selbstverständlich ist der Slogan im Wettbewerb um Kunden eine Richtschnur, damit durch qualitativ hochwertige Produkte nicht nur Umsatz gesichert, sondern neue Kunden gewonnen werden.

Der Mitarbeiterstamm der Firma umfasst den Firmeninhaber Ottus Eichus, der gelernter Schreinermeister und Holzdesigner ist, dessen Schwiegervater Erich Holzus, ebenfalls Holzdesigner und gelernter Schreinermeister, neun Schreinergesellen, zwei Auszubildende im Schreinerhandwerk und drei Mitarbeiterinnen im Büro. Die Büroarbeiten werden von der Ehefrau Anki Eichus koordiniert und geleitet.

Die Fa. *Ottus Eichus* ist als Handwerksbetrieb Mitglied in der Handwerkskammer. Außerdem ist das Unternehmen als Mitglied dem Landesverband für Holzindustrie und Kunststoffverarbeitung angeschlossen. Die organisierten Arbeitnehmer gehören als Mitglieder der Gewerkschaft Holz und Kunststoff an.

Wiederholung von Berechnungen und Buchungen

1 Lernstation Vertiefte Strukturierung der Geschäftsbuchführung

Aufgabe 5

a) Wie lauten die vier Schritte des Buchungskreislaufs?
b) Welche Konten ergeben den Buchungskreislauf?
c) Nenne die zwei zentralen Konten der Geschäftsbuchführung.
d) Warum stellt das Konto Eigenkapital eine „Nahtstelle" zwischen den Bestandskonten und den Erfolgskonten dar?

Aufgabe 6

a) Inwiefern unterscheidet sich das Eröffnungsbilanzkonto von der Eröffnungsbilanz?
b) Weshalb ist das Eröffnungsbilanzkonto buchhalterisch erforderlich?
c) Gib den Eröffnungsbuchungssatz für das Konto 2400 FO an.
d) Wie lautet der Eröffnungsbuchungssatz für das Konto 3000 EK?

Aufgabe 7

a) Nenne zwei wesentliche Grundsätze der Buchführung.
b) Welche vier Überlegungen müssen bei der Erstellung eines Buchungssatzes angestellt werden?

Aufgabe 8

a) Welche Reihenfolge muss beim Abschluss der Konten eingehalten werden?
b) Zu welcher Art von Buchung zählt der Abschluss von Unterkonten?
c) Bilde den Buchungssatz für den Abschluss des Kontos 6031 BZKB.

Aufgabe 9

a) Welche Arten von Erfolgskonten unterscheidet man?
b) Auf welches Konto werden die Erfolgskonten abgeschlossen?
c) Welche Funktion erfüllt das GUV-Konto?

d) Bilde den Abschlussbuchungssatz für die folgenden Konten:

6000 AWR	280.000,00 €;	5400 EMP	3.900,00 €;
6010 AWF	95.000,00 €;	5000 UEFE	410.000,00 €.

Aufgabe 10

a) Auf welches Konto wird das Konto 8020 GUV abgeschlossen?

b) Wie wirkt sich
   (1) ein Gewinn,
   (2) ein Verlust
   auf das Eigenkapital aus?

c) Im Konto 8020 GUV ergibt sich ein Reinverlust. Bilde den Buchungssatz für den Abschluss des Kontos GUV.

d) Im Konto 8020 GUV stehen folgende Summen:
   Soll 470.000,00 €; Haben 540.000,00 €.
   (1) Bilde den Abschlussbuchungssatz für das Konto 8020 GUV.
   (2) Welcher Erfolg wurde erzielt? (Begründe!)

Aufgabe 11

Das untenstehende Schaubild zeigt die Bedeutung des Gewinns:

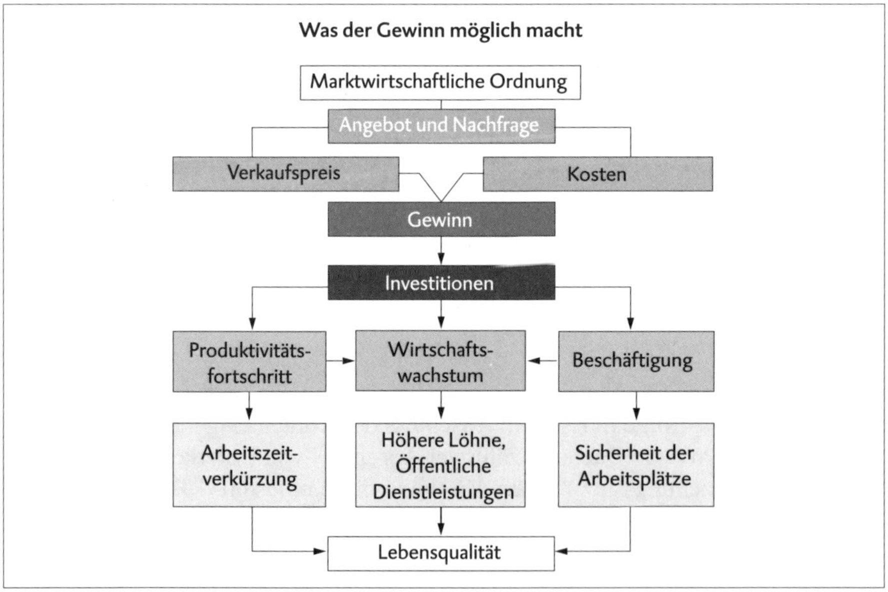

Der Gewinn schafft die Voraussetzung für Investitionen in einem Unternehmen. Was können diese getätigten Investitionen für eine Volkswirtschaft bewirken?

Aufgabe 12

a) Welchen Grundsatz der Buchungsführung hilft das Schlussbilanzkonto erfüllen?

b) Bilde den Abschlussbuchungssatz für folgende Konten:

0500 UGR	200.000,00 €;	4400 VE	620.000,00 €;	3000 EK	800.000,00 €;
2800 BK	210.000,00 €;	0840 FP	300.000,00 €;	2880 KA	20.000,00 €;
2400 FO	465.000,00 €;	2600 VORST	35.800,00 €;	4800 UST	196.000,00 €;
4250 LBKV	190.000,00 €				

c) Woher stammen die Zahlen aus der Schlussbilanz, woher die Zahlen aus dem Schlussbilanzkonto?

d) Was versteht man unter dem Grundsatz der Bilanzgleichheit?

e) Was versteht man unter dem Soll-Ist-Vergleich beim Jahresabschluss?

Aufgabe 13

Schlage im Trainingsbuch der 8. Klasse nach und beantworte folgende Fragen:

a) In welchem Paragraphen des HGB ist die Buchführungspflicht beschrieben?

b) Was beschreibt der Absatz 2 Satz 1 des § 240 HGB?

c) Welchen Grundsatz beschreibt der § 243 HGB?

d) Wie lange müssen Bilanzen und Buchungsbelege aufbewahrt werden?

e) In welchem Paragraphen des HGB ist diese Aufbewahrungspflicht geregelt?

Aufgabe 14

a) Der IKR ist nach dem Zweikreissystem aufgebaut. Erkläre diese Aussage.

b) Was versteht man unter dem dekadischen System?

c) Erkläre kurz das Abschlussgliederungsprinzip.

d) Aus wie vielen Ziffern muss eine Kontonummer bestehen?

2 Lernstation Beschaffung und Einsatz von Werkstoffen und Handelswaren

Aufgabe 15

a) Wie werden Sofortrabatte buchhalterisch behandelt?

b) Unterscheide die Handelswaren von den Werkstoffen.

c) Wie werden Rücksendungen buchhalterisch behandelt?

d) Welche nachträglichen Preisnachlässe werden unterschieden?

e) Was ist ein Bonus?

Aufgabe 16

Bilde die Buchungssätze für die folgenden **6 Belege**.

Beleg Nr. 1

Holzkontor Dürr
Amberger Str. 1
93059 Regensburg

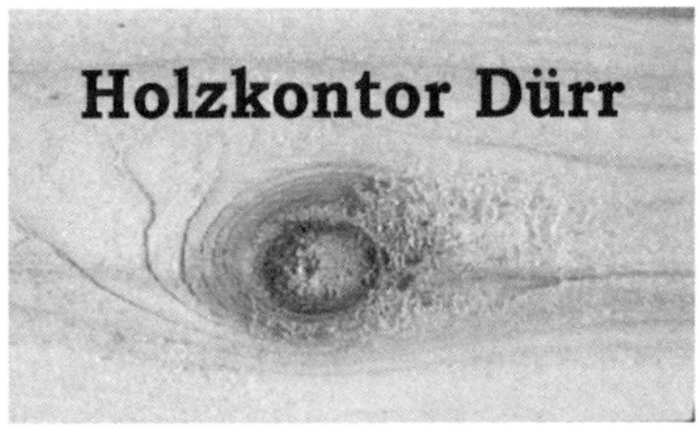

Firma
Wohnkreativ Ottus Eichus
Ludwig-Thoma-Weg 1
93149 Nittenau

07-02-14

Lieferdatum: 14.02.2007
Rechnungsnummer: 215/07 Kundennummer: 100

30 m³ Birkenbretter á 1.500,00	45.000,00 €
– 10 % Rabatt	– 4.500,00 €
	40.500,00 €
+ 19 % Umsatzsteuer	7.695,00 €
	48.195,00 €

Die Rechnung ist fällig am 16.03.2007. Bei Bezahlung innerhalb von 10 Tagen gewähren wir 2 % Skonto.

Erfüllungsort und Gerichtsstand für beide Teile ist Regensburg.
Die Ware bleibt bis zur vollständigen Bezahlung unser Eigentum.

Bankverbindung:
Commerzbank Regensburg
BLZ 700 300 20
Kto-Nr. 777 111

Holzkontor Dürr, Inh. A. Dürr, e. Kfm.
Sitz: 93059 Regensburg,
Registergericht Regensburg
HRA Nr. 508 / D-799 92
USt-IdNr.: DE 896514311
St. Nr. 617/390/25701

Beleg Nr. 2

Spedition Kurz – Transporte
Turmstraße 2, 93049 Regensburg

Firma
Wohnkreativ Ottus Eichus
Ludwig-Thoma-Weg 1
93149 Nittenau

Rechnungs-Nr. 166 EN 07-02-14

Wir transportierten für Sie:	
30 m³ Birkenbretter (von Regensburg nach Nittenau)	300,00 €
+ 19 % Umsatzsteuer	57,00 €
	357,00 €

Betrag bar erhalten.

Nittenau, 14.02.07

Stefan Schlau

Spedition Kurz, Inh. F. Kurz, e. Kfm.
Sitz: 93049 Regensburg
Registergericht Regensburg,
HRA Nr. 671/K-301/94
USt-IdNr.: DE 366543199
St. Nr. 567/811/98722

Beleg Nr. 3

Holzkontor Dürr
Amberger Str. 1
93059 Regensburg

Firma
Wohnkreativ Ottus Eichus
Ludwig-Thoma-Weg 1
93149 Nittenau

07-03-12

Gutschrift wegen Rücksendung
Ihr Schreiben vom 02.03.07
unsere Rechnung Nr. 394/07 vom 01.03.07

Aufgrund Ihrer Rücksendung schreiben wir Ihnen gut:

4 m^3 Eichenholzbretter	8.400,00 €
+ 19 % Umsatzsteuer	1.596,00 €
	9.996,00 €

Wir bitten Sie, unser Versehen zu entschuldigen.

Mit freundlichen Grüßen

i. V. Justus Traurig

Holzkontor Dürr, Inh. A. Dürr, e. Kfm.
Sitz: 93059 Regensburg,
Registergericht Regensburg
HRA Nr. 508 / D-799 92
USt-IdNr.: DE 896514311
St. Nr. 617/390/25701

Beleg Nr. 4

Öko-Farben
Translight
Kreuzbergstr. 9
92421 Schwandort

Firma
Wohnkreativ Ottus Eichus
Ludwig-Thoma-Weg 1
93149 Nittenau

07-03-05

Gutschrift wegen Mängelrüge

Ihr Schreiben vom 02.03.07 – unsere Rechnung Nr. 2101/07 vom 26.02.07

Aufgrund Ihrer Mängelrüge schreiben wir Ihnen gut:

Warenwert	50,00 €
+ 19 % Umsatzsteuer	9,50 €
	59,50 €

Wir bitten Sie, unser Versehen zu entschuldigen.

José Licht

i. V. José Licht

Öko-Farben, Inh. D. Brader
Sitz: 92421 Schwandorf
Registergericht Amberg
HRA 2587
USt-IdNr.: DE 218733645
St. Nr. 544/148/87735

Beleg Nr. 5

STERN LEUCHTEN

FA. Sternleuchten
Nittenauer Str. 9
92421 Schwandorf

Firma
Ottus Eichus
Ludwig-Thoma-Weg 1
93149 Nittenau

Fa. Sternleuchten, Inh. K. Leicht
Sitz: 92421 Schwandorf
Registergericht Amberg
HRA 8415
USt-IdNr.: DE 412671510
St. Nr. 381/172/52101

07-01-07

Umsatzbonus 4. Quartal 2006

Sehr geehrte Damen und Herren,
für den Umsatz (gelieferte Lampen) im 4. Quartal 2006 gewähren wir Ihnen einen Bonus in Höhe von:

netto	1.200,00 €
+ 19 % Umsatzsteuer	228,00 €
brutto	1.428,00 €

Wir freuen uns auf weiterhin gute Zusammenarbeit.
Mit freundlichen Grüßen

Josef Strahl

Sternleuchten SAD
i. V. Josef Strahl

Beleg Nr. 6

RAIFFEISENBANK NITTENAU
93149 NITTENAU

MKZ | VA | AUSZ-NR BL-NR: 78/1 | KONTO-NR: 337

BU-TAG	TEXT	PNR	VALUTA	UMSATZ* €
21.02.07	Überweisung an Holzkontor Dürr, Regensburg f. Rechnung 215 /07 abzüglich 2 % Skonto	2790	21.02	47.231,10 S

Unstimmigkeiten bitten wir unserer Revision mitzuteilen. Bitte beachten Sie auch die Rückseite.

Herrn/Frau/Fräulein/Firma
Firma Wohnkreativ
Ottus Eichus
Ludwig-Thoma-Weg 1
93149 Nittenau

Kontoauszug

LETZTE ERSTELLUNG	ALTER KONTOSTAND
19.02.2007	75.420,10 H
ERSTELLUNGSTAG	NEUER KONTOSTAND
21.02.2007	28.189,00 H

Bankgeschäfte im Internet? Schnell und bequem!
unter www.RB-SCHWANDORF-NITTENAU.DE

* S = BELASTUNG / H = GUTSCHRIFT

Aufgabe 17

Beantworte zum Beleg Nr. 1 der Aufgabe 16 folgende Fragen:

a) Um welchen Beleg handelt es sich hier aus der Sicht der Fa. *Wohnkreativ?*
b) Um welchen Werkstoff handelt es sich bei diesem Beleg?
c) Welches Zahlungsziel wurde eingeräumt?
d) Der Hinweis auf der Rechnung „Die Ware bleibt bis zur vollständigen Bezahlung unser Eigentum“ kann mit einem Fachbegriff ausgedrückt werden. Welchem?
e) Wieso ist die Fa. *Holzkontor Dürr, Inh. A. Dürr*, im Handelsregister in Abteilung A eingetragen?
f) Vergleiche Beleg Nr. 1 mit Beleg Nr. 6 der Aufgabe 16 und stelle fest, wie viel sich die Fa. *Wohnkreativ* durch die skontierte Zahlung gespart hat!
g) Welche Gemeinsamkeit haben alle sechs Belege der Aufgabe 16?
h) Welche Pflichtangaben muss eine Rechnung enthalten, damit diese den Anforderungen des UStG gerecht wird?

Aufgabe 18

Die Fa. *Wohnkreativ Ottus Eichus* kann Fremdbauteile zu folgenden Bedingungen beziehen:

- Zieleinkaufspreis 60,00 € netto je Stück
- Zahlungsziel 60 Tage ohne Abzug, 3 % Skonto bei Zahlung innerhalb von 10 Tagen
- Rabatt 25 %
- Lieferung frei Haus.

a) Was bedeutet „Lieferung frei Haus“?
b) Berechne den Listeneinkaufspreis je Stück.
c) Wie hoch ist der Bareinkaufspreis je Stück?
d) Bilde den Buchungssatz für den Zieleinkauf von 50 Stück; der Rabatt wird sofort gewährt.

Aufgabe 19

Die Fa. *Wohnkreativ Ottus Eichus* kauft 30 Liter Lasur. Zur Berechnung des Einstandspreises erstellt die Fa. *Wohnkreativ* ein Rechenblatt:

	A	B	C
1			
2	Listenpreis		1.500,00 €
3	– Liefererrabatt	20 %	300,00 €
4	Zieleinkaufspreis		=C2-C3
5	– Liefererskonto	###	###
6	#############		1.164,00 €
7	+ Bezugskosten		21,00 €
8	Einstandspreis		1.185,00 €

a) Wie lautet der Eintrag in Zelle A6?
b) Wie viel Euro beträgt der Zieleinkaufspreis?
c) Berechne den Liefererskonto in Euro und in Prozent.

Aufgabe 20

Die Fa. *Wohnkreativ* erfasst die Einkäufe von Hilfsstoffen mittels Rechenblatt der Tabellenkalkulation. Folgender Auszug aus dem Rechenblatt einer Tabellenkalkulation ist gegeben:

	A	B	C
1			
2	**Einkäufe von Hilfsstoffen**		
3			
4	Kalenderwoche	Produkt BIO	Produkt ÖKO
5			
6	1	350,00 €	
7	2	600,00 €	
8	3		1.000,00 €
9	4	150,00 €	
10	5		300,00 €
11	6		200,00 €
12	7		250,00 €
13	8	100,00 €	
	(Fortsetzung siehe folgende Seite!)		

	(Fortsetzung von vorheriger Seite!)		
14	9	550,00 €	
15	10		150,00 €
16	11		450,00 €
17	12	400,00 €	
18			
19	1. Quartal	2.150,00 €	2.350,00 €
20			

a) Wie lautet die Formeldarstellung, die in Zelle B19 **unter Verwendung einer geeigneten Funktion** eingegeben ist?

b) Wie lautet die Formeldarstellung, die in Zelle C19 **unter Verwendung einer geeigneten Funktion** eingegeben ist?

Aufgabe 21

Die Fa. *Wohnkreativ Ottus Eichus* erfasst die Käufe von Eichenholzbrettern für das Jahr 2004 mittels Rechenblatt der Tabellenkalkulation. Folgender Auszug aus dem Rechenblatt der Tabellenkalkulation ist gegeben:

	A	B	C
1	**Käufe von Eichenholzbrettern 2006**		
2			
3		m^3	Rechnungsbetrag brutto
4			
5	Januar	15	12.180,00 €
6	Februar		
7	März	7,5	6.090,00 €
8	April	4,5	3.654,00 €
9	Mai		
10	Juni	6	4.872,00 €
11	Juli		
12	August	10	6.496,00 €
13	September		
14	Oktober		
15	November	8	6.496,00 €
	(Fortsetzung siehe folgende Seite!)		

			(Fortsetzung von vorheriger Seite!)
16	Dezember	5	4.060,00 €
17			
18	Anzahl der Monatsumsätze	m^3	Gesamtbetrag
19	7	56	45.472,00 €
20			
21	Durchschnitt	8	6.496,00 €
22			

a) Wie lautet die Formeldarstellung, die zur Berechnung der Anzahl der Monatsumsätze in Zelle A19 **unter Verwendung einer geeigneten Funktion** eingegeben ist?

b) Wie lautet die Formeldarstellung, die zur Berechnung der Menge in m^3 in Zelle B19 **unter Verwendung einer geeigneten Funktion** eingegeben ist?

c) Wie lautet die Formeldarstellung, die zur Berechnung des Gesamtbetrages in Zelle C19 **unter Verwendung einer geeigneten Funktion** eingegeben ist?

Aufgabe 22

Die Fa. *Wohnkreativ Ottus Eichus* erfasst die Fremdbauteilaufwendungen mittels Rechenblatt der Tabellenkalkulation. Folgender Auszug aus dem Rechenblatt der Tabellenkalkulation ist gegeben:

	A	B	C	D
1				
2	**Fremdbauteilaufwendungen**			
3				
4	Januar	74.000,00 €	Juli	12.000,00 €
5	Februar	61.000,00 €	August	6.000,00 €
6	März	10.000,00 €	September	9.000,00 €
7	April	5.000,00 €	Oktober	26.000,00 €
8	Mai	17.000,00 €	November	15.000,00 €
9	Juni	28.000,00 €	Dezember	7.000,00 €
10				
11	Durchschnitt	32.500,00 €	Durchschnitt	12.500,00 €
12				

a) Wie lautet die Formeldarstellung, die zur Berechnung der durchschnittlichen Fremdbauteilaufwendungen in Zelle B11 bzw. in Zelle D11 **unter Verwendung einer geeigneten Funktion** eingegeben ist?
b) Wie lautet die Formeldarstellung in Aufgabe 21, die zur Berechnung der durchschnittlichen Menge in m^3 in Zelle B21 **unter Verwendung einer geeigneten Funktion** eingegeben ist?
c) Wie lautet die Formeldarstellung in Aufgabe 21, die zur Berechnung der durchschnittlichen Rechnungssumme in Zelle C21 **unter Verwendung einer geeigneten Funktion** eingegeben ist?

Aufgabe 23

Die Fa. *Wohnkreativ Ottus Eichus* verwendet für die Einkaufskalkulation Rechenblätter der Tabellenkalkulation:

	A	B	C	D	E
1	**Einkaufskalkulation Buchenholzbretter**				
2					
3	Bestellmenge in m^3	30			
4	Listenpreis je m^2				2.100,00 €
5					
6	Rabatt: Bestellmenge bis einschl.	40	15 %		
7	Rabatt: Bestellmenge über	40	20 %		
8					
9	Liefererskonto		2 %		
10					
11	Bezugskosten pauschal: Bestellmenge bis einschl.	35			315,00 €
12	Bezugskosten pauschal: Bestellmenge über	35			0,00 €
13					
14	Listeneinkaufspreis				63.000,00 €
15	– Liefererrabatt			15 %	9.450,00 €
16	Zieleinkaufspreis				53.550,00 €
17	– Liefererskonto			2 %	1.071,00 €
18	Bareinkaufspreis				52.479,00 €
	(Fortsetzung siehe folgende Seite!)				

	(Fortsetzung von vorheriger Seite!)				
19	+ Bezugskosten				315,00 €
20	Bezugspreis				52.794,00 €
21					

a) Wie lautet die Formeldarstellung, die in Zelle D15 **unter Verwendung einer geeigneten Funktion** eingegeben wurde?
b) Wie lautet die Formeldarstellung, die zur Ermittlung der Bezugskosten in Zelle E19 **unter Verwendung einer geeigneten Funktion** eingegeben wurde?

Aufgabe 24

a) Wie lautet der Abschlussbuchungssatz für das Konto 6002 NR, 1.300,00 €?
b) Inwiefern unterscheidet sich der Bonus vom Mengenrabatt?

3 Lernstation Verkauf von Fertigerzeugnissen und Handelswaren

Aufgabe 25

a) Warum wird in der Verkaufskalkulation – Vorwärtskalkulation – zuerst der Kundenskonto und dann erst der Kundenrabatt einkalkuliert?
b) Welchen Grundwert ergibt der Barverkaufspreis, wenn rückwärts schreitend der Selbstkostenpreis berechnet wird?
c) Welche Preise liegen bei der Differenzkalkulation fest?

Aufgabe 26

Berechne den Listenverkaufspreis für eine Einbauwand, wenn der Fa. *Ottus Eichus* 2.556,52 € Selbstkosten anfallen und zusätzlich 15 % Gewinn und bei Zahlung innerhalb von 10 Tagen 2 % Skonto einkalkuliert werden?

Aufgabe 27

Der Listenverkaufspreis eines Schrankes beträgt 1.500,00 €. Wie hoch dürfen die Selbstkosten sein, wenn die Fa. *Wohnkreativ* folgende Kalkulationsdaten ansetzt: 21,25 % Gewinn, Kundenskonto 3 %, Kundenrabatt 25 %?

Aufgabe 28

Wie viel Prozent Skonto kann die Fa. *Wohnkreativ Ottus Eichus* einem Kunden einräumen, wenn für einen Schrank 2.424,00 € Selbstkosten anfallen und sie mit 25 % Gewinn und 12,5 % Kundenrabatt kalkuliert?
Ein Konkurrenzangebot lautet auf einen Listenverkaufspreis von 3.569,95 €.

Aufgabe 29

a) Was versteht man unter Handelswaren?
b) Was ist die Berechnungsgrundlage für die Gemeinkosten für Handelswaren?
c) Aus welchen zwei Teilen besteht die Handelswarenkalkulation?
d) Nenne die Kalkulationshilfen.
e) Was ist der Ausgangspunkt für die Berechnung des Kalkulationsaufschlagsatzes?
f) Was versteht man unter dem Kalkulationsfaktor?

Aufgabe 30

Die Fa. *Wohnkreativ Ottus Eichus* will einen Glasschrank als Handelsware anbieten und diesen für 1.458,45 € (= Listenverkaufspreis) verkaufen. Welchen Listeneinkaufspreis darf sie bezahlen, wenn sie mit 15 % Liefererrabatt, 2 % Liefererskonto, 26,25 € Bezugskosten, GKHW 15 %, 20 % Gewinn, 2 % Kundenskonto und 10 % Kundenrabatt kalkuliert?

Aufgabe 31

Für die Handelswarenkalkulation wurde ein Rechenblatt entwickelt. Bei der Differenzkalkulation stehen sowohl der Listeneinkaufspreis als auch der Listenverkaufspreis fest. Um zu prüfen, ob sich mit dieser Handelsware bei gegebenen Kalkulationsdaten ein angemessener Gewinn erzielen lässt, setzt die Fa. *Wohnkreativ Ottus Eichus* die Differenzkalkulation mittels Rechenblatt ein:

	A	B	C	D	E	F
1						
2	**Differenzkalkulation**					
3						
4						
5	Listeneinkaufspreis	720,00 €	100 %			
6	– Liefererrabatt	180,00 €	25 %			
7	Zieleinkaufspreis	540,00 €	75 %	100 %		
	(Fortsetzung siehe folgende Seite!)					

	(Fortsetzung von vorheriger Seite!)					
8	– Liefererskonto	16,20 €		3 %		
9	Bareinkaufspreis	523,80 €		97 %		
10	+ Bezugskosten	52,20 €				
11	Einstandspreis	576,00 €	100 %			
12	+ GKHW	96,00 €	$16\frac{2}{3}$ %			
13	Selbstkostenpreis	672,00 €	$116\frac{2}{3}$ %			
14	+ Gewinn	33,60 €		? %		
15	Barverkaufspreis	705,60 €			98 %	
16	+ Kundenskonto	14,40 €			2 %	
17	Zielverkaufspreis	720,00 €			100 %	80 %
18	+ Kundenrabatt	180,00 €				20 %
19	Listenverkaufspreis	900,00 €				100 %
20						

a) Welche Eingabefelder sind für dieses Rechenblatt erforderlich?

b) Gib die Formeln für die Berechnung folgender Zellen an:

(1) Liefererskonto B8
(2) Einstandspreis B11
(3) GKHW B12
(4) Gewinn B14
(5) Kundenrabatt B18
(6) Kundenskonto B16

Aufgabe 32

Die Fa. *Wohnkreativ Ottus Eichus* bietet kleine Beistelltische als Handelsware an. Der Listenverkaufspreis beträgt für einen Tisch 94,25 €. Die Fa. *Wohnkreativ* hat den Listenverkaufspreis mit einem Kalkulationsfaktor von 1,4500 ermittelt.

a) Berechne den Listeneinkaufspreis eines Beistelltisches, wenn Bezugskosten in Höhe von 7,75 € angefallen sind.

b) Mit welchem Kalkulationsaufschlagsatz rechnet die Fa. *Wohnkreativ*?

Aufgabe 33

Die Fa. *Wohnkreativ Ottus Eichus* kalkuliert mit einem Kalkulationsaufschlagsatz von $33\frac{1}{3}$ % und hat für einen Jugendzimmerschrank, den sie als Handelsware führt, einen Listenverkaufspreis von 646,00 € ermittelt.
Wie viel Gewinn in Euro und in Prozent erzielt die Fa. Wohnkreativ, wenn sie mit 3 % Kundenskonto und mit $16\frac{2}{3}$ % Gemeinkosten für Handelswaren kalkuliert?

Aufgabe 34

a) Wie werden Sofortrabatte im Verkaufsbereich buchhalterisch behandelt?
b) Welche zwei grundsätzlichen Lieferbedingungen können unterschieden werden?
c) Nenne zwei Arten von Versandkosten.
d) Um welche Art von Konto handelt es sich beim Konto 5001 EBFE?

Aufgabe 35

Bilde die Buchungssätze für die folgenden **7 Belege**.

Beleg Nr. 1

Firma
Wohnkreativ Ottus Eichus
Ludwig-Thoma-Weg 1
93149 Nittenau

Firma
Krones /AG
Heideweg 1
93149 Nittenau

Rechnung
Bankverbindung:
Sparkasse Nittenau
BLZ 750 500 20, Kto.-Nr.: 747 444

Ihre Bestellung vom 09.02.07	Rechnungs-Nr. 466/07	Datum 07-02-16

Artikel-Nr.	Menge	Artikelbezeichnung	Einzelpreis	Betrag
	40	Bürostühle	Sonderpreis	8.000,00 €
		Kartonagen	200,00 €	380,00 €
				8.380,00 €
		+ 19 % USt.		1.592,20 €
				9.972,20 €

Die Rechnung ist fällig am 18.03.07
Bei Bezahlung innerhalb von 10 Tagen gewähren wir 2 % Skonto.
Die gelieferte Ware bleibt bis zur vollständigen Zahlung Eigentum des Lieferers.

Fa. Wohnkreativ, Inh. O. Eichus
Sitz: 93149 Nittenau
Registergericht Amberg
HRA 9124
USt-IdNr.: DE 699736845
Steuernummer 550/211/31800

Beleg Nr. 2

Spedition Schnell – Transporte
Bahnhofstraße 3, 93149 Nittenau

Spedition Schnell
Transporte

Firma
Wohnkreativ Ottus Eichus
Ludwig-Thoma-Weg 1
93149 Nittenau

Rechnungs-Nr. 745/07 07-02-16

Wir transportierten für Sie:
40 Bürostühle zur

Firma Krones AG, Nittenau	220,00 €
+ 19 % Umsatzsteuer	41,80 €
	261,80 €

Betrag in bar erhalten.

Nittenau, 16.02.07

A. Schnell
A. Schnell

Spedition Schnell, Inh. A. Schnell, e. Kfm.
Sitz: 93149 Nittenau
Registergericht Amberg, HRA 3158
USt-IdNr.: DE 466225781
Steuernummer 609/811/20188

Beleg Nr. 3

Firma
Wohnkreativ Ottus Eichus
Ludwig-Thoma-Weg 1
93149 Nittenau

KREATIV WOHN OE

Firma
Krones AG
Heideweg 1
93149 Nittenau

07-02-23

Gutschrift wegen Rücksendung

Ihr Schreiben vom 20.02.07,
unsere Rechnung Nr. 466/07 vom 16.02.07

Aufgrund Ihrer Rücksendung schreiben wir Ihnen gut:

4 Bürostühle à 200,00 €	800,00 €
+ 19 % Umsatzsteuer	152,00 €
	952,00 €

Wir bitten Sie, unser Versehen zu entschuldigen.

Mit freundlichen Grüßen

Anki Eichus
Anki Eichus

Fa. Wohnkreativ, Inh. O. Eichus
Sitz: 93149 Nittenau
Registergericht Amberg
HRA 9124
USt-IdNr.: DE 699736845
Steuernummer 550/211/31800

Beleg Nr. 4

Firma
Wohnkreativ Ottus Eichus
Ludwig-Thoma-Weg 1
93149 Nittenau

Firma
Helgert Feuerverzinkerei
Heideweg 7
93149 Nittenau

07-02-13

Gutschrift wegen Mängelrüge

Ihr Schreiben vom 06.02.07,
unsere Rechnung vom 02.03.07

Aufgrund Ihrer Mängelrüge schreiben wir Ihnen gut:
10 % Nachlass wegen Qualitätsmängel der von uns gefertigten Fenster gemäß nachfolgender Berechnung:

Warenwert	700,00 €
+ 19 % Umsatzsteuer	133,00 €
	833,00 €

Wir bitten Sie, unser Versehen zu entschuldigen.

Mit freundlichen Grüßen

Anki Eichus

Anki Eichus

Fa. Wohnkreativ, Inh. O. Eichus
Sitz: 93149 Nittenau
Registergericht Amberg
HRA 9124
USt-IdNr.: DE 699736845
Steuernummer 550/211/31800

Beleg Nr. 5

Firma
Wohnkreativ Ottus Eichus
Ludwig-Thoma-Weg 1
93149 Nittenau

Firma
Büromöbelhandel Polster
Kneitünger Weg 8
93057 Regensburg

07-01-15

Umsatzbonus 4. Quartal 2006

Sehr geehrte Damen und Herren,

für den Umsatz (von uns gefertigte Möbel) im 4. Quartal 2006 gewähren wir Ihnen einen Bonus in Höhe von:

netto	1.900,00 €
+ 19 % Umsatzsteuer	361,00 €
	2.261,00 €

Wir freuen uns auf weiterhin gute Zusammenarbeit.

Mit freundlichen Grüßen

Anki Eichus

Anki Eichus

Fa. Wohnkreativ, Inh. O. Eichus
Sitz: 93149 Nittenau
Registergericht Amberg
HRA 9124
USt-IdNr.: DE 699736845
Steuernummer 550/211/31800

Beleg Nr. 6

Firma
Wohnkreativ Ottus Eichus
Ludwig-Thoma-Weg 1
93149 Nittenau

Krones AG
Regensburger Str. 1
93100 Neutraubling

Rechnung
Bankverbindung:
Raiffeisenbank Nittenau
BLZ 750 611 68,
Kto.-Nr.: 10000337

Ihre Bestellung vom 13.01.07 unsere Lieferung vom 20.01.07	Rechnungs-Nr. 1621/07	Datum 07-01-25

Artikel-Nr.	Menge	Artikelbezeichnung	Einzelpreis	Betrag
3700	50	Türen	250,00 €	12.500,00 €
		– 20 % Rabatt		– 2.500,00 €
				10.000,00 €
		+ Verpackungs-material		200,00 €
				10.200,00 €
		+ 19 % USt.		1.938,00 €
				12.138,00 €

Die Rechnung ist fällig am 24.02.07.
Bei Bezahlung innerhalb von 10 Tagen gewähren wir 3 % Skonto.
Die gelieferte Ware bleibt bis zur vollständigen Zahlung Eigentum des Lieferers.

Fa. Wohnkreativ,
Inh. O. Eichus
Sitz: 93149 Nittenau
Registergericht Amberg
HRA 9124
USt-IdNr.: DE 699736845
Steuernummer 550/211/31800

Beleg Nr. 7

RAIFFEISENBANK NITTENAU
93149 NITTENAU

AUSZ-NR BL-NR	KONTO-NR
310/1	337

BU-TAG	TEXT	PNR	VALUTA	UMSATZ* €
02.02.07	Überweisung von Fa. Krones AG Nittenau für Rechnung Nr. 1621/07 - gefertigte Türen - abzüglich 3 % Skonto	7846	02.02	11.773,86 H

Unstimmigkeiten bitten wir unserer Revision mitzuteilen. Bitte beachten Sie auch die Rückseite.

Herrn/Frau/Fräulein/Firma
Firma Wohnkreativ
Ottus Eichus
Ludwig-Thoma-Weg 1
93149 Nittenau

Kontoauszug

LETZTE ERSTELLUNG	ALTER KONTOSTAND
01.02.2007	26.861,25 H
ERSTELLUNGSTAG	**NEUER KONTOSTAND**
02.02.2007	38.635,11 H

Bankgeschäfte im Internet? Schnell und bequem!
unter www.RB-SCHWANDORF-NITTENAU.DE

* S = BELASTUNG / H = GUTSCHRIFT

Aufgabe 36

Beantworte zum Beleg Nr. 1 der Aufgabe 35 folgende Fragen:

a) Um welchen Beleg handelt es sich hier aus der Sicht der Fa. *Wohnkreativ*?
b) Die Fa. *Wohnkreativ* stellt diese Bürostühle nicht selber her. Mit welchem Fachbegriff können diese bezeichnet werden?
c) Welches Zahlungsziel wurde hier eingeräumt?
d) Warum müssen die Belege Nr. 2 und Nr. 7 der Aufgabe 35 von den anderen fünf Belegen unterschieden werden?

Aufgabe 37

Zur Ermittlung des Angebotspreises für einen Schrank (Eigenfertigung) wurde folgende Tabellenkalkulation erstellt:

	A	B	C
1			
2	Selbstkostenpreis		1.960,00 €
3	+ Gewinn	20 %	
4	Barverkaufspreis		
5	+ Kundenskonto	2 %	48,00 €
6	##############		2.400,00 €
7	+ Kundenrabatt	20 %	600,00 €
8	Listenverkaufspreis		=C6-C7

a) Ergänze den Begriff in Zelle A6.
b) Wie lautet die Formel zur Berechnung des Gewinns in Zelle C3?
c) Berechne den Gewinn in €.
d) Wie lautet die Formel zur Berechnung des Barverkaufspreises in Zelle C4?
e) Berechne den Barverkaufspreis.
f) Stelle die fehlerhafte Formel in Zelle C8 richtig.
g) Berechne den Listenverkaufspreis.
h) Bilde den Buchungssatz für die Ausgangsrechnung.

Aufgabe 38

Die Fa. *Wohnkreativ Ottus Eichus* erfasst die Verkäufe von Fertigerzeugnissen an einen Großkunden mittels Rechenblatt der Tabellenkalkulation. Folgender Auszug aus dem Rechenblatt der Tabellenkalkulation ist gegeben:

	A	B	C	D
1	**Verkäufe von Fertigerzeugnissen**			
2				
3	Januar	39.440,00 €	Juli	6.496,00 €
4	Februar	12.992,00 €	August	19.720,00 €
5	März	13.920,00 €	September	58.000,00 €
6	April	6.960,00 €	Oktober	23.200,00 €
7	Mai	16.240,00 €	November	11.600,00 €
8	Juni	27.840,00 €	Dezember	5.753,60 €
9				
10	1. Halbjahr	117.392,00 €	2. Halbjahr	124.769,60 €
11				
12	Jahr	242.161,60 €		
13				

a) Wie lautet die Formeldarstellung, die zur Berechnung der Verkäufe im 1. Halbjahr in Zelle B10 **unter Verwendung einer geeigneten Funktion** eingegeben ist?

b) Wie lautet die Formeldarstellung, die zur Berechnung der Verkäufe im 2. Halbjahr in Zelle D10 **unter Verwendung einer geeigneten Funktion** eingegeben ist?

Aufgabe 39

Bilde die Buchungssätze bei der Fa. *Wohnkreativ Ottus Eichus* für folgende Geschäftsfälle (USt 19 %):

a) Ausgangsrechnung für 18 eigengefertigte Zimmertüren à 700,00 € abzüglich 5 % Sonderrabatt.

b) Zielverkauf von Fertigerzeugnissen netto 8.300,00 €, in Rechnung gestellte Fracht und Verpackung netto 700,00 €.

c) Die Fa. *Wohnkreativ Ottus Eichus* übernimmt anfallende Frachtkosten für die Lieferung von Handelswaren, bar brutto 130,90 €.

d) Unser FE-Kunde gibt uns berechnete Kartonagen zurück (Wert 450,00 €); wir schreiben ihm 70 % hierfür gut.

e) Unser HW-Kunde erhält nachträglich einen Preisnachlass wegen Sachmängeln in Höhe von brutto 1.059,10 €.

f) Laut Vertrag erhält der FE-Kunde einen Umsatzbonus in Höhe von 3 % auf den Netto-Umsatz von 85.000,00 €.

g) Auf dem Konto 5101 EBHW erscheinen am Bilanzstichtag 7.000,00 €. Schließe dieses Konto ab.
h) Banküberweisung eines HW-Kunden; der Überweisungsbetrag macht nach Abzug von 2 % Skonto 3.090,43 € aus.
i) Unser FE-Kunde begleicht eine Rechnung über 4.581,50 € unter Abzug von 2 % Skonto per Banküberweisung.

Aufgabe 40

a) Die Umsatzsteuer hat drei verschiedene Bedeutungen. Welche Begriffe werden der Umsatzsteuer zugeschrieben?
b) Wie hoch ist der ermäßigte Umsatzsteuersatz?
c) Nenne drei Beispiele für steuerfreie Umsätze.

Aufgabe 41

a) Wieso wird die Umsatzsteuer auch als Mehrwertsteuer bezeichnet?
b) Wer bezahlt letztendlich die Umsatzsteuer?
c) Gib ein Synonym für Mehrwert an.

Aufgabe 42

a) Auf welche Art muss der Unternehmer die Umsatzsteuerschuld beim Finanzamt anzeigen?
b) Wann muss die Umsatzsteuervoranmeldung beim Finanzamt erfolgen?
c) Wer muss die Umsatzsteuerschuld ermitteln?

Aufgabe 43

a) Was stellt die Vorsteuer bzw. die Umsatzsteuer gegenüber dem Finanzamt dar?
b) Wie wird die Zahllast ermittelt?

Aufgabe 44

Die Umsätze der Fa. *Wohnkreativ Ottus Eichus* betragen im Februar 2005 für den Warenausgang netto 178.750,00 €, für den Wareneingang netto 159.000,00 €.
a) Berechne die Vorsteuer und die Umsatzsteuer.
b) Ermittle die Umsatzsteuerschuld (Zahllast).
c) Stelle die Konten 2600 VORST und 4800 UST auf und trage die entsprechenden Beträge ein.
d) Ermittle buchhalterisch die Zahllast.
e) Bilde die Buchung für die Banküberweisung der Zahllast.

Aufgabe 45

a) Die Umsatzsteuer-Identifikationsnummer (USt-IdNr.) für die Fa. *Wohnkreativ Ottus Eichus* lautet folgendermaßen: DE 699736845. Beschreibe an diesem Beispiel den Aufbau der USt-IdNr. in Deutschland.
b) Seit wann gilt in der EU die USt-IdNr.?
c) Nenne zwei Aufgaben, die die USt-IdNr. erfüllt.

Aufgabe 46

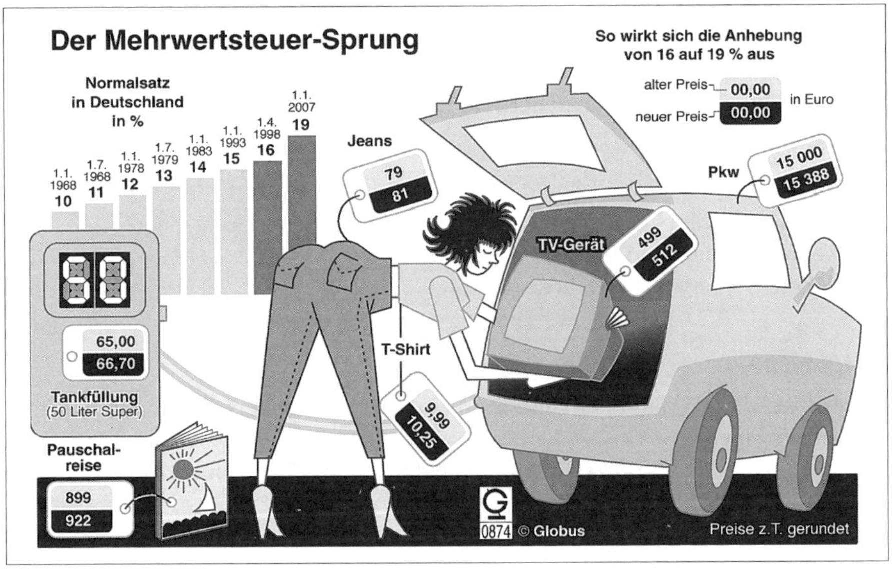

Betrachte die obige Grafik und beantworte folgende Fragen:

a) Wie hoch war der Umsatzsteuersatz bei der Einführung der Umsatzsteuer im Jahr 1968?
b) Gib ein anderes Wort für Umsatzsteuer an.

Aufgabe 47

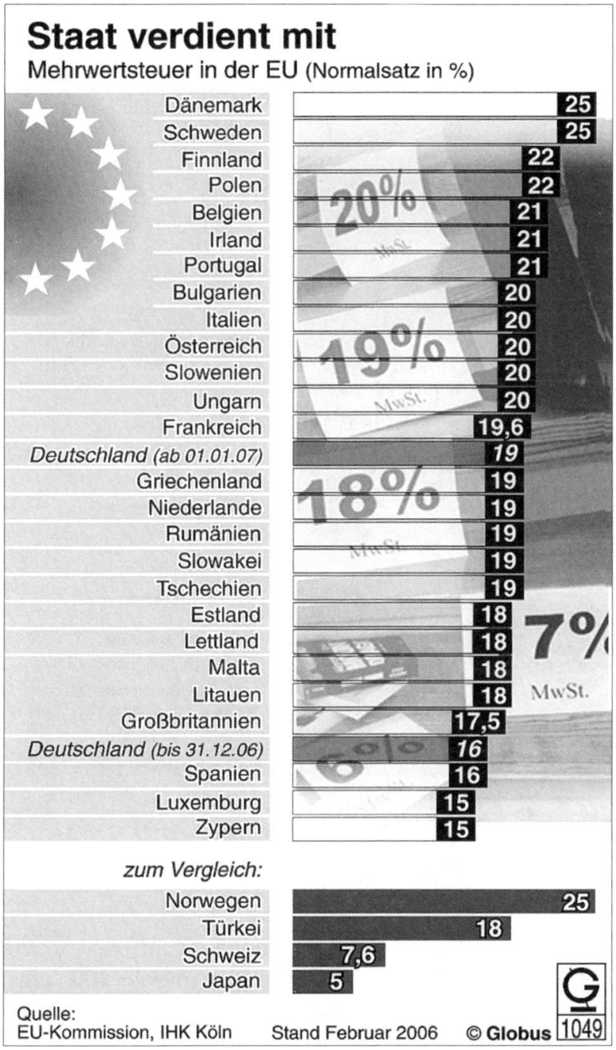

Welche Feststellung kannst du treffen, wenn du die Steuersätze in der EU vergleichst?

4 Lernstation Aufwendungen und Erträge im Geschäftsbetrieb

Aufgabe 48

a) Was versteht man unter Steuern?
b) Was versteht man unter Leasing?
c) Nenne zwei Vorteile des Leasings.

Aufgabe 49

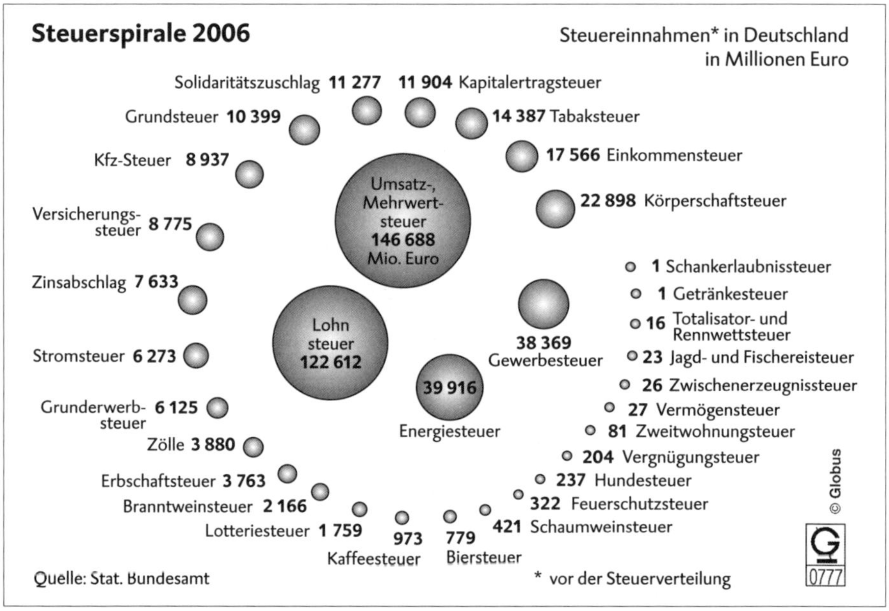

Betrachte die oben stehende Grafik und beantworte folgende Fragen:

a) Rund 488,444 Mrd. € haben Bund, Länder und Gemeinden im Jahr 2006 eingenommen. Nenne die zwei bedeutsamsten Steuern, die dem Staat als Einnahmequelle dienen.
b) Wie viel % der gesamten Steuereinnahmen machen diese beiden Steuern aus?
c) Nenne die betrieblichen Steuern, die im Kontenplan der Realschule ausgewiesen sind.
d) Welche Steuern gelten als durchlaufende Posten (→ ohne GUV-Wirkung)?
e) (1) Welche Steuer ist aktivierungspflichtig?
   (2) Wie hoch war 2006 die sich daraus ergebende Steuereinnahme für den Staat?

Aufgabe 50

Hans-Jürgen Kaiser
Bezirkskaminkehrermeister
Imigstr. 2
93142 Maxhütte-Haidhof
Tel. 09471/21049
Fax. 09471/200355

Hans-Jürgen Kaiser, Imigstr. 2, 93142 Maxhütte-Haidhof
Wenn unzustellbar, zurück!

Fa. Wohnkreativ
Ottus Eichus
Ludwig-Thoma-Weg 1
93149 Nittenau

Rechnung-Nr.: 2007/00945
für Leistungen im Jahr 2007

Kundennummer: 1-98-4
Rechnungsdatum: 17.03.2007
KÜO vom 18.12.1997

Bank
Sparkasse Maxhütte
BLZ 75051040
Konto 760053470

Abrechnungszeitraum: vom 01.01.2007 bis 28.02.2007 **Anwesen:** 93149 Nittenau, Ludwig-Thoma-Weg 1	**Einheit**	**Anzahl**	**Durchführ.**	**Einmal AW**	**Gesamt AW**
Grundwert je Gebäude		1	2.00	14.08	28.16
Rauchkamin kehren; Einzelfeuerstätte für feste Brennstoffe inkl. Rückstände wegschaffen	10 m	1	2.00	8.98	17.96
Rauchkamin kehren; Zentrale Feuerstätten für flüssige Brennstoffe inkl. Rückstände wegschaffen	10 m	1	1.00	8.98	8.98
Rauchrohr kehren W = 2/012 ∅ = 13.0	1 m	1	1.00	15.28	15.28
Grundwert für Immissionsschutzmessung je Gebäude		1	1.00	2.79	2.79
Wiederkehrende Messung nach BImSchV an Ölfeuerstätten		1	1.00	40.75	40.75

	Gesamt Summe AW (Arbeitwerte)		113.92
	1 AW = 0.619 EUR		
	Gesamtbetrag netto	EUR	70.52
durchgeführt am:	+ 19 % MwSt.	EUR	13.40
K22.01 K16.02 M12.03	**Rechnungsbetrag**	**EUR**	**83.92**

a) Welche Art von Beleg liegt hier vor?
b) Bilde den Buchungssatz zu diesem Beleg.

Aufgabe 51

Bilde die Buchungssätze für folgende Geschäftsfälle:

a) Wir zahlen die Miete für unser Auslieferungslager per Banküberweisung, 714,00 € brutto.
b) Banklastschrift für die Leasingrate des PKW, 357,00 € brutto.
c) Die Kontoführungsgebühren werden unserem Bankkonto belastet, 30,00 €.
d) Unser Steuerberater schickt uns die Rechnung über 1.190,00 € brutto.
e) Zieleinkauf von Kopierpapier, netto 450,00 €.
f) Die Vierteljahresabrechnung für die Fachzeitschrift geht ein, 154,08 € brutto (*Vorsicht:* 7 % USt.).

g) Die Reisekostenabrechnung unseres Meisters wird bar ausbezahlt, 178,50 € brutto.
h) Banklastschrift für die Betriebshaftpflichtversicherung, 9.750,00 €.
i) Abbuchung des IHK-Beitrags vom Bankkonto, 475,00 €.
j) Bankgutschrift für die vermietete Lagerhalle, 1.800,00 € netto.

5 Lernstation Privatkonto

Aufgabe 52

a) Welche Aufgabe erfüllt das Privatkonto?
b) Um welche Art von Konto handelt es sich beim Konto 3001 P? Begründe!
c) Auf welches Konto wird das Konto 3001 P abgeschlossen?
d) Welche Privatvorgänge werden unterschieden?
e) Wie wirken sich Privatvorgänge auf das Konto 3000 EK aus?

Aufgabe 53

Bilde die Buchungssätze zu folgenden Geschäftsfällen:
a) Barentnahme für eine Privatreise aus der Geschäftskasse, 2.000,00 €.
b) Banklastschrift für die Miete der Studentenwohnung des Sohnes, 700,00 €.
c) *Anki Eichus* bringt ein unbebautes Grundstück ins Geschäftsvermögen ein, 45.000,00 €.
d) Die Ausbildungsversicherung der Tochter wird vom Geschäftskonto überwiesen, 580,00 €.
e) Banküberweisung der Einkommen- und Kirchensteuer des Unternehmers, 3.960,00 €.
f) Abschluss des Privatkontos: Sollseite 60.000,00 €, Habenseite 200.000,00 €.
g) Abschluss des Privatkontos: Überwiegen der Privatentnahmen, 170.000,00 €.

6 Lernstation Begriffsbestimmungen und Möglichkeiten der Erfolgsermittlung

Aufgabe 54

In der Geschäftsbuchführung unterscheidet man die Begriffe der Bestandsrechnung, Erfolgsrechnung und Geldrechnung.
Ordne folgende Begriffe zu: Aufwendungen, Passiva, Ausgaben, Erträge, Aktiva, Einnahmen.

Aufgabe 55

Überlege dir, ob es sich bei den folgenden Geschäftsfällen um **Ertrag** und/oder **Einnahmen** bzw. **Aufwand** und/oder **Ausgaben** handelt.

a) Eingangsrechnung, Fremdbauteile, brutto 3.570,00 €.
b) Banküberweisung an Hilfsstofflieferer, 11.000,00 €.
c) Banküberweisung der Ausbildungsversicherung für den Sohn des Unternehmers, 262,50 €.
d) Banküberweisung eines Kunden, 7.800,00 €.
e) Barverkauf eines gebrauchten Kopierers, brutto 595,00 €.
f) Rechnung der Werbeagentur, brutto 2.380,00 €.
g) Zielverkauf von Fertigerzeugnissen, brutto 71.400,00 €.

Aufgabe 56

a) Wie kann der Erfolg einer Unternehmung ermittelt werden?
b) Wann ergibt sich
   (1) eine Kapitalminderung,
   (2) eine Kapitalmehrung?
c) Was bedeutet
   (1) eine Kapitalminderung,
   (2) eine Kapitalmehrung?
d) Wann ergibt sich im GUV-Konto
   (1) ein Reingewinn,
   (2) ein Jahresfehlbetrag?

Aufgabe 57

Berechne den Unternehmenserfolg:

a) Eigenkapital AB 600.000,00 €; SB 590.000,00 €;
b) Eigenkapital AB 590.000,00 €; SB 650.000,00 €;
c) Aufwendungen 1.468.000,00 €; Erträge 1.760.000,00 €;
d) Aufwendungen 420.000,00 €; Erträge 416.000,00 €.

Möglichkeiten der Finanzierung und der Kapitalanlage

1 Die Möglichkeiten der Finanzierung

Zum Aufbau und zur Steigerung der Leistungsfähigkeit eines Betriebes braucht der Unternehmer **Kapital.** Er finanziert damit

- die Anlagegüter (z. B. Maschinen, Einrichtungen und Gebäude),
- den laufenden Güterumsatz (z. B. Einkauf von Stoffen, Handelswaren usw.).

Den produktiven Einsatz von Kapital nennt man **Investition**. Der Unternehmer investiert entweder **Eigen-** und/oder **Fremdkapital.**
Zur Finanzierung mit Fremdkapital bedarf es der Aufnahme eines **Kredits** (von lat. *credere:* glauben, vertrauen). Darunter versteht man die leihweise Überlassung von Geld = Kaufkraft mit der Verpflichtung des Schuldners, das aufgenommene Geld vereinbarungsgemäß zu verzinsen und zu tilgen. Der **Kreditgeber** wird als **Gläubiger** bezeichnet, der **Kreditnehmer** als **Schuldner.**
Die Fa. *Ottus Eichus* plant derzeit den Bau eines Ausstellungspavillons. Da der Bau allein nicht aus eigenen Mitteln finanziert werden kann, stellt die Firma Überlegungen zur Finanzierung dieses Projekts an. Dabei stehen mehrere Aspekte zur Diskussion:

- Soll die Finanzierung mittel- oder langfristig durchgeführt werden?
- Welche Sicherheit soll der Bank für diese Fremdfinanzierung angeboten werden?
- Welche Form des Fremdkapitals (Darlehen oder Kreditfinanzierung) soll in Anspruch genommen werden?
- Welche Tilgungsbelastung ist realistisch?
- Welche Kosten verursacht diese Finanzierung?
- Wie hoch ist das momentane Zinsniveau?

In der Fa. *Ottus Eichus* führen diese Fragen zu einer Vielzahl von modellhaften Berechnungen und Vergleichen, damit der Bau des Ausstellungspavillons und vor allem die Finanzierung auf betriebswirtschaftlich vernünftige und sichere Fundamente gestellt werden kann.

1.1 Exkurs zur Zinsrechnung

Zinsen stellen den Preis für die zeitweilige Überlassung von Kapital dar. Sie fallen hauptsächlich an bei Krediten, Darlehen, Überziehung von Zahlungszielen usw. Zinsrechnen ist angewandtes Prozentrechnen. Zusätzlich zu den aus der Prozentrechnung bekannten Größen spielt in der Zinsrechnung die **Zeit** eine Rolle. Während bei der **Prozentrechnung** mit **drei Größen** (Grundwert, Prozentsatz, Prozentwert) gerechnet wird, arbeitet die **Zinsrechnung** mit **vier Größen:**

- Kapital (= Grundwert in der Prozentrechnung)
- Zinssatz (= Prozentsatz in der Prozentrechnung)
- Zins (= Prozentwert in der Prozentrechnung)
- **Zeit** (nicht vorhanden in der Prozentrechnung)

Beispiel

5 %	von	10.000,00 €	erbringen	in	90 Tagen	123,29 €
↓		↓			↓	↓
Zinssatz		Kapital			Zeit	Zinsen
p		K			t	Z

t = Tage, J = Jahre

1.1.1 Die Berechnung der Zinsen

Bei der Berechnung der Zinsen müssen drei der vier Größen bekannt sein:

- Die Berechnung der Zinstage erfolgt **tagegenau**, d. h. jeder Monat zählt **kalendergenau** (Januar 31 Tage, Februar 28 Tage, März 31 Tage, April 30 Tage usw. …)
- Das Jahr wird mit 365 Tagen angesetzt.
  (Aus Gründen der didaktischen Vereinfachung wird das Zinsjahr mit 365 Tagen angesetzt. Ein Schaltjahr wird nicht berücksichtigt.)
- Bei der Berechnung der Zinstage wird
  - der erste Tag der Zinslaufzeit nicht mitgezählt,
  - der letzte Tag der Zinslaufzeit mitgezählt.

Berechnung der Jahreszinsen

Beispiel

Eine Firma nimmt bei einer Bank ein Darlehen in Höhe von 100.000,00 € für zwei Jahre zu 5 % auf. Wie viel Zinsen muss die Firma zahlen?

Lösung

Formel für die Berechnung der **Jahreszinsen:**

$$\text{Jahreszinsen} = \frac{\text{Kapital} \cdot \text{Zinssatz} \cdot \text{Jahre}}{100} = \frac{K \cdot p \cdot J}{100}$$

$$\text{Jahreszinsen} = \frac{100.000 \cdot 5 \cdot 2}{100} = \underline{\underline{10.000{,}00\ €}}$$

Die Firma muss 10.000,00 € zahlen.

Aufgabe 58

Berechne die Zinsen für ein Jahr.

	Kapital	Zinssatz
a)	28.500,00 €	7,00 %
b)	130.000,00 €	3,50 %
c)	80.000,00 €	2,25 %
d)	5.100,00 €	1,50 %

Aufgabe 59

Berechne die Zinsen, wenn folgende Daten vorliegen:

	Kapital	Zinssatz	Jahre
a)	30.200,00 €	4,00 %	2
b)	170.000,00 €	7,00 %	3

Berechnung der Tageszinsen

Beispiel zur Berechnung der Zinstage:

1.	**09. 08.–31. 10.**	= 22 + 30 + 31	=	83 Tage
2.	**01. 01.–30. 04.**	= 30 + 28 + 31 + 30	=	119 Tage
3.	**23. 01.–28. 02.**	= 8 + 28	=	36 Tage
4.	**23. 01.–01. 03.**	= 8 + 28 + 1	=	37 Tage

Beispiel

Ein Sparer erhält 2,5 % Zinsen für sein Sparguthaben in Höhe von 3.850,00 € für den Zeitraum vom 28. 01. bis zum 31. 12. gutgeschrieben. Wie viel Zinsen werden auf das Sparbuch gebucht?

Lösung

Formel für die Berechnung der Tageszinsen:

$$\text{Tageszinsen} = \frac{\text{Kapital} \cdot \text{Zinssatz} \cdot \text{Tage}}{100 \cdot 365} = \frac{K \cdot p \cdot t}{100 \cdot 365}$$

(= allgemeine Zinsformel)

Tage: **28. 01.–31. 12.**
= 3 + 28 + 31 + 30 + 31 + 30 + 31 + 31 + 30 + 31 + 30 + 31
= 337 Tage

$$\text{Tageszinsen} = \frac{3.850 \cdot 2{,}5 \cdot 337}{100 \cdot 365} = 88{,}87\ €$$

Der Sparer erhält 88,87 € Zinsen auf das Sparbuch gutgeschrieben.

Wiederhole und lerne

- Die Zinsrechnung ist eine angewandte Form der Prozentrechnung.
- Die Größen der Zinsrechnung sind Kapital, Zinssatz, Zinsen und Zeit.
- Die Zeit gilt als zusätzliche Rechengröße in der Zinsrechnung (in der Prozentrechnung nicht vorhanden).
- Die Berechnung der Zinstage gilt unter folgenden Bedingungen:
  Zinsjahr = 365 Tage
  Zinsmonat = jeder Monat zählt kalendergenau

Aufgabe 60

Berechne die Zinstage:

a) 17. 09.–31. 12.
b) 01. 07.–28. 11.
c) 17. 12.–11. 01. (des nächsten Jahres)
d) 09. 01.–28. 02.
e) 11. 02.–30. 04.
f) 01. 04.–31. 05.
g) 29. 03.–18. 08.
h) 27. 04.–01. 03. (des nächsten Jahres)
i) 18. 10.–28. 02. (des nächsten Jahres)

Aufgabe 61

Berechne die Zinsen, wenn folgende Angaben vorliegen:

	Kapital	Zinssatz	Zeit
a)	7.800,00 €	8,50 %	01. 08.–28. 09.
b)	13.780,30 €	6,00 %	105 Tage
c)	38.960,50 €	7,25 %	17. 06.–31. 08.
d)	8.248,00 €	9,00 %	17. 02.–28. 02.
e)	94.800,00 €	4,50 %	30. 01.–28. 03.
f)	3.090,50 €	5,00 %	15. 05.–30. 06.

Aufgabe 62

Ein Arbeitnehmer überzieht sein Gehaltskonto in der Zeit vom 28. 11. bis zum 17. 02. des nächsten Jahres mit 2.000,00 €. Die Bank berechnet hierfür Überziehungszinsen in Höhe von 14,5 %. Wie viel Zinsen werden dem Gehaltskonto dieses Arbeitnehmers belastet?

Aufgabe 63

a) Vergleiche die einzelnen Rechengrößen der Zinsrechnung mit denen der Prozentrechnung.
b) Was muss bei der Berechnung der Zinstage beachtet werden?
c) Nenne die Formel zur Berechnung der Zinsen.

1.1.2 Die Berechnung von Kapital, Zinssatz und Zeit

Die Formeln zur Berechnung des Kapitals, des Zinssatzes und der Zeit werden mathematisch aus der **allgemeinen Zinsformel** (Tageszinsformel) abgeleitet. Auf die Herleitung der Formeln wird hier verzichtet; die einzelnen Formeln werden für jedes Teilthema angegeben. Für die Berechnung des Kapitals bzw. des Zinssatzes bzw. der Zeit müssen jeweils drei der vier Größen der Zinsrechnung gegeben sein.

Berechnung des Kapitals

Beispiel

Für einen Kredit sind vom 31. 03. bis 30. 06. 7 % Zinsen zu bezahlen. Die Bank belastet unser Konto hierfür mit 523,56 € Zinsen. Wie hoch ist der Kredit? (Kreditbetrag auf volle Euro runden!)

Lösung

Formel für die Berechnung des Kapitals:

$$\text{Kapital} = \frac{\text{Zinsen} \cdot 100 \cdot 365}{\text{Zinssatz} \cdot \text{Zeit}}$$

Tage: 31. 03.–30. 06.

$$= 30 + 31 + 30$$
$$= \underline{\underline{91 \text{ Tage}}}$$

$$K = \frac{523{,}56 \cdot 100 \cdot 365}{7 \cdot 91} = \underline{\underline{29.999{,}905\ €}} \approx 30.000{,}00\ €$$

Der Kredit beträgt 30.000,00 €.

Aufgabe 64

Berechne das Kapital, wenn folgende Angaben vorliegen:

	Zinsen	Zinssatz	Zeit	
a)	350,00 €	5,0 %	18. 04.–31. 05.	
b)	250,00 €	6,0 %	200 Tage	
c)	38,75 €	9,0 %	27. 12.–28. 02.	(d. n. J.)
d)	38,75 €	2,5 %	31. 12.–31. 03.	(d. n. J.)

Aufgabe 65

Der Zins für ein Darlehen beträgt bei einem Zinssatz von 5 % und einer Laufzeit von 73 Tagen 900,00 €. Wie hoch ist das Darlehen?

Aufgabe 66

Die Fa. *Ottus Eichus* berechnet am 12. 07. einem Kunden, der sich in Zahlungsverzug befindet, 417,60 € Verzugszinsen; die Rechnung war bereits am 30. 04. fällig. Die Zahlungsbedingungen verweisen auf einen Verzugszinssatz von 9 %.

a) Wie hoch war der Rechnungsbetrag?
b) Wie viel muss der Kunde nun insgesamt bezahlen?

Aufgabe 67

Eine Bank vergütet einem Kunden 1.600,00 € Zinsen für ein Sparguthaben. Die angesetzten Zinsen betrugen 4 % bei einer Laufzeit vom 14. 03. bis zum 31. 12. Auf welchen Betrag lautet das Sparguthaben?

Berechnung des Zinssatzes

Beispiel

Für ein Bankdarlehen in Höhe von 100.000,00 € mussten für die Zeit vom 26. 03. bis 31. 10. 4.500,00 € Zinsen bezahlt werden. Wie hoch war der angesetzte Zinssatz?

Lösung

Formel für die Berechnung des Zinssatzes:

$$\text{Zinssatz} = \frac{\text{Zinsen} \cdot 100 \cdot 365}{\text{Kapital} \cdot \text{Zeit}} = \frac{Z \cdot 100 \cdot 365}{K \cdot t}$$

Tage: 26. 03.–31. 10.
= 5 + 30 + 31 + 30 + 31 + 31 + 30 + 31
= 219 Tage

$$\text{Zinssatz} = \frac{4.500{,}00 \cdot 100 \cdot 365}{100.000 \cdot 219} = \underline{\underline{7{,}5\ \%}}$$

Der Zinssatz betrug 7,5 %.

Aufgabe 68

Berechne den Zinssatz, wenn folgende Angaben vorliegen:

	Kapital	Zinsen	Zeit
a)	17.000,00 €	170,00 €	27. 02.–11. 05.
b)	2.650,00 €	159,00 €	219 Tage
c)	37.860,00 €	1.211,52 €	31. 03.–24. 08.
d)	740,00 €	10,01 €	05. 02.–31. 12.
e)	160.000,00 €	1.911,23 €	28. 01.–17. 05.

Aufgabe 69

Die Fa. *Ottus Eichus* berechnet einem Kunden 199,90 € Verzugszinsen für einen offen stehenden Rechnungsbetrag über 23.200,00 €. Der Kunde befindet sich seit 37 Tagen in Zahlungsverzug. Welchen Zinssatz hat die Fa. *Eichus* für die Verzugszinsen angesetzt?

Aufgabe 70

Ein Kunde nimmt bei seiner Bank am 11. 04. ein Darlehen über 40.000,00 € auf und zahlt es am 23. 12. einschließlich der Zinsen mit 42.104,11 € zurück. Welchen Zinssatz verlangte die Bank?

Aufgabe 71

Zu welchem Zinssatz wurden 90.000,00 € bei einer Bank als Festgeld angelegt, wenn es innerhalb von 110 Tagen 1.356,16 € Zinsen erbrachte?

Berechnung der Zeit

Beispiel

Ein Bankkunde erhielt von seiner Bank für sein Sparguthaben in Höhe von 30.000,00 € 2,5 % Zinsen gutgeschrieben; die Zinsgutschrift betrug 300,00 €. Wie viele Tage war das Sparguthaben bei der Bank angelegt?

Lösung

Formel für die Berechnung der Zeit (Tage):

$$\text{Zeit (Tage)} = \frac{\text{Zinsen} \cdot 100 \cdot 365}{\text{Kapital} \cdot \text{Zinssatz}} = \frac{Z \cdot 100 \cdot 365}{K \cdot p}$$

$$\text{Zeit (Tage)} = \frac{300 \cdot 100 \cdot 365}{30.000 \cdot 2{,}5} = \underline{\underline{146\,\text{Tage}}}$$

Das Sparguthaben war 146 Tage bei der Bank angelegt.

Aufgabe 72

Berechne die Tage, wenn folgende Angaben vorliegen:

	Kapital	Zinssatz	Zinsen
a)	5.600,00 €	7,5 %	378,58 €
b)	12.000,00 €	8,0 %	192,00 €
c)	7.800,00 €	4,0 %	218,83 €
d)	65.500,00 €	6,0 %	2.358,00 €
e)	840,00 €	3,5 %	23,52 €
f)	45.800,00 €	9,0 %	2.066,65 €

Aufgabe 73

Die Firma *Ottus Eichus* nimmt am 15. 04. einen Kredit in Höhe von 42.000,00 € auf. Die Bank berechnet nach einer bestimmten Zeit 8 % Zinsen, das sind 1.012,60 €. An welchem Tag wurde die Zinsabrechnung erstellt?

Aufgabe 74

Ein Unternehmer erhält von seinem Geschäftspartner ein Darlehen über 100.000,00 €. Dieses Darlehen zahlt er am 30. 08. einschließlich der Zinsen von 10 % mit 102.000,00 € zurück. Wann hat der Unternehmer das Darlehen gewährt bekommen?

Aufgabe 75

Unser Kunde befindet sich in Zahlungsverzug. Wir berechnen ihm für die überfällige Rechnung über 4.400,00 € 7,5 % Verzugszinsen und belasten ihn mit 33,45 €. Wie viele Tage befand sich unser Kunde in Zahlungsverzug?

Aufgabe 76

Welche Formeln sind richtig?

a) $K = \frac{t \cdot 100 \cdot 365}{p \cdot Z}$ b) $Z = \frac{K \cdot p \cdot t}{100 \cdot 365}$ c) $t = \frac{Z \cdot 100 \cdot 365}{K \cdot p}$

d) $p = \frac{t \cdot 100 \cdot 365}{K \cdot Z}$ e) $K = \frac{Z \cdot 100 \cdot 365}{p \cdot t}$ f) $Z = \frac{K \cdot p \cdot J}{100}$

g) $p = \frac{Z \cdot 100 \cdot 365}{K \cdot t}$

1.2 Die Umwandlung der Zinsrechnung in eine Prozentrechnung – der relative Zinssatz

Die Zinsrechnung unterscheidet sich von der Prozentrechnung nur dadurch, dass die Zeit berücksichtigt wird. Bei der Umwandlung der Zinsrechnung in eine Prozentrechnung muss der Faktor „Zeit" ausgeschaltet werden, indem der Zinssatz, der als Jahreszinssatz gegeben ist, in einen Prozentsatz (= relativer Zinssatz) umgewandelt wird.
Die Umwandlung der Zinsrechnung in eine Prozentrechnung ist bei den Aufgaben erforderlich, bei denen eine Zinsrechnung „im" oder „auf Hundert" stattfindet.

Beispiel

Welchem relativen Zinssatz (= Prozentsatz) entsprechen 8 % Verzugszinsen in 73 Tagen?

Lösung

Der angegebene Zinssatz von 8 % bezieht sich auf ein Jahr, ist also ein Jahreszinssatz (per anno = p. a.). Um diesen Faktor „Jahreszinssatz" auszuschalten, wird ein Prozentsatz ermittelt, der sich auf die 73 Tage bezieht, er wird also relativiert → **relativer Zinssatz!** Somit sind Zinssatz und Zeit in einer Rechengröße erfasst.
Mithilfe des Dreisatzes kann der relative Zinssatz ermittelt werden:
in 365 Tagen werden 8 % Verzugszinsen verlangt
in 73 Tagen werden x % Verzugszinsen verlangt

$$x = \frac{73 \cdot 8}{365} = \underline{\underline{1{,}6\,\%}}$$

Der ermittelte relative Zinssatz von 1,6 % wird auch als **Zeitzinssatz** oder **angepasster Zinssatz** bezeichnet.

Formel für die Berechnung des **relativen Zinssatzes:**

$$\text{relativer Zinssatz} = \frac{\text{Zeit} \cdot \text{Jahreszinssatz}}{365} = \frac{t \cdot p}{365}$$

Aufgabe 77

Berechne den relativen Zinssatz, wenn folgende Angaben vorliegen:

	Jahreszinssatz	**Zeit**		**Jahreszinssatz**	**Zeit**
a)	7,5 %	292 Tage	d)	4,5 %	146 Tage
b)	9,0 %	73 Tage	e)	7,3 %	36 Tage
c)	6,0 %	219 Tage	f)	3,65 %	88 Tage

Aufgabe 78

a) Wie viel € Zinsen erhält ein Geschäftsmann von seinem Schuldner für ein Darlehen über 5.000,00 € vom 22. 03. bis 22. 09. bei einem Zinssatz von 10,95 %?

b) Welchem relativen Zinssatz entspricht dieser Zinssatz von 10,95 % in der angegebenen Zeit?

1.2.1 Die Berechnung aus dem vermehrten Kapital

Die Berechnung des Kapitals und der Zinsen aus dem vermehrten Kapital wird auch als Zinsrechnung „**auf Hundert**“ bzw. Berechnung vom vermehrten Grundwert bezeichnet. In diesem Fall ist das Kapital einschließlich der Zinsen gegeben. Aus der Zinsrechnung sind nur der Zinssatz und die Zeit als Rechengrößen bekannt. Deshalb muss mithilfe des relativen Zinssatzes die Zinsrechnung in eine Prozentrechnung umgewandelt werden.

Beispiel

Ein Darlehen wurde einschließlich der Zinsen mit 20.488,00 € zurückgezahlt. Die Bank berechnete 7,3 % Zinsen für die Zeit vom 31. 08. bis zum 31. 12. Wie hoch waren das Darlehen und die Zinsen?

Lösung

Tage: **31. 08.–31. 12.**
= 30 + 31 + 30 + 31
= 122 Tage

$$\text{relativer Zinssatz} = \frac{p \cdot t}{365} = \frac{7{,}3 \cdot 122}{365} = 2{,}44\,\%$$

Schema:

Darlehen	20.000,00 €	▲	100 %	Kapital
+ Zinsen 7,3 %/122 Tage	488,00 €		2,44 %	rel. Zs.
Rückzahlung	20.488,00 €		102,44 %	vermehrtes Kapital

20.488,00 : 102,44 · 100 = 20.000,00 €

Aufgabe 79

Berechne das Darlehen und die Zinsen, wenn folgende Angaben vorliegen:

	Darlehensrückzahlung (einschließlich der Zinsen)	Zinssatz	Zeit
a)	30.720,00 €	6,0 %	146 Tage
b)	6.812,00 €	8,0 %	219 Tage
c)	9.648,00 €	9,0 %	292 Tage
d)	12.288,00 €	14,6 %	60 Tage

Aufgabe 80

Ein Festgeld wuchs in der Zeit vom 27. 03. bis 08. 06. bei einem Zinssatz von 4 % auf 50.400,00 € an. Berechne den ursprünglichen Festgeldbetrag und die Zinsen.

Aufgabe 81

Der Kunde Zaun befindet sich in Zahlungsverzug. Von der Fa. *Ottus Eichus* erhält er eine Zahlungsaufforderung , der u. a. Folgendes zu entnehmen ist:
„Sie haben unsere Rechnung Nr. 1011 vom 22. 01. 2007 trotz unserer Mahnung bis heute, den 05. 04. 2007, noch nicht beglichen. Vereinbarungsgemäß belasten wir Sie daher mit 9 % Verzugszinsen. Bitte überweisen Sie den Gesamtbetrag (einschließlich der Verzugszinsen) in Höhe von 11.808,80 € auf unser Bankkonto."
Berechne den ursprünglichen Rechnungsbetrag und die Verzugszinsen.

Aufgabe 82

Die Fa. *Ottus Eichus* kauft eine computergesteuerte Stanzmaschine. Hierfür ist die Aufnahme eines Darlehens notwendig. Das Darlehen hat eine Laufzeit vom 06. 11. 2006 bis 26. 03. 2007 und ist am Ende der Laufzeit einschließlich 10,95 % Zinsen mit 156.300,00 € an die Bank zurückzuzahlen.
Berechne die Höhe des Darlehens und die angefallenen Bankzinsen.

1.2.2 Die Berechnung aus dem verminderten Kapital

Die Berechnung des Kapitals und der Zinsen aus dem verminderten Kapital wird auch als Zinsrechnung **„im Hundert"** bzw. Berechnung vom verminderten Grundwert bezeichnet. Hier ist das Kapital vermindert um die Zinsen gegeben. Aus der Zinsrechnung sind nur der Zinssatz und die Zeit als Rechengrößen bekannt. Deshalb muss mithilfe des relativen Zinssatzes die Zinsrechnung in eine Prozentrechnung umgewandelt werden.

Beispiel

Die Fa. *Ottus Eichus* hat bei ihrer Bank ein Darlehen für die Zeit vom 04. 04. bis 01. 10. aufgenommen. Nach Abzug von 7,3 % Zinsen erhält die Firma 38.560,00 € ausbezahlt. Wie hoch ist das Darlehen?

Lösung

Tage: **04. 04.–01. 10.**
$= 26 + 31 + 30 + 31 + 31 + 30 + 1$
$= \underline{\underline{180 \text{ Tage}}}$

$$\text{rel. Zs.} = \frac{7{,}3 \cdot 180}{365} = 3{,}6\,\%$$

Schema:

Darlehen	40.000,00 €	100 %	Kapital
– Zinsen 7,3 %/180 Tage	1.440,00 €	3,6 %	rel. Zs.
Auszahlung	38.560,00 €	96,4 %	vermindertes Kapital

38.560,00 € : 96,4 · 100 = 40.000,00 €
Das Darlehen betrug 40.000,00 €.

Wiederhole und lerne

- Der relative Zinssatz ist erforderlich, um die Zinsrechnung in eine Prozentrechnung umwandeln zu können.
- Der relative Zinssatz beinhaltet den Faktor „Zeit“.
- Der relative Zinssatz heißt auch Zeitzinssatz oder angepasster Zinssatz.
- Bei der Zinsrechnung „im Hundert“ bzw. „auf Hundert“ ist der relative Zinssatz erforderlich.
- Die Formel zur Berechnung des relativen Zinssatzes lautet: $\frac{p \cdot t}{365}$

Aufgabe 83

Berechne den Kredit und die Zinsen, wenn folgende Angaben vorliegen:

	Auszahlung (= Kredit minus Zinsen)	**Zinssatz**	**Zeit**
a)	51.408,00 €	6,0 %	292 Tage
b)	20.118,00 €	7,0 %	219 Tage
c)	3.752,88 €	3,65 %	124 Tage
d)	1.713,60 €	7,3 %	240 Tage

Aufgabe 84

Ein Geschäftsmann verleiht an seinen Partner Geld für die Zeit vom 25. 03. bis 18. 08. Nach Abzug der Zinsen in Höhe von 8 % zahlt er ihm 14.520,00 € aus. Welchen Betrag hat der Geschäftsmann wirklich ausgeliehen?

Aufgabe 85

Die Fa. *Ottus Eichus* erhält von der Hausbank ein kurzfristiges Darlehen ausbezahlt. Laut Darlehensvertrag zieht die Bank die Zinsen in Höhe von 9,5 % für die Zeit vom 09. 08. 2006 bis 16. 03. 2007 im Voraus ab. Auf dem Konto der Fa. *Ottus Eichus* schreibt die Bank 47.150,00 € gut. Berechne die Höhe des Darlehens und die Zinsen.

Aufgabe 86

Welche Aussagen zum relativen Zinssatz bzw. zur Zinsrechnung „im Hundert"/ „auf Hundert" sind

		richtig	falsch
a)	Die Berechnung des Kapitals und der Zinsen aus dem vermehrten Kapital wird auch als Zinsrechnung „im Hundert" bezeichnet.	☐	☐
b)	Der relative Zinssatz wird auch angepasster Zinssatz genannt.	☐	☐
c)	Bei der Zinsrechnung „auf Hundert" ist der relative Zinssatz nicht erforderlich.	☐	☐
d)	Die Formel für den relativen Zinssatz lautet: $\frac{p \cdot \text{Monate}}{365}$	☐	☐
e)	Die Berechnung des Kapitals und der Zinsen aus dem verminderten Kapital wird als Zinsrechnung „im Hundert" bezeichnet.	☐	☐
f)	Bei der Zinsrechnung „auf Hundert" ist nur die Zeit angegeben, der Zinssatz fehlt als Rechengröße.	☐	☐

1.3 Die Kreditarten

Im Kreditgeschäft (Aktivgeschäft der Banken) sind die unterschiedlichsten Kreditarten anzutreffen. Sie können aufgrund bestimmter Merkmale in mehrere Gruppen eingeteilt werden. Folgende Kriterien können zur Unterscheidung dienen:

- Verwendung,
- Laufzeit und
- Sicherstellung.

Bei der **Verwendung** von Krediten kann man z. B. danach unterscheiden, ob der Kredit für den privaten Verbrauch – etwa zur Anschaffung langlebiger Konsumgüter – aufgenommen wird oder zur Finanzierung von z. B. Fabrikgebäuden, Fertigungsmaschinen, Werkstoffen usw. dient. Im ersten Fall spricht man von **Konsumentenkredit** oder Privatkredit, im anderen von **Produktionskredit** (Investitionskredit). Schon aus diesen Begriffen kann man ableiten, dass Konsumentenkredite Privatpersonen zur Verfügung gestellt werden, Produktionskredite (Firmenkredite) hingegen für Unternehmen des Handwerks, des Handels und der Industrie vorgesehen sind.

Bei der **Laufzeit** unterscheidet man **kurz-, mittel-** und **langfristige Kredite,** wobei Kredit und Darlehen synonyme Begriffe darstellen. In der Bankpraxis findet man die Bezeichnung Darlehen häufig im Zusammenhang mit längerfristigen Ausleihungen, während im kurz- und mittelfristigen Bereich meist von Kredit gesprochen wird. Kurzfristige Ausleihungen gelten bis zu einschließlich einem Jahr, langfristige Ausleihungen über ein Jahr und länger.

Die Risiken, die die Vergabe von Krediten mit sich bringt, verlangen besondere Sicherheiten.

Als Sicherheiten gelten:

- das Vertrauen auf die persönliche und wirtschaftliche Bonität (= guter Ruf einer Person in Bezug auf die Zahlungsfähigkeit) des Kreditnehmers = **ungesicherter Personalkredit** (Blankokredit);
- vertraglich vereinbarte Rechte für die Bank, z. B. Verpfändung von Wertpapieren = **gesicherter Personalkredit;**
- vertraglich vereinbarte Grundpfandrechte, z. B. Hypothek oder Grundschuld für den Investitionskredit der Fa. *Ottus Eichus* = **Realkredit.**

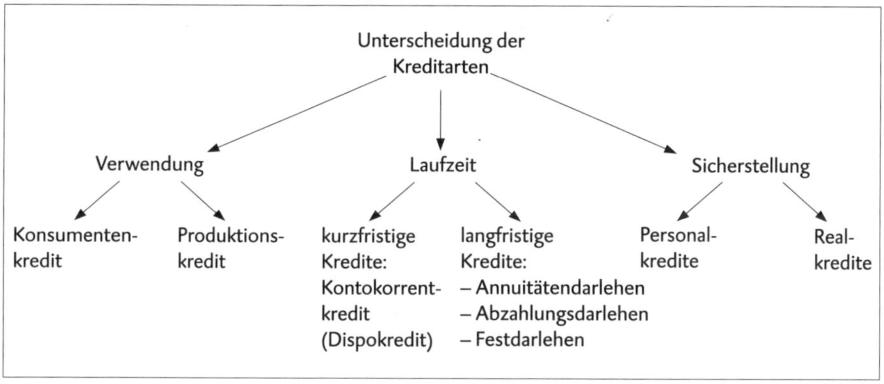

Möglichkeiten der Unterscheidung verschiedener Kreditarten

Zu den **langfristigen Krediten** zählt der **Investitionskredit,** der der Finanzierung langlebiger Anlagegüter wie Gebäuden, Produktionsanlagen, Ausstattungen usw. dient.

Nach den bei Banken üblichen Tilgungsvereinbarungen unterscheidet man:

- Annuitätendarlehen (Tilgungsdarlehen oder Amortisationsdarlehen),
- Abzahlungsdarlehen und
- Festdarlehen.

Das Annuitätendarlehen: Unter Annuität (lat. *annus:* Jahr) versteht man die jährliche Zahlung des Darlehensnehmers, die aus der ursprünglichen Darlehenssumme berechnet wird. Sie setzt sich zusammen aus dem vereinbarten Zins- und Tilgungssatz.

Beispiel

Darlehensbetrag 200.000,00 €

Zinssatz	7 %	=	14.000,00 €
+ Tilgungssatz 1 % zuzüglich ersparter Zinsen	1 %	=	2.000,00 €
= Annuität			16.000,00 €

Die Annuität bleibt bei gleichem Zinssatz während der gesamten Laufzeit unverändert, während der Zinsanteil infolge der laufenden Rückzahlung von Jahr zu Jahr abnimmt und der Tilgungsanteil entsprechend zunimmt. Das Annuitätendarlehen bietet dem Darlehensnehmer für einen längeren Zeitraum eine gleich bleibende und überschaubare Gesamtbelastung.

Das Abzahlungsdarlehen: Hier wird für die Tilgung zu Beginn ein fester €-Betrag oder ein bestimmter Prozentsatz des Darlehensnennbetrages festgelegt, der während des bestehenden Vertragsverhältnisses gleich bleibt. Die Zinsen sind aber zusätzlich zum Tilgungsbetrag zu zahlen und ermäßigen sich fortlaufend, da sie vom jeweiligen Restbestand des Darlehens berechnet werden.

Beispiel

Darlehensbetrag 200.000,00 €

Zinssatz 7 %, fest für 10 Jahre
Tilgung 10 %, jährlich jeweils vom Darlehensbetrag (Ausgangsbetrag) berechnet → 20.000,00 €

Während beim Annuitätendarlehen die Rückzahlungsrate (Leistungsrate) pro Jahr gleich hoch ist, ergibt sich beim Abzahlungsdarlehen eine von Jahr zu Jahr vermindernde Zahlungsverpflichtung.

Das Festdarlehen: Banken sind manchmal unter bestimmten Voraussetzungen bereit, langfristige Darlehen ohne regelmäßig zu entrichtende Tilgungsleistungen bereitzustellen. Die Rückzahlung erfolgt hier in einer Summe (also fest) zu einem im Voraus festgesetzten Zeitpunkt.

Zu den **kurzfristigen Krediten** zählt der **Kontokorrentkredit.** Dieser wird auf laufenden Konten bzw. Girokonten eingeräumt, d. h. der Bankkunde (Unternehmer) kann auf seinem Konto eine eingeräumte Kredithöchstgrenze (Kreditlimit oder Kreditlinie) in Anspruch nehmen und dort Zahlungseingänge und Zahlungsausgänge abwickeln. Der Kontokorrentkredit dient in erster Linie der Finanzierung von Umlaufvermögen, das nur kurzfristig im Unternehmen bleibt, z. B. zum Kauf von Werkstoffen und Handelswaren. Wegen des Zusammenhangs mit der Finanzierung des Umlaufvermögens nennt man den Kontokorrentkredit auch Betriebs- oder Umsatzkredit. Dazu gehören auch die sog. Saisonkredite, Überbrückungskredite und Überziehungskredite.

Zur Gruppe der Kontokorrentkredite zählt auch der **Dispositionskredit.** Dieser Kredit wird Privatpersonen gewährt, die z. B. die Gehaltszahlung und andere Zahlungsvorgänge auf ihrem laufenden Konto oder Girokonto abwickeln. Der Lohn- bzw. Gehaltsempfänger kann zum Beispiel in Höhe von zwei oder drei Monatseinkommen einen Kontokorrentkredit eingeräumt bekommen.

Vorteile des Kontokorrentkredits sind:

- er passt sich kurzfristig den jeweiligen Kreditbedürfnissen des Kunden an,
- er erfordert nur den Zinsaufwand aus der jeweils beanspruchten Kreditsumme,
- er ermöglicht es, über ihn jederzeit bargeldlos oder durch Barabhebung zu verfügen,
- er macht unabhängig vom Eingang ausstehender Beträge und
- er bietet Gelegenheit, Skonti zu nutzen.

Neben den Banken, die Kredite gewähren, treten noch andere Kreditgeber in der Wirtschaft auf, z. B. Geschäftsleute, die durch das Einräumen von Zahlungszielen Kredite gewähren, den sogenannten **Lieferantenkredit.** Eine Sonderform der Finanzierung stellt das **Leasing** (siehe 8. Klasse) dar. In den folgenden Kapiteln werden einzelne Finanzierungsformen in rechnerischer Form dargestellt.

Wiederhole und lerne

- Kredite können nach folgenden Kriterien unterschieden werden: Verwendung, Laufzeit und Sicherstellung.
- Nach der Verwendung unterscheidet man Konsumentenkredite (an Privatpersonen) und Produktionskredite (an Unternehmen).
- Nach der Laufzeit unterscheidet man langfristige (über ein Jahr) und kurzfristige (bis einschließlich ein Jahr) Kredite.
- Nach der Sicherstellung werden die Personalkredite von den Realkrediten unterschieden.
- Zu den langfristigen Krediten zählen Annuitäten-, Abzahlungs- und Festdarlehen.
- Der Kontokorrentkredit (an Unternehmen) und der Dispositionskredit (an Privatpersonen) gehören zu den kurzfristigen Krediten.
- Der Dispositionskredit ist eine Art Kontokorrentkredit.
- Beim Kontokorrentkredit wird eine Kredithöchstgrenze (Kreditlimit oder Kreditlinie) eingeräumt.
- Außer hohen Kreditkosten hat der Kontokorrentkredit viele Vorteile.

Aufgabe 87

Welche Aussagen zu den einzelnen Krediten sind	richtig	falsch
a) Investitionskredite sind immer kurzfristig.	☐	☐
b) Der Dispositionskredit wird Privatpersonen gewährt.	☐	☐
c) Mithilfe des Abzahlungsdarlehens kann Skonto erzielt werden.	☐	☐
d) Nach der Verwendung unterscheidet man Konsumentenkredit und Realkredit.	☐	☐

	richtig	falsch
e) Nach der Sicherheit werden Personal- und Realkredite unterschieden.	☐	☐
f) Der Kontokorrentkredit wird mit einem Kreditlimit gewährt.	☐	☐
g) Beim Annuitätendarlehen bleibt die jährliche Zahlung gleich groß.	☐	☐
h) Der Dispositionskredit ist eine Art Kontokorrentkredit.	☐	☐
i) Der Kontokorrentkredit zählt zu den langfristigen Krediten.	☐	☐

1.3.1 Der Lieferantenkredit

Beim Kauf von Werkstoffen und Handelswaren kann der Lieferer sofort die Zahlung verlangen, wenn keine konkrete Vereinbarung über den Zeitpunkt der Zahlung vorliegt. Die so genannten **Zahlungsbedingungen** sehen aber in der Regel bestimmte Regelungen vor. So kann eine Zahlungsbedingung folgendermaßen lauten:

- 2 % Skonto bei Zahlung innerhalb von 8 Tagen oder
- zahlbar innerhalb von 30 Tagen rein netto Kasse.

Die Bedingung „zahlbar innerhalb von 30 Tagen rein netto Kasse“ besagt, dass der Lieferer seinem Kunden einen Kredit einräumt, für den der Lieferer Zinsen verlangt, indem er in den Preis diese Zinsen (= Skonto) einkalkuliert. Will nun der Kunde diesen **Lieferantenkredit** in Anspruch nehmen, braucht er die Rechnung erst nach 30 Tagen zu bezahlen. In diesem Fall verzichtet der Kunde auf die Möglichkeit des 2 %igen Skontoabzugs.

Verzichtet der Kunde auf diesen Kredit (Zahlungsziel), kann er aufgrund der eingeräumten Bedingung „2 % Skonto bei Zahlung innerhalb von 8 Tagen“ den Nachlass auf den Rechnungsbetrag bei vorzeitiger Zahlung spätestens am achten Tag in Höhe von 2 % Skonto in Anspruch nehmen.

Der Zeitraum der Skontofrist gilt als zinsloser Lieferantenkredit. Die Zinsen für den Lieferantenkredit fallen für den Zeitraum vom Ende der Skontofrist bis zum Zahlungsziel an, im oben genannten Beispiel sind dies 22 Tage: Zahlungsziel 30 Tage – Skontofrist 8 Tage.

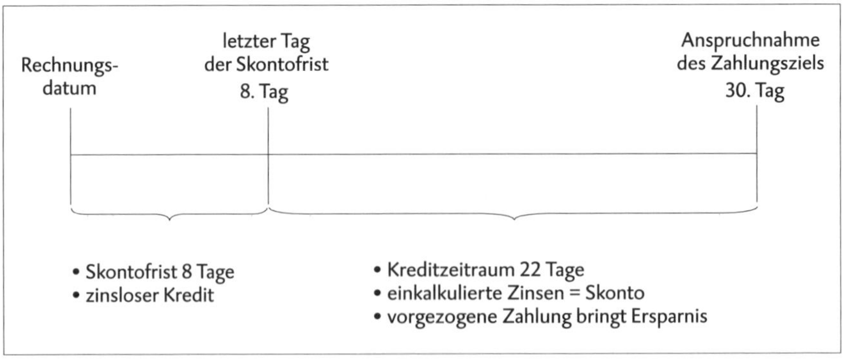

Der Lieferantenkredit

Der Lieferer möchte mittels Skontogewährung den Kunden zu vorzeitiger Zahlung veranlassen. Andererseits kann der Kunde aufgrund des Zahlungsziels finanziell besser planen und wirtschaften.
Wenn man nun aber den einkalkulierten Skonto, der sich als Zinsaufwand für den Kreditzeitraum ergibt, auf ein Jahr als Zinssatz umrechnet, stellt sich heraus, dass der Lieferantenkredit – also das Ausnutzen des Zahlungsziels – eine äußerst teure Finanzierungsmöglichkeit ist.

Beispiel

Die Fa. *Wohnkreativ Ottus Eichus* kauft Handelswaren im Wert von brutto 11.900,00 €. Das Rechnungsdatum ist der 15. 04. Der Rechnung ist folgende Zahlungsbedingung zu entnehmen:

- 2 % Skonto bei Zahlung innerhalb von 8 Tagen oder
- zahlbar innerhalb von 30 Tagen rein netto Kasse.

Welchem effektiven Zinssatz entspricht der Skonto von 2 %?

Lösung

Rechnung, brutto	11.900,00 €		→ 200,00 € Nettoskonto
– 2 % Skonto	238,00 €	: 119 × 100	
Zahlung (Überweisungsbetrag)	11.662,00 €		→ 38,00 € USt.

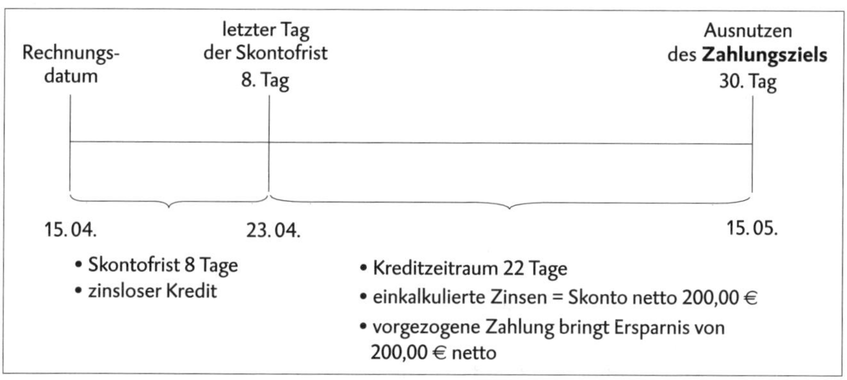

Formel für die Berechnung des effektiven Zinssatzes (für Skonto):

$$\text{effektiver Zinssatz} = \frac{\text{Nettoskonto} \cdot 100 \cdot 365}{\text{Überweisungsbetrag} \cdot \text{Kreditdauer} (= \text{Zahlungsziel} - \text{Skontofrist})}$$

$$\text{effektiver Zinssatz (für 2 \% Skonto)} = \frac{200{,}00 \cdot 100 \cdot 365}{11.662{,}00 \cdot 22} = \underline{\underline{28{,}45\,\%}}$$

Der Skonto von 2 % entspricht einem effektiven Zinssatz von 28,45 %.

Wiederhole und lerne

- Der Lieferantenkredit wird vom Lieferer gewährt, indem der Kunde ein Zahlungsziel (z. B. 30 Tage) erhält.
- Der Kreditzeitraum erstreckt sich vom Ende der Skontofrist bis zum Ende des Zahlungsziels.
- Die Skontofrist gilt als zinsloser Kredit.
- Der Lieferantenkredit zählt zu den kurzfristigen Krediten.
- Der Lieferantenkredit ist ein sehr teurer Kredit.

Aufgabe 88

Eine Rohstoffrechnung über brutto 23.800,00 € enthält folgende Zahlungsbedingung: bei Zahlung innerhalb von 10 Tagen 3 % Skonto, innerhalb von 60 Tagen rein netto Kasse.
Ermittle den effektiven Zinssatz für den angegebenen Skonto von 3 %.

Aufgabe 89

Folgende Eingangsrechnungen können unter Skontoabzug per Bank beglichen werden. Ermittle jeweils den effektiven Zinssatz, dem der jeweilige Skontosatz entspricht:

	Rechnungsbetrag brutto (USt. 19 %)	**Zahlungsbedingung**
a)	29.750,00 €	10 Tage abzüglich 2,5 % Skonto oder innerhalb 60 Tagen netto
b)	5.355,00 €	14 Tage abzüglich 1,5 % Skonto oder innerhalb 40 Tagen netto

Aufgabe 90

Welche Aussagen zum Lieferantenkredit sind	richtig	falsch
a) Der Lieferantenkredit ist ein kurzfristiger Kredit.	☐	☐
b) Auch Banken gewähren einen Lieferantenkredit.	☐	☐
c) Der Lieferantenkredit gilt als ein sehr teurer Kredit.	☐	☐
d) Ein Lieferantenkredit wird dann gewährt, wenn man Skonto in Anspruch nimmt.	☐	☐
e) Das Ausnutzen des Zahlungsziels bedeutet einen Lieferantenkredit.	☐	☐

1.3.2 Der Bankkredit – Kontokorrentkredit

Die Firma *Ottus Eichus* hat von der Raiffeisenbank einen Kontokorrentkredit zum Einkauf von Werkstoffen und Handelswaren erhalten. Dieser Kredit wurde auf dem laufenden Konto (Girokonto) der Firma bereitgestellt (eingeräumt). Die Fa. *Ottus Eichus* verfügt über dieses Konto durch Überweisung und Begleichung von Lieferantenrechnungen. Wenn dieses Konto kein Guthaben aufweist, wird der Kredit in Anspruch genommen, d. h. das Konto weist dann einen Schuldsaldo (Sollsaldo) auf. Auf diesem Konto können sich aufgrund eingehender Kundenzahlungen auch Guthabenstände (Habensaldo) ergeben. Insgesamt kann das Konto bis zu dem gewährten Kredit (Kreditlimit = Kreditlinie) in Anspruch genommen werden. Die Zinsen für diesen Kredit werden jedoch nur für den in Anspruch genommenen Betrag berechnet.
Kontokorrentkredite werden üblicherweise für Zeiten bis zu einem Jahr eingeräumt. Sie werden somit formal als kurzfristige Kredite ausgewiesen. Selbstverständlich ist es in der Bankpraxis üblich, dass sie immer wieder verlängert werden und damit einen langfristigen Charakter bekommen. Das Ausnutzen der Skontomöglichkeit beim Bezahlen von Liefererrechnungen ist eine Möglichkeit, die den Kontokorrentkredit kennzeichnet.

Beispiel

Der Fa. *Ottus Eichus* liegt eine Handelswarenrechnung über 35.700,00 € vor. Aufgrund der Zahlungsbedingungen bieten sich folgende Möglichkeiten:

- zahlbar innerhalb von 14 Tagen abzüglich 2 % Skonto oder
- in 60 Tagen ohne Abzug (rein netto Kasse).

Um den Skonto ausnützen zu können, nimmt die Fa. *Ottus Eichus* den Kontokorrentkredit in Anspruch. Welche Ersparnis ergibt sich trotzdem, wenn die Bank für diesen Kredit immerhin 12 % Zinsen verlangt?

Lösung

Rechnung	35.700,00 €		→ 600,00 € Nettoskonto
– 2 % Skonto	714,00 €	: 119 × 100	
Zahlung **(Kredit)**	34.986,00 €		→ 114,00 € Ust.

$$\text{Zinsen} = \frac{\text{Kredit} \cdot p \cdot t}{100 \cdot 365} \quad \text{(Zahlungsziel – Skontofrist)}$$

$$= \frac{34.986{,}00 \cdot 12 \cdot 46}{100 \cdot 365} = 529{,}10 \text{ €}$$

Berechnung der Ersparnis:

Skonto netto	600,00 €
– Zinsen	529,10 €
Ersparnis	70,90 €

Trotz der Kreditaufnahme ergibt sich bei der Skontoausnutzung noch eine Ersparnis von 70,90 €.

Erklärung:
Bei derartigen Aufgaben ist es unbedingt erforderlich, zuerst das Skontoschema anzusetzen, um den Nettoskonto zu ermitteln sowie den Kreditbetrag, der der Zahlung (Überweisung) entspricht. Anschließend müssen die Kreditzinsen berechnet werden. Dann kann die Ersparnis ermittelt werden, indem der Nettoskonto mit den Kreditzinsen verglichen wird.

Wiederhole und lerne

- Der Kontokorrentkredit wird Unternehmen auf einem laufenden Konto (Girokonto) eingeräumt.
- Der Kontokorrentkredit kann bis zu einem bestimmten Kreditlimit (Höchstbetrag) in Anspruch genommen werden.
- Der Kontokorrentkredit zählt zu den kurzfristigen Bankkrediten.
- Der Kontokorrentkredit wird zur Begleichung von Liefererrechnungen (Skontoausnutzung), zum Überbrücken von Liquiditätsengpässen usw. in Anspruch genommen.

Aufgabe 91

Berechne für folgende Aufgaben den Zahlungsbetrag bei Skonto-Inanspruchnahme sowie den Nettoskonto. Ermittle dann die Ersparnis, wenn die Skontoausnutzung mittels Kontokorrentkredit finanziert wird.

	Rechnungssumme (€)	Zahlungsziel (Tage) ohne Inanspruchnahme von Skonto	Skontofrist (Tage) Ausnutzen des Skontos	Skontoprozentsatz (%)	Kreditzinssatz (%)
a)	23.800,00	80	14	3,0	13
b)	8.211,00	50	10	2,0	14
c)	49.980,00	30	8	1,5	12

Aufgabe 92

Entscheide, ob die folgenden Aussagen zum Kontokorrentkredit richtig oder falsch sind, und kreuze entsprechend an.

		richtig	falsch
a)	Der Kontokorrentkredit zählt zu den langfristigen Krediten.	☐	☐
b)	Beim Kontokorrentkredit wird ein Kreditlimit eingeräumt.	☐	☐
c)	Der Kontokorrentkredit wird als Überziehungskredit eingeräumt.	☐	☐
d)	Der Kontokorrentkredit ist eine Art Lieferantenkredit.	☐	☐
e)	Der Kontokorrentkredit wird Unternehmen eingeräumt.	☐	☐

1.4 Die Berechnung des effektiven Zinssatzes

Bei der Kreditgewährung bieten die Banken häufig unterschiedliche Kreditkonditionen an. Die Banken sind nach der Preisangabenverordnung (PAngV) verpflichtet, u. a. auch die Preise für die Konsumentenkredite (Kredite an die Verbraucher = private Haushalte) in das sog. Preisverzeichnis aufzunehmen. Selbstverständlich können sich die Kreditkonditionen (Kreditbedingungen) in Bezug auf die Zinsen, die Bearbeitungsgebühren und sonstige Spesen unterschiedlich ergeben. Wenn man nun die Kreditangebote vergleichen will, muss der sog. **effektive Zinssatz** herangezogen werden. Der effektive Zinssatz berücksichtigt die gesamten Kreditkosten und ermöglicht so einen objektiven Vergleich.

Die Formel zur Berechnung des Zinssatzes

$$p = \frac{Z \cdot 100 \cdot 365}{K \cdot t}$$

wird entsprechend umbenannt, indem die Zinsen durch die wirklichen Kreditkosten und das Kapital durch den Auszahlungsbetrag des Kredits (effektiver Kreditbetrag) ersetzt werden. Folgende Formel zur Berechnung des effektiven Zinssatzes wird dann verwendet:

$$\text{effektiver Zinssatz} = \frac{\text{wirkliche Kreditkosten} \cdot 100 \cdot 365}{\text{Auszahlungsbetrag} \cdot \text{Kreditdauer}}$$

Beispiel

Die Fa. *Ottus Eichus* will einen Kredit über 150.000,00 € aufnehmen. Die Raiffeisenbank Nittenau als Hausbank unterbreitet folgendes Angebot:
Zinssatz 5,5 %, 1 % Bearbeitungsgebühr bei Kreditaufnahme fällig, Laufzeit 5 Jahre. Die Sparkasse Nittenau bietet den Kredit mit einem effektiven Zinssatz von 5,88 % an.
Welches Angebot nimmt die Fa. *Ottus Eichus* an? Ermittle hierzu den effektiven Zinssatz für das Angebot der Raiffeisenbank.

Lösung

a) **Ermittlung des Auszahlungsbetrages**

Kredit	150.000,00 €
– 1 % Bearbeitungsgebühr	1.500,00 €
Auszahlung (effektiver Kreditbetrag)	148.500,00 €

b) Berechnung der Kreditkosten

Zinsen = $\frac{150.000 \cdot 5{,}5 \cdot 5}{100}$ =	41.250,00 €
+ 1 % Bearbeitungsgebühr	1.500,00 €
wirkliche Kreditkosten	42.750,00 €

c) effektiver Zinssatz

$$\text{effektiver Zinssatz} = \frac{\text{wirkliche Kreditkosten} \cdot 100 \cdot 365}{\text{Auszahlungsbetrag} \cdot \text{Kreditdauer}}$$

$$= \frac{42.750{,}00 \cdot 100 \cdot 365}{148.500{,}00 \cdot 1.825} = 5{,}76\ \%$$

Die Fa. *Ottus Eichus* nimmt das Angebot ihrer Hausbank, der Raiffeisenbank Nittenau, an, weil es um 0,12 % billiger ist.

Wiederhole und lerne

- Der effektive Zinssatz ermöglicht einen objektiven Vergleich von Kreditangeboten.
- Der effektive Zinssatz beinhaltet sämtliche Kreditkosten. Im Gegensatz dazu bezieht sich der angegebene Jahreszinssatz – Nominalzinssatz – nur auf die Zinsen!
- Kreditkosten können sein: Zinsen, Bearbeitungsgebühr, Restschuldversicherung, evtl. Kreditvermittlungsgebühr.
- Formel zur Berechnung des effektiven Zinssatzes:

$$\text{effektiver Zinssatz} = \frac{\text{wirkliche Kreditkosten} \cdot 100 \cdot 365}{\text{Auszahlungsbetrag} \cdot \text{Kreditdauer}}$$

Aufgabe 93

Zum Schließen der Finanzierungslücke beim Bau des Ausstellungspavillons möchte die Fa. *Ottus Eichus* ein Darlehen in Höhe von 900.000,00 € aufnehmen. Die Laufzeit soll 10 Jahre betragen. Die Nittenauer Banken unterbreiten folgende Angebote:

	a) Raiffeisenbank	b) Commerzbank	c) Sparkasse
Zinssatz	5,0 %	5,5 %	6,0 %
Bearbeitungsgebühren	2,5 %	1,5 %	1,0 %

Welches Darlehensangebot ist das günstigste, wenn auf der Basis des Effektivzinssatzes entschieden wird?

Aufgabe 94

Zur Überbrückung eines Finanzierungsengpasses beleiht sich die Fa. *Ottus Eichus* von ihrer Hausbank ein kurzfristiges Darlehen über 150.000,00 € mit einer Laufzeit von 146 Tagen. Die Zinsen belaufen sich auf 8,5 %. Bei der Auszahlung des Darlehensbetrages werden die Bearbeitungsgebühren in Höhe von 1 % bereits einbehalten. Berechne die effektive Verzinsung für dieses kurzfristige Darlehen.

Aufgabe 95

Für ein Darlehen über 100.000,00 € liegen der Fa. *Wohnkreativ Ottus Eichus* zwei Angebote vor. Sowohl die Sparkasse als auch die Raiffeisenbank belasten den Darlehensnehmer mit Zinsen im Nachhinein. Die Bearbeitungsgebühr wird bei Auszahlung einbehalten.

	A	B	C
1	**Darlehensvergleich**	Sparkasse	Raiffeisenbank
2	Darlehensbetrag in €	100.000,00	100.000,00
3	Laufzeit in Tagen	548	548
4	Zinssatz	5,6 %	5,3 %
5			
6	Bearbeitungsgebühr	1,0 %	1,5 %
7			
8	Zinsen in €		
9			
10	Bearbeitungsgebühr in €		
11			
12	Darlehenskosten gesamt		
13			
14	Auszahlungsbetrag		
15	Effektive Verzinsung		

a) Trage in das Rechenblatt in die Spalte B alle Formeln ein, die du für die Berechnungen benötigst.

b) Nenne eine Möglichkeit, mit der du einfach und schnell diese Formeln auch für die Spalte C nutzen kannst.

Aufgabe 96

a) Worin liegt die Bedeutung des effektiven Zinssatzes?
b) Unterscheide den effektiven Zinssatz vom Nominalzinssatz.
c) Wie lautet die Formel zur Berechnung des effektiven Zinssatzes?

Aufgabe 97

Entscheide, was zu den Kreditkosten zählt, und kreuze entsprechend an.

a) Umsatzsteuer	☐	e) Vermittlungsgebühr	☐
b) Zinsen	☐	f) Löhne und Gehälter	☐
c) Bearbeitungsgebühr	☐	g) Restschuldversicherung	☐
d) Kfz-Versicherung	☐	h) Rechts- und Beratungskosten	☐

1.5 Die Buchungen im Kreditbereich

1.5.1 Die Kreditaufnahme

Jede Kreditaufnahme wird in der Regel mittels Vertrag rechtlich geregelt. Bei den Bankverbindlichkeiten unterscheidet man zwischen kurzfristigen und langfristigen Bankverbindlichkeiten. Die Laufzeit der kurzfristigen Bankschulden beträgt bis zu einem Jahr. Zu den langfristigen Bankverbindlichkeiten werden alle Bankschulden gezählt, deren Laufzeit mehr als ein Jahr beträgt.
Bei der Auszahlung von Darlehen und Krediten wird in der Regel eine Bearbeitungsgebühr verlangt und kann sofort vom Kreditbetrag abgezogen werden. Diese Bearbeitungsgebühr wird auf dem Konto 6750 KGV buchhalterisch erfasst.

Beispiel 1

Die Fa. *Ottus Eichus* hat sich zur Finanzierung des Ausstellungspavillons für die Aufnahme eines Darlehens bei der Raiffeisenbank entschieden. Darlehenssumme 900.000,00 €; Laufzeit 10 Jahre; Bearbeitungsgebühr 2,5 %. Der Auszahlungsbetrag wird auf dem Bankkonto der Fa. *Ottus Eichus* gutgeschrieben.

Buchungssatz 1

2,5 % aus 900.000,00 € = 22.500,00 €

Darlehen	900.000,00 €
– 2,5 % Bearbeitungsgebühr	22.500,00 €
Auszahlung	877.500,00 €

2800 BK	877.500,00 €			
6750 KGV	22.500,00 €	an	4250 LBKV	900.000,00 €

Beispiel 2

Bei der Sparkasse wird ein Darlehen über 50.000,00 € mit einer Laufzeit von 10 Monaten aufgenommen. Der Betrag wird auf dem Bankkonto gutgeschrieben.

Buchungssatz 2				
2800 BK		an	4200 KBKV	50.000,00 €

Beispiel 3

Die Raiffeisenbank räumt der Fa. *Ottus Eichus* auf dem laufenden Kontokorrentkonto einen Kontokorrentkredit mit einem Kreditlimit von 100.000,00 € ein. Die Fa. *Ottus Eichus* möchte bei der Begleichung von Liefererrechnungen die Skontofrist in Anspruch nehmen.

Buchungssatz 3
Keine Buchung! Das Einräumen eines Kontokorrentkredits bzw. eines Kreditlimits verursacht keine Buchung. Es wird nur vertragsrechtlich festgehalten, dass die Fa. *Ottus Eichus* einen bestimmten Kreditrahmen ausschöpfen kann und zur Zahlung von Zinsen und Bankgebühren verpflichtet ist.

Beispiel 4

Die Fa. *Ottus Eichus* bezahlt eine Handelswarenrechnung über 11.900,00 € unter Abzug von 3 % Skonto per Überweisung vom Bankkonto (Kreditlimit 100.000,00 €).

Buchungssatz 4

Rechnung	11.900,00 €		→ 300,00 €	Nettoskonto
– 3 % Skonto	357,00 €	: 119 × 100		
Zahlung	11.543,00 €		→ 57,00 €	USt.

4400 VE	11.900,00 €	an	2800 BK	11.543,00 €
			6082 NHW	300,00 €
			2600 VORST	57,00 €

Wiederhole und lerne

- Bankschulden mit einer Laufzeit von bis zu einem Jahr werden als kurzfristige Bankverbindlichkeiten auf dem Konto 4200 KBKV gebucht.
- Bankschulden mit einer Laufzeit über einem Jahr werden als langfristige Bankverbindlichkeiten auf dem Konto 4250 LBKV erfasst.
- Die Bearbeitungsgebühr wird auf dem Konto 6750 KGV gebucht.

Aufgabe 98

Bilde die Buchungssätze bei der Fa. *Ottus Eichus* für folgende Geschäftsfälle:

a) Die Bank schreibt uns ein Darlehen über 100.000,00 € gut. Der Auszahlungsbetrag wird mit einer Bearbeitungsgebühr von 2 % gekürzt. Die Laufzeit beträgt 10 Monate.
b) Auf dem Kontokorrentkonto wird unser Kreditlimit auf 150.000,00 € erhöht.
c) Wir erhalten ein langfristiges Darlehen über 200.000,00 € auf dem Bankkonto gutgeschrieben.
d) Wir überweisen eine Rohstoffrechnung nach Abzug von 2 % Skonto vom Bankkonto, 23.324,00 €.

Aufgabe 99

a) Welche Gebühr kann bei der Auszahlung eines Darlehens verlangt werden?
b) Wie wird diese Gebühr buchhalterisch erfasst?
c) Unterscheide kurzfristige und langfristige Bankschulden.

Aufgabe 100

Für Unternehmer ist der am meisten beanspruchte Kredit der auf dem laufenden Konto: Der Unternehmer kann sein Konto, auch wenn es kein Guthaben aufweist, bis zu einer vereinbarten Höchstgrenze in Anspruch nehmen. Wie heißt dieser Kredit?

a) Realkredit
b) Anschaffungskredit
c) Grundschuld
d) Kontokorrentkredit
e) Investitionskredit
f) Dispositionskredit

1.5.2 Zinsen, Bearbeitungsgebühren und sonstige Spesen

Im Rahmen der Kreditaufnahme fallen verschiedene **Kreditkosten** an. Der Kreditgeber verlangt als Preis (Entgelt für die Geldleihe bzw. Kreditleihe) **Zinsen** für die Kreditlaufzeit; die Zinsen stellen für den Kreditnehmer einen Aufwand dar. Die Buchung der Zinsen erfolgt auf dem Konto 7510 ZAW.
Neben den Zinsen verlangen die Banken vielfach noch **Bearbeitungsgebühren** und **sonstige Spesen**. Diese Bearbeitungsgebühren (fällig bei der Kreditaufnahme) und Spesen sind wie die Zinsen Aufwendungen für das Unternehmen. Diese Aufwendungen werden auf einem separaten Konto erfasst, und zwar auf dem Konto 6750 KGV (Kosten des Geldverkehrs).

Im Zahlungsverkehr mit **Kunden** und **Lieferern** können **Verzugszinsen, Mahnspesen** und **Gebühren** anfallen. Verzugszinsen, die an Lieferer bezahlt werden, sind auf dem Konto 7510 ZAW zu erfassen. Wenn Verzugszinsen vom Kunden verlangt werden, sind diese als Ertrag auf dem Konto 5710 ZE zu buchen. Mahnspesen, die an Lieferer bezahlt werden, sind auf dem Konto 6750 KGV zu erfassen. Wenn dem Kunden Mahngebühren in Rechnung gestellt werden, sind sie als Ertrag auf dem Konto 5430 ASBE (Andere sonstige betriebliche Erträge) zu buchen.
Zinsen – der Bank und im Zahlungsverkehr mit Geschäftspartnern – sind **umsatzsteuerfrei**. **Bankgebühren** sind ebenfalls **ohne Umsatzsteuer** zu buchen. **Mahngebühren** im Zahlungsverkehr mit Geschäftspartnern sind auch **umsatzsteuerfrei!**

Beispiel 1

Folgender Kontoauszug der Hausbank der Fa. *Wohnkreativ Ottus Eichus* liegt der Buchhaltung zur Verbuchung vor:

RAIFFEISENBANK NITTENAU
93149 NITTENAU

MKZ | VA | AUSZ.-NR. BL.-NR. 112/1 | KONTO-NR. 337

BU-TAG	TEXT	PNR	VALUTA	UMSATZ* €
30.03.07	Kontoführungsgebühren	2001	30.03.	20,00 S
30.03.07	Sollzinsen (siehe Anlagen)	2001	30.03.	693,38 S

Unstimmigkeiten bitten wir unserer Revision mitzuteilen. Bitte beachten Sie auch die Rückseite.

Herrn/Frau/Fräulein/Firma
Firma Wohnkreativ
Ottus Eichus
Ludwig-Thoma-Weg 1
93149 Nittenau

Kontoauszug

LETZTE ERSTELLUNG	ALTER KONTOSTAND
29.03.2007	17.844,19 S
ERSTELLUNGSTAG	**NEUER KONTOSTAND**
30.03.2007	18.557,57 S

Bankgeschäfte im Internet? Schnell und bequem!
unter www.RB-SCHWANDORF-NITTENAU.DE

* S = BELASTUNG / H = GUTSCHRIFT

Buchungssatz 1				
6750 KGV	20,00 €			
7510 ZAW	693,38 €	an	2800 BK	713,38 €

Beispiel 2

Die Raiffeisenbank Nittenau stellt der Fa. *Wohnkreativ Ottus Eichus* die Bearbeitungsgebühr mit 1,5 % für ein Darlehen in Höhe von 50.000,00 € in Rechnung.

Buchungssatz 2				
6750 KGV		an	2800 BK	750,00 €

Beispiel 3

Der Rohstofflieferer belastet die Fa. *Ottus Eichus* mit 85,00 € Verzugszinsen sowie 15,00 € Mahnspesen.

Buchungssatz 3				
7510 ZAW	85,00 €			
6750 KGV	15,00 €	an	4400 VE	100,00 €

Beispiel 4

In einem Mahnschreiben an einen Handelswarenkunden stellt die Fa. *Wohnkreativ Ottus Eichus* Folgendes in Rechnung: Verzugszinsen 69,00 €, Mahngebühren 10,00 €.

Buchungssatz 4				
2400 FO	79,00 €	an	5710 ZE	69,00 €
			5430 ASBE	10,00 €

Wiederhole und lerne

- Im Rahmen des Kreditverkehrs mit den Banken können folgende Kreditkosten anfallen: Zinsen, Bearbeitungsgebühren, Spesen.
- Im Zahlungsverkehr mit den Geschäftspartnern können folgende Geldkosten anfallen: Verzugszinsen, Mahngebühren.
- Auf folgenden Konten werden die einzelnen Vorgänge erfasst:
  Bankzinsen: 7510 ZAW (Sollzinsen), 5710 ZE (Habenzinsen)

Bearbeitungsgebühren: 6750 KGV
Kontoführungsgebühren: 6750 KGV
Verzugszinsen: – an Lieferer 7510 ZAW
– von Kunden 5710 ZE

- Mahngebühren: – an Lieferer 6750 KGV
– von Kunden 5430 ASBE
- **Umsatzsteuerfrei** sind Bankzinsen, Bankgebühren, Verzugszinsen und Mahnspesen.

Aufgabe 101

Bilde die Buchungssätze bei der Fa. *Ottus Eichus* für folgende Geschäftsfälle:

a) Die Sparkasse Nittenau sendet der Fa. *Ottus Eichus* folgende Quartalsabrechnung für das Girokonto:
   – Guthabenzinsen 97,53 €
   – Kontoführungsgebühren 25,00 €

b) Für ein Darlehen wird unser laufendes Konto mit 1.200,00 € Zinsen belastet.

c) Die Sparkasse belastet unser Girokonto mit Bearbeitungsgebühren für einen Kredit, 500,00 €.

d) Unser Hilfsstofflieferer belastet uns mit 45,00 € Verzugszinsen sowie 5,00 € Mahnspesen.

e) Ein FE-Kunde ist in Zahlungsverzug. Wir stellen ihm 35,00 € Verzugszinsen und 5,00 € Mahngebühren in Rechnung.

Aufgabe 102

Entscheide, auf welchen Konten Kreditkosten erfasst werden, und kreuze entsprechend an.

a) 4200 KBKV ☐
b) 6750 KGV ☐
c) 2800 BK ☐
d) 4250 LBKV ☐
e) 7510 ZAW ☐

Aufgabe 103

Welche Geldkosten können im Zahlungsverkehr zwischen Geschäftspartnern anfallen und auf welchen Konten werden sie erfasst?

Aufgabe 104

Welche Positionen der Kredit- und Geldkosten sind umsatzsteuerfrei?

1.5.3 Die Tilgung im Kreditverkehr

Die Tilgung von Krediten und Darlehen wird rechtlich im Kredit- bzw. Darlehensvertrag geregelt. Die Modalitäten sind von der Kreditart bzw. Darlehensform abhängig (siehe Kapitel 1.3 Kreditarten). So beinhaltet die Annuität Tilgungsrate und Zinszahlung, die sich mit fortschreitender Rückzahlungsdauer in ihrem Anteil an der Annuität entgegengesetzt entwickeln. Der Tilgungsanteil nimmt zu, der Zinsanteil ab. Beim Abzahlungsdarlehen bleibt die Tilgung gleich, die Zinssumme verringert sich mit zunehmender Rückzahlungsdauer. Beim Kontokorrentkredit wechseln die Kontenstände vom Guthaben- zum Schuldenstand und umgekehrt; natürlich kann es auch ein reines Schuldenkonto sein. Beim Ratenkredit werden Kredit und Kreditkosten zu einer Gesamtsumme addiert und dann auf eine Rückzahlungszeit mit gleich bleibenden Raten verteilt.
Die Tilgung bewirkt in den Konten 4200 KBKV bzw. 4250 LBKV eine Abnahme auf der Sollseite (Passivkonten).

Beispiel

Folgender Kontoauszug liegt der Buchhaltung der Fa. *Ottus Eichus* zur Verbuchung vor:

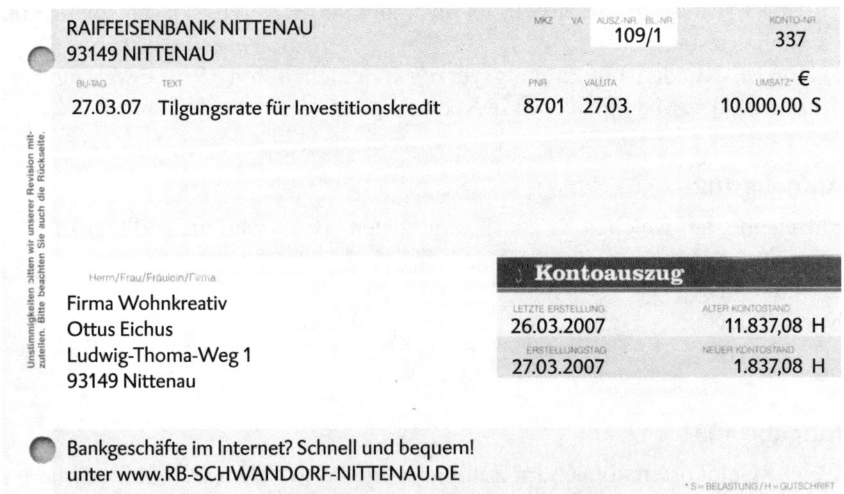

RAIFFEISENBANK NITTENAU
93149 NITTENAU

MKZ VA AUSZ-NR BL-NR 109/1 KONTO-NR 337

BU-TAG	TEXT	PNR	VALUTA	UMSATZ* €
27.03.07	Tilgungsrate für Investitionskredit	8701	27.03.	10.000,00 S

Unstimmigkeiten bitten wir unserer Revision mitzuteilen. Bitte beachten Sie auch die Rückseite.

Herrn/Frau/Fräulein/Firma
Firma Wohnkreativ
Ottus Eichus
Ludwig-Thoma-Weg 1
93149 Nittenau

Kontoauszug

LETZTE ERSTELLUNG	ALTER KONTOSTAND
26.03.2007	11.837,08 H
ERSTELLUNGSTAG	NEUER KONTOSTAND
27.03.2007	1.837,08 H

Bankgeschäfte im Internet? Schnell und bequem!
unter www.RB-SCHWANDORF-NITTENAU.DE

* S = BELASTUNG / H = GUTSCHRIFT

Buchungssatz				
4250 LBKV		an	2800 BK	10.000,00 €

Wiederhole und lerne

- Die Tilgung von Krediten und Darlehen wird rechtlich im Kredit- bzw. Darlehensvertrag geregelt.
- Die Art der Tilgung ist von der jeweiligen Kreditart bzw. Darlehensform abhängig.
- Die Tilgung von Krediten bzw. Darlehen bewirkt in den Konten 4200 KBKV bzw. 4250 LBKV eine Abnahme auf der Sollseite (Passivkonten).

Aufgabe 105

Bilde die Buchungssätze bei der Fa. *Ottus Eichus* für folgende Geschäftsfälle:

a) Unsere Hausbank belastet uns für unser kurzfristiges Darlehen mit Zinsen 700,00 € und für Tilgung 1.500,00 €.

b) Die Sparkasse belastet uns mit einer Tilgungsrate für unser langfristiges Darlehen, 5.000,00 €.

c) Unser kurzfristiges Darlehen in Höhe von 30.000,00 € wird einschließlich der Zinsen in Höhe von 1.500,00 € per Banküberweisung getilgt.

Aufgabe 106

Ergänze folgenden Satz zu einer sachrichtigen Aussage:

Die Tilgung von Krediten bzw. ____________________ bewirkt in den Konten ________________ und ________________ eine ________________ auf der ________________.

2 Die Möglichkeiten der Kapitalanlage

Ein Bankkunde, der heute Geld anlegt, tätigt diese Anlage unter folgenden Gesichtspunkten:

- Die Anlage soll einen hohen Ertrag erzielen.
- Die Anlage soll größtmögliche Sicherheit bieten.
- Die Anlage soll flüssig sein, also im Bedarfsfall rasch wieder in Bargeld zurückverwandelt werden können.

Natürlich gibt es keine Anlageform, die die genannten Anlagekriterien

- Rentabilität,
- Sicherheit und
- Liquidität

gemeinsam erfüllt. Die Anlagekriterien befinden sich in einem Zielkonflikt. Anlagen, die z. B. eine sehr gute Rentabilität abwerfen, können ein hohes Risiko besitzen. Die Anlagekriterien beeinflussen sich also gegenseitig.
Wenn nun ein Anleger alle drei Anlagekriterien ausschöpfen möchte, kann er dies mit einer einzigen Anlageform nicht erreichen, sondern nur durch eine Kombination verschiedener Anlagemöglichkeiten. Zu bedenken ist dabei, dass die persönlichen Vermögens- und Einkommensverhältnisse eine entscheidende Rolle spielen. Die Banken differenzieren im Anlagebereich verschiedene Geschäftssparten. Das Sechste Gesetz zur Änderung des Gesetzes über das Kreditwesen (6. KWG-Novelle) hat den Katalog der erlaubnispflichtigen Bankgeschäfte erweitert.
Im Bereich der Geldanlage soll hier nur auf zwei Bankbereiche eingegangen werden:

- Einlagengeschäft,
- Effektengeschäft.

Wiederhole und lerne

- Als Anlagekriterien gelten folgende Ziele: Rentabilität, Sicherheit und Liquidität.
- Eine Anlageform bietet niemals alle Anlagekriterien auf einmal.
- Die Anlagekriterien beeinflussen sich gegenseitig.
- Die Geldanlage hängt von den Einkommens- und Vermögensverhältnissen des Anlegers ab.

Aufgabe 107

Entscheide, welche Aussagen zur Geldanlage sind

	richtig	falsch
a) Hohes Risiko ermöglicht hohe Rentabilität.	☐	☐
b) Eine Anlageform ermöglicht alle Anlagekriterien.	☐	☐
c) Die Anlagekriterien beeinflussen sich nicht gegenseitig.	☐	☐
d) Die Einkommensverhältnisse beeinflussen die Geldanlage eines Anlegers.	☐	☐

2.1 Die Angebote der Banken für die Kapitalanlage im Bereich der Einlagen

Im Bereich des Passivgeschäfts der Banken ist das Einlagengeschäft ein wesentlicher Geschäftsbereich. Unter **Einlagen** versteht man fremde Mittel (Gelder), die Kreditinstitute von Kunden (Privatleuten und Unternehmern) entgegennehmen, verwalten und verzinsen.

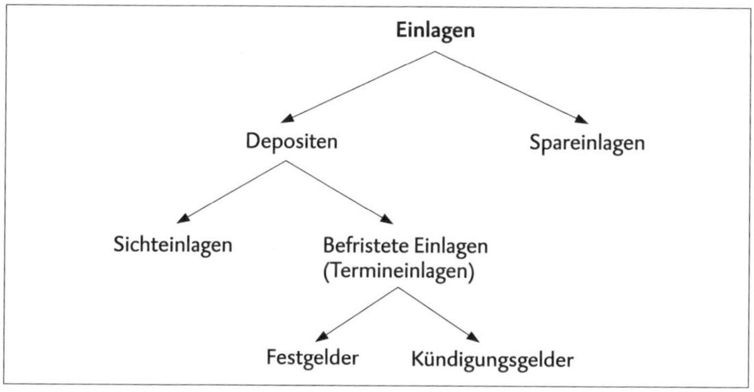

Arten der Einlagen

Bei den **Depositen** unterscheidet man Sichteinlagen und Termineinlagen. **Sichteinlagen** sind Guthaben auf Kontokorrent- und Girokonten (laufende Konten). Sie sind täglich fällig. Die Einleger (Kunden) können ohne vorherige Kündigung jederzeit („bei Sicht") über ihre Guthaben verfügen.

Die Kunden unterhalten Sichteinlagen aus zwei Gründen:

a) **Zur Abwicklung des Zahlungsverkehrs:**
Über Sichteinlagen kann jederzeit durch Barabhebung, Überweisung, Lastschrift, Schecks usw. verfügt werden.

b) **Einschränkung der Bargeldhaltung:**
Sichteinlagen sind im Vergleich zu Bargeld gegen Verlust und Diebstahl geschützt. Da über Sichteinlagen genauso freizügig verfügt werden kann wie über Bargeld, kann der Einleger seine Bargeldbestände klein und seine Liquiditätsreserven bei seinem Kreditinstitut halten.

Termineinlagen (befristete Einlagen) sind Guthaben auf Termingeldkonten. Sie stehen den Banken als befristete Einlagen für bestimmte Zeiträume zur Verfügung. Die Einleger verzichten für diese Zeit (mindestens für einen Monat – 30 Tage) auf ihr Verfügungsrecht, um einen höheren Zins als bei Sichteinlagen zu erhalten. Termineinlagen werden im Allgemeinen in größeren, runden Beträgen angelegt.

Bei den Termingeldern unterscheidet man

a) **Festgelder** → Vereinbarung einer festen Laufzeit von mindestens einem Monat

b) **Kündigungsgelder** → Vereinbarung einer Kündigungsfrist von mindestens einem Monat

Spareinlagen sind Guthaben auf Sparkonten. Es sind Gelder, die unbefristet als Kündigungsgelder angenommen werden und die dem Kreditinstitut auf unbestimmte Dauer zur Verfügung stehen. Besondere Merkmale einer Spareinlage sind:

- Sie sind durch Ausfertigung einer Urkunde, insbesondere eines Sparbuchs, gekennzeichnet.
- Sie dienen der Ansammlung oder Anlage von Vermögen; sie sind nicht für den Zahlungsverkehr bestimmt.
- Sie weisen eine Kündigungsfrist von mindestens drei Monaten auf.

Wiederhole und lerne

- **Sichteinlagen** sind Guthaben auf Kontokorrent- und Girokonten, die täglich fällig sind („bei Sicht").
  Sie dienen der Abwicklung des Zahlungsverkehrs sowie der Einschränkung der Bargeldhaltung.
- **Termineinlagen** sind befristete Einlagen und werden unterteilt
  - in **Festgelder** → feste Laufzeit von mindestens einem Monat und
  - in **Kündigungsgelder** → Kündigungsfrist von mindestens einem Monat.

  Termineinlagen haben einen höheren Zinssatz als Sichteinlagen und werden in größeren und runden Beträgen angelegt.
- **Spareinlagen** werden auf Sparkonten gehalten und sind unbefristete Kündigungsgelder.
  Die besonderen Merkmale der Spareinlagen sind:
  - Ausfertigung eines Sparbuchs (Urkunde),
  - dienen nicht dem Zahlungsverkehr, sondern der Ansammlung von Vermögen,
  - Kündigungsfrist mindestens drei Monate.

Aufgabe 108

Wodurch unterscheiden sich Sichteinlagen von den Termineinlagen?
Kreuze die richtige Antwort an.

a) Die Sichteinlagen werden von allen Kunden entgegengenommen. ☐
b) Sie zählen zu den Fremdkapitalien der Bank. ☐
c) Sichteinlagen sind jederzeit fällig. ☐
d) Sie stehen auf der Passivseite der Bankbilanz. ☐

Aufgabe 109

Welche Aussage betrifft die Termineinlagen, welche die Spareinlagen? Kreuze entsprechend an!

	Termin-einlagen	**Spar-einlagen**
a) Die Einlagen liegen mindestens einen Monat fest.	☐	☐
b) Bei der Erstanlage wird eine Urkunde ausgefüllt.	☐	☐
c) Die Einlagen dienen hauptsächlich der Vermögensansammlung.	☐	☐
d) Die Einlagen unterscheiden sich in Festgelder und Kündigungsgelder.	☐	☐
e) Die Einlagen haben eine Kündigungsfrist von drei Monaten.	☐	☐

2.2 Die Arten der Effekten

Die Banken bieten ihren Kunden im Rahmen des Wertpapiergeschäfts (Effektengeschäft) eine Vielzahl von Geldanlagemöglichkeiten an. Die folgenden Einteilungen ermöglichen eine gute Übersicht über die **Arten der Wertpapiere.**
Unter einem **Wertpapier** versteht man eine Urkunde, die ein Vermögensrecht verbrieft. Zur Ausübung des Rechts ist der Besitz des Wertpapiers erforderlich.
Gläubigerpapiere und **Teilhaberpapiere** sind **fungibel** (vertretbar), weil bei gleichem Nennwert bzw. gleicher Stückelung jedes Papier die gleichen Rechte verkörpert. Die Stücke können untereinander ausgetauscht werden, ohne dass der Inhaber der Urkunde eine Minderung oder Mehrung seiner Rechte erfährt. Diese vertretbaren Wertpapiere sind börsenfähige Wertpapiere und werden deshalb auch **Effekten** genannt.
An der Börse können diese Effekten gekauft und wieder verkauft werden. **Börsen** sind organisierte Märkte für den Handel von vertretbaren Gegenständen. In Deutschland werden Wertpapiere an den Wertpapierbörsen (**Präsenzbörsen**) in Berlin, Bremen, Düsseldorf, Frankfurt a. M., Hamburg, Hannover, München und Stuttgart und im elektronischen Handelssystem **Xetra** – Exchange Electronic Trading – (seit 1998) der Frankfurter Wertpapierbörse gehandelt.

Allgemeine Einteilung

Wertpapiere

nach der Art des verbrieften Vermögenswertes

- **Geldwertpapiere**

  Beispiele:
  - Banknote
  - Scheck
  - Wechsel
  - Zinsschein
  - Dividendenschein
- **Kapitalwertpapiere**
  - **nicht vertretbare Kapitalwertpapiere**

    Beispiele:
    - Sparbrief
    - Grundschuldbrief
    - Hypothekenbrief
  - **vertretbare (fungible) Kapitalwertpapiere**

    Beispiele:
    - Anleihe
    - Pfandbrief
    - Industrieobligation
    - Aktie
    - Investmentzertifikat
    - Optionsschein

    = börsenfähige Wertpapiere (Effekten)
- **Warenwertpapiere**

  Beispiele:
  - Konnossement
  - Ladeschein
  - Lagerschein

Einteilung der Deutschen Bundesbank (Kapitalmarktstatistik)

Wertpapiere (Effekten)

- **festverzinsliche Wertpapiere**
  - Bankschuldverschreibungen (z. B. Pfandbriefe)
  - Industrieobligationen

  → **Gläubigerpapiere** (festverzinsliche WP) = Rentenpapiere
- **Aktien**

  → **Teilhaberpapiere** (Dividendenpapiere) = Anteilspapiere
- **Investmentzertifikate**

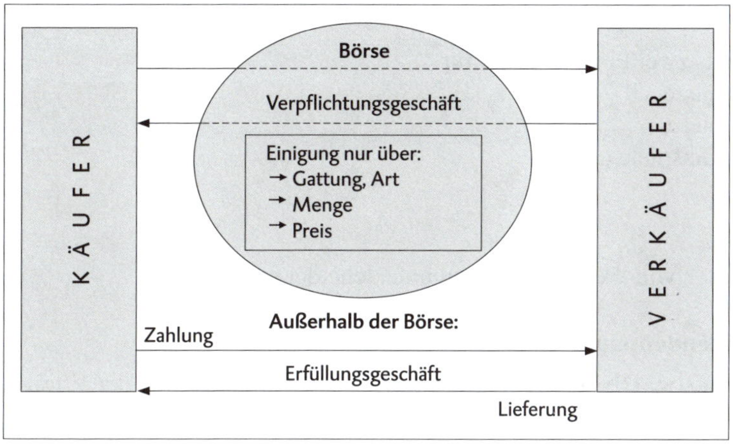

Der Handel mit Wertpapieren – das Börsengeschäft

Wiederhole und lerne

- Unter **Effekten** versteht man vertretbare Wertpapiere, die an der Börse gehandelt werden.
- Die Deutsche Bundesbank unterscheidet Gläubiger- und Teilhaberpapiere oder festverzinsliche Wertpapiere und Dividendenpapiere.
- Die Wertpapiere werden in Deutschland an den acht Präsenzbörsen und an der Computerbörse XETRA gehandelt.
- Als Beispiele für festverzinsliche Wertpapiere gelten Pfandbriefe, Anleihen, Obligationen.
- Zu den Teilhaberpapieren zählt die Aktie, die als das bekannteste Wertpapier gilt.
- Die Kapitalwertpapiere sind fungible (vertretbare) Wertpapiere, d. h. sie sind beliebig austauschbar, ohne dass ein Wertverlust bzw. -gewinn entsteht, und damit vergleichbar. Der Handel ist somit an der Börse möglich.
- Die Börse ist ein organisierter Markt für den Handel von vertretbaren Gegenständen.

Aufgabe 110

Ergänze den folgenden Text mit entsprechenden Begriffen.

Unter Effekten versteht man ______________________ Wertpapiere, die an der ____________ gehandelt werden. Die Kapitalwertpapiere sind ____________ (____________) Wertpapiere, d. h., sie sind ____________ austauschbar, ohne dass ein __________________ bzw. __________________ entsteht, und damit __________________.

Aufgabe 111

a) Nenne jeweils zwei Ersatzbegriffe für
   Gläubigerpapiere,
   Teilhaberpapiere.
b) Gib jeweils Beispiele dazu an.

Aufgabe 112

Welche zwei Arten von Wertpapierbörsen unterscheidet man?

2.2.1 Die Dividendenpapiere

Die **Aktie** ist ein sog. **Dividendenpapier.** Diesen Namen hat es von der Ertragsart, dem schwankenden **Gewinnanteil.** In der Fachsprache bezeichnet man den Gewinnanteil als **Dividende** (schwankender Ertrag). Die Aktien verbriefen Teilhaberrechte an einer Aktiengesellschaft (z. B. große Unternehmen). Der Eigentümer einer Aktie ist mit dem Nennwert seiner Aktie am Grundkapital der Aktiengesellschaft beteiligt. Aktien werden deshalb als **Teilhaberpapiere** bezeichnet. Die Aktiengesellschaft hat ein in Aktien zerlegtes Grundkapital (§ 1 AktG). Das Grundkapital muss auf einen Nennbetrag in Euro lauten (§ 6 AktG). Der Mindestnennbetrag des Grundkapitals ist fünfzigtausend Euro (§ 7 AktG). Die Aktien können entweder als Nennbetragsaktien oder als Stückaktien begründet werden (§ 8 Abs. 1AktG). **Nennbetragsaktien** müssen auf mindestens einen Euro lauten (§ 8 Abs. 2 Satz 1 AktG). **Stückaktien** lauten auf keinen Nennbetrag (§ 8 Abs. 3 Satz 1 AktG).
Die Aktie besteht aus dem **Mantel** (Urkunde), der die Teilhaberrechte beschreibt, und dem **Bogen.** Der Bogen ist der sog. Dividendenschein (Gewinnanteilsschein), er beschreibt das Gewinnanteilsrecht. Der Bogen besteht aus dem Kupon (tatsächlicher Gewinnanteilsschein) und dem Talon (Erneuerungsschein).

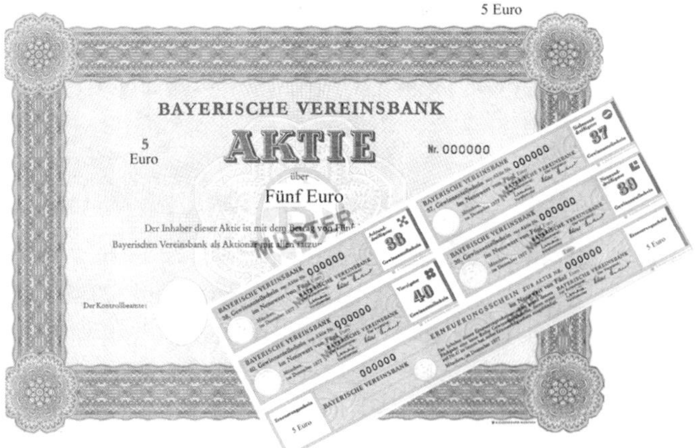

Investmentzertifikate verbriefen ein Miteigentum an einem Sondervermögen einer Kapitalanlagegesellschaft (Investmentgesellschaft). Der Eigentümer eines Investmentzertifikats (Anteilinhaber) hat grundsätzlich
- Miteigentum nach Bruchteilen am Sondervermögen,
- Anspruch auf Beteiligung am Ertrag.

Wiederhole und lerne

- **Aktien** sind Teilhaberpapiere; mit dem Nennwert dieser Papiere ist der Eigentümer der Aktie an einer Aktiengesellschaft beteiligt.
- Der Ertrag dieser Aktie ist der Gewinnanteil, die Dividende (schwankender Ertrag).
- Die Aktie besteht aus dem Mantel (Urkunde) und dem Bogen (Dividendenschein = Gewinnanteilsschein).
- **Investmentzertifikate** sind Anteilsscheine an einer Kapitalanlagegesellschaft.
- Der Anteilinhaber hat u. a. Anspruch auf Beteiligung am Ertrag.

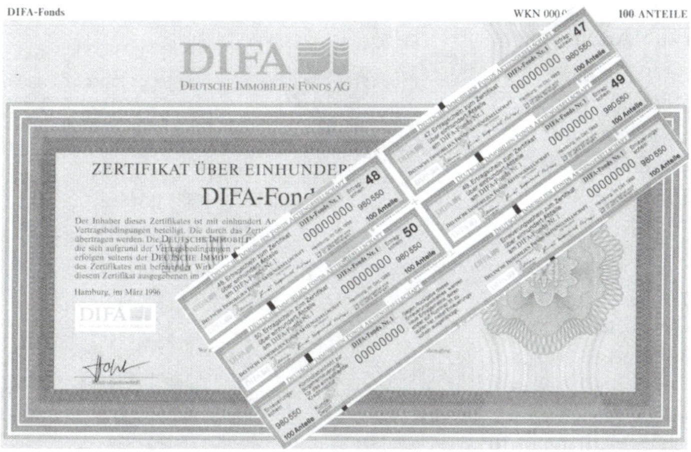

Aufgabe 113

Welche der nachstehenden Aussagen treffen auf die Aktien zu? Kreuze entsprechend an.

a) Aktien werfen einen festen Ertrag ab. ☐
b) Die Aktien verbriefen Teilhaberrechte. ☐
c) Aktien werden als Dividenden- und Teilhaberpapiere bezeichnet. ☐
d) Der Bogen der Aktie besteht nur aus dem Erneuerungsschein (Talon). ☐
e) Die Aktien zählen nicht zu den Effekten. ☐
f) Die Aktien werden von Aktiengesellschaften ausgegeben. ☐
g) Die Dividende wird als Zins bezeichnet. ☐

Aufgabe 114

Von wem werden die Investmentzertifikate ausgegeben?

2.2.2 Die festverzinslichen Wertpapiere

Die festverzinslichen Wertpapiere sind **Schuldverschreibungen.** Die Schuldverschreibungen sind verbriefte Kredite. Sie verkörpern Forderungsrechte. Der Inhaber einer Schuldverschreibung hat

- Anspruch auf Rückzahlung,
- Anspruch auf Zinsen.

Dem Aussteller dienen Schuldverschreibungen zur Beschaffung von Fremdkapital. Der Aussteller (Emittent) ist Anleiheschuldner.
Dem Anleger dienen Schuldverschreibungen zur verzinslichen Vermögensanlage. Er erwirbt eine verbriefte Darlehensforderung. Er ist Anleihegläubiger. In der Bankpraxis werden Schuldverschreibungen auch als festverzinsliche Wertpapiere bezeichnet. Die Begriffe Anleihe, Schuldverschreibung und Obligation werden sowohl für den Gesamtbetrag einer Anleihe als auch für die einzelnen Stücke (Teilschuldverschreibungen) verwendet.

Die Aussteller und die Arten von Schuldverschreibungen sind sehr verschieden. Die öffentliche Hand stellt Bundes- und Landesanleihen, Bundesobligationen usw. aus. Banken stellen Pfandbriefe, Obligationen usw. aus. Industrieunternehmen stellen z. B. Industrieschuldverschreibungen aus.
Auch festverzinsliche Wertpapiere bestehen aus Mantel und Bogen. Den Bogen bildet hier der Zinsschein, der eine jährlich feste Verzinsung verbrieft.
Festverzinsliche Wertpapiere werden auch als Gläubigerpapiere bzw. Rentenpapiere bezeichnet. Der verbriefte Zinssatz ermöglicht jährlich einen festen Zinsertrag.

Wiederhole und lerne

- Die festverzinslichen Wertpapiere werden auch als Schuldverschreibungen, Gläubigerpapiere bzw. Rentenpapiere bezeichnet.
- Der Inhaber dieser Papiere hat Anspruch auf Rückzahlung und Anspruch auf Zinsen.
- Folgende Arten von festverzinslichen Wertpapieren werden unterschieden:
  - Anleihen,
  - Pfandbriefe,
  - Obligationen,
  - Industrieschuldverschreibungen.
- Festverzinsliche Wertpapiere werfen einen jährlich festen Zinsertrag ab, der an einem festgelegten Zeitpunkt fällig wird.
- Dem Aussteller dienen festverzinsliche Wertpapiere zur Beschaffung von Fremdkapital, dem Anleger zur verzinslichen Vermögensanlage und Altersvorsorge (langfristige Anlage).

Aufgabe 115

Welche der nachstehenden Aussagen treffen auf festverzinsliche Wertpapiere zu? Kreuze entsprechend an.

a) Der Besitzer eines Pfandbriefes hat Anspruch auf Rückzahlung des angelegten Betrags. ☐
b) Obligationen sind Teilhaberpapiere. ☐
c) Die festverzinslichen Wertpapiere haben einen unregelmäßigen Ertrag. ☐
d) Anleihen sind Rentenpapiere. ☐
e) Gläubigerpapiere verkörpern Forderungsrechte. ☐
f) Der jährlich feste Ertrag ist ein Kennzeichen der festverzinslichen Wertpapiere. ☐
g) Industrieschuldverschreibungen bestehen nur aus dem Bogen (Urkunde). ☐

Aufgabe 116

Worin besteht der Unterschied zwischen Gläubiger- und Teilhaberpapieren?

2.3 Die Berechnungen und Buchungen im Aktienverkehr

Im Rahmen des Wertpapierverkehrs erscheinen für die Wertpapiere, die an der Wertpapierbörse gehandelt werden, zweierlei Wertbegriffe, der Nennwert und der Kurswert.
Unter dem **Nennwert** (Nominalwert) versteht man den auf einem Wertpapier aufgedruckten Wert. Bei den Nennbetragsaktien ist es der betragsmäßige Anteil am Grundkapital. Der Mindestnennbetrag der Aktie beträgt einen Euro.
Bei den festverzinslichen Wertpapieren ist der Nennwert die Höhe der Forderung, die der Besitzer des Wertpapiers gegenüber dem Aussteller (Emittenten) hat. Der Mindestnennbetrag bei den Gläubigerpapieren beträgt 100,00 €.
Um den Wert der gehandelten Wertpapiere feststellen zu können, werden an der Börse Kurse (Preise) für die Wertpapiere ermittelt. Der **Kurs** ist der Preis, der sich durch Angebot und Nachfrage für Wertpapiere an den Börsen bildet.

Unter **Kurswert** (Marktwert) versteht man den Preis für eine bestimmte Anzahl von Wertpapieren (Effekten), also den Marktwert (tatsächlicher Wert) der gehandelten Wertpapiere.
Wertpapierkurse werden für Aktien als **Stückkurse** (in Euro je Stück) und für festverzinsliche Wertpapiere als **Prozentkurse** (in Euro je 100 € Nennwert, also als Prozentangabe) notiert (angegeben).

Bei der Berechnung des Kurswertes wird von folgenden Formeln ausgegangen:

- Kurswert bei Aktien = Stückkurs · Stückzahl
- $\text{Kurswert bei festverzinslichen Wertpapieren} = \frac{\text{Nennwert} \cdot \text{Prozentkurs}}{100}$

Wiederhole und lerne

- Bei der Wertfeststellung der Wertpapiere werden zwei Werte unterschieden: Nennwert (Nominalwert), Kurswert (Marktwert).
- Der Nennwert ist der aufgedruckte Wert, der auf dem Mantel (Urkunde) des Wertpapiers ablesbar ist.
- Der Kurswert ist der Marktwert, der an der Börse für die gehandelten Wertpapiere festgestellt wird.
- Der Kurs ist der Preis, der sich durch Angebot und Nachfrage für Wertpapiere an den Börsen bildet.
- Aktien werden zum Stückkurs notiert, festverzinsliche Wertpapiere zum Prozentkurs.
- Formeln zur Kurswertberechnung:
  KW für Aktien = Stückkurs · Stückzahl
  $\text{KW für Gläubigerpapiere} = \frac{\text{Nennwert} \cdot \text{Prozentkurs}}{100}$

Aufgabe 117

Welche Aussage gilt für Teilhaberpapiere, welche für Gläubigerpapiere?
Kreuze jeweils die richtige Spalte an.

	Teilhaber-papiere	Gläubiger-papiere
a) Die Notierung erfolgt zum Stückkurs.	☐	☐
b) Der Nennwert des Wertpapiers beträgt mindestens 100,00 €.	☐	☐
c) Der Nennwert ist eine Forderung an den Wertpapierausgeber.	☐	☐
d) Die Stückelung (Nennwertangabe) beträgt einen €.	☐	☐
e) Der Inhaber des Wertpapiers ist mit dem Nennwert an der Firma beteiligt.	☐	☐
f) Das Wertpapier wird mit dem Prozentkurs notiert.	☐	☐
g) Der Kurswert wird mit folgender Formel ermittelt: Stückkurs · Stückzahl.	☐	☐
h) Der Kurswert ist der Marktwert.	☐	☐
i) Folgende Formel führt zum Kurswert: $\frac{\text{Nennwert} \cdot \text{Prozentkurs}}{100}$	☐	☐
j) Der Nennwert ist der aufgedruckte Wert.	☐	☐
k) Der Kurs ist der Preis, der sich durch Angebot und Nachfrage für Wertpapiere an Börsen bildet.	☐	☐

2.3.1 Die Abrechnung und Buchung beim Kauf und Verkauf von Aktien

Beim Kauf und Verkauf von Aktien fallen Spesen an. Nachdem der Bankkunde die Börsengeschäfte über die Bank abwickelt, fallen zwei Arten von Spesen an:

- **Spesen der Bank,** z. B. die Bankprovision, Bearbeitungsgebühren, sonstige Gebühren und Auslagen.
- **Gebühren der Börse,** z. B. Maklergebühren (Courtage).

Natürlich differieren die Spesen von Bank zu Bank. Hier werden bei Aktienabrechnungen pauschal 1 % Spesen vom Kurswert angesetzt.

Buchhalterisch werden die Aktien auf dem aktiven Bestandskonto 2700 WP (Wertpapiere des Umlaufvermögens) erfasst. Beim Kauf von Aktien wird die Banklastschrift im Soll von 2700 WP eingebucht. Die anfallenden Spesen werden als Anschaffungsnebenkosten ebenfalls auf diesem Konto erfasst (aktiviert):
Banklastschrift = Kurswert + Spesen.

Kauf von Aktien

Beispiel 1

Diese Kaufabrechnung liegt der Buchhaltung der Fa. *Ottus Eichus* zur Verbuchung vor.

Sparkasse Nittenau

IHR WERTPAPIER-KAUF

wird wie folgt abgerechnet. Die Wertpapiere buchen wir in der angegebenen Verwahrart, den Endbetrag verrechnen wir über das angegebene Konto.

ausgeführt in: München
am: 20.03.07

ISIN	Wertpapierbezeichnung	Zinstermin
DE0007000075	VW-Aktien	

Laufzeitende · Künd-/tilgbar ab: · *Tilgungsschl.[2]

Währung[3]	Nennwert/Stückzahl	Kurs	Umrechnungskurs[4]		€-Beträge
St	50	107,5		Kurswert:	53.750,00

Zinsen per · Zinslauf ab · Nächstfäll. Kupon · Zinstage · KapSt. · St.-Schl. I/II[5]

+ Spesen 1 % v. KW	537,50
Zu Ihren Lasten	54.287,50

Firma WOE
Wohnkreativ Ottus Eichus
Ludwig-Thoma-Weg 4
93149 Nittenau

Wert: 22.03.07
auf Konto: 747444

Bei Rückfragen bitte angeben!

Ordernummer	Abrechnungsnummer	Abrechnungstag
4110081	98-78541	20.03.07
Depotnummer/Depot-Art	**Kundendepot-Nr.**	**Verwahrort**
7100299	12345	Sammel
Lagerstelle	**Lagerstaat**	**S-Nr./Sonderheiten**

Diese Abrechnung ist ohne Unterschrift gültig.

Buchungssatz				
2700 WP		an	2800 BK	54.287,50 €

Beispiel 2

Die Fa. *Ottus Eichus* hat Liquiditätsmittel frei und kauft über ihre Hausbank 200 High-Tech-Aktien zum Kurs von 190,00 €. Die Spesen betragen 1 % vom Kurswert. Erstelle die Kaufabrechnung und den Buchungssatz.

Lösung

Kaufabrechnung

200 Stck. High-Tech-Aktien zu 190,00 €	38.000,00 €
+ 1 % Spesen vom Kurswert	380,00 €
Banklastschrift (Anschaffungskosten)	38.380,00 €

Buchungssatz				
2700 WP		an	2800 BK	38.380,00 €

Verkauf von Aktien
Beim Verkauf von Aktien wird die Bankgutschrift auf dem Konto 2800 BK im Soll erfasst. Da jedoch der Verkaufserlös (Bankgutschrift) immer unterschiedlich ist im Vergleich zu den Anschaffungskosten (Buchwert = Banklastschrift), ergeben sich folgende Möglichkeiten:
a) Verkaufserlös > Anschaffungskosten = Kursgewinn
b) Verkaufserlös < Anschaffungskosten = Kursverlust

Die Anschaffungskosten werden beim Verkauf der Aktien im Haben des Kontos 2700 WP ausgebucht. Ein dabei entstandener Kursgewinn wird im Ertragskonto 5784 EAWP im Haben erfasst. Der Kursverlust wird im Aufwandskonto 7460 VAWP im Soll gebucht.

Beispiel 1

Verkauf über dem Buchwert
Die Fa. *Ottus Eichus* verkauft über ihre Hausbank 300 Stück Tele-Aktien zum Kurs von 170,00 €. Die Raiffeisenbank verlangt 1 % Spesen vom Kurswert. Der Buchwert (Banklastschrift) der Tele-Aktien beträgt 45.450,00 €. Erstelle die Verkaufsabrechnung und verbuche diesen Vorgang.

Lösung

Verkaufsabrechnung

300 Stck. Tele-Aktien zu 170,00 €	51.000,00 €
– 1 % Spesen vom Kurswert	510,00 €
Bankgutschrift (Verkaufserlös)	50.490,00 €

Zur Verbuchung dieses Vorgangs ist folgende Nebenrechnung erforderlich:

Bankgutschrift	50.490,00 €
– Banklastschrift	45.450,00 €
Kursgewinn	5.040,00 €

Buchungssatz
Verkauf über dem Buchwert (Kursgewinn)

2800 BK	50.490,00 €	an	2700 WP	45.450,00 €
			5784 EAWP	5.040,00 €

Beispiel 2

Verkauf unter dem Buchwert

Folgender Beleg liegt der Fa. *Ottus Eichus* zur Verbuchung vor:

Sparkasse Nittenau

wird wie folgt abgerechnet. Die Wertpapiere buchen wir in der angegebenen Verwahrart, den Endbetrag verrechnen wir über das angegebene Konto.

IHR WERTPAPIER-KAUF

ausgeführt in: München
am: 29.03.07

ISIN	Wertpapierbezichnung	Zinstermin
DE0008000083	Dresdner Bank-Aktien	

Laufzeitende | Künd-/tilgbar ab: | *Tilgungsschl.:[2]

Währung:[3]	Nennwert/Stückzahl	Kurs	Umrechnungskurs[4]		€-Beträge
St	200	84,55		Kurswert:	16.910,00

Zinsen per | Zinslauf ab | Nächstfäll. Kupon | Zinstage | KapSt. | St.-Schl. I/II[5]

– Spesen 1 % v. KW	169,10
Zu Ihren Lasten	16.740,90

Firma WOE
Wohnkreativ Ottus Eichus
Ludwig-Thoma-Weg 4
93149 Nittenau

Wert: 30.03.07
auf Konto: 747444

Bei Rückfragen bitte angeben!

Ordernummer	Abrechnungsnummer	Abrechnungstag
37890081	98-98999	29.03.07
Depotnummer/Depot-Art	Kundendepot-Nr.	Verwahrort
7100299	12345	Sammel
Lagerstelle	Lagerstaat	S-Nr./Sonderheiten

Diese Abrechnung ist ohne Unterschrift gültig.

Lösung

Der Buchwert der Aktien betrug 17.574,00 €. Zur Verbuchung dieses Vorgangs ist folgende Nebenrechnung erforderlich:

Bankgutschrift	16.740,90 €
– Banklastschrift	17.574,00 €
Kursverlust (–)	833,10 €

Buchungssatz

Verkauf unter dem Buchwert (Kursverlust)

2800 BK	16.740,90 €			
7460 VAWP	833,10 €	an	2700 WP	17.574,00 €

Wiederhole und lerne

- Beim Kauf von Aktien erhöhen die Spesen die Anschaffungskosten (Banklastschrift), beim Verkauf von Aktien vermindern die Spesen den Verkaufserlös (Bankgutschrift).
- Die Spesen werden als Anschaffungsnebenkosten nicht separat gebucht, sondern aktiviert (auf dem Konto 2700 WP erfasst).
- Ein Kursgewinn entsteht, wenn der Verkaufserlös (Bankgutschrift) **größer** ist als die Anschaffungskosten (Banklastschrift).
- Ein Kursverlust ergibt sich, wenn der Verkaufserlös (Bankgutschrift) **kleiner** ist als die Anschaffungskosten (Banklastschrift).
- Die Banklastschrift (Kauf) erhöht den Aktienbestand im Konto 2700 WP im Soll, das Konto 2800 BK vermindert sich dadurch im Haben.
- Die Bankgutschrift (Verkauf) erhöht das Konto 2800 BK im Soll, das Konto 2700 WP wird um die Anschaffungskosten der verkauften Papiere vermindert.
- Ein Kursgewinn wird im Ertragskonto 5784 EAWP im Haben erfasst.
- Der Kursverlust wird im Aufwandskonto 7460 VAWP im Soll gebucht.

Aufgabe 118

Die Fa. *Ottus Eichus* kauft 150 Aktien. Die Banklastschrift lautet über 13.635,00 €.

a) Wie lautet die Buchung für den Kauf dieser Aktien?

b) Zu welchem Kurs hat die Fa. *Ottus Eichus* diese Aktien gekauft, wenn die Bank 1 % Spesen vom Kurswert berechnet hat?

c) Die Fa. *Ottus Eichus* erhält beim Verkauf dieser Aktien von der Bank 17.077,50 € gutgeschrieben. Wie lautet der Buchungssatz beim Verkauf?

d) Ermittle den Verkaufskurs, wenn die Bank 1 % Spesen vom Kurswert verlangt.

Aufgabe 119

Bilde die Buchungssätze bei der Fa. *Ottus Eichus* für folgende Geschäftsfälle:

a) Kauf von K-Aktien Kurswert 1.800,00 €, die Bank verlangt 1 % Spesen v. KW.

b) Kauf von 250 Z-Aktien zum Kurs von 115,00 €, 1 % Spesen v. KW.

c) Die Z-Aktien werden nach einer Kurssteigerung um 25 Punkte wieder verkauft, 1 % Spesen v. KW.

d) Die K-Aktien werden nach einer Baisse wieder verkauft, die Bank schreibt uns 1.520,00 € gut.

Aufgabe 120

Beim Kauf von Aktien belastet die Bank die Fa. *Ottus Eichus* mit 23.634,00 €.

a) Bilde den Buchungssatz für diesen Aktienkauf.

b) Wie viele Aktien hat die Fa. *Ottus Eichus* gekauft, wenn der Stückkurs 156,00 € betrug und die Bank 1 % Spesen vom Kurswert berechnet hat?

c) Die Fa. *Ottus Eichus* verkauft nach einem halben Jahr die Hälfte dieses Aktienpakets zu einem Kurs von 170,00 €. Erstelle die Verkaufsabrechnung, wenn die Bank 1 % Spesen vom KW berechnet. Bilde den Buchungssatz für diesen Verkauf.

Aufgabe 121

a) Erstelle die Kaufabrechnung (Spesen 1 % v. KW) und buche jeweils:

	Kaufkurs	Stückzahl	Aktien
(1)	890,00 €	110	DEFA-AG
(2)	160,00 €	500	DRAGO-AG
(3)	280,00 €	200	ELOR AG

b) Erstelle die Verkaufsabrechnung (Spesen 1 % v. KW) für die unter a) genannten Aktien, wenn folgende Verkaufskurse vorliegen:
(zu 1) 940,00 €
(zu 2) 167,00 €
(zu 3) 265,00 €
Bilde für jeden Verkaufsvorgang den Buchungssatz.

Aufgabe 122

Welche Aussagen zur Abrechnung und Buchung beim Kauf und Verkauf von Aktien sind richtig? Kreuze entsprechend an.

		richtig	falsch
a)	Ein Kursverlust entsteht, wenn die Anschaffungskosten kleiner sind als der Verkaufserlös.	☐	☐
b)	Die Banklastschrift für einen Aktienkauf wird im Soll von 2700 WP gebucht.	☐	☐
c)	Die Spesen werden nicht aktiviert.	☐	☐
d)	Die Bankgutschrift wird im Konto 5784 EAWP erfasst.	☐	☐
e)	Wenn der Verkaufserlös größer ist als die Anschaffungskosten, spricht man von einem Kursgewinn.	☐	☐
f)	Die Spesen erhöhen die Anschaffungskosten.	☐	☐
g)	Der Kursverlust wird im Konto 7460 VAWP im Haben erfasst.	☐	☐
h)	Beim Verkauf von Aktien nimmt das Konto 2700 WP zu.	☐	☐
i)	Der Kursgewinn wird im Konto 5784 EAWP im Haben erfasst.	☐	☐

2.3.2 Die Dividendenerträge

Die börsenfähigen Wertpapiere können nach der Art des Ertrags unterschieden werden. So unterscheiden sich die Dividendenpapiere von den festverzinslichen Wertpapieren.
Aktien sind Dividendenpapiere und ermöglichen als sog. Teilhaber- bzw. Anteilspapiere dem Inhaber das Anteilsrecht am Unternehmensgewinn einer Aktiengesellschaft. Die Höhe der **Dividende (Gewinnanteil)** ist u. a. abhängig vom Unternehmensgewinn. Bedeutsam ist, wie sich die Hauptversammlung einer AG über die Verwendung des Bilanzgewinns entscheidet.
Buchhalterisch werden die Dividenden auf dem **Ertragskonto 5780 DDE** (Dividendenerträge) im Haben erfasst.

Beispiel 1

Die Fa. *Wohnkreativ Ottus Eichus* erhält für 200 Stück Tech-Aktien je Aktie 0,90 € Dividende auf dem Girokonto gutgeschrieben.

Buchungssatz				
2800 BK		an	5780 DDE	180,00 €
				(200 Stück · 0,90 €)

Beispiel 2

Folgender Beleg liegt der Buchhaltung der Fa. *Wohnkreativ Ottus Eichus* vor:

RAIFFEISENBANK NITTENAU
93149 NITTENAU

MKZ	VA	AUSZ.-NR. BL.-NR.	KONTO-NR.
		81/1	337

BU-TAG	TEXT	PNR	VALUTA	UMSATZ* €
01.03.07	Dividendengutschrift	1500	01.03.	625,00 H

Unstimmigkeiten bitten wir unserer Revision mitzuteilen. Bitte beachten Sie auch die Rückseite.

Herrn/Frau/Fräulein/Firma
Firma Wohnkreativ
Ottus Eichus
Ludwig-Thoma-Weg 1
93149 Nittenau

Kontoauszug

LETZTE ERSTELLUNG	ALTER KONTOSTAND
28.02.2007	18.557,57 S
ERSTELLUNGSTAG	**NEUER KONTOSTAND**
01.03.2007	17.932,57 S

Bankgeschäfte im Internet? Schnell und bequem!
unter www.RB-SCHWANDORF-NITTENAU.DE

* S = BELASTUNG / H = GUTSCHRIFT

Buchungssatz				
2800 BK		an	5780 DDE	625,00 €

Wiederhole und lerne

- Die Dividende erhält der Besitzer von Aktien.
- Aktien sind sog. Dividendenpapiere (Teilhaber- oder Anteilspapiere).
- Die Dividende ist der Gewinnanteil.
- Die Ausschüttung des Gewinns ist u. a. abhängig von der Höhe des Bilanzgewinns (Aktiengesetz).
- Die Beschlussfassung der Gewinnausschüttung erfolgt in der Hauptversammlung der AG.
- Die Höhe der Dividende, die ein Aktienbesitzer erhält, ist abhängig vom jeweiligen Aktienbesitz und bezieht sich auf den Gesamtnennwert.
- Die Dividende wird bei der Gutschrift auf dem Ertragskonto 5780 DDE im Haben erfasst.

Aufgabe 123

Folgender Beleg liegt der Buchhaltung der Fa. *Wohnkreativ Ottus Eichus* vor:

RAIFFEISENBANK NITTENAU
93149 NITTENAU

MKZ	VA	AUSZ.-NR. BL.-NR.	KONTO-NR.
		113/1	337

BU-TAG	TEXT	PNR	VALUTA	UMSATZ* €
02.04.07	Dividendengutschrift	2003	02.04.	450,00 H

Unstimmigkeiten bitten wir unserer Revision mitzuteilen. Bitte beachten Sie auch die Rückseite.

Herrn/Frau/Fräulein/Firma
Firma Wohnkreativ
Ottus Eichus
Ludwig-Thoma-Weg 1
93149 Nittenau

Kontoauszug

LETZTE ERSTELLUNG	ALTER KONTOSTAND
30.03.2007	18.557,57 S
ERSTELLUNGSTAG	**NEUER KONTOSTAND**
02.04.2007	18.107,57 S

Bankgeschäfte im Internet? Schnell und bequem!
unter www.RB-SCHWANDORF-NITTENAU.DE

* S = BELASTUNG / H = GUTSCHRIFT

a) Wie lautet der Buchungssatz hierfür?

b) Die Stückdividende beträgt 0,90 €. Wie viele Aktien besitzt die Fa. *Wohnkreativ Ottus Eichus*?

Aufgabe 124

Bilde die Buchungssätze bei der Fa. *Ottus Eichus* für folgende Geschäftsfälle:

a) Wir erhalten für unsere Auto-Aktien die Dividende auf unserem Bankkonto gutgeschrieben, 2.800,00 €.
b) Auf unserem Bankkonto erhalten wir eine Dividende in Höhe von 1.380,00 € gutgeschrieben.
c) Bankgutschrift für Dividende, 1.500,00 €.

Aufgabe 125

Welche Aussagen zur Dividende sind richtig?
Kreuze entsprechend an.

	richtig	falsch
a) Die Dividende ist der Gewinnanteil.	☐	☐
b) Der Besitzer von Pfandbriefen erhält eine Dividende.	☐	☐
c) Jeder Wertpapierbesitzer erhält eine Dividende.	☐	☐
d) Die Dividende orientiert sich am Nennwert.	☐	☐
e) Die Dividende ist der Ertrag für Teilhaberpapiere.	☐	☐
f) Die Dividende wird auf dem Ertragskonto 5784 EAWP gebucht.	☐	☐
g) Bei der Dividendenzahlung erhöht sich unser Bankguthaben.	☐	☐
h) Die Formel zur Berechnung des Dividendenprozentsatzes hat im Nenner den Kurswert.	☐	☐

2.3.3 Die effektive (tatsächliche, wirkliche) Verzinsung bei Aktien

Unter effektiver Verzinsung von Wertpapieren versteht man auch die Rentabilität bzw. Rendite von Wertpapieren. Selbstverständlich verwenden Bankpraktiker diese Begriffe in unterschiedlicher Bedeutung.
Grundsätzlich richtet sich die **Rentabilität** einer Geld- und Vermögensanlage nach ihren Erträgen und nach den Kosten, die sie verursacht. Als Erträge kommen in Frage:

- laufende, vertraglich fest vereinbarte Erträge, z. B. Zinsen,
- laufende variable Erträge, z. B. Gewinnanteile,
- Kursgewinne usw.

Geschmälert werden können diese Erträge durch verschiedene Bankgebühren, wie z. B. Depotgebühren, Bearbeitungsgebühren usw., aber natürlich auch durch Kursverluste.
Maßstab für die Beurteilung der Rentabilität einer Geld- und Kapitalanlage ist die **Rendite** als Verhältnis des jährlichen Ertrags bezogen auf den Kapitaleinsatz.
Unterschieden werden muss die effektive Verzinsung von der Nominalverzinsung. Die Nominalverzinsung ist z. B. beim festverzinslichen Wertpapier der Zinssatz, der auf der Wertpapierurkunde (Mantel) aufgedruckt ist, bezogen auf den Nennwert.

Die effektive Verzinsung von Wertpapieren wird ähnlich wie der effektive Zinssatz bei Krediten mittels der abgewandelten Zinssatzformel berechnet.

$$\text{Zinssatz} = \frac{Z \cdot 100 \cdot 365}{K \cdot t}$$

$$\text{effektive Verzinsung von Wertpapieren} = \frac{\text{Ertrag} \cdot 100 \cdot 365}{\text{Kapitaleinsatz} \cdot \text{Besitzdauer}}$$

Folgende Größen der Zinssatzformel werden ersetzt:
- der Ertrag entspricht den Zinsen;
- der Kapitaleinsatz entspricht dem Kapital.

Beispiel 1

EV unter Berücksichtigung von Kursänderungen und Spesen
Ein Unternehmen kaufte 50 Aktien zum Kurs von 38,00 €. Am 04. 01. erhielt das Unternehmen eine Bankgutschrift für Dividende, nämlich 9,00 € je Aktie. Aufgrund gestiegener Kurse wurden die Aktien nach einer Besitzdauer von 181 Tagen am 04. 07. zu 53,20 € wieder verkauft. Die Kauf- und Verkaufsspesen betrugen jeweils 1 % v. KW. Die Depotgebühr wurde dem Bankkonto in Höhe von 25,00 € belastet.
Berechne die effektive Verzinsung.

Lösung

1. Kapitaleinsatz: Kaufabrechnung

50 Aktien zu 38,00 € KW	1.900,00 €
+ 1 % Spesen v. KW	19,00 €
Banklastschrift **(Kapitaleinsatz)**	1.919,00 €

2. Ertrag während der Besitzdauer: Verkaufsabrechnung

50 Aktien zu 53,20 € KW	2.660,00 €	
– Spesen 1 % v. KW	26,60 €	
Bankgutschrift (Verkaufserlös)	2.633,40 €	
– Banklastschrift (Kapitaleinsatz)	1.919,00 €	
Kursgewinn	714,40 €	
+ Dividende	450,00 €	(50 Stck · 9,00 €)
– Depotgebühren	25,00 €	
Ertrag in 181 Tagen	1.139,40 €	

3. Effektive Verzinsung

$$EV = \frac{1.139{,}40 \cdot 100 \cdot 365}{1.919{,}00 \cdot 181} = \underline{\underline{119{,}73\,\%}}$$

Die effektive Verzinsung ist außergewöhnlich hoch, sie beträgt 119,73 %.

Aufgabe 126

Überlege und begründe, was die Ursache für diese enorme Rendite sein kann!

Beispiel 2

EV unter Berücksichtigung von Kursänderungen, jedoch ohne Berücksichtigung von Spesen

Ein Unternehmen kaufte Aktien zu 368,00 € und verkaufte sie nach einer Besitzdauer von 516 Tagen am 29. 06. zu 416,00 € wieder. An Dividende erhielt es 11,00 € je Stück. Ermittle die effektive Verzinsung.

Lösung

1. Kapitaleinsatz

Nachdem im Beispiel die Stückzahlangabe fehlt und die Spesen unberücksichtigt bleiben, ist der Kaufkurs in Höhe von 368,00 € der Kapitaleinsatz.

2. Ertrag während der Besitzdauer

Verkaufskurs	416,00 €
– Kaufkurs	368,00 €
Kursgewinn	48,00 €
+ Dividende	11,00 €
Ertrag in 516 Tagen	59,00 €

3. Effektive Verzinsung

$$EV = \frac{59 \cdot 100 \cdot 365}{368 \cdot 516} = \underline{\underline{11{,}34\,\%}}$$

Die effektive Verzinsung beträgt 11,34 %.

Wiederhole und lerne

- Die effektive Verzinsung von Aktien wird auch als Rentabilität bzw. Rendite bezeichnet.
- Die Rentabilität einer Geldanlage hängt von den Erträgen und den Kosten ab, die sie verursacht.
- Als Erträge kommen Gewinnanteile und Kursgewinne usw. in Frage.
- Diese Erträge können geschmälert werden durch verschiedene Bankgebühren, wie z. B. Depotgebühren, Bearbeitungsgebühren, aber auch durch Kursverluste.
- Unter Rendite versteht man das Verhältnis des jährlichen Ertrags bezogen auf den Kapitaleinsatz.
- Bei der Ermittlung der effektiven Verzinsung wird in drei Schritten vorgegangen:

1. Kapitaleinsatz:

Kaufabrechnung

KW beim Kauf
\+ Spesen

= Kapitaleinsatz

2. Ertrag während der Besitzdauer:

Verkaufsabrechnung

KW beim Verkauf
– Spesen

Verkaufserlös
– Kapitaleinsatz

= Kursgewinn/Kursverlust
\+ Dividende
– Depotgebühren

= Ertrag in der Besitzdauer

3. effektive Verzinsung von Aktien $= \frac{\text{Ertrag} \cdot 100 \cdot 365}{\text{Kapitaleinsatz} \cdot \text{Besitzdauer}}$

Aufgabe 127

Berechne die effektive Verzinsung der nachfolgenden Aktiengeschäfte unter Berücksichtigung der Kursänderung sowie 1 % Spesen vom Kurswert beim Kauf und Verkauf:

	Anzahl der Aktien	Kurs beim Kauf	Kurs beim Verkauf	Besitzdauer	Dividende	Depotgebühr
a)	30	137	160	471 Tage	5,00 € /7,00 €	25,00 €
b)	50	890	885	294 Tage	18,00 €	15,00 €
c)	20	290	335	390 Tage	9,00 €	20,00 €

Aufgabe 128

Im Wertpapierdepot der Fa. *Ottus Eichus* befinden sich u. a. 15 Öko-Aktien im Buchwert von 6.969,00 €. Am 20. 02. werden diese Wertpapiere zum Kurs von 485,00 € verkauft, die Bank berechnet 1 % Spesen vom Kurswert.

a) Erstelle die Verkaufsabrechnung.
b) Wie bucht die Fa. *Ottus Eichus* diesen Verkauf?
c) Die Fa. *Ottus Eichus* erzielt beim Verkauf von Umwelt-Aktien einen Gewinn von 840,00 €, die Besitzdauer betrug 70 Tage. Berechne die Banklastschrift der Aktien, wenn die effektive Verzinsung 20 % ausmachte.

Aufgabe 129

Ein Unternehmer kaufte am 04. 03. 2007 Air-Aktien zum Stückkurs von 330,00 €. Die Bank belastete ihn mit 19.998,00 €; sie berechnete 1 % Spesen vom Kurswert.

a) Wie viele Aktien hat der Unternehmer gekauft?
b) Die Bank schreibt dem Unternehmer am 24. 03. 2007 11,00 € Dividende pro Aktie gut. Bilde den Buchungssatz für die Dividendengutschrift.
c) Der Unternehmer verkaufte das Aktienpaket nach 390 Tagen mit einem Verlust von 693,00 €. Bilde den Buchungssatz für diesen Verkauf.
d) Wie hoch ist die effektive Verzinsung unter Berücksichtigung der Spesen, wenn der Unternehmer während der gesamten Besitzdauer insgesamt 1.200,00 € an Dividende erhielt und die Bank 40,00 € Depotgebühren verlangte?

Aufgabe 130

a) Was versteht man unter der Rendite?
b) Wovon hängt die Rentabilität von Wertpapieren ab?
c) Wie lautet die Formel zur Ermittlung der effektiven Verzinsung von Wertpapieren?
d) Welche Rechenschritte sind zur Berechnung der effektiven Verzinsung von Wertpapieren erforderlich?

3 Zusammenfassende Übungen zum Bereich der Finanzierung und Kapitalanlage

Aufgabe 131

Die folgende Grafik zeigt u. a., wie viel Schulden die privaten Haushalte 2005 hatten.

a) Kredite können aufgrund gemeinsamer Merkmale in Gruppen unterschieden werden. Welche Kriterien können zur Unterscheidung dienen?
b) Welchem Unterscheidungskriterium können die Konsumentenkredite zugeordnet werden?
c) Welchem prozentualen Anteil entsprechen die Konsumentenkredite an den Gesamtschulden der privaten Haushalte im Jahre 2005?
d) Nenne drei weitere Kreditarten.
e) Wofür können die privaten Haushalte Konsumentenkredite verwenden?

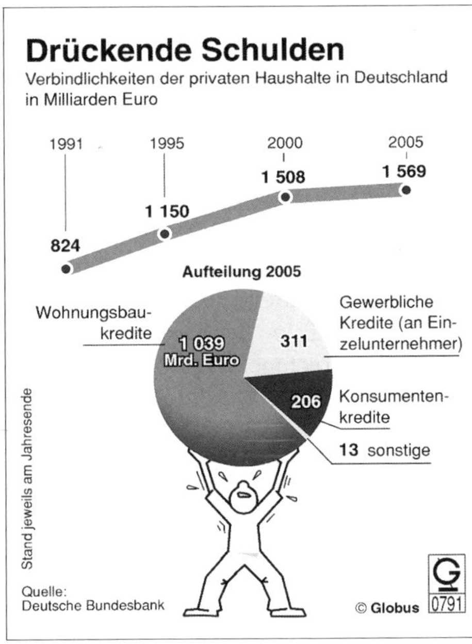

Aufgabe 132

Ein Unternehmen nimmt ein kurzfristiges Darlehen in Anspruch. Nach Abzug von 2 % Bearbeitungsgebühr werden ihm 49.000,00 € auf seinem Bankkonto gutgeschrieben. Überprüfe folgenden Buchungssatz, stelle etwaige Fehler fest und erstelle, wenn nötig, den richtigen Buchungssatz.

Buchungssatz				
2800 BK	49.000,00 €			
7510 ZAW	1.000,00 €	an	4250 KBKV	50.000,00 €

Aufgabe 133

Die Fa. *Wohnkreativ Ottus Eichus* will die vorliegende Rechnung (siehe unten) innerhalb der Skontofrist begleichen. Aufgrund eines Liquiditätsengpasses muss das Unternehmen jedoch den eingeräumten Kontokorrentkredit in Anspruch nehmen.

a) Bis zu welchem Termin muss die Rechnung beglichen werden, wenn das Unternehmen den Skonto beanspruchen will?

b) Über welchen Betrag lautet die Überweisung, wenn die Fa. *Ottus Eichus* per Skontoabzug bezahlt?

c) Begründe rechnerisch, ob es sich lohnt, einen Kredit aufzunehmen, um den Skonto auszunutzen, wenn die Bank 10,5 % Zinsen verlangt.

d) Welchem Zinssatz entspricht der Skonto von 2 %?

e) Wie lautet die Buchung für die Zahlung innerhalb der Skontofrist, wenn die Überweisung an den HW-Lieferer vom Kontokorrentkonto getätigt wird?

Elektrogroßhandel Hell, Karlsplatz 1, 80007 München

07-03-12

Firma
Wohnkreativ Ottus Eichus
Ludwig-Thoma-Weg 1
93149 Nittenau

Rechnungs-Nr. 07/28351

Bankverbindung:
Dresdner Bank
München BLZ 70080010
Kto-Nr. 33445566

Rechnung

Ihre Bestellung vom 07-03-05

St.-Zahl	Artikel-Nr.	Modellbezeichnung	Einzelpreis	Kaufpreis
20	111	Stehlampen „Modell Lang“	150,00€	3.000,00 €
		abzügl. 20 % Rabatt		600,00 €
				2.400,00 €
		+ 19 % USt.		456,00 €
				2.856,00 €

Zahlbar innerhalb von 7 Tagen mit 2 % Skonto oder innerhalb von 30 Tagen netto ohne Abzug. Die gelieferte Ware bleibt bis zur vollständigen Bezahlung Eigentum des Lieferanten.

Elektrogroßhandel Hell; Inh: C. Hell, e. Kfr.
Sitz: 80007 München
Registergericht München, HRA 8999
USt-IdNr.: DE 600732148
St. Nr. 386/71898/200

Aufgabe 134

Buche folgenden Geschäftsfall, indem du die Buchstaben der richtigen Konten in die Kästchen einträgst!

Die Bank belastet uns zum 30. 06. mit Kontoführungsgebühren 20,00 € und Sollzinsen 260,00 €.

a) 5710 Zinserträge
b) 2800 Bank
c) 6750 Kosten des Geldverkehrs
d) 4250 Langfristige Bankverbindlichkeiten
e) 2600 Vorsteuer
f) 7510 Zinsaufwendungen
g) 5430 Andere sonstige betriebliche Erträge

Soll	Haben
☐	☐
☐	☐
☐	☐

Aufgabe 135

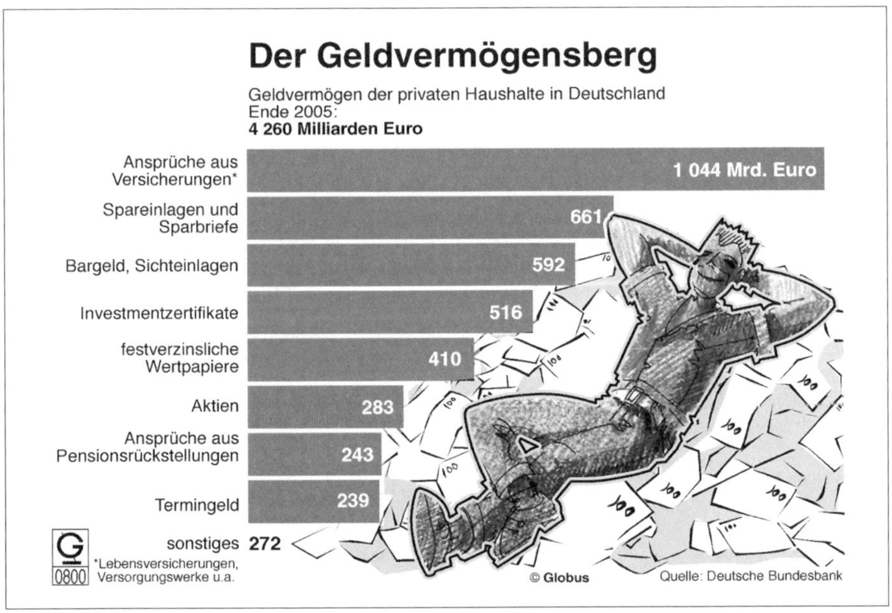

a) Wie viel Prozent betrug der Anteil der Spareinlagen am gesamten Geldvermögen der privaten Haushalte in Deutschland im Jahr 2005?
Ermittle den prozentualen Anteil der Aktien am gesamten Geldvermögen.

b) Versuche zu erklären, warum die Spareinlagen so weit vorne in der Reihenfolge stehen!

c) Nenne einen Grund, warum die Aktien fast an unterster (6. Stelle) Rangfolge stehen.

Aufgabe 136

Buche folgenden Geschäftsfall, indem du die Buchstaben der richtigen Konten in die Kästchen einträgst!
Wir zahlen ein Darlehen – Laufzeit 15 Monate – einschließlich der Zinsen zurück, 43.000,00 €. Das Darlehen war zu 100 % mit 40.000,00 € ausbezahlt worden.

a) 2880 Kasse
b) 2600 Vorsteuer
c) 4200 Kurzfristige Bankverbindlichkeiten
d) 7510 Zinsaufwendungen
e) 4250 Langfristige Bankverbindlichkeiten
f) 5710 Zinserträge
g) 2800 Bank

Soll	Haben
☐	☐
☐	☐
☐	☐

Aufgabe 137

Sparkasse Nittenau — **IHR WERTPAPIER-VERKAUF**

wird wie folgt abgerechnet. Die Wertpapiere buchen wir in der angegebenen Verwahrart, den Endbetrag verrechnen wir über das angegebene Konto.

ausgeführt in: München
am: 28.02.07

ISIN	Wertpapierbezichnung[1]	Zinstermin
DE0009000097	Deutsche Telekom-Aktien	

Laufzeitende — Künd-/tilgbar ab: — *Tilgungsschl.:[2]

Währung:[3]	Nennwert/Stückzahl	Kurs	Umrechnungskurs[4]		€-Beträge
St	500	36,20		Kurswert:	18.100,00

Zinsen per — Zinslauf ab — Nächstfäll. Kupon — Zinstage — KapSt. — St.-Schl. I/II[5]

– Spesen 1 % v. KW	181,00
Zu Ihren Gunsten	17.919,00

Firma WOE
Wohnkreativ Ottus Eichus
Ludwig-Thoma-Weg 1
93149 Nittenau

Wert: 02.03.07
auf Konto: 747444

Bei Rückfragen bitte angeben!

Ordernummer	Abrechnungsnummer	Abrechnungstag
456765	98-31777	28.02.07

Depotnummer/Depot-Art	Kundendepot-Nr.	Verwahrort
7100299	12345	Sammel
Lagerstelle	Lagerstaat	S-Nr./Sonderheiten

Diese Abrechnung ist ohne Unterschrift gültig.

a) Verbuche diese Verkaufsabrechnung bei der Fa. *Wohnkreativ Ottus Eichus*, wenn die Banklastschrift 15.629,75 € betrug.
b) Am 5. Februar 2007 erhält die Fa. *Ottus Eichus* 0,90 € Dividende je Stück gutgeschrieben. Bilde den Buchungssatz.
c) Berechne die effektive Verzinsung unter Berücksichtigung der Spesen für diese Geldanlage, wenn die Bank zudem 25,00 € Depotgebühren verlangt. Die Besitzdauer der Aktien beläuft sich auf 213 Tage.

Aufgabe 138

Die Fa. *Eichus* benötigt zur Anschaffung einer Kleinmaschine 88.200,00 €. Ihre Hausbank unterbreitet folgendes Darlehensangebot: Zinssatz 4,5 %, Laufzeit 270 Tage, Rückzahlung und Begleichung der Zinsen nach Ablauf von 270 Tagen, Bearbeitungsgebühr 2 %, bei Auszahlung Vorwegabzug.

a) Wie hoch ist das Darlehen für die Beschaffung dieser Kleinmaschine?
b) Wie lautet der Buchungssatz für die Auszahlung des Darlehens auf das Bankkonto?
c) Bilde den Buchungssatz für die Tilgung des Darlehens nach 270 Tagen einschließlich der Zinsen.
d) Ermittle den effektiven Zinssatz für das Darlehen.

Aufgabe 139

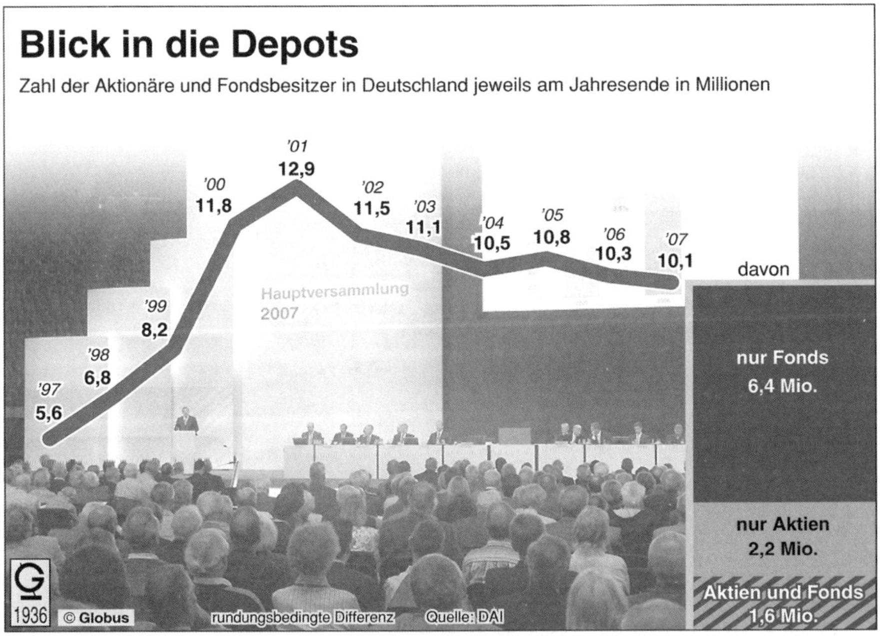

Um wie viel Prozent hat die Zahl der Aktionäre und Fondsbesitzer von 2001 bis 2007 abgenommen?

Aufgabe 140

In der Fa. *Wohnkreativ Ottus Eichus* wurden zu den nachstehenden Terminen u. a. folgende Buchungen durchgeführt:

25. 01. 06:	2700 WP		an	2800 BK	33.633,00 €
02. 01. 07:	2800 BK		an	5780 DDE	112,50 €
13. 02. 07:	2800 BK	37.719,00 €	an	2700 WP	33.633,00 €
				5784 EAWP	4.086,00 €

a) Berechne den Kurswert der Wertpapiere am **25. 01. 06**, wenn die Spesen 1 % vom Kurswert betragen.
b) Wie viele Aktien wurden am **13. 02. 07** verkauft, wenn der Kurs beim Verkauf 254,00 € betrug und 1 % Spesen v. KW. angefallen sind?
c) Wie hoch ist die Stückdividende in €?
d) Stelle die drei Buchungssätze in Konten dar.

Aufgabe 141

Die Fa. *Ottus Eichus* nimmt für den Kauf eines Klein-Lkws ein kurzfristiges Darlehen auf. Für das Darlehen in Höhe von 80.000,00 € verlangt die Bank 8,5 % p. a. Zinsen sowie 1,5 % Bearbeitungsgebühren; die Bearbeitungsgebühr wird bei Auszahlung des Darlehens einbehalten.
a) Berechne und buche die Auszahlung des Darlehens auf das Bankkonto.
b) Die Laufzeit des Darlehens beträgt 280 Tage.
Buche die Rückzahlung des Darlehens einschließlich der Zinsen.
c) Ermittle die effektive Verzinsung für das Darlehen.

Aufgabe 142

In der Fa. *Wohnkreativ Ottus Eichus* wird die Aktienabrechnung und die Ermittlung der Rentabilität mittels Rechenblatt der Tabellenkalkulation überprüft. Folgender Auszug aus dem Rechenblatt einer Tabellenkalkulation ist gegeben:

	A	B	C	D
1	**Ermittlung der Rentabilität bei Aktien**			
2				
3		Kauf		Verkauf
4	Kurs	38,00 €		43,20 €
5	Stückzahl	50		50
				(Fortsetzung siehe folgende Seite!)

	(Fortsetzung von vorheriger Seite!)			
6	Spesen	1,00 %		1,00 %
7				
8	Dividende (je Stck.)	1,80 €		
9	Besitzdauer (Tage)	181		
10	Depotgebühr	25,00 €		
11				
12	Kaufabrechnung		Verkaufsabrechnung	
13	Kurswert	1.900,00 €	Kurswert	2.160,00 €
14	+ Spesen	19,00 €	– Spesen	21,60 €
15	Banklastschrift	1.919,00 €	Bankgutschrift	2.138,40 €
16				
17	Gesamtertrag		Bankgutschrift	2.138,40 €
18	Dividende	90,00 €	– Banklastschrift	1.919,00 €
19	+ Kursgewinn	219,40 €	Kursgewinn	219,40 €
20	– Depotgebühren	25,00 €		
21	Ertrag	284,40 €		
22				
23	Rentabilität	29,89 %		
24				

a) Welche Formeln müssen für die Kaufabrechnung in die Zellen B13, B14 und B15 eingetragen werden?
b) Wie lauten die Formeln für die Verkaufsabrechnung in den Zellen D13, D14 und D15?
c) Wie lautet die Formeldarstellung, die in Zelle C19 **unter Verwendung einer geeigneten Funktion** eingegeben ist?
d) Welche Formel muss in Zelle B23 stehen?

Aufgabe 143

Die Fa. *Wohnkreativ Ottus Eichus* holt sich zwei Angebote für einen kurzfristigen Kredit ein. Mittels Rechenblatt sollen die beiden Angebote verglichen werden. Die Bearbeitungsgebühr wird bei Auszahlung des Kredits einbehalten.

	A	B	C	D	E	F	G
1		**Commerzbank**			**Dresdnerbank**		
2							
3							
4							
5	Kreditbetrag			100.000,00 €			100.000,00 €
6	Laufzeit (Tage)	270			270		
7	Zinssatz/ Zinsen		9,75 %			8,75 %	6.472,60 €
8	Bearbeitungs-gebühr		1,75 %			2,50 %	2.500,00 €
9	Effektive Verzinsung					12,44 %	
10	Auszahlungs-summe						97.500,00 €

a) Berechne die Zinsen (siehe Zelle D7) bei der Commerzbank.
b) Berechne die Bearbeitungsgebühr (siehe Zelle D8) bei der Commerzbank.
c) Wie hoch ist die Auszahlungssumme (siehe Zelle D10) bei der Commerzbank?
d) Wie lauten die Formeln in den Zellen D7, D8 und D10?
e) Berechne die effektive Verzinsung (siehe Zelle C9) für das Angebot der Commerzbank.
f) Welche Formel muss in Zelle C9 stehen?
g) Für welches Angebot entscheidet sich die Firma *Wohnkreativ Ottus Eichus*?

Der Personalbereich

1 Begriffe der Personalwirtschaft (Lohn- bzw. Gehaltsabrechnung)

Folgendes Schaubild verdeutlicht das Rechtsverhältnis zwischen Arbeitnehmer und Arbeitgeber:

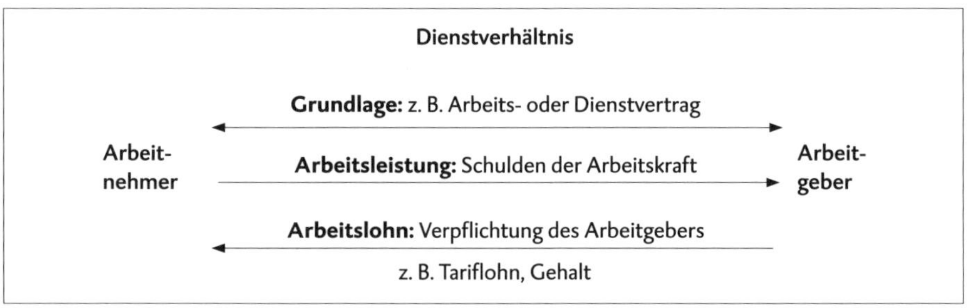

Arten des Arbeitslohns

Einzelfälle von Arbeitslohn werden in § 2 Abs. 2 LSTDV (Lohnsteuerdurchführungsverordnung) beispielhaft aufgeführt. Darüber hinaus nennt Abschnitt 70 Abs. 2 LStR (Lohnsteuer-Richtlinien) besondere Fälle von Arbeitslohn. Die wichtigsten Arten sind folgende:

Gehalt ist der einem Angestellten oder einem Beamten im Regelfall monatlich gezahlte Arbeitslohn.

Lohn ist die einem Arbeiter, Gehilfen, Auszubildenden usw. gezahlte Vergütung, die je nach Art des Dienstverhältnisses als Monats-, Wochen-, Tage- oder Stundenlohn vereinbart und abgerechnet wird.
Weitere bedeutsame Arten des Arbeitslohns sind: Provisionen, Gratifikationen, Tantiemen, Sachbezüge, Wartegelder, Ruhegelder, Vorruhestandsgelder, Witwen- und Waisengelder sowie Entschädigungen.

Die Grafik zeigt den Lohn aus dreifacher Sicht:

- die Aufwendungen des Betriebes,
- den Bruttolohn auf der Verdienstabrechnung,
- den Nettolohn, der dem Arbeitnehmer überwiesen wird.

Löhne und Gehälter sind für den Arbeitnehmer **Einkommen,** für das Unternehmen (Arbeitgeber) **Aufwand.**

Vom Brutto- zum Nettogehalt/Lohn

- Der für die Berechnung der Lohnsteuer grundsätzlich maßgebende Arbeitslohn wird als Bruttoarbeitslohn bezeichnet.
- Bruttoarbeitslohn ist der steuerpflichtige Arbeitslohn des Arbeitnehmers vor Abzug der ggf. zu berücksichtigenden Freibeträge.
  Der Bruttoarbeitslohn besteht aus folgenden Teilen:
  Nettoarbeitslohn (Bar- und Sachbezüge),
  einbehaltene Sozialversicherungsbeiträge (Arbeitnehmeranteil),
  einbehaltene Steuerabzugsbeträge (Lohnsteuer, Solidaritätszuschlag, Kirchensteuer).
- Die **Lohnsteuer** ist eine besondere Erhebungsform der Einkommensteuer. Bei Einkünften aus nichtselbständiger Arbeit wird die Einkommensteuer als sog. Lohnsteuer vom Arbeitslohn erhoben.
  Die einbehaltene Lohnsteuer richtet sich nach
  der Höhe des Arbeitslohnes,
  der Steuerklasse (Familienstand, Kinder des Arbeitnehmers usw.)
  evtl. Freibeträgen laut Lohnsteuerkarte.
- Für die Durchführung des Lohnsteuerabzugs werden Arbeitnehmer in eine der **sechs Steuerklassen** eingeordnet (§ 38 b ESTG).
- Mittels **Lohnsteuertabellen** wird der Lohnsteuerbetrag schnell und einfach ermittelt. Hier ein Ausschnitt aus den Lohnsteuertabellen:

Lohn/ Gehalt — Abzüge an Lohnsteuer, Solidaritätszuschlag (SolZ) und Kirchensteuer (8 %, 9 %) in den Steuerklassen

Versorgungsbezug bis		I – VI ohne Kinderfreibeträge					I, II, III, IV mit Zahl der Kinderfreibeträge 0,5			
		LSt	SolZ	8 %	9 %		LSt	SolZ	8 %	9 %
	I, IV	**693,91**	38,16	55,51	62,45	I	**693,91**	33,27	48,39	54,44
3.960,15	II	**550,25**	30,26	44,02	49,52	II	**550,25**	25,52	37,13	41,77
4.460,15	III	**244,66**	–	19,57	22,01	III	**244,66**	–	13,41	15,08
	V	**1.210,50**	66,57	96,84	108,94	IV	**693,91**	35,70	51,94	58,43
	VI	**1.278,00**	70,29	102,24	115,02					
	I, IV	**695,33**	38,24	55,62	62,57	I	**695,33**	33,34	48,50	54,56
3.964,65	II	**551,58**	30,33	44,12	49,64	II	**551,58**	25,60	37,24	41,89
4.464,65	III	**244,66**	–	19,57	22,01	III	**244,66**	–	13,41	15,08
	V	**1.212,33**	66,67	96,98	109,10	IV	**695,33**	35,78	52,04	58,55
	VI	**1.279,83**	70,39	102,38	155,18					
	I, IV	**696,75**	38,32	55,74	62,70	I	**696,75**	33,42	48,61	54,68
3.969,15	II	**552,91**	30,41	44,23	49,76	II	**552,91**	25,67	37,34	42,01
4.469,15	III	**247,16**	–	19,77	22,24	III	**247,16**	–	13,60	15,30
	V	**1.214,16**	66,77	97,13	109,27	IV	**696,75**	35,86	52,16	58,68
	VI	**1.281,66**	70,49	102,53	115,34					
	I, IV	**747,66**	41,12	59,81	67,28	I	**747,66**	36,16	52,60	59,18
4.131,15	II	**602,16**	33,11	48,17	54,19	II	**602,16**	28,32	41,20	46,35
4.631,15	III	**288,50**	–	23,08	25,96	III	**288,50**	–	16,86	18,97
	V	**1.279,83**	70,39	102,38	115,18	IV	**747,66**	38,63	56,19	63,21
	VI	**1.349,66**	74,23	107,97	121,46					
	I, IV	**749,08**	41,19	59,92	67,41	I	**749,08**	36,24	52,72	59,31
4.135,65	II	**603,58**	33,19	48,28	54,32	II	**603,58**	28,40	41,31	46,47
4.635,65	III	**290,83**	–	23,26	26,17	III	**290,83**	–	17,06	19,19
	V	**1.281,66**	70,49	102,53	115,34	IV	**749,08**	38,70	56,30	63,33
	VI	**1.351,66**	74,34	108,13	121,64					
	I, IV	**750,50**	41,27	60,04	67,54	I	**750,50**	36,31	52,82	59,42
4.140,15	II	**604,91**	33,27	48,39	54,44	II	**604,91**	28,47	41,42	46,59
4.640,15	III	**290,83**	–	23,26	26,17	III	**290,83**	–	17,06	19,19
	V	**1.283,50**	70,59	102,68	115,51	IV	**750,50**	38,78	56,41	63,46
	VI	**1.353,66**	74,45	108,29	121,82					

mit Zahl der Kinderfreibeträge I, II, III, IV													
1			1,5			2			2,5			3	
SolZ	**8 %**	**9 %**	**SolZ**	**8 %**	**9 %**	**SolZ**	**8 %**	**9 %**	**SolZ**	**8 %**	**9 %**	**SolZ**	**8 %**
28,47	41,42	46,59	23,78	34,59	38,91	19,18	27,90	31,39	14,68	21,36	24,03	6,83	14,97
20,89	30,39	34,19	16,36	23,80	26,77	11,93	17,35	19,52	–	11,05	12,43	–	4,89
–	7,32	8,23	–	1,30	1,43	–	–	–	–	–	–	–	–
33,27	48,39	54,44	30,85	44,88	50,49	28,47	41,42	46,59	26,11	37,98	42,73	23,78	34,59
28,54	41,52	46,71	23,85	34,69	39,02	19,25	28	31,50	14,75	24,46	24,14	7,08	15,07
20,96	30,50	34,31	16,43	23,90	26,89	11,99	17,45	19,63	–	11,14	12,53	–	4,98
–	7,32	8,23	–	1,30	1,46	–	–	–	–	–	–	–	–
33,34	48,50	54,56	30,93	45,00	50,62	28,54	41,52	46,71	26,18	38,09	42,85	23,85	34,69
28,62	41,63	46,83	23,92	34,80	39,15	19,32	28,11	31,62	14,82	21,56	24,26	7,33	15,17
21,04	30,60	34,43	16,50	24,00	27,00	12,06	17,55	19,74	–	11,24	12,65	–	5,08
–	7,50	8,44	–	1,49	1,67	–	–	–	–	–	–	–	–
33,42	48,61	54,68	31,01	45,10	50,74	28,62	41,63	46,83	26,26	38,20	42,97	23,92	34,80
31,31	45,54	51,23	26,55	38,62	43,45	21,90	31,86	35,84	17,34	25,23	28,38	12,89	18,75
23,63	34,38	38,67	19,04	27,70	31,16	14,55	21,16	23,81	6,33	14,77	16,61	–	8,53
–	10,73	12,07	–	4,68	5,26	–	–	–	–	–	–	–	–
36,16	52,60	59,18	33,72	49,06	55,19	31,31	45,54	51,23	28,92	42,06	47,32	26,55	38,62
31,38	45,65	51,35	26,62	38,73	43,57	21,97	31,96	35,95	17,41	25,33	27,49	12,96	18,85
23,70	34,48	38,79	19,11	27,80	31,28	14,62	21,26	23,92	6,58	14,87	16,73	–	8,62
–	10,93	12,29	–	4,86	5,47	–	–	–	–	–	–	–	–
36,24	52,72	59,31	33,80	49,16	55,31	31,38	46,65	51,36	28,99	42,17	47,44	26,62	38,73
31,46	45,76	51,48	26,70	38,84	43,69	22,04	32,06	36,07	17,49	25,44	28,62	13,03	18,95
23,78	34,59	38,91	19,18	27,90	31,39	14,68	21,36	24,03	6,83	14,97	16,84	–	8,72
–	10,93	12,29	–	4,86	5,47	–	–	–	–	–	–	–	–
36,31	52,82	59,42	33,88	49,28	55,44	31,46	45,76	51,48	29,07	42,28	47,57	26,70	38,84

- Die **Lohnsteuerkarte** ist eine Urkunde. Soweit sie amtliche Eintragungen (z. B. von der Gemeinde) enthält, ist sie eine öffentliche Urkunde; soweit der Arbeitgeber Eintragungen vornimmt, ist sie eine private Urkunde. Die Lohnsteuerkarte bildet die Grundlage des Steuerabzugsverfahrens.
  Nach den Eintragungen auf der Lohnsteuerkarte nimmt der Arbeitgeber den Steuerabzug vom Arbeitslohn vor (§ 39 b ESTG).
  Die Gemeinde hat auf der Lohnsteuerkarte insbesondere die persönlichen Daten, die Steuerklasse und die Zahl der Kinderfreibeträge für Kinder des Arbeitnehmers einzutragen.
- Der **Solidaritätszuschlag** wird seit dem 1. 1. 1995 erhoben. Seit dem 1. 1. 1998 beträgt er 5,5 % der Lohnsteuer. Er wird in der Lohnsteuertabelle getrennt ausgewiesen. Am 10. des auf die Lohnzahlung folgenden Monats ist er zusammen mit der Lohn- und Kirchensteuer an das Finanzamt abzuführen.

- Die **Kirchensteuer** ist nicht in allen Bundesländern gleich hoch. Sie beträgt in Bayern, Baden-Württemberg, Bremen und Hamburg 8 % und in den übrigen Bundesländern 9 % der Lohnsteuer.
- Der Arbeitgeber muss vom Bruttoentgelt folgende **Sozialversicherungsbeiträge** abführen:
  - Krankenversicherung,
  - Rentenversicherung,
  - Arbeitslosenversicherung,
  - Pflegeversicherung.

  Die einzelnen Beitragssätze werden zum einen vom Gesetzgeber, zum anderen von den einzelnen Versicherungsträgern festgelegt. Diese Beiträge können aus Tabellen schnell und einfach abgelesen werden.

  Die Sozialversicherungsbeiträge zur Renten-, Arbeitslosen- und Pflegeversicherung werden je zur Hälfte (50 %) von Arbeitgeber (Betriebsanteil oder Arbeitgeberanteil) und Arbeitnehmer (Arbeitnehmeranteil) getragen.

  Bei der gesetzlichen **Krankenversicherung** hat sich zum **1. Juli 2005** eine Änderung ergeben.

  Die Mitglieder der gesetzlichen Krankenversicherung zahlen einen zusätzlichen Beitragssatz von 0,9 %. Im Gegenzug mussten alle gesetzlichen Krankenkassen ihren Beitragssatz um 0,9 % senken. Das Ergebnis: Der für die Kassen wirksame Beitragssatz bleibt unverändert, der Arbeitgeberanteil wird vermindert und die Arbeitnehmer bezahlen mehr als vorher.

Beispiel

Ein Arbeitnehmer hat ein Bruttogehalt von 2.000,00 € monatlich.

→ **bis 30. 06. 2005**

Beitrag zur Krankenversicherung (allgemeiner Beitragssatz 14 %)	280,00 €
davon Anteil Arbeitnehmer und Arbeitgeber (jeweils 7 %)	140,00 €

→ **ab 01. 07. 2005**

allgemeiner Beitragssatz 13,1 % (14 % – 0,9 %)	
• Anteil Arbeitgeber 6,55 % (13,1 % : 2)	131,00 €
• Anteil Arbeitnehmer 6,55 % (13,1 % : 2)	131,00 €
und zusätzlicher Beitragssatz 0,9 % für Arbeitnehmer	18,00 €

Hinweis:

Der Gesamtbeitrag beträgt weiterhin	280,00 €

Der Anteil des Arbeitnehmers ist um 9,00 € (0,45 %) gestiegen (insgesamt 149,00 €), der Anteil des Arbeitgebers um diesen Betrag gesunken (AG-Anteil nun 131,00 €).

Am 01. 01. 2006 trat das Gesetz zur Änderung der Fälligkeit des Gesamtsozialversicherungsbeitrages in Kraft. Somit ist ab Januar 2006 der Gesamtsozialversicherungsbeitrag spätestens **am drittletzten Bankarbeitstag des Monats**, in dem die Beschäftigung (erzieltes Arbeitseinkommen) ausgeübt worden ist, fällig. Ab Januar 2006 ist auch das Melde- und Beitragsverfahren (gesetzliche Krankenkassen) nur noch in elektronischer Form, z. B. per E-Mail, möglich.

Wiederhole und lerne

- Für den Unternehmer stellen Löhne und Gehälter Aufwendungen dar, für den Arbeitnehmer Einkommen.
- Man unterscheidet das Bruttoarbeitsentgelt vom Nettoarbeitsentgelt.
- Vom Bruttoarbeitsentgelt behält der Arbeitgeber
  Lohnsteuer (einschl. Solidaritätszuschlag) und Kirchensteuer für das Finanzamt,
  die Beiträge des Arbeitnehmers zur Kranken-, Renten-, Arbeitslosen- und Pflegeversicherung für die Sozialversicherungsträger (z. B. Krankenkasse) ein.
- Die Sozialversicherungsbeiträge zur Renten-, Arbeitslosen- und Pflegeversicherung werden je zur Hälfte von Arbeitgeber (Arbeitgeberanteil) und Arbeitnehmer (Arbeitnehmeranteil) getragen. Bei der Krankenversicherung zahlt der Arbeitnehmer einen zusätzlichen Beitragssatz von 0,9 %. Der Arbeitgeberanteil bei der Krankenversicherung ist somit geringer; der Arbeitnehmer muss also mehr bezahlen. Den Unfallversicherungsbeitrag zahlt der Arbeitgeber allein.
- Die Lohnsteuer ist eine besondere Erhebungsform der Einkommensteuer und richtet sich nach
  der Höhe des Arbeitslohnes,
  der Steuerklasse usw.
- Lohnsteuer- und Sozialversicherungstabellen erleichtern das Berechnen der einzubehaltenen Abzüge.

Vorderseite der Lohnsteuerkarte

Alle Eintragungen in der Lohnsteuerkarte genau prüfen!

Ordnungsmerkmal des Arbeitgebers

Lohnsteuerkarte 2008

Gemeinde

AGS

Finanzamt und Nr.

Geburtsdatum

I. Allgemeine Besteuerungsmerkmale

Steuerklasse	Kinder unter 18 Jahren: Zahl der Kinderfreibeträge

Kirchensteuerabzug

(Datum)

(Gemeindebehörde)

II. Änderungen der Eintragungen im Abschnitt I

Steuerklasse	Zahl der Kinderfreibeträge	Kirchensteuerabzug	Diese Eintragung gilt, wenn sie nicht widerrufen wird:	Datum, Unterschrift und Stempel der Behörde
			vom 2008 an bis zum 2008	
			vom 2008 an bis zum 2008	

III. Für die Berechnung der Lohnsteuer sind vom Arbeitslohn als steuerfrei **abzuziehen:**

Jahresbetrag EUR	monatlich EUR	wöchentlich EUR	täglich EUR	Diese Eintragung gilt, wenn sie nicht widerrufen wird:	Datum, Unterschrift und Stempel der Behörde
				vom 2008 an	
in Buchstaben	-tausend		Zehner und Einer wie oben -hundert	bis zum 31.12.2008	
				vom 2008 an	
in Buchstaben	-tausend		Zehner und Einer wie oben -hundert	bis zum 31.12.2008	

IV. Für die Berechnung der Lohnsteuer sind dem Arbeitslohn **hinzuzurechnen:**

Jahresbetrag EUR	monatlich EUR	wöchentlich EUR	täglich EUR	Diese Eintragung gilt, wenn sie nicht widerrufen wird:	Datum, Unterschrift und Stempel der Behörde
				vom 2008 an	
in Buchstaben	-tausend		Zehner und Einer wie oben -hundert	bis zum 31.12.2008	

3.07

Rückseite der Lohnsteuerkarte

V. Lohnsteuerbescheinigung für das Kalenderjahr 2008 und besondere Angaben

1. Dauer des Dienstverhältnisses	vom – bis		vom – bis		vom – bis	
2. Zeiträume ohne Anspruch auf Arbeitslohn – Großbuchstaben (S, B, V, F)	Anzahl „U":		Anzahl „U":		Anzahl „U":	
	EUR	Ct	EUR	Ct	EUR	Ct
3. Bruttoarbeitslohn einschl. Sachbezüge ohne 9. und 10.						
4. Einbehaltene Lohnsteuer von 3.						
5. Einbehaltener Solidaritätszuschlag von 3.						
6. Einbehaltene Kirchensteuer des Arbeitnehmers von 3.						
7. Einbehaltene Kirchensteuer des Ehegatten von 3. (nur bei konfessionsverschiedener Ehe)						
8. In 3. enthaltene steuerbegünstigte Versorgungsbezüge						
9. Steuerbegünstigte Versorgungsbezüge für mehrere Kalenderjahre						
10. Ermäßigt besteuerter Arbeitslohn für mehrere Kalenderjahre (ohne 9.) und ermäßigt besteuerte Entschädigungen						
11. Einbehaltene Lohnsteuer von 9. und 10.						
12. Einbehaltener Solidaritätszuschlag von 9. und 10.						
13. Einbehaltene Kirchensteuer des Arbeitnehmers von 9. und 10.						
14. Einbehaltene Kirchensteuer des Ehegatten von 9. und 10. (nur bei konfessionsverschiedener Ehe)						
15. Kurzarbeitergeld, Zuschuss zum Mutterschaftsgeld, Verdienstausfallentschädigung (Infektionsschutzgesetz), Aufstockungsbetrag und Altersteilzeitzuschlag						
16. Steuerfreier Arbeitslohn nach Doppelbesteuerungsabkommen						
16. Steuerfreier Arbeitslohn nach Auslandstätigkeitserlass						
17. Steuerfreie Arbeitgeberleistungen für Fahrten zwischen Wohnung und Arbeitsstätte						
18. Pauschalbesteuerte Arbeitgeberleistungen für Fahrten zwischen Wohnung und Arbeitsstätte						
19. Steuerpflichtige Entschädigungen und Arbeitslohn für mehrere Kalenderjahre, die nicht ermäßigt besteuert wurden – in 3. enthalten						
20. Steuerfreie Verpflegungszuschüsse bei Auswärtstätigkeit						
21. Steuerfreie Arbeitgeberleistungen bei doppelter Haushaltsführung						
22. Arbeitgeberanteil zur gesetzlichen Rentenversicherung und an berufsständische Versorgungseinrichtungen						
23. Arbeitnehmeranteil zur gesetzlichen Rentenversicherung und an berufsständische Versorgungseinrichtungen						
24. Steuerfreie Arbeitgeberzuschüsse zur Krankenversicherung und zur Pflegeversicherung						
25. Arbeitnehmeranteil am Gesamtsozialversicherungsbeitrag (ohne 23. und 24.)						
26. Ausgezahltes Kindergeld		—		—		—
Anschrift des Arbeitgebers (lohnsteuerliche Betriebsstätte) Firmenstempel, Unterschrift						
Finanzamt, an das die Lohnsteuer abgeführt wurde **(Name und dessen vierstellige Nr.)**						

Aufgabe 144

Welche Aussagen zum Personalbereich sind richtig? Kreuze entsprechend an.

a) Bruttoarbeitsentgelt plus Abzüge ergibt das Nettoarbeitsentgelt. ☐
b) Die Sozialversicherungsabzüge bestehen aus Kranken-, Renten-, Arbeitslosen- und Pflegeversicherung. ☐
c) Das Finanzamt erhält nur die Lohnsteuer überwiesen. ☐
d) Die Sozialversicherung besteht aus Arbeitnehmer- und Arbeitgeberanteil. ☐
e) Die Höhe der Lohnsteuer hängt u. a. vom Bruttoarbeitsentgelt ab. ☐
f) Der Arbeitgeberanteil zur Sozialversicherung ist genauso hoch wie der Arbeitnehmeranteil zur Sozialversicherung. ☐
g) Den Unfallversicherungsbeitrag bezahlt der Arbeitnehmer. ☐
h) Arbeiter erhalten Gehälter, Angestellte Löhne. ☐

2 Die Personalzusatzkosten (Lohnnebenkosten)

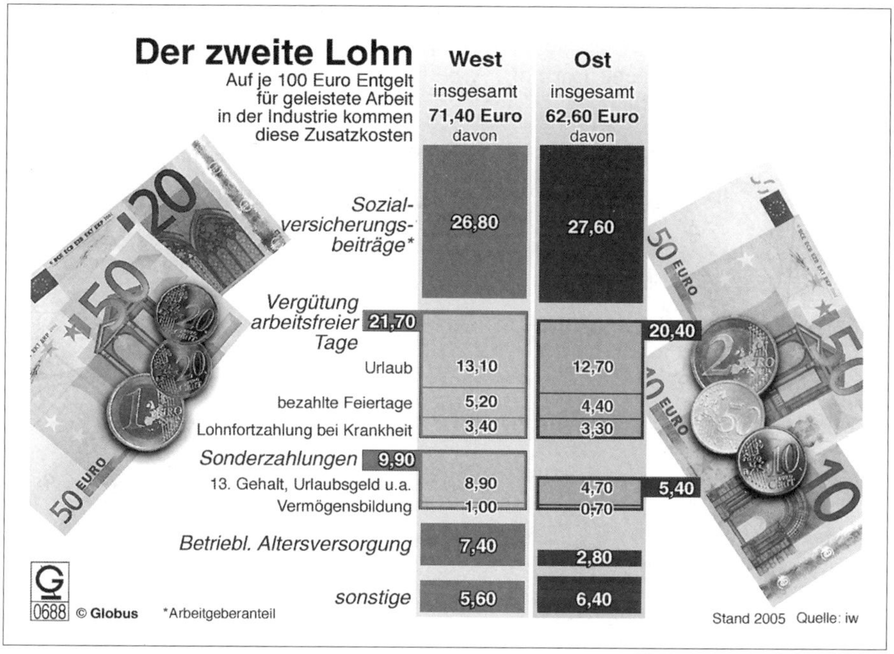

Die Arbeitgeber sind aufgrund gesetzlicher und tariflicher Vereinbarungen verpflichtet, das Arbeitsentgelt weiterzuzahlen, auch wenn der Arbeitnehmer keine Arbeitsleistung erbringt. Typische Beispiele für eine solche **Weiterzahlung des Arbeitsentgelts** sind Krankheit, Feiertage, Urlaub, Mutterschutz. Zudem leistet der Arbeitgeber einen Anteil zur Sozialversicherung (Arbeitgeberanteil zur Sozialversicherung).

Darüber hinaus erbringt der Arbeitgeber eine Vielzahl freiwilliger Sozialleistungen z. B. Zuschüsse zu Fahrtkosten, zu Mittagessen, Werkswohnungen etc. Nachdem die Personalzusatzkosten (Lohnnebenkosten) bei vielen Betrieben in der Bundesrepublik Deutschland bereits über 70 % des Direktentgeltes ausmachen, ist häufig auch die Rede vom Zweitlohn. Die beiden Schaubilder (oben und S. 112) verdeutlichen diese Situation.

Auf jeden Hunderteuroschein als Entgelt für geleistete Arbeit kommen z. B. in der westdeutschen Industrie noch einmal 71,40 € Personalzusatzkosten. Die Lohnnebenkosten ergaben im Jahr 2005 eine Durchschnittssumme je Arbeitnehmer in Höhe von 21.960,00 €, dies entspricht 71,40 % des Entgelts für geleistete Arbeit (30.770,00 €). Insgesamt „kostete" der Arbeitnehmer den Unternehmer 52.730,00 €. Die einfache Formel „Arbeitszeit mal Stundenlohn" wird betriebswirtschaftlich somit widerlegt.

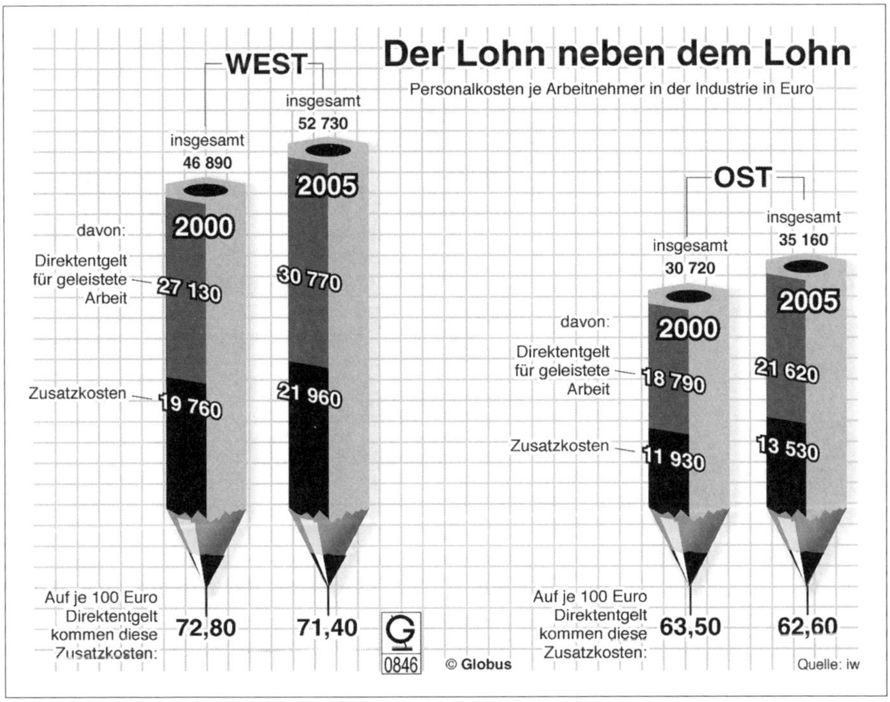

Deutschland wird auch als „Hochlohnland" bezeichnet. Nachdem die Unternehmen die gesamten Personalkosten, also Lohnkosten und Lohnnebenkosten, in die Preise ihrer Erzeugnisse einkalkulieren, kann das gegenüber Ländern mit niedrigeren Lohnkosten und geringeren Sozialstandards zu Wettbewerbsnachteilen führen.

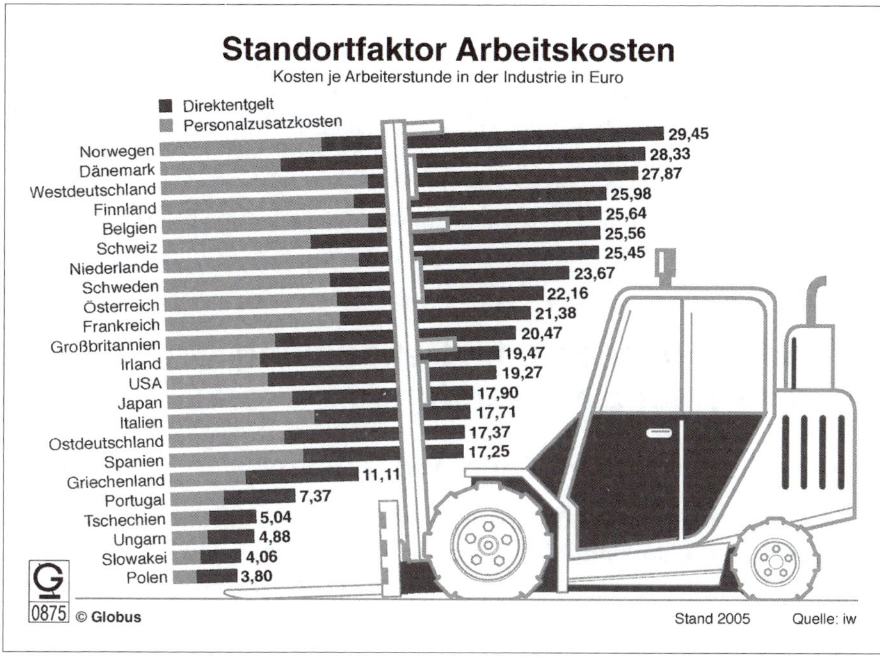

Wiederhole und lerne

- Bei den Personalzusatzkosten unterscheidet man die gesetzlichen von den tariflichen und betrieblichen Zusatzkosten.
- Die Personalzusatzkosten werden auch als Lohnnebenkosten bzw. als „Zweitlohn" bezeichnet.
- Sehr hohe Lohnnebenkosten können zu Wettbewerbsnachteilen deutscher Unternehmen auf internationaler Ebene führen.

Aufgabe 145

Im Durchschnitt beträgt der westdeutsche Stundenlohn in der Industrie 15,65 €.

a) Betrachte die Grafik „Standortfaktor Arbeitskosten" (siehe oben) und stelle fest, wie hoch die Arbeitskosten je Stunde in der Industrie 2005 in Westdeutschland wirklich waren!

b) Nenne einen Grund für diese Differenz.

c) Versuche Ostdeutschland einzuordnen.

Aufgabe 146

a) Welche Hauptarten von Personalzusatzkosten unterscheidet man?
b) Gib je Hauptart zwei Beispiele an.
c) Inwiefern können sich für deutsche Unternehmen Wettbewerbsnachteile im Zusammenhang mit den hohen Lohnnebenkosten ergeben?
d) Was versteht man unter „Zweitlohn“?
e) Wie können hohe Lohnnebenkosten zum Teil wieder ausgeglichen werden?

3 Die buchhalterische Behandlung der Personalaufwendungen

3.1 Die Buchung der Löhne und Gehälter

Der Arbeitgeber hat am Ort der Betriebsstätte für jeden Arbeitnehmer und jedes Kalenderjahr ein **Lohnkonto** (bzw. Gehaltskonto) zu führen (§ 41 Abs. 1 ESTG). Bei jeder Lohnabrechnung sind im Lohnkonto u. a. aufzuzeichnen: Datum der Lohnzahlung und der Lohnzahlungszeitraum, der Bruttoarbeitslohn, die einzelnen Abzüge und der Auszahlungsbetrag.
In Lohn- und Gehaltslisten werden die Beträge der einzelnen Konten zusammengestellt. Die Summenzeile der Lohn- bzw. Gehaltsliste wird dann buchhalterisch erfasst. Lohn, Gehalt sowie der vom Arbeitgeber zu übernehmende Arbeitgeberanteil zur Sozialversicherung sind als Gesamtentgelt für die Nutzung des Produktionsfaktors Arbeit (menschliche Arbeitskraft) im betrieblichen Produktionsprozess Aufwendungen. Die vom Arbeitgeber einbehaltene Lohn- und Kirchensteuer sowie die Sozialversicherungsbeiträge stellen eine Verbindlichkeit der Unternehmung gegenüber dem Finanzamt bzw. den Sozialversicherungsträgern dar (4830 VFA bzw. 4840 VSV). Die Auszahlung des nach Einbehaltung der Abzüge verbleibenden Nettoentgelts vermindert das Bankguthaben des Unternehmens.

Beispiel

Die folgende Verdienstabrechnung liegt der Buchhaltung der Fa. *Wohnkreativ Ottus Eichus* vor und soll als Einzelbeleg in der Lohnbuchhaltung erfasst werden (Arbeitgeberanteil 434,74 €).

Verdienstabrechnung

für Monat	Jahr	Firmenbezeichnung	erstellt am:	lfd. Nummer
Februar	2007	Fa. Wohnkreativ Ottus Eichus Ludwig-Thoma-Weg 1 93149 Nittenau	26.01.2007	7

Personal-Nummer	Stammkostenstelle	Eintritt	Austritt	Lst.-Klasse.	Ki-Fr	Kirchensteuer	Seite
10005	100	01.09.1993		3	0,0	10 RK --	1

Tarif-Gr.	PKZ	Freibetrag MM	Freibetrag JJ	KV	BS	RV	BS	AV	BS	PV	BS	Krankenkasse
	2	168	2010	01	1	01	1	01	1	01	1	AOK Schwandorf – Nittenau

Herrn
Reinhold Preuer
Waldschmidtweg 51
93149 Nittenau

100 10005

Versicherungs-Nummer	Tätigkeits-Schl.	Nation	Geb.-Datum
	79312	000	26.07.1969

Stunden-Tage-Nachweis

Tage	∅ Werte	Stunden		Urlaubstage
St.- 30 SV.- 30 KR.- 0	∅ 1 0,00 ∅ 2 0,00 0,00 Tag 0,00	Soll Ist Bat.	siehe Zeit-nachweis	Anspr.-VJ Anspr.LJ genommen Rest

Netto Abrechnung

LA	Lohnarten-Bezeichnung	Tage/Std,	Faktor	z. %	St. Brutto	SV-Brutto	Gesamt-Brutto
	GESAMT-BRUTTOLOHN (lt. Zeitnachweis)						2.065,84
851	LOHNSTEUER						122,33 –
852	KIRCHENSTEUER						9,79 –
861	KV-AN-ANTEIL						153,45 –
862	RV-AN-ANTEIL						213,61 –
863	AV-AN-ANTEIL						68,39 –
864	PFV-AN-ANTEIL						17,89 –
	GESETZLICHE BE-ABZÜGE						585,46
	NETTOBETRAG						1.480,38
	PERS: BE-ABZÜGE						0,00

Bankverbindung	Bankleitzahl	Konto-Nummer	Auszahlung
Schmidtbank	74231070	0050019364	1.480,38

Jahreszahlen aufgelaufen

Brutto-Beträge		Steuer-Beträge		Soz.-Vers.-Beträge		Netto-Beträge			
Ges.-Brutto	4.131,68	Lohn-St.	244,66	KV	288,30	Netto	2.979,36	PV-AG	35,78
St.-Brutto	4.131,68	Ki.-St.-AN	19,58	RV	427,22	Pers. Abz.	0,00	SV-AN	888,08
SV-Brutto	4.208,96	Ki.-St.-EG	0,00	AV	139,78	Auszahl.	2.979,36	Fahrgeld frei	0,00
KV-Brutto	4.208,96	Sol.-Zuschlag	0,00	PV	35,78	AG-FRW-KV	0,00	Fahrgeld pausch.	0,00
PV-Brutto	4.208,96					Kindergeld	0,00		

Buchungssatz				
a) 6200 L	2.065,84 €	an	2800 BK	1.480,38 €
			4830 VFA	132,12 €
			4840 VSV	453,34 €
b) 6400 AGASV		an	4840 VSV	434,74 €

Kontendarstellung:

S	6200 L		H
a) 2800 4830 4840	2.065,84		

S	2800 BK		H
		a) 6200	1.480,38

S	6400 AGASV		H
b) 4840	434,74		

S	4830 VFA		H
		a) 6200	132,12

S	4840 VSV		H
		a) 6200	453,34
		b) 6400	434,74

Wiederhole und lerne

- Die Bruttolöhne werden auf dem Aufwandskonto 6200 L im Soll, die Bruttogehälter auf dem Aufwandskonto 6300 G im Soll gebucht.
- Die einbehaltenen Steuerabzüge (Lohnsteuer, Solidaritätszuschlag und Kirchensteuer) werden auf dem Passivkonto 4830 VFA im Haben als Verbindlichkeit gegenüber dem Finanzamt gebucht.
- Die einbehaltenen Sozialversicherungsbeiträge (KV, RV, AV und PV) werden auf dem Passivkonto 4840 VSV im Haben als Verbindlichkeit gegenüber dem Sozialversicherungsträger gebucht.
- Der Arbeitgeberanteil zur Sozialversicherung (AGASV) erhöht die Personalaufwendungen des Unternehmens und wird im Soll des Aufwandskontos 6400 AGASV erfasst. Der AGASV zählt zu den Personalzusatzkosten.
- Der Arbeitgeber muss für jeden Arbeitnehmer ein Lohnkonto (bzw. Gehaltskonto) führen.
- Die Lohn- und Gehaltslisten dienen der monatlichen Erfassung in der Buchhaltung.
- Der Arbeitnehmer erhält als Beleg die Verdienstabrechnung.

Aufgabe 147

Bilde die Buchungssätze bei der Fa. *Ottus Eichus* für folgende Geschäftsfälle zur Erfassung des Personalaufwands:

a)	Bruttogehälter	12.395,01 €
	Lohnsteuer	733,98 €
	Kirchensteuer	58,71 €
	Arbeitnehmeranteil zur Sozialversicherung	2.720,05 €
	Nettogehälter (Banküberweisung)	? €
	Arbeitgeberanteil zur Sozialversicherung	2.608,49 €
b)	Bruttolöhne	5.758,00 €
	einbehaltene Abzüge	2.112,25 €
	Arbeitnehmeranteil zur Sozialversicherung	1.168,43 €
	Auszahlung (Banküberweisung)	? €
	Arbeitgeberanteil zur Sozialversicherung	1.116,61 €
c)	Nettolöhne (Banküberweisung)	5.438,07 €
	einbehaltene Steuern	798,92 €
	einbehaltene Sozialversicherung Arbeitnehmer	1.573,01 €
	Arbeitgeberanteil zur Sozialversicherung	1.502,71 €

3.2 Die Buchung der Beiträge zur Berufsgenossenschaft – gesetzliche Unfallversicherung

Die Fa. *Wohnkreativ Ottus Eichus* ist Pflichtmitglied bei der Berufsgenossenschaft. Diese ist Träger der gesetzlichen Unfallversicherung. Die Arbeitgeber müssen aufgrund der Pflichtmitgliedschaft eine Unfallversicherung abschließen, den Beitrag zahlt der Unternehmer allein. Die Aufgabe der Berufsgenossenschaft besteht in der Unfallverhütung, der Heilbehandlung sowie in der Rehabilitation (Berufshilfe).

Buchhalterisch werden die Beiträge zur Unfallversicherung als Aufwendungen im Konto „6420 Beiträge zur Berufsgenossenschaft“ im Soll erfasst.

Beispiel

Die Fa. *Ottus Eichus* überweist per Bank den Unfallversicherungsbeitrag an die Berufsgenossenschaft, 885,00 €.

Buchungssatz				
6420 BBG		an	2800 BK	885,00 €

Wiederhole und lerne

- Die Unternehmen sind zur Mitgliedschaft bei der Berufsgenossenschaft verpflichtet.
- Die Beiträge zur Unfallversicherung zahlt der Unternehmer allein.
- Buchhalterisch wird der Unfallversicherungsbeitrag als Aufwand im Konto 6420 BBG im Soll erfasst.
- Die „Beiträge zur Berufsgenossenschaft" erhöhen die Personalaufwendungen und bedeuten für den Arbeitgeber Lohnnebenkosten.

Aufgabe 148

a) Welchen Anteil an der Unfallversicherung trägt der Arbeitnehmer?
b) Wie werden die Unfallversicherungsbeiträge buchhalterisch erfasst?
c) Zu welcher Hauptart der Personalzusatzkosten gehört der Unfallversicherungsbeitrag?

Aufgabe 149

Nachstehender Beleg liegt der Buchhaltung der Fa. *Ottus Eichus* vor:

RAIFFEISENBANK NITTENAU
93149 NITTENAU

MKZ	VA	AUSZ.-NR. BL.-NR.	KONTO-NR.
		75/1	337

BU-TAG	TEXT	PNR	VALUTA	UMSATZ* €
16.03.07	Überweisung an Schreiner-Berufsgenossenschaft, Beitrag f. 2007 Mitglieds-Nr. NIT-3008BY	3781	16.03.	885,00 S

Unstimmigkeiten bitten wir unserer Revision mitzuteilen. Bitte beachten Sie auch die Rückseite.

Herrn/Frau/Fräulein/Firma
Firma Wohnkreativ
Ottus Eichus
Ludwig-Thoma-Weg 1
93149 Nittenau

Kontoauszug

LETZTE ERSTELLUNG	ALTER KONTOSTAND
15.03.2007	28.966,80 S
ERSTELLUNGSTAG	**NEUER KONTOSTAND**
16.03.2007	28.081,80 S

Bankgeschäfte im Internet? Schnell und bequem!
unter www.RB-SCHWANDORF-NITTENAU.DE

* S = BELASTUNG / H = GUTSCHRIFT

a) Welcher Geschäftsfall liegt diesem Beleg zugrunde?
b) Wie lautet der Buchungssatz?

3.3 Die Abführung der einbehaltenen Abzüge

Die einbehaltenen Steuern müssen bis zum 10. des Folgemonats an das Finanzamt überwiesen werden. Die einbehaltenen Sozialversicherungsbeiträge sind bis zum **drittletzten Bankarbeitstag des jeweiligen Monats** fällig.
Da die einbehaltenen Abzüge abgeführt werden müssen, haben die Konten 4830 VFA und 4840 VSV den Charakter von **Durchlaufkonten.**

3.3.1 Überweisung der Lohn- und Kirchensteuer einschließlich des Solidaritätszuschlags

Beispiel

Folgender Beleg liegt der Buchhaltung vor:

RAIFFEISENBANK NITTENAU
93149 NITTENAU

MKZ	VA	AUSZ.-NR. BL.-NR.	KONTO-NR.
		84/1	337

BU-TAG	TEXT	PNR	VALUTA	UMSATZ* €
05.04.07	Überweisung der Lohn- und Kirchensteuer, Soli., Monat März 2007	4763	05.04.	7.833,51 S

Unstimmigkeiten bitten wir unserer Revision mitzuteilen. Bitte beachten Sie auch die Rückseite.

Herrn/Frau/Fräulein/Firma
Firma Wohnkreativ
Ottus Eichus
Ludwig-Thoma-Weg 1
93149 Nittenau

Kontoauszug

LETZTE ERSTELLUNG	ALTER KONTOSTAND
04.04.2007	33.166,11 H
ERSTELLUNGSTAG	**NEUER KONTOSTAND**
05.04.2007	25.332,60 H

Bankgeschäfte im Internet? Schnell und bequem!
unter www.RB-SCHWANDORF-NITTENAU.DE

* S = BELASTUNG / H = GUTSCHRIFT

Buchungssatz				
4830 VFA		an	2800 BK	7.833,51 €

3.3.2 Überweisung der Sozialversicherungsbeiträge

Zu beachten ist bei der Überweisung der Sozialversicherungsbeiträge, dass die Überweisungssumme sich aus dem Arbeitnehmeranteil und dem Arbeitgeberanteil zusammensetzt. Die Überweisung dieser Beiträge erfolgt an die Arbeitsverwaltung, Deutsche Rentenversicherung (Zusammenschluss von Bundesversicherungsanstalt für Angestellte und Landesversicherungsanstalt für Arbeiter) und Krankenkassen.

Beispiel

Folgender Beleg liegt der Buchhaltung vor:

RAIFFEISENBANK NITTENAU
93149 NITTENAU

MKZ | VA | AUSZ-NR | BL-NR 79/1 | KONTO-NR 337

BU-TAG	TEXT	PNR	VALUTA	UMSATZ* €
28.03.07	Überweisung an Barmer Ersatzkasse KK-Nr. 1230, Sozialvers. Beiträge März 2007	5391	28.03.	5.863,70 S

Unstimmigkeiten bitten wir unserer Revision mitzuteilen. Bitte beachten Sie auch die Rückseite.

Herrn/Frau/Fräulein/Firma
Firma Wohnkreativ
Ottus Eichus
Ludwig-Thoma-Weg 1
93149 Nittenau

Kontoauszug

LETZTE ERSTELLUNG	ALTER KONTOSTAND
27.03.2007	11.600,99 H
ERSTELLUNGSTAG	NEUER KONTOSTAND
28.03.2007	5.737,29 H

Bankgeschäfte im Internet? Schnell und bequem!
unter www.RB-SCHWANDORF-NITTENAU.DE

* S = BELASTUNG / H = GUTSCHRIFT

Buchungssatz					
4840 VSV		an	2800 BK		5.863,70 €

Wiederhole und lerne

- Die einbehaltenen Steuern müssen bis zum 10. des Folgemonats an das Finanzamt überwiesen werden.
- Die einbehaltenen Sozialversicherungsbeiträge sind bis zum drittletzten Bankarbeitstag des jeweiligen Monats fällig.
- Die Konten 4830 VFA und 4840 VSV haben den Charakter von Durchgangskonten.

Aufgabe 150

Bilde die Buchungssätze für folgende Geschäftsfälle:

a) Banküberweisung für

– einbehaltene Lohnsteuer und Kirchensteuer	4.850,30 €
– Sozialversicherung (AN-Anteil und AG-Anteil)	6.940,50 €

b) Erfassung des Personalaufwandes:

Gehaltszahlung brutto	3.452,00 €
einbehaltene Steuern	639,00 €
einbehaltene Sozialversicherung (AN)	594,53 €
Nettogehälter (Banküberweisung)	? €
Arbeitgeberanteil zur Sozialversicherung	563,47 €

c) Erfassung des Personalaufwands:

Lohnzahlung brutto	? €
einbehaltene Steuern	958,50 €
einbehaltene SV (AN-Anteil)	891,63 €
Nettolöhne (Banküberweisung)	3.289,87 €
Arbeitgeberanteil zur Sozialversicherung	845,37 €

Aufgabe 151

Die Grafik zeigt wichtige Wegmarken der gesetzlichen Sozialversicherung in Deutschland.

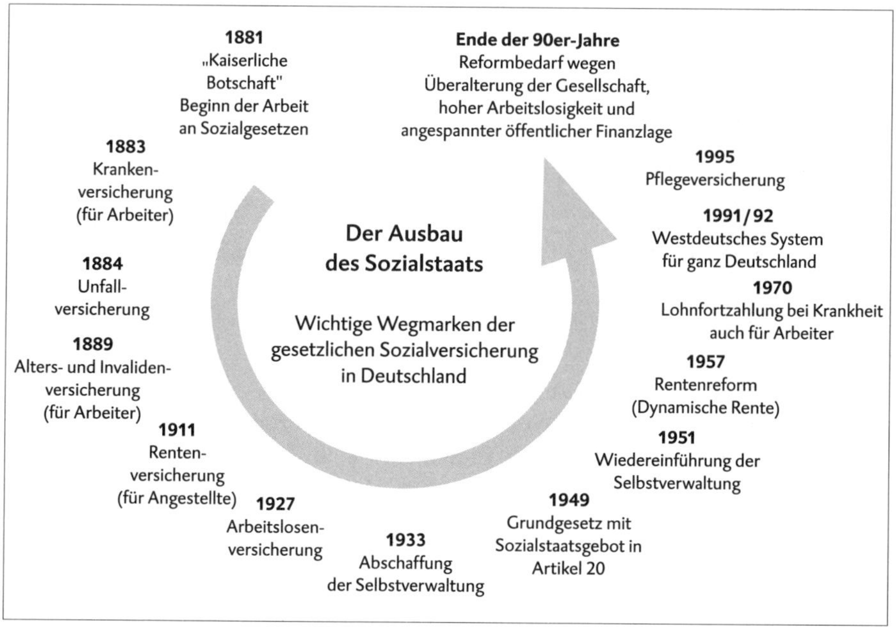

a) Wann wurden folgende Versicherungen in Deutschland eingeführt?
   - Arbeitslosenversicherung
   - Rentenversicherung (Angestellte)
   - Krankenversicherung (Arbeiter)
   - Pflegeversicherung
   - Unfallversicherung

b) Wer bezahlt die Beiträge zu den Versicherungen, die unter a) genannt sind?

Aufgabe 152

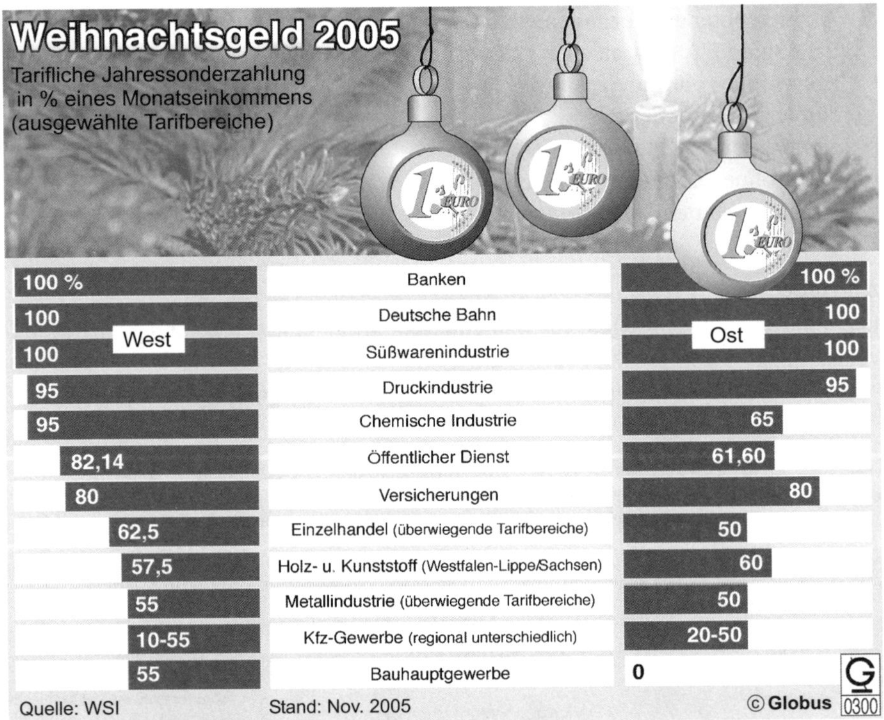

Das Weihnachtsgeld zählt zu den Personalzusatzkosten.

a) Zu welcher Hauptart der Personalzusatzkosten gehört das Weihnachtsgeld?

b) Warum fällt das Weihnachtsgeld in den einzelnen Branchen so unterschiedlich aus?

Der Anlagenbereich – Berechnungen und Buchungen

Damit die Fa. *Wohnkreativ Ottus Eichus* ihre eigenen Produkte besser präsentieren kann, plant sie den Bau eines Ausstellungspavillons. Diese geplante Investition im Bereich der Gebäude hat zu einer Vielzahl von Überlegungen geführt. Nach Abschluss der Finanzierungsgespräche mit der Bank sowie der Baugenehmigung durch die Behörden hofft der Unternehmer, die Baumaßnahme so schnell wie möglich in die Tat umsetzen zu können. Die gestiegene Nachfrage nach Wohnmöbeln gehobenen Standards soll durch diese Produktpräsentation noch verstärkt werden.
Auch ist daran gedacht, verschiedene maschinelle Anlagen zu erneuern, um so zum einen den Produktionsprozess zu verbessern, zum anderen Kundenwünsche schneller erfüllen zu können.

Diese Maßnahmen können unter dem Begriff **Investition** zusammengefasst werden. Darunter versteht man die langfristige Anlage von Kapital, z. B. in Grundstücken, Gebäuden, Maschinen usw. zum Erzielen von Erträgen. Die Umwandlung des Geldes in Produktionsmittel (Realkapital) nennt man also Investieren. Auf die Bilanz bezogen bedeutet dies, dass die Aktivseite mit dem Anlagevermögen die Investitionen zeigt.

Grundsätzlich unterscheidet man folgende Investitionsbegriffe:

- **Ersatzinvestitionen:** Ersatz ökonomisch und technisch verbrauchter Maschinen usw. durch neue Anlagen.
- **Rationalisierungsinvestitionen:** Investitionen, die Kosten einsparen bzw. die Produktivität eines Unternehmens erhöhen.
- **Erweiterungsinvestitionen:** Investitionen, die die Produktionskapazität eines Unternehmens erweitern.

Wiederhole und lerne

- Unter Investition versteht man die langfristige Anlage von Kapital, z. B. in Grundstücken, Gebäuden, Maschinen usw.
- Folgende Investitionsbegriffe werden unterschieden:
  - Ersatzinvestition (Ersatz verbrauchter Maschinen)
  - Rationalisierungsinvestition (Kostenersparnis)
  - Erweiterungsinvestition (Vergrößerung des Produktionsapparates)

Aufgabe 153

a) Was versteht man unter Investition?
b) Unterscheide Investitionsbegriffe.
c) Folgende Grafik zeigt die Investitionsabsichten 2007 in der westdeutschen Industrie. Welches Ziel ist im Vergleich zu 2006 das wichtigste für die Unternehmen?

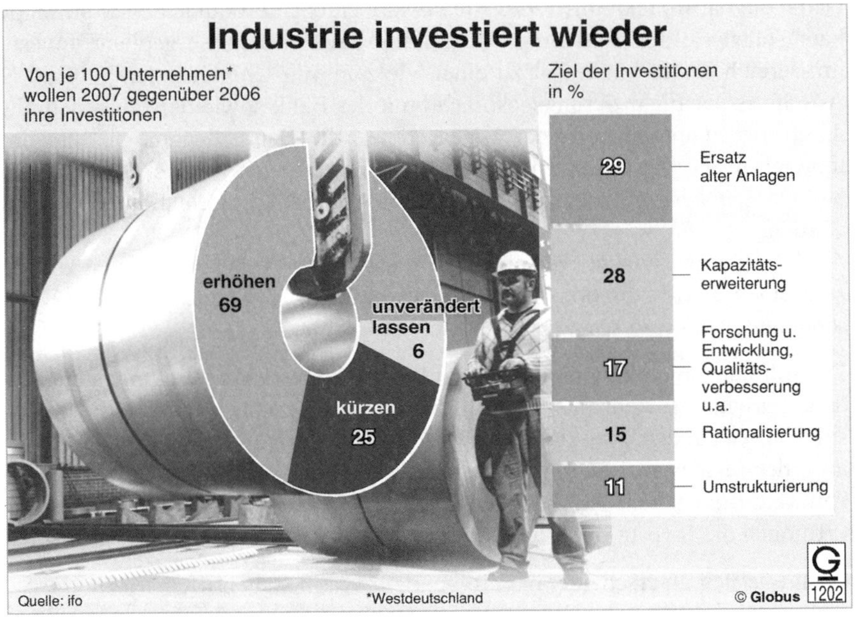

1 Der Kauf von Anlagegütern

1.1 Anschaffungskosten und Anschaffungsnebenkosten

Die Anlagegüter gehören zum Anlagevermögen. Diese Güter werden im Unternehmen längerfristig genutzt. Als typische Beispiele gelten Grundstücke, Gebäude, Maschinen, Lkw, Pkw, Büromaschinen (Computer), Büromöbel usw. Die Anlagegüter müssen laut HGB mit den **Anschaffungskosten** aktiviert werden. Dies sind *„die Aufwendungen, die geleistet werden, um einen Vermögensgegenstand zu erwerben und ihn in einen betriebsbereiten Zustand zu versetzen"* **(§ 255 Abs. 1 Satz 1 HGB)**.
Weiter heißt es in § 255 Abs. 1 HGB: *„Zu den Anschaffungskosten gehören auch die* ***Nebenkosten*** *sowie die nachträglichen Anschaffungskosten.* ***Anschaffungspreisminderungen*** *sind abzusetzen."*

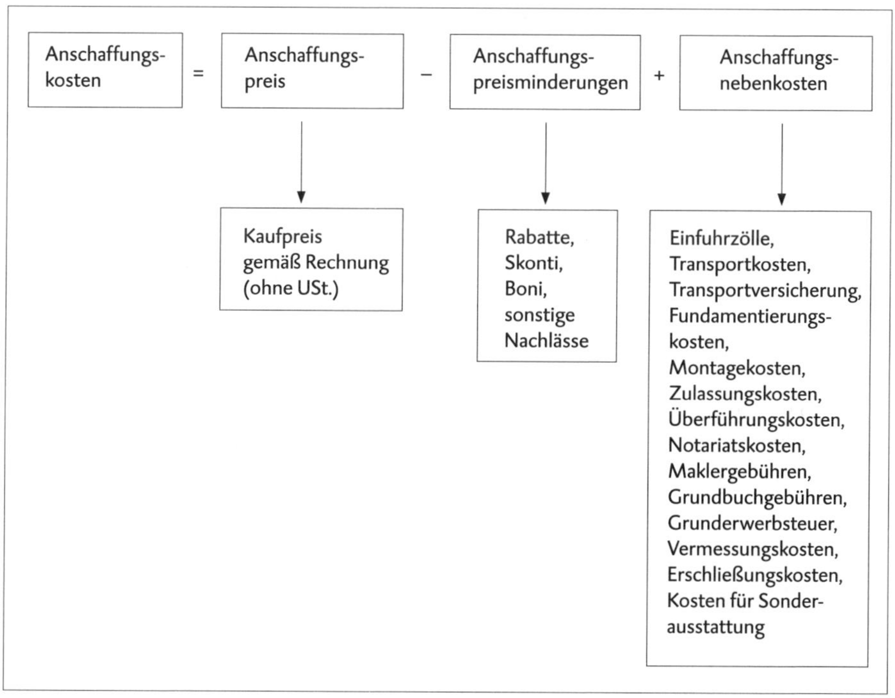

Ermittlung der Anschaffungskosten

Nicht zu den Anschaffungsnebenkosten gehören die Geldbeschaffungskosten wie Zinsen, Bearbeitungsgebühren usw. Auch die Umsatzsteuer beim Kauf des Anlagegutes gehört **nicht** zu den Anschaffungskosten.

Beispiel

Kauf eines Lkw gegen Bankscheck:

Listeneinkaufspreis	110.000,00 €
– 7 % Rabatt	7.700,00 €
	102.300,00 €
+ Überführungskosten	1.150,00 €
Rechnungsbetrag, netto	103.450,00 €
+ 19 % Umsatzsteuer	19.655,50 €
Rechnungsbetrag, brutto	123.105,50 €

Lösung

Berechnung der Anschaffungskosten:

Listenpreis	110.000,00 €
– Anschaffungspreisminderungen	7.700,00 €
	102.300,00 €
+ Anschaffungsnebenkosten	1.150,00 €
Anschaffungskosten	103.450,00 €

Wiederhole und lerne

- Grundstücke, Gebäude, Maschinen, Fuhrpark, Computer, Büromöbel usw. sind typische Anlagegüter, die in der Bilanz im Anlagevermögen auf der Aktivseite stehen.
- Anlagegüter müssen laut HGB mit den Anschaffungskosten aktiviert werden.
- Anschaffungsnebenkosten erhöhen die Anschaffungskosten, Anschaffungspreisminderungen sind abzusetzen.
- Geldbeschaffungskosten zählen nicht zu den Anschaffungskosten.
- Die Umsatzsteuer beim Kauf der Anlagegüter gehört nicht zu den Anschaffungskosten.

Aufgabe 154

Welche Aussagen zu den Anschaffungskosten bei Anlagegütern sind richtig? Kreuze entsprechend an.

a) Bei der Ermittlung der Anschaffungskosten werden Rabatte und Nebenkosten addiert. ☐
b) Die Geldbeschaffungskosten gehören nicht zu den Anschaffungskosten. ☐
c) Die Anschaffungskosten werden aktiviert. ☐
d) Auch Anschaffungsnebenkosten werden aktiviert. ☐
e) Die Umsatzsteuer erhöht die Anschaffungskosten. ☐

Aufgabe 155

Beim Kauf eines unbebauten Grundstücks wurden folgende Beträge entrichtet:

Kaufpreis	80.000,00 €
+ 3,5 % Grunderwerbsteuer	2.800,00 €
+ Notariatsgebühren, netto	1.100,00 €
+ Grundbuchkosten	120,00 €
= Netto-Betrag	84.020,00 €

a) Ermittle die Summe der Anschaffungsnebenkosten!
b) Wie hoch sind die Anschaffungskosten?

1.2 Die Buchung gekaufter Anlagegüter

Bei der Anschaffung der Anlagegüter (über 1.000,00 € netto) sind diese auf dem jeweiligen aktiven Bestandskonto netto zu buchen (**aktivieren**).

Beispiel

Folgender Beleg liegt der Buchhaltung vor:

LKW-Autopark
Fuhrweg 1
93149 Nittenau

Firma WOE
Wohnkreativ Ottus Eichus
Ludwig-Thoma-Weg 1
93149 Nittenau

Rechnung Nr. 07 /00874 07-01-29

		Preis
1	LKW „Wonny" (gem. Angebot) abzüglich 7 % Rabatt	110.000,00 € 7.700,00 €
		102.300,00 €
	+ Überführungskosten	1.150,00 €
		103.450,00 €
	+ 19 % USt.	19.655,50 €
		123.105,50 €

Bitte geben Sie bei Zahlung Ihre Rechnungsnummer an.
Vielen Dank!

Bankverbindung:
Commerzbank Regensburg,
BLZ: 760 800 22
Kto.-Nr. 33333
USt-IdNr.: DE 367489120
St. Nr. 240/40833/612

LKW-Autopark, Inh. S. Arber, e. Kfm.
Sitz: 93149 Nittenau
Registergericht Amberg
HRA 3845

Buchungssatz				
0840 FP	103.450,00 €			
2600 VORST	19.655,50 €	an	4400 VE	123.105,50 €

Wiederhole und lerne

- Anlagegüter (Anschaffungskosten über 1.000,00 € netto) sind auf dem jeweiligen aktiven Bestandskonto mit den Anschaffungskosten zu erfassen.
- Die Vorsteuer zählt nicht zu den Anschaffungskosten.

Aufgabe 156

Die Fa. *Wohnkreativ Ottus Eichus* kauft einen Schneideautomaten zum Nettowert von 150.000,00 €. Für Fracht und Verpackung werden 2.500,00 € netto in Rechnung gestellt. Das Aufstellen dieser computergesteuerten Maschine wird durch eine Montagefirma erledigt und kostet mit Elektroanschluss 2.500,00 € netto.

a) Wie hoch sind die Anschaffungsnebenkosten?
b) Ermittle die Anschaffungskosten.
c) Buche die Eingangsrechnung der Lieferfirma sowie die Rechnung der Montagefirma.
d) Wie lauten die Buchungssätze für die Banküberweisung an die beiden Firmen?

Aufgabe 157

Die Fa. *Wohnkreativ Ottus Eichus* kauft im neuen Industriegebiet ein unbebautes Grundstück. Bilde die Buchungssätze für folgende Vorgänge:

a) Banküberweisung des Kaufpreises laut Grundstücksvertrag 350.000,00 €.
b) Für die Vermittlung des Grundstücks wurde ein Makler bemüht. Banküberweisung der Maklergebühr in Höhe von 2 % = 7.000,00 € zuzüglich 19 % USt.
c) Die Grunderwerbsteuer in Höhe von 3,5 % wird per Bank an das Finanzamt überwiesen.
d) Die Notariatskosten in Höhe von 1.900,00 € netto werden mit Bankscheck beglichen.
e) Die Gerichtskosten für die Umschreibung im Grundbuch werden bar bezahlt, 490,00 €.
f) Wie hoch sind die Anschaffungskosten für dieses Grundstück?

Aufgabe 158

Kauf einer Kleincomputeranlage für Büroarbeiten, netto 4.500,00 €.

a) Wie lautet der Buchungssatz für die Eingangsrechnung?
b) Bilde den Buchungssatz für die Banküberweisung dieser Rechnung.
c) Stelle die beiden Vorgänge (a + b) auf T-Konten dar.

Aufgabe 159

Folgender Beleg liegt der Buchhaltung vor:

Maschinen-Fabrik
Dieselstr. 3
93149 Nittenau

Firma WOE
Wohnkreativ Ottus Eichus
Ludwig-Thoma-Weg 1
93149 Nittenau

Rechnung Nr. 08 /1200 08-07-28

		Preis
1	CC-gesteuerter Fräsautomat	200.000,00 €
	abzüglich 10 % Rabatt	20.000,00 €
		180.000,00 €
	+ Überführungskosten	2.000,00 €
		182.000,00 €
	+ 19 % USt.	34.580,00 €
		216.580,00 €

Bitte geben Sie bei Zahlung Ihre Rechnungsnummer an.
Vielen Dank!

Bankverbindung:
Commerzbank Regensburg,
BLZ: 760 800 22
Kto.-Nr. 45678
USt-IdNr.: DE 367489541
St. Nr. 240/40833/612

Maschinen-Fabrik, Inh. S. Moser, e. Kfm.
Sitz: 93149 Nittenau
Registergericht Amberg
HRA 2106

Bilde den Buchungssatz für diesen Beleg.

1.3 Die Buchung beim Kauf von geringwertigen Wirtschaftsgütern über 150,00 € bis 1.000,00 € je Wirtschaftsgut (= Sammelposten von GWG)

Seit dem 01. 01. 2008 unterscheidet § 6 Absatz 2 EStG folgende Arten von GWG:

a) GWG mit Anschaffungskosten bis zu 150,00 € = **Kleingüter** (s. Kapitel 1.4)

b) GWG mit Anschaffungskosten über 150,00 € bis 1.000,00 €.

Für Wirtschaftsgüter (selbstständig nutzbar und beweglich), deren Anschaffungs- oder Herstellungskosten mehr als 150,00 €, aber nicht mehr als 1.000,00 € betragen, gilt ab 2008 eine sog. **„Pool-Bewertung“** (= **Sammelbewertung**). Dies bedeutet, dass für alle Wirtschaftsgüter, die in diesem Intervall (über 150,00 € bis 1.000,00 €) liegen, ein **Sammelposten** zu bilden ist, diese Wirtschaftsgüter buchhalterisch **auf einem separaten Konto (0895 SP = Sammelposten)** erfasst werden müssen. Die Anschaffungskosten (der Sammelposten von GWG) sind dann gleichmäßig verteilt (= **linear**) **auf fünf Jahre abzuschreiben**. Der Abschreibungssatz von 20% im Zugangsjahr gilt dabei unabhängig davon, zu welchem Zeitpunkt das Wirtschaftsgut während des Jahres angeschafft wurde.

Beispiel

Die Fa. *Ottus Eichus* kauft eine Schleifmaschine für netto 950,00 € gegen Barzahlung.

Buchungssatz				
0895 SP	950,00 €			
2600 VORST	180,50 €	an	2880 KA	1.130,50 €

Wiederhole und lerne

- Nach § 6 Absatz 2 EStG sind seit 01. 01. 2008 folgende Arten von GWG zu unterscheiden:
  - GWG mit Anschaffungskosten bis 150,00 € (= Kleingüter) und
  - GWG mit Anschaffungskosten über 150,00 € bis 1.000,00 €.
- Für Wirtschaftsgüter (selbstständig nutzbar und beweglich), deren AK mehr als 150,00 €, aber nicht mehr als 1.000,00 € betragen, gilt eine sog. „Pool-Bewertung“ (= Sammelbewertung).
- Für diese Wirtschaftsgüter sind Sammelposten zu bilden, die auf einem separaten Konto **0895 SP** (= Sammelposten) buchhalterisch erfasst werden müssen.

Aufgabe 160

Bilde die Buchungssätze für folgende Geschäftsfälle (USt. 19 %):

a) Kauf eines Fotokopiergerätes gegen Rechnung, netto 600,00 €.

b) Kauf einer Bandschleifmaschine auf Ziel, netto 1.000,00 €.

c) Kauf eines Büroschrankes gegen Rechung, netto 750,00 €.

d) Kauf eines Tisches zum Listenpreis von 200,00 € netto gegen Barzahlung.

1.4 Die Buchung beim Kauf von Kleingütern

Wenn die Anschaffungskosten von geringwertigen Wirtschaftsgütern (selbstständig nutzbar und beweglich) **150,00 €** netto nicht überschreiten, müssen diese Güter als sogenannte **Kleingüter** sofort als **Aufwand** erfasst werden (= Sofortabschreibung oder Sofortabzug). Die buchhalterische Erfassung geschieht auf dem Aufwandskonto 6800 Büromaterial und Kleingüter.

Beispiel

Die Fa. *Ottus Eichus* kauft drei Stehlampen zu je 95,00 € netto gegen Barzahlung.

Buchungssatz				
6800 BMK	285,00 €			
2600 VORST	54,15 €	an	2880 KA	339,15 €

Wiederhole und lerne

- Kleingüter sind Anlagegüter (selbstständig nutzbar und beweglich), deren Anschaffungskosten **150,00 €** netto nicht überschreiten.
- Kleingüter werden sofort als Aufwand auf das Konto 6800 BMK gebucht (= Sofortabschreibung oder Sofortabzug).

Aufgabe 161

Bilde die Buchungssätze für folgende Geschäftsfälle (USt. 19 %):

a) Kauf eines Regals gegen Rechnung netto 187,50 €, abzüglich 20 % Rabatt.

b) Kauf einer Handkreissäge netto 200,00 € gegen Barzahlung.

c) Kauf von zwei Bürostühlen zu je 130,00 € netto gegen Rechnung.

d) Kauf eines elektronischen Tischrechners zum Listenpreis von 170,00 € netto gegen Barzahlung.

Aufgabe 162

Kreuze an, welche Aussagen die Sammelposten von geringwertigen Wirtschaftsgütern betreffen und welche die Kleingüter.

	Sammelposten GWG	Kleingüter
a) Anlagegüter, die selbstständig nutzbar, beweglich und abnutzbar sind, deren Netto-Anschaffungskosten mehr als 150,00 €, aber nicht mehr als 1.000,00 € betragen.	☐	☐
b) Anlagegüter, die als Aufwand erfasst werden.	☐	☐
c) Anlagegüter, deren Anschaffungskosten 150,00 € netto nicht überschreiten.	☐	☐
d) Anlagegüter, die im Jahr der Anschaffung und weitere 4 Jahre zu 20 % abgeschrieben werden müssen.	☐	☐

Aufgabe 163

Buche folgenden Geschäftsfall, indem du die Buchstaben der richtigen Konten in die Kästchen einträgst.
Kauf von 10.000 Blatt Kopierpapier, Rechnungsbetrag netto 180,00 € zuzüglich 19 % USt.

a) 0870 BA
b) 2800 BK
c) 4800 UST
d) 2880 KA
e) 4400 VE
f) 2600 VORST
g) 6800 BMK

Soll	Haben
☐	☐
☐	☐
☐	☐

Aufgabe 164

Bilde die Buchungssätze für folgende Geschäftsfälle (USt. 19 %):

a) Kauf von Farbbändern netto 40,00 € gegen Barzahlung.
b) Für das Kopiergerät werden Tonerpatronen gekauft, Rechnungsbetrag 375,00 € netto.
c) Zielkauf einer automatischen Loch- und Heftmaschine für das Büro, netto 120,00 €.

2 Die Buchung des Instandhaltungsaufwands

Zum **Erhaltungsaufwand** zählen die Aufwendungen, die
- die Wesensart des Gegenstandes nicht verändern und
- den Gegenstand im ordnungsgemäßen Zustand erhalten sollen und
- regelmäßig in ungefähr gleicher Höhe wiederkehren.

Zum Erhaltungsaufwand zählen vor allem die laufenden Aufwendungen zur Instandhaltung, Pflege und Wartung. Diese werterhaltenden Reparaturen werden als **Aufwand** auf dem **Konto 6160 FRI** erfasst.

Beispiel

Die Fa. *Ottus Eichus* lässt die Fassade der Werkstatt renovieren, die Rechnung beläuft sich auf 15.470,00 € brutto.

Buchungssatz				
6160 FRI	13.000,00 €	← : 119 × 100		
2600 VORST	2.470,00 €	an	4400 VE	15.470,00 €

Wiederhole und lerne
- Instandhaltungsmaßnahmen von Anlagegütern werden als werterhaltende Reparaturen erfasst.
- Werterhaltende Maßnahmen werden als Aufwand auf dem Konto 6160 FRI gebucht.

Aufgabe 165

Bilde die Buchungssätze für folgende Geschäftsfälle (USt. 19 %):

a) Für die Malerarbeiten im Büroeingangsbereich liegt die Rechnung vor, brutto 4.236,40 €.

b) Ein defekter Sonnenschutz im Bürobereich wird repariert, brutto 424,83 €, Barzahlung.

3 Die Abschreibung auf Sachanlagen

3.1 Die Ursachen der Abschreibung

Die Gegenstände des Anlagevermögens wie z. B. Gebäude, Maschinen, Fuhrpark, Betriebs- und Geschäftsausstattung usw. stehen der Fa. *Wohnkreativ Ottus Eichus* **langfristig** zur Verfügung. Die Nutzung dieser Anlagegüter ist jedoch zeitlich begrenzt, da sie abgenutzt werden (**abnutzbares Anlagevermögen**). Aufgrund der Abnutzung verlieren sie ständig an Wert und müssen nach einer bestimmten Zeit durch neue Anlagegüter ersetzt werden. Die **Ursachen der Wertminderung** der Anlagegüter sind:

- technischer Verschleiß (z. B. durch Gebrauch),
- natürlicher Verschleiß (z. B. Verwitterung, Verrosten),
- technischer Fortschritt (ein neues, z. B. verbessertes Produkt).

Dieser Wertverlust vermindert das Anlagevermögen. § 253 HGB beschreibt die buchhalterische Erfassung der Wertminderung des Vermögens. Der buchhalterische Vorgang, Wertminderungen der Anlagegüter zu erfassen, wird **Abschreibung** genannt. Im Einkommensteuerrecht (ESTG) spricht man von „**A**bsetzung **f**ür **A**bnutzung" (**AfA**).

Wiederhole und lerne

- Anlagegüter stehen den Unternehmen langfristig zur Verfügung.
- Die Nutzung der Anlagegüter ist zeitlich begrenzt (z. B. Abnutzung).
- Ursachen der Wertminderung:
  - technischer Verschleiß,
  - natürlicher Verschleiß,
  - technischer Fortschritt.
- Unter Abschreibung versteht man die buchhalterische Erfassung der Wertminderungen der Anlagegüter. (Im Steuerrecht spricht man von der AfA.)

Aufgabe 166

a) (1) Welche Güter stehen dem Unternehmen langfristig zur Verfügung?
(2) Wieso ist ihre Nutzung zeitlich begrenzt?

b) Nenne Ursachen der Wertminderung der Anlagegüter!

c) Unterscheide die Begriffe Abschreibung und AfA!

3.2 Auswirkungen und Bedeutung der Abschreibung

Da Abschreibungen Aufwendungen sind, beeinflussen sie
- den **Gewinn** (Jahreserfolg),
- den **Wert** des Anlagevermögens in der **Bilanz**,
- die **Kosten** des fertigen Erzeugnisses; somit finanziert der Kunde über den Preis des Produkts die **Ersatzbeschaffung** der Sachanlagen (Selbstfinanzierung).

Aufgrund der **Gewinnminderung**, die durch den Ansatz der Abschreibungen in der GUV-Rechnung zustande kommt, kann der Unternehmer **Steuern sparen:** Der Grundgedanke des Zusammenwirkens der bilanziellen und kalkulierten Abschreibung ist die **Substanzerhaltung des Betriebes**, d. h. am Ende der Nutzungsperiode des Anlagegutes sollen so viele Mittel angesammelt sein, dass die Ersatzbeschaffung (also Neuanschaffung) eines funktionsgleichen Gebrauchsgegenstandes möglich ist.

Wiederhole und lerne

- Abschreibungen sind Aufwendungen und beeinflussen den Gewinn.
- Abschreibungen bewirken zum einen eine **Steuerersparnis**, zum anderen tragen sie zur Substanzerhaltung (Selbstfinanzierung) des Betriebes bei.

Aufgabe 167

Welche Aussagen zur Abschreibung sind richtig? Kreuze entsprechend an.

a) Die Abschreibungen erhöhen den Gewinn. ☐
b) Die Abschreibungen beeinflussen den Wert des Anlagevermögens in der Bilanz. ☐
c) Die Abschreibungen beeinflussen die Kosten und bewirken dadurch einen höheren Preis der Produkte. ☐
d) Die Abschreibungen tragen nicht zur Substanzerhaltung der Betriebe bei. ☐
e) Die Abschreibungen bewirken eine Steuerersparnis. ☐

3.3 Die Berechnung der Abschreibung

3.3.1 Lineare Abschreibung

Die Berechnung der Abschreibung (Ermittlung der Wertminderung) ist entsprechend gesetzlicher Vorschriften vorzunehmen.

§ 253 HGB besagt folgendes:
Absatz 1: *„Vermögensgegenstände sind höchstens mit den Anschaffungs- oder Herstellungskosten, vermindert um Abschreibungen … anzusetzen …“*
Absatz 2: *„Bei Vermögensgegenständen des Anlagevermögens, deren Nutzung zeitlich begrenzt ist, sind Anschaffungs- oder Herstellungskosten um planmäßige Abschreibungen zu vermindern. Der Plan muss die Anschaffungs- oder Herstellungskosten auf die Geschäftsjahre verteilen, in denen der Vermögensgegenstand voraussichtlich genutzt werden kann …“*

Aufgrund der gesetzlichen Vorschriften ist es sinnvoll, einen Abschreibungsplan für alle Güter des abnutzbaren Anlagevermögens zu erstellen. Dieser Plan soll alle Angaben und Daten des jeweiligen Anlagegutes enthalten.

Beispiel

Bezeichnung des Anlagegutes:	Kleincomputeranlage HMXX
Tag der Anschaffung des Anlagegutes:	28. 01.
Höhe der Anschaffungskosten:	6.000,00 €
voraussichtliche Nutzungsdauer:	3 Jahre
Abschreibungsmethode:	lineare Abschreibung

Die Finanzverwaltungen der Bundesländer veröffentlichen (im Einvernehmen mit dem Bundesfinanzministerium) sog. **AfA-Tabellen** für bewegliche Anlagegüter. Diese AfA-Tabellen müssen bei der Festlegung der Nutzungsdauer von den Unternehmen beachtet werden.

Ausgewählte Beispiele (vereinfacht) aus der allgemeinen AfA-Tabelle:

Anlagegüter	Nutzungsdauer in Jahren
Büromöbel	13 Jahre
Computer, (Personal-)	3 Jahre
Lastkraftwagen (Lkw)	9 Jahre
Schleifmaschinen (stationär)	15 Jahre

Für jedes Anlagegut sind wichtige Angaben, die im Abschreibungsplan verwendet werden, der sog. **Anlagendatei** bzw. **Anlagenkarte** zu entnehmen.

Beispiel für eine Anlagendatei

Gegenstand: Klein-Computeranlage				
Type: HMXX			Lieferer: Computerhandel Nittenau	
Anschaffungskosten: 6.000,00 €			Nutzungsdauer: 3 Jahre	
Konto-Nr. 0860			AfA-Methode: linear AfA-Satz $33\frac{1}{3}\,\%$	
Datum	Vorgang	Zugang/€	Abgang/AfA in €	Bestand/€
28. 01. 02	Einkauf RNR 7001	6.000,00		6000,00

Bei der linearen Abschreibung werden die Anschaffungskosten gleichmäßig auf die Jahre der Nutzung verteilt, d. h. die lineare Abschreibung ist eine Abschreibung mit gleich bleibenden Jahresbeträgen.

Die Berechnung des Abschreibungsbetrages und des Abschreibungssatzes wird mittels folgender Formeln vorgenommen:

$$\text{Abschreibungsbetrag} = \frac{\text{Anschaffungskosten}}{\text{Nutzungsdauer}} \qquad \text{oder}$$

$$\text{Abschreibungsbetrag} = \frac{\text{Anschaffungskosten} \cdot \text{AfA-Satz}}{100}$$

$$\text{Abschreibungssatz} = \frac{100}{\text{Nutzungsdauer}} \qquad \text{oder}$$

$$\text{Abschreibungssatz} = \frac{\text{Abschreibungsbetrag} \cdot 100}{\text{Anschaffungskosten}}$$

Beispiel

Die Fa. *Wohnkreativ Ottus Eichus* kauft am 28. 01. von der Fa. Computerhandel eine Kleincomputeranlage im Preis von netto 6.000,00 €. Die voraussichtliche Nutzungsdauer (lt. AfA-Tabelle) beträgt drei Jahre.
Berechne den jährlichen Abschreibungsbetrag sowie den Abschreibungssatz. Erstelle einen Abschreibungsplan und veranschauliche den Verlauf grafisch.

Lösung

$$\text{Abschreibungsbetrag} = \frac{6.000,00}{3} = 2.000,00\,€$$

$$\text{Abschreibungssatz} = \frac{100,00}{3} = 33\frac{1}{3}\,\%$$

Abschreibungsplan

	lineare Abschreibung ($33\frac{1}{3}$ %)
Anschaffungswert – Abschreibung 1. Jahr	6.000,00 € 2.000,00 €
Buchwert am Ende des 1. Jahres – Abschreibung 2. Jahr	4.000,00 € 2.000,00 €
Buchwert am Ende des 2. Jahres – Abschreibung 3. Jahr	2.000,00 € 2.000,00 € (1.999,00 €)
Buchwert am Ende des 3. Jahres	0,00 € (1,00 €)

Nach drei Jahren Nutzungsdauer ist die Kleincomputeranlage auf 0,00 € Buchwert, also voll abgeschrieben. Wenn die Kleincomputeranlage weiterhin betrieblich genutzt wird, wird sie mit **1,00 €** Buchwert (**Erinnerungswert**) in der Anlagenbuchführung weitergeführt. Der Abschreibungsbetrag beträgt dann im **letzten Abschreibungsjahr 1.999,00 €.**

Wiederhole und lerne

- Bei der linearen Abschreibung wird mit gleich bleibenden Beträgen von den Anschaffungskosten abgeschrieben.
- Bleibt ein Anlagegut nach seiner vollständigen Abschreibung Bestandteil des Anlagevermögens, muss es mit 1,00 € Erinnerungswert in der Anlagenbuchführung weitergeführt werden.
- Jedes Anlagegut wird in einer Anlagendatei bzw. Anlagenkarte geführt.
- Die AfA-Tabellen (von der Finanzverwaltung) geben Auskunft über die Nutzungsdauer der Anlagegüter.
- Für die Berechnung des Abschreibungssatzes bzw. des Abschreibungsbetrages werden Formeln verwendet.
- Der Abschreibungsbetrag ist abhängig von den Anschaffungskosten und von der Nutzungsdauer.

Grafische Darstellung des Abschreibungsbetrages und des Buchwertes

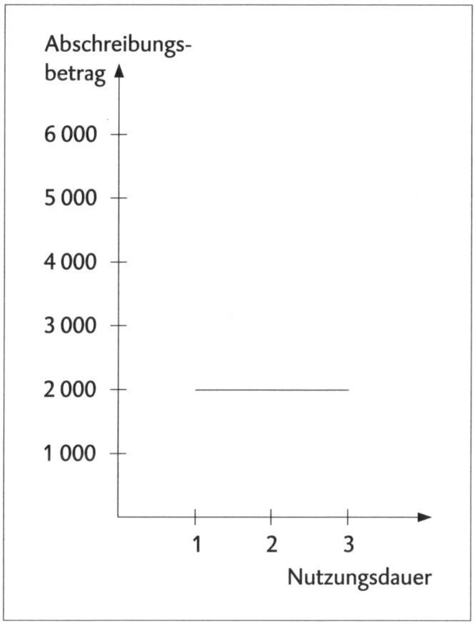

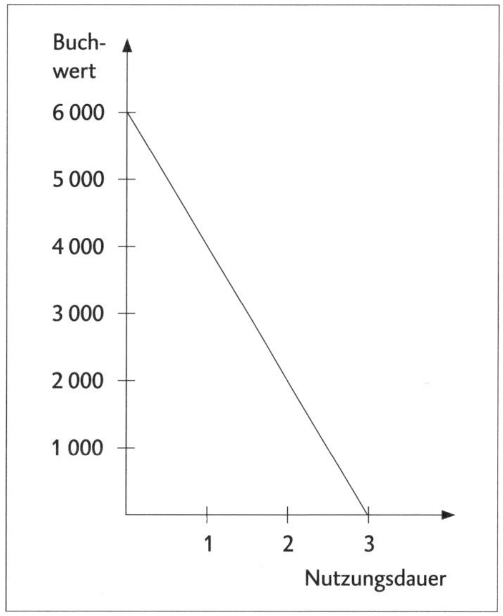

Folgendes Schaubild soll nochmals die **Merkmale linearer Abschreibung** verdeutlichen:

lineare Abschreibung

Abschreibungsbasis	→	von den Anschaffungskosten
Abschreibungsbetrag	→	jährlich gleich bleibend
Buchwert	→	wird 0,00 €
AfA-Satz	→	$= \frac{100\,\%}{\text{Nutzungsdauer}}$
Formel für AfA-Betrag	→	$= \frac{\text{Anschaffungskosten}}{\text{Nutzungsdauer}}$
Abschreibungsgegenstand	→	Gebäude und bewegliche Anlagegüter
Vorteile	→	• einfache und übersichtliche Methode; • gleichmäßige Verteilung der AK auf die Nutzungsdauer
Nachteile	→	wirkliche Abnutzung stimmt mit Wertverlust zu Beginn der Nutzung nicht überein

Aufgabe 168

a) Wie lauten die Formeln zur
   – Berechnung des Abschreibungssatzes,
   – Berechnung des Abschreibungsbetrages?
b) Was versteht man unter linearer Abschreibung?
c) Mit welchem Betrag wird ein Anlagegut erfasst, das nach der vollständigen Abschreibung weiterhin im Betrieb benutzt wird?
d) Welche Funktion erfüllt die Anlagendatei?
e) Wo kann sich ein Unternehmer Informationen über die Nutzungsdauer holen?
f) Wovon hängt der Abschreibungsbetrag ab?
g) Wie wird der Buchwert ermittelt?
h) Berechne den Abschreibungsbetrag für einen LKW bei linearer Abschreibung für das 1. Abschreibungsjahr, wenn folgende Daten vorliegen:
   Kauf am 4. Januar, Anschaffungskosten 240.000,00 €, Nutzungsdauer zehn Jahre.

Aufgabe 169

Ermittle den Abschreibungsbetrag und den Abschreibungssatz.

	Anschaffungskosten	**Nutzungsdauer in Jahren**
a)	70.000,00 €	5
b)	190.000,00 €	10
c)	28.400,00 €	4
d)	83.800,00 €	8

Aufgabe 170

Berechne jeweils die fehlenden Größen:

	Anschaffungs-kosten	**Abschreibungs-betrag**	**Abschreibungs-satz**	**Nutzungs-dauer**
a)	?	8.000,00 €	?	10 Jahre
b)	30.000,00 €	?	5 %	?
c)	40.000,00 €	5.000,00 €	?	?
d)	?	6.000,00 €	20 %	?

Aufgabe 171

Die Fa. *Wohnkreativ Ottus Eichus* kauft einen Farbkopierer, Nettopreis 3.800,00 €; die Frachtkosten betragen 200,00 € netto. Die Nutzungsdauer wird auf 8 Jahre festgelegt.

a) Buche den Zielkauf.
b) Ermittle den Abschreibungssatz bei linearer Abschreibung.
c) Erstelle den Abschreibungsplan (für die ersten vier Jahre).

Aufgabe 172

Welche der folgenden Aussagen treffen auf die **lineare Abschreibung** zu? Kreuze entsprechend an.

	lineare AfA
a) Am Ende der Nutzungsdauer ergibt sich ein Buchwert von 0,00 €.	☐
b) Die Abschreibungsmethode gilt sowohl für Gebäude als auch für bewegliche Anlagegüter.	☐
c) Der Abschreibungsbetrag wird von den Anschaffungskosten während der gesamten Nutzungsdauer berechnet.	☐
d) Die Abschreibungsbeträge sind jährlich fallend.	☐
e) Ein Nachteil ist, dass die wirkliche Abnutzung mit dem Wertverlust zu Beginn der Nutzung nicht übereinstimmt.	☐
f) Der AfA-Betrag wird mit folgender Formel berechnet: $\frac{\text{Buchwert} \cdot \text{AfA-Satz}}{100}$	☐
g) Ein Vorteil ist, dass die Abschreibung einfach und übersichtlich berechnet wird.	☐
h) Zu Beginn der Nutzung entsteht eine höhere Steuerersparnis.	☐
i) Der AfA-Satz wird mittels folgender Formel berechnet: $\frac{100\ \%}{\text{Nutzungsdauer}}$	☐
j) Die Berechnung der AfA ist kompliziert.	☐
k) Ein Vorteil ist, dass diese Methode eher der wirklichen Wertminderung entspricht.	☐

Aufgabe 173

Die Fa. *Wohnkreativ* hat einen Kombiwagen (Lieferungen) zum Nettopreis von 35.000,00 € auf Ziel gekauft. An Überführungskosten fallen 1.000,00 € an.
Für diesen Kombiwagen liegt dir das Rechenblatt einer Tabellenkalkulation vor:

	A	B	C	D
1	Bezeichnung	Kombiwagen (Lieferwagen)	Nutzungsdauer in Jahren	6
2	Abschreibungssatz	%		
3		Lineare AfA		
4	Anschaffungskosten	36.000,00 €		
5	– AfA 1. Jahr	6.000,00 €		
6	Buchwert Ende 1. Jahr	30.000,00 €		
7	– AfA 2. Jahr	6.000,00 €		
8	Buchwert Ende 2. Jahr	24.000,00 €		
9	– AfA 3. Jahr	6.000,00 €		
10	Buchwert Ende 3. Jahr	18.000,00 €		
11	– AfA 4. Jahr	6.000,00 €		
12	Buchwert Ende 4. Jahr	12.000,00 €		
13	– AfA 5. Jahr	6.000,00 €		
14	Buchwert Ende 5. Jahr	6.000,00 €		
15	– AfA 6. Jahr	6.000,00 €		
16	Buchwert Ende 6. Jahr	0,00 €		

a) Bilde den Buchungssatz für den Zielkauf.
b) Nenne einen Fachbegriff für die Überführungskosten.
c) Berechne den Abschreibungssatz für die lineare Abschreibung des Kombiwagens.
d) Gib die Formel für die Zelle B7 an.
e) Wie lautet die Buchung am Ende des 4. Abschreibungsjahres?

3.3.2 Zeitanteilige Abschreibung bei Wirtschaftsgütern des Anlagevermögens

Bei Wirtschaftsgütern des Anlagevermögens (über 1.000,00 € AK netto) muss seit dem 01. 01. 2004 die AfA grundsätzlich **zeitanteilig** durchgeführt werden. Dabei wird in der Praxis **monatsanteilig** (= zeitanteilig), also nach Nutzungsmonaten abgeschrieben. In der Berechnung der Abschreibungsmonate sind angefangene Monate zu berücksichtigen, d. h. es wird bei der Anschaffung im Verlauf des Monats gewöhnlich auf volle Monate aufgerundet.

Beispiel

Die Fa. *Wohnkreativ Ottus Eichus* kauft am 27. April vom Autohaus Schnell einen Klein-Kombi im Preis von 45.000,00 € netto. Die voraussichtliche Nutzungsdauer (lt. AfA-Tabelle) beträgt sechs Jahre.
Wie hoch ist der Abschreibungsbetrag im ersten Abschreibungsjahr, wie hoch im letzten Abschreibungsjahr?

Lösung

$$\text{jährlicher Abschreibungsbetrag} = \frac{45.000,00\ €}{6\ \text{Jahre}} = 7.500,00\ €$$

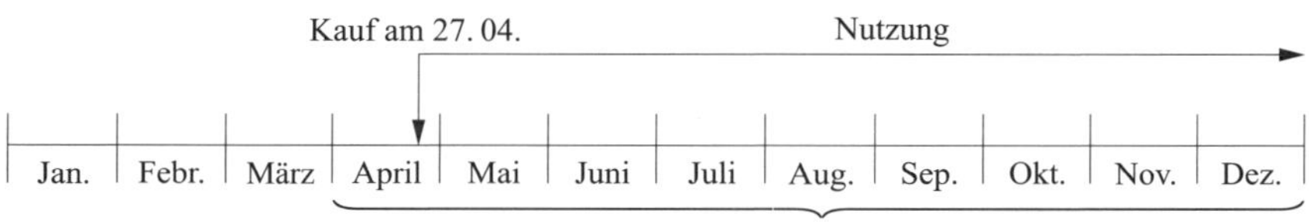

$$\text{Abschreibung im 1. Jahr} \Rightarrow \frac{9}{12}\ \text{der Jahres-AfA}$$
$$= \frac{9}{12}\ \text{aus } 7.500,00\ €$$
$$= 5.625,00\ €$$

Nachdem im 1. Abschreibungsjahr $\frac{9}{12}$ der Jahres-AfA abgeschrieben wurde, können im letzten Abschreibungsjahr nur noch $\frac{3}{12}$ der Jahres-AfA abgeschrieben werden. Der untenstehende Zeitstrahl soll dies nochmals verdeutlichen.

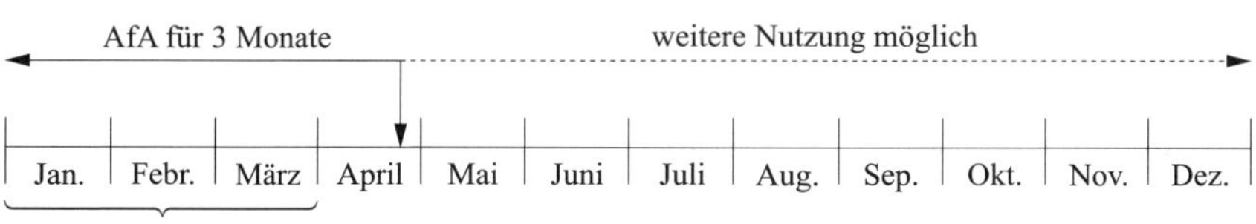

$$\text{Abschreibung im letzten Jahr} \Rightarrow \frac{3}{12}\ \text{der Jahres-AfA}$$
$$= \frac{3}{12}\ \text{aus } 7.500,00\ €$$
$$= 1.875,00\ €$$

Hinweis:
Die Verteilung der Abschreibung für diesen Klein-Kombi über die sechs Nutzungsjahre sieht folgendermaßen aus:

$\rightarrow \frac{9}{12}$ im ersten Abschreibungsjahr = 5.625,00 €

$\rightarrow \frac{12}{12}$ im zweiten Abschreibungsjahr = 7.500,00 €

$\rightarrow \frac{12}{12}$ im dritten Abschreibungsjahr = 7.500,00 €

$\rightarrow \frac{12}{12}$ im vierten Abschreibungsjahr = 7.500,00 €

$\rightarrow \frac{12}{12}$ im fünften Abschreibungsjahr = 7.500,00 €

$\rightarrow \frac{12}{12}$ im sechsten Abschreibungsjahr = 7.500,00 €

$\rightarrow \frac{3}{12}$ im letzten Abschreibungsjahr = 1.875,00 €

Anschaffungskosten netto 45.000,00 €

Wird der Klein-Kombi über die betriebsgewöhnliche Nutzungsdauer hinaus im Unternehmen weiter eingesetzt, so beträgt der Abschreibungsbetrag im letzten Abschreibungsjahr 1.874,00 €. Es verbleibt somit ein Erinnerungswert von 1,00 €.

Wiederhole und lerne

- Wirtschaftgüter des Anlagevermögens werden seit dem 01. 01. 2004 **zeitanteilig** abgeschrieben.
- Zeitanteilig bedeutet, dass nach Nutzungsmonaten (= **monatsanteilig**) abgeschrieben wird.
- Bei den Abschreibungsmonaten sind angefangene Nutzungsmonate zu berücksichtigen, d. h. es wird auf volle Monate aufgerundet.

Aufgabe 174

Ermittle jeweils den Abschreibungsbetrag im ersten und im letzten Abschreibungsjahr.

	Anschaffungskosten	Nutzungsdauer in Jahren	Kauf am
a)	84.000,00 €	8	24. 02.
b)	150.000,00 €	10	01. 09.
c)	30.000,00 €	4	31. 05.
d)	45.000,00 €	5	16. 11.
e)	54.000,00 €	9	21. 07.

3.4 Die Buchung der Abschreibung

Der Wertverlust der Anlagegüter muss am Ende eines jeden Nutzungsjahres buchhalterisch erfasst werden. Dies geschieht mittels Abschreibungen. Abschreibungen auf das abnutzbare Anlagevermögen stellen Aufwendungen dar, diese werden im Soll des Kontos 6520 Abschreibungen auf Sachanlagen eingebucht und im Haben des entsprechenden aktiven Bestandskontos als Minderung des Anlagevermögens gegengebucht. Man spricht bei dieser Buchung von der **direkten Abschreibung**, da sich aufgrund der direkten Erfassung der Wertminderung auf dem Anlagekonto der sog. **Restbuchwert** ergibt.

Beispiel 1

Die angeschaffte Kleincomputeranlage wird am Ende des ersten Nutzungsjahres abgeschrieben. Die Anschaffungskosten betragen 6.000,00 € netto, der Abschreibungssatz $33\frac{1}{3}$ %. Jährlich werden 2.000,00 € linear abgeschrieben.

Buchungssatz				
6520 ABSA		an	0860 BM	2.000,00 €

Kontenmäßige Darstellung dieses Vorgangs mit dem dazugehörigen Abschlussvorgang:

- im Anschaffungsjahr

S	0860 BM		H
28.04./4400	6.000,00	31.12./6520	2.000,00
		31.12./8010	4.000,00
	6.000,00		6.000,00

S	6520 ABSA		H
31.12./0860	2.000,00	31.12./8020	2.000,00

S	8010 SBK		H
⋮		⋮	
0860	4.000,00	⋮	
⋮		⋮	

S	8020 GUV		H
⋮		⋮	
6520	2.000,00	⋮	
⋮		⋮	

- im 3. Nutzungsjahr

S	0860 BM		H
01.01./8000	2.000,00	31.12./6520	1.999,00
		31.12./8010	1,00
	2.000,00		2.000,00

S	6520 ABSA		H
31.12./0860	1.999,00	31.12./8020	1.999,00

S	8010 SBK		H
⋮		⋮	
0860	1,00	⋮	
⋮		⋮	

S	8020 GUV		H
⋮		⋮	
6520	1.999,00	⋮	
⋮		⋮	

Zu unterscheiden sind von den vollwertigen Anlagegütern die geringwertigen Wirtschaftsgüter mit Anschaffungskosten über 150,00 € bis 1.000,00 € und die Kleingüter. Die Kleingüter werden sofort als **Aufwand** erfasst (siehe auch Kapitel 1.4). Man spricht bei dieser Aufwandsbuchung von der sogenannten Sofortabschreibung oder vom Sofortabzug.
Die GWG mit Anschaffungskosten über 150,00 € bis 1.000,00 € werden als Sammelposten (siehe auch Kapitel 1.3) über eine Dauer von 5 Jahren gleichmäßig (= linear) abgeschrieben.

Beispiel 2

Kauf eines Kleinrechners gegen Barzahlung, 119,00 € brutto.

Buchungssatz				
6800 BMK	100,00 €			
2600 VORST	19,00 €	an	2880 Kasse	119,00 €

Beispiel 3

Im Konto Sammelposten für GWG 0895 SP stehen am Jahresende im Soll 2.860,00 €. Hiervon sind 20 % abzuschreiben.

Buchungssatz				
6540 ABSP		an	0895 SP	572,00 €

Wiederhole und lerne

- Abschreibungen auf Sachanlagen werden als Aufwendungen im Soll des Kontos 6520 ABSA und als Vermögensminderung im Haben der jeweiligen Anlagekonten gebucht.
- Die Buchung der Abschreibung erfolgt als direkte Abschreibung; aufgrund der direkt erfassten Wertminderung im Anlagekonto ergibt sich daraus der Restbuchwert.
- Bei den geringwertigen Wirtschaftsgütern mit Anschaffungskosten über 150,00 € bis 1.000,00 € erfolgt die Abschreibungsbuchung auf einem eigenen Abschreibungskonto 6545 ABSP, die Gegenbuchung findet im Konto 0895 SP im Haben statt.
- Die Kleingüter (netto bis 150,00 €) werden sofort als Aufwand erfasst (= Sofortabschreibung oder Sofortabzug).

Aufgabe 175

a) Wie unterscheiden sich die vollwertigen Anlagegüter, die geringwertigen Wirtschaftsgüter mit Anschaffungskosten über 150,00 € bis 1.000,00 € und die Kleingüter in ihrer buchhalterischen Behandlung?
b) Was versteht man unter direkter Abschreibung?
c) Nenne einen Vorteil hoher Abschreibungen.

Aufgabe 176

Die Fa. *Wohnkreativ* kauft einen Lkw für 57.000,00 € netto, Überführungskosten 2.000,00 €, ein Spezialaufsatz für die Ladefläche kostet 1.000,00 €.
a) Wie hoch sind die Anschaffungskosten?
b) Bilde den Buchungssatz für die Eingangsrechnung.
c) Die Nutzungsdauer wird mit zehn Jahren angegeben. Berechne den jährlichen Abschreibungsbetrag und den Abschreibungssatz bei linearer Abschreibung.
d) Wie lautet die Abschreibungsbuchung am Ende des ersten Nutzungsjahres?
e) Wie ist am Ende des 10. Nutzungsjahres die Abschreibung zu buchen, wenn der Lkw auch im 11. Jahr von der Fa. *Ottus Eichus* genutzt wird?

Aufgabe 177

Am 31. 12. sind folgende vorbereitenden Abschlussbuchungen durchzuführen:
a) Abschreibung auf Maschinen 70.000 €
b) Fuhrpark: Anschaffungskosten 30.000,00 €, derzeitiger Buchwert 24.000,00 €; Abschreibungssatz 10 % linear
c) Bestand auf dem Konto 0895 SP 8.700,00 €, Abschreibung 20 %

4 Der Verkauf gebrauchter Anlagegüter

Zur Steigerung der Produktivität werden häufig alte, gebrauchte Anlagegegenstände verkauft und durch neue, technisch leistungsfähigere Anlagen ersetzt. Nach dem Umsatzsteuergesetz ist dieser Vorgang des Verkaufs umsatzsteuerpflichtig.

§ 22 UStG beschreibt die Aufzeichnungspflicht; in **Absatz 1** heißt es: *„Der Unternehmer ist verpflichtet, zur Feststellung der Steuer und der Grundlagen ihrer Berechnung Aufzeichnungen zu machen. Diese Verpflichtung …“*
Absatz 2 verlangt: *„Aus den Aufzeichnungen müssen zu ersehen sein:*
1. die vereinbarten Entgelte für die vom Unternehmer ausgeführten Lieferungen und Leistungen. Dabei ist ersichtlich zu machen, wie sich die Entgelte auf die steuerpflichtigen Umsätze, getrennt nach Steuersätzen, und auf die steuerfreien Umsätze verteilen. Dies gilt …“

Aufgrund dieser Gesetzesvorschrift ist zur Erfassung dieses umsatzsteuerpflichtigen Vorgangs (Verkauf gebrauchter Anlagegüter) ein Erlöskonto erforderlich. Das Konto 5410 EAAV (Erlöse aus dem Abgang von Gegenständen des Anlagevermögens) erfüllt diese Anforderung. Dieses Übergangskonto (Interimskonto) ermöglicht eine EDV-gerechte Verbuchung, indem es das umsatzsteuerpflichtige Entgelt beim Verkauf gebrauchter Anlagegüter aufnimmt. Beim Ausbuchen des Buchwertes wird das Übergangskonto (5410 EAAV) wieder aufgelöst. Der Vorgang des Verkaufs gebrauchter Anlagegüter wird in zwei **Teilbuchungssätze** zerlegt:

a) **Die Erfassung des Erlöses** (mithilfe des Übergangskontos).
b) **Die Ausbuchung des Buchwertes** (verbunden mit der Auflösung des Übergangskontos).

Grundsätzlich werden Anlagegüter während der gewöhnlichen Nutzungsdauer abgeschrieben. Wird nun ein Anlagegut vor Ende der gewöhnlichen Nutzungsdauer verkauft, muss der erzielte Nettoverkaufserlös dem momentanen Buchwert gegenübergestellt werden, um so einen eventuellen Gewinn bzw. Verlust ermitteln zu können.

Hierbei können sich folgende Möglichkeiten ergeben:

- Der NVP **entspricht** dem Buchwert (weder Verlust noch Gewinn).
- Der NVP ist **größer** als der Buchwert (hier entsteht ein Gewinn).
- Der NVP ist **kleiner** als der Buchwert (hier entsteht ein Verlust).

Wiederhole und lerne

- Das Konto 5410 EAAV dient der EDV-gerechten Erfassung des Anlagenverkaufs (umsatzsteuerpflichtiges Entgelt).
- Das Konto 5410 EAAV ist ein Interimskonto (Übergangskonto).
- Beim Ausbuchen des Buchwertes wird dieses Übergangskonto wieder aufgelöst.
- Die Buchung des Verkaufs gebrauchter Anlagegüter wird in zwei Teilbuchungssätze zerlegt:
  a) Erfassen des Erlöses,
  b) Ausbuchen des Buchwertes.

Aufgabe 178

a) Welche Funktion erfüllt das Konto 5410 EAAV?
b) Um welches Konto handelt es sich bei diesem?
c) In welchen Teilschritten wird der Anlagenverkauf buchhalterisch erfasst?

4.1 Verkauf zum Buchwert

Beim Verkauf gebrauchter Anlagegüter zum Buchwert (= NVP) entsteht weder ein Gewinn noch ein Verlust. Den Bruttoverkaufspreis bucht man auf das Zahlungsmittelkonto (in der Regel Bank) ins Soll (Aktivkonto nimmt zu); den Nettoverkaufspreis erfasst das Übergangskonto 5410 EAAV im Haben. Um die Bilanzwaage auszugleichen, ist die Umsatzsteuer im Konto 4800 UST im Haben noch zu verbuchen. Den zweiten Buchungsschritt bildet die Ausbuchung des Buchwertes (hier = NVP). Im Anlagenkonto erfolgt diese Ausbuchung im Haben, als Gegenbuchung wird der Eintrag im Konto 5410 EAAV im Soll getätigt (Auflösung des Übergangskontos).

Beispiel

Die Fa. *Wohnkreativ Ottus Eichus* verkauft einen gebrauchten Lkw für netto 12.000,00 € gegen Bankscheck. In der Anlagenbuchführung steht dieser Lkw mit einem Buchwert von 12.000,00 €.

Buchungssätze

NVP	←——→	BW
12.000,00 €	entspricht	12.000,00 €

1. Buchung des Verkaufserlöses

2800 BK	14.280,00 €	an	5410 EAAV	12.000,00 €
			4800 UST	2.280,00 €

2. Ausbuchen des Buchwertes (und Auflösung des Interimskontos)

5410 EAAV		an	0840 FP	12.000,00 €

Wiederhole und lerne

- Beim Verkauf zum Buchwert entspricht der NVP dem Buchwert, es ergibt sich weder ein Gewinn noch ein Verlust.

Aufgabe 179

Bilde die Buchungssätze für folgende Geschäftsfälle (USt. 19 %):

a) Verkauf einer gebrauchten Maschine gegen Bankscheck, brutto 11.305,00 €. Die Maschine steht zu Buche mit 9.500,00 €.

b) Verkauf eines gebrauchten Kleincomputers gegen Barzahlung, netto 700,00 €; der Buchwert beträgt 700,00 €.

4.2 Verkauf über dem Buchwert

Beim Verkauf gebrauchter Anlagegüter über dem Buchwert (NVP > BW) entsteht ein Ertrag (sog. Buchgewinn). Dieser Ertrag wird auf dem Konto **5460 Erträge aus dem Abgang von Vermögensgegenständen** (EAVG) verbucht.

Beispiel

Die Fa. *Wohnkreativ Ottus Eichus* verkauft einen gebrauchten Lkw für netto 15.000,00 € gegen Bankscheck. In der Anlagenbuchführung steht dieser Lkw mit einem Buchwert von 12.000,00 €.

Buchungssätze

NVP 15.000,00 € ← → BW 12.000,00 €

↓

3.000,00 € Gewinn,
da der NVP größer ist als der BW!

1. Buchung des Verkaufserlöses

2800 BK	17.850,00 €	an	5410 EAAV	15.000,00 €
			4800 UST	2.850,00 €

2. Ausbuchen des Buchwertes (und Auflösung des Interimskontos)

5410 EAAV	15.000,00 €	an	0840 FP	12.000,00 €
			5460 EAVG	3.000,00 €

Wiederhole und lerne

- Wenn beim Verkauf gebrauchter Anlagegüter der NVP größer ist als der Buchwert, ergibt sich ein Ertrag (Buchgewinn).
- Dieser Buchgewinn wird auf dem Ertragskonto 5460 EAVG im Haben erfasst.

Aufgabe 180

Bilde die Buchungssätze für folgende Geschäftsfälle (USt. 19 %):

a) Verkauf einer gebrauchten Maschine gegen Bankscheck, brutto 15.232,00 €. Die Maschine steht zu Buche mit 9.500,00 €.

b) Verkauf eines gebrauchten Kleincomputers gegen Barzahlung, netto 950,00 €; der Buchwert beträgt 700,00 €.

4.3 Verkauf unter dem Buchwert

Beim Verkauf gebrauchter Anlagegüter unter dem Buchwert (NVP < BW) entsteht ein Aufwand (sog. Buchverlust). Dieser Aufwand wird auf dem Konto **6960 Verluste aus dem Abgang von Vermögensgegenständen** (VAVG) verbucht.

Beispiel

Die Fa. *Wohnkreativ Ottus Eichus* verkauft einen gebrauchten Lkw für netto 10.500,00 € gegen Bankscheck. In der Anlagenbuchführung steht dieser Lkw mit einem Buchwert von 12.000,00 €.

Buchungssätze

NVP 10.500,00 € ←——→ BW 12.000,00 €

↓

1.500,00 € Verlust,
da der NVP kleiner ist als der BW!

1. Buchung des Verkaufserlöses

2800 BK	12.495,00 €	an	5410 EAAV	10.500,00 €
			4800 UST	1.995,00 €

2. Ausbuchen des Buchwertes (und Auflösung des Interimskontos)

5410 EAAV	10.500,00 €			
6960 VAVG	1.500,00 €	an	0840 FP	12.000,00 €

Wiederhole und lerne

- Wenn beim Verkauf gebrauchter Anlagegüter der NVP kleiner ist als der Buchwert, ergibt sich ein Aufwand (Buchverlust).
- Dieser Buchverlust wird auf dem Aufwandskonto 6960 VAVG im Soll erfasst.

Aufgabe 181

Welche Darstellungen sind richtig? Kreuze entsprechend an!

a) NVP > BW = Ertrag = Buchung auf 5460 EAVG ☐
b) NVP = BW = Buchung auf 5460 EAVG ☐
c) NVP < BW = Aufwand = Buchung auf 5460 EAVG ☐
d) NVP > BW = Aufwand = Buchung auf 6960 VAVG ☐
e) NVP < BW = Aufwand = Buchung auf 6960 VAVG ☐
f) NVP = BW = keine Erfolgsbuchung ☐

Aufgabe 182

Bilde die Buchungssätze für folgende Geschäftsfälle (USt. 19 %):

a) Verkauf einer gebrauchten Maschine gegen Bankscheck, brutto 10.115,00 €. Die Maschine steht zu Buche mit 9.500,00 €.

b) Verkauf eines gebrauchten Kleincomputers gegen Barzahlung, netto 630,00 €; der Buchwert beträgt 700,00 €.

c) Verkauf eines gebrauchten Lkws gegen Bankscheck, netto 4.000,00 €; der Buchwert des Lkws beträgt 1,00 €.

d) Verkauf einer gebrauchten Maschine zu brutto 6.664,00 € gegen Bankscheck. Die Anschaffungskosten stehen in der Anlagekartei mit 90.000,00 €, die bisherigen Abschreibungen belaufen sich auf 81.000,00 €.

4.4 Exkurs: Verkauf unter Berücksichtigung der zeitanteiligen Abschreibung

Beim Verkauf gebrauchter Anlagegüter muss ebenso wie bei der Anschaffung von Anlagegütern die Abschreibung zeitanteilig berücksichtigt werden; d. h. der Restbuchwert muss monatsanteilig berechnet werden. In der Berechnung der Abschreibungsmonate sind beim Verkauf angefangene Monate **nicht** zu berücksichtigen, d. h. es wird bei der Veräußerung im Verlaufe des Monats gewöhnlich auf volle Monate abgerundet.

Beispiel

Die Fa. *Wohnkreativ Ottus Eichus* verkauft am 6. März 2008 eine gebrauchte Kleincomputeranlage für netto 6.600,00 € gegen Bankscheck. Angeschafft wurde dieses Anlagegut am 27. April 2007 für netto 9.000,00 €, die Nutzungsdauer beträgt 3 Jahre.

a) Berechne die Abschreibung im ersten Abschreibungsjahr.

b) Welchen Betrag kann die Fa. *Wohnkreativ Ottus Eichus* im Jahre 2008 noch abschreiben?

c) Wie hoch ist der Buchwert zum Zeitpunkt des Verkaufs (monatsanteilige Berechnung des Restbuchwertes)?

d) Bilde die Buchungssätze für den Verkauf der Kleincomputeranlage (USt. 19 %).

Lösung

a) $\text{jährlicher Abschreibungsbetrag} = \dfrac{9.000,00\ €}{3\ \text{Jahre}} = 3.000,00\ €$

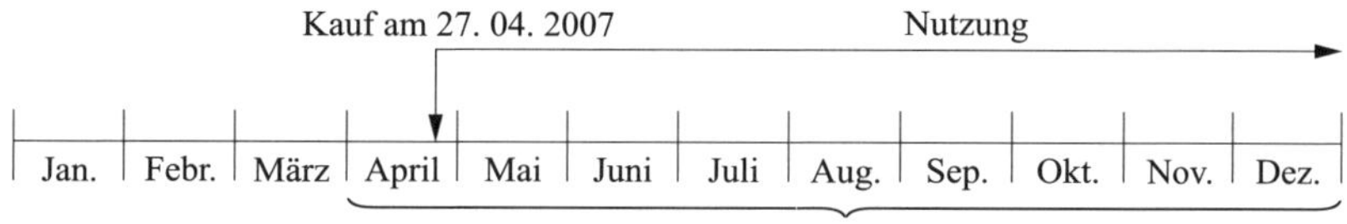

Abschreibung im 1. Jahr $\Rightarrow \frac{9}{12}$ der Jahres-AfA

$= \frac{9}{12}$ aus 3.000,00 €

$=$ 2.250,00 €

b)

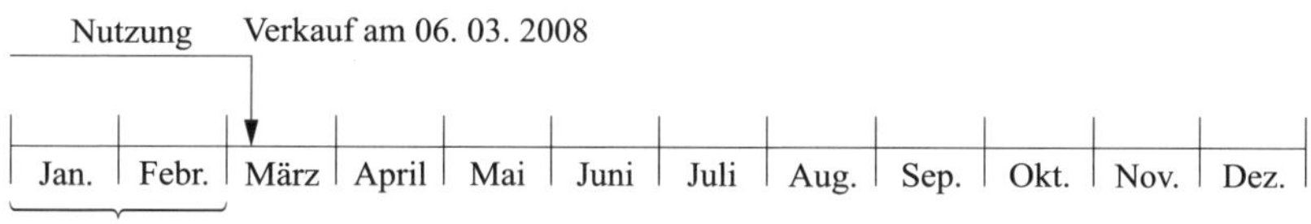

Abschreibung im Jahr 2008 $\Rightarrow \frac{2}{12}$ der Jahres-AfA

$= \frac{2}{12}$ aus 3.000,00 €

$=$ 500,00 €

c)

Anschaffungskosten netto	9.000,00 €
– AfA 2007	2.250,00 €
– AfA 2008	500,00 €
Buchwert zum 6. März 2008	6.250,00 €

d) NVP 6.600,00 € ◄——————► BW 6.250,00 €

▼

350,00 € Gewinn,
da der NVP größer ist als der BW!

1. Buchung des Verkaufserlöses

2800 BK	7.854,00 €	an	5410 EAAV	6.600,00 €
			4800 UST	1.254,00 €

2. Ausbuchen des Buchwertes (und Auflösung des Interimskontos)

5410 EAAV	6.600,00 €	an	0860 BM	6.250,00 €
			5460 EAVG	350,00 €

5 Zusammenfassende Übungen zum Personal- und Anlagenbereich

Aufgabe 183

Die vereinfachte Lohnliste der Fa. *Wohnkreativ Ottus Eichus* weist für Monat Mai folgende Zahlen aus:

<table>
<tr><th>Bruttolohn</th><th>Lohnsteuer einschl. SOLZ</th><th>Kirchensteuer</th><th>SV-ANA</th></tr>
<tr><td rowspan="3">16.520,00 €</td><td>1.854,00 €</td><td>139,20 €</td><td>1.764,34 €</td></tr>
<tr><td>Auszahlung</td><td>SV-AGA</td><td></td></tr>
<tr><td>? €</td><td>1.615,66 €</td><td></td></tr>
</table>

a) Bilde die Buchungssätze
   (1) für die Erfassung des Personalaufwands (Banküberweisung der Löhne),
   (2) für die Banküberweisung der einbehaltenen Steuern,
   (3) für die Banküberweisung der Sozialversicherungsbeiträge.
b) Berechne die Summe der gesamten Personalaufwendungen für den Monat Mai bei der Fa. *Ottus Eichus*.

Aufgabe 184

Bilde die Buchungssätze für folgende Geschäftsfälle:

a) Wir überweisen die gesamten einbehaltenen Sozialversicherungsbeiträge an die Sozialversicherungsträger per Bank, 21.510,80 €.
b) Wir überweisen den Unfallversicherungsbeitrag an die Berufsgenossenschaft per Bank, 1.770,00 €.

Aufgabe 185

Bilde die Buchungssätze für folgende Geschäftsfälle (USt. 19 %):

a) Kauf einer Bohrmaschine gegen Barzahlung, brutto 428,40 €.
b) Kauf von Ordnern und alphabetischen Registern netto 27,50 € gegen Barzahlung.
c) Die Regenrinnen des Werkstattdaches werden wegen schadhafter Stellen teilweise ersetzt, Rechnungsbetrag netto 390,00 €.

Aufgabe 186

Feiertage bedeuten für den Arbeitnehmer zusätzliche Freizeit.

a) Wie viele freie Tage hatten deutsche Arbeitnehmer im Durchschnitt durch Feiertage?
b) Welchen Platz belegt Deutschland im internationalen Vergleich?
c) Was bedeuten durch Feiertage ausgefallene Arbeitstage für den Unternehmer?

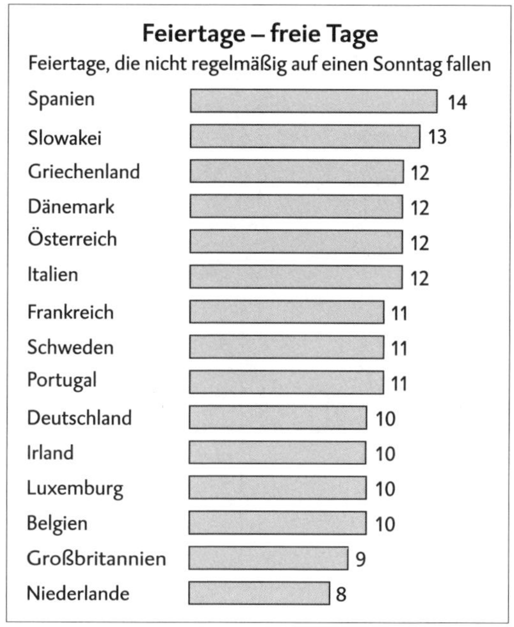

Aufgabe 187

Wir kaufen einen Lastkraftwagen für 98.000,00 € netto. Die Überführungs- und Zulassungskosten betragen 2.000,00 € netto.

a) Bilde den Buchungssatz für die Eingangsrechnung dieses Lkws.
b) Die lineare Abschreibung beträgt jährlich 10.000,00 €.
   (1) Von welcher Nutzungsdauer wird ausgegangen?
   (2) Wie hoch ist der Abschreibungssatz?
   (3) Berechne den Buchwert zu Beginn des 2. Nutzungsjahres.
c) Wie lautet die Buchung für die Abschreibung am Ende des 2. Nutzungsjahres?
d) Wie wird am Ende des 10. Nutzungsjahres abgeschrieben, wenn der Lkw weiterhin im Betrieb genutzt wird?
e) Im 11. Nutzungsjahr wird der Lkw für 10.000,00 € netto gegen Banküberweisung verkauft. Wie lauten die Buchungssätze?

Aufgabe 188

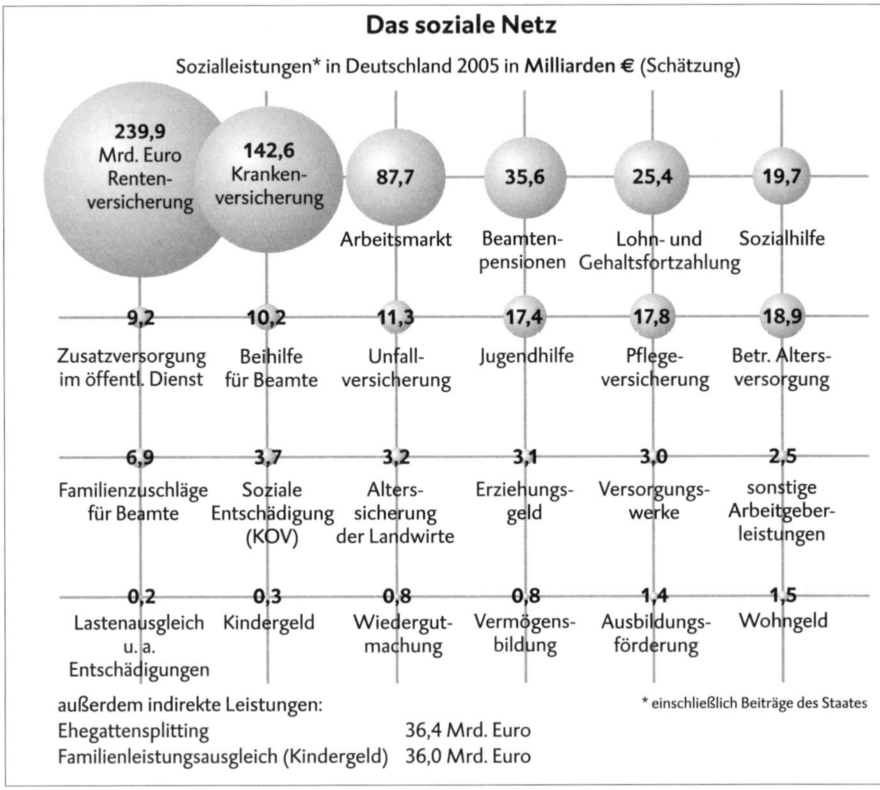

Quelle: BMAS, Globus, Grafik 0901

Die Grafik zeigt die direkten Sozialleistungen in Deutschland 2005. So wurden für Arbeitsmarktleistungen (darin sind die Zahlungen für Arbeitslose enthalten) fast 87,70 Mrd. € gezahlt.

a) Nenne die weiteren Leistungen, die aufgrund der Sozialversicherung an Arbeitnehmer gezahlt wurden und gib den Betrag an.
b) Die Arbeitgeber sind zur Zahlung einer bestimmten Versicherung zu 100 % verpflichtet, die zugunsten des Arbeitnehmers abgeschlossen werden muss. Wie lautet diese Versicherung und wie viel Euro wurden 2005 als direkte Sozialleistung gezahlt?

Aufgabe 189

Buche folgenden Geschäftsfall, indem du die Buchstaben der richtigen Konten in die Kästchen einträgst.
Wir kaufen eine Pressmaschine für netto 83.000,00 €. Die Eingangsfracht beträgt 4.000,00 € netto. Für Verpackungsmaterial werden uns 500,00 € netto in Rechnung gestellt. Die Montagekosten, die ebenfalls in Rechnung gestellt werden, betragen 2.500,00 € netto.

a) 4800 Umsatzsteuer
b) 0860 Büromaschinen
c) 2800 Bank
d) 0700 Maschinen und Anlagen
e) 6081 Bezugskosten Handelswaren
f) 6040 Aufwendungen für Verpackungsmaterial
g) 4400 Verbindlichkeiten aus L. u. L.
h) 6990 Periodenfremde Aufwendungen
i) 2600 Vorsteuer

Soll	Haben
☐	☐
☐	☐
☐	☐
☐	☐

Aufgabe 190

Erstelle für folgende Geschäftsfälle vom 03. 04. die Vorkontierungsliste bei der Fa. *Wohnkreativ Ottus Eichus*:

a) Kauf einer CNC-gesteuerten Fräsmaschine, Eingangsrechnung netto 190.000,00 €.
b) Die Frachtkosten werden der Spedition bar bezahlt, brutto 1.785,00 €.
c) Rückzahlung eines kurzfristigen Darlehens per Banküberweisung, 50.000,00 €.
d) Kauf von Aktien, Banklastschrift 12.120,00 €.
e) Die Rechnung der Werbeagentur beträgt 1.000,00 € netto.
f) Banküberweisung der Unfallversicherung an die Berufsgenossenschaft, 2.800,00 €.
g) Erfassung des Personalaufwands:

Lohnzahlung, brutto	47.000,00 €
einbehaltene Lohn- und Kirchensteuer	10.750,00 €
Arbeitnehmeranteil zur SV	10.111,50 €
Auszahlung per Bank	26.138,50 €
Arbeitgeberanteil zur Sozialversicherung	9.688,50 €

h) Verkauf von Fertigerzeugnissen auf Ziel, netto 30.000,00 €.

Bewertung und Ausfall von Forderungen

1 Insolvenz und Insolvenzverfahren

Für die Fa. *Wohnkreativ Ottus Eichus* kann ein Forderungsausfall in sehr bedeutender Höhe oder die Ansammlung mehrerer Forderungsausfälle zu einem ganz bestimmten Zeitpunkt – hinsichtlich der momentanen Zahlungsfähigkeit – dramatische Folgen haben. Die schlimmste Folge einer solchen Situation kann die **Insolvenz** sein. Unter Insolvenz versteht man die **Zahlungsunfähigkeit** (§ 17 InsO), diese besteht, wenn eine Person ihre fälligen Zahlungspflichten nicht mehr erfüllen kann. Ein weiterer Insolvenzgrund kann die drohende Zahlungsunfähigkeit (§ 18 InsO) sein. Ein dritter Grund ist die Überschuldung. Die Abwicklung einer Insolvenz wird als **Insolvenzverfahren** bezeichnet. Eröffnet werden kann die Insolvenz nur über das Vermögen einer insolvenzfähigen Person (= alle natürlichen und juristischen Personen). Das Insolvenzverfahren muss aber beim Insolvenzgericht **beantragt** werden, damit es **eröffnet** werden kann. Der Antrag kann sowohl von Gläubigern als auch vom Schuldner selber kommen. Grundsätzlich ist es das Ziel des gerichtlichen Insolvenzverfahrens, alle Gläubiger „gemeinsam“ zu befriedigen. Das sog. **Insolvenzrecht** ist in der **Insolvenzordnung** vom 01.01.1999 geregelt, das die alte Konkursordnung abgelöst hat. In der Umgangssprache wird noch häufig vom Konkurs bzw. von der **Pleite** gesprochen.

Die nebenstehende Grafik gibt einen Überblick über den Verlauf der Unternehmens-Insolvenzen in Deutschland von 1995 bis 2006:

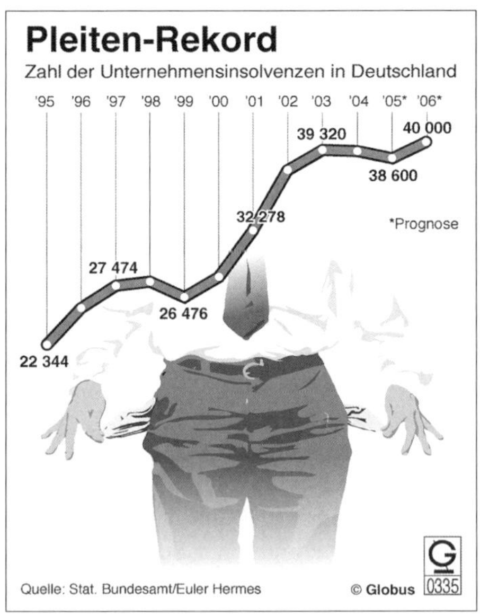

Die anschließende Skizze gibt einen Überblick über den Ablauf des Insolvenzverfahrens und die einzelnen Verfahrensschritte:

- Antrag,
- Eröffnungsbeschluss,
- Vermögensverwaltung,
- Abschluss des Verfahrens,
- Wiederaufleben der Schuldnerhaftung und
- evtl. Restschuldbefreiung.

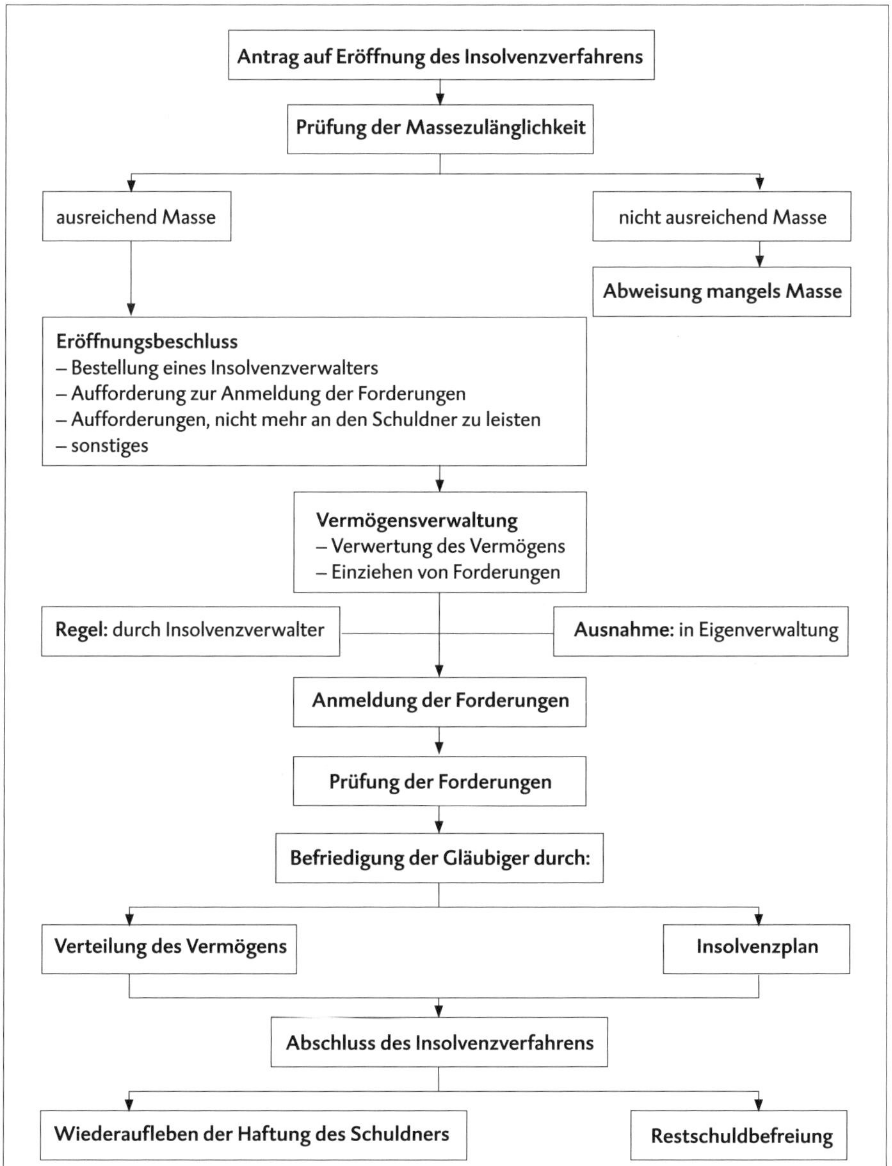

Wiederhole und lerne

- Ein Forderungsausfall in sehr bedeutender Höhe oder die Ansammlung mehrerer Forderungsausfälle zu einem bestimmten Zeitpunkt – hinsichtlich der momentanen Zahlungsfähigkeit – kann für ein Unternehmen dramatische Folgen haben.
- Die schlimmste Folge in einer solchen Situation kann die Insolvenz sein.
- Unter Insolvenz versteht man die Zahlungsunfähigkeit; diese besteht, wenn eine Person ihre fälligen Zahlungspflichten nicht mehr erfüllen kann.
- Die Insolvenz wird im Rahmen eines Insolvenzverfahrens abgewickelt.
- Die Eröffnung eines Insolvenzverfahrens muss beim Insolvenzgericht beantragt werden.
- Der Ablauf des Insolvenzverfahrens ist nach einzelnen Verfahrensschritten geregelt.
- Die Unternehmens-Insolvenzen sind in den letzten 14 Jahren stark angestiegen.
- Die Insolvenzordnung ist am 01. 01. 1999 in Kraft getreten und hat die Konkursordnung abgelöst.

Aufgabe 191

a) Was versteht man unter Insolvenz?
b) Nenne zwei Gründe für eine Insolvenz.
c) Wie wird ein Insolvenzverfahren eröffnet?
d) Wo muss der Antrag für ein Insolvenzverfahren gestellt werden?
e) Wer kann den Antrag auf Eröffnung eines Insolvenzverfahrens stellen?
f) Wie heißen die sechs Verfahrensschritte im Ablauf eines Insolvenzverfahrens?
g) Was besagt der Begriff „mangels Masse“?

Aufgabe 192

Um wie viel Prozent sind die Unternehmens-Insolvenzen in Deutschland (siehe Grafik S. 158)
a) von 1995 bis 2006 und
b) von 1999 bis 2006 angestiegen?

2 Forderungen und Forderungsausfälle

2.1 Einteilung der Forderungen

Die Forderungen, die die Fa. *Wohnkreativ Ottus Eichus* ihren Kunden gegenüber hat, können bezüglich ihres wirtschaftlichen Wertes (= **Bonität** = Sicherheit des Zahlungseingangs) in drei Arten unterschieden werden:

Forderungen

einwandfreie Forderungen	**zweifelhafte Forderungen**	**uneinbringliche Forderungen**
Bei diesen Forderungen ist davon auszugehen, dass unser **Kunde bei Fälligkeit zahlt**.	Bei diesen Forderungen ist der **Zahlungseingang unsicher**. Sie werden auch als **Dubiose** bezeichnet. Hinweise auf zweifelhafte Forderungen: ↳ Kunde stellt Zahlungen ein; ↳ Kunde zahlt trotz wiederholter Mahnungen nicht; ↳ Gegen den Kunden wird ein Insolvenzverfahren beantragt.	Bei diesen Forderungen steht der **Forderungsausfall fest** (kein Zahlungseingang mehr). Dies ist der Fall, wenn ↳ das Insolvenzverfahren gegen einen Kunden mangels Masse eingestellt wurde; ↳ eine Zwangsvollstreckung gegen einen Kunden fruchtlos war; ↳ der Kunde die „Einrede der Verjährung" geltend macht.

Wiederhole und lerne

- Die Forderungen werden in drei Arten unterschieden:
  - einwandfreie Forderungen,
  - zweifelhafte Forderungen,
  - uneinbringliche Forderungen.
- Bei **einwandfreien Forderungen** ist davon auszugehen, dass unser Kunde bei Fälligkeit zahlt.
- Bei **zweifelhaften Forderungen** ist der Zahlungseingang unsicher. Sie werden auch als **Dubiose** bezeichnet.
- Bei **uneinbringlichen Forderungen** steht der Forderungsausfall (kein Zahlungseingang mehr) fest.

Aufgabe 193

a) Welche drei Arten von Forderungen werden unterschieden?
b) Was versteht man
   (1) unter einwandfreien,
   (2) unter zweifelhaften und
   (3) unter uneinbringlichen Forderungen?
c) Welche Hinweise können auf Zahlungsschwierigkeiten aufmerksam machen?
d) In welchen Fällen steht ein endgültiger Forderungsausfall fest?
e) Welche Forderungen werden als Dubiose bezeichnet?

2.2 Laufende Buchungen von Forderungen während des Jahres

2.2.1 Einwandfreie Forderungen

Die Fa. *Wohnkreativ Ottus Eichus* erzielt durch den Verkauf von Fertigerzeugnissen und Handelswaren Umsatzerlöse. Durch den Zielverkauf entstehen Forderungen gegenüber dem Kunden, die dieser bis zu einem bestimmten Zahlungsziel zu begleichen hat.

Beispiel 1

Zielverkauf von Fertigerzeugnissen, netto 15.000,00 €.

Buchungssatz 1				
2400 FO	17.850,00 €	an	5000 UEFE	15.000,00 €
			4800 UST	2.850,00 €

Beispiel 2

Unser Kunde begleicht innerhalb von 30 Tagen (= Zahlungsziel) die FE-Rechnung per Banküberweisung, 17.850,00 €.

Buchungssatz 2				
2800 BK		an	2400 FO	17.850,00 €

Beispiel 3

Unser Kunde begleicht innerhalb der Skontofrist von 10 Tagen die FE-Rechnung über 17.850,00 € unter Abzug von 2 % Skonto per Banküberweisung.

Schema:

Rechnung	17.850,00 €		300,00 €
– 2 % Skonto	357,00 €	: 119 × 100	
Zahlung	17.493,00 €		57,00 €

Buchungssatz 3				
2800 BK	17.493,00 €			
5001 EBFE	300,00 €			
4800 UST	57,00 €	an	2400 FO	17.850,00 €

2.2.2 Zweifelhafte Forderungen

Zweifelhafte Forderungen sind Forderungen, deren Zahlungseingang unsicher ist. Aus Gründen der **Bilanzklarheit und Übersichtlichkeit** (§ 243 HGB) müssen die **zweifelhaften Forderungen** von den einwandfreien Forderungen **buch- und bilanzmäßig getrennt** werden. Diese Trennung geschieht mithilfe des Kontos **2470 ZWFO** (Zweifelhafte Forderungen). Das Konto 2470 ZWFO ist ein aktives Bestandskonto, das nur der Aussonderung dieser gefährdeten Forderungen dient. Aufgrund dieser Umbuchung wird nur die Bestandsrechnung berührt, die Erfolgsrechnung bleibt vorerst unberührt davon.

Beispiel

Unser Kunde *Frustbar* stellt die Zahlungen ein. Unsere Forderung an ihn beträgt 35.700,00 €.

Buchungssatz				
2470 ZWFO		an	2400 FO	35.700,00 €

Kontenmäßige Darstellung

S	2400 FO		H
…	70.000,00	2470	35.700,00
…	58.000,00		
5000/ 4800	35.700,00		

S	2470 ZWFO		H
2400	35.700,00		

Somit sind die einwandfreien Forderungen um 35.700,00 € weniger. Die Aussonderung auf ein eigenes Konto ZWFO besagt, dass der Zahlungseingang für diese Forderung unsicher ist.

Wiederhole und lerne

- Aus Gründen der Bilanzklarheit und Übersichtlichkeit (§ 243 HGB) müssen die zweifelhaften Forderungen von den einwandfreien Forderungen buch- und bilanzmäßig getrennt werden.
- Die Aussonderungsbuchung lautet immer folgendermaßen:
  2470 ZWFO an 2400 FO

Aufgabe 194

a) Weshalb müssen die zweifelhaften Forderungen von den einwandfreien Forderungen getrennt werden?

b) Wie lautet die Aussonderungsbuchung?

Aufgabe 195

Bilde die Buchungssätze zu folgenden Geschäftsfällen:

a) Unser Kunde *Übel* zahlt seine Rechnung über 24.395,00 € trotz mehrfacher Mahnungen nicht.

b) Ein langjähriger Kunde bittet um Zahlungsaufschub, die Forderung an ihn beträgt 7.140 €.

c) Kunde *Brausam* hat das Insolvenzverfahren beantragt. Unsere Forderung beträgt 7.735,00 €.

d) Aus der Zeitung erfahren wir, dass über das Vermögen unseres Kunden *Kläglich* das Insolvenzverfahren eröffnet wurde. Die Forderung an ihn beträgt 11.900,00 €.

Aufgabe 196

Quelle: Bundesverband Deutscher Inkasso-Unternehmen

Die obige Grafik verdeutlicht die Zahlungsmoral in Deutschland.

a) Wie hat sich die Zahlungsmoral der gewerblichen Schuldner im 1. Quartal 2006 im Vergleich zum 3. Quartal 2005 verändert?

b) Nenne die zwei Hauptgründe, weshalb private Schuldner offene Rechnungen nicht bezahlen.

c) Gib den Hauptgrund an, weswegen Unternehmen offene Rechnungen nicht bezahlen.

Aufgabe 197

Betrachte untenstehende Grafik und nenne vier Ursachen für die Überschuldung von Privathaushalten in Deutschland.

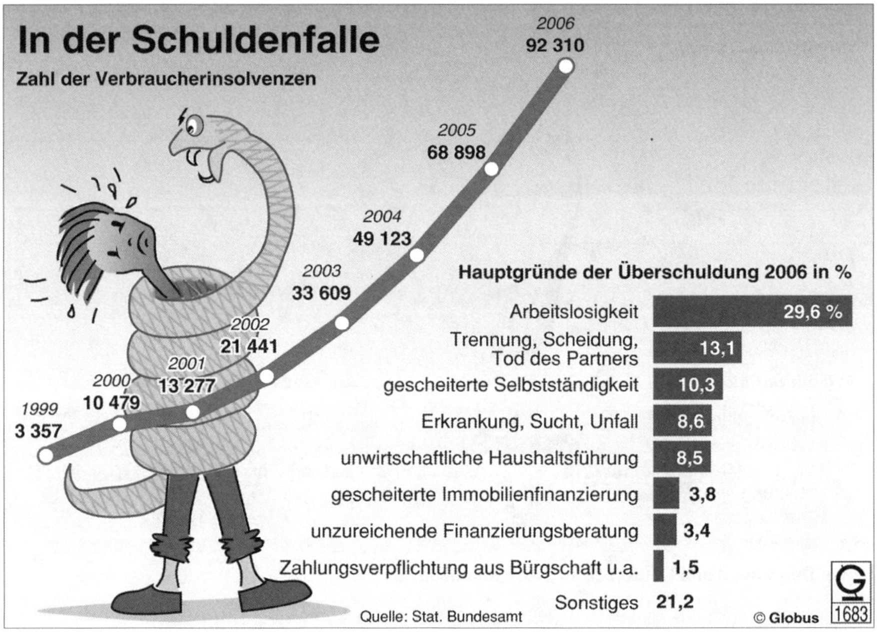

2.3 Abschreibung von Forderungsausfällen während des Jahres (direkte Abschreibung)

2.3.1 Abschreibung einer zweifelhaften Forderung

Nach § 253 Abs. 3 und 4 HGB muss eine uneinbringliche Forderung abgeschrieben werden. Dies ist auch der Fall, wenn der Forderungsausfall während des laufenden Geschäftsjahres festgestellt wird. Die **Abschreibung** der **uneinbringlichen Forderung** wird **direkt** durchgeführt, was besagt, dass der ausfallende Forderungsbetrag im Forderungskonto (2470 ZWFO) im Haben direkt gebucht wird. Nachdem der **Forderungsverlust** nur **netto** abgeschrieben werden darf, wird dieser Betrag auf dem **Aufwandskonto 6950 ABFO** (Abschreibungen auf Forderungen) im **Soll** gebucht. Die darauf entfallende **Umsatzsteuer** ist zu **berichtigen**, d. h. für nicht erhaltene Forderungen braucht keine Umsatzsteuer an das Finanzamt abgeführt zu werden (§ 17 Abs. 2 Nr. 1 Satz 1 UStG). Die Einbuchung erfolgt im Konto 4800 UST ebenso im Soll, die Umsatzsteuer-Verbindlichkeit gegenüber dem Finanzamt vermindert sich also (= **steuerrechtlicher Aspekt**).

Beispiel

Das beantragte Insolvenzverfahren gegen unseren Kunden *Frustbar* wurde mangels Masse abgelehnt. Die zweifelhafte Forderung über 35.7000,00 € ist somit uneinbringlich geworden.

Buchungssatz				
6950 ABFO	30.000,00 € ←		: 119 × 100	
4800 UST	5.700,00 €	an	2470 ZWFO	35.700,00 €

Kontenmäßige Darstellung

S	6950 ABFO		H
2470	30.000,00		

S	2470 ZWFO		H
2400	35.700,00	6950/ 4800	35.700,00

S	4800 UST		H
2470	5.700,00	2400	5.700,00

Die kontenmäßige Darstellung zeigt noch einmal, dass die direkte Abschreibung im Konto 2470 ZWFO die Ausbuchung der zweifelhaften Forderung im Haben zur Folge hat. Außerdem hat die Korrektur der Umsatzsteuer im Soll vom Konto 4800 UST zu einer Verminderung der Umsatzsteuerschuld gegenüber dem Finanzamt geführt.

Wiederhole und lerne

- Wenn eine zweifelhafte Forderung während des laufenden Geschäftsjahres uneinbringlich wird, muss sie direkt abgeschrieben werden.
- Bei der direkten Abschreibung einer zweifelhaften Forderung wird der Forderungsverlust unmittelbar (= direkt) im Konto 2470 ZWFO (= aktives Bestandskonto) im Haben gebucht.
- Die entfallende Umsatzsteuer wird korrigiert, die Umsatzsteuerschuld wird im Soll vom Konto 4800 UST vermindert (→ **Ausfall steht fest!**).
- Der Buchungssatz bei der direkten Abschreibung einer zweifelhaften Forderung lautet folgendermaßen:
  6950 ABFO
  4800 UST an 2470 ZWFO

Aufgabe 198

a) Was versteht man unter der direkten Abschreibung von zweifelhaften Forderungen?
b) Wann darf die Umsatzsteuer korrigiert werden?
c) Welche Wirkung hat der Forderungsausfall auf die Umsatzsteuerschuld?

Aufgabe 199

Bilde die Buchungssätze zu folgenden Geschäftsfällen:

a) In der Tageszeitung lesen wir folgende Zeitungsnotiz:

> Nr. 12/05 Über das Vermögen der Firma *Peter Langsam*, Hinterberg 2, 93049 Regensburg wurde am 24. Januar 2005, 12.00 Uhr das Insolvenzverfahren eröffnet.

Unsere Forderung an die Fa. *Langsam* in Regensburg beträgt 16.136,40 €.

b) Einen Monat später erfahren wir wieder aus der Zeitung, dass das Insolvenzverfahren gegen die Fa. *Peter Langsam* in Regensburg mangels Masse eingestellt wurde. Unsere zweifelhafte Forderung ist somit uneinbringlich geworden.

c) Die Pfändung gegen einen Kunden war fruchtlos. Unsere zweifelhafte Forderung in Höhe von 10.626,70 € ist uneinbringlich geworden.

d) Kunde *Flott* macht gegen eine zweifelhafte Forderung die Einrede der Verjährung geltend. Unsere zweifelhafte Forderung in Höhe von 24.514,00 € ist uneinbringlich geworden.

2.3.2 Abschreibung einer einwandfreien Forderung

Forderungsausfälle können sowohl bei zweifelhaften als auch bei **einwandfreien Forderungen** entstehen. Wenn eine einwandfreie Forderung überraschend ausfällt, findet die **Aussonderungsbuchung** auf das Konto 2470 ZWFO **nicht** statt. Der Forderungsausfall einer einwandfreien Forderung ist aber dann genauso wie beim Ausfall einer zweifelhaften Forderung zu buchen. Die **Abschreibung** einer einwandfreien Forderung wird ebenso **direkt** vorgenommen, nur dass im Unterschied (zu ZWFO) hier die **Gegenbuchung** im Haben des **Kontos 2400 FO** vorgenommen wird.

Beispiel

Die Forderung gegenüber unserem Kunden *Schmal* wird überraschend uneinbringlich. Unsere Forderung betrug 3.070,20 €.

Buchungssatz

6950 ABFO	2.580,00 € ←		: 119 × 100	
4800 UST	490,20 €	an	2400 FO	3.070,20 €

Kontenmäßige Darstellung

S	6950 ABFO		H
2400	2.580,00		

S	2400 FO		H
5000/ 4800	3.070,20	6950/ 4800	3.070,20

S	4800 UST		H
2400	490,20	2400	490,20

Die kontenmäßige Darstellung zeigt noch einmal, dass die direkte Abschreibung im Konto 2400 FO die Ausbuchung der einwandfreien Forderung im Haben zur Folge hat. Außerdem hat die Korrektur der Umsatzsteuer im Soll des Kontos 4800 UST zu einer Verminderung der Umsatzsteuerschuld gegenüber dem Finanzamt geführt.

Wiederhole und lerne

- Auch einwandfreie Forderungen müssen direkt abgeschrieben werden, wenn sie während des laufenden Geschäftsjahres überraschend ausfallen.
- Bei der direkten Abschreibung einer einwandfreien Forderung wird der Forderungsverlust unmittelbar (= direkt) im Konto 2400 FO (= aktives Bestandskonto) im Haben gebucht.
- Die entfallende Umsatzsteuer wird korrigiert, die Umsatzsteuerschuld wird im Soll des Kontos 4800 UST vermindert (→ **Ausfall steht fest**!).
- Der Buchungssatz bei der direkten Abschreibung einer einwandfreien Forderung lautet folgendermaßen:
  6950 ABFO
  4800 UST an 2400 FO

Aufgabe 200

a) Auf welches Konto im Haben wird bei direkter Abschreibung einer einwandfreien Forderung gebucht?

b) Worin besteht die Gemeinsamkeit, wenn zweifelhafte und einwandfreie Forderungen während des laufenden Geschäftsjahres abgeschrieben werden?

Aufgabe 201

Wie lautet der Buchungssatz für folgenden Geschäftsfall?
Eine einwandfreie Forderung gegenüber unserem Kunden *Meister* wird überraschend uneinbringlich, 9.389,10 €.

2.3.3 Abschreibung einer teilweise ausgefallenen zweifelhaften Forderung

Das Insolvenzgericht darf das Insolvenzverfahren nur eröffnen, wenn das Vermögen des Schuldners zumindest die Kosten für das Insolvenzverfahren (= Massekosten wie z. B. Aufwand für Insolvenzverwalter, Gerichtskosten) deckt (§ 26 InsO). Ansonsten wird das Insolvenzverfahren mangels Masse abgewiesen. Wird nun bei der Vermögensverwaltung durch den Insolvenzverwalter die **restliche Insolvenz-**

masse verwertet, so werden die **Gläubiger** daraus nach der gebildeten Quote befriedigt (= **Insolvenzquote**).
Im Rahmen der sog. Schlussverteilung (§ 196 InsO) erhalten die Gläubiger laut Insolvenzplan einen teilweisen Betrag (Insolvenzquote = **Zahlungseingang**) auf ihre bestehende Forderung, der Rest der Forderung ist dann endgültig verloren.

Beispiel

Unser Kunde *Frustbar* überweist uns nach Abschluss des Insolvenzverfahrens 14.280,00 € auf unser Bankkonto. Die Forderung betrug ursprünglich 35.700,00 €. Der Rest der Forderung ist endgültig verloren.

Hinweis:
Zur Berechnung des wirklichen Forderungsausfalles ist immer folgendes **Rechenschema** erforderlich:

Zweifelhafte Forderung	35.700,00 €	
– Zahlungseingang	14.280,00 €	
Bruttoausfall	21.420,00 €	: 119 x 19
– enthaltene Umsatzsteuer	3.420,00 €	
Nettoausfall	18.000,00 €	

Buchungssatz				
2800 BK	14.280,00 €			
6950 ABFO	18.000,00 €			
4800 UST	3.420,00 €	an	2470 ZWFO	35.700,00 €

Kontenmäßige Darstellung

S	2800 BK		H
2470	14.280,00		

S	2470 ZWFO		H
2400	35.700,00	2800/ 6950 4800	35.700,00

S	6950 ABFO		H
2470	18.000,00		

S	4800 UST		H
2470	3.420,00	2400	5.700,00

Die kontenmäßige Darstellung zeigt, dass nur die auf den Nettoausfall anfallende Umsatzsteuer zu korrigieren ist. Diese Korrektur ist erst dann durchzuführen, wenn der wirkliche Forderungsausfall feststeht (siehe auch vorangegangene Kapitel!)

Wiederhole und lerne

- Im Rahmen eines Insolvenzverfahrens wird der Eröffnungsantrag abgelehnt, wenn die sog. **Massekosten** nicht gedeckt sind.
- Aus der restlichen **verwertbaren Insolvenzmasse** werden die Gläubiger befriedigt.
- Die daraus gebildete Quote ergibt die sog. **Insolvenzquote** (= Zahlungseingang).
- Bei der Berechnung des wirklichen Forderungsausfalls ist folgendes **Berechnungsschema** erforderlich:

  Zweifelhafte Forderung
  – Zahlungseingang

  Bruttoausfall
  – enthaltene Umsatzsteuer (: 119 x 19)

  Nettoausfall

- Der Buchungssatz für den Zahlungseingang auf eine teilweise ausfallende zweifelhafte Forderung lautet folgendermaßen:
  2800 BK
  6950 ABFO
  4800 UST an 2470 ZWFO

Aufgabe 202

a) Nenne einen Grund, weshalb ein Insolvenzverfahren nicht eröffnet werden kann.
b) Was sind sog. „Massekosten"?
c) Was versteht man unter der „Insolvenzquote"?
d) Gib eine synonyme Erklärung für den Begriff „Insolvenzquote" an.
e) Wie lautet das Schema zur Berechnung des wirklichen Forderungsausfalls?

Aufgabe 203

Bilde die Buchungssätze zu folgenden Geschäftsfällen:

a) Der Insolvenzverwalter überweist für unsere Forderung über 133.280,00 € nur noch 46.648,00 € per Bank. Der Rest ist verloren.
b) Für eine zweifelhafte Forderung in Höhe von 59.500,00 € erhalten wir nur noch 30 % auf unser Bankkonto überwiesen. Der Rest ist verloren.
c) Der Kunde *Müßig* meldet Insolvenz an.
   (1) Unsere Forderung an ihn beträgt 8.687,00 €.
   (2) Nach 10 Monaten ist das Insolvenzverfahren abgeschlossen und wir erhalten per Banküberweisung 4.777,85 €.
   (3) Berechne die Insolvenzquote.

d) Der Insolvenzverwalter überweist uns 7.497,00 € auf das Bankkonto. Die Insolvenzquote beträgt 70 %. Der Rest unserer zweifelhaften Forderung ist endgültig verloren.

2.4 Zahlungseingang auf eine vollständig abgeschriebene Forderung

In bestimmten Fällen kann es vorkommen, dass auf eine vollständig abgeschriebene Forderung wider Erwarten ein Zahlungseingang festzustellen ist. Bei derartigen Zahlungen lebt die **Umsatzsteuerpflicht** wieder auf. Der Zahlungseingang muss auf den **Nettobetrag (→ 5495 EFO:** Erträge – Zahlungseingang – aus abgeschriebenen Forderungen) und die **anteilige Umsatzsteuer** (→ 4800 UST) aufgespalten werden.

Beispiel

Für eine bereits vollständig abgeschriebene Forderung gehen wider Erwarten auf unserem Bankkonto 3.391,50 € ein.

: 119 × 100

Buchungssatz				
2800 BK	3.391,50 €	an	5495 EFO	2.850,00 €
			4800 UST	541,50 €

Wiederhole und lerne

- Bei Zahlungseingängen auf eine vollständig abgeschriebene Forderung lebt die Umsatzsteuerpflicht wieder auf.
- Der Zahlungseingang ist in Nettobetrag und anteilige Umsatzsteuer aufzuspalten.
- Der Buchungssatz bei derartigen Zahlungseingängen lautet folgendermaßen:
  2800 BK an 5495 EFO
  4800 UST

Aufgabe 204

a) Was bedeutet ein Zahlungseingang auf eine bereits vollständig abgeschriebene Forderung für die Umsatzsteuer?

b) Wie ist der Zahlungseingang betragsmäßig zu behandeln?

c) Eine zweifelhafte Forderung über 8.449,00 € wurde bereits vollständig abgeschrieben. Wider Erwarten zahlt der Kunde die volle Schuld per Banküberweisung. Bilde den Buchungssatz.

3 Wertkorrekturen der Bilanz durch Einzel- und Pauschalwertberichtigung – Bewertung der Forderungen am Jahresende (VAB)

3.1 Bewertung von zweifelhaften Forderungen (Einzelwertberichtigung – EWB)

Beim Jahresabschluss gilt für die Fa. *Wohnkreativ Ottus Eichus* nach § 252 HGB für alle Vermögensgegenstände der Grundsatz der **Einzelbewertung**. Laut § 252 Abs. 1 Ziffer 3 HGB heißt es: *„Die Vermögensgegenstände und Schulden sind zum Abschlussstichtag **einzeln** zu bewerten."* Also muss jede zweifelhafte Forderung einzeln auf ihren möglichen Wert (Ausfall bzw. Zahlungseingang) hin geprüft werden. Zudem muss nach § 252 Abs. 1 Ziffer 4 HGB das **Prinzip der kaufmännischen Vorsicht** beachtet werden. Es sind **alle vorhersehbaren Risiken** wie z. B. zu erwartende Forderungsausfälle zu berücksichtigen. Dies erfordert **umfangreiches Informieren** z. B. bei einem Insolvenzverwalter, bei Auskunfteien usw., um die **wirtschaftliche und finanzielle Situation** entsprechender **Kunden** einschätzen zu können. Wenn nun bei einer zweifelhaften Forderung Ausfälle, also Verluste zu erwarten sind, muss die Fa. *Wohnkreativ Ottus Eichus* laut § 253 Abs. 3 HGB die **geschätzten Ausfälle abschreiben**.

Die Abschreibung des geschätzten Forderungsausfalls am Jahresende wird aus **Gründen** der **Übersichtlichkeit** und **Klarheit nicht direkt, sondern indirekt** durchgeführt.

Bei dieser **indirekten Forderungsabschreibung** (Einzelwertberichtigung) wird die Gegenbuchung nicht direkt auf dem Konto 2470 ZWFO (= Aktivkonto), sondern auf einem eigenen **passiven Bestandskonto** – Wertberichtigungskonto – getätigt: **3670 EWB** (Einzelberichtigungen). Der geschätzte Ausfall selbst wird als Aufwand auf dem Konto 6950 ABFO (Abschreibung auf Forderungen) im Soll erfasst. Wie bereits erwähnt, ist diese Abschreibungsbuchung eine vorbereitende Abschlussbuchung.

Die indirekte Forderungsabschreibung wird netto gebucht, also ohne Berücksichtigung der Umsatzsteuer. Die **Berichtigung der Umsatzsteuer** darf nach § 17 UStG erst vorgenommen werden, **wenn** der **Forderungsausfall** Realität (tatsächlich feststeht) geworden ist.

Beispiel

Für den Bestand der zweifelhaften Forderungen ist die Einzelwertberichtigung zu bilden. Für die Berechnung der Summe der geschätzten Ausfälle liegt folgendes Rechenblatt der Tabellenkalkulation vor:

	A	B	C	D	E	F
1						
2	**Einzelwertberichtigung auf zweifelhafte Forderungen**					
3						
4	Kunde	zweifelhafte Forderungen brutto	anteilige Umsatzsteuer	zweifelhafte Forderungen netto	geschätzter Ausfall in Prozenten	geschätzter Ausfall in Euro
5	Flink	15.470,00 €	2.470,00 €	13.000,00 €	85 %	11.050,00 €
6	Gleich	6.188,00 €	988,00 €	5.200,00 €	20 %	1.040,00 €
7	Hurtig	4.403,00 €	703,00 €	3.700,00 €	40 %	1.480,00 €
8		26.061,00 €	**Summe der geschätzten Ausfälle**			13.570,00 €

Buchungssatz

6950 ABFO	an	3670 EWB	13.570,00 €

Kontenmäßige Darstellung

S	2470 ZWFO		H
2400	15.470,00	8010	26.061,00
2400	6.188,00		
2400	4.403,00		

S	6950 ABFO		H
3670	13.570,00		

S	8010 SBK		H
…		…	
2400	26.061,00	3670	13.570,00

S	3670 EWB		H
8010	13.570,00	6950	13.570,00

Die zweifelhaften Forderungen werden beim Jahresabschluss in voller Höhe in der Bilanz ausgewiesen. Demgegenüber findet mittels Einzelwertberichtigung eine Wertkorrektur in der Bilanz statt, im Passivbereich weist das Konto 3670 EWB die geschätzten Forderungsausfälle aus. Diese kontenmäßigen Vorgänge lassen sich im Schlussbilanzkonto entsprechend nachvollziehen.

Hinweis:

Das **Konto 3670 EWB** wird nur im **Zusammenhang** mit der **vorbereitenden Abschlussbuchung** am **Jahresende** buchhalterisch berührt. Während des Geschäftsjahres finden auf diesem Konto keine Buchungen statt.

Wiederhole und lerne

- Zweifelhafte Forderungen werden am Jahresende einzeln bewertet.
- Das Prinzip der kaufmännischen Vorsicht verlangt, alle vorhersehbaren Risiken zu berücksichtigen.
- Die indirekte Abschreibung von zweifelhaften Forderungen erfasst den geschätzten Forderungsausfall.
- Die indirekte Abschreibung von zweifelhaften Forderungen ist eine vorbereitende Abschlussbuchung.
- Bei der indirekten Abschreibung von zweifelhaften Forderungen wird die Gegenbuchung nicht direkt auf dem Konto 2470 ZWFO (Aktivkonto), sondern auf einem eigenen Passivkonto (3670 EWB) getätigt.
- Der geschätzte Ausfall selbst wird als Aufwand im Konto 6950 ABFO gebucht.
- Die indirekte Forderungsabschreibung wird netto gebucht, also ohne Berücksichtigung der Umsatzsteuer.
- Die Berichtigung der Umsatzsteuer darf erst erfolgen, wenn der wirkliche Ausfall bekannt ist.
- Der Buchungssatz für die indirekte Abschreibung von zweifelhaften Forderungen lautet folgendermaßen:
  6950 ABFO an 3670 EWB

Aufgabe 205

a) Um welche Art von Buchung handelt es sich bei der indirekten Forderungsabschreibung?
b) Nach welchem Prinzip müssen alle vorhersehbaren Risiken berücksichtigt werden?
c) Wann findet die Einzelwertberichtigung von zweifelhaften Forderungen statt?
d) Wo kann sich ein Unternehmer wegen drohender Forderungsausfälle erkundigen?
e) Was versteht man unter der indirekten Forderungsabschreibung?
f) Warum darf die Umsatzsteuer bei der indirekten Forderungsabschreibung nicht erfasst werden?

Aufgabe 206

Im Beispiel auf Seite 173/174 wurde die Summe der geschätzten Ausfälle mittels Rechenblatt der Tabellenkalkulation ermittelt.
Welche Formel wurde im Rechenblatt jeweils eingegeben
a) zur Berechnung des Betrages in Zelle C5,
b) zur Berechnung des Betrages in Zelle D6,

c) zur Berechnung des Betrages in Zelle F7,
d) zur Berechnung des Betrages in Zelle F8.

Aufgabe 207

Im Rahmen der Einzelbewertung der zweifelhaften Forderungen liegen uns die folgenden Bestände zur Bewertung vor.

Kunde	Zweifelhafte Forderung	geschätzter Ausfall in %
Angel	8.817,90 €	35 %
Bengel	17.969,00 €	80 %
Klügel	2.320,50 €	20 %

a) Berechne die Summe der geschätzten Ausfälle.
b) Wie lautet der Buchungssatz für die Einzelwertberichtigung?
c) Nenne zwei Aspekte, warum sich dieser Buchungssatz von der direkten Forderungsabschreibung unterscheidet.

3.2 Exkurs: Buchhalterische Behandlung von einzeln bewerteten zweifelhaften Forderungen im neuen Geschäftsjahr

Die im alten Geschäftsjahr einzeln bewerteten zweifelhaften Forderungen müssen im neuen Geschäftsjahr genau kontrolliert werden (siehe Kapitel 3.1). Hierbei können sich folgende Situationen ergeben:

- Die zweifelhafte Forderung kann vollständig ausfallen.
- Die zweifelhafte Forderung wird zu 100 % beglichen.
- Die zweifelhafte Forderung kann teilweise beglichen werden.

Dabei muss die Fa. *Wohnkreativ Ottus Eichus* klären, inwieweit in Zukunft die **Bonität** (Sicherheit des Zahlungseingangs) noch genauer geschätzt werden kann bzw. noch gezieltere Informationen über den Kunden in Erfahrung zu bringen sind.

Beispiel (siehe S. 173/174)

a) Das Insolvenzverfahren gegen den Kunden *Flink* wurde mangels Masse eingestellt. Die gesamte zweifelhafte Forderung ist somit uneinbringlich.
↳ Die Schätzung des Ausfalls mit 85 % war also zu niedrig!

b) Kunde *Gleich* überweist überraschend den gesamten Betrag von 6.188,00 € auf unser Bankkonto.
↳ Die Schätzung des Ausfalls mit 20 % war zu hoch!

c) Nach Abschluss des Insolvenzverfahrens gegenüber dem Kunden *Hurtig* erhalten wir auf unser Bankkonto 2.641,80 € überwiesen.
↳ Die Schätzung des Ausfalls mit 40 % hat genau gestimmt!

zu a)

Buchungssatz				
6950 ABFO	13.000,00 €			
4800 UST	2.470,00 €	an	2470 ZWFO	15.470,00 €

zu b)

Buchungssatz				
2800 BK		an	2470 ZWFO	6.188,00 €

zu c)
Berechnungsschema:

Zweifelhafte Forderung	4.403,00 €	
– Zahlungseingang	2.641,80 €	
Bruttoausfall	1.761,20 €	: 119 x 19
– enthaltene Umsatzsteuer	281,20 €	
Nettoausfall	1.480,00 €	

Buchungssatz				
2800 BK	2.641,80 €			
6950 ABFO	1.480,00 €			
4800 UST	281,20 €	an	2470 ZWFO	4.403,00 €

3.3 Anpassung der Einzelwertberichtigung

Der Bestand bei den zweifelhaften Forderungen kann sich im neuen Geschäftsjahr in einer anderen Höhe ergeben. Laufende Insolvenzverfahren werden abgeschlossen, bei anderen Kunden können sich Zahlungsschwierigkeiten ergeben. Somit muss auch der Bestand der Einzelwertberichtigung diesen neuen Gegebenheiten – möglicher neuer Forderungsausfälle – angepasst werden.
Dies führt zu **zwei Möglichkeiten**:

– Der Bestand der EWB ist kleiner als die neue erforderliche EWB
 → Folge: **Auffüllen der EWB oder**
– der Bestand der EWB ist größer als die neue erforderliche EWB
 → Folge: **Herabsetzung** (Auflösung) **der EWB.**

3.3.1 Auffüllen (Erhöhung) der Einzelwertberichtigung

Vergleicht man die Summe der geschätzten Ausfälle (= erforderliche Einzelwertberichtigung) im neuen Jahr mit der vorhandenen Einzelwertberichtigung aus dem Vorjahr und stellt fest, dass der Bestand aus dem Vorjahr kleiner ist, dann muss der Bestand der EWB aufgefüllt werden.
Das Erhöhen der Einzelwertberichtigung führt zu einem **Aufwand**, der im **Konto 6950 ABFO** im **Soll** gebucht wird.

Beispiel

Im Konto 3670 EWB beträgt der Bestand aus dem Vorjahr 13.570,00 € (siehe S. 174). Die erforderliche Einzelwertberichtigung für dieses Geschäftsjahr beträgt 16.850,00 €. Somit muss die Einzelwertberichtigung um 3.280,00 € aufgefüllt (erhöht) werden.

Berechnungsschema

erforderliche Einzelwertberichtigung	16.850,00 €
– vorhandene Einzelwertberichtigung	13.570,00 €
aufzufüllen (Erhöhung)	3.280,00 €

Buchungssatz

6950 ABFO	an	3670 EWB	3.280,00 €

Kontenmäßige Darstellung

S	6950 ABFO		H
3670	3.280,00		

S	3670 EWB		H
		8000	13.570,00
		6950	3.280,00

3.3.2 Herabsetzung (Auflösung) der Einzelwertberichtigung

Vergleicht man die erforderliche Einzelwertberichtigung im neuen Jahr mit der vorhandenen Einzelwertberichtigung aus dem Vorjahr und stellt fest, dass der Bestand aus dem Vorjahr größer ist, dann muss der Bestand der EWB herabgesetzt werden. Das Auflösen der Einzelwertberichtigung führt zu einem **Ertrag,** der im **Konto 5450 EAWB** (Erträge aus der Auflösung oder Herabsetzung von Wertberichtigungen) im **Haben** erfasst wird.

Beispiel

Im Konto 3670 EWB beträgt der Bestand aus dem Vorjahr 13.570,00 € (siehe S. 174). Die erforderliche Einzelwertberichtigung für dieses Geschäftsjahr beträgt 11.920,00 €. Somit muss die Einzelwertberichtigung um 1.650,00 € herabgesetzt (aufgelöst) werden.

Berechnungsschema

erforderliche Einzelwertberichtigung	11.920,00 €
– vorhandene Einzelwertberichtigung	13.570,00 €
aufzulösen (Herabsetzung)	(–) 1.650,00 €

Buchungssatz

3670 EWB	an	5450 EAWB	1.650,00 €

Kontenmäßige Darstellung

S	3670 EWB		H
5450	1.650,00	8000	13.570,00

S	5450 EAWB		H
		3670	1.650,00

Wiederhole und lerne

- Die Einzelwertberichtigung muss am Jahresende dem neuen Bestand der zweifelhaften Forderungen angepasst werden.
- Ist der Bestand der Einzelwertberichtigung (EWB) kleiner als die neue erforderliche EWB, dann muss der Bestand aufgefüllt werden.
- Der Buchungssatz für die Erhöhung der EWB lautet:
  6950 ABFO an 3670 EWB.
- Ist der Bestand der Einzelwertberichtigung (EWB) größer als die neue erforderliche EWB, dann muss der Bestand herabgesetzt werden.
- Der Buchungssatz für die Auflösung der EWB lautet:
  3670 EWB an 5450 EAWB.

Aufgabe 208

a) Nenne zwei Gründe, warum sich der Bestand an zweifelhaften Forderungen im neuen Jahr ändern kann.

b) Welche Möglichkeiten können sich bei der Anpassung der Einzelwertberichtigung ergeben?

c) Wann wird der Bestand der EWB am Jahresende
   (1) aufgefüllt und
   (2) herabgesetzt?

d) Auf welches Konto wird
   (1) der Aufwand bei der Erhöhung und
   (2) der Ertrag bei der Herabsetzung
   der EWB gebucht?

e) Aus welchem Grund wird bei der Anpassung der EWB die Umsatzsteuer nicht berichtigt?

Aufgabe 209

Im Konto 3670 EWB beträgt der Bestand aus dem Vorjahr 26.890,00 €. Die erforderliche Einzelwertberichtigung für dieses Geschäftsjahr beträgt 21.870,00 €. Wie lautet der Buchungssatz für die vorbereitende Abschlussbuchung?

Aufgabe 210

Das Konto 3670 EWB weist zu Beginn des neuen Geschäftsjahres folgenden Eintrag auf:

S	3670 EWB	H
	8000	19.400,00

Im Konto 2470 ZWFO steht zu Beginn der Abschlussarbeiten ein Bestand von 49.087,50 €, dieser Bestand setzt sich aus folgenden zweifelhaften Forderungen zusammen:

Kunde	Zweifelhafte Forderung	geschätzter Ausfall in %
Alpha	24.543,75 €	60 %
Beta	8.181,25 €	90 %
Gamma	16.362,50 €	20 %

a) Ermittle die Summe der geschätzten Ausfälle für das neue Geschäftsjahr.
b) Bilde den Buchungssatz für die Einzelwertberichtigung.
c) Welche Auswirkung hat diese Buchung der Einzelwertberichtigung auf die GUV-Rechnung?
d) Wie lautet der Abschlussbuchungssatz für das Konto 3670 EWB?
e) Bilde den Abschlussbuchungssatz für das Konto 2470 ZWFO.

3.4 Bewertung der einwandfreien Forderungen (Pauschalwertberichtigung – PWB)

Nach § 252 Abs. 1 Ziffer 3 HGB sind Forderungen einzeln zu bewerten. Dies würde aber bei einem größeren Forderungsbestand einen enormen Zeitaufwand bedingen. Die Fa. *Wohnkreativ Ottus Eichus* ist aber trotzdem gehalten, bei der Bewertung der einwandfreien Forderungen am Jahresende das **allgemeine Kreditrisiko** (= Ausfallrisiko) zu berücksichtigen. Laut § 252 Abs. 2 HGB besteht die Möglichkeit, alle **einwandfreien Forderungen** gemeinsam, also **pauschal** zu **bewerten** (= **Pauschalwertberichtigung**). Mittels Pauschalwertberichtigung wird also das erfahrungsgemäße Kreditrisiko erfasst, indem **ein bestimmter Prozentsatz** von den **einwandfreien Nettoforderungen indirekt abgeschrieben** wird.

Die **indirekte Forderungsabschreibung** (Pauschalwertberichtigung) erfasst die Gegenbuchung nicht direkt auf dem Konto 2400 FO (= Aktivkonto), sondern auf einem eigenen **passiven Bestandskonto** – Wertberichtigungskonto: **3680 PWB** (Pauschalwertberichtigung).
Der **Abschreibungsaufwand** wird auf dem **Konto 6950 ABFO** im **Soll** erfasst. Wie bereits erwähnt, ist diese Abschreibungsbuchung eine vorbereitende Abschlussbuchung. Die **Berichtigung der Umsatzsteuer** darf nach § 17 UStG erst vorgenommen werden, **wenn** der **Forderungsausfall** Realität (**tatsächlich feststeht**).

Beispiel

Im Konto 2400 FO liegt ein Bestand an einwandfreien Forderungen in Höhe von 255.850,00 € vor. Hierauf ist eine Pauschalwertberichtigung von 1 % zu bilden.

Berechnungsschema

Einwandfreie Forderungen	255.850,00 €	: 119 x 19
– enthaltene Umsatzsteuer	40.850,00 €	
Nettoforderungen	215.000,00 €	

davon 1 % PWB → 2.150,00 €

Buchungssatz

6950 ABFO	an	3680 PWB	2.150,00 €

Kontenmäßige Darstellung

S	2400 FO		H
...		8010	255.850,00

S	6950 ABFO		H
3680	2.150,00		

S	8010 SBK		H
...		...	
...		...	
2400	255.850,00	3680	2.150,00

S	3680 PWB		H
8010	2.150,00	6950	2.150,00

Die einwandfreien Forderungen werden beim Jahresabschluss in voller Höhe in der Bilanz ausgewiesen. Demgegenüber findet mittels Pauschalwertberichtigung eine Wertkorrektur in der Bilanz statt, im Passivbereich weist das Konto 3680 PWB die Pauschalwertberichtigung aus.
Diese kontenmäßigen Vorgänge lassen sich im Schlussbilanzkonto entsprechend nachvollziehen.

Hinweis

Das **Konto 3680 PWB** wird nur im **Zusammenhang** mit der **vorbereitenden Abschlussbuchung** am **Jahresende** buchhalterisch berührt. Während des Geschäftsjahres finden auf diesem Konto keine Buchungen statt.

Wiederhole und lerne

- Einwandfreie Forderungen werden am Jahresende pauschal berichtigt.
- Die indirekte Abschreibung der einwandfreien Forderungen erfasst das allgemeine Ausfallrisiko.
- Die indirekte Abschreibung von einwandfreien Forderungen ist eine vorbereitende Abschlussbuchung.
- Bei der indirekten Abschreibung von einwandfreien Forderungen wird die Gegenbuchung nicht direkt auf dem Konto 2400 FO (Aktivkonto), sondern auf einem eigenen Passivkonto (3680 PWB) getätigt.
- Der Abschreibungsaufwand wird auf dem Konto 6950 ABFO im Soll erfasst.
- Die Pauschalwertberichtigung wird aus dem Bestand der Nettoforderungen ermittelt.
- Die Berichtigung der Umsatzsteuer darf erst vorgenommen werden, wenn der wirkliche Ausfall feststeht.
- Der Buchungssatz für die indirekte Abschreibung von einwandfreien Forderungen lautet so:
  6950 ABFO an 3680 PWB.

Aufgabe 211

a) Unterscheide die Pauschalbewertung von der Einzelbewertung.
b) Was versteht man unter der indirekten Abschreibung von einwandfreien Forderungen?
c) Von welchem Betrag wird die PWB ermittelt?

Aufgabe 212

Am 31. 12. beträgt der Bestand der einwandfreien Forderungen 236.810,00 €. Bilde eine Pauschalwertberichtigung von 1 % sowie den erforderlichen Buchungssatz.

Aufgabe 213

Das Konto Forderungen weist folgende Zahlen aus:

S	2400 FO		H
…	162.435,00	…	27.489,00

Die Pauschalwertberichtigung beträgt 1 %. Bilde den erforderlichen Buchungssatz.

3.5 Anpassung der Pauschalwertberichtigung

Der Bestand bei den einwandfreien Forderungen kann sich im neuen Geschäftsjahr in einer anderen Höhe ergeben. Somit muss auch der Bestand der Pauschalwertberichtigung diesen neuen Gegebenheiten angepasst werden.
Die führt zu **zwei Möglichkeiten**:

- Der Bestand der PWB ist kleiner als die neue erforderliche PWB
  → Folge: **Auffüllen der PWB oder**
- der Bestand der PWB ist größer als die neue erforderliche PWB
  → Folge: **Herabsetzung** (Auflösung) **der PWB**.

3.5.1 Auffüllung (Erhöhung) der Pauschalwertberichtigung

Beispiel

Im Konto 3680 PWB beträgt der Bestand aus dem Vorjahr 2.150,00 € (siehe S. 181). Die einwandfreien Forderungen betragen zum Jahresabschluss 304.640,00 €. Die Fa. *Wohnkreativ Ottus Eichus* bildet eine Pauschalwertberichtigung von 1 %.

Berechnungsschema

Einwandfreie Forderungen		304.640,00 €	: 119 x 19
– enthaltene Umsatzsteuer		48.640,00 €	
Nettoforderungen		256.000,00 €	
davon 1 % PWB	→	2.560,00 €	
– vorhandene PWB		2.150,00 €	
aufzufüllende PWB (Erhöhung)		410,00 €	

Buchungssatz				
6950 ABFO		an	3680 PWB	410,00 €

Kontenmäßige Darstellung

S	6950 ABFO		H
3680	410,00		

S	3680 PWB		H
		8000	2.150,00
		6950	410,00

3.5.2 Herabsetzung (Auflösung) der Pauschalwertberichtigung

Beispiel

Im Konto 3680 PWB beträgt der Bestand aus dem Vorjahr 2.150,00 € (siehe S. 181). Die einwandfreien Forderungen betragen zum Jahresabschluss 235.620,00 €. Die Fa. *Wohnkreativ Ottus Eichus* bildet eine Pauschalwertberichtigung von 1 %.

Berechnungsschema

Einwandfreie Forderungen		235.620,00 €	: 119 x 19
– enthaltene Umsatzsteuer		37.620,00 €	
Nettoforderungen		198.000,00 €	
davon 1 % PWB	→	1.980,00 €	
– vorhandene PWB		2.150,00 €	
aufzulösende PWB (Herabsetzung)	(–)	170,00 €	

Buchungssatz				
3680 PWB		an	5450 EAWB	170,00 €

Kontenmäßige Darstellung

S	3680 PWB		H
5450	170,00	8000	2.150,00

S	5450 EAWB		H
		3680	170,00

Wiederhole und lerne

- Die Pauschalwertberichtigung muss am Jahresende dem neuen Bestand der einwandfreien Forderungen angepasst werden.
- Ist der Bestand der Pauschalwertberichtigung (PWB) kleiner als die neue erforderliche PWB, dann muss der Bestand aufgefüllt werden.
- Der Buchungssatz für die Erhöhung der PWB lautet:
  6950 ABFO an 3680 PWB.
- Ist der Bestand der Pauschalwertberichtigung (PWB) größer als die neue erforderliche PWB, dann muss der Bestand herabgesetzt werden.
- Der Buchungssatz für die Auflösung der PWB lautet:
  3680 PWB an 5450 EAWB.
- Das Schema für die Berechnung der Anpassung der Pauschalwertberichtigung bei einwandfreien Forderungen lautet folgendermaßen:

  Einwandfreie Forderungen (: 119 x 19)
  – enthaltene Umsatzsteuer
  = Nettoforderungen

  davon 1 % PWB
  – vorhandene PWB aus dem Vorjahr
  aufzufüllende (aufzulösende) PWB

Aufgabe 214

a) Welche Möglichkeiten können sich bei der Anpassung der Pauschalwertberichtigung ergeben?
b) Wann wird der Bestand der PWB am Jahresende
   (1) aufgefüllt und
   (2) herabgesetzt?
c) Auf welches Konto wird
   (1) der Aufwand bei der Erhöhung und
   (2) der Ertrag bei der Herabsetzung
   der PWB gebucht?
d) Aus welchem Grund wird bei der Anpassung der PWB die Umsatzsteuer nicht berichtigt?

Aufgabe 215

Im Konto 3680 PWB beträgt der Bestand aus dem Vorjahr 9.750,00 €. Die erforderliche Pauschalwertberichtigung für dieses Geschäftsjahr beträgt 7.870,00 €. Wie lautet der Buchungssatz für die vorbereitende Abschlussbuchung?

Aufgabe 216

Unsere einwandfreien Forderungen belaufen sich beim Jahresabschluss auf 451.605,00 €. Im Konto 3680 PWB liegt ein Bestand aus dem Vorjahr in Höhe von 2.680,00 € vor. Die Pauschalwertberichtigung soll auf 1 % festgesetzt werden.

Aufgabe 217

Mit welchem Prozentsatz wurde die Pauschalwertberichtigung gebildet, wenn am 31. 12. der Forderungsbestand 254.660,00 € betrug und die vorbereitende Abschlussbuchung mit

6950 ABFO	an	3680 PWB	2.140,00 €

gebildet wurde?

4 Hinweis auf Möglichkeiten der Absicherung von Forderungen

4.1 Factoring

Der Begriff **Factoring** bezeichnet den Verkauf von Geldforderungen aus Waren- und Dienstleistungsgeschäften.
Die Fa. *Wohnkreativ Ottus Eichus* (= **Anschlusskunde**) schließt mit einem Factoring-Institut (= **Factor**) einen Vertrag über den Verkauf seiner Forderungen aus Lieferungen und Leistungen. Die Factoring-Gesellschaft sichert sich ab, indem sie zuvor die Bonität der Schuldner, also der Kunden der Fa. *Wohnkreativ Ottus Eichus*, überprüft. Für jeden einzelnen Kunden der Fa. *Wohnkreativ Ottus Eichus* wird ein Höchstbetrag festgelegt, bis zu dem die Factoring-Gesellschaft Forderungen ankauft.
Die **Vorteile** für die Fa. *Wohnkreativ Ottus Eichus* sind nicht zu übersehen:

- → Die Liquidität wird gesteigert.
- → Das Ausfallrisiko geht auf die Factoring-Gesellschaft über.
- → Die Kundenbuchhaltung übernimmt der Factor.

Natürlich entstehen der Fa. *Wohnkreativ Ottus Eichus* **Kosten**. Das Factoringinstitut verlangt **Factoring-Gebühren**. Zudem können Kunden verunsichert werden, wenn sie erfahren, dass sie ihre Rechnung nicht an die Fa. *Wohnkreativ Ottus Eichus*, sondern an die Factoring-Gesellschaft zahlen müssen.
In Deutschland ist dieses **Finanzierungsinstrument** im internationalen Vergleich noch nicht so recht in Gang gekommen. Wie der untenstehenden Grafik entnommen werden kann, sind gerade einmal 4 % des weltweiten Factoring-Umsatzes in Deutschland getätigt worden.

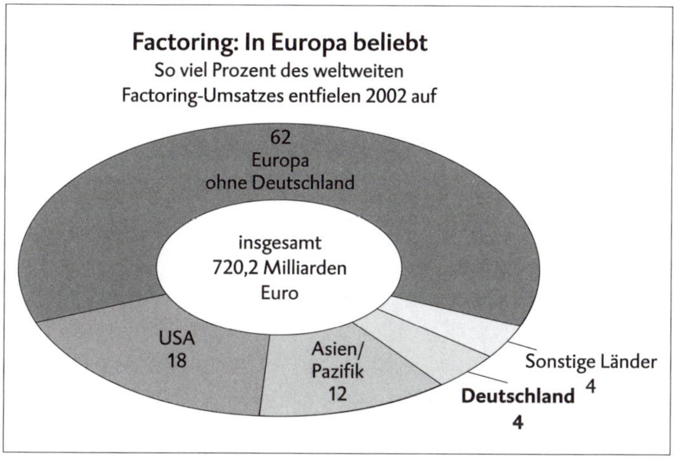

© iwd – Informationsdienst des Instituts der deutschen Wirtschaft Köln, Nr. 02/2004

Wiederhole und lerne

- Beim Factoring verkauft ein Unternehmen seine Forderungen an eine Factoring-Gesellschaft.
- Vorteile des Factoring:
  - Steigerung der Liquidität
  - kein Ausfallrisiko
  - Arbeitsersparnis
- Nachteile des Factoring:
  - Kunden können verunsichert werden
  - zusätzliche Kosten

Aufgabe 218

a) Was versteht man unter Factoring?
b) Wer ist
   (1) der Anschlusskunde,
   (2) der Factor?
c) Nenne die Vorteile des Factoring.
d) Welche Nachteile des Factoring können genannt werden?

Aufgabe 219

Der obigen Grafik kann entnommen werden, dass 4 % des weltweiten Factoring-Umsatzes im Jahr 2002 in Deutschland erzielt wurden. Berechne diesen Anteil in Euro.

Aufgabe 220

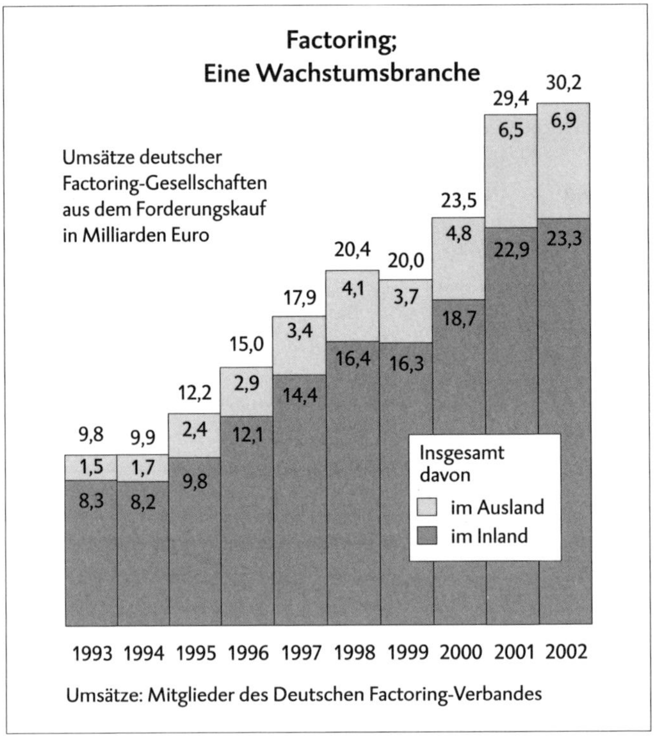

© iwd – Informationsdienst des Instituts der deutschen Wirtschaft Köln, Nr. 02/2004

Beim internationalen Vergleich des Factoring-Umsatzes liegt Deutschland an einem hinteren Ranking-Platz. Trotzdem kann der obenstehenden Grafik entnommen werden, dass sich seit 1993 der Umsatz der Factoring-Gesellschaften enorm entwickelt hat.
Um wie viel Prozent hat sich der Umsatz der Factoring-Gesellschaften von 1993 bis 2002 erhöht?

4.2 Delkredere

Beim Delkredere handelt es sich um eine ähnliche Form der Risikoübernahme durch eine Gesellschaft wie beim Factoring. Eine Gesellschaft übernimmt die Haftung für einen Forderungsausfall des Gläubigers durch Zahlungsunfähigkeit eines Schuldners. Die Gesellschaft übernimmt also die Verpflichtung gegenüber dem Gläubiger einer Forderung, dass der Schuldner der Forderung seinen Zahlungsverpflichtungen nachkommt. Derartige Absicherungsgeschäfte sind ebenfalls mit Kosten für den Gläubiger verbunden, so fällt z. B. die Delkredereprovision an.

Bestandsveränderungen

Die Fa. *Wohnkreativ Ottus Eichus* ist aus Wettbewerbsgründen gezwungen, die Kosten in allen Bereichen des Unternehmens so niedrig wie möglich zu halten. Auch im Bereich der **Lagerhaltung** (Eingangslager – Werkstoffe, Ausgangslager – Fertigerzeugnisse) gilt es, die **Kosten zu minimieren**.
Ein gewisser Mindestbestand (**eiserner Bestand**) ist trotzdem erforderlich, um Produktionsverzögerungen zu verhindern.
Durch einen geringen Lagerbestand können auch folgende Kosten gesenkt werden:
- Personalkosten in der Lagerverwaltung,
- Kosten des Lagerraumes wie z. B. Gebäudekosten,
- Finanzkosten für in Lagerbestände investiertes Kapital.

Für die Fa. *Wohnkreativ Ottus Eichus* ist es sehr wichtig, dass nur so viel an Werkstoffen eingekauft wird, wie auch unmittelbar für die Herstellung von Gütern benötigt werden. Natürlich bedingt dies eine sehr genaue Abstimmung der Beschaffungs- und Produktionspläne. Mittels **Just-in-time-Verfahren** (4-R-Methode) lässt sich die Herstellung so organisieren, dass die Kosten der Lagerhaltung gering gehalten werden. Es werden die Werkstoffe in der **r**ichtigen **Menge**, zum **r**ichtigen **Zeitpunkt**, in der **r**ichtigen **Reihenfolge**, am **r**ichtigen **Ort** verarbeitet.

Die verarbeiteten Werkstoffe werden als **Sofortverbrauch** in den entsprechenden Aufwandskonten buchhalterisch erfasst. Der **Mindestbestand** wird als Bestandsvorgang auf einem **Bestandskonto** erfasst und geführt. In der Praxis kann es aus unterschiedlichsten Gründen geschehen, dass während des Geschäftsjahres mehr oder weniger verbraucht wurde, als eingekauft wurde.
Bei der Inventur am Jahresende können sich somit Unterschiede zwischen dem Schlussbestand und dem Anfangsbestand ergeben, man spricht von den **Bestandsveränderungen**.
Folgende **zwei Möglichkeiten** sind grundsätzlich möglich:

Bestandsveränderungen

Minderbestand	**Mehrbestand**
Schlussbestand < Anfangsbestand	Schlussbestand > Anfangsbestand

1 Bestandsveränderungen bei Werkstoffen und Handelswaren

1.1 Minderbestand bei Werkstoffen und Handelswaren

Wenn am Ende des Geschäftsjahres der Schlussbestand z. B. bei den Hilfsstoffen kleiner ist als der Anfangsbestand (**Minderbestand = Bestandsminderung**), dann wurde während des Geschäftsjahres **mehr verbraucht als eingekauft**. Somit muss der im Aufwandskonto bereits verbuchte Einkauf von z. B. Hilfsstoffen (= Sofortverbrauch) um den Minderbestand erhöht werden. Die Buchung der Bestandsveränderung zählt zu den vorbereitenden Abschlussbuchungen (VAB).

Beispiel 1

Der Anfangsbestand bei den Hilfsstoffen betrug 49.500,00 €. Der Schlussbestand, der laut Inventur ermittelt wurde, macht 41.500,00 € aus. Berechne und buche die Bestandsveränderung.

Berechnungsschema

Schlussbestand lt. Inventur	41.500,00 €
– Anfangsbestand	49.500,00 €
= Minderbestand	(–) 8.000,00 €

Buchungssatz			
6020 AWH	an	2020 H	8.000,00 €

Beispiel 2

Wie hoch war der gesamte Hilfsstoffverbrauch, wenn während des Geschäftsjahres Hilfsstoffe im Wert von 27.000,00 € netto auf Ziel gekauft wurden sowie der bereits ermittelte Minderbestand in Höhe von 8.000,00 € zu berücksichtigen ist?

Berechnungsschema

Einkauf von Hilfsstoffen während des Geschäftsjahres	27.000,00 €
+ Minderbestand	8.000,00 €
= Verbrauch von Hilfsstoffen während des Geschäftsjahres	35.000,00 €

Der Gesamtverbrauch von 35.000,00 € besagt, dass während des Geschäftsjahres um 8.000,00 € mehr Hilfsstoffe verbraucht wurden, als eingekauft wurden. Es wurden die 8.000,00 € Minderbestand vom sog. „eisernen Bestand“ entnommen.

Kontenmäßige Darstellung der obigen Beispiele

S	6020 AWH		H
4400	27.000,00	8020	35.000,00
2020	8.000,00		
	35.000,00		35.000,00

S	2020 H		H
8000	49.500,00	8010	41.500,00
		6020	8.000,00
	49.500,00		49.500,00

S	8020 GUV		H
6020	35.000,00		

S	8010 SBK		H
2020	41.500,00		

1.2 Mehrbestand bei Werkstoffen und Handelswaren

Wenn am Ende des Geschäftsjahres der Schlussbestand z. B. bei den Handelswaren größer ist als der Anfangsbestand (**Mehrbestand = Bestandsmehrung**), dann wurde während des Geschäftsjahres **weniger verbraucht als eingekauft**. Somit muss der im Aufwandskonto bereits verbuchte Einkauf von z. B. Handelswaren um den Mehrbestand vermindert werden. Die Buchung der Bestandsveränderung zählt zu den vorbereitenden Abschlussbuchungen (VAB).

Beispiel 1

Der Anfangsbestand im Konto 6080 AWHW betrug 16.800,00 €. Der Schlussbestand, der laut Inventur ermittelt wurde, macht 22.700,00 € aus. Berechne und buche die Bestandsveränderung.

Berechnungsschema

Schlussbestand lt. Inventur	22.700,00 €
– Anfangsbestand	16.800,00 €
= Mehrbestand	5.900,00 €

Buchungssatz				
2280 HW		an	6080 AWHW	5.900,00 €

Beispiel 2

Wie hoch waren die gesamten Aufwendungen für Handelswaren, wenn während des Geschäftsjahres Handelswaren im Wert von 32.500,00 € netto auf Ziel gekauft wurden sowie der bereits ermittelte Mehrbestand in Höhe von 5.900,00 € zu berücksichtigen ist?

Berechnungsschema

Einkauf von Handelswaren während des Geschäftsjahres	32.500,00 €
– Mehrbestand	5.900,00 €
= Aufwendungen für Handelswaren während des Geschäftsjahres	26.600,00 €

Der Gesamtverbrauch von 26.600,00 € besagt, dass während des Geschäftsjahres um 5.900,00 € weniger Handelswaren verbraucht wurden, als eingekauft wurden. Der Mehrbestand von 5.900,00 € erhöht somit den „eisernen Bestand".

Kontenmäßige Darstellung der obigen Beispiele

S	6080 AWHW		H
4400	32.500,00	2280	5.900,00
		8020	26.600,00
	32.500,00		32.500,00

S	2280 HW		H
8000	16.800,00	8010	22.700,00
6080	5.900,00		
	22.700,00		22.700,00

S	8020 GUV		H
6080	26.600,00		

S	8010 SBK		H
2080	22.700,00		

Wiederhole und lerne

- Mittels **Just-in-time-Verfahren** (4-R-Methode) lässt sich die Herstellung so organisieren, dass die Kosten der Lagerhaltung gering gehalten werden.
- Ein gewisser Mindestbestand (**eiserner Bestand**) ist trotzdem erforderlich, um Produktionsverzögerungen zu verhindern.
- Der Sofortverbrauch von Werkstoffen und Handelswaren wird auf **Aufwandskonten**, der Mindestbestand auf **Bestandskonten** gebucht.
- Von **Bestandsveränderungen** spricht man, wenn sich Unterschiede zwischen Schlussbestand und Anfangsbestand ergeben.
- Ein **Minderbestand** ergibt sich, wenn der Schlussbestand kleiner ist als der Anfangsbestand, d. h. es wurden **mehr Werkstoffe verbraucht** (mehr Handelswaren verkauft) **als eingekauft**.
- Ein **Mehrbestand** liegt vor, wenn der Schlussbestand größer ist als der Anfangsbestand, d. h. es wurden **weniger Werkstoffe verbraucht** (weniger Handelswaren verkauft) als **eingekauft**.

- Diese Bestandsveränderungen im Einkaufsbereich werden als **vorbereitende Abschlussbuchungen** erfasst:

  → **Minderbestand**

Aufwandskonto	an	Bestandskonto
z. B. 6020 AWH	an	2020 H

  → **Mehrbestand**

Bestandskonto	an	Aufwandskonto
z. B. 2280 HW	an	6080 AWHW

- Berechnungsschema zur Ermittlung des Verbrauchs von Werkstoffen und Handelswaren am Ende des Geschäftsjahres:

  Einkäufe
  \+ Bezugskosten
  – Rücksendungen
  – Preisnachlässe
  \+ Minderbestand
  oder
  – Mehrbestand
  = Verbrauch

Aufgabe 221

a) Was bedeutet das Just-in-time-Verfahren für die Kosten der Lagerhaltung?
b) Warum muss ein eiserner Bestand an Werkstoffen im Lager gehalten werden?
c) Erkläre die 4-R-Methode.
d) Welche Möglichkeiten der Bestandsveränderung gibt es?
e) Wann liegt ein Minderbestand vor? (Erkläre!)
f) Was besagt ein Mehrbestand? (Erkläre!)
g) Wie wird im Einkaufsbereich
   (1) ein Minderbestand und
   (2) ein Mehrbestand
   buchhalterisch erfasst?
h) Gib einen anderen Begriff für Mindestbestand an.
i) Wie lautet das Berechnungsschema zur Ermittlung des Verbrauchs von Werkstoffen und Handelswaren am Ende des Geschäftsjahres?

Aufgabe 222

Das Konto 2000 R weist folgende Bestände aus:

S	2000 R		H
8000	92.800,00	8010	110.400,00

a) Wie lautet die vorbereitende Abschlussbuchung?
b) Im Laufe des Geschäftsjahres wurden Rohstoffe im Wert von 163.700,00 € netto auf Ziel gekauft. Berechne den Gesamtverbrauch bei den Rohstoffen.

Aufgabe 223

Der Anfangsbestand bei den Fremdbauteilen betrug 97.600,00 €. Der Schlussbestand, der laut Inventur ermittelt wurde, macht 91.200,00 € aus. Berechne und buche die Bestandsveränderung.

Aufgabe 224

Bilde die Buchungssätze für die vorbereitenden Abschlussbuchungen:

a)	Saldo im Konto 6081 BZKHW	1.480,00 €.
b)	Saldo im Konto 6012 NF	2.810,00 €.
c)	Mehrbestand bei Handelswaren	12.100,00 €.
d)	Minderbestand bei Betriebsstoffen	2.600,00 €.
e)	Minderbestand bei Fremdbauteilen	7.200,00 €.
f)	Mehrbestand bei Rohstoffen	4.600,00 €.

2 Bestandsveränderungen bei unfertigen und fertigen Erzeugnissen

Die Kostenminimierung gilt sowohl für die Lagerhaltung im Einkaufsbereich als auch im Verkaufsbereich. Natürlich muss die Fa. *Wohnkreativ Ottus Eichus* auch im Verkaufsbereich bei bestimmten Produkten einen Mindestbestand halten, um z. B. Kundenwünsche schnellstmöglich erfüllen zu können.

Am Jahresende können sich bei der Inventur Unterschiede zwischen Schlussbestand und Anfangsbestand ergeben. Somit können bei den unfertigen und fertigen Erzeugnissen ebenso Mehrbestände bzw. Minderbestände vorliegen.

Die **Bestandsveränderungen** bei unfertigen und fertigen Erzeugnissen werden im **Konto 5200 BV** (Bestandsveränderungen) erfasst. Das Konto 5200 BV erfasst sowohl **Mehrbestände** (= **Leistung** = **Ertrag**) als auch **Minderbestände** (= **Kosten** = **Aufwand**) und hat damit eine **Sonderstellung** im **Kontenplan** (**IKR**). Die **Minderbestände** werden im **Soll** des Kontos **5200 BV**, die **Mehrbestände** im **Haben** des Kontos **5200 BV** erfasst.

Die Bestände der unfertigen und fertigen Erzeugnisse werden auf Bestandskonten erfasst.

2.1 Minderbestand bei unfertigen Erzeugnissen

Ein Minderbestand z. B. bei den unfertigen Erzeugnissen ergibt sich, wenn der Schlussbestand kleiner ist als der Anfangsbestand. Dieser Minderbestand stellt einen zusätzlichen Aufwand dar, der als Ertragsminderung im Konto 5200 BV im Soll buchhalterisch erfasst wird. Die Buchung der Bestandsveränderung zählt zu den vorbereitenden Abschlussbuchungen (VAB).

Beispiel

Der Anfangsbestand bei den unfertigen Erzeugnissen betrug 37.000,00 €. Der Schlussbestand, der laut Inventur ermittelt wurde, macht 29.500,00 € aus. Berechne und buche die Bestandsveränderung.

Berechnungsschema

Schlussbestand lt. Inventur	29.500,00 €
– Anfangsbestand	37.000,00 €
= Minderbestand	(–) 7.500,00 €

Buchungssatz				
5200 BV		an	2100 UFE	7.500,00 €

2.2 Mehrbestand bei fertigen Erzeugnissen

Wenn am Ende des Geschäftsjahres der Schlussbestand z. B. bei den fertigen Erzeugnissen größer ist als der Anfangsbestand (**Mehrbestand = Bestandsmehrung**), dann wurde während des Geschäftsjahres **mehr hergestellt als verkauft**. Dieser Mehrbestand stellt eine Leistung dar, die als Ertrag im Konto 5200 BV im Haben buchhalterisch erfasst wird. Die Buchung der Bestandsveränderung zählt zu den vorbereitenden Abschlussbuchungen (VAB).

Beispiel

Der Anfangsbestand bei den fertigen Erzeugnissen betrug 47.000,00 €. Der Schlussbestand, der laut Inventur ermittelt wurde, macht 61.200,00 € aus. Berechne und buche die Bestandsveränderung.

Berechnungsschema

Schlussbestand lt. Inventur	61.200,00 €
– Anfangsbestand	47.000,00 €
= Mehrbestand	14.200,00 €

Buchungssatz			
2200 FE	an	5200 BV	14.200,00 €

Kontenmäßige Darstellung der beiden Beispiele der Bestandsveränderung im Verkaufsbereich

S	2100 UFE		H
8000	37.000,00	8010	29.500,00
		5200	7.500,00
			37.000,00

S	2200 FE		H
8000	47.000,00	8010	61.200,00
5200	14.200,00		
	61.200,00		61.200,00

S	5200 BV		H
2100	7.500,00	2200	14.200,00
8020	6.700,00		
	14.200,00		14.200,00

S	8010 SBK		H
2100	29.500,00		
2200	61.200,00		

S	8020 GUV		H
		5200	6.700,00

Buchungssatz für den Abschluss des Kontos 5200 BV

→ beim Überwiegen der Mehrbestände

5200 BV	an	8020 GUV	6.700,00 €

→ beim Überwiegen der Minderbestände

8020 GUV	an	5200 BV	

Wiederhole und lerne

- Der Bestand der unfertigen und fertigen Erzeugnisse wird auf Bestandskonten erfasst.
- Ein Minderbestand z. B. bei den unfertigen Erzeugnissen ergibt sich, wenn der Schlussbestand kleiner ist als der Anfangsbestand.
- Ein Mehrbestand liegt vor, wenn der Schlussbestand größer ist als der Anfangsbestand, d. h. es wurden mehr Erzeugnisse hergestellt als verkauft.
- Die Bestandsveränderungen im Verkaufsbereich werden im Konto 5200 BV erfasst.
- Der Mehrbestand (Leistung = Ertrag) wird im Haben des Kontos 5200 BV gebucht.
- Der Minderbestand (Kosten = Ertrag) wird im Soll des Kontos 5200 BV erfasst.

- Das Konto 5200 BV nimmt in der Kontenklasse 5 – Erträge – eine Sonderstellung ein: Es erfasst sowohl Aufwendungen (Minderbestand) als auch Erträge (Mehrbestand) und kann deshalb entweder Aufwandscharakter oder Ertragscharakter haben.
- Die Bestandsveränderungen im Verkaufsbereich werden als vorbereitende Abschlussbuchungen erfasst:

  → **Minderbestand**
  5200 BV an 2100 UFE/2200 FE
  → **Mehrbestand**
  2100 UFE/2200 FE an 5200 BV
- Beim Abschluss des Kontos 5200 BV können sich zwei Möglichkeiten ergeben:

  → **Überwiegen der Minderbestände**
  8020 GUV an 5200 BV
  → **Überwiegen der Mehrbestände**
  5200 BV an 8020 GUV

Aufgabe 225

a) Wann liegt
   (1) ein Minderbestand und
   (2) ein Mehrbestand
   bei den fertigen Erzeugnissen vor? (Erkläre!)
b) Auf welches Konto werden die Bestandsveränderungen im Verkaufsbereich gebucht?
c) Das Konto 5200 BV nimmt im Kontenplan (IKR) eine Sonderstellung ein. Erkläre diese Aussage.

Aufgabe 226

Der Anfangsbestand im Konto 2100 UFE beträgt 110.000,00 €. Als Schlussbestand ergeben sich in diesem Konto 82.000,00 €. Das Konto 2200 FE weist einen Anfangsbestand von 227.000,00 € aus. Laut Inventur werden 261.000,00 € als Schlussbestand ermittelt.

a) Berechne und buche die Bestandsveränderungen.
b) Wie lautet der Abschlussbuchungssatz für das Konto 5200 BV?

Aufgabe 227

Anfangsbestände der Konten
2100 UFE: 12.000,00 €
2200 FE: 37.000,00 €

Laut Inventur ergeben sich folgende Schlussbestände:
2100 UFE: 16.500,00 €
2200 FE: 24.000,00 €

a) Berechne und buche die Bestandsveränderungen.
b) Wie lautet der Abschlussbuchungssatz für das Konto 5200 BV?

Aufgabe 228

Das Konto 5200 BV weist folgende Eintragungen aus:

S	5200 BV		H
2200	18.200,00	2100	6.300,00

a) Wie lautet der vorbereitende Abschlussbuchungssatz für das Konto 2200 FE?
b) Gib den vorbereitenden Abschlussbuchungssatz für das Konto 2100 UFE an.
c) Um welche Art von Bestandsänderungen handelt es sich bei diesen beiden Konten?
d) Wie lautet der Abschlussbuchungssatz für das Konto 5200 BV?
e) Wie hoch ist der Anfangsbestand bei den fertigen Erzeugnissen, wenn der Schlussbestand 111.200,00 € beträgt?
f) Berechne den Schlussbestand bei den unfertigen Erzeugnissen, wenn am Jahresanfang der Bestand 83.000,00 € betrug.

3 Übungen zum Bereich der Forderungen sowie zu den Bestandsveränderungen

Aufgabe 229

Bilde die Buchungssätze zu folgenden Geschäftsfällen:

a) Für eine vollständig abgeschriebene Forderung gehen auf unserem Bankkonto 2.332,40 € ein.
b) Unser Kunde *Schlimm* hat das Insolvenzverfahren beantragt. Die Forderung gegen ihn beträgt 17.255,00 €.
c) Eine einwandfreie Forderung gegenüber unserem Kunden *Schneider* wird überraschend uneinbringlich, 10.234,00 €.
d) Nach Abschluss des Insolvenzverfahrens über das Vermögen des Kunden *Schlimm* (siehe Beispiel b) überweist der Insolvenzverwalter 30 % der Forderung auf unser Bankkonto. Der Rest ist verloren.
e) Das Insolvenzverfahren gegen unseren Kunden *Blank* wird mangels Masse eingestellt. Unsere zweifelhafte Forderung über 24.990,00 € ist somit vollständig verloren.
f) Unser Kunde *Schlau* hat um einen Zahlungsaufschub gebeten. Unsere Forderung an ihn beträgt 20.825,00 €.

Aufgabe 230

Die Summe der geschätzten Ausfälle bei den zweifelhaften Forderungen beträgt am 31. 12. netto 13.500,00 €. Aus dem Vorjahr liegt eine Einzelwertberichtigung in Höhe von 16.400,00 € vor. Wie lautet die vorbereitende Abschlussbuchung?

Aufgabe 231

Im Konto 3670 EWB beträgt der Bestand aus dem Vorjahr 14.500,00 €. Der Bestand an zweifelhaften Forderungen im Konto 2470 ZWFO zu Beginn der Abschlussarbeiten beträgt 59.500,00 €; dieser Bestand setzt sich aus folgenden zweifelhaften Forderungen zusammen:

Kunde	Zweifelhafte Forderung (brutto)	geschätzter Ausfall in %
Eichinger	17.850,00 €	70 %
Preu	41.650,00 €	20 %

a) Ermittle die Summe der geschätzten Ausfälle für das auslaufende Geschäftsjahr.
b) Bilde den Buchungssatz für die Einzelwertberichtigung.
c) Nenne zwei Gründe, warum sich der Bestand an zweifelhaften Forderungen im neuen Jahr ändern kann.

Aufgabe 232

Die bestehende Pauschalwertberichtigung von 2.500,00 € ist auf 1 % des neuen Bestandes an einwandfreien Forderungen in Höhe von 261.800,00 € anzupassen.

Aufgabe 233

Am Jahresende beträgt der Bestand an einwandfreien Forderungen 423.640,00 €. Aus dem Vorjahr besteht eine Pauschalwertberichtigung in Höhe von 3.120,00 €. Die Pauschalwertberichtigung ist auf 1 % festzusetzen.

Aufgabe 234

Das Konto Forderungen weist am Jahresende folgende Zahlen aus:

S	2400 FO		H
…	324.870,00	…	54.978,00

Im Konto 3680 PWB besteht ein Bestand aus dem Vorjahr in Höhe von 2.768,00 €.
Die Pauschalwertberichtigung ist auf 1 % festzusetzen.

Aufgabe 235

Das Konto 2100 UFE weist am 31. 12. folgende Einträge aus:

S	2100 UFE		H
8000	70.500,00	8010	58.200,00

Wie lautet der vorbereitende Abschlussbuchung?

Aufgabe 236

Der Anfangsbestand bei den Hilfsstoffen betrug 17.900,00 €. Der Schlussbestand, der laut Inventur ermittelt wurde, macht 21.500,00 € aus. Ermittle und buche die Bestandsveränderung.

Aufgabe 237

Bilde die Buchungssätze für die vorbereitenden Abschlussbuchungen:

a) Mehrbestand bei Betriebsstoffen, 2.800,00 €.
b) Saldo im Konto 6082 NHW, 1.900,00 €.
c) Minderbestand bei Rohstoffen, 11.700,00 €.
d) Saldo im Konto 6031 BZKB, 850,00 €.
e) Mehrbestand bei Fremdbauteilen, 9.100,00 €.

Aufgabe 238

Das Konto 5200 BV weist folgende Eintragungen aus:

S	5200 BV		H
2100	9.200,00	2200	23.700,00

a) Wie lautet der vorbereitende Abschlussbuchungssatz für das Konto 2100 UFE?
b) Gib den vorbereitenden Abschlussbuchungssatz für das Konto 2200 FE an.
c) Um welche Art von Bestandsveränderungen handelt es sich bei diesen beiden Konten?
d) Wie lautet der Abschlussbuchungssatz für das Konto 5200 BV?
e) Wie hoch ist der Anfangsbestand bei den unfertigen Erzeugnissen, wenn der Schlussbestand 20.800,00 € beträgt?
f) Berechne den Schlussbestand bei den fertigen Erzeugnissen, wenn am Jahresanfang der Bestand 46.300,00 € betrug.

Stichwortverzeichnis

Formeln und Schemaansätze

Prozentrechnung

$$PW = \frac{GW \cdot PS}{100}$$

$$PS = \frac{PW \cdot 100}{GW}$$

$$GW = \frac{PW \cdot 100}{PS}$$

PW = Prozentwert

PS = Prozentsatz

GW = Grundwert

Merke

bequeme Prozentsätze:

2,5 %	=	1/40
3 1/3 %	=	1/30
5 %	=	1/20
10 %	=	1/10
12,5 %	=	1/8
16 2/3 %	=	1/6
20 %	=	1/5
25 %	=	1/4
33 1/3 %	=	1/3
50 %	=	1/2

Merke

- vermehrter Grundwert (über 100 %)
- verminderter Grundwert (unter 100 %)

Zinsrechnung

Allgemeine Zinsformel

Z = Zinsen
K = Kapital
p = Zinssatz (Zinsfuß)
t = Zeit

$$Z = \frac{K \cdot p \cdot t}{100 \cdot 365}$$

$$K = \frac{Z \cdot 100 \cdot 365}{p \cdot t}$$

$$p = \frac{Z \cdot 100 \cdot 365}{K \cdot t}$$

$$t = \frac{Z \cdot 100 \cdot 365}{K \cdot p}$$

Zinsrechnung „im Hundert" bzw. „auf Hundert" (relativer Zinssatz)

$$\text{relativer Zinssatz (RZS)} = \frac{p \cdot t}{365}$$

„im Hundert"

↓			↑	
Kredit	€	=		100 %
– Zinsen 7,3 %/90 Tage	€	=		1,8 % ← RZS !
Auszahlung	9.820,00 €	=		98,2 %

„auf Hundert"

↓			↑	
Rechnung	€	=		100 %
+ Verzugszinsen 7,3 %/90 Tage	€	=		1,8 % ← RZS !
Gesamtforderung	10.180,00 €			101,8 %

Kreditbereich

Kreditbetrag	100 %
– Bearbeitungsgebühr	1 %
Auszahlungsbetrag = tatsächlicher Kreditbetrag	99 %

Kreditbetrag
+ Zinsen
Rückzahlungsbetrag

Zinsen
+ Bearbeitungsgebühr
Kreditkosten

$$\text{effektiver Zinssatz (Kredit)} = \frac{\text{tatsächliche Kreditkosten} \cdot 100 \cdot 365}{\text{tatsächlicher Kreditbetrag (= Auszahlung)} \cdot \text{Zeit}}$$

Lieferantenkredit

Rechnungsbetrag (brutto)	€
– Skonto (brutto)	€
= Zahlung	€

– Skonto (brutto) : 119 × 100 → Skonto (netto)
– Skonto (brutto) → USt.

= Zahlung
↓
Kreditbetrag

$$\text{Effektiver Zinssatz (Skonto)} = \frac{\text{Skonto (netto)} \cdot 100 \cdot 365}{\text{Zahlung} \cdot \text{Zeit (Zahlungsziel} - \text{Skontofrist)}}$$

Wertpapierrechnung

Kauf und (Verkauf) von Aktien

KW	..... €
+ (–) Spesen	..... €
Lastschrift (Gutschrift)	..... €

$$KW = \text{Stückzahl} \cdot \text{Kurs}$$

Effektivverzinsung bei Aktien

1. **Besitzdauer** (Tage)
2. Kauf: KW
   + Spesen

   Kapitaleinsatz

   Verkauf: KW
   – Spesen

   Verkaufserlös
3. KGW (KVL)
   + Dividende
   – Depotgebühren

   Ertrag
4. $$\underset{(\text{Aktien})}{EV} = \frac{\text{Ertrag} \cdot 100 \cdot 365}{\text{Kapitaleinsatz} \cdot \text{Besitzdauer}}$$

Abschreibungen/Anlagen

$$\text{Abschreibungsbetrag (linear)} = \frac{AK}{ND} \quad \text{oder} \quad \frac{AK \cdot AS}{100}$$

$$\text{Abschreibungssatz (linear)} = \frac{100\ \%}{ND} \quad \text{oder} \quad \frac{\text{Abschreibungsbetrag} \cdot 100}{AK}$$

$$\text{AfA-Betrag (degressiv)} = \frac{\text{Restbuchwert} \cdot \text{AfA-Satz}}{100}$$

AK = Anschaffungskosten
ND = Nutzungsdauer
AS = Abschreibungssatz
linear: immer vom Anschaffungswert, also gleichbleibend
degressiv: immer vom Buchwert, also fallend

Merke

- Anschaffungsnebenkosten erhöhen die AK und somit die Abschreibungsgrundlage.
- Abschreibung immer vom Nettowert

Bewertung und Ausfall von Forderungen

- **Schema zur Einzelbewertung von Forderungen**

Kunde	zweifelhafte Forderungen brutto €	anteilige Umsatzsteuer €	zweifelhafte Forderungen netto €	geschätzter Ausfall in %	geschätzter Ausfall in €
				Summe der geschätzten Ausfälle	

- **Berechnungsschema zur Buchung des Zahlungseingangs bei zweifelhaften Forderungen:**

zweifelhafte Forderungen
– Zahlungseingang

Bruttoausfall
– enthaltene Umsatzsteuer (: 119 × 19)

Nettoumsatzsteuer

- **Schema zur Anpassung der EWB bzw. PWB bei zweifelhaften bzw. einwandfreien Forderungen:**

erforderliche EWB / PWB
– vorhandene EWB / PWB

Auffüllung bzw. Herabsetzung

- **Berechnungsschema zur Anpassung der PWB bei einwandfreien Forderungen:**

einwandfreie Forderungen
– enthaltene Umsatzsteuer (: 119 × 19)

Netto-Forderungen

davon 1 % PWB
– vorhandene PWB

Auffüllung bzw. Herabsetzung

Bestandsveränderungen

- Schlussbestand > Anfangsbestand → Mehrbestand
- Schlussbestand < Anfangsbestand → Minderbestand
- Berechnungsschema:

  Schlussbestand
  – Anfangsbestand
  ———————————
  Mehrbestand oder Minderbestand

- Berechnungsschema zur Ermittlung des Verbrauchs von Werkstoffen und Handelswaren am Ende des Geschäftsjahres:

  Einkäufe
  + Bezugskosten
  – Rücksendungen
  – Preisnachlässe
  + Minderbestand oder
  – Mehrbestand
  ———————————
  = Verbrauch

AKTIVA

KONTENKLASSE 0: Sachanlagen

05 Grundstücke und Bauten

0500	UGR	Unbebaute Grundstücke
0510	BGR	Bebaute Grundstücke
0530	BVG	Betriebs- u. Verwaltungsgebäude

07 Technische Anlagen und Maschinen

0700	MA	Anlagen und Maschinen

08 Betriebs- u. Geschäftsausstattung

0840	FP	Fuhrpark
0860	BM	Büromaschinen
0870	BA	Büroausstattung (Büromöbel u. sonstige Geschäftsausstattung)
0895	SP	Sammelposten

KONTENKLASSE 1: Finanzanlagen

13 Beteiligungen

1300	BET	Beteiligungen

KONTENKLASSE 2: Umlaufvermögen und aktive Rechnungsabgrenzung

Vorräte

20 Roh-, Hilfs- und Betriebsstoffe

2000	R	Rohstoffe (Fertigungsmaterial)
2010	F	Fremdbauteile
2020	H	Hilfsstoffe
2030	B	Betriebsstoffe

21 Unfertige Erzeugnisse

2100	UFE	Unfertige Erzeugnisse

22 Fertige Erzeugnisse und Handelswaren

2200	FE	Fertige Erzeugnisse
2280	HW	Handelswaren

Forderungen und sonstige Vermögensgegenstände

24 Forderungen aus Lieferungen und Leistungen

2400	FO	Forderungen aus Lieferungen und Leistungen
2470	ZWFO	Zweifelhafte Forderungen

26 Sonstige Vermögensgegenstände

2600	VORST	Vorsteuer
2690	SOFO	Übrige sonstige Forderungen

27 Wertpapiere des Umlaufvermögens

2700	WP	Wertpapiere des Umlaufvermögens

28 Flüssige Mittel

2800	BK	Bank (Kontokorrentkonto)
2880	KA	Kasse

29 Aktive Rechnungsabgrenzung

2900	ARA	Aktive Rechnungsabgrenzung

PASSIVA

KONTENKLASSE 3: Eigenkapital und Rückstellungen

30 Eigenkapital

3000	EK	Eigenkapital
3001	P	Privat

36 Wertberichtigungen

3670	EWB	Einzelwertberichtigung
3680	PWB	Pauschalwertberichtigung

38 Steuerrückstellungen

39 Sonstige Rückstellungen

3900	SORST	Sonstige Rückstellungen

KONTENKLASSE 4: Verbindlichkeiten und passive Rechnungsabgrenzung

42 Verbindlichkeiten gegenüber Kreditinstituten

4200	KBKV	Kurzfristige Bankverbindlichkeiten (bis zu 1 Jahr)
4250	LBKV	Langfristige Bankverbindlichkeiten

44 Verbindlichkeiten aus Lieferungen und Leistungen (L. u. L.)

4400	VE	Verbindlichkeiten aus L. u. L.

48 Sonstige Verbindlichkeiten

4800	UST	Umsatzsteuer
4830	VFA	Sonst. Verbindlichkeiten gegenüber dem Finanzamt
4840	VSV	Verbindlichkeiten gegenüber Sozialversicherungsträgern
4890	SOVE	Übrige sonst. Verbindlichkeiten

49 Passive Rechnungsabgrenzung

4900	PRA	Passive Rechnungsabgrenzung

ERTRÄGE

KONTENKLASSE 5: Erträge

50 Umsatzerlöse für eigene Erzeugnisse

* 5000	UEFE	Umsatzerlöse für eigene Erz.
5001	EBFE	Erlösberichtigungen eigene Erz.

51 Umsatzerlöse für Handelswaren

* 5100	UEHW	Umsatzerlöse für HW
5101	EBHW	Erlösberichtigungen HW

52 Erhöhung oder Verminderung des Bestandes an unfertigen und fertigen Erzeugnissen

* 5200	BV	Bestandsveränderungen

54 Sonstige betriebliche Erträge

5400	EMP	Erlöse aus Vermietung und Verpachtung
5410	EAAV	Erlöse aus dem Abgang von Gegenständen d. Anlagevermögens
* 5430	ASBE	Andere sonst. betriebl. Erträge

* Kennzeichung für Konten, die in die Kosten- und Leistungsrechnung eingehen.

5450	EAWB	Erträge aus der Auflösung oder Herabsetzung von Wertberichtigungen
5460	EAVG	Erträge aus dem Abgang von Vermögensgegenständen
5490	PFE	Periodenfremde Erträge
5495	EFO	Erträge (Zahlungseingänge) aus abgeschriebenen Forderungen
57		Zinsen und ähnliche Erträge
5710	ZE	Zinserträge
5780	DDE	Dividendenerträge
5784	EAWP	Erträge aus dem Abgang von Wertpapieren des Umlaufvermögens

AUFWENDUNGEN

KONTENKLASSE 6: Betriebliche Aufwendungen

Materialaufwand

60 Aufwendungen für Roh-, Hilfs-, Betriebsstoffe, Fremdbauteile und Handelswaren

* 6000	AWR	Aufwendungen für Rohstoffe
6001	BZKR	Bezugskosten Rohstoffe
6002	NR	Nachlässe Rohstoffe
* 6010	AWF	Aufwendungen f. Fremdbauteile
6011	BZKF	Bezugskosten Fremdbauteile
6012	NF	Nachlässe Fremdbauteile
* 6020	AWH	Aufwendungen für Hilfsstoffe
6021	BZKH	Bezugskosten Hilfsstoffe
6022	NH	Nachlässe Hilfsstoffe
* 6030	AWB	Aufwendungen f. Betriebsstoffe
6031	BZKB	Bezugskosten Betriebsstoffe
6032	NB	Nachlässe Betriebsstoffe
* 6040	AWVM	Aufwendungen für Verpackungsmaterial
* 6080	AWHW	Aufwendungen für HW
6081	BZKHW	Bezugskosten HW
6082	NHW	Nachlässe HW

61 Aufwendungen für bezogene Leistungen

* 6140	AFR	Ausgangsfrachten
* 6160	FRI	Fremdinstandhaltung (Reparaturen)

Personalaufwand

62 Löhne

* 6200	L	Löhne

63 Gehälter

* 6300	G	Gehälter

64 Soziale Abgaben

* 6400	AGASV	Arbeitgeberanteil zur Sozialversicherung
* 6420	BBG	Beiträge zur Berufsgenossenschaft

Abschreibungen auf Anlagevermögen

65 Abschreibungen

* 6520	ABSA	Abschreibungen auf Sachanlagen
* 6545	ABSP	Abschreibungen auf SP

Sonstige betriebliche Aufwendungen

67 Aufwendungen für die Inanspruchnahme von Rechten und Diensten

* 6700	AWMP	Mieten, Pachten
* 6710	LS	Leasing
* 6730	GEB	Gebühren
* 6750	KGV	Kosten des Geldverkehrs
* 6770	RBK	Rechts- und Beratungskosten

68 Aufwendungen für Kommunikation

* 6800	BMK	Büromaterial und Kleingüter
* 6810	ZFL	Zeitungen und Fachliteratur
* 6820	PUK	Post- u. Kommunikationsgebühr
* 6850	REK	Reisekosten
* 6870	WER	Werbung

69 Aufwendungen f. Beiträge und Sonstiges sowie Wertkorrekturen und periodenfremde Aufwend.

* 6900	VBEI	Versicherungsbeiträge
* 6920	BWB	Beiträge zu Wirtschaftsverbänden und Berufsvertretungen
6930	VSF	Verluste aus Schadensfällen
6950	ABFO	Abschreibung auf Forderungen
6960	VAVG	Verluste aus dem Abgang von Vermögensgegenständen
6990	PFAW	Periodenfremde Aufwendungen

KONTENKLASSE 7: Weitere Aufwendungen

70 Betriebliche Steuern

* 7000	GWST	Gewerbesteuer
* 7020	GRST	Grundsteuer
* 7030	KFZST	Kraftfahrzeugsteuer

74 Verluste aus dem Abgang von Wertpapieren des Umlaufvermögens

7460	VAWP	Verluste a. d. Abgang von Wertpapieren des Umlaufvermögens

75 Zinsen und ähnliche Aufwendungen

* 7510	ZAW	Zinsaufwendungen

ERGEBNISRECHNUNGEN

KONTENKLASSE 8: Ergebnisrechnungen

80 Eröffnung/Abschluss

8000	EBK	Eröffnungsbilanzkonto
8010	SBK	Schlussbilanzkonto
8020	GUV	GuV-Konto

KONTENKLASSE 9: Kosten- und Leistungsrechnung (KLR)

90	NAWE	Neutrale Aufwend. und Erträge
91	KKOR	Kostenrechnerische Korrekturen
92	KL	Kosten und Leistungen

* Kennzeichung für Konten, die in die Kosten- und Leistungsrechnung eingehen.

(Bitte blättern Sie um)

UNE CARTE POUR L'ENFER

Miyuki Miyabe

Une carte pour l'enfer

roman

Traduit du japonais par
Chiharu Tanaka et Aude Fieschi

Stock

Titre original :

KASHA
(Publié par Futaba-Sha, Tokyo)

1

Alors que le train quittait la gare d'Ayase, la pluie se mit à tomber, une pluie à moitié gelée. Et, de surcroît, depuis le matin son genou gauche lui faisait mal. Debout près de la porte centrale de la voiture de tête, Honma Shunsuke tenait la rambarde de sa main droite et s'appuyait de la gauche sur un parapluie fermé.

A trois heures de l'après-midi, en semaine, sur la ligne Joban, le train était vide. Côté sièges, Honma n'avait que l'embarras du choix. Deux lycéennes en uniforme, une femme d'âge moyen avec un grand sac à main, somnolente, et un jeune homme qui se balançait au rythme de son baladeur occupaient le wagon. Rien n'obligeait Honma à rester debout.

Et il aurait dû s'asseoir. Après avoir quitté son appartement dans la matinée et suivi une physiothérapie éprouvante, il était passé faire un petit tour à la PJ. Ayant opté pour le train et la marche à pied, il se sentait très fatigué. La douleur irradiait jusque dans son dos. Au bureau, ses collègues étaient sortis, à l'exception du type de permanence qui lui avait fait un accueil exagérément chaleureux, du style retour de l'autre monde, en le poussant gentiment à rentrer chez lui. Depuis qu'il avait quitté l'hôpital, à la fin de l'année précédente, c'était seulement la deuxième fois qu'il y revenait et il ne put s'empêcher de penser que cet accueil devait cacher quelque chose. Dans un match loyal, après un penalty, le joueur fautif regagne le terrain. Mais les règles avaient peut-être changé pendant son absence. Sans doute aurais-je mieux fait de ne pas me faire mettre en disponibilité, se dit-il pour la première fois.

Il resongea soudain à l'époque où il s'occupait de délinquance juvénile ; il avait eu à traiter le cas d'une jeune fille, arrêtée pour récidive de vol à l'étalage. Elle était extrêmement douée et n'aurait sans doute jamais été pincée s'il n'y avait pas eu mouchardage. Spécialisée dans la mode de luxe pour jeunes, elle ne portait jamais en public les vêtements qu'elle avait volés. Elle ne les vendait pas non plus. Dans sa chambre, la porte fermée à clé, elle se contentait de faire des essayages devant son miroir. Elle tentait d'assortir au mieux ses trouvailles, cherchait à y accorder bijoux et montres, prenait des poses de mannequin, seule devant sa glace, sans crainte d'être raillée. Mais, à l'extérieur, elle ne se montrait qu'en jean usé.

En fait, elle n'affirmait sa personnalité que quand elle était seule. Typique d'une attitude complexée. Qu'était-elle devenue à présent ? Cette histoire remontait à une vingtaine d'années. Elle avait sans doute complètement oublié ce jeune inspecteur qui ne savait pas comment s'adresser à une fille désespérément muette.

La pluie continuait à tomber, de grosses gouttes glacées frappaient les portes du train. Les bâtisses qui défilaient par la fenêtre se recroquevillaient sous le ciel bas. Et si cette pluie devenait neige, les quartiers les plus sordides, recouverts d'ouate blanche, prendraient paradoxalement des airs douillets. Quand Honma s'avisait d'en faire la remarque, Chizuko se moquait de lui : les gens du Kanto, qui n'avaient aucune idée de ce qu'était la vraie neige, pouvaient seuls avancer ce genre de bêtises !

En traversant la Nakagawa, il remarqua, à gauche, la fumée blanche de la cheminée de l'usine de pâte à papier Mitsubishi. Les fumées changent de couleur selon les saisons et la température, un peu comme l'haleine qui devient visible en hiver. Sous peu la pluie allait se transformer en neige...

La descente à la gare de Kanamachi constitua une nouvelle épreuve. Handicapé pour la première fois de sa vie, Honma se sentait devenir partisan de wagons entiers réservés aux handicapés et aux gens du troisième âge, au lieu de ces quelques « Silver Seats » qu'on leur attribuait chichement.

Il paya cher son entêtement : les escaliers de la gare furent pour lui une véritable torture. Et de la gare à son domicile, il lui faudrait tout de même prendre un taxi pour un trajet de cinq minutes à peine. C'était risible mais il n'avait aucune envie d'en rire. Devant la gare, la chaussée était mouillée : le parapluie sur lequel il s'appuyait glissait et lui faisait risquer une chute à tout instant. Soudain il se sentit vieux.

Il prit l'ascenseur pour monter au second : Satoru l'attendait. Il avait dû guetter son taxi.

« Tu rentres bien tard, dit-il, en se précipitant pour l'aider, les bras ouverts.

– Ça va, ça va ! »

Son fils, âgé de dix ans, était trop petit pour le soutenir ; ils risquaient de tomber tous les deux.

Isaka Tsuneo, l'homme de ménage, tenait la porte ouverte.

« Vous devez être très fatigué, dit-il. On était inquiets pour vous lorsqu'il a commencé à pleuvoir. Pourquoi n'avez-vous pas utilisé votre parapluie ?

– Il est troué. »

Honma franchit le seuil et ajouta :

« C'est une vieille loque, je ne peux m'en servir que comme d'une canne... »

Isaka lui prêta son épaule. Les cheveux grisonnants, il portait un tablier qui seyait à son petit corps replet.

« ... et ce serait du gaspillage d'acheter une canne pour le peu de temps qu'elle me sera utile.

– Sans doute... »

Une odeur sucrée, un peu surprenante dans un appartement habité seulement par des hommes, flottait : Isaka était en train de préparer de l'*amazake*[1].

Avant d'aller se changer, Honma prit appui sur le mur, laissa échapper un soupir de soulagement et se tourna vers Satoru :

« Rien de neuf ? »

C'était une expression consacrée. Il employait toujours

1. Boisson chaude et douce à base de riz fermenté que l'on sert à la fête des filles, le 3 mars. *(N.d.T.)*

cette même formule lorsqu'il appelait Chizuko au téléphone ou rentrait tard après une permanence. Chizuko était morte trois ans auparavant, le laissant seul avec leur fils, et depuis c'était à lui qu'il demandait comme dans un rituel : « Rien de neuf ? »

La réponse était invariablement : « Non, rien », mais cette fois Satoru s'écria : « Si. »

Honma se tourna machinalement vers Isaka, tandis que Satoru poursuivait :

« Un coup de téléphone de l'oncle Kurisaka. »

Honma eut une hésitation mais Satoru l'éclaira :

« Tu sais bien, celui qui travaille dans une banque. »

Les Kurisaka étaient des parents de Chizuko. Honma fit défiler dans sa tête des noms et des visages.

« J'y suis : Kazuya ?

– Oui, ce grand monsieur...

– Quelle mémoire ! Rien qu'à sa voix tu l'as reconnu ?

– Au début, j'ai fait mine de le reconnaître, expliqua Satoru, et tout en parlant j'ai cherché.

– Quand a-t-il appelé ?

– Il y a une heure à peu près.

– Qu'est-ce qu'il voulait ?

– Il a refusé de me le dire. Il m'a demandé si tu serais là ce soir. Il viendra te voir pour quelque chose d'important.

– Ce soir ?

– Oui.

– Qu'est-ce que ça peut bien être ?

– Ça paraissait urgent, n'est-ce pas ? » renchérit Isaka.

Satoru acquiesça :

« On a été coupés, mais il a rappelé immédiatement et il parlait à toute vitesse.

– C'est curieux... bon, on verra bien ! »

Honma se changea puis revint à la cuisine. Il croisa Satoru qui, portant deux tasses fumantes sur un plateau, lança avant d'être questionné :

« Je vais chez Katsu. »

Katsu, un camarade de classe, habitait au quatrième. Ses parents, très occupés, le laissaient souvent seul.

« Ne tombe pas dans l'ascenseur, ce serait embêtant d'avoir à tout éponger.

– Je sais. »

Satoru parti, Honma s'assit sur une chaise, sans pouvoir réprimer une grimace de douleur. Isaka posa devant lui une tasse de thé :

« Vous ne devriez pas forcer comme ça !

– Mais si, la physiothérapeute me demande de faire des efforts.

– Elle est dure ?

– Une vraie sadique !

– Après tout, c'est une expérience », dit Isaka avec un sourire qui se refléta sur la table étincelante de propreté. Il possédait un certain art de vivre et détestait la moindre auréole. Entourant sa tasse de ses grosses pattes, il proposa de préparer le dîner pour trois personnes.

« Je suis désolé de vous donner tout ce travail ! s'excusa Honma.

– Vous savez, deux ou trois, ça ne fait pas une grande différence. Mais ce Kurisaka Kazuya..., c'est un parent à vous ?

– Comment dire ?... c'est le fils d'un cousin de ma femme.

– Ah, c'est pour ça que Satoru a parlé d' " oncle " !

– Oui, pour simplifier. On ne se fréquente pas beaucoup. Ça fait même des années que je ne l'ai pas vu.

– Il n'est pas venu à l'enterrement ?

– Non. Pourtant il était très proche de Chizuko. »

Dans la pièce à côté, se trouvait un petit autel tourné vers la fenêtre. Honma y jeta un coup d'œil et rencontra le regard de sa femme, sur la photo encadrée de noir : il eut l'impression qu'elle aussi se demandait les raisons de cette visite.

« Tiens, il neige ! » remarqua Isaka.

2

Kurisaka Kazuya arriva vers neuf heures. La neige recouvrait la chaussée et les toits sur cinq centimètres. Au coucher du soleil le vent du nord s'était mis à souffler. Par la fenêtre on voyait les flocons tomber, diagonales blanches dans l'air glacial.

A six heures du soir, Honma pensa que Kazuya ne viendrait pas. Dans la dernière édition du quotidien livrée avec retard, et au journal télévisé, on parlait de perturbations dans les transports dues aux conditions atmosphériques. La NHK annonça à sept heures que les lignes Yamate, Chuo et Sobu étaient coupées.

Kazuya habitait à Nishi-Funabashi, dans le département de Chiba. Honma lui avait rendu visite une fois et se souvenait d'un long trajet. De nuit et par ce temps, venir de chez lui à Kanamachi, à la limite de Tokyo, et rentrer ensuite à Nishi-Funabashi, ce n'était pas rien. Il fallait que l'affaire fût importante.

Honma dîna en tête à tête avec Satoru, et au moment même où une sorte de mauvais pressentiment l'envahissait, la sonnette retentit.

Kazuya lui apparut plus maigre que dans ses souvenirs. Et ce n'était pas le froid qui lui donnait ce visage creux.

Tiens, tiens, se dit Honma, il se pourrait que mes craintes soient justifiées.

Ayant appris que l'« oncle » avait déjà dîné, Satoru apporta du café, puis disparut prendre son bain. Il se comportait conformément aux principes de la famille Honma, selon lesquels les enfants n'avaient pas à assister aux conversations des adultes.

Une fois Kazuya en face de lui, dans le petit salon, Honma s'étonna de sa haute taille. Lui-même n'était pas petit, mais Kazuya le dépassait d'une tête.

« Quel âge as-tu à présent ? demanda-t-il d'emblée à Kazuya.

– Vingt-neuf ans, répondit ce dernier en esquissant un sourire. Il doit y avoir sept ans que je ne vous ai vu. La dernière fois c'était quand tante Chizuko m'a offert un cadeau pour mon entrée dans la vie active. »

Honma se rappela en effet que sa femme s'était tracassée pour savoir quoi offrir à quelqu'un qui débutait dans une banque et, comme il suggérait de l'argent, elle avait répliqué que ce n'était pas très original.

« Tu travailles toujours à l'agence de Kanda ? » Honma ne se souvenait plus du nom de sa banque : Daiichi Kangin ou Sanwa, mais c'était certainement à Kanda.

« Non, j'ai changé depuis longtemps : d'abord Kanda puis Oshiage et maintenant Yotsuya. Et je vais sûrement encore changer cette année.

– Dur métier !

– C'est comme ça. Je m'y attendais quand je suis entré dans la banque. Je ne déteste pas visiter les clients, c'est un travail qui me convient. »

Par « visiter les clients » Honma comprit qu'il s'agissait de relations publiques.

« Et vous-même, vous avez souvent changé de poste. Oh, j'oubliais... »

Une ombre passa sur le visage de Kazuya et Honma comprit qu'il allait avoir droit aux simagrées d'usage.

« ... Je ne vous ai pas encore présenté mes condoléances. »

Comme la mort de Chizuko remontait à trois ans, ce « pas encore » était amplement justifié. Kazuya baissa la tête et contempla sa cravate, sans doute importée, très belle au demeurant.

« Je suis vraiment désolé pour ma tante. Je n'ai pu assister ni à la veillée ni aux obsèques.

– Aucune importance. On préfère voir les gens lors d'occasions plus gaies.

– Ma tante était toujours si prudente, on ne s'y attendait vraiment pas !

– Malheureusement on n'est pas tout seul sur les routes... »

Kazuya se leva, l'air gêné, et demanda la permission de commencer par aller brûler de l'encens. Il joignit les mains devant l'autel sans reparler de l'accident. Que ce fût parce qu'il était trop préoccupé par ses propres affaires ou par délicatesse, c'était en tout cas mieux ainsi.

« Alors ? questionna Honma lorsqu'il reprit sa place. Parle-moi de ton “ affaire ”. Si tu as bravé la tempête, ce doit être vraiment important. »

Kazuya baissa de nouveau les yeux. Les coins de sa bouche tremblaient, un peu comme la queue d'un animal qu'on vient de tuer et encore animé de mouvements convulsifs, mais les mots n'arrivaient pas à sortir.

« J'ai mis beaucoup de temps à me décider », finit-il par marmonner.

Honma tournait son café en silence. De la salle de bains parvenait le son de la radio que Satoru écoutait. Depuis quand les enfants écoutaient-ils la radio en prenant leur bain ?

Kazuya se taisait toujours et pour mettre un terme à ce mutisme, Honma demanda :

« Quand tu parles de décision, c'est de la décision de venir me voir qu'il s'agit ? »

Kazuya acquiesça et leva la tête :

« Je sais que ma requête ne manque pas d'audace et c'est pour cela que j'hésitais. Mais vous êtes spécialiste dans ce domaine. Et bien que je vous sache toujours très occupé, ma mère m'a dit qu'en ce moment vous ne travailliez pas. »

Honma haussa les sourcils. Les services qu'on demandait à un policier, il les connaissait par cœur...

« Allons, dis-le : tu es embêté par un groupe de *yakuza,* ou alors on t'a confié un objet volé, ou bien encore tu as découvert que la voiture qu'on t'avait fauchée était à vendre sous une autre immatriculation, un truc de ce genre, non ?

– Non, pas du tout, se hâta de répliquer l'autre.

– Alors, de quoi s'agit-il ? »

Kazuya avala sa salive : « Je me suis fiancé. »

Il s'exprimait avec une telle gravité que Honma n'osa pas sourire.

« Félicitations !

– Il n'y a vraiment pas de quoi, dit Kazuya toujours très grave. Ma fiancée a disparu. Et je suis venu vous demander de la retrouver. C'est de votre ressort. Si j'essaye moi-même, je vais patauger et perdre un temps fou. Je vous en prie, aidez-moi ! »

D'un geste suppliant, il posa ses deux mains sur la table et inclina son corps en avant, tout en fixant Honma droit dans les yeux. Interdit, Honma cligna les paupières et porta son regard vers la fenêtre : il neigeait toujours abondamment.

« Mais je ne connais pas le contexte...

– Je vais vous expliquer. »

Honma l'arrêta de la main :

« Attends, attends, écoute-moi d'abord.

– Oui, répondit Kazuya en se rasseyant, avec son même air sinistre.

– Quand tu dis que ta fiancée a disparu, tu veux dire qu'elle a fait une fugue ?

– Oui, c'est ça.

– Et tu veux que je la recherche ?

– Oui.

– Mais même pour moi, ce n'est pas si simple, tu le comprendras. »

Kazuya allait répliquer, mais se ravisant, il se contenta d'acquiescer du menton.

« Je ne peux pas te dire encore si je pourrai t'aider, mais de toute façon il faut que tu commences par tout me raconter, demanda Honma. Et d'abord, attrape-moi dans ce tiroir du papier et un stylo à bille. Oui, c'est ça. Merci. »

Kazuya manifestement désireux de vider son sac, ne se fit pas prier :

« Voyons... Par où commencer ? hésita-t-il.

– Eh bien, je vais te poser des questions. Son nom ? »

L'air soulagé, Kazuya laissa retomber ses épaules :

« Sekine Shoko. »

Honma lui tendit son stylo pour qu'il écrive les caractères.

« Age ?

– Vingt-huit ans cette année.

– Vous vous êtes rencontrés à la banque ?

– Non, elle travaille chez un de mes clients ou plutôt elle y travaillait.

– Quelle compagnie ?

– La société d'équipement Imai : au départ cette société vendait des caisses enregistreuses et depuis quelque temps elle fait de la location de matériel de bureau, une petite boîte qui, outre le directeur, n'a que deux employées.

– Elle était donc une des deux. Quand l'as-tu rencontrée ?

– Voyons... réfléchit Kazuya, il y a deux ans, en octobre, ou plutôt non, avant le pont de septembre. Nous sommes alors sortis ensemble pour la première fois. »

Honma nota : septembre 1990. Nous sommes le 20 janvier 1992, songea-t-il, ils se connaissent par conséquent depuis un an et quatre mois. On ne peut pas dire qu'ils se soient précipités pour se fiancer. Ils sont dans les normes.

« Et vous vous êtes fiancés...

– Oui, à Noël dernier. »

Honma laissa échapper un sourire : très romantique...

« Tu veux dire des fiançailles officielles ?

– Non, en privé, balbutia Kazuya, et je lui ai offert une bague. »

Le stylo à la main, Honma leva les yeux vers Kazuya.

« Vos parents n'étaient pas d'accord ? »

Kazuya secoua la tête.

« Tes parents ou ceux de la jeune fille ?

– Les miens. Shoko est orpheline. C'est une enfant unique. Elle a perdu son père très jeune, de maladie, je crois, mais elle n'en parle guère. Sa mère est morte il y a environ deux ans.

– Elle aussi de maladie ?

– Non, il semble que ce soit à la suite d'un accident. »

Honma nota « deux parents décédés ».

« Alors elle vit seule ?

– Oui, dans un appartement, à Honan-cho.

– De quel coin est-elle originaire, tu lui as sûrement demandé ?

– Oui, d'Utsunomiya. Mais comme elle y a connu la misère, sans aucune aide de ses proches, elle n'a pas envie d'y retourner et n'en parle pas volontiers.

– Elle ne fréquente donc pas le reste de sa famille ?

– Non, pas du tout : une totale orpheline, Shoko ! »

Il mit l'accent sur les mots d'orpheline et de Shoko pour bien montrer qu'elle n'avait que lui.

« Tu sais quelque chose de son passé ? »

Kazuya hésita encore :

« Simplement qu'elle a fréquenté un lycée à Utsunomiya et que tout de suite après elle est venue à Tokyo. Quand on sort avec une fille, ajouta-t-il comme pour se justifier, on ne pense pas à lui réclamer son CV.

– Tu crois ? demanda Honma sceptique. Ce serait inexact de dire qu'on n'y pense pas du tout. »

Et il lui revint à l'esprit certaines des choses que Chizuko lui avait racontées : le père de Kazuya était le cousin germain de Chizuko et, dans cette famille, on se préoccupait beaucoup de la situation sociale et du niveau d'éducation. Après de brillantes études, le père de Kazuya était entré dans une grande entreprise et sur la recommandation de son patron avait épousé la fille d'un riche industriel. C'était quelqu'un d'imbuvable et de très fidèle à ses principes comme devait l'être aussi sa femme. Leur fils ne devait pas échapper complètement à l'influence familiale.

Kazuya évita le regard de Honma et prit sa tasse de café. Le café était froid et le lait avait formé une peau à la surface.

« Je ne partage pas les idées de mes parents », dit-il en reposant sa tasse et il ajouta d'un ton légèrement irrité : « Si elle me plaît et que je pense pouvoir vivre avec elle, quelle importance ont sa situation sociale et ses études !

– Ça compte, répondit Honma calmement. Tu es un peu excessif et je dirais même que tu te trompes toi aussi dans un sens. »

Satoru avait dû sortir de son bain ; on n'entendait plus la radio : la voix de Honma résonna étrangement.

« Donc on peut en conclure que tes parents ne trouvaient pas Shoko assez bien pour toi ?

– ... Sans doute.

– Est-ce qu'ils l'ont rencontrée ?

– Une seule fois, l'automne dernier.

– Et ça s'est passé comment ?

– Les pourparlers pour la paix au Cambodge étaient sans doute plus amicaux ! »

Honma rit, mais Kazuya poursuivit avec le même sérieux : « C'est pour ça que j'ai décidé de me fiancer avec elle en privé. Et j'avais aussi l'intention de me marier sans leur accord et sans organiser de cérémonie : de nos jours, beaucoup de couples procèdent ainsi.

– Qu'est-ce que ton patron en penserait ? »

Pour la première fois Kazuya sourit et dit avec un brin d'insolence :

« Je ne vois pas en quoi cette sorte de détail pourrait gâcher ma carrière. »

Ce garçon semblait en effet brillant. Honma, en vingt ans de métier, avait acquis une certaine psychologie. Il est facile à un coutelier de reconnaître un bon couteau sans même y toucher...

Shoko devait être fort belle et intelligente pour plaire à un type de ce genre.

« Elle n'a pas supporté la désapprobation de tes parents et c'est pour ça qu'elle... a disparu ? »

Honma allait employer le traditionnel « elle s'est sacrifiée », mais devant le regard noir de Kazuya, il se retint. Les yeux sont le miroir de l'âme, dit-on, mais il arrive qu'ils soient aussi sombres qu'une cave privée de lumière.

« Tu connais peut-être la raison de sa fugue ? »

Kazuya demeura silencieux un certain temps. Satoru, sa serviette de bain sur l'épaule, passa alors discrètement la tête, mais Honma lui fit signe de ne pas entrer : il s'esquiva.

« Ce qui est sûr, c'est qu'elle n'a rien de l'héroïne de *La Dame aux camélias*, finit-il par dire.

– Tu sais pourquoi elle est partie ? Est-ce qu'elle t'a laissé un mot ? »

Kazuya secoua la tête :

« Elle ne m'a rien laissé, je ne peux que faire des suppositions.

– Alors qu'est-ce qui a bien pu se passer ? dit Honma avec un grand soupir.

– Pendant les congés du nouvel an, nous sommes allés faire des achats, chercher les rideaux et les meubles de notre futur appartement. Et puis Shoko a voulu s'offrir un pull mais au moment de payer elle n'avait plus assez de liquide, dit Kazuya gêné en contemplant le plafond. Je l'ai réglé : ce n'était pas un problème mais c'est ainsi que j'ai découvert que Shoko n'avait pas de carte de crédit. Ma banque possède une filiale spécialisée dans l'établissement de ces cartes. Mais je ne mélange pas mon travail et ma vie privée : je n'avais pas songé à proposer à Shoko d'utiliser ma banque. Ni à elle ni à mes amis. »

Honma pensa à part lui, avec un rien d'ironie, qu'en dehors du cercle de ses amis, Kazuya devait fort bien servir les intérêts de sa banque...

« Il restait pas mal d'achats à faire avant le mariage ; j'ai donc dit à Shoko qu'il était dangereux de se promener avec trop d'argent liquide et je lui ai suggéré d'ouvrir un compte et de prendre une carte de crédit ; une fois mariée elle pourrait garder ce compte pour les dépenses courantes, il suffirait de changer le nom et moi, pour ma part, je garderais mon propre compte. »

C'était ainsi qu'on procédait de nos jours : Kazuya n'avait pas l'intention de lâcher les cordons de la bourse après son mariage.

« Elle a accepté. Le lendemain je lui ai apporté le formulaire qu'elle a rempli et je l'ai déposé à la banque. Normalement il faut à peu près un mois pour l'obtention d'une carte. Mais j'ai un ami dans la filiale, un certain Tanaka, de ma promotion. Un type brillant mais qui a fait une dépression. On l'a provisoirement mis sur une voie de garage.

– Et alors ?

– Je lui ai demandé s'il ne pouvait pas activer l'affaire. Or lundi dernier il m'a rappelé... »

Lundi dernier, c'était le 13 janvier, vérifia Honma sur le calendrier mural.

« Il m'a dit qu'il était désolé mais qu'il ne pouvait pas établir de carte pour Shoko. » Les lèvres de Kazuya recommencèrent à trembler aux commissures. « Ce n'est pas tout. Il a ajouté que si je voulais l'épouser, il valait mieux que j'attende un peu et que je fasse quelques recherches sur elle.

– Pour quelles raisons ? »

Comme pour s'encourager, Kazuya émit un profond soupir et redressa les épaules avant de répondre :

« Le nom de Sekine Shoko figure sur la liste noire aussi bien des banques que des établissements de crédit. Quand quelqu'un demande une carte de crédit ou un emprunt, on vérifie sur cette liste que l'intéressé n'a pas de dettes. »

Honma le savait, mais quelque chose l'arrêta :

« Tu veux dire que les banques et les établissements de crédit, ce n'est pas la même chose ?

– Pas tout à fait : il y a les banques, les établissements de crédit et les officines de prêt. Tokyo a ses organismes et Osaka les siens. Mais l'information circule bien entre elles. Il suffit d'avoir utilisé sa carte ou d'avoir emprunté une seule fois pour que l'on connaisse l'état de votre compte. Ça sert de référence. Être sur la liste noire signifie que la personne n'est pas solvable et qu'il convient de se méfier.

– Et, dans ce cas, on est interdit de carte de crédit et même d'emprunt...

– Exact. J'étais stupéfait parce que Shoko m'avait affirmé n'avoir jamais eu de carte. Comment pouvait-elle être sur la liste noire ?

– Ce n'était pas une erreur ?

– C'est ce que j'ai pensé et je l'ai dit à Tanaka sur un tel ton qu'il m'a répondu presque fâché : “ Je ne suis pas sujet à ce genre d'erreur. ” »

Rien que d'y repenser il en avait le souffle coupé.

« Tanaka m'a assuré qu'il avait bien vérifié et m'a conseillé d'en parler à l'intéressée. Mais moi j'étais convaincu qu'il se trompait. Après tout, sur cette liste, les seuls renseignements sont le nom, la date de naissance, l'adresse et la profession. Il suffit de changer l'adresse pour que cela fausse tout. Il peut y avoir des coïncidences. »

Effectivement un des collègues de Honma avait eu ce genre d'expérience. Il avait reçu un coup de téléphone d'une société de crédit pour confirmer qu'on lui accordait un emprunt... qu'il n'avait pas demandé. Surpris, il avait enquêté : le nom était le même et le numéro de téléphone ne différait que par l'indicatif.

« Je comprends. Et puis ?

– Je n'avais aucune envie d'aborder ce sujet avec Shoko. Je trouvais ça injuste. J'ai rappelé Tanaka tout de suite, je me suis excusé de ma grossièreté et lui ai demandé de pousser ses recherches : d'où venaient ces renseignements, sur quoi étaient-ils fondés ? »

Honma fronça les sourcils.

« C'est donc si facile ?

– Oui. En fait non... En vérité ce n'est pas si simple. Seul l'intéressé peut contester ce genre d'erreur. Shoko aurait dû elle-même entreprendre cette démarche mais les formalités étaient compliquées.

– Et comme tu étais pressé, tu as simplifié ? »

Kazuya haussa les épaules :

« J'ai pensé que j'avais le droit de contester à la place de Shoko et que Tanaka avait les moyens de faire les recherches nécessaires. »

Or le résultat avait été contraire à ce qu'il attendait.

« Il n'a pas mis longtemps, continua Kazuya, le visage fermé, la réponse était formelle : ils en avaient la preuve.

– Laquelle ? »

Kazuya chercha dans la poche de son veston et en sortit une feuille.

« Celle-ci : c'est la copie d'une lettre envoyée au directeur du service de la clientèle d'une grande société de crédit dont je tairai le nom. Tanaka l'a obtenue du Centre de renseignements confidentiels et me l'a faxée. »

Honma prit le papier : une feuille de format A4 rédigée sur machine à traitement de texte :

Je soussigné Mizoguchi Goro, avocat, vous adresse la présente, mandaté par Mlle Sekine Shoko, domiciliée : 405, Castle Mansion Kinshichô, 4-2-2, Kotobashi, Sumida-ku, Tokyo.

Mlle Sekine, ayant obtenu une carte de crédit en septembre 1983, l'utilisait pour ses achats comme pour retirer de l'argent liquide mais, par suite d'une mauvaise gestion et d'une méconnaissance totale des problèmes d'intérêts, elle n'a plus été en mesure de rembourser régulièrement ses dettes dès l'été 1984.

Afin d'y parvenir, elle a entrepris de faire du travail supplémentaire. Sa santé en ayant souffert, bientôt elle n'a même plus pu assurer ses dépenses journalières et elle s'est endettée davantage, ce qui l'a menée à emprunter dans des officines spécialisées. Actuellement elle a une trentaine de créanciers et son endettement atteint environ dix millions de yens[1].

Mlle Sekine n'ayant aucun bien personnel, s'est déclarée en faillite devant le tribunal de la région de Tokyo. Je vous serais reconnaissant de votre collaboration au bon déroulement de la procédure de faillite.

Certains de ses créanciers continuent à harceler Mlle Sekine, mais dorénavant un tel acte sera passible de sanctions.

D'avance je vous remercie de votre compréhension.

Le 20 mai 1987... Me Mizoguchi Goro, Avocats Mizoguchi et Takada associés, 926 Ginza Chuo-ku, Tokyo.

Honma leva les yeux et regarda Kazuya.

« Il s'agit d'une " faillite personnelle ", dit Kazuya.

– Et qu'as-tu fait après avoir vu cette lettre ?

– J'ai posé la question à Shoko.

– Tu lui as demandé : " C'est vraiment toi ? "

– Oui.

– Quand ?

– Le 15 janvier.

– A ce moment-là, tu pensais qu'il pouvait y avoir encore une erreur...

– Oui, je le pensais, ou plutôt je l'espérais. Et c'est pour cela que je lui ai montré la lettre.

– Elle n'a pas nié ?

– Non, elle a pâli, c'est tout. »

A présent, non seulement ses lèvres, mais sa voix aussi tremblait.

« Vous allez la retrouver, n'est-ce pas ? dit-il à voix basse. Je n'ai que vous sur qui compter. Si je consulte un détective, mes parents le sauront. Je vis toujours chez eux. Et il n'est pas souhaitable non plus qu'on m'appelle à ce sujet au bureau. »

Un détective ne ferait pas bon effet, mais un oncle, si. Surtout s'il était inspecteur en congé...

1. 500 000 francs environ.

« J'aimerais tellement lui parler ! Quand je lui ai montré cette lettre, elle m'a demandé de lui accorder un peu de temps parce qu'il s'agissait d'une affaire très compliquée. J'ai accepté. J'avais confiance en elle. Le lendemain, elle a disparu, elle n'était ni chez elle, ni au bureau. »

Il ne cessait d'agiter la tête et parlait avec fièvre, comme s'il se trouvait devant Shoko elle-même.

« Nous n'avons eu ni explication ni querelle. C'est invraisemblable. J'aimerais tant qu'elle m'explique ! Pas pour l'accuser... Ça me dépasse complètement. Elle n'a laissé aucune adresse et je ne connais aucun de ses amis. Je n'ai aucun moyen de la retrouver. Mais vous, je vous en supplie, vous pouvez faire quelque chose. »

Il débita tout cela d'une traite. Puis il se tut, mais comme les roues d'une voiture miniature retournée sur le toit continuent à tourner, ses mâchoires continuaient à bouger. Il claquait des dents.

Honma le regardait sans rien dire, partagé entre deux sentiments. D'une part la curiosité, une sorte de déformation professionnelle. Bien qu'une fugue n'eût rien de particulier en soi (dans les grandes villes les femmes disparaissent au même rythme que les couvercles des poubelles laissées dans la rue), il n'avait jamais encore entendu parler d'une femme fuyant non pas un homme mais une dette... ! Non, corrigea-t-il, puisque Shoko s'était déclarée en faillite, on ne pouvait plus parler de « dette », à moins qu'après la déclaration de faillite la dette ne restât due... ?

D'autre part il était agacé : après tout Kazuya ne s'était même pas manifesté pour l'enterrement de Chizuko, alors qu'elle avait été pour lui une gentille parente. Au cours de ces trois dernières années, cet égoïste n'avait pas téléphoné une seule fois. Aujourd'hui, en revanche, il n'avait pas hésité à s'aventurer en pleine tempête de neige !

Honma gardant obstinément le silence, Kazuya l'interrogea du regard.

« Est-ce que vous avez encore du mal à vous déplacer ? demanda-t-il d'un ton craintif.

– Non », répondit Honma assez froidement.

Gêné, Kazuya, poursuivit :

« Ma mère m'a dit qu'on vous avait tiré dessus.

– Ah, tu es au courant ? »

Ce n'était pas une bien grosse affaire. Les journaux n'en avaient presque pas parlé. Cela s'était passé dans un de ces snack-bars ouverts tard le soir. On les avait appelés pour un petit voyou. Armé d'un pistolet de pacotille, le malfrat l'avait braqué sur un des deux policiers venus l'arrêter, et avait tiré « par inadvertance ». Affolé il avait tiré de nouveau : une affaire lamentable dont Honma avait été la victime « par inadvertance » !

Il apprit plus tard que le voyou avait perdu des doigts en tirant la seconde fois car le pistolet avait explosé. Il trouva ça comique sans oser en rire ouvertement. Retenue qu'au cours d'une physiothérapie très pénible il avait regrettée.

Kazuya se mordit la lèvre.

« Pardonnez-moi. J'étais si préoccupé par mon affaire que je n'ai pas pensé à vous demander des nouvelles de votre santé. Je... »

Honma, toujours silencieux, sentait monter en lui une certaine excitation. S'il avait décidé de se faire mettre en congé, c'était pour ne pas être le blessé d'une cordée d'alpinistes. Ne pas travailler plutôt que travailler à moitié... Pourquoi alors cette sensation de frustration et d'agacement qu'il avait éprouvée dans le train du retour ?

« Je peux essayer de faire quelque chose pour toi », se surprit-il à répondre, avant même de l'avoir décidé.

Kazuya redressa la tête.

« Mais n'en attends pas trop. Cela ne veut pas dire que je la retrouverai. Il y a encore pas mal de points obscurs et pour le moment je vais me contenter d'analyser la situation. Pas plus. Ça te va ? »

Le visage de Kazuya se détendit :

« Tout à fait. Je vous remercie. »

3

Honma avait prévenu son neveu que sa blessure l'obligeait à attendre un temps plus clément pour commencer ses recherches. Et le lendemain matin, en se levant, son premier geste fut de regarder dehors. La neige avait cessé de tomber, le ciel étincelait. Il se pencha par la fenêtre et vit la chaussée bien dégagée : l'asphalte séchait à vue d'œil. La neige qui demeurait encore sur les toits suait à grosses gouttes.

Satoru, son petit déjeuner avalé, s'apprêtait à partir pour l'école son cartable à la main. Il se retourna :

« Papa, tu sors aujourd'hui ?

– Oui..., répondit Honma en levant les yeux de son journal.

– Oncle Kazuya t'a demandé quelque chose... ?

– C'est juste.

– A quelle heure rentreras-tu ?

– Je ne sais pas, ça dépend... »

Satoru s'était arrêté au milieu du couloir en face de la fenêtre ; sa grimace n'avait pas pour seule cause le soleil.

« Tu te sens d'attaque ?

– Je ferai ce qu'il faut pour l'être.

– Qu'est-ce qu'il t'a demandé ? »

Honma consulta l'horloge de la télévision :

« Dépêche-toi, tu vas être en retard. »

A regret, Satoru endossa son cartable.

« Finalement tu ne peux pas rester tranquille à la maison, dit-il, l'air résigné.

– Je ne vais pas pourchasser un gang !

– Tant pis pour toi, si tu tombes et que tu te casses l'autre jambe.

– Toi aussi tu ferais bien de faire attention !

– Je suis assez grand pour m'occuper de mes affaires. J'y vais. Bonne chance.

– Merci, merci », dit Honma en riant, tandis que Satoru s'éloignait furieux.

Honma alla jeter un coup d'œil par la fenêtre. En bas, les écoliers se regroupaient pour se rendre à l'école, quatre rues plus loin. Satoru et six autres gamins longeaient les plates-bandes ; ils s'arrêtèrent pour tripoter les tas de neige :

« Qu'est-ce qu'elle est dure !

– Elle fond déjà !

– Elle est toute sale ! »

Honma resta chez lui jusqu'à dix heures, pour laisser passer l'heure de pointe. Il vérifia les trajets sur un plan, afin de s'éviter toute fatigue inutile.

Il chercha aussi la définition exacte de l'expression « faillite personnelle ». Sans succès dans le dictionnaire classique. En revanche il trouva une bonne explication dans le *Vocabulaire contemporain.*

> *Faillite personnelle.* En cas de faillite, le tribunal partage tous les biens du débiteur entre les créanciers. Le débiteur se libère ainsi de sa dette. Il y a plusieurs formes de faillites, dont un cas où le débiteur se déclare lui-même en faillite : la « faillite personnelle ». Depuis quelques années, en conséquence du surendettement dû à une mauvaise utilisation des cartes de crédit et des emprunts, on note une recrudescence des faillites personnelles ; pour la différencier de la faillite classique on l'appelle aussi « faillite du consommateur ». Les personnes déclarées en « faillite personnelle » n'ont plus accès aux produits bancaires mais ne connaissent pas d'autre déchéance : la déclaration de faillite n'est pas inscrite sur le casier judiciaire et n'entraîne aucune limitation des droits civiques.

Ces dernières lignes ne laissèrent pas d'étonner Honma.

En somme, qu'on dissimulât une faillite ou non ne changeait rien.

Par conséquent, si Shoko n'avait pas fait cette demande de carte de crédit, sa faillite n'aurait pas été découverte. Ne s'en souciait-elle donc plus, cinq ans après ? Ou bien ignorait-elle ce point de droit comme des tas de gens, y compris Honma lui-même, pourtant inspecteur de police ?

Honma reposa le lourd volume sur l'étagère, puis se prépara à son expédition. Il réserva un taxi avec mauvaise conscience car lá matinée était à peine entamée. Il avait bien prévenu Kazuya qu'il lui imputerait les frais occasionnés par son enquête, mais ce qui paraîtrait normal à des étrangers pourrait l'être moins au regard de la famille... Tant pis, il utiliserait des taxis sans hésitation et garderait les reçus.

Il fuma une cigarette, l'éteignit sous le robinet et sortit. En descendant, il s'arrêta au rez-de-chaussée chez Isaka pour déposer la clé, salua et s'esquiva.

Comme la veille il se servit de son parapluie en guise de canne et tâta les amas de neige sur le trottoir. Au soleil, ils « fondaient déjà », à l'ombre la neige était encore « dure ». Le tas qu'il toucha en dernier était « dur » : il y vit un heureux présage.

Il fallait cinq minutes à un piéton normal pour aller de la gare de Shinjuku à la société Imai.

Installé sur la route de Koshu, au premier étage d'un petit immeuble, le bureau donnait sur la rue : sur chacune des fenêtres longues et étroites était collé un des caractères du nom de l'entreprise. Faute de caractère à coller sur la sixième fenêtre on y avait mis un rideau. Au rez-de-chaussée se trouvait un magasin de coffres-forts. Honma passa la tête par la porte pour se faire indiquer l'ascenseur. L'employé leva le nez de son journal pour lui conseiller de prendre l'escalier mais, en le voyant, se ravisa et le renseigna.

La descente en pente douce de la rue Kotakibashi n'avait pas été très facile. Et pour son deuxième jour de sortie, Honma sentait ses jambes raides comme du bois, même en début de journée.

La société Imai était le genre de boîte où tout se découvre au premier coup d'œil : l'entrée, le salon et les bureaux. Une femme en blouse bleu marine se leva pour l'accueillir.

« Je suis un parent de Kurisaka Kazuya, le fiancé de Mlle Sekine qui travaille chez vous, annonça Honma. Je suis venu vous demander quelques renseignements. »

L'employée, une vingtaine d'années, un visage rond, parsemé de taches de rousseur, écarquilla ses grands yeux, et fit d'une voix enfantine :

« Ah bon, ah bon !

– Est-ce que je pourrais voir le directeur ou le chef de service de Mlle Sekine ?

– S'il s'agit de Mlle Sekine, je suis au courant, oui, au courant, s'empressa-t-elle de répondre. Notre directeur est au café en face.

– Il a un rendez-vous ?

– Rendez-vous ? Non... il boit son café. C'est son habitude, moi je garde le bureau. Un moment. Je vais aller le chercher. Mais que faire si le téléphone sonne pendant mon absence ?

– Que faire ? » répéta Honma en écho.

Elle réfléchit un moment avant de décréter :

« On n'appellera pas. »

Ce devait être sa façon de résoudre les problèmes...

« Je reviens tout de suite. Asseyez-vous, débarrassez-vous de votre manteau et accrochez-le quelque part. »

Elle disparut tel un moineau qui s'envole.

La petite pièce était bien rangée : trois tables, dont deux de même taille se faisaient face. Sur chaque table de nombreux dossiers et classeurs, la tranche vers l'extérieur, aussi serrés que des revues dans un kiosque à journaux. La table en face de celle de la jeune fille devait être celle de Shoko. Elle était en ordre ; Honma ouvrit le tiroir du haut et trouva des stylos, du papier, une règle et un tampon au nom de Sekine.

Le dos à la fenêtre, un bureau plus grand avec un retour était placé de façon à avoir vue sur les autres. Le dossier du fauteuil était recouvert d'une têtière au crochet. Sur la table : un casier vide et une revue, *Informations financières,* à la couverture écornée.

Au calme qui régnait, on pouvait se demander s'il y avait vraiment du travail pour deux employées. Le salaire de Shoko ne devait pas être très gras, pensa Honma.

La jeune fille revint accompagnée du directeur.

« Je suis désolé de vous avoir fait attendre », dit le vieil homme d'une voix forte. Il portait une chemise, un gilet en laine et une cravate, des lunettes à double foyer et, aux pieds, des chaussettes et des sandales ergonomiques toutes neuves.

« Vous êtes un proche de Mlle Sekine ?

– Non, de son fiancé. »

Ou bien il avait mal compris, ou bien la jeune fille l'avait mal renseigné.

« Ah, de M. Kurisaka, corrigea-t-il, comme si cela ne faisait aucune différence. Je vous en prie », dit-il, en désignant des sièges près de la fenêtre ; lui-même s'assit.

Honma s'approcha en traînant la jambe et le directeur s'informa :

« Des rhumatismes ?

– Non, répondit Honma surpris, un accident.

– Ah bon, et pourquoi ce parapluie ?

– Pour éviter de devoir acheter une canne !

– Le médecin ne vous en prête pas ?

– Si, il me l'impose même, mais je ne veux pas avoir l'air d'un handicapé. »

Le directeur passa sa main sur sa tête chauve.

« En effet, je vous comprends. »

La veille, Honma avait demandé à Kazuya d'écrire un mot d'introduction sur toutes les cartes de visite qu'il avait sur lui : *« J'ai chargé M. Honma Shunsuke de faire des recherches sur l'affaire en question et je vous serais reconnaissant de lui faire bon accueil. »* Cela pouvait servir pour ceux qui savaient que Shoko était la fiancée de Kazuya.

Kazuya avait pensé qu'il suffirait à Honma de montrer sa carte d'inspecteur pour que les langues se délient. Mais Honma, en congé, avait dû laisser sa carte à la PJ. Et se dire policier sans pouvoir en exhiber la preuve n'était d'aucun secours.

Honma tendit le petit mot de Kazuya et sa carte de visite personnelle au directeur qui les étudia successivement avant de lui donner la sienne, sur laquelle Honma lut : Imai Shiro, président de la société Imai.

« Quel est votre lien de parenté avec M. Kurisaka ? demanda M. Imai, tandis que la jeune employée apportait du thé.

– Kazuya est le fils d'un cousin de ma femme. Je ne sais jamais quel est le terme exact.

– Cousin issu de germain, peut-être, qu'en penses-tu, Mitsu ?

– Je vais voir dans le dictionnaire, répondit l'employée avec empressement.

– Sur votre carte, votre profession n'est pas indiquée, dit M. Imai. Que faites-vous exactement, si ce n'est pas trop indiscret ? »

Honma avait préparé un mensonge en guise de réponse :

« Journaliste. Je collabore à diverses revues ; comme j'ai l'habitude de faire des enquêtes, Kazuya m'a chargé de rechercher Mlle Sekine.

– Des revues ? Moi aussi j'écris des articles, s'écria M. Imai avec fierté.

– Ah oui, dans *Informations financières.*

– Tiens, vous êtes au courant ! »

Honma se contenta de sourire. Il avait entendu dire que cette revue n'était lue que par ses auteurs.

Après avoir bu une gorgée de thé, le directeur entra dans le vif du sujet :

« Mlle Sekine n'est donc pas encore revenue ? »

Kazuya avait appelé Imai quatre jours avant, le 17 janvier à neuf heures du matin. Et vers midi, il était passé demander si on n'avait pas eu de ses nouvelles.

« Le 16 janvier, elle n'est pas venue travailler mais comme c'était le lendemain d'un jour férié, ça ne m'a pas choqué, ça arrive, et j'ai été étonné lorsque M. Kurisaka a téléphoné.

– A-t-elle déjà manqué sans prévenir ?

– Oui, une fois. Elle avait de la fièvre et, clouée au lit, ne pouvait même pas téléphoner. N'est-ce pas, Mitsu ? »

Mitsu réfléchit et le directeur dit en riant :

« Ah, c'était peut-être avant que tu n'arrives.

– Monsieur le directeur, vous connaissez bien Kazuya ?

– Oui, comme relation de travail, sans plus. J'ai été très surpris lorsqu'il m'a annoncé ses fiançailles avec Mlle Sekine.

– C'est ici qu'ils vous en ont parlé ?

– Non, c'était à l'occasion d'une petite réception. Nous sommes très peu nombreux dans cette entreprise, aussi, à la fête de fin d'année, je demande aux employées d'amener leurs amis. Ils ont dû en parler ce jour-là. C'était bien au nouvel an, n'est-ce pas, Mitsu ? »

Mitsu qui consultait toujours le dictionnaire, répondit :

« Oui, oui.

– Elle nous a même montré sa bague : un rubis, je crois, la pierre du mois de sa naissance.

– Non, vous vous trompez toujours : c'est un saphir, une pierre bleue, intervint Mitsu, exprimant pour la première fois son opinion personnelle.

– Ah bon ! dit le directeur en passant de nouveau sa main sur son crâne comme pour corriger ses souvenirs. Saphir, saphir... Il paraît qu'elle est partie avec la bague.

– Ah, cela, je l'ignorais. »

Honma avait rendez-vous plus tard avec Kazuya pour aller visiter l'appartement de Shoko, il en profiterait pour aborder ce sujet...

« M. Kurisaka m'a dit qu'ils s'étaient disputés le soir du 15 janvier et que le 16 il avait téléphoné à sa fiancée sans obtenir de réponse. Le soir même, il s'est rendu chez elle : elle avait disparu en emportant ses affaires.

– Oui, et il n'y comprend rien.

– Si elle est partie avec la bague, c'est soit parce qu'elle n'a pas l'intention de rompre avec votre neveu, soit parce qu'elle veut la vendre. De toute façon, s'ils se sont seulement disputés, elle reviendra..., il suffit d'attendre. En revanche si on fait trop de tapage autour d'elle, alors elle n'osera peut-être plus revenir.

– Je crains qu'il ne s'agisse pas d'une simple dispute, dit Honma avec prudence. Je ne peux pas m'expliquer davantage, mais c'est la raison pour laquelle Kazuya est très inquiet.

– C'est donc sérieux ?

– Pour eux, oui. »

M. Imai eut l'air de saisir les implications du propos.

« Alors, c'est malheureux, mais nous n'y pouvons rien. Nous n'avons rien à ajouter, n'est-ce pas, Mitsu ? »

Les yeux toujours rivés au dictionnaire, Mitsu hocha la tête avant de déclarer :

« Ce n'est pas “ cousin issu de germain ”, monsieur le directeur...

– Depuis quand Mlle Sekine travaille-t-elle ici ?

– Voyons... », hésita M. Imai. Et avant même qu'il ne demande : « Depuis quand, Mitsu ? », Honma enchaîna :

« Et si vous me montriez son curriculum vitæ ? Qu'en pensez-vous ? J'aimerais interroger ses précédents employeurs.

– D'accord », accepta M. Imai, presque trop facilement. Du tiroir du bas de son bureau il sortit un classeur et en tira une feuille de papier.

C'était un CV banal, avec une photo qui retint l'attention de Honma. La veille, Kazuya n'avait pas pensé à apporter la photo de sa fiancée. Honma la voyait donc pour la première fois : elle est jolie, pensa-t-il. Les photos d'identité vous font en général une tête de repris de justice ; si elle arrivait à être belle sur ce cliché, cela signifiait qu'elle était plutôt exceptionnelle. Elle avait des cheveux coupés au carré, assez courts, un nez droit et des sourcils joliment arqués (difficile de dire s'ils étaient redessinés ou non), et un regard plein de fraîcheur ; ses lèvres fermées souriaient légèrement.

« Elle est mignonne, remarqua le directeur. En réalité elle est bien plus jolie et, depuis qu'elle a rencontré M. Kurisaka, elle a encore embelli, n'est-ce pas, Mitsu ?

– Oui. D'ailleurs elle se faisait souvent accoster.

– Est-elle grande ?

– Vous ne l'avez jamais rencontrée ?

– Non, Kazuya cachait ses fiançailles même à sa famille.

– Shoko m'a dit que les parents de Kazuya s'opposaient à leur mariage parce qu'elle n'avait pas de diplôme.

– Ah bon, elle en était vexée ?

– Oui. Quand M. Kurisaka lui a offert la bague, en disant qu'ils se marieraient en dépit de ses parents, elle s'est un peu détendue. »

Honma relut le CV : Sekine Shoko, née le 14 septembre 1964, domicile légal : Tokyo. Elle avait dû le faire transférer, puisque, d'après Kazuya, elle était d'Utsunomiya. Après le lycée elle avait travaillé dans trois entreprises. D'abord dans l'Entreprise Miyoshi, une boîte de location de matériel de bureau à Shibuya, de juin 1983 à mars 1985. Puis comme dactylo dans la Société Ishii à Chiyoda-ku, d'avril 1985 à juin 1986. Enfin dans le Cabinet d'experts-comptables Ariyoshi, situé à Toranomon, entre août 1986 et janvier 1990. Elle avait quitté ces divers postes pour « raisons personnelles ». Ce curriculum était daté du 15 avril 1990.

« Avant de venir chez vous, elle travaillait dans un cabinet de comptable ?

– C'est possible, répondit M. Imai avec un coup d'œil furtif sur le curriculum.

– Lui avez-vous demandé pour quelles raisons elle avait quitté ce travail ?

– Il me semble qu'elle souffrait de surmenage. »

Pour un chef d'entreprise, il était vraiment décontracté. Le directeur devina sans doute ce que pensait Honma. Il sourit en passant la main sur son crâne :

« Quand, au moment d'embaucher, je vois qu'une personne peut faire l'affaire, je ne pose pas trop de questions. Il n'est pas toujours indispensable d'aller fouiller dans la vie des gens. »

Soit ! pensa Honma. A chacun ses méthodes, et il paraissait le genre de patron à ne pas se tromper. Après tout, réussir à garder une si petite boîte dans le meilleur quartier de Shinjuku demandait de grandes capacités et une attention de tous les instants, un peu comme la conduite d'un avion à hélice en pilotage à vue. Si le pilote n'est pas bon, l'avion s'écrase.

« Comment avez-vous procédé pour le recrutement ?

– Par petite annonce.

– Quand Shoko a-t-elle été engagée ? »

Il regarda de nouveau le CV :

« Dès le lendemain de notre entrevue. Ce devait être vers le 20 avril.

– Elle travaillait comme secrétaire ?

– Oui, sur machine à écrire et traitement de texte.

– Et ses collègues ? demanda-t-il en regardant Mitsu que la question étonnait.

– A l'époque elle était seule, Mitsu ne travaille ici que depuis six mois. N'est-ce pas, Mitsu ? »

Mitsu acquiesça.

« Vous avez d'autres employés ?

– Non ; nous sommes trois plus des intérimaires. Mais ils ne voient Mlle Sekine que pour dire bonjour ou bonsoir et ne savent rien d'elle et sûrement pas où elle peut être.

– Et vous, monsieur le directeur, vous n'en avez aucune idée ?

– J'ignore si elle avait des amis en dehors de M. Kurisaka... Sans doute, mais franchement je n'en sais rien, pardonnez-moi.

– Mais non, je vous en prie. »

Honma tourna son regard vers Mitsu qui, sans même attendre la question, déclara :

« Moi non plus je n'en ai aucune idée.

– Elle n'a jamais cité le nom d'un ou deux de ses amis ? »

Mitsu réfléchit un instant, puis secoua la tête :

« Elle parlait beaucoup de M. Kurisaka. De temps en temps j'allais au café ou faire des achats avec elle après le bureau, mais pas souvent.

– Elle ne serait pas retournée chez ses parents ? suggéra le directeur.

– Mais elle n'a plus de parents. »

M. Imai se frappa le front :

« Ah oui, c'est vrai !

– Je vais faire des recherches dans sa ville natale. Pourriez-vous m'en donner une copie ? ajouta Honma en montrant le curriculum.

– Prenez-le donc. C'est comme si je le prêtais à M. Kurisaka lui-même. Si vous allez voir ses précédents employeurs, vous obtiendrez peut-être quelque chose. Je souhaite que vous la retrouviez rapidement.

– Si c'est nous qui faisons les premiers pas, il lui sera plus facile de revenir, du moins je l'espère.

– En effet, c'est mauvais de se séparer après une dispute. »

Honma se leva ; Mitsu l'attendait à la porte avec son manteau. Elle essaya de l'aider, mais elle était trop petite : en souriant Honma lui confia le parapluie et enfila son manteau.

« A propos du problème de tout à l'heure, dit-elle sérieusement, la seule chose que j'ai trouvée, c'est qu'on ne dit pas " cousin issu de germain ". »

Elle semblait vraiment navrée.

« Eh bien, si vous trouvez la réponse un jour, vous me direz...

– Oui, monsieur », répondit-elle comme une petite fille bien sage, tandis que le directeur souriait.

En descendant l'escalier, Honma se dit que, même si Shoko n'avait pas un gros salaire, elle travaillait au moins dans une boîte sympathique.

4

D'abord téléphoner.

Inutile d'interroger les trois sociétés indiquées sur le CV ; la dernière, le cabinet de comptables Ariyoshi, où elle avait travaillé quatre ans, devrait suffire, Honma y retrouverait bien quelques anciens collègues.

Les trottoirs et la chaussée étaient à présent complètement secs : seuls quelques petits tas de neige, semés par les camions revenant du nord, traînaient encore çà et là.

Au croisement de la route de Koshu et de l'avenue Kotaki-bashi, Honma poussa la porte du premier café.

Il s'assit pour souffler un peu, commanda un café, puis se dirigea vers le téléphone et demanda les renseignements.

A en juger par le CV, Shoko avait une belle écriture, pas d'une calligraphie extraordinaire, mais soignée. Le genre de femme à tenir son journal et ses comptes régulièrement.

Une voix féminine répondit enfin. Honma donna le nom et l'adresse du cabinet.

« Il n'y a pas de cabinet Ariyoshi à cette adresse, répondit immédiatement la préposée.

– Vraiment ? Rien non plus sous un nom approchant ? insista-t-il, pris au dépourvu.

– Un moment, s'il vous plaît... » La femme tapota sur son clavier avant de confirmer : « Non, rien, vous êtes sûr de l'adresse ? »

Il vérifia : pas d'erreur. Il raccrocha.

Les comptables, les notaires ou les avocats changent rarement de bureaux. Question de clientèle. Et s'ils accordent autant d'importance à l'emplacement de leurs officines, c'est pour ne pas avoir à déménager. Seuls les débutants dans la profession peuvent commencer par faire adresse commune avec un cabinet déjà installé, quitte à changer ensuite. Or ce cabinet qui avait pour seul nom Ariyoshi avait disparu purement et simplement de l'annuaire !

Peut-être s'agissait-il d'un expert-comptable âgé qui, parti à la retraite, avait définitivement fermé ses bureaux ? On pouvait en douter car, d'après M. Imai, Shoko avait quitté cet emploi parce qu'elle avait trop de travail. (Il était possible aussi qu'elle ait raconté n'importe quoi pour cacher la vraie raison de son départ.)

Certes, Honma aurait pu se rendre dans le quartier et essayer d'obtenir des renseignements sur place, mais il lui aurait fallu y consacrer une journée complète. Très ennuyé, il décrocha le téléphone.

« La société Ishii, Misaki-cho, Chiyoda-ku ? »

Shoko n'y avait travaillé qu'un an et demi, mais si Honma pouvait avoir une communication tout de suite, il gagnerait du temps.

« Il n'y a pas de société de ce nom à cette adresse », répondit promptement une autre voix féminine.

« Allô ?... » Honma toussa : « Excusez-moi, j'aurais encore besoin d'un renseignement. La société Miyoshi, location de matériel de bureau. »

Cette fois il ne demanda pas le numéro de téléphone mais simplement si la compagnie se trouvait bien à l'adresse indiquée.

La téléphoniste répondit par la négative.

Honma retourna s'asseoir. Tout en buvant son café, il examina le CV. L'ennui, se dit-il, c'est que Shoko lui ayant plu d'emblée, M. Imai lui avait fait confiance sans rien vérifier auprès des précédents employeurs. Et personne n'avait soupçonné la jeune fille de mensonge.

Elle avait eu de la veine. Elle avait joué gros. Elle devait en être consciente depuis le début, sinon elle aurait utilisé des noms de sociétés existantes. Ne voulant pas donner des renseignements exacts sur son CV, elle avait choisi exprès une petite entreprise, qui ne ferait vraisemblablement pas de recherches. Dans le cas contraire, elle était sans doute prête à faire face à la situation. Mais par chance elle était tombée sur Imai.

L'avocat avait envoyé la lettre annonçant sa faillite en mai 1987. Dans ses postes précédents, Shoko avait dû recevoir des coups de téléphone de menaces ou des visites de ses créanciers, du plus mauvais effet vis-à-vis de son employeur. Honma connaissait les pratiques de ces officines de prêt. Même si depuis le décret de novembre 1983, elles ne pouvaient plus se livrer aux mêmes pressions sur leurs débiteurs qu'à l'époque de l' « emprunt infernal », leurs méthodes étaient devenues plus subtiles et plus sournoises : elles pouvaient, par exemple, envoyer directement au bureau, par fax, des injonctions de paiement à la société de crédit X.

Shoko aurait pu ainsi perdre ses chances de trouver un nouveau poste. Si, par ailleurs, on apprenait sa faillite personnelle, on l'accuserait d'une grande négligence. Elle avait donc préféré s'inventer un CV.

Tout en plaignant la jeune femme, Honma songea qu'il valait peut-être mieux que Kazuya rompe avec elle.

Mais à présent par quel bout prendre cette affaire ? Il lui fallait ménager ses jambes... Tout ce que Shoko avait inscrit sur son CV était faux ; où avait-elle donc été chercher ces noms et ces adresses ?

Il lui vint une idée : Shoko devait cotiser pour l'assurance-chômage. Or ce service était informatisé depuis plus de dix ans : il suffisait de donner le numéro d'immatriculation pour avoir tous les renseignements sur ses précédents emplois. A chaque changement de travail ou lors du départ officiel à la retraite, les assurés recevaient une nouvelle carte.

Sekine Shoko devait en posséder une. Lorsqu'elle avait pris son poste chez Imai, elle avait dû se rendre à l'agence pour l'emploi. Honma se leva une fois de plus et se dirigea vers le téléphone. Il appela la société Imai. Au bout du fil, Mitsu, après avoir écouté ses explications, se mit immédiatement en quête du renseignement demandé. Honma l'entendit parler avec le directeur.

« Allô ! oui, voilà le dossier de Shoko, sa carte d'assurée a été établie le 20 avril 1990. »

Le CV était daté du 15 avril de la même année, c'est-à-dire...

Mitsu ajouta :

« Elle m'a dit qu'avant de venir chez nous, elle ne cotisait pas.

– Vraiment ?

– Ouais..., pardon, oui.

– Jamais auparavant ?

– Non : c'est ce qu'elle m'a affirmé lorsqu'elle est venue avec moi pour m'aider à m'inscrire moi-même. »

On entendit quelques grésillements et M. Imai prit le récepteur :

« Allô, c'est bien comme le dit Mitsu. Alors, elle avait menti ? Elle nous a dit qu'avant elle ne cotisait pas à l'assurance-chômage, parce qu'elle n'était qu'intérimaire " creeter ", comme on dit maintenant... »

Sans doute, voulait-il dire « freeter [1] ».

« Pourquoi n'a-t-elle jamais eu de poste régulier ? Vous en a-t-elle parlé ? » s'enquit Honma.

Imai échangea quelques mots avec Mitsu avant de répondre :

« Elle prétendait que l'intérim payait mieux.

– Alors, vous pensez qu'elle a pu travailler dans un bar ou un endroit de cet acabit ? »

Le directeur réfléchit :

« Hum ! De nos jours, ça ne veut pas dire forcément cela. Ce n'était pas son genre non plus ; du moins ça ne se sentait pas. »

Honma retourna le raisonnement : justement de nos jours beaucoup d'étudiantes travaillaient comme hôtesses, le soir, dans des clubs de luxe. De plus, Shoko était belle. Ce charme qui avait attiré Kazuya, elle pouvait aussi l'avoir prodigué pour gagner beaucoup d'argent. Dans ce cas elle n'avait aucun besoin d'une assurance-chômage...

Mais alors cette faillite... que s'était-il donc passé ?

Il raccrocha le téléphone, revint à sa place et, ignorant le regard réprobateur de la serveuse pour ce client qui s'éternisait, se renfonça sur son siège.

1. Néologisme créé au Japon à partir du mot anglais « free » (*N.d.T.*)

Cinq ans, pensa-t-il, c'était suffisant pour que la vie bascule complètement. Quoique Shoko ait fait auparavant, elle avait dû changer dans le bon sens, si l'on en croyait le portrait fait par Kazuya et ce qu'il avait vu de l'ambiance de la société Imai.

Il compta sa monnaie et, avec un soupir, s'interrogea sur la méthode à suivre.

Comment vivait-elle à l'époque où elle avait demandé à l'avocat de rédiger cette lettre ? C'était par là qu'il fallait commencer, même si en apparence on s'éloignait du sujet. Le passé qu'elle voulait cacher...

La Shoko que Kazuya connaissait se montrait sous son meilleur angle, il ne fallait pas partir de cette image.

Honma n'avait pas prévu que l'affaire prendrait cette tournure : il avait espéré retrouver la jeune fille tout de suite, après avoir obtenu quelques noms chez Imai. Il avait dit à Kazuya de ne pas « trop en attendre », mais c'était une façon de parler.

Dans sa précipitation à disparaître, Shoko, à part un peu d'argent, n'avait presque rien emporté. Aussi Honma était-il persuadé qu'elle était partie chez des amis. Or, si elle s'était enfuie, c'était peut-être parce qu'on lui avait rappelé ce passé. Elle ne pouvait aller ni chez des gens qui ignoraient ses problèmes, car il faudrait leur donner des explications, ni chez ceux qui les connaissaient, car elle risquait d'encourir leur mépris et leurs reproches.

Le choix était limité.

Il n'y avait pas d'autre solution : il irait voir M. Mizoguchi, l'avocat qui avait rédigé la lettre. Son bureau se trouvait à Ginza, direct en métro, par la ligne de Marunouchi.

5

Arrivé devant le cabinet d'avocats, Honma repensa aux paroles de Shoko : « C'est trop compliqué, je ne peux pas t'en parler maintenant, donne-moi du temps... »

Au huitième étage, dans un immeuble un peu en retrait de l'avenue bruyante de Ginza, le bureau formait un angle. Deux portes en verre fumé, une en face l'autre à droite, laissaient deviner vaguement l'intérieur.

Ces portes avaient quelque chose de rassurant pour une clientèle de gens accablés de problèmes : ils ne se sentaient pas complètement prisonniers, même si ce n'était qu'une illusion.

Sur une des portes était écrit en gros caractères : Cabinet Mizoguchi et Takada. Honma frappa ; un jeune homme à l'allure énergique lui ouvrit aussitôt.

« Je vous prie de m'excuser », dit-il, et, s'éloignant rapidement de la porte, il se pencha par-dessus son bureau pour reprendre le téléphone.

Près de l'entrée, quatre bureaux. Sur un meuble de rangement, une horloge digitale indiquait quinze heures vingt-sept... non, vingt-huit. Elle devait faire aussi office de réveil pour ceux qui passaient la nuit là, ne dormant qu'une heure ou deux : l'alarme était réglée sur deux heures du matin. On devait travailler ici avec des horaires assassins. Il régnait une agitation qui n'avait rien à voir avec le zèle de Mitsu chez Imai. Ici il s'agissait de course contre la montre. Même les grains de poussière qui dansaient dans la lumière semblaient participer à cette activité.

La pièce formait un L : la partie longitudinale était occupée par les bureaux et l'autre réservée aux visiteurs. Celle-ci, comme dans les hôpitaux, était séparée en trois par des paravents et meublée seulement de tables et de chaises. Les trois « boxes » étaient occupés. C'était bruyant, toutes les voix s'entrecroisant.

Après avoir raccroché, le jeune homme qui avait accueilli Honma se retourna aussitôt vers lui en bousculant le feuille-à-feuille de son imprimante qui tomba par terre avec fracas.

« Ah, excusez-moi, dit-il en le refixant, et on aurait dit qu'il adressait ses excuses à sa machine. Si vous voulez vous asseoir un moment. Me Mizoguchi n'a pas tout à fait terminé.

– Ça ne fait rien, je ne suis pas pressé, rétorqua Honma en pensant que l'entrevue risquait d'être assez courte : au téléphone, on l'avait prévenu que l'avocat n'aurait qu'une demi-heure à lui accorder entre trois heures et demie et quatre heures.

– Je vous en prie », dit le jeune homme, en désignant une chaise tournante.

Honma s'assit avec soulagement. Il avait laissé son parapluie dans le couloir.

Une jeune femme de vingt-sept ou vingt-huit ans n'en finissait pas de téléphoner, tâchant de calmer un interlocuteur, sans doute très excité. Shoko, elle aussi, la première fois qu'elle était venue ici, devait être angoissée et préoccupée, pensa Honma.

« Avez-vous récemment reçu la visite d'une certaine Sekine Shoko ? » demanda-t-il au jeune homme qui finissait de rédiger une note.

Sans même bouger la tête, le garçon leva les yeux au ciel : « Mlle Sekine...

– Oui, Shoko.

– Avec le “ Sho ” de “ Shoshi ” ? s'enquit la jeune femme qui venait de terminer son entretien téléphonique.

– Oui, confirma Honma, Shoshi, la fille de Fujiwara Michinaga, la femme de l'empereur Ichijo.

– Alors là, je suis complètement perdu », avoua le jeune homme, en riant.

Du doigt Honma traça le caractère dans le vide.

« Oui, oui, c'est ça, approuva la jeune femme.

– C'était bien l'impératrice au service de laquelle se trouvait Murasaki Shikibu ? demanda Honma.

– Oui », dit-elle en le gratifiant d'un sourire.

Son collègue, de plus en plus perdu, se replongea dans ses dossiers en secouant la tête.

Honma lui-même ne s'y connaissait pas terriblement en littérature classique, mais il en avait beaucoup entendu parler par sa femme lorsqu'elle suivait un cours au centre culturel sur le thème : « Lire le *Genji Monogatari* ».

« Chez l'impératrice Teishi, sa rivale, reprit la secrétaire, il y avait Sei Shonagon : la cour possédait deux célèbres femmes de lettres au même moment, n'est-ce pas ?

– Oui. Mais un peu plus tard, la famille de Teishi perdit de son influence et la situation entre les deux femmes se renversa », dit-il, en s'étonnant de se souvenir de ces détails, car lorsque sa femme l'en entretenait, il n'écoutait que d'une oreille.

Il sourit en y repensant mais revint à ses affaires :

« J'ai ici une photo d'elle. »

Honma sortit de sa poche le CV de Shoko et le montra plié pour ne laisser apparaître que la photo. Le jeune homme, de nouveau intéressé, contourna le bureau pour venir regarder de près.

« Je ne m'en souviens pas. Pourtant, en général, je n'oublie pas les gens que j'ai vus récemment.

– Je peux jeter un coup d'œil ? » demanda la jeune femme.

Son collègue prit le papier des mains de Honma et le lui apporta, toujours plié.

« Ça ne me dit rien, quand est-elle venue consulter ?

– Il y a environ cinq ans, Me Mizoguchi l'a aidée dans une déclaration de faillite personnelle.

– Il y a cinq ans, je n'étais pas là... », dit le jeune homme en rendant le papier à Honma.

Ne se sentant plus concerné, il retourna à sa place. La jeune femme, les coudes appuyés sur le bureau, réfléchissait toujours :

« Comme quatre-vingt-dix pour cent des gens viennent ici pour ce genre de problème, ce n'est pas un point de repère, mais ce nom-là me dit quelque chose. »

Honma remit le papier dans sa poche.

« Shoko..., Shoko, ça me dit quelque chose.

– Déjà à cette époque, tu t'es dit que ce nom avait quelque chose à voir avec l'empereur Ichijo, railla son collègue.

– Sans doute. C'est un prénom rare et d'habitude on le lit " Akiko " avec ces caractères. »

Elle se replongea dans ses réflexions, puis :

« Peut-être était-ce celle qui avait ces jolies petites canines qui ressortaient un peu... »

Honma en conclut que Shoko n'était pas revenue les voir récemment.

« M. Honma ? Excusez-moi de vous avoir fait attendre », dit une voix. Honma, en se levant rapidement, croisa le regard d'un vieil homme.

Il semblait avoir largement dépassé l'âge de la pré-retraite, voire de la retraite, mais il était encore vif, rond, et pimpant. Seules les rides de son cou, une tache sur sa joue gauche et ses lunettes à double foyer laissaient deviner son âge. C'était un zélé défenseur des opprimés, en costume-cravate.

Honma se dépêcha d'expliquer la situation : il ne restait qu'un quart d'heure. Il alla droit à l'essentiel, dissimula avec soin sa qualité de policier, se présenta encore comme pigiste dans un journal, coutumier de ce genre d'enquête.

« Vous arrive-t-il, maître, d'envoyer des lettres aux créanciers de vos clients lorsque ceux-ci se déclarent en " faillite personnelle " ?

– Oui, afin de faciliter la procédure. Le plus souvent cela les calme. Il y en a bien quelques-uns qui durcissent leur attitude, mais nous avons les moyens d'y remédier. »

Honma sortit la fameuse lettre :

« C'est vous qui l'avez écrite ?

– En effet. C'est bien nous. Mlle Sekine Shoko... »

Il chercha dans sa mémoire.

« Elle n'est donc pas venue vous voir récemment, remarqua Honma déçu.

– Non. Vous dites qu'elle a disparu le 16 ? Cela fait à

peine une semaine, je ne suis pas sénile au point d'oublier aussi vite », lança-t-il d'une voix éraillée. Il réfléchissait toujours en buvant le thé que la jeune femme avait apporté. « Je vois très bien de qui il s'agit : si elle était revenue, je m'en souviendrais. Mais, même si vous êtes un proche de Mlle Sekine, non, de son fiancé, vous comprenez bien qu'il ne m'est pas possible d'en dire beaucoup plus.

– Bien sûr. » Secret professionnel. « Nous voudrions la retrouver pour avoir au moins une discussion avec elle, d'où ma visite.

– Désolé, mais je ne peux rien pour vous. Je l'ai revue une seule fois, il y a deux ans environ. »

Tiens, tiens ! deux ans ! Pourtant la faillite remonte à cinq ans, pensa Honma, et l'avocat, lisant semble-t-il dans ses pensées, parut gêné.

« Il y a deux ans... à la mort de sa mère ? » hasarda Honma.

Derrière les lunettes, les yeux de l'avocat s'arrondirent.

« Oui.

– Vous pourriez peut-être m'indiquer malgré tout où elle travaillait à l'époque ? Chez son dernier employeur, la Société Imai à Shinjuku, on ne sait rien. » Il s'efforçait de ne pas parler de Shoko de façon négative. « J'ai consulté son CV, mais les références concernant ses précédents emplois sont fausses. Elle craignait sans doute de ne pas être recrutée si on découvrait son passé. Je ne sais vraiment pas par où commencer mes recherches.

– Et son fiancé ?

– Lui aussi ignore tout et c'est pour cela qu'il a fait appel à moi. Shoko ne parlait pas beaucoup d'elle, n'est-ce pas ? »

L'avocat réfléchissait, le front plissé.

Honma, pour ne pas paraître trop insistant, détourna son regard. Il remarqua sur la table un graffiti au stylo à bille : « Bête, bête, bête », qu'un client avait dû écrire là, en attendant l'avocat.

Bête, bête, bête. Peut-être le graffiti était-il de la main de Shoko. Elle avait dû couper totalement avec son passé, car Kazuya n'aurait pas été attiré par une femme qui menait une vie dissolue. Et ce changement n'était-il pas le fruit d'un dégoût d'elle-même, matérialisé par ce graffiti ?

L'avocat se leva en s'excusant et se dirigea rapidement vers ses collaborateurs, la carte de Kazuya à la main, sans doute pour aller en vérifier les indications.

Honma attendit. Après deux ou trois minutes l'avocat revint, s'assit et dit :

« Cette société Imai, c'est une société sérieuse ?

– Oui, un grossiste en caisses enregistreuses, répondit Honma, et il ajouta en pensant à Mitsu, l'employée porte même un uniforme.

– Alors, Mlle Sekine avait bien rompu avec le monde de la nuit ! » lança l'avocat en appuyant sur chaque mot.

Honma fixa son interlocuteur en silence. Il semblait lâcher un peu de terrain :

« Lorsqu'elle est venue me voir pour la première fois, il y a cinq ans, elle travaillait dans un bar à Ginza ou à Shinbashi.

– Elle vous était recommandée par quelqu'un ?

– Non. Je m'occupe particulièrement des problèmes de faillite depuis la panique des prêts libres des années 1980 et je participe souvent à des conférences ; on a parlé de moi dans des hebdomadaires. C'est là qu'elle a dû découvrir mon nom et mon adresse. »

Honma hochait doucement la tête en prenant des notes :

« Elle est originaire d'Utsunomiya, n'est-ce pas ? s'enquit l'avocat.

– Oui. Elle est venue à Tokyo tout de suite après le lycée.

– En effet, et elle a débuté dans une compagnie. C'est à cette époque-là qu'elle a eu sa première carte de crédit. Puis, endettée jusqu'au cou, elle a commencé à travailler aussi dans un bar le soir, mais comme ses créanciers continuaient de la harceler au bureau, elle a dû démissionner. Après sa faillite, d'après ce que je sais, elle n'a pas repris de poste dans une société, elle a poursuivi ses activités nocturnes. C'est du moins ce qu'elle m'a dit. Pourtant, selon vous, elle aurait repris un travail sérieux ! »

L'avocat enleva ses lunettes et se pinça l'arête du nez.

« Mais pourquoi donc mentir sur son passé ? »

Il s'apprêtait à prendre sa tasse et s'apercevant qu'elle était vide, il appela :

« Mademoiselle Sawaki, pourriez-vous nous rapporter du thé, s'il vous plaît. »

La jeune femme obtempéra.

Après avoir bu une gorgée de thé brûlant, l'avocat continua :

« Il y a deux ans, elle est venue me consulter pour l'assurance-vie de sa mère, je m'en souviens fort bien. »

La mère de Shoko avait souscrit une assurance-vie qui représentait à sa mort un capital de deux millions de yens, dont Shoko devait hériter.

« Elle s'inquiétait de savoir si elle pourrait toucher cette somme dans son intégralité. Je l'ai rassurée en lui disant qu'après sa déclaration de faillite elle pouvait disposer de tous ses revenus. Elle avait un peu maigri mais elle avait l'air en forme, et je m'en suis réjoui. »

Shoko n'était qu'une cliente parmi les autres et le fait que ce vieil homme se soit souvenu et soucié d'elle semblait prouver qu'elle en valait la peine, pensa Honma avec soulagement.

« J'oublie facilement les choses qui me concernent, reprit l'avocat, par exemple, je suis capable d'oublier ce que j'ai mangé une heure plus tôt, mais pour ce qui est des clients j'ai bonne mémoire. De plus, dans son cas, les démarches étaient assez compliquées pour que je m'en souvienne, compliquées parce qu'elle ne savait plus où elle en était. Mais il y a deux ans, lorsqu'elle est revenue, elle était plus calme, plus détendue. »

Ceci se passait en 1990.

« Quel mois était-ce ? Je vous pose cette question parce que la même année, en avril, elle a commencé à travailler chez Imai ; cet argent lui aurait permis de cesser ses activités nocturnes. »

L'avocat eut un léger soupir.

« On peut retrouver tout ça dans son dossier, de même que son adresse et son employeur de l'époque. Donnez-moi un instant. »

Il s'absenta de nouveau une dizaine de minutes puis revint, un papier à la main.

« C'était après le nouvel an, le 25 janvier, dit-il en tendant le papier, voici l'adresse de ses employeurs. »

Honma le prit et remercia poliment. Il lut : bar Lahaina,

suivi d'une adresse à Shinbashi. Il y avait aussi le domicile de Shoko à l'époque, 5-2, 2 chome, Minami-cho, Kawaguchi, Saitama-ken, et enfin Société Kasai avec l'adresse à Edogawa-ku.

« Est-ce la société qu'elle a dû quitter à cause de ses créanciers ? »

L'avocat approuva d'un signe.

« Ça m'aidera beaucoup, dit Honma en empochant le papier.

– Vous me tiendrez au courant ? demanda l'homme de loi.

– Je vous le promets.

– Si vous ne la retrouvez pas, vous pourriez peut-être mettre une annonce dans un journal.

– Ah oui, du genre : *Shoko, on veut te parler, reviens* ?

– Contrairement à ce qu'on pense, c'est souvent efficace. Dans un journal que Mlle Sekine avait l'habitude de lire... »

Ça en vaudrait peut-être la peine, pensa Honma.

« Si Mlle Sekine revient s'expliquer avec votre neveu, je pourrai vous donner plus de renseignements sur les circonstances de sa faillite personnelle. Elle n'en est pas uniquement responsable. Ces cartes de crédit, c'est une vraie pollution. »

« Pollution. » Le mot frappa Honma. Dommage que l'avocat ne puisse pas me consacrer plus de temps, regretta-t-il intérieurement.

« Si jamais elle me contacte, je lui dirai seulement que M. Kurisaka et vous la recherchez. »

Ce « seulement » laissait entendre qu'il ne dévoilerait pas son adresse.

« C'est à elle de décider de vous voir ou non, poursuivit-il. Pour ma part j'essaierai de la convaincre. Ça ne sert à rien de fuir ainsi.

– Je vous remercie.

– Simplement au cas où..., dit l'avocat en souriant. Depuis deux ans elle ne nous a pas recontactés et je ne savais même pas qu'elle avait déménagé et cessé de travailler dans un bar.

– Il semble régner dans la société Imai une bonne ambiance familiale.

– M. Kurisaka est-il quelqu'un de sérieux ?

– Très sérieux. » (Trop, se dit Honma, en lui-même.)

« Bien sûr. Comme tous les banquiers, ajouta l'avocat avec une certaine admiration. Mlle Sekine a dû changer aussi sa façon de vivre et de s'habiller, car la dernière fois que je l'ai vue, elle était vêtue et fardée comme une hôtesse de bar. »

Honma rit :

« Oui, sans doute, ou bien elle est redevenue comme avant. D'après ce que sa collègue d'Imai m'a dit, elle était souvent accostée. Il suffit de regarder sa photo pour comprendre qu'elle est belle et intelligente.

– Tiens donc ! s'étonna l'avocat, en se frottant le menton, mais alors c'est une tout autre personne. Diaboliques, les femmes...

– Je dirai plutôt adaptables...

– On peut s'en réjouir. »

Honma récapitula : elle était venue voir Me Mizoguchi le 25 janvier 1990, avait commencé à travailler chez Imai le 20 avril, c'est-à-dire trois mois plus tard. En ce court laps de temps elle avait complètement changé : il pensa de nouveau que l'assurance-vie de sa mère devait y être pour quelque chose.

Ils s'avancèrent tous deux dans le couloir ; deux clients étaient assis là, le dos tourné, tête basse.

« Mlle Sekine m'a semblé une fille assez aguichante et je pensais qu'elle aurait du mal à quitter son travail du soir. Ah, ça me revient à présent, elle disait qu'elle économisait pour corriger sa dentition. Elle avait des canines un peu en avant. Moi, je lui ai dit que ce n'était pas important et que ça faisait partie de sa personnalité, mais elle persistait à vouloir les faire arracher. »

Honma s'arrêta net.

« Des canines »... La jeune secrétaire n'avait-elle pas mentionné aussi les « jolies petites canines qui ressortaient » ? Cela avait son importance, car apparemment les gens y étaient sensibles. Mais Kazuya ne lui avait pas parlé de cette particularité. Simple oubli ?

On ne voyait pas ses dents sur la photo. Un sourire aurait peut-être révélé ces charmantes canines. Peut-être, avant de rencontrer Kazuya, avait-elle fait corriger sa dentition, avec l'argent de l'assurance-vie...

Mais... comment avait-elle fait pour changer aussi radicalement entre le 25 janvier et le 20 avril 1990 ?

Impossible ! se gourmanda-t-il. Une idée épouvantable ! Impossible ! Complètement absurde ! Je ne vais quand même pas commencer à soupçonner un crime ! Ce n'est qu'une petite enquête familiale...

« Que vous arrive-t-il ? » demanda l'avocat d'un ton légèrement irrité.

Dans un si court laps de temps. Une tout autre personne..., Honma se retint de se frapper le front : à peine deux mois de congé et me voilà déjà à côté de mes pompes !

Quand on enquêtait sur quelqu'un, la première des choses était de vérifier son identité, d'être sûr de mettre le bon nom sur le bon visage... Une canine ou deux, quelle importance ? Kazuya avait peut-être tout simplement oublié de lui en parler. Honma avait pourtant comme principe de ne jamais négliger les détails. Et il avait trouvé son neveu bien léger d'avoir oublié la photo de sa fiancée ; s'il avait demandé le CV à M. Imai, c'était essentiellement pour la photo.

« Je suis désolé de vous ennuyer, mais encore une question s'il vous plaît. C'est bien Mlle Sekine ? »

L'avocat examina la photo. A la façon dont son regard s'y arrêta, Honma comprit que son pressentiment n'était pas erroné.

« Non, répondit Me Mizoguchi, en lui redonnant le papier comme s'il s'agissait d'un chiffon sale. Ce n'est pas la jeune femme que je connais. Celle-là, je ne l'ai jamais rencontrée. Je ne sais pas qui elle est, mais ce n'est pas Sekine Shoko. C'est quelqu'un d'autre. Nous ne parlons pas de la même personne. »

6

A l'adresse indiquée Honma trouva un immeuble de construction légère, avec des bow-windows, qui faisait penser à un jeu de cubes. C'était là qu'avait habité la fiancée de Kazuya. L'appartement 103, au rez-de-chaussée, faisait l'angle sud-est, avec un parking à vélos juste sous ses fenêtres.

Il était huit heures passées. Honma descendit de la voiture que Kazuya partit garer. Comme convenu Kazuya était venu chercher Honma chez lui, pour aller fouiller l'appartement de Shoko. Mais Honma, taisant ce qu'il avait découvert dans la journée, n'avait presque pas desserré les dents et Kazuya faisait la tête. Sa façon de conduire s'en était ressentie.

« Aujourd'hui j'aurais dû faire des heures supplémentaires, mais j'ai quitté le bureau à six heures pile. Vous pourriez quand même me dire quelque chose, maugréa-t-il en cherchant la clé de l'appartement dans la poche arrière de son pantalon.

– Ce n'est pas le fait de refuser quelques heures supplémentaires qui freinera ta carrière, rétorqua Honma appuyé contre un pilier. Tu n'as pas la clé ? »

Kazuya avait un double depuis six mois, mais il le gardait toujours au fond de son porte-monnaie pour éviter que sa mère tombe dessus.

« Si, voilà. » Toujours boudeur, il sortit la clé : « Vous m'avez dérangé au bureau pour me poser des questions. J'aimerais savoir maintenant ce dont il retourne », dit-il, en ouvrant la porte sans ménagement.

Ignorant la mauvaise humeur de son neveu, Honma franchit le seuil le premier.

« Où se trouve l'interrupteur ? »

Kazuya alluma derrière Honma et le plafond s'éclaira d'une tache ronde. Ils se déchaussèrent et pénétrèrent dans le studio.

Après son entretien avec l'avocat, Honma avait immédiatement téléphoné à son neveu qui l'avait rappelé d'un café.

« Sais-tu à quelle adresse Shoko est domiciliée ? demanda-t-il tout de go, et Kazuya resta interdit :

– Un instant... Mais pour quoi faire ?

– Tu le sais, oui ou non ?

– Oui... oui, je le sais. L'appartement de Honan-cho. Là où elle a toujours habité.

– Tu en es sûr ?

– Oui, c'est à cette adresse qu'elle a reçu son invitation à voter pour les dernières municipales. Si elle n'était pas domiciliée à cette adresse, elle ne l'aurait pas reçue, non ? »

C'était donc vrai. Elle allait voter au nom de Sekine Shoko. Honma voyait son pressentiment s'étendre comme une tache d'encre.

« Alors j'aurais besoin que tu ailles à la mairie chercher sa fiche de domiciliation.

– Que voulez-vous en faire ?

– Le moment n'est pas venu de te donner des explications. Il suffit que tu dises que tu es son fiancé et qu'elle t'en a chargé. Ça ne posera pas de problème. Prends tes papiers d'identité. S'ils refusent, tant pis, mais débrouille-toi pour l'avoir.

– Bon, je vais essayer. »

Puis Honma était rentré chez lui. Dans le train du retour il avait senti la migraine le gagner. Il en souffrait encore un peu ce soir.

Kazuya était venu vers sept heures, et Satoru s'était montré furieux que son père ressorte : depuis l'accident de sa mère il redoutait qu'il arrive aussi quelque chose au seul être qui lui restait : son père. Celui-ci essaya de le calmer, mais le gamin, très en colère, s'enferma dans sa chambre.

Une fois en voiture, Kazuya s'excusa de ne pas avoir

obtenu la fiche de domiciliation. Sur le moment Honma ne put cacher un certain soulagement.

« Alors, elle n'est pas domiciliée là-bas ?

– Si, mais ils ont refusé de me la donner. Il aurait fallu que j'aie un pouvoir.

– Ah ! c'est donc ça, dit Honma déçu.

– Oui. A quoi pensiez-vous d'autre ? »

Kazuya avait dû tomber sur un préposé qui faisait du zèle.

« Elle ne partageait pas l'appartement avec quelqu'un ? demanda Honma.

– Vous voulez dire qu'elle aurait reçu quelqu'un ? Vous plaisantez, répondit Kazuya en lui jetant un coup d'œil indigné.

– Connais-tu le propriétaire de l'appartement ?

– Oui, comme ça, bonjour, bonsoir... Il habite dans le quartier et Shoko bavardait de temps en temps avec lui dans la rue. »

Aucune chance qu'elle ait été remplacée par quelqu'un d'autre. La Sekine Shoko qui habitait là était la même depuis le début, bien connue de son propriétaire, domiciliée à cette adresse et allant voter.

Et si elle pouvait se comporter ainsi en toute tranquillité, c'était dans la certitude que l'autre ne viendrait pas contester. Peut-être avait-elle acheté son identité à la vraie Sekine Shoko parce qu'elle n'arrivait pas à refaire sa vie après sa faillite ? Ou alors, en poussant les choses au pire, la vraie Shoko était déjà morte, sans qu'il y ait eu constat de décès, ce qui voulait dire qu'on n'aurait pas retrouvé son corps.

Ces deux suppositions étaient trop graves pour que Honma ait eu envie d'en parler et il avait préféré garder le silence pendant tout le trajet. De plus en plus irrité, Kazuya en avait profité pour appuyer sur le champignon.

A présent tous deux se trouvaient dans l'appartement de la fiancée. Il y régnait une atmosphère aussi glaciale que l'humeur de Honma.

A gauche de l'entrée une petite salle de bains et à droite une kitchenette : un réfrigérateur, un placard à vaisselle et une plaque chauffante. Tout était en ordre. L'évier en inox étincelait. Hormis une cannette de bière dans l'évier, datant sans doute du dernier passage de Kazuya, tout était net. Aucune odeur de poubelle. Sous la poussée du vent, le ventilateur de l'aération fit deux tours et s'arrêta. Les pales étaient impeccables.

Honma sortit de la cuisine.

Le reste du studio était constitué d'une grande pièce rectangulaire, d'environ huit tatami, bien rangée elle aussi. Au fond à droite un lit, fait avec soin, le couvre-lit remonté sur l'oreiller. La tête de lit formait étagère : dessus une lampe avec un abat-jour rond et deux livres de poche : *Voyager seul en Amérique du Nord* et *Où faire des achats en Europe,* tous deux des guides, l'un sérieux, l'autre futile. A l'état de la couverture on pouvait penser que le premier était plus souvent consulté. Entre le lit et la fenêtre, une corbeille à papier cylindrique, elle aussi soigneusement vidée. En dehors du placard, la pièce comptait une commode, une bibliothèque démontable et un petit semainier à roulettes avec un téléphone sans fil, ainsi qu'une table ronde et des chaises en bois blanc. Au pied de la table, un grand panier contenait un tricot inachevé et des pelotes de laine piquées d'aiguilles. Lorsque Honma le prit dans ses mains, Kazuya précisa que ce tricot, un pull-over, lui était destiné : ils devaient aller skier le mois suivant.

« Elle avait des skis ?

– Oui, ils sont dans le rangement sur la véranda. »

Ils ouvrirent la porte-fenêtre et trouvèrent un de ces placards que l'on voit dans les catalogues de vente par correspondance, installé contre la séparation d'avec la véranda voisine, ce qui est normalement interdit.

A l'intérieur étaient rangés des skis tout neufs et un sac contenant les chaussures, le tout recouvert de plastique maintenu par du Scotch.

« Quand avez-vous commencé à faire du ski ? demanda Honma.

– Shoko, il y a deux ans, mais moi j'en fais depuis le début de mes études.

– Quand a-t-elle acheté tout ça ?

– Il y a deux ans. Elle a commencé par les vêtements et l'année suivante, avec ses primes d'été et d'hiver, elle s'est offert le reste. D'ailleurs nous avons fait les derniers achats ensemble, je m'en souviens bien. » Et il ajouta à voix basse : « Malgré les offres de crédit de la boutique elle a toujours payé comptant. »

Honma se taisait : le moment n'était pas encore venu de lui annoncer que la jeune fille en faillite n'était pas la Sekine Shoko qu'il connaissait.

Les skis étaient des Rossignol et les chaussures des Salomon.

« C'est cher, ce genre de skis ? demanda encore Honma.

– Pas dans les plus chers. Et c'est un modèle ancien. Mais il est possible d'acheter des modèles plus récents sans se ruiner, si l'on n'achète pas tout l'équipement à la fois. C'est une marque qui convient aux débutants. »

La jeune femme menait manifestement un train de vie raisonnable. En déplaçant le sac de chaussures, Honma remarqua au fond, dans le coin, une boîte qui contenait un nécessaire de bricolage et une petite bouteille bien fermée, emmaillotée de chiffons. Il la prit dans ses mains : une forte odeur s'en dégagea.

« Qu'est-ce que c'est ? demanda Kazuya en se penchant.

– De l'essence », répondit Honma, avant de remettre le flacon à sa place.

Ils n'étaient pas restés plus de cinq minutes dehors, mais leurs doigts commençaient déjà à geler. La véranda donnait sur l'immeuble d'en face. La balustrade, doublée d'une palissade pour se protéger des regards indiscrets, assombrissait considérablement l'appartement.

De retour à l'intérieur, Honma tira une chaise à lui, s'assit et examina de nouveau la pièce. Ni les meubles ni les rideaux n'étaient de grande qualité. Seule la commode en orme avait de la valeur. Comme elle allait l'utiliser longtemps, la jeune femme avait sans doute voulu y mettre le prix.

« T'a-t-elle indiqué le montant de son loyer ? »

Kazuya ne répondit pas. Il contemplait le chandail dont le devant et le dos étaient déjà terminés.

Honma dut répéter sa question.

« Un peu plus de soixante mille yens.
– Ce n'est pas cher ! »

Même s'il était petit et peu ensoleillé, le studio se trouvait en pleine ville, dans un immeuble modeste mais de construction récente.

« Shoko était très fière d'avoir trouvé une telle affaire : le propriétaire, qui avait fait construire cet immeuble à la suite d'un héritage, évitait de faire de gros bénéfices pour ne pas payer trop d'impôts », dit Kazuya, et il ajouta en adressant à Honma un regard interrogateur : « Pourquoi me demandez-vous cela ? »

La commode attira de nouveau l'attention de Honma. Il remarqua à côté d'une des poignées une large éraflure. Elle avait sans doute obtenu une réduction... La maîtresse des lieux avait un sens certain de l'économie !

« Peux-tu me dire ce qu'elle a emporté en partant ?
– Quelques effets personnels, son sac de voyage, son livret de caisse d'épargne..., dit Kazuya, assis sur le lit, en tournant sa tête lentement vers le placard.
– Tu en es sûr ?
– Oui, elle les gardait sous son lit, dans une boîte à biscuits. »

Kazuya passa la main sous le lit et en ressortit une boîte carrée. Elle portait la marque d'un bon pâtissier de Ginza. Il l'ouvrit : seul restait un tampon au nom de Sekine.

C'était encore une façon de se débarrasser de Sekine.

« J'aurais besoin de trois choses.
– Lesquelles ?
– D'abord, son album de photos.
– Il est là, sur l'étagère.
– Ensuite, son album de photos de classe. »

Kazuya cligna les yeux et demanda :

« Pourquoi celui-là aussi ?
– Tu l'as déjà vu ? »

Le jeune homme se sentit gêné comme si on lui avait fait remarquer qu'il avait quelque chose de sale au bout du nez.

« Oui ou non ? »

Il secoua la tête :

« Non. Sans doute parce qu'elle ne voulait pas parler de son pays natal.

– C'est le genre de chose qu'on possède tous. Est-ce que tu crois qu'elle avait des affaires dans un garde-meuble ?

– Non. D'abord, elle n'en avait pas besoin et puis elle n'aurait pas pu se payer ça avec ce qu'elle gagnait chez Imai.

– D'accord, mais tâche de trouver l'album de photos de classe ou d'enfance.

– Et la troisième chose ? » demanda Kazuya inquiet.

Il tâtait les murs de ses mains, comme un aveugle, en se demandant où diable Honma allait l'entraîner.

« Lorsqu'elle a entamé sa procédure de faillite, elle a dû échanger pas mal de lettres avec l'avocat et les tribunaux. J'aimerais que tu m'en trouves. »

Kazuya allait dire quelque chose mais seuls les coins de sa bouche tremblèrent. Il se mit au travail en silence.

Ils fouillèrent pendant une demi-heure. L'appartement était petit, avec un espace de rangement limité. Shoko était sans doute très ordonnée. A l'intérieur des placards chaque chose avait sa place et les espaces vides correspondaient aux effets qu'elle avait emportés.

Kazuya au bout d'une demi-heure n'avait toujours pas trouvé les photos de classe. Honma, de son côté, découvrit dans le coin d'une étagère un flacon de parfum, un parfum entêtant d'un genre qui aurait sans doute surpris le directeur d'Imai et la jeune Mitsu !

« C'est ça qu'elle mettait ? » demanda-t-il en tendant le flacon à Kazuya.

Kazuya fit une grimace.

« Sûrement pas. Elle utilisait une eau de toilette bien plus légère. »

Honma reposa le flacon sur l'étagère et jeta un coup d'œil sur les livres : des éditions de poche, pour la plupart, des romans écrits par des femmes et qui allaient bien avec le flacon de parfum.

L'appartement était propre et confortable, prêt à être reloué. Aucune trace de celle qui l'avait habité.

Elle avait bel et bien disparu, pensa Honma de nouveau, et il ne put s'empêcher de faire la comparaison avec une araignée, qui ne se déplace qu'après avoir effacé toute trace de son ancienne demeure : une comparaison qui n'avait rien d'agréable.

« Partons, dit-il à Kazuya. Prête-moi simplement son album de photos.

– Qu'allez-vous en faire ?

– Est-ce que je vais devoir toujours tout t'expliquer ? »

Kazuya qui tenait l'album sur ses genoux détourna son regard :

« C'est ma fiancée, après tout.

– Ta fiancée, certes, mais elle a disparu et nous sommes là pour la chercher. »

Avec un soupir de dépit, Kazuya tendit l'album.

« A propos, ajouta Honma, M. Imai m'a dit qu'elle était partie avec la bague. »

Kazuya acquiesça en silence. En sortant de l'appartement il demanda à Honma : « Pourquoi n'appelez-vous pas Shoko par son prénom ? Je ne comprends pas. Vous dites toujours " elle ".

– Allons bon, c'est vrai ?

– Et d'ailleurs pourquoi avoir voulu fouiller cet appartement ? »

Honma ferma la porte et la question resta sans réponse comme posée à cette table, à ces chaises, à ce lit et à ces livres délaissés par leur propriétaire. Eux aussi auraient aimé entendre la réponse de Honma. Mais sans doute la connaissaient-ils déjà. Oui, ils devaient savoir qui était cette femme.

7

Il était dix heures lorsque Honma rentra chez lui avec l'album. La fatigue de la journée lui tombait dessus. Chaque pas était pour lui une épreuve. Il fit une première pause dans l'entrée et une seconde dans le couloir du deuxième étage.

Il sortait ses clés quand il entendit des pas derrière sa porte : Isaka lui ouvrit.

« Ah, vous êtes là !

– Oui. Hisae s'est rendue à une soirée de nouvel an. Comme j'étais tout seul, je suis venu regarder la télévision avec Satoru », prétexta-t-il, mais en vérité il était resté pour ne pas abandonner Satoru à ses larmes et à sa colère.

Honma le remercia et lui demanda à voix basse :

« Il ne vous a pas ennuyé, au moins ? »

Isaka secoua la tête, tout en désignant la chambre du menton :

« Il dort déjà, et il m'a bien recommandé de vous dire de ne pas le réveiller.

– Il est donc furieux », décréta Honma en riant. Isaka aussi se mit à rire. Ils se dirigèrent à pas feutrés vers le living d'où venait un bruit de télévision.

Honma entra dans la pièce derrière Isaka qui éteignit le récepteur et alluma la lumière en grand. Il examina Honma avec l'attention d'un tailleur examinant son client.

« Vous avez l'air très fatigué.

– Je n'ai pas arrêté. Les choses se compliquent. »

Honma posa l'album sur la table.

« Une petite bière ? » proposa Isaka qui, lui, ne buvait pas. Honma avait supprimé l'alcool et le tabac depuis son accident mais s'y remettait petit à petit. Un peu d'alcool léger remplacerait avantageusement les somnifères. Mais ce soir-là, vu son état, la bière risquait de l'assommer, le mettant hors d'état de faire quoi que ce soit le lendemain. Il déclina l'offre.

« Alors, je vais vous préparer du café », décida Isaka en se dirigeant vers la cuisine. Il ne portait pas son tablier mais paraissait tout à fait dans son élément entre le réchaud et les placards à vaisselle. Honma le regardait évoluer, fasciné.

Isaka habitait avec sa femme un petit trois-pièces, au rez-de-chaussée, dans la partie orientale du bâtiment. Il avait la cinquantaine mais semblait un peu plus âgé. Sa femme, Hisae, avait quarante-trois ans, un an de plus qu'Honma, mais on lui en donnait trente-cinq. Architecte d'intérieur, elle avait monté, avec une associée, une affaire à Minami-Aoyama et ne prenait jamais de vacances en dehors de celles du nouvel an. Le couple n'avait pas d'enfants. Isaka de son côté avait travaillé dans une société de matériel de décoration qui fournissait le bureau de sa future femme. Le directeur lui faisait entièrement confiance, le considérant comme son bras droit et un peu le cerveau de l'entreprise.

Après la mort subite du directeur, son fils avait repris l'affaire qui très vite avait périclité. C'était un blanc-bec, qui ne savait même pas ce que c'était que de coller du papier peint. Il détestait l'affaire familiale et s'était laissé séduire par les perspectives brillantes de la spéculation.

Ingénieur confirmé, Isaka n'aurait pas dû avoir de mal à retrouver du travail. Mais le jeune directeur l'avait accusé de mauvaise gestion et de détournements de fonds. Cela remontait à cinq ans. Les accusations étant sans fondement, l'enquête avait tourné court et Isaka avait été innocenté. Mais le jeune directeur, nourri de l'idée qu'en cas d'échec le coupable est toujours l'autre, s'arrangea pour lui faire du tort par tous les moyens. Si personne ne doutait des qualités d'Isaka, ses absences dues aux convocations par la police et aux consultations juridiques le gênaient dans son nouveau poste. Et comme l'affaire de Hisae marchait bien et qu'ils avaient quelques économies, Isaka avait décidé de donner sa démission et de rester temporairement chez lui où il faisait les travaux ménagers. Après deux ou trois mois, trouvant que cette situation lui convenait, il avait résolu d'en faire sa profession et de devenir « homme de ménage ». A part chez Honma, il travaillait dans deux autres familles. Et chez lui, il continuait à partager avec sa femme les tâches domestiques comme il l'avait toujours fait.

Honma les avait connus au moment où l'affaire de l'accusation injuste en était à ses derniers rebondissements. Le jeune directeur, abandonné aussi bien par la police que par son avocat, et dont les circuits mentaux déjà peu nombreux avaient disjoncté, était venu, armé d'une barre de fer, menacer Isaka chez lui.

C'était en semaine, vers neuf heures du soir. Exceptionnellement ce soir-là, Honma était rentré chez lui se changer avant de ressortir.

« J'ai cru qu'il s'agissait d'une explosion », déclara Chizuko après coup, pour décrire le bruit qu'avait fait le jeune cinglé en brisant la fenêtre avec la barre de fer.

Il y eut le fracas de la vitre volant en éclats, les hurlements d'une femme, et les vociférations d'un homme...

« C'est la dame d'en dessous », dit Chizuko. Honma n'attendit pas pour aller voir. Il repoussa Satoru qui voulait l'accompagner et enfila ses chaussures. Déjà on s'en prenait à la porte : le bruit résonna comme sur un gong.

« Je vais te tuer, je vais te tuer ! » entendait-on crier d'une voix avinée.

« Appelle la police », conseilla Honma à la femme, en se précipitant vers l'escalier. Il n'eut aucun mal à attraper l'agresseur alors que le corps à demi passé par la fenêtre, il tenait Isaka par le collet ; pour le faire taire, Honma le prit par la nuque et le cogna contre le compteur à gaz. L'homme se calma aussitôt et n'en parla jamais par la suite. Il ignorait sans doute qui l'avait neutralisé. Mais Hisae déchaînée, une poêle à la main, faisait pleuvoir les coups et Honma lui-même avait failli en recevoir. Il n'oublierait jamais cette soirée...

Tout en préparant le café, Isaka déclara : « Satoru était très en colère au sujet de cette enquête que Kazuya vous a demandée. »

Bien calé sur sa chaise, Honma éclata de rire en se frottant le visage des deux mains.

« Pour une enquête, c'en est une. J'en perds la boule. J'ai les méninges rouillées. »

A la mort de Chizuko, Honma ne pouvant abandonner son travail, Isaka et Hisae avaient proposé de s'occuper de Satoru qui se retrouvait très seul, tant physiquement que moralement. Ils le prirent complètement en charge : problèmes d'école et d'incontinence compris jusqu'à ce que Satoru retrouve son équilibre. C'était grâce à eux que le père et le fils avaient réussi à réorganiser leur vie. Honma les consultait quotidiennement pour les plus petites choses. Il se sentait une grande dette à leur égard ; il avait parfaitement confiance en eux.

« Vous recherchez quelqu'un ? demanda Isaka en tournant le café dans lequel il avait mis deux cuillerées de sucre.

– Oui, sa fiancée s'est enfuie. Du moins, c'est ce qu'il semble.

– Mince alors ! ça ne va pas être facile de la retrouver.

– Beaucoup moins que je le pensais.

– Une jeune femme comme ça... Vous devriez mettre du sucre. »

Honma arrêta la main qui allait saisir sa tasse.

« Il faut prendre du sucre quand on est fatigué, protesta Isaka. C'est ce que je dis toujours à Hisae. Les gens qui font un régime commencent par supprimer le sucre ; et quand ils se sentent fatigués, ils se bourrent de vitamines. Avec ça ils sont toujours énervés... Ce n'est pas naturel. Rien ne vaut le sucre pour vous donner un petit coup de fouet. »

Honma suivit le conseil et, s'il ne sentit pas un effet immédiat sur sa fatigue, il se détendit néanmoins un peu.

« Cette affaire me fait penser à un jeu étrange, continua Honma.

– Un jeu ? dit Isaka en écho, les mains sur la table.

– Oui, vous savez, ce jeu dans lequel on vous met un bandeau sur les yeux et vous devez reconnaître les objets que vous touchez.

– Ah oui, j'y suis, ce jeu où on vous fait tâter de la pieuvre bouillie, de la gelée, ou un animal domestique...

– Oui, oui, avec les yeux bandés, les gens trouvent tout désagréable et crient beaucoup.

– A une fête de fin d'année Hisae a joué à ça, et que croyez-vous qu'on lui a fait toucher ?... un boulier. Un boulier ! Et en plus elle a piaillé comme si elle était attaquée par un Martien. »

Isaka rit en s'essuyant le coin des yeux. « Et alors ? demanda-t-il le regard toujours rieur.

– Eh bien, moi, pour le moment, c'est ce à quoi je joue, dit Honma en souriant. Je ne comprends pas bien la situation. Il ne faut pas faire trop de tapage pourtant, car sous le couvercle je ne vais peut-être trouver qu'un simple boulier. Mais, pour l'instant, je trouve la chose très désagréable au toucher. »

Honma parlait lentement, comme pour mettre de l'ordre dans ses idées et Isaka écoutait en hochant la tête.

« Mais tout de même prendre le nom de quelqu'un d'autre..., dit-il en passant la main sur sa nuque grassouillette.

– Non seulement le nom, mais un état-civil ! renchérit Honma. Nous avons eu un cas comparable dans les années 1950, il me semble. On a accusé quelqu'un d'usurpation d'identité. Seulement cet homme-là n'était pas allé jusqu'à trafiquer son état civil. Non, il ne pouvait pas. Le risque était trop grand. Si la personne dont il avait usurpé l'identité s'était aperçue qu'on l'avait domiciliée à une autre adresse, elle se serait plainte. Il se faisait tout petit pour ne pas attirer l'attention sur lui. Il se contentait d'emprunter un nom. »

C'était la différence avec « Sekine Shoko ».

« Le trafic d'état civil, ça doit pourtant exister, fit remarquer Isaka, à une époque où les femmes d'Asie du Sud-Est font des mariages blancs avec des Japonais dans le but de venir travailler au Japon. »

Honma pensa qu'il n'avait pas tort.

« Cependant, à bien y réfléchir, on ne sait pas très bien à quoi sert le domicile légal, dit Isaka.

– Ça n'existe pas à l'étranger.

– Ah bon ?

– Mais il n'est pas totalement inutile : il empêche un délit défini dans le droit pénal.

– Quel délit ?

– La bigamie, répliqua Honma en riant. A l'étranger, c'est un sujet banal dans les romans et dans les films ; dans certains grands pays, où il n'existe que les actes de naissance et de mariage, il est facile d'être bigame. Alors qu'au Japon la fiche d'état civil où se trouve mentionné le domicile légal dévoile tout de suite si on est marié.

– On ne peut pas tromper sa future épouse.

– Non, mais on peut cacher le divorce en transférant le domicile légal.

– Si c'est tout ce à quoi il sert, on devrait changer de système. »

La main d'Isaka s'immobilisa sur sa nuque et il regarda Honma. « La fiancée de Kazuya ne savait sans doute pas que Sekine Shoko avait eu cette faillite personnelle ?

– Non, répondit Honma en revenant à son sujet. Elle a dû être la première surprise !

– Elle a tout de suite compris qu'on allait faire des recherches sur cette faillite et découvrir qu'elle n'était pas la vraie Sekine Shoko. Et elle s'est enfuie...

– Oui, précipitamment.

– Et pour vous, cette fuite précipitée n'annonce rien de bon ?

– Oui, elle m'inquiète terriblement... Comment pourrais-je me procurer cette fiche de domiciliation ?

– Votre neveu est trop sérieux, il n'a pas été capable de bien mentir. »

Kazuya, ignorant la gravité de la situation, n'avait pas fait beaucoup d'efforts pour obtenir le papier en question. Honma ne pouvait guère lui en faire le reproche puisqu'il avait refusé de lui faire part de ses soupçons.

« Il me serait assez facile de demander à mes collègues de m'avoir cette fiche, car le chef de service signerait la demande sans même regarder, mais...

– Vous ne voulez pas utiliser ces moyens.

– Non. D'abord il s'agit d'une affaire privée et en plus ça se passe à Tokyo. Je l'aurais peut-être fait si ça se passait en province.

– Et si vous alliez vous-même la demander aux guichets, vous la donnerait-on ?

– Bien sûr que non. Dans ce domaine-là, le service public est intraitable, le contraire serait fâcheux d'ailleurs. »

Isaka réfléchissait, la joue dans la main, comme un enfant.

« Et si une jeune femme à peu près du même âge, se présentait au guichet en se faisant passer pour Sekine Shoko et réclamait cette fiche, est-ce qu'on exigerait de voir ses papiers d'identité ?

– Je ne crois pas... mais je ne sais pas.

– Alors, c'est décidé, dit Isaka avec un sourire. On demandera à la secrétaire de Hisae. De Minami-Aoyama à Honancho, ce n'est pas très loin.

– Non, on ne peut pas faire ça. D'ailleurs c'est interdit.

– C'est un cas d'urgence. Et si ça ne marche pas, tant pis. Je vais en parler à Hisae. »

Isaka le quitta vers onze heures. Honma, demeuré seul n'avait pas envie d'aller se coucher ; il prit l'album et le feuilleta lentement.

Kazuya et sa fiancée ne devaient pas être des fanatiques de l'instantané ! Leur album, qui couvrait une période d'un an et demi environ, était à moitié vide.

Ou alors se dit Honma en cessant de tourner les pages, le fait d'avoir emprunté une fausse identité rendait la prétendue Shoko instinctivement méfiante et elle évitait de laisser des traces.

Elle avait disparu tout de suite après avoir été interrogée par Kazuya, en laissant son appartement impeccable. Toujours prête à battre en retraite, elle avait évité aussi de se lier avec trop de gens.

Honma repensa à cette petite bouteille d'essence trouvée dans un coin du rangement de la véranda. Il était tout à fait normal que Kazuya, qui vivait chez lui et dont la mère s'occupait de tout, ne sache pas à quoi elle servait. Honma, lui, avait tout de suite deviné, car Chizuko en utilisait autrefois : elle servait à dégraisser le ventilateur d'aération. Et c'était pour ça que les pales étaient si brillantes.

Ce n'était pas au dernier moment, au moment de sa fuite, qu'elle avait pu les astiquer. Elle devait les nettoyer régulièrement. Il en était de même du reste de l'appartement.

Question de tempérament, ou volonté de ne pas laisser de trace ?

Cependant, sans cette histoire de carte, si elle s'était mariée et avait fondé une famille avec Kazuya, pour être démasquée ensuite, qu'aurait-elle fait ? Se serait-elle enfuie ? Ou bien avait-elle une autre raison plus importante que la carte de crédit de disparaître ?

Par chance, la dernière photo de l'album était un portrait d'elle, en gros plan. A côté de son oreille gauche pointait la tour du château de Cendrillon, tout illuminé. Ils avaient dû aller au Disneyland de Tokyo à Noël ou pour le nouvel an. La jeune femme riait en montrant ses jolies dents : pas la moindre canine protubérante. Voilà donc celle qui mettait autant d'ardeur à astiquer son appartement ! Honma tentait de l'imaginer passant l'aspirateur, montant un meuble avec le tournevis du nécessaire de bricolage et nettoyant le ventilateur avec un chiffon imbibé d'essence.

« On peut, bien sûr, utiliser un produit détergent mais rien ne vaut l'essence pour enlever la graisse rapidement », affirmait Chizuko qui, l'opération terminée, s'enduisait les mains de crème. Honma avait du mal à suspecter une femme qui faisait les mêmes gestes que la sienne. La petite bouteille d'essence et le ventilateur tout brillant... Une telle femme ne devrait pas avoir à fuir son passé !

Un léger bruit, derrière lui, l'arracha à ses pensées, il leva les yeux et se retourna : c'était Satoru.

« Tiens, tu ne dormais pas ? »

Le petit garçon restait silencieux avec cette façon qu'ont les enfants de dix ans, de se tenir, boudeurs, la tête rentrée dans les épaules, en fixant le sol du regard.

« Si tu veux rester debout, va te couvrir. Tu veux aller aux toilettes ? Si tu n'es pas content, dis-le. Je ne peux pas deviner ce que tu veux, si tu continues à bouder ! »

Mais Honma n'entendit rien d'autre que la respiration de l'enfant. Tiens, il est de nouveau enrhumé, pensa-t-il.

« Ta narine droite est bouchée, dit Honma.

– Ce n'est pas vrai.

– Mais si tu restes là, pieds nus, alors dans dix minutes c'est sûr, tu auras le nez bouché.

– Je peux ? dit Satoru en montrant une chaise du menton. Je peux m'asseoir ? corrigea-t-il, en voyant la grimace de son père.

– Oui », dit Honma en tournant le radiateur vers Satoru.

L'enfant grimpa sur la chaise et, avec la tête d'un petit écureuil futé, demanda :

« Où as-tu été ?

– Un peu partout.

– C'est quoi ? demanda-t-il en désignant l'album.

– Quelque chose que Kazuya m'a confiée.

– Qu'est-ce qu'il t'a demandé, l'oncle Kazuya ? C'est si important pour que tu sortes alors que ta blessure n'est pas complètement guérie ? Tu m'avais promis de ne pas sortir avant d'être complètement guéri. Tu n'as pas tenu ta promesse. »

Il parlait de plus en plus vite sous le coup de la colère. Il avait dû préparer une liste de reproches dans son lit, mais à présent il avait tout oublié et ne faisait que se répéter.

« Excuse-moi, dit Honma simplement, c'est vrai, je n'ai pas tenu ma promesse. J'ai eu tort. Mais oncle Kazuya a des problèmes difficiles en ce moment, je dois l'aider.

– Je ne vois pas pourquoi. Lui, il n'a jamais rien fait pour nous ! »

Il avait tout à fait raison.

« Tu ne vois vraiment pas pourquoi ?

– Non.

– Donc, tu penses qu'on ne doit pas aider les gens en difficulté ? »

Satoru renifla deux ou trois fois :

« Si, mais pas forcément toi. Il n'a qu'à s'adresser à quelqu'un d'autre.

– A qui, par exemple ?

– A la police, dit Satoru après réflexion.

– Au point où en sont les choses, la police ne peut rien faire et si je te le dis, tu peux me croire. »

Mécontent, Satoru agitait ses pieds :

« Tu recherches quelqu'un ?
– Oui.
– C'est celle-là qui est dans l'album ? »
Sans le reprendre, Honma hocha la tête.
« Je peux ? »
Il voulait voir qui était responsable de la trahison de son père. Honma lui montra la grande photo.
« C'est elle ? »
Après avoir bien examiné l'instantané, Satoru déclara :
« C'est à Disneyland.
– Sans doute.
– Elle est belle.
– Toi aussi tu trouves ?
– Et toi ?
– Pas mal.
– L'oncle Kazuya devait aussi la trouver très belle ?
– Sans aucun doute.
– Il s'est fait plaquer par sa fiancée...
– C'est un peu dur, ce que tu dis là. »
Satoru baissa les yeux et agita les pieds comme pour se débarrasser de chaussons invisibles qui avait nom mauvaise humeur.
« Aujourd'hui..., laissa tomber Satoru.
– Oui ?
– Boke de Katsu a disparu. »
Honma mit un petit moment à comprendre de quoi son fils lui parlait.
« Comment ?
– Boke a disparu, répéta l'enfant. On ne l'a pas vu depuis hier soir. Est-ce que tu crois qu'on l'a amené à la fourrière ? » demanda-t-il, son petit visage ravagé d'inquiétude.

Boke était le nom d'un chien, un bâtard recueilli par Katsu. Trois mois auparavant Satoru et Katsu l'avaient trouvé dans un jardin public. Satoru aussi voulait le garder mais Honma avait refusé. Les animaux étaient en principe interdits dans leur immeuble, sans parler du travail supplémentaire pour Isaka. Les parents de Katsu, eux, avaient cédé pour compenser sa solitude. Satoru le promenait aussi de temps en temps.

« C'est un chien adulte maintenant..., ça arrive que les chiens partent un jour ou deux. »

Ce petit chien n'était pas sauvage et il suffisait qu'on l'appelle par son nom pour qu'il vienne vous lécher le visage et les mains. Et comme il n'obéissait même pas à des ordres aussi simples qu'« assis » ou « donne la patte », on l'avait appelé Boke[1]. N'importe qui aurait pu s'emparer de ce chien sans qu'il bronche.

« Ne te fais pas de souci, il sera sûrement de retour demain. »

Honma se rendit compte que Satoru l'avait attendu pour en parler et que, s'il s'angoissait pour son père, il tenait aussi à se rassurer à propos du chien.

« S'il n'est pas là demain, est-ce que je pourrai partir à sa recherche ?

– Oui, bien sûr. »

Après avoir légèrement hésité, Satoru continua :

« Toi aussi, tu t'inquiètes pour la fiancée de l'oncle Kazuya ?

– Oui, je m'inquiète, répondit Honma, en pensant que c'était un tout autre genre d'inquiétude.

– Ah bon, mais ne force pas trop sur ta jambe. Et si tu manques encore la rééducation, tu vas te faire gronder », prévint Satoru.

La rééducation était tellement éprouvante que Honma avait séché une séance ; la physiothérapeute avait commencé par téléphoner puis était venue le voir, car par malchance elle habitait à une station de chez eux. Honma, qui s'était fait tirer l'oreille, avait perdu la face devant son fils.

« Oui, je ferai attention ! »

Avec un sourire narquois, Satoru se laissa glisser de sa chaise et heurta du coude l'album qui dégringola sous la table.

« Oh, pardon. »

Satoru le ramassa. Mais un cliché était tombé. Honma le prit.

C'était une photo Polaroïd en couleurs, format 8/8, qui montrait une maison en gros plan.

1. Simplet. (*N.d.T.*)

« C'est quoi ? » demanda Satoru, en se penchant pour voir.

La maison était coquette, de style occidental : les huisseries peintes en blanc, les murs chocolat, un perron à deux marches bordé de jardinières fleuries, une lucarne trouant le toit en forme de chapeau.

Deux femmes avançaient vers la gauche de la maison. L'une continuait à regarder droit devant elle et l'autre, tournant la tête vers le photographe, ébauchait un signe de la main.

Elles portaient toutes deux une jupe et un gilet bleu clair, un chemisier blanc, à manches longues, et autour du cou une cravate bordeaux : manifestement un uniforme.

Une maison et deux femmes... Et puis dans le coin gauche, un bout de ciel bleu et un pilier en fer. On n'en voyait qu'une petite partie mais en regardant attentivement, Honma pensa à un projecteur de stade de base-ball. Il vérifia auprès de Satoru qui le lui confirma.

La photo était tombée d'une pochette en papier destinée aux négatifs, collée à l'intérieur de la couverture de l'album. Honma ne l'avait pas tout de suite remarquée.

Après que Satoru eut regagné sa chambre, Honma examina de nouveau cette photo Polaroïd.

Une maison prise en gros plan, deux femmes qui passaient. Si elles avaient été le sujet principal, le photographe aurait attendu qu'elles soient mieux placées : donc le sujet principal devait être la maison.

Pourquoi la fiancée de Kazuya avait-elle conservé cette photo ? Était-ce sa maison natale ? Dans ce cas elle pouvait fournir une clé. Mais c'était étrange qu'elle ait gardé une photo de sa maison plutôt que de sa famille. Et ce projecteur alors ? Où pouvait-il bien se trouver ? Près d'un stade ? Cela n'était pas d'un très grand secours : qui sait combien de stades de base-ball il y avait dans tout le Japon ?

Honma décida de garder sur lui cette photo ainsi que le portrait. Alors qu'il les glissait dans son portefeuille, il entendit le coucou de Satoru sonner les douze coups de minuit.

8

Le lendemain matin, Hisae arriva avec la fiche de domiciliation et l'état civil de Shoko. Honma l'entendant parler avec son mari qui balayait devant la porte, sortit les rejoindre. Hisae avait les joues rouges de froid. Elle était chaussée de sneakers tout neufs, blancs comme son souffle.

Toujours habillée à la mode, et conduisant son Audi rouge, Hisae se démenait pour arriver à faire vivre trois architectes d'intérieur et une secrétaire.

« C'est Rie qui y est allée. Elle s'est fait passer pour Mlle Sekine et on lui a donné les papiers tout de suite », dit-elle gaiement en entrant dans la cuisine ; elle enleva son blouson jaune moutarde. « Vous avez l'air d'un prisonnier qu'on vient de libérer », ajouta-t-elle en scrutant le visage de Honma.

Ce matin-là pourtant il se sentait plutôt en forme. Hisae lui trouvait-elle si mauvaise mine ? Il passa la main sur son menton pour vérifier qu'il n'était pas mal rasé. Elle le rassura en riant :

« Ce n'est pas ce que j'ai voulu dire. Au contraire, je trouve que vous avez l'air heureux de pouvoir enfin sortir de votre prison.

– C'est vrai, j'en ai assez du Nautilus.

– Nautilus ?

– C'est une machine de musculation qu'on utilise à la rééducation. Elle s'appelle aussi Fitness Machine.

– Ah bon,... je ne savais pas qu'on lui avait donné un nom de monstre. »

Hisae sortit des papiers de son grand sac et les posa sur la table.

« Tout est là : la fiche de domiciliation, l'état civil, et son additif, dit-elle en comptant sur ses doigts. Nous avons pu tout avoir dans le même bureau, car cette fille avait la même adresse pour domicile actuel et son domicile légal. » D'un geste elle repoussa ses cheveux frisottés et ajouta : « Ce que m'a raconté mon mari hier soir m'a donné la chair de poule. »

Isaka arriva dans la cuisine en essuyant ses mains sur son tablier. Il jeta un coup d'œil sur les documents et demanda à sa femme :

« Ça n'a pas été trop compliqué ?

– Pas du tout.

– Nous avons trouvé la faille ! »

Isaka avait raison. Il suffisait de se faire passer pour l'intéressée. Il doit y avoir un règlement intérieur stipulant qu'on présente ses papiers, mais dans la pratique on ne les exigeait pas. Surtout aux heures de pointe, les employés n'y regardaient pas de trop près.

Isaka s'assit à côté de Honma et, sans doute en repensant à leur conversation de la veille, se rembrunit. Hisae demanda :

« Elle a déménagé en avril 1990, et a trouvé un nouveau travail tout de suite, n'est-ce pas ?

– Oui, dans la société Imai », répondit Honma en lisant la fiche de domiciliation.

Et comme il s'y attendait, le nom de Sekine Shoko y figurait seul.

Chef de famille : Sekine Shoko.
Adresse : 4-5, 3 chome, Honan-cho, Suginami-ku.
Nom, prénom : Sekine Shoko.
Date de naissance : 14-09-1964.
Sexe : féminin.
Date d'enregistrement : 01-04-1990.
Domicile légal : 4-5, 3 chome, Honan-cho, Suginami-ku.
Ancienne adresse : 5-2, 2 chome, Minami-cho, Kawaguchi, Saitama-ken.

Elle n'avait donc pas eu d'adresse intermédiaire entre celle qu'elle avait donnée à l'avocat et celle de Honan-cho. On pouvait en conclure que la fiancée de Kazuya utilisait cette identité depuis avril 1990. Honma prit l'état civil et vit tout de suite qu'il avait commis une erreur : ce n'était pas un transfert de domicile légal, mais bel et bien la création d'un domicile légal.

« Qu'est-ce qu'il y a ? demanda Isaka en se penchant vers lui.

– Dans son CV, j'avais noté qu'elle était née à Utsunomiya mais que son domicile légal était à Tokyo, et je pensais qu'elle avait fait un transfert. Mais en fait elle a créé son propre domicile légal.

État civil :

Domicile légal : 4-5, 3 chome, Honan-cho, Suginami-ku, Tokyo.

Nom et prénom du chef de famille : Sekine Shoko.

Date d'enregistrement : 01-04-1990.

Date et lieu de naissance : 14-09-1964 à Ichozaka, Utsunomiya, Tochigi-ken. Naissance déclarée par le père, le 20 du même mois.

Date de séparation de l'ancien domicile légal représenté par Sekine Shoji : 01-04-1990.

Père : Sekine Shoji, décédé.

Mère : Yoshiko, décédée.

Place dans la famille : fille aînée.

Comme elle avait créé un nouveau domicile légal, la fiche additive ne comportait que l'adresse actuelle et la date d'enregistrement. Il aurait fallu l'ancien état civil de Shoko, c'est-à-dire celui d'avant sa séparation avec le domicile légal de son père, pour avoir la liste de toutes ses anciennes adresses. Dont la dernière devait être celle qu'elle avait donnée à l'avocat lorsqu'elle était venue consulter pour cette histoire d'assurance-vie.

Plus Honma regardait ce papier, plus il le trouvait inquiétant.

Hisae dit d'une petite voix :

« Je vais peut-être un peu trop loin, mais...

– Allez-y !

– ... En regardant ces documents, j'ai eu l'impression que la fiancée de Kazuya ne voulait pas seulement emprunter un état civil mais véritablement le faire sien.

– Vous pensez cela parce qu'elle a rompu définitivement avec l'ancien domicile légal ? »

Honma pensait la même chose et c'était précisément ce qui lui donnait froid dans le dos.

« Un autre détail encore : ce “ décédé ” qui apparaît après les noms de son père et de sa mère n'est pas une mention obligatoire, fit remarquer Hisae.

– Ah, bon ? s'étonna Isaka.

– Non, je le sais, car moi aussi j'ai perdu ma mère jeune. Au moment de la déclaration du décès, on vous demande si vous désirez que cela figure sur l'état civil. »

Honma jeta un regard à Isaka plongé dans les papiers, les sourcils froncés.

« Ou bien elle voulait insister sur le fait qu'elle était seule survivante (elle figurait seule sur l'état civil), continua Hisae, ou bien ça la gênait d'y inscrire le nom de personnes qui lui étaient étrangères. Elle voulait que les choses soient claires sur ce point-là. Je vais peut-être un peu trop loin, mais tu ne penses pas à quelque chose de ce genre, toi ? » demanda-t-elle à son mari qui continuait à réfléchir.

Honma regarda de nouveau les deux « décédé » l'un au-dessous de l'autre. Il comprenait très bien ce que Hisae voulait dire. Elle n'allait sûrement pas trop loin. L'état civil d'une autre, les parents d'une autre... l'identité d'une autre... La fiancée de Kazuya l'avait-elle achetée ou bien s'en était-elle emparée par un moyen quelconque ? En tout cas, elle avait préparé la substitution avec tout le soin possible.

« Ce n'est pas si simple de prendre l'identité d'une personne tout à fait étrangère », remarqua Isaka avec un frisson.

Pourtant il ne faisait pas froid dans cet appartement correctement chauffé, et les joues de Hisae avaient repris leurs couleurs. Mais Isaka se sentait glacé d'horreur.

« Ce n'est certes pas simple mais, si on franchit correctement les étapes, ce n'est pas du tout impossible, rétorqua Honma.

– Sans parler de l'état civil, reprit Isaka, lorsqu'on travaille, il faut bien cotiser pour la sécurité sociale et la retraite, n'est-ce pas ?

– Si l'on cotise à la sécurité sociale dans le cadre de l'entreprise, le nom et l'adresse indiqués sur le CV font foi. Et lorsqu'on quitte l'entreprise, on doit rendre sa carte au bureau local : cela évite les risques de double inscription. »

Isaka regarda Hisae d'un air interrogateur.

« Chez nous, c'est Rie qui s'occupe de ces problèmes, et elle dit qu'ils ne sont pas trop tatillons.

– Pour la sécurité sociale individuelle aussi c'est l'adresse inscrite sur la fiche de domiciliation qui compte. En cas de déménagement, on doit en principe se faire enregistrer dans le bureau local. Pour les cotisations de retraite c'est la même chose, mais on est plus laxiste. Par exemple, chaque personne est censée cotiser au fonds de retraite, mais peu le font en pensant que de toute façon, une fois vieux, ils ne toucheront rien. »

Isaka s'était replongé dans l'état civil.

« La vraie Sekine Shoko, continua Honma, quand elle travaillait dans un bar, devait cotiser à la sécurité sociale individuelle, au bureau de Kawaguchi. La fausse Shoko, elle, recrutée par la société Imai, a dû s'inscrire à la sécurité sociale dans le cadre de l'entreprise et se rendre au bureau de Kawaguchi avec sa nouvelle carte pour quitter la sécurité sociale individuelle, moyennant peut-être un réajustement des cotisations.

– Ah bon.

– Mais quand on se présente en disant que c'est pour un premier emploi, on ne vérifie pas l'identité à l'aide d'une photo. C'est vrai aussi pour la création de l'état civil ou l'enregistrement d'un nouveau domicile. On vérifie parfois à l'aide de documents mais *jamais avec des photos.* Si l'état civil et la domiciliation sont au-dessus de tout soupçon, on peut faire à peu près n'importe quoi, à condition que la personne dont on a pris l'identité ne proteste pas. C'est la seule condition, mais une condition absolue. »

Isaka restait silencieux, il réfléchissait de toutes ses forces pour trouver la faille.

« Que se passe-t-il dans le cas où la victime cotisait pour

une assurance-vie ? Est-ce qu'on ne découvrirait pas que la personne n'est pas la même que celle avec laquelle on a signé le contrat ? Les assureurs doivent bien connaître les visages de leurs clients.

– De nos jours les paiements se font par virements bancaires. On se contente de vérifier que le compte est bien approvisionné. Lorsque le contrat arrive à terme, il est automatiquement prorogé et l'assuré ne voit pas son courtier d'assurances. D'ailleurs, dans le cas de contrats à dix ou quinze ans, le meilleur courtier ne se souviendrait pas de la tête de tous ses clients.

– Si l'usurpatrice se sent menacée, intervint Hisae, il lui suffit de résilier son contrat. Bien sûr, l'assureur essaiera de l'en empêcher, mais elle présentera sa police d'assurance aux guichets ; ils l'accepteront sans vérifier son identité. »

Isaka soupira : « Ça devient effrayant.

– Ça reste un exercice dangereux, dit Honma en regardant Hisae, car il y a encore le problème de l'assurance-chômage. »

D'après Mitsu, Shoko n'avait cotisé pour l'assurance-chômage qu'à partir d'avril 1990, n'étant pas déclarée avant cette date. Sa carte d'assurée avait été délivrée en 1990. Mais selon Me Mizoguchi, elle avait été recrutée en tout premier lieu par la société Kasai.

« La vraie Shoko est entrée dans cette société en 1983. 1983..., on avait déjà informatisé les données de l'assurance-chômage. Sept ans plus tard, recrutée par la société Imai, la fausse Shoko s'est présentée à l'agence pour l'emploi. Je me demande si, à ce moment-là, on n'a pas vérifié son identité.

– Je vais voir avec mes collaboratrices..., dit Hisae, on doit confronter le nom et le numéro d'assuré, mais si la personne dit que c'est pour un premier emploi, on laisse peut-être passer. »

A fortiori, en consultant les données de l'agence pour l'emploi, on trouverait deux Sekine Shoko, nées le 14 septembre 1964, et on comprendrait la supercherie. La personne la plus étourdie se souviendrait du fait d'avoir travaillé et du nom de son employeur. C'est ce que fit remarquer Honma.

« Quand la vraie Shoko a-t-elle quitté Kasai ? demanda Hisae.

– Sans doute juste avant sa déclaration de faillite, harassée par ses créanciers.

– Donc, au plus tôt en 1986. Alors c'est bon. Les archives de l'agence pour l'emploi sont conservées pendant sept ans, d'après notre comptable. Ces documents concernent en fait les salaires du personnel. C'est la même chose pour les quittances, les cahiers de charges et les factures que le centre des impôts peut vous réclamer pendant sept ans. »

Honma prenait des notes. Soudain Isaka frappa dans ses mains :

« Qu'est-ce qui se passe avec le passeport et le permis de conduire ? demanda-t-il. Il y a bien une photo ? Si on mettait la photo de quelqu'un d'autre, ça se verrait, non ? »

Comme Honma ne répondait pas tout de suite, Hisae demanda :

« Avez-vous posé la question à M. Kurisaka ?

– Pas encore. »

Isaka avait raison : si la vraie Shoko avait un permis de conduire, la fausse dirait qu'elle n'en n'avait pas et refuserait de le passer. Et il en était de même du passeport. Si la vraie Shoko en possédait un, la fausse ne pourrait en faire établir, et ne pourrait se rendre à l'étranger pour son voyage de noces éventuel. La photo de son passeport la trahirait.

« Je pense d'abord aller à Kawaguchi, là où habitait la vraie Shoko, déclara Honma en tapotant du doigt l'ancienne adresse sur la fiche. Si l'on apprenait comment elle en est partie, on comprendrait sans doute beaucoup de choses.

– Depuis que tu m'as parlé de cette histoire, hier soir, je pense à quelque chose de sinistre, murmura Hisae à Isaka.

– Quelque chose de sinistre ?

– A propos de ce qui s'est passé il y a deux ans ? » demanda Honma.

Un nuage passa sur le front de Hisae :

« La mère de Shoko est morte à ce moment-là...

– Tu vas un peu loin ! fit Isaka en avalant sa salive.

– Mais elle a touché l'argent de l'assurance-vie...

– Alors, tu penses que c'est pour l'argent...

– Non, ce n'est pas seulement une histoire d'argent, je ne crois pas, dit Honma en rangeant ses papiers, Shoko n'avait que sa mère, une fois celle-ci disparue, il n'y avait plus personne pour se soucier d'elle. »

Il ne s'agissait sûrement pas d'un pur hasard. C'est ce qu'avait pensé Honma toute la nuit. Faire disparaître d'abord la famille, ensuite la personne...

« Finis d'abord ton ménage et on déjeunera ensemble tout à l'heure. Je vais conduire M. Honma à la gare », dit Hisae toujours sombre, en se levant.

9

Au 5-2,2 chome Minami-cho, Kawaguchi, Honma trouva un vieil immeuble de trois étages, la « Co-op Kawaguchi », dont le rez-de-chaussée était occupé par une supérette toute pimpante, nouvellement ouverte, et par un salon de thé aux fenêtres crasseuses, le Bacchus. Au premier coup d'œil Honma comprit qu'il ne devait pas y avoir de gardien. Dans la supérette, il remarqua un jeune caissier à l'air vif. Celui-ci ne devait pas connaître le quartier car les clients ne venaient pas là avec l'intention d'établir des contacts. Honma le savait par expérience ; il avait eu à chercher des renseignements dans ce genre de magasin et avait été frappé par l'ignorance du personnel sur la clientèle.

Il décida donc de commencer par le Bacchus. Le salon de thé affichait fermé, mais la porte était ouverte. Honma entra en saluant à haute voix. Derrière le comptoir un type plaisantait avec une fille, tous deux les bras couverts de mousse jusqu'aux coudes.

« Désolé, ce n'est pas encore ouvert », dit l'homme avec une voix curieusement aiguë. Il s'essuya le nez du poignet et la mousse se colla sur sa moustache bien taillée.

Sans avancer davantage, Honma expliqua qu'il recherchait quelqu'un ayant habité dans cet immeuble autrefois et demanda s'il n'en connaissait pas, par hasard, le propriétaire ou le syndic.

« Les propriétaires, c'est nous », dit l'homme.

Il contourna le comptoir et s'approcha en essuyant la

mousse de ses mains. La jeune fille continuait à faire la vaisselle en observant Honma.

« Vous dites autrefois, mais quand exactement ?

– Il y a deux ans. Cette personne, Sekine Shoko, était encore là en janvier 1990, dans l'appartement 401 ; elle travaillait dans un bar.

– Vous êtes un de ses proches ? » demanda l'homme en fixant Honma qui débita son histoire habituelle.

Le patron l'écouta et se retourna vers la fille :

« Akemi, va vite chercher ta mère et dis-lui d'apporter le dossier de l'immeuble.

– D'accord », dit celle-ci en sortant de derrière le comptoir.

Tiens, c'est le père et la fille ! s'étonna Honma. Elle portait une minijupe extrêmement courte, qui découvrait de très belles jambes.

« Je vous en prie », dit le père en désignant un siège et lui-même s'assit.

Pour un salon de thé, le nom de Bacchus était un choix bizarre, mais on comprenait mieux en voyant la décoration intérieure, avec son bar noir et ses papiers peints.

Le patron chercha dans ses poches, finit par trouver une cigarette et l'alluma. Honma tendit sa carte de visite. L'autre, après avoir de nouveau farfouillé dans ses poches, la cigarette entre les dents, constata :

« Moi, je n'en ai plus. Je m'appelle Konno. »

Et il s'inclina.

« Je suis désolé de vous déranger à l'heure de l'ouverture », s'excusa Honma, car il était onze heures et les clients ne tarderaient pas à affluer pour le déjeuner. Konno rit :

« Nous n'ouvrons que le soir, ici c'est un peu comme un pub et nous avons aussi un karaoke. »

La pièce, déjà pas bien grande, était séparée en deux par un rideau qui devait cacher les appareils.

« Vous vous souvenez de Sekine Shoko ?

– Non, ce n'est pas moi qui m'occupe de l'immeuble, je laisse ça à ma femme. »

La jeune Akemi réapparut et du fond du salon appela :

« Papa ! Maman demande que tu viennes avec le visiteur,

elle serait heureuse de rencontrer un parent de Mlle Sekine. »

Konno Nobuko, entourée de papiers, se trouvait dans son bureau. En dehors de la Co-op, le couple possédait deux autres immeubles qu'elle gérait toute seule.

Le mari fit les présentations, puis s'empressa de retourner dans sa boutique. Il donnait l'impression, en présence de sa femme, de redevenir un petit garçon timide.

Après avoir pris connaissance de ce qui amenait le visiteur, Nobuko alla chercher un carton sur lequel on pouvait lire « Roseline », écrit en rose à côté d'une rose stylisée.

« J'avais rangé ça dans le dépôt, mais ça me préoccupait, dit-elle en tapant sur le carton. C'est ce qui reste des effets personnels de Mlle Sekine. On ne pouvait tout de même pas les jeter.

– Que voulez-vous dire par là ?

– Vous ne savez pas qu'elle a tout abandonné derrière elle ? » demanda-t-elle, en haussant les sourcils.

Honma, en se rapprochant, fit grincer le siège tournant :

« Elle ne vous avait donc pas prévenue de son départ ? »

Nobuko hocha la tête résolument :

« Elle a laissé un mot : “*Ma vie est trop pénible à Tokyo : j'ai décidé de partir pour recommencer à zéro ailleurs. Je ne veux rien garder de ma vie passée. Je vous prie de disposer de mes affaires comme il vous conviendra.* ” Je fais ce métier depuis longtemps mais c'est la première fois que quelqu'un me fait ça...

– Elle a emporté sa valise et c'est tout ?

– Sans doute.

– Vous ne l'avez pas vue sortir ?

– Non, une sorte de fugue. Elle a filé de nuit. Comme on n'habite pas ici, on ne l'a pas su. C'est seulement le lendemain matin qu'on a trouvé sa lettre et les clefs du 401, dans la boîte aux lettres du Bacchus.

– C'était quand ? »

Nobuko s'empara d'un classeur plein à craquer, sur la

tranche duquel on pouvait lire « Locations de la Co-op Kawaguchi ».

« 1990, ça fait deux ans déjà ! »

Le 25 janvier de cette année-là, la vraie Shoko allait voir l'avocat. En avril, la fausse Shoko emménageait à Honan-cho et prenait son poste chez Imai. La création de l'état civil datait du 1er avril. Et la substitution, c'est-à-dire la disparition de la vraie Shoko, devait se situer...

« En mars ? »

Nobuko chercha dans le dossier :

« Exact, le 18 mars. C'était un dimanche. Et ce matin-là, comme je vous l'ai dit tout à l'heure, j'ai trouvé la lettre. »

Donc, elle avait fui dans la nuit du samedi au dimanche. En laissant tout et sans prendre congé de sa propriétaire.

« Et qu'avez-vous fait de cette lettre ?

– Désolée, je l'ai jetée.

– Était-elle le genre de personne à se conduire ainsi ? Un rien bizarre ?

– Pas spécialement. C'est ce qui m'a étonnée. Il lui arrivait bien de descendre ses poubelles la nuit ou de faire un peu de bruit dans l'escalier quand elle rentrait tard, mais c'est tout.

– Elle payait régulièrement ?

– Oui, chaque mois.

– Elle travaillait dans un bar et ça ne vous a pas gênée pour passer contrat ? »

Son visage se plissa de rire.

« Nous ne regardons pas au travail que font les locataires, ni à leur vie privée. Trois mois de caution d'avance et un contrat solide, ça nous suffit. »

Même sans maquillage et coiffée simplement, cette femme d'affaires accomplie avait du chien. Dynamique, elle gardait une certaine jeunesse.

« C'était une bonne locataire, cette Mlle Sekine, gentille, correcte. Quand on la rencontrait, elle saluait. »

La description correspondait à celle qu'en avait faite l'avocat.

Et voilà qu'elle disparaissait en laissant tout derrière elle. C'était ce que Honma pouvait attendre de pire.

Si la vraie Shoko avait vraiment vendu son identité à la fausse, quel besoin aurait-elle eu de partir en cachette ? Si son but était de déménager pour refaire sa vie ailleurs, elle aurait pu utiliser une méthode plus simple. Sekine Shoko disparaissait la nuit du 17 au 18 mars et dès le début du mois suivant une femme du même nom apparaissait à Honan-cho.

Honma sentit un pincement à l'estomac : à son jeu de colin-maillard, il n'avait pas touché un simple boulier mais un drôle d'instrument tranchant.

« Je peux jeter un coup d'œil ?

– Bien sûr ! Les meubles, on a pu les vendre ou les faire emporter par le service municipal, mais ces choses-là... »

Honma posa le carton sur la table et l'ouvrit. Ce qui restait ne représentait pas un bien gros volume : trois cassettes, cinq paires de boucles d'oreilles fantaisie, une broche en perles dans son écrin, un cahier de comptes à la tranche jaunie dont seule la première page était remplie, et une carte de sécurité sociale individuelle, périmée depuis le 31 mars 1989, à l'adresse de l'immeuble.

Il y avait aussi une carte de fidélité toute chiffonnée pour un salon de coiffure et deux livres de poche, des romans policiers historiques. Drôle de goût !

« Et les cassettes, c'est... ?

– De la musique. Ma fille les a écoutées une fois. »

Le reste se réduisait à quelques feuilles de papier, les « conseils aux patients » d'un hôpital : le plan des différents services, les heures de consultation, comment prendre rendez-vous et comment obtenir les médicaments. Au milieu de ces papiers, une facture indiquait que Shoko avait été consulter un généraliste le 7 juillet 1988. Ce n'était rien de bien intéressant, mais il remarqua en marge un numéro de téléphone inscrit au stylo à bille :

« Ce numéro, est-ce que vous avez essayé de l'avoir ?

– Oui, j'ai appelé en pensant que c'était peut-être une amie.

– Et alors ?

– C'est celui-là, dit-elle, en frappant le carton de sa main.

– Pardon ?

– Celui de “ Roseline ”, une société de vente par correspondance. J'imagine qu'elle l'a trouvé dans un magazine à l'hôpital et qu'elle l'a noté. Ensuite elle a dû se faire envoyer le catalogue.

– C'est un nom de société de vente par correspondance, ça ? demanda Honma.

– Oui, les messieurs ne connaissent pas, bien sûr : ils vendent surtout des dessous et des collants.

– Des dessous ?

– Oui, des sous-vêtements.

– Et ce carton était aussi chez elle ?

– Oui, j'y ai mis tout ce que je ne voulais pas jeter ; les bijoux de ce genre ne se vendent pas et je n'aime pas jeter les livres. »

Sous le prospectus de l'hôpital, Honma en trouva un autre, celui du cimetière Midori Ryoen à Utsunomiya, illustré d'une photo en couleurs.

Honma se dit qu'à la mort de sa mère, Shoko devait avoir eu l'intention d'acheter une concession.

« C'était sans doute pour acheter une concession pour sa mère, dit Nobuko au même moment.

– Vous saviez que sa mère était morte ?

– Oui, comme dans le contrat sa mère se portait garante, lorsqu'elle est morte, Mlle Sekine me l'a signalé.

– C'était un accident, il paraît ?

– Oui, grimaça Nobuko. Ivre, elle est tombée d'un escalier dans son quartier.

– A Utsunomiya ?

– Oui, elle vivait seule là-bas ; elle travaillait et se portait bien.

– Est-ce que Mlle Sekine se montrait triste d'avoir perdu sa mère ?

– Bien sûr, ça lui a fait un choc. Elles s'entendaient bien, il me semble. »

Si elle n'avait pas voulu retourner dans sa ville natale, comme prétendait l'autre Shoko, pourquoi aurait-elle choisi de vivre à Kawaguchi, sur une ligne directe pour Utsunomiya ? Ça n'avait pas de sens.

Kazuya avait dit que « sa Shoko » détestait sa ville natale. Pour elle, il était impensable de s'approcher d'Utsunomiya. Il ne fallait même pas en parler.

En remettant les affaires dans le carton, Honma demanda :

« Vous ne pourriez pas le garder encore un peu ?

– Si, bien sûr, mais vous me direz quand vous aurez trouvé Mlle Sekine ?

– Je n'y manquerai pas.

– Je garde tout ? demanda Nobuko.

– Je pourrais peut-être emprunter les cassettes ?

– Si vous voulez. Vous pouvez les écouter.

– Mais... dans son appartement elle n'aurait pas laissé ses albums de photos, par hasard ?

– Si je les avais trouvés, je les aurais conservés, mais c'est le genre de choses qu'on emporte avec soi.

– Vous avez raison. »

Avec la permission de Nobuko, Honma nota l'adresse de la mère de Shoko qui figurait sur le contrat de location.

« Vous n'auriez pas par hasard une photo de Mlle Sekine ?

– Non, ce n'est pas le genre de rapports que nous entretenons avec nos locataires.

– Et elle n'avait pas d'amis parmi ses voisins ?

– Je ne sais pas... mais de toute façon ils ne seraient plus là. Ça tourne vite chez nous. »

En bonne femme d'affaires, elle avait tout intérêt à ce que ça tourne vite...

« Après sa disparition, avez-vous téléphoné à son lieu de travail, le bar Lahaina à Shinbashi ? »

Nobuko consulta son dossier :

« Oui, je l'ai fait : eux aussi étaient perplexes. Ils se demandaient si elle allait les quitter.

– Et elle les a quittés ?

– Oui, ils nous ont téléphoné pour dire que le lundi elle n'était pas venue. Elle n'a même pas réclamé son salaire. »

De nouveau Honma ressentit un pincement à l'estomac : il n'y avait pas d'erreur possible. La vraie Shoko n'avait pas disparu de son plein gré, on l'avait fait disparaître.

« Est-ce qu'elle recevait des amis ? »

Ils auraient dû s'inquiéter de son sort.

« C'est possible, répliqua Nobuko, je n'en sais rien, au bar ils vous en diraient peut-être plus. »

Nobuko sortit la première du bureau et tout en tenant la porte de communication avec le Bacchus, elle demanda :

« Vous avez l'air de souffrir, c'est de l'arthrite ?

– Non, un accident.

– Alors pourquoi ne déclarez-vous pas la disparition à la police ? Ils feraient les recherches à votre place. »

Honma eut un sourire amer :

« Ils enregistreraient la déclaration, c'est tout.

– C'est quand même un peu léger ! »

Dans le salon de thé, Konno préparait du café et Akemi nettoyait les carreaux.

« J'ai une dernière question, dit Honma en montrant la photo de la fiancée de Kazuya. Vous n'auriez pas par hasard vu cette personne quand Mlle Sekine vivait ici ? »

L'un après l'autre, Nobuko, Akemi, Konno prirent la photo et l'examinèrent. D'un même geste ils secouèrent la tête : ils étaient bien de la même famille !

C'eût été trop simple...

En partant, Honma insista une dernière fois :

« Tout a été vendu donc, ses meubles et ses effets personnels ?

– Oui, on a fait un *garage-sale*. Comme on ne demandait pas très cher, pratiquement tout est parti. Dans sa lettre elle me disait de garder l'argent à titre de dédommagement. Mais nous ne pensions pas en tirer grand-chose.

– Tiens, moi j'ai récupéré ça, tu t'en souviens, maman ? » dit Akemi en montrant le pull qu'elle portait.

C'était un pull noir décoré de motifs floraux ; à l'emplacement du cœur une fleur rouge béait.

Dans l'après-midi, sur le chemin du retour, Honma passa chez le photographe devant la gare, pour faire agrandir la photo Polaroïd.

Il trouva là un jeune homme à l'allure d'étudiant, sans doute le fils de la maison. La maison aux murs chocolat parut l'étonner :

« Qu'est-ce que c'est ?

– C'est justement pour le savoir que je veux cet agrandissement, dit Honma.

– Si vous voulez récupérer l'original tout de suite, il faut attendre une demi-heure. L'agrandissement, vous ne l'aurez qu'après-demain.

– C'est bon, j'attendrai. »

Et il s'assit sur la chaise étroite et bancale du magasin. Aucun autre client ne se présenta. Il était en plein courant d'air.

Pris d'une inspiration subite, Honma sortit téléphoner à l'avocat : une voix féminine répondit, sans doute celle de Mlle Sawaki.

Me Mizoguchi était absent, en déplacement, pour quelques jours.

« Il sera de retour après-demain.

– Je voudrais venir le voir : quand puis-je ?

– Il est complètement pris ces jours-ci, répliqua la secrétaire au bout d'un moment.

– Alors, il n'y a rien à faire ? »

Elle laissa échapper un petit rire :

« Me Mizoguchi va toujours déjeuner au même endroit : un petit restaurant de nouilles tout près du cabinet. Si vous y alliez ? Vous pourriez parler une demi-heure avec lui. »

Le restaurant s'appelait Nagatoro. Honma nota l'adresse et, après avoir remercié, posa le récepteur.

Il rentra chez lui vers trois heures. Isaka n'était plus là. Il avait terminé son travail ou bien était sorti faire des courses. Honma mit de l'eau à chauffer pour se faire du café instantané, s'assit sur une chaise de cuisine et, après avoir réfléchi un instant, se releva pour donner un coup de fil.

C'était la ligne directe avec le service des enquêtes de la PJ. Le collègue qu'il désirait joindre était absent. Il conversa un moment de choses et d'autres avec un type d'une autre section, puis raccrocha. Et il but son café.

L'autre rappela vingt minutes plus tard, et avant même la fin de la première sonnerie, Honma avait déjà décroché. Il entendit une grosse voix.

« Ah ! tu as fait vite, dit Honma. Tu es toujours de ce monde ? »

C'était Ikari Sadao. Ils étaient de la même promotion mais leurs voies avaient bifurqué et, deux ans auparavant, Ikari avait rejoint le service des enquêtes de la police centrale, l'équipe des hommes de terrain.

« Je t'appelle de l'extérieur pour parler librement. Qu'est-ce qui se passe ? »

Quoique d'un petit gabarit, Ikari était très agile et musclé ; si on le jetait contre un mur, il se retrouvait sur ses pieds sans une égratignure. Il parlait toujours vite avec sa grosse voix.

« Je suis désolé de te déranger, mais j'ai un service à te demander.

– D'accord, mais à charge de revanche, répondit Ikari en riant, quand tu reviendras...

– Pourrais-tu faire une recherche de documents, de façon... discrète ?

– Facile. Le chef ne regarde jamais rien. Auprès de qui ? D'une banque ?

– Non, de l'agence pour l'emploi et de la section de domiciliation d'une mairie. »

Honma donna le numéro d'assurée de Sekine Shoko, sa date de naissance et l'adresse du bureau local auquel elle était rattachée, et ajouta :

« Je voudrais le document qui mentionne ses employeurs successifs, car si je ne me trompe, cette personne doit être enregistrée deux fois, pour deux sociétés différentes.

– Bien, et quelles sont ces deux sociétés ? »

Il nomma la société Imai et la Kasai, dont il donna les adresses.

« Et à la mairie, qu'est-ce qu'on doit faire ?

– Je voudrais son ancien domicile légal ainsi que l'additif. »

Honma spécifia que l'ancien domicile légal se trouvait à Utsunomiya. Ikari nota et récapitula.

« Bon, je veux bien, dit-il, puis il baissa la voix, mais qu'est-ce que tu fabriques ? Je croyais que tu flirtais avec la fille de la rééducation...

– C'est une affaire familiale. Je suis à la recherche de quelqu'un. Je n'aurais pas dû avoir besoin de te déranger pour ça mais la situation commence à être inquiétante.

– Mais encore ? demanda Ikari, haletant de curiosité. Une affaire criminelle ?

– Oui.

– Alors, reviens à la PJ et on la recherchera officiellement. Tout seul, tu auras du mal.

– Mais je ne suis pas complètement sûr, ou plutôt si, mais je ne sais pas quelle tournure vont prendre les choses.

– Ah, je comprends.

– Pour le moment je préfère continuer comme ça. Je suis désolé mais je compte sur toi. »

Ikari accepta. Honma l'entendit faire du bruit au bout du fil : il devait se gratter la tête.

« D'accord, mais j'espère que ça ne concerne pas Satoru. »

Ikari aimait beaucoup Satoru et prétendait qu'en tant qu'étranger à la famille il avait le droit de le gâter.

« Ça n'a rien à voir avec lui. Il s'agit d'un parent éloigné, du fils d'un cousin de Chizuko, comment appelle-t-on ça ?

– Comment veux-tu que je le sache ? » dit Ikari, moqueur. Il s'apprêtait à raccrocher mais Honma poursuivit :

« Au fait, où en es-tu de tes rencontres matrimoniales ? »

Ikari à quarante-deux ans était toujours célibataire. Il éclata de rire :

« Pas mal, pas mal, pas plus tard que dimanche dernier j'ai rencontré une veuve avec un fils de vingt ans.

– Je parie qu'elle t'a plu.

– Comment le sais-tu ?

– On le devine à ta voix.

– Menteur ! je ne suis pas quelqu'un d'aussi simple, lança Ikari, avant de reprendre d'un ton sérieux : Tu as dit que tu cherchais quelqu'un ?

– Oui.

– C'est une femme, je parie.

– En plein dans le mille.

– Elle est vivante ? »

Honma ravala ses mots et sourit. Ikari était vraiment fort. Il y avait quatre-vingts ou quatre-vingt-dix chances sur cent que la vraie Shoko soit morte : assassinée ou autre, à ce stade on ne pouvait pas le savoir.

Mais celle qui utilisait son nom, elle, était vivante quelque part.

« C'est une femme qui doit être vivante et il faut qu'on la

retrouve. Elle doit se porter tout à fait bien », dit Honma lentement pour s'en convaincre lui-même.

Après une petite pause Ikari ajouta :

« Fais gaffe quand même ! »

Et il raccrocha.

Honma demeura pensif, les coudes sur la table, puis se leva lourdement et alla chercher dans la chambre de Satoru un petit magnétophone pour écouter les cassettes trouvées à Kawaguchi. C'était de la musique de variétés enregistrée à la radio, beaucoup de chansons d'amour qui glissèrent sur son esprit. Seule la fleur rouge du pull porté par Akemi béait derrière ses yeux clos.

10

Quand Kazuya revint le voir, il était encore déjà plus de neuf heures. Impossible de savoir, à sa mine renfrognée, s'il avait eu vraiment beaucoup de travail ou s'il n'avait pu s'esquiver avant son patron.

En fin de journée, Honma lui avait téléphoné qu'il avait des informations et désirait son avis. Avant même d'enlever son manteau, Kazuya demanda :

« En quoi avez-vous besoin de mon avis ? »

L'annonce d'une mauvaise nouvelle nécessite des gants. Honma refusait de tout lui lâcher en pleine figure. D'ailleurs Kazuya ne le croirait pas.

« Assieds-toi d'abord. Ce sera long.

– Vous l'avez retrouvée ? »

Honma fit non de la tête :

« Je te préviens, les nouvelles ne sont pas bonnes ; il vaut mieux que tu le saches. »

Kazuya fronça les sourcils :

« Vous n'exagérez pas un peu, qu'est-ce qui se passe ?

– Rien d'amusant.

– Ça, je l'imagine, mais dites toujours. Je ne suis pas là pour m'amuser. »

Satoru avait été prié de rester dans sa chambre. On entendait des bruits de jeux électroniques ainsi que le ronronnement du réfrigérateur. Sur ce fond sonore, Honma révéla le résultat de son enquête. Puis il étala devant lui le CV, l'état civil et la fiche de domiciliation.

Seuls les yeux de Kazuya paraissaient encore vivants derrière le masque rigide de son visage.

« Quelle est cette plaisanterie ? demanda-t-il haletant, comme s'il avait retenu son souffle tout le temps de l'explication.

– Ce n'est malheureusement ni une plaisanterie ni un mensonge mais la simple vérité.

– Mais..., rétorqua Kazuya en éclatant de rire, les mains légèrement ouvertes comme pour s'emparer du vide, c'est absurde ! Shoko ne serait pas Shoko ! Comment pouvez-vous dire une chose pareille ? »

Honma, le regarda en silence. S'il disait quelque chose maintenant, les mots ne parviendraient pas jusqu'à ses oreilles.

« C'est la femme que j'allais épouser, celle que j'ai choisie. »

Comment un homme comme lui pourrait-il se tromper ? Lui si parfait, ne pas faire le bon choix...

« Mais ta fiancée n'est pas Sekine Shoko, tu comprends ? C'est quelqu'un d'autre, insista Honma. C'est pour ça qu'elle ignorait cette faillite d'il y a cinq ans et qu'elle a pâli quand tu lui a montré la lettre. C'était un peu comme si la foudre lui tombait sur la tête, tu comprends ? »

Si elle avait été au courant, elle n'aurait jamais demandé cette carte de crédit...

« Je comprends que ce soit un choc pour toi. Mais même si tu ne veux plus en entendre parler, moi je ne peux pas laisser tomber cette enquête... »

Il se tut et regarda son neveu ; ses yeux étaient perdus dans le vague. Son esprit était ailleurs.

« Alors, qu'est-ce que tu décides ? Pour ma part j'aimerais que tu continues à m'aider si tu le peux... Après tout c'est toi qui la connaissais le mieux. J'ai besoin des plus petits détails pour savoir où elle a rencontré Sekine Shoko et pourquoi elle a emprunté son identité. »

Après un assez long silence Kazuya répondit :

« Moi..., je n'en sais rien. »

Puis de nouveau le silence et le bruit des jeux électroniques. Kazuya leva la tête lentement. Le regard qu'il jeta à

Honma était aussi vide que celui d'un clochard couché le long d'un trottoir.

« J'ai compris...

– Qu'est-ce que tu as compris ?

– C'est Shoko qui vous a demandé de me raconter ça ! Vous l'avez retrouvée, s'enflamma-t-il. Mais elle vous a demandé de ne rien dire. C'est ça ? Shoko veut me quitter. Et c'est pour ça qu'elle vous a demandé de monter toute cette histoire. Elle a trouvé quelqu'un d'autre ? C'est ça, non ? » Il se leva, menaçant. Il ébranla la table et le cendrier tomba avec fracas ; il continua, écumant : « Dites-le ! »

Le bruit des jeux électroniques cessa et la porte de la chambre s'ouvrit ; Satoru passa la tête, les yeux écarquillés.

Évitant de regarder son fils, Honma se leva lentement et prit Kazuya par le bras pour le calmer :

« Est-ce que tu penses vraiment ce que tu viens de dire ? »

Alors, comme une tour de cubes qui s'effondre, Kazuya s'affala sur sa chaise et, la tête dans les mains, se recroquevilla.

Satoru sortit de sa chambre à pas feutrés, s'arrêta dans le couloir et, après avoir réfléchi une seconde, disparut en courant.

Honma vit le crâne de son neveu trembler et pensa qu'il pleurait. Mais il n'en était rien. Kazuya releva la tête :

« J'en ai assez de toute cette histoire, dit-il en s'essuyant la bouche d'une main tremblante. J'ai eu tort de compter sur vous ; je m'adresserai à quelqu'un d'autre ; je ne vais quand même pas rester assis à écouter de telles sornettes. »

Puis il se leva, arracha brutalement son manteau à la patère et se dirigea vers la porte. Honma, toujours assis, savait que le jeune homme ne partirait pas sans un dernier mot.

Il s'arrêta en effet avant de franchir la porte du salon, sortit son portefeuille et en tira des billets.

« Voilà pour vos frais. Je pense que ça suffira, non ? »

Et il jeta l'argent à la figure de Honma. Quelques billets de dix mille yens, après avoir voleté, vinrent atterrir minablement sur le plancher. Honma s'étonna que Kaguya ait pensé à le payer.

Mais c'était bien un banquier... On l'avait atteint dans son honneur ! Comment un simple inspecteur s'était-il permis de ternir la réputation de la fiancée d'un homme aussi brillant que Kurisaka Kazuya !

« Est-ce que tu as déjà vu la photo Polaroïd ? demanda Honma à son neveu toujours furieux, enflé d'orgueil. La photo d'une maison aux murs chocolat..., tu l'as déjà vue ?

– Pourquoi l'aurais-je vue ? » répondit l'autre d'une voix cassée.

Et il partit. La porte s'ouvrit et se ferma avec fracas. Aussitôt après, Honma entendit les pas précipités de Satoru accompagné d'Isaka.

« Ça va, papa ? »

Honma ramassait les billets tombés à terre :

« Ça va.

– Vraiment ? Il ne vous a rien fait ? demanda Isaka, pâle d'inquiétude. J'ai eu peur quand Satoru est venu me dire que vous étiez en danger et que j'ai vu débouler ce type de l'ascenseur. Qu'est-ce que c'est ? demanda-t-il encore en montrant les billets.

– Ma commission !

– Il les a jetés comme ça ? C'est un peu fort ! » s'indigna Satoru.

Isaka se mit à rire :

« Il a été regardant dans sa colère ! Il n'a sûrement pas vidé son portefeuille, seulement trente mille yens ! »

Honma rit aussi :

« Désolé de vous avoir dérangé. Il m'a donné plus que ce qu'il me doit, il vaut mieux que je mette la différence de côté ; plus tard il pourrait me faire un procès...

– Quel sale type ! » s'indigna Satoru, toujours en colère.

Honma tapota la tête de son fils :

« Ne te fâche pas. Il a eu un tel choc qu'il ne savait plus très bien où il en était... Mais toi, je t'ai entendu beaucoup jouer avec tes jeux électroniques. Tu as encore combien de temps pour cette semaine ? »

Satoru avait l'autorisation d'y consacrer sept heures par semaine et même s'il ne dépassait le temps alloué que de dix minutes, la semaine suivante il n'avait plus le droit d'y jouer. C'était la règle familiale n° 2.

« Il me reste deux heures, jeta Satoru du bout des lèvres.
– Tu es drôlement précis là-dessus.
– Bien sûr. »

Les lèvres toujours pincées, Satoru regagna sa chambre.

« Alors, c'est la rupture ? dit Isaka, qu'allez-vous faire à présent ?

– Je continue. Je ne peux pas m'arrêter là.

– Vous allez la rechercher ?

– Oui. »

Honma jeta un coup d'œil vers la fenêtre : la nuit enveloppait le quartier. La « Sekine Shoko » qui avait disparu était vivante quelque part, dans la nuit.

« Quelle méthode allez-vous adopter ? demanda Isaka, en jetant lui aussi un regard vers la fenêtre.

– Je vais tenter de retracer la vie de la vraie Shoko et tout naturellement l'image de la personne qui a pris son identité se précisera.

– Pour en arriver à la faillite, elle a dû mener une vie agitée. Comment allez-vous vous en tirer ?

– Je me demande... Mais la découverte de la vraie Shoko permettra d'apprendre des choses sur l'autre. D'ailleurs il n'y a rien d'autre à faire pour le moment. »

« La voiture pour l'enfer..., murmura Isaka.

– La voiture pour l'enfer ? » interrogea Honma.

Isaka se mit à chantonner :

La voiture pour l'enfer, aujourd'hui,
Devant ma porte est passée,
Toujours elle tourne,
Vers quelle contrée ?

« Hier soir, alors que je parlais de cette histoire avec Hisae, tout d'un coup, cette poésie m'est revenue. C'est une poésie ancienne qui fait partie, si ma mémoire est bonne, du Shugyokushyu [1]. “ *Toujours elle tourne* ”..., il s'agit peut-être de la roue du destin ! »

1. *Recueil de joyaux,* Jien (1155-1225), poète du début de Kamakura. *(N.d.T.)*

Sekine Shoko avait voulu en descendre et elle avait réussi. Celle qui l'avait remplacée, sans le savoir, attirait la voiture vers elle...

Où est-elle ? se demanda Homna en se tournant vers l'obscurité. Où est-elle, et qui est-elle ?

11

En entrant dans le restaurant, Honma fut immédiatement enveloppé de vapeur. Le patron, qui portait un tablier étincelant de blancheur, venait juste de soulever le couvercle de sa marmite, de l'autre côté du comptoir de bois nu.

Me Mizoguchi était assis seul, à une table pour deux, tout au fond de la salle. Ses lunettes étaient couvertes de buée mais il sentit Honma approcher et leva la tête :

« Ah, c'est vous ! dit-il en l'invitant à s'asseoir en face de lui.

– Je suis désolé de venir vous importuner pendant votre repas.

– Je vous en prie ! Mlle Sawaki m'a prévenu que vous passeriez peut-être. »

Il ôta ses lunettes, les essuya et conseilla les nouilles aux *tempura* que Honma commanda à la serveuse qui apportait de l'eau fraîche.

« Alors, quel tour prend la situation ? » demanda l'avocat en replaçant ses bésicles sur son nez. Sans, il paraissait plus jeune.

« Un tour compliqué. »

Les yeux de l'avocat s'écarquillèrent derrière ses lunettes.

« Vous ne vous étiez pas trompé de personne ? »

Honma fit non de la tête.

« Vous allez me raconter tout ça...

– Ce sera long », dit Honma, avant de commencer son récit.

Comme tout est question d'habitude, son résumé fut plus

clair que la veille, meilleur même, lui sembla-t-il, que pour une réunion de travail.

On lui apporta ses nouilles. D'un geste de ses baguettes, l'avocat l'invita à les déguster.

« Allons, c'est à votre tour de déjeuner, et au mien de parler. »

Il ôta de nouveau ses lunettes, les essuya avec son mouchoir, resta un moment silencieux afin de mettre un peu d'ordre dans ses idées, et dit d'une voix neutre :

« Vous m'avez demandé comment Sekine Shoko vivait. Je vais donc vous révéler ce que je sais d'elle. Ça sera l'occasion aussi de corriger quelques idées préconçues.

– Idées préconçues ?

– Oui. Vous pensez sans doute que Sekine Shoko avait le profil du failli. Et comme elle était hôtesse dans un bar, vous imaginez une fille dépensière et négligente, menant une vie dissolue, avec des relations compliquées. Est-ce que je me trompe ? »

Non, après tout Isaka aussi avait eu cette réaction.

L'avocat sourit et laissa apparaître de belles dents bien rangées.

« Et c'est là la première idée préconçue. De nos jours les victimes de faillites personnelles dues à une mauvaise utilisation des cartes de crédit ou des emprunts sont souvent des gens très sérieux, timides et peureux. Je vais vous expliquer comment les choses se passent. »

L'avocat sortit de la poche intérieure de son costume un vieux calepin en cuir noir et le posa :

« Monsieur Honma, en quelle année êtes-vous né ?

– 1950.

– Alors vous avez quarante-deux ans, je vous en donnais moins..., dit-il en souriant, et vous en aviez dix lorsque le mot " crédit " a été employé pour la première fois dans notre pays. C'est le magasin Marui qui l'a lancé en 1960, en remplacement de " vente à tempérament ". En 1960, l'année du mouvement estudiantin contre le traité de sécurité nippo-américain, la carte " Diner's " est née. C'est une des cartes les plus anciennes et les plus prisées au Japon, car on ne l'obtient qu'après une étude détaillée des dossiers. »

L'avocat continua :

« 1960 fut aussi la première année de la “ pleine croissance ” au Japon. Le pays allait devenir riche. La naissance de l'industrie du crédit correspondait à une nécessité de l'époque. Et on ne peut imaginer la vie économique actuelle sans financement privé. Au lieu de financement privé il faudrait d'ailleurs plus justement utiliser le terme de “ crédit aux consommateurs ” qui recouvre deux choses : d'une part les achats faits à l'aide d'une carte de crédit et d'autre part les prêts aux consommateurs, qu'ils soient liés à des garanties ou non. »

Honma prenait des notes. Il ressortait de l'exposé un peu longuet de l'avocat que le chiffre d'affaires de cette industrie du crédit représentait plusieurs milliers de milliards de yens, soit l'équivalent du budget de l'État, ou quatorze pour cent du PNB.

Ce phénomène allait s'accentuant. Entre 1980 et 1989, il avait presque triplé, le chiffre atteignant cinquante-sept mille milliards. L'avocat, du doigt, traça sur la table les courbes du PNB et de l'industrie du crédit : la première faisait un angle de trente degrés, la seconde passait à quarante-cinq degrés.

« Cette croissance est tout à fait anormale, quelle autre industrie peut se comparer à celle-là ?

– Une bulle comme on dit ?

– Non, dit Me Mizoguchi après avoir réfléchi un moment. Si la bulle dont vous parlez est celle qui a éclaté l'an dernier, alors nous ne parlons pas de la même. Le marché financier est fondé sur l'illusion. Il n'a pas de réalité. Et il en va de même de la monnaie. Les billets, du papier, et les pièces : de simples morceaux de métal. Mais en fait, un billet de dix mille yens a sa valeur et une pièce de cent yens aussi ; différente d'un jeton, valable pour une seule maison de jeux, elle est acceptée dans tout le pays. C'est un accord passé avec l'État, grâce auquel nous avons été libéré du système du troc : nous n'avons plus besoin de descendre de la montagne avec un sanglier pour l'échanger contre des vêtements, des légumes et du riz. C'est grâce à cet accord que je peux vivre de mes consultations, n'est-ce pas ? »

Honma acquiesça.

« Oui, le marché monétaire est fondé sur des illusions, répéta l'avocat. Mais ces illusions ont leurs limites. Or cette progression extraordinaire de l'industrie du crédit qui ne connaît pas de limites est totalement artificielle. Pour prendre un exemple, monsieur Honma, vous êtes grand, mais si votre ombre atteignait dix mètres, vous ne trouveriez pas ça étrange ? »

Malgré la neutralité du ton, le discours de l'avocat avait une force irrésistible.

« Le nombre des cartes de crédit distribuées est passé de cinquante-sept millions en 1983 à cent soixante-six millions en 1990, soit un taux de croissance de seize et demi pour cent. Vous-même, vous en possédez une ? » demanda l'avocat.

Surpris par la question, Honma balbutia :

« Euh... oui, j'en ai une.

– Avec votre métier qui vous oblige à sortir de nuit, c'est assurément très commode. Moi, j'ai deux filles, ajouta Mizoguchi en souriant, la cadette s'est fait voler son argent à la tire, et depuis, elle a pris une carte de crédit ; en cas de vol on peut limiter les dégâts.

– C'est commode aussi quand on voyage à l'étranger.

– Oui. Elles servent aussi de référence. Elles ont certes des avantages et contrairement à ce que les gens pensent parfois, je ne suis pas contre ces cartes, vous comprenez ?

– Bien sûr.

– Une personne de moins de deux mètres dont l'ombre atteindrait dix mètres..., la cause du développement anormal de l'industrie de crédit réside dans une confiance excessive et aveugle, mais aussi dans l'importance des intérêts et des commissions. C'est là le point crucial. Par exemple, j'ai eu affaire l'année dernière à un salarié de vingt-huit ans qui possédait trente-trois cartes de crédit ; son endettement atteignait trente millions de yens pour un salaire mensuel net de deux cent mille yens sans autre source de revenus. Qu'en pensez-vous ? »

Trente millions de yens ! Jamais un fonctionnaire tel que Honma n'approcherait une telle somme, même au moment du versement de son capital retraite.

« Comment un garçon qui gagnait deux cent mille yens par mois avait-il pu s'endetter autant ? Qui lui avait prêté tout cet argent ? »

L'avocat prit son verre d'eau fraîche, mais il était vide ; il le reposa :

« Les choses se passent de la façon suivante : d'abord on prend une carte, c'est pratique pour les achats, les voyages, etc. et puis on en prend deux, puis trois... On ne refuse jamais une carte à un salarié. Les banques, les grands magasins et les supermarchés vous pressent de prendre leur carte pour les avantages qui y sont liés : réductions, facilités de paiement, traitement privilégié. Mais au bout d'un moment on passe à l'étape suivante : aussi bien dans les banques que dans les grands magasins, on trouve des distributeurs qui permettent d'emprunter de l'argent liquide : il suffit d'une carte et d'un code. »

La serveuse vint desservir et apporta de l'eau fraîche ; l'avocat la remercia d'un signe de la main et reprit :

« Je vais vous parler d'un autre cas : la première fois que la personne en question a emprunté de l'argent, c'était par erreur.

– Par erreur ?

– Oui. Il pensait tirer du liquide de son compte bancaire mais au lieu de la carte de sa banque, il a introduit sa carte d'emprunt : comme il avait le même code pour les deux cartes, il a obtenu de l'argent liquide. Ce n'est qu'en recevant son relevé mensuel qu'il a constaté son erreur.

– Il a dû être surpris : il y avait les intérêts !

– Oui. Mais en fait, les intérêts ne lui ont pas paru très chers. Pour cent mille yens il ne devait rembourser qu'un peu plus de trois mille yens en un mois. Retenez bien cela : sur le coup ça ne lui a pas paru très cher. Et c'est ainsi qu'il a commencé à emprunter. »

Il but d'un coup la moitié de son verre d'eau.

« Achats et argent liquide..., il a continué à utiliser sa carte en trouvant ça très commode. Il n'empruntait pas beaucoup à la fois. Il n'avait pas le sentiment d'être particulièrement dépensier. Mais il a bien fallu payer les échéances et ses finances n'ont cessé de se dégrader. Un salarié à cent cinquante mille yens mensuels net peut rembourser vingt ou trente mille yens. Mais quarante ou cinquante mille, ça devient plus difficile. Et on y arrive vite. Alors pour payer la dette de la société A, on emprunte chez B, et ça fait boule de neige. Et on ne peut plus s'en sortir. A ce moment-là, que fait-on d'après vous ?

– On emprunte à des officines de prêt.

– Exact. Et on recommence : pour payer A on emprunte chez B, puis chez C, chez D, chez E et ainsi de suite. Certaines officines, pour se faire rembourser, conseillent à leurs clients une boîte d'importance moindre qui, du fait d'un contrôle moins tatillon, leur prêtera de l'argent. Quitte à harceler ensuite leurs clients de manière implacable. Et c'est ainsi que ça fonctionne. De son côté le client, hanté par l'échéance à venir, va n'importe où pour emprunter.

– C'est ce qui vous fait dire que les multidébiteurs sont des gens sérieux et timides ? demanda Honma.

– Oui, oui, ces gens-là ne pensent jamais à fuir ou à laisser tomber. Ils essayent de rembourser coûte que coûte par tous les moyens. Ils tombent de plus en plus bas. Leur santé s'en ressent et rien ne va plus.

– Et c'était le cas de Sekine Shoko ?

– Oui, typique. Et en dernier ressort on tombe dans les mains des " racheteurs ". Vous avez sûrement eu affaire dans votre métier à ces trafiquants monsieur Honma. Il s'agit pour eux d'inciter les clients à utiliser leurs cartes de crédit pour acheter des biens de consommation qu'eux-mêmes rachètent à trente pour cent de leur prix. L'argent liquide obtenu ainsi permet aux clients de rembourser une partie de leur dette. Cela va des appareils ménagers aux bijoux, en passant par les billets de train à grande vitesse, qui sont revendus bon marché. Moi-même, il m'arrive d'en acheter pour les voyages d'affaires ; après tout c'est beaucoup moins cher, dit l'avocat sur un ton d'excuse, avec un petit sourire. Une fois le doigt dans cet engrenage, impossible de l'en sortir. Souvent les gens, acculés, ne trouvent plus d'autre exutoire que le crime.

– C'est souvent aussi la cause des scandales qui touchent la police, remarqua Honma, amer.

– Oui, répondit l'avocat, les policiers sont tenus de garder la face, tout comme les enseignants, les militaires et les fonctionnaires de toutes catégories. Une personne de bon sens pourrait s'étonner de l'existence de professionnels acceptant de prêter des sommes énormes, des millions de yens, à des jeunes de vingt, vingt-cinq ans. Mais pourtant ça existe.

« Si on remonte à plusieurs dizaines d'années en arrière, il y avait bien les monts-de-piété. Mais on ne pouvait pas emprunter de l'argent sans donner quelque chose en échange et on pouvait emprunter au maximum l'équivalent d'un mois de salaire. En ville il n'existait pas d'institutions qui prêtaient de l'argent sans garantie. Mais on ne peut pas regretter cette époque. De nos jours la vie est quand même plus facile. »

Le restaurant commençait à se vider. Une nouvelle fois un nuage de vapeur monta de derrière le comptoir.

« Au risque de me répéter, je dirai que je ne regrette pas l'époque où la carte de crédit n'existait pas. Cinquante-sept milliards de yens ! Comment supprimer une telle industrie ? Impossible ! C'est un des piliers de notre économie. Mais il faudrait empêcher cette économie de reposer sur des piliers faits de dizaines de milliers de vies humaines, des piliers faits d'hommes endettés jusqu'au cou dont les seules issues sont le suicide, la fuite, les départs à la cloche de bois...

– Vous pensez qu'il faut modifier la structure ?

– Bien sûr, et contrôler les taux scandaleusement élevés des intérêts. Les officines de prêt pratiquent des taux à vingt-cinq et trente-cinq pour cent par an. Or elles se trouvent dans ce qu'on appelle la “ zone grise ”, illégale mais peu contrôlable, qui n'est touchée ni par la loi sur la limitation des intérêts ni par la loi sur le financement. C'est là le grand problème pour les individus. Au moment de l'emprunt on ne s'en rend pas compte, car le distributeur de billets s'abstient d'expliquer ce qui vous attend. »

Il eut un rictus et continua :

« Et j'en viens à mon troisième point : l'information et l'éducation. Tout à l'heure je vous ai parlé de cet homme qui au début n'avait pas trouvé le taux d'intérêt très élevé. Et c'est là le danger. Les établissements de crédit visent surtout une clientèle de jeunes et ne montrent que les bons côtés de leurs services. La seule prévention est l'information. Mais dans l'état actuel des choses, elle est pratiquement inexistante. Cela fait vingt ans que les étudiants utilisent ces cartes de crédit, mais quels sont l'université, le lycée ou le collège qui peuvent se targuer d'avoir organisé une réunion d'information sur leur mode d'emploi ? Il faut faire quelque chose. Il paraît que dans certaines écoles on organise des cours de maquillage pour les lycéennes, alors pourquoi ne pas trouver le temps de leur fournir les informations nécessaires avant qu'elles ne plongent dans le " tout à crédit " ? »

Il frappa sur la table : « Je ne rejette pas toujours la faute sur le gouvernement, mais je suis furieux de constater que cette situation découle des clivages de l'administration. Actuellement ce n'est pas une administration qui s'occupe des problèmes de crédit mais deux ; la carte de crédit est du ressort du MITI et le prêt aux consommateurs du ministère des Finances. Deux administrations sans communication entre elles se partagent une industrie qui représente autant d'argent que le budget de l'État. Aucune chance de prendre des mesures rapides ! »

Le patron, sans doute habitué à ce genre de scène de la part de l'avocat, les regardait en souriant.

« Pour en revenir à Mlle Sekine, je suis prêt à vous aider dans la mesure du possible et c'est pour cette raison que je vous ai parlé de tout cela, au risque de vous paraître un peu long. Peut-être, malgré tout, persistez-vous à penser qu'emprunter de l'argent alors que l'on ne peut pas le rembourser est un problème d'individu, une preuve de faiblesse, un manque de responsabilité. Et vous pensez aussi qu'un homme normal ne tombe pas dans ce piège. Est-ce que je me trompe ? »

Il avait vu juste. Honma regarda le patron qui souriait toujours derrière son comptoir.

« Ai-je bien visé ?

– Oui. »

Me Mizoguchi toussota : « Vous conduisez, monsieur Honma ? demanda-t-il de but en blanc.

– Pardon ?

– Conduire. Vous avez le permis ?

– Oui, mais je ne conduis pas.

– Parce que vous êtes trop occupé ?

– Non... », répondit Honma, hésitant à poursuivre.

Mais il se décida :

« En fait, il y a trois ans, ma femme a eu un accident : il pleuvait, un camion qui venait en face l'a percutée... »

L'avocat s'étonna.

« Et puis ?...

– Elle est morte. Presque sur le coup. Depuis, je ne conduis plus. Je n'ai plus de voiture et d'ailleurs je n'en ai pas envie. »

L'avocat s'inclina très bas en signe de condoléances :

« Je suis désolé.

– Mais non, je vous en prie..., où vouliez-vous en venir à propos de conduite ?

– Maintenant que je sais ce qui vous est arrivé, dit l'avocat en se redressant, je pense que vous comprendrez mieux la suite.

– Mais encore ?

– Votre femme était prudente au volant ?

– Oui. Comme quelqu'un qui transporte des enfants.

– Et celui qui venait en face ?

– Il s'était endormi de fatigue. Ça m'a mis hors de moi quand j'ai appris ça. Manque de personnel. Pendant deux jours entiers il avait roulé sans s'arrêter.

– Y avait-il au milieu une glissière de sécurité ? Quelle était la largeur de la route ? Était-elle suffisamment large pour que votre femme puisse l'éviter ? »

Honma secoua la tête.

« Qui est fautif ? Évidemment le camionneur qui dormait au volant, mais aussi son employeur qui lui avait imposé ces conditions, le service de l'équipement qui n'avait pas installé de glissières, ainsi que la collectivité locale qui n'avait pas élargi la route : défaut d'urbanisme ou prix trop élevé du terrain. » Il marqua une pause puis reprit : « Si maintenant je déclare que le seul responsable de l'accident est le conducteur, qu'il s'agisse de la victime ou de celui qui a provoqué l'accident, et qu'un homme normal n'a jamais d'accident, que direz-vous ? »

Honma ne se sentit pas obligé de répondre à cette question de pure rhétorique et regarda l'avocat en pensant à ce qu'il lui avait déclaré lors de sa première visite : la faillite due aux emprunts par cartes de crédit est une véritable pollution.

« Eh oui ! poursuivit Me Mizoguchi, il est facile de condamner ces débiteurs, en les accusant d'un défaut intrinsèque. C'est un peu comme soutenir, quoi qu'il arrive, que l'accidenté est forcément un mauvais conducteur puisque certaines personnes n'ont jamais d'accident. »

Honma repensa au camionneur venu, accompagné d'un agent de la sécurité routière, se recueillir devant les cendres de Chizuko. Il ne revoyait pas clairement son visage, mais se souvenait qu'il évitait son regard et tremblait au point de faire tomber de la cendre d'encens sur le tatami. Et quand, pour ramasser la cendre, Honma mit son genou à la place encore toute chaude du chauffeur, il fut saisi de colère. S'il était tellement furieux, c'était aussi parce qu'il savait que cet homme n'était pas le seul coupable.

« Vous avez raison », dit Honma. Le son de sa voix le ramena au présent.

L'avocat reprit doucement :

« Ce serait une erreur de considérer les accidents sous le seul angle de la responsabilité personnelle des conducteurs, en oubliant la négligence de l'équipement ou celle de l'industrie automobile plus intéressée par la rentabilité que par les problèmes de sécurité. Vous ne croyez pas ?

– Si.

– Certes, il existe des conducteurs à problèmes à qui on devrait retirer le permis pour le bien de la société. Mais ce serait aussi une erreur de mettre dans le même sac ce genre de conducteurs et ceux qui, comme votre femme, ont perdu la vie sans être en rien responsables. C'est un peu la même chose pour les multidébiteurs. Bien sûr, là aussi il y a de véritables " cas ". Mais on ne peut se débarrasser du problème en disant qu'ils sont seuls fautifs. Les lois actuelles sur la faillite comportent des points qu'il faudrait modifier, car comme le disent les médias de façon exagérée mais pas totalement fausse, la " faillite personnelle est un bon moyen de ne pas rembourser ses dettes " ou bien la " remise de dettes est un encouragement à l'irresponsabilité générale ". Vous savez comment il faut procéder pour se déclarer en faillite personnelle ?

– Vaguement.

– La démarche est simple, expliqua Me Mizoguchi. On fait d'abord une déclaration auprès du tribunal de district ; on remplit un formulaire et puis on présente son état civil, la fiche de domiciliation, l'inventaire des biens, la liste des créanciers et l'historique de l'endettement. On reçoit une convocation pour un entretien avec un juge qui vérifie oralement le bien-fondé de la déclaration. On appelle ça une " audition ". Cette audition et l'enquête du tribunal ne durent pas longtemps. Dans le cas de faillite personnelle, le verdict prend un mois et demi à deux mois.

« Si l'on possède des valeurs mobilières, un liquidateur judiciaire s'occupe de vendre les biens, d'enquêter sur les créanciers et de répartir le fruit de la liquidation. Pendant ce temps la personne est assignée à domicile, ne peut ni voyager ni déménager sans la permission du tribunal, et son courrier transite par le liquidateur. Ça, c'est la norme. Mais avec des jeunes qui ne possèdent en général aucun bien, les choses se passent différemment. Comme les vêtements, le petit mobilier ou les appareils hi-fi n'ont pas de valeur, généralement on les leur laisse.

« S'il n'y a aucun bien à partager, la notion de " répartition " devient caduque et il ne sert plus à rien d'assigner à domicile. Mais la personne n'est pas pour autant quitte de ses dettes. Pour obtenir cet acquittement il faut demander sa décharge, sous un mois. Et il faut six à sept mois pour l'obtenir. Après quoi on est enfin libéré de l'obligation de remboursement. Rares sont les demandes qui n'aboutissent pas. »

L'avocat énuméra les conditions requises :

« D'abord, ne pas avoir fait de déclaration de faillite depuis dix ans. Ensuite, ne pas faire une fausse déclaration de biens, en essayant d'en camoufler, ou encore continuer d'emprunter de l'argent en mentant à ses créanciers, alors qu'on a déjà engagé une procédure de faillite. Mais dans le cas contraire, même si l'endettement vient de dépenses futiles, accumulées sur de longues années (un fort endettement sur un très court laps de temps étant considéré comme suspect) et si la personne se montre désireuse de s'amender, elle a toutes les chances d'obtenir cette décharge. Cette démarche a pour but d'aider les débiteurs. Mais elle est mal comprise par certains : pourquoi effacer toutes les dettes, même celles qui résultent d'une vie dissolue ? Protéger ceux qui ne peuvent pas payer, comme les retraités ou les mineurs, ça se comprend, mais il y a aussi des personnes dans la force de l'âge. Elles pourraient bien rembourser par versements échelonnés, ne serait-ce que le capital. Mais, fit l'avocat en riant, c'est un peu comme dans le cas d'un incendie : il faut d'abord sauver les gens et ensuite corriger ce qui est à corriger.

– Je suis bien d'accord avec vous, dit Honma.

– Il existe toujours un nombre incroyable de drames dus à l'ignorance du processsus de faillite personnelle : des drames qui peuvent aller jusqu'au suicide. Dernièrement, grâce à nos efforts d'information, de plus en plus de gens viennent nous consulter avant d'en arriver à ces extrémités. Lorsque je fais une conférence, j'ai coutume de dire : " Avant de déménager à la sauvette, de vous suicider ou d'assassiner qui que ce soit, pensez à la déclaration de faillite personnelle ! " Ça fait toujours rire. Mais ça n'a rien de risible ! L'ignorance de cette possibilité conduit à l'éclatement de familles, à la perte du travail, parfois à une vie de clandestinité pour les enfants. Les gens sont traqués. Ce sont justement ceux-là qui sont embauchés par des compagnies de sous-traitance, pour des travaux dangereux comme ceux des centrales nucléaires. On dit qu'il y a deux cent à trois cent mille laissés-pour-compte de ce genre. On n'a pas le droit de ne rien faire. »

Des fantômes vivants, pensa Honma, une foule de laissés-pour-compte charriée par la rivière de l'opulence...

Il ne restait plus qu'eux dans le restaurant et l'avocat en se levant lança au patron :

« Merci mille fois. »

Le patron répondit par un sourire entendu.

Ils sortirent dans un Ginza débonnaire totalement différent de son image nocturne. Honma fut étonné de voir tant de bicyclettes et de tas d'ordures. L'argent que ce quartier avait absorbé pendant la nuit se trouvait, à cette heure du jour, bien au chaud dans les banques.

L'avocat, les mains dans les poches de son manteau, se tourna vers Honma :

« Il y a cinq ans, au début de ses démarches, lorsque Mlle Sekine écrivait l'historique de son endettement, elle m'a dit : “ Maître, je ne comprends pas comment j'ai pu en arriver là, moi qui ne désirais que le bonheur. ”

– “ Moi qui ne désirais que le bonheur ”, murmura Honma.

– Ce sont ses propres mots, dit l'avocat en souriant, mais ce n'est peut-être pas un élément très intéressant pour faire avancer votre enquête. Je vous donnerai tout ce que je possède comme renseignements sur ses précédents employeurs... Venez quand vous voulez, je préviendrai Mlle Sawaki.

– Je vous remercie, ce sera très utile.

– Mais en retour, si je peux me permettre, je vous demanderai de me tenir au courant. Ça me tient à cœur.

– Je n'y manquerai pas.

– Mlle Sekine est... hors de danger ? »

Honma demeura silencieux, et l'avocat n'insista pas.

Les deux hommes se séparèrent au carrefour de Ginza Yon-chome. Après les salutations d'usage, l'avocat répéta :

« N'oubliez pas ce que je vous ai dit. Mlle Sekine ne menait pas une vie particulièrement dissolue. A sa façon, elle était sérieuse. Ce qui lui est arrivé pourrait nous arriver à vous ou à moi, si le vent tourne. N'oubliez jamais le contexte de cette affaire, sinon vous ne verrez que l'arbre qui cache la forêt. Et vous ne trouverez ni Mlle Sekine ni sa remplaçante.

– Oui, vous avez raison. »

L'avocat le quitta avec un signe d'adieu. Le feu passa au vert et Honma vit son dos disparaître dans la foule, petit arbre dans la forêt, une forêt d'êtres crédules, emportés par un courant invisible.

12

Le soleil rougeoyait déjà ; dans le jardin public, Honma remarqua sept ou huit gamins : les uns grimpés sur les grilles, les autres accroupis, les autres, encore, tapant des pieds ou se grattant le dos avec mille contorsions. Au milieu du groupe, un homme de petite taille, les mains sur les hanches, discourait à haute voix.

Honma n'entendait pas ce qu'il disait, mais remarqua la vivacité de l'orateur. Les enfants semblaient l'écouter avec attention et les adultes aussi prêtaient l'oreille. Deux jeunes mères, assises sur des balançoires, avec chacune un bébé sur les genoux, l'observaient en souriant.

« Alors, on marche comme ça les enfants ? demandait-il.

– D'accord, mais tu es qui, toi ? » voulut savoir, en se relevant, un petit garçon qui l'écoutait à croupetons.

« Akechi Kogoro », répondit le petit homme avec entrain. Les enfants se regardèrent.

Honma, rien qu'en voyant la silhouette de dos, soupçonna l'identité du petit homme, que lui confirma vite le son de sa voix. Il longea les grilles en pressant le pas.

« Akechi Kogoro ? C'est qui ? criaient les moutards.

– Un détective célèbre. Vous ne le connaissez pas ? Vous êtes nuls !

– Si, on le connaît, mais c'est pas toi. »

Des murmures et des rires s'élevèrent du cercle des gamins et les adultes, dont les deux jeunes mères, se joignirent à l'euphorie générale.

Se sentant en mauvaise position, le petit homme haussa le ton.

« Ça n'a pas d'importance, maintenant on commence, chacun fait ce que je lui ai dit. Prêts ? Partez ! »

Il frappa dans ses mains et les enfants se dispersèrent.

Honma n'était plus qu'à quelques pas du tournant, lorsqu'on l'appela. « Eh ! »

Sans se retourner ni même ralentir, il continua son chemin, mais comme il traînait la jambe, il n'allait pas vite.

Le petit homme lui courut après.

« Alors ! On m'ignore maintenant ? »

Honma fit un signe de la main, dédaigneux, comme pour l'écarter.

« Je ne sais pas qui vous êtes !

– Arrête ton cirque ! »

Ikari Sadao rattrapa Honma en riant et calqua son allure sur celle de son ami :

« Tu as mal, hein, dit-il plein de sympathie.

– Mêle-toi de tes oignons.

– Si je pouvais te soulager un peu.

– Zut, dit Honma, en éclatant de rire. Qu'est-ce que tu fichais là ?

– J'organisais une enquête, répliqua Ikari en bombant le torse. Je haranguais mes petits détectives.

– A la recherche de quoi ?

– D'un chien qui s'est perdu. »

Honma s'arrêta :

« Il s'agit de Boke ?

– Avec un nom comme ça, ce n'est pas étonnant qu'il se perde, remarqua Ikari, tu es au courant ? »

Ainsi Boke n'était donc pas revenu.

« Oui, je suis au courant. Un chien affectueux, mais pas très intelligent. Quelqu'un l'a pris peut-être.

– J'espère seulement qu'il ne s'est pas fait écraser par une voiture », fit Ikari à voix basse.

Honma savait que son ami avait la passion des animaux. Autrefois il avait donné un nom à chacun des rats qui habitaient dans sa maison et il finissait par les reconnaître rien qu'à leur façon de cavaler. En l'entendant pour la première fois déclarer, assis sur son lit éternellement défait, en fixant le plafond : « Tiens, c'est *Christine,* la copine d'*Alain*[1] », Honma avait décidé qu'il était complètement fou.

En arrivant devant l'ascenseur, Honma eut un soupir de soulagement.

« Qui t'a parlé de Boke ?

– C'est mon petit Satoru », répondit Ikari, qui considérait un peu l'enfant comme son fils.

« J'étais venu te rendre visite, mais tu n'étais pas là et j'ai vu Satoru qui cherchait avec ses amis comment retrouver ce chien, alors je leur ai donné quelques conseils.

– Pourtant Satoru n'était pas parmi tes petits détectives ! »

Ikari gonfla ses narines :

« Lui, je l'avais chargé d'aller à la fourrière avec M. Isaka et Katsu. On l'a peut-être ramassé, ce chien ! »

Ikari portait toujours le même costume. En fait, il en avait trois exactement semblables, même coupe et même tissu. Tel un prestidigitateur, il sortit de la poche intérieure de sa veste marron foncé une grande enveloppe en papier kraft.

« Voilà ce que tu m'as demandé. »

Dans le salon on sentait encore la chaleur du radiateur. Ikari passa dans le couloir et alla offrir de l'encens à l'autel pendant que Honma examinait le contenu de l'enveloppe : l'ancien domicile légal d'Utsunomiya et la liste des différents emplois de Shoko. Comme prévu, le chef de service avait tamponné la demande de documents sans même regarder.

« Merci, tu me sauves. »

En guise de réponse Ikari leva la main, tout en faisant tinter le petit gong.

« Chizuko, voilà ton mari qui recommence », dit-il tourné vers l'autel.

Ikari connaissait Chizuko depuis l'école primaire et c'est lui qui l'avait présentée à Honma lorsqu'ils étaient élèves à l'école de police.

Par la suite il avait avoué que depuis le début il avait l'intention de les marier. Il considérait Chizuko comme sa « petite sœur chérie » et ne voulait pas la voir épouser n'importe qui.

1. Prénoms français dans le texte. *(N.d.T.)*

« Dans ce cas, pourquoi ne l'as-tu pas épousée toi-même ? avait demandé Honma.

– C'est quelqu'un que je connais trop bien, avait répondu Ikari après réflexion, trop bien. »

Ikari, très occupé, ne venait le voir que rarement. Mais à chaque visite, il restait un bon moment devant l'autel. Honma, qui en avait l'habitude, le laissait faire et continuait de vaquer à ses occupations.

Honma prit une chaise et étala sur la table le contenu de l'enveloppe.

L'état civil de Shoko était très clair : la vraie Shoko avait toujours pour domicile légal le 2001, Ichozaka-Machi, Utsunomiya, dont le chef de famille était son père. La fiche additionnelle donnait la liste de ses adresses successives : la première était celle de Kasai, Minami-cho, à laquelle elle s'était fait domicilier le 1er avril 1983. Elle y vivait sûrement quand elle travaillait dans la société Kasai, qui, comme son nom l'indiquait, se trouvait dans le même quartier.

Honma hésita entre le téléphone et le plan de Tokyo. Le téléphone était à portée de main. Il feuilleta son carnet et appela la société Kasai.

Une voix féminine lui répondit. Honma prétendit vouloir envoyer un courrier, demanda si l'adresse de la société était bien celle qu'il possédait et, à dessein, donna l'ancienne adresse de Shoko. Sa correspondante corrigea, en spécifiant que cette adresse-là était celle du foyer-logement du personnel.

Lorsque Honma reposa le récepteur, Ikari, debout, le regardait.

« Je prendrais bien du thé aux algues.

– Sur l'étagère, en bas du placard. »

Ikari chercha dans le placard, en ressortit une petite boîte métallique, remplit la bouilloire et alluma le gaz :

« C'est du self-service ici...

– Très juste.

– Si tu continues à ne pas bouger tu vas vieillir très vite !

– C'est déjà fait. »

L'adresse suivante était celle du « Castle-Mansion », Kinshi-cho, où Shoko habitait à l'époque de sa déclaration de faillite. Quitter le foyer pour emménager dans cet appartement avait dû lui coûter cher et c'est sans doute à ce moment-là qu'elle avait commencé à dégringoler la pente.

Lorsqu'une jeune femme vit dans ce genre de foyer où elle est complètement prise en charge, elle rêve de son indépendance, loin du regard des anciennes, de la directrice et de la contrainte des horaires imposés. Mais elle ne sait pas le prix exact de cette liberté et ne soupçonne pas ce qu'est la « réalité » du monde extérieur, dans lequel il faut payer même des choses essentielles comme l'eau, le gaz et l'électricité.

La dernière adresse de Shoko était celle de la Co-op Kawaguchi, où elle s'était installée après sa faillite et d'où elle avait disparu le 17 mars 1990.

Lors de sa visite à Me Mizoguchi, après la mort de sa mère, elle n'avait parlé que de l'assurance-vie : la maison qu'occupait sa mère ne lui appartenait pas, ce qui n'avait rien d'étonnant, car le chef de famille était mort depuis longtemps, les laissant dans le besoin.

La carte d'assurée correspondait à ce qu'attendait Honma. Il y avait bien deux numéros d'enregistrement au nom de Sekine Shoko : le premier, celui de la vraie Shoko lorsqu'elle avait commencé à travailler, le second celui que la fausse Shoko avait obtenu en prétendant cotiser pour la première fois, au moment de son recrutement par la société Imai en avril 1990.

« En recevant ce document, j'ai téléphoné à l'agence pour l'emploi, dit Ikari. La personne au bout du fil était, elle aussi, surprise qu'une seule assurée eût deux numéros. Mais elle m'a affirmé que certaines personnes utilisaient ce procédé pour cacher leurs emplois antérieurs. Et, comme tu le disais, on ne conserve les archives que sept ans. On n'a donc pas retrouvé le document concernant son recrutement par la société Kasai. En revanche, on a trouvé celui qui indiquait son départ et l'ouverture des droits à une allocation-chômage. »

Si la fausse Shoko avait dit en s'inscrivant qu'elle travaillait pour la première fois, se dit Honma, c'était soit parce qu'elle n'avait pu mettre la main sur la carte d'assurée de la vraie Shoko, soit qu'elle a cru étourdiment que personne ne s'en apercevrait.

D'après le portrait qu'on lui avait fait de la fausse Shoko, Honma penchait pour la première hypothèse. La vraie Shoko, au moment de sa faillite, poursuivie par ses créanciers, pouvait bien dans la panique avoir perdu sa carte d'assurée. La fausse Shoko avait eu beau fouiller l'appartement de Kawaguchi, elle ne l'avait pas trouvée : alors elle avait menti.

La bouilloire chanta. Ikari se leva aussitôt, versa l'eau dans les tasses et les apporta, une dans chaque main.

« Ça t'a servi à quelque chose ? demanda-t-il, en soufflant sur le liquide bouillant.

– Oui, je te remercie.

– Il te faut autre chose ?

– J'aimerais savoir si elle possédait un passeport et un permis de conduite.

– Hum ! dit Ikari, en louchant sur le téléphone, je pourrais passer un coup de fil d'ici, mais je risque de tomber sur n'importe qui et c'est toujours compliqué avec les problèmes de passeport. Je te rappellerai, dans la soirée, d'accord ?

– Formidable. »

Ikari n'avait posé aucune question : c'était une histoire interne à la famille de Honma. Si l'affaire se compliquait, il savait bien que Honma lui donnerait de plus amples détails.

« Tu m'es d'un grand secours. Je te le revaudrai, c'est promis.

– Alors, fais-le tout de suite, rétorqua Ikari, avec une moue, je suis bien embêté, tu peux peut-être m'aider. »

Il s'agissait d'une affaire de meurtre dont on l'avait chargé. Dans une maison de Nakano, à deux heures du matin, un cambrioleur avait tué d'un coup de couteau le propriétaire de la maison et ligoté sa femme ; les voisins l'avaient vu s'enfuir. Le mari, riche, avait cinquante-trois ans, la femme, sa seconde épouse, trente ans.

– Des enfants ?

– Pas de la seconde femme. Mais de l'argent, plein ! Il possédait deux cafés, un magasin de vidéo et deux supermarchés.

– Rien que ça !

– Il avait souscrit une assurance-vie de cent millions de yens. Le mariage qui remontait à dix-huit mois avait déplu à la famille du mari, persuadée que la jeune femme agissait par intérêt. Une idée assez répandue dans ces cas-là.

– Et alors ?

– Pour ma part, je pense que c'est un cambriolage monté de toutes pièces. Monté par la femme. Sans doute parce qu'elle avait un jules. C'est ce qu'on dit d'ailleurs. Et ce type lui aurait donné un coup de main.

– Ça tient la route.

– Certes. Mais le problème est qu'il n'y a pas trace de suspect, dit Ikari en frappant sur la table.

– Comment ?

– Non, il n'y en a pas. On a passé la vie privée de la dame au crible : pas l'ombre d'un amant, aucune trace d'infidélité.

– Comment est-elle ?

– Irrésistible. Et son mari en était fou. Incroyable, non ? Pas le moindre suspect. Est-ce possible avec une femme si sexy ? Vingt ans de moins que le mari ! »

– Les magasins, qui les gérait, le mari ou la femme ? »

Ikari fit la tête de quelqu'un qui, venu manger un bol de nouilles dans une petite gargote, se verrait servir de la cuisine française.

« Lequel des deux ? insista Honma.

– ... Le mari, je pense.

– Tu penses, ou tu en es sûr ?

– Ce n'est qu'une supposition, mais bien fondée, car c'est lui qui avait l'œil sur l'argent. Les impôts aussi ; on le soupçonnait de fraude fiscale.

– Il avait l'œil sur l'argent, répéta Honma, mais qui s'occupait du reste ? Par exemple, la décoration intérieure, le choix du matériel et autre, qui s'en occupait ?

– Le mari, répondit Ikari sans hésiter. Elle ne s'en mêlait pas.

– Et ils ne se sont jamais disputés à ce propos ?

– Non, si l'on en croit les enquêtes. D'ailleurs, elle n'était pas du genre à vouloir s'en occuper. Elle devait se réjouir d'avoir épousé un millionnaire et de pouvoir se la couler douce...

– Tu le crois vraiment ?

– Oui. Les employés l'aimaient bien. Le gérant du café

nous a dit qu'elle l'avait judicieusement conseillé pour choisir la musique d'ambiance du café. Elle était tout à fait dans le coup pour s'occuper de boîtes destinées à une clientèle de jeunes, car elle en avait pas mal fréquenté.

– Encore deux questions, dit Honma.

– Oui ?

– Quel était son travail avant de se marier ?

– Salariée.

– Employée de bureau ?

– Oui, un petit boulot, bien qu'elle ait appris la comptabilité, et elle n'avait pas l'air d'une idiote.

– Et la deuxième question : tout à l'heure tu disais que la femme avait un amant. D'où tiens-tu cela ?

– Des voisins ou des employés l'ont vue sortir en cachette, bien habillée.

– Mais on n'a jamais identifié l'homme ?

– Non, et c'est ce qui m'embête.

– Et pour sortir, comment était-elle ?

– Tu veux dire, habillée ?

– Oui. Portait-elle un tailleur, une robe, un kimono ? Parfumée ? Fardée ? Quel genre de sac ? Petit avec seulement la place d'un mouchoir et de quelques produits de beauté ou grand et fonctionnel dans lequel on peut mettre des cahiers ou des dossiers ? Et les chaussures : vernies ou ordinaires ? »

Ikari qui prenait des notes sur son carnet, leva les yeux au ciel :

« Où veux-tu en venir avec tout ça ? »

Honma, les deux mains jointes derrière la tête, s'adossa à sa chaise :

« Étant posé qu'il n'y avait pas d'homme derrière, si cette femme sortait en cachette, habillée et chaussée simplement, sans fard ni parfum, avec un sac fonctionnel, alors la palette des gens qu'elle pouvait aller voir est assez réduite.

– Qui alors ? » demanda Ikari sur ses gardes.

Honma plissa les yeux :

« Le plus probable...

– Le plus probable ?

– Un banquier, continua Honma. Pas celui de son mari, un autre, qui acceptait de commercer avec elle. Elle allait le voir en cachette. Ç'aurait été embêtant qu'elle se fasse surprendre par son mari. »

Ikari ouvrit ses petites mains replètes. « Absurde ! Quel besoin aurait-elle eu d'aller voir un banquier ?

– Pour ses affaires.

– Quelles affaires ?

– Je me demande si elle ne voulait pas tout simplement gérer elle-même les cafés et le magasin de vidéo. Dans notre métier, nous sommes prisonniers de certains préjugés. Nous sommes persuadés que tous les crimes féminins sont passionnels, sans aucune exception. Mais ils peuvent aussi avoir pour mobile le désir des femmes de supprimer ceux qui leur barrent la route. Cette femme, par exemple, ne s'était peut-être pas mariée pour l'argent mais pour faire carrière. Elle avait choisi le mariage avec un homme riche et âgé, comme une première étape.

– Seulement, une fois mariée, elle n'a pas obtenu ce qu'elle voulait ?

– Exactement. Le mari lui donnait beaucoup d'argent mais l'empêchait de s'occuper de ses affaires, en lui disant que ce n'était pas pour sa petite cervelle. Et elle s'est retrouvée dans la situation de certaines employées de bureau à qui on ne reconnaît d'autre rôle que celui d'être décoratives.

– Mais, pourtant, je pensais que les filles ne détestaient pas ça ! insista Ikari.

– Bien entendu, certaines mais pas toutes. Pour les femmes entreprenantes et indépendantes, il est insupportable de s'entendre dire “ sois belle et tais-toi ”.

– Mais celle-là ne se disputait pas avec son mari.

– Impossible, puisque son mari ne la prenait pas au sérieux. Alors fâchée, vexée, elle a décidé d'en venir à cette extrémité. En supprimant son époux, elle a sans doute voulu montrer enfin de quoi elle était capable.

– Mais elle a un complice quand même, insista Ikari dans ses derniers retranchements. Son jules. Un homme. C'est sûr. Elle l'a appelé à la rescousse. Seul un homme pouvait monter un coup pareil.

– Pourtant, tu m'as assuré que vous n'aviez pas trouvé l'ombre d'un homme.

– Faute peut-être d'avoir suffisamment cherché.

– Je ne crois pas, trancha Honma, si vous n'avez pas trouvé d'homme, c'est que le “ complice ” est une femme, par exemple une collègue de bureau, avec qui elle s'entendait bien, et à qui elle a promis une place dans ses affaires. Une femme qui a un rendez-vous avec une autre femme, ça ne suscite aucun soupçon et, à deux, elles ont pu arriver à tuer un homme dans son sommeil. Que dis-tu de ça ? »

Ikari demeura silencieux un moment, puis comme tombant des nues, murmura :

« Elle a bien une amie intime : celle qui s'est occupée de tout pour l'enterrement. Dis donc, tu es devenu rudement intelligent ! Et si je me faisais tirer dessus à mon tour ? » lança-t-il en manière de boutade.

Honma s'abstint de répliquer.

Une chose était sûre : dans le cas de Shoko, voleuse d'état civil, usurpatrice d'identité s'enfuyant en renonçant à son mariage, même si les motivations demeuraient encore obscures, elles n'avaient nom ni amour, ni amant.

Elle ne s'était pas approprié une fausse identité dans le but de se marier. Elle n'avait rencontré Kazuya qu'après, à une époque où elle vivait déjà sous un autre nom. Et puis, au premier accroc, sans penser à Kazuya, sans se préoccuper de son travail, elle avait disparu... seule.

Seule, pensa Honma, sans directive de personne.

Derrière le papier peint à fleurettes, se dressait un mur de béton. Un mur infranchissable, indestructible. La volonté d'existence de cette fille était de fer, elle voulait vivre uniquement pour elle-même. Ce genre de femme n'existait peut-être pas il y a dix ans.

« Il va falloir nous recycler », murmura Ikari.

Aussitôt après le départ d'Ikari, Satoru revint accompagné d'Isaka :

« On n'a pas trouvé Boke, il est peut-être mort quelque part. Pourtant, M. Ikari m'a dit qu'on pourrait le savoir par le service de la voirie et la fourrière.

– Vous y avez été ?

– Oui, mais ils n'ont rien enregistré, rien qui corresponde à son signalement, répondit Isaka, en choisissant bien ses mots pour ménager Satoru.

– Il n'était pas sauvage et un passant l'a peut-être embarqué en le trouvant mignon... »

Appuyé contre le mur, Satoru ne disait rien, puis tout à coup, à voix basse :

« Écoute, papa...

– Oui ?

– A la fourrière, tu sais, il y a beaucoup de chiens... »

Nous y voilà, pensa Honma et il savait que, comme père et comme adulte, il aurait du mal à répondre aux questions qu'on n'allait pas manquer de lui poser.

« Tous ces chiens, on va les supprimer ? Pourquoi sont-ils abandonnés ? Ceux qui prennent un chien, pourquoi l'abandonnent-ils ?

– Je me le demande, répondit Honma. Je ne les comprends pas. Mais on n'y peut pas grand-chose ; on peut seulement essayer de réfléchir pour trouver un remède. C'est tout, malheureusement.

– Hisae dit toujours que la société est pleine d'imbéciles et de salauds, intervint Isaka. Ceux qui prennent des chiens pour les abandonner ensuite en font partie... Tu ferais bien d'aller te laver les mains. Je vais te préparer un bain. Tu dois être fatigué. »

Satoru sortit de la cuisine en traînant les pieds, et les deux hommes restèrent seuls.

« La fourrière, moi aussi, j'ai trouvé ça déprimant », dit Isaka à voix basse, en se dirigeant vers l'évier. « Avant d'oublier... » Il sortit une enveloppe à en-tête du photographe. « Au moment où nous partions, le photographe nous a appelés pour prévenir que l'agrandissement était prêt. Je me suis demandé ce qu'il fallait faire et comme le magasin se trouve sur le chemin de la fourrière, j'ai pensé que ça vous éviterait une course, et j'y suis allé.

– Ah, grand merci. Ça m'était complètement sorti de l'esprit, dit Honma qui n'attendait d'ailleurs pas grand-chose du cliché.

– D'après l'employé, on ne pouvait pas l'agrandir plus que ça, car l'original n'était pas très net. »

L'agrandissement, à peu près les deux tiers d'un format A5, n'apportait pas d'amélioration considérable. On voyait toujours la maison aux murs chocolat, les deux femmes et le projecteur.

Quelque chose pourtant attira le regard de Honma : au début il crut que c'était une illusion d'optique. Il se précipita pour prendre une loupe, et réexamina la photo. C'était bien ça, il n'y avait pas d'erreur.

« Qu'y a-t-il ? »

Il tendit la photo à Isaka :

« Vous arrive-t-il de regarder des matches de base-ball ?

– Oui.

– Au stade ?

– Oui, j'y vais. Je connais pratiquement tous les grands stades de Tokyo. »

Honma s'anima :

« Donc, vous devez savoir s'il existe quelque part un stade dont les projecteurs sont tournés vers l'extérieur ?

– Comment ? Que voulez-vous dire ? » demanda Isaka en clignant les yeux. Il sortit ses lunettes de presbyte, les posa sur son nez, prit la photo.

« Il s'agit bien d'un projecteur de stade ? demanda Honma.

– Oui.

– Alors, cette maison se trouve bien à côté d'un stade, n'est-ce pas ?

– Ça en a tout l'air.

– Bon, mais regardez de plus près les lampes, à peine visibles dans l'angle gauche de la photo, l'une est tournée vers la maison, c'est-à-dire vers l'extérieur, puisqu'il n'y a pas de maison au centre d'un terrain.

– Oui... c'est vrai, acquiesça Isaka, le nez collé sur la photo.

– Vous connaissez un stade de ce genre ? »

Isaka réfléchit un moment et dit :

« M. Honma, vous avez pour le base-ball...

– Un intérêt médiocre...

– C'est ce que j'ai cru comprendre. Si vous aviez déjà vu

des projecteurs dans un stade, vous sauriez que ce n'est pas une mince affaire que d'en changer la direction.

– Ah bon !

– Normalement les projecteurs sont disposés de telle sorte qu'ils illuminent l'intérieur. Les vôtres sont dirigés vers l'extérieur...

– Et si c'était un projecteur tournant ? » dit Honma en se rendant compte aussitôt du ridicule de son propos.

Isaka se mit à rire :

« Ce serait un événement, si on inventait un projecteur de cette sorte ! On en parlerait dans les journaux. Au stade qui se trouve dans le parc de Meiji-Jingu, où il fait toujours très sombre, des projecteurs tournants qui permettraient d'éclairer le chemin des spectateurs après le match, ce serait magnifique ! »

Honma se gratta la tête et posa la photo. Incontestablement, ce cliché avait quelque chose de bizarre.

« Des projecteurs tournés vers l'extérieur... », continuait à s'étonner Isaka.

13

Honma se fit expliquer au téléphone comment se rendre au bar Lahaina, à partir de la « place de la Locomotive », devant la gare de Shinbashi. A la sortie vers Hibiya, se trouve en effet une locomotive à vapeur, une C 11 ; l'endroit est devenu un lieu de rendez-vous, presque aussi populaire que la statue du chien Hachiko à Shibuya. Le Lahaina existait toujours et le propriétaire et la patronne étaient les mêmes depuis son ouverture, dix ans auparavant, lui dit-on fièrement : en effet dans ce genre de commerce nocturne, les affaires se font et se défont vite...

Il avait demandé à la secrétaire de l'avocat des renseignements sur le passé de Sekine Shoko :

« Mars 1983 : Arrive à Tokyo, employée dans la société Kasai.

Été 1984 : Commence à s'endetter mais quitte le foyer du personnel pour habiter au " Castle-Mansion " de Kinshi-cho.

Avril 1985 : Commence à travailler dans le bar Gold à Shinjiku.

Printemps 1986 : Hospitalisation de dix jours à la suite de complications d'un rhume, dues à la fatigue. L'état de ses finances s'aggrave.

Janvier 1987 : Poursuivie par ses créanciers, démissionne de la société Kasai.

Mai 1987 : Déclaration de faillite. Quitte le " Castle-

Mansion " et habite chez sa collègue du Gold, Miyagi Fumie.

Février 1988 : Obtient sa décharge. Quitte le Gold pour travailler au Lahaina à Shinbashi, emménage à la Co-op Kawaguchi.

25 novembre 1989 : Mort accidentelle de sa mère à Utsunomiya.

25 janvier 1990 : Consulte Me Mizoguchi au sujet de l'assurance-vie. »

Et le 17 mars...

Honma avait l'intention de vérifier la liste en sens inverse : il avait déjà été voir l'avocat, c'était le tour du Lahaina et il déciderait ensuite, selon le résultat de cette visite, s'il irait d'abord à Ustunomiya ou au Gold ou encore chez la femme qui avait hébergé Sekine Shoko.

Déçu de ne pas avoir retrouvé Boke, Satoru avait chipoté pendant tout le repas. En sortant, Honma jeta un coup d'œil dans sa chambre et vit qu'il était pendu au téléphone. Conscient que depuis quelques jours il ne s'occupait pas beaucoup de son fils, il préféra fermer les yeux et ne rien dire.

Comme lors de sa dernière expédition, il s'offrirait d'abord un taxi jusqu'à la gare et continuerait le trajet en train. Il n'éprouvait plus le besoin de prendre son parapluie. Son pas n'était plus aussi chancelant qu'au premier jour.

Kazuya était venu le voir le lundi. On était le vendredi. Quatre jours à peine ! En si peu de temps son genou ne pouvait être guéri, il y avait du psychologique là-dessous. Il allait à la rééducation deux fois par semaine, en principe le lundi et le vendredi. Aujourd'hui il avait séché la séance, mais ne se sentait pas coupable, vu son état. De mauvaise foi, il se justifiait en prétendant qu'ainsi il guérirait plus vite. Il risquait fort de se faire rappeler à l'ordre.

La physiothérapeute était originaire d'Osaka, une femme de trente-cinq ans, sympathique, mais qui avait son franc-parler. Lorsqu'il peinait pendant les exercices, elle s'indignait avec l'accent d'Osaka, le compteur à la main : « Vraiment les messieurs de Tokyo n'ont aucun cran ! » Dans une ville comme Tokyo qui assimile tout, seuls les gens du Kansai[1], avec leur dialecte vivace, conservent leur couleur locale. On les reconnaît toujours à leur accent. Honma n'était pas de Tokyo, bien qu'il y fût né, et leur enviait un peu ce particularisme.

Son père était le troisième fils d'un paysan pauvre du nord-est de Honshu. Après la guerre, à la recherche d'un gagne-pain, il était venu à Tokyo, décidé à devenir policier, seul métier qui lui permettrait de s'installer dans cette ville qui, à cause de la pénurie de logements, limitait les afflux de population. Il n'était donc pas entré dans la police par vocation, ni par souci de la justice sociale, mais simplement poussé par la faim.

Son père n'avait pas eu le choix, pensa Honma. Les Japonais de l'époque, ayant perdu leur Cause, étaient aussi inertes que des marionnettes sans manipulateurs. Et il n'était pas si facile de trouver une nouvelle Cause.

Aujourd'hui, Honma faisait le même métier que son père comme si celui-ci l'y avait encouragé.

« C'est héréditaire peut-être », plaisantait sa mère. Elle-même, ayant souffert de la profession de son mari, comprenait ce que pouvait ressentir sa belle-fille et lui disait ouvertement :

« Si tu trouves ça trop pénible, quitte-le, vas-y ; je m'arrangerai pour qu'il te donne une pension suffisante pour toi et Satoru ! »

Honma en était un peu estomaqué, mais Chizuko se contentait d'en rire.

Ni ses parents ni Chizuko n'étaient plus de ce monde. Chizuko disait toujours : « Toi, tu es Tokyoite. » Mais il ne s'était jamais senti de lien particulier avec Tokyo. D'ailleurs, le Tokyo d'aujourd'hui n'était pas un endroit où l'on pouvait se faire des racines, c'était devenu un champ stérile. La ville n'avait plus que sa fonction de capitale. Quels que soient son luxe et sa puissance, une voiture n'est pas faite pour qu'on y vive et quand elle est trop vieille on s'en débarrasse. Tokyo était un peu à cette image. On ne s'enracine que sur un terrain solide. On ne s'attache pas à une « ville natale » jetable.

1. Région de Kyoto et Osaka. *(N.d.T.)*

Aussi, lorsque pour son travail, il sillonnait Tokyo, et qu'il sentait, à l'intonation d'une voix, à son débit, au choix des mots, des traces de régionalisme, il éprouvait une certaine nostalgie, un peu comme la tristesse d'un enfant qui, jouant jusqu'à la tombée de la nuit, resterait seul, alors que tous les autres sont déjà rentrés, rappelés par leurs mères.

Quand à huit heures et demi du soir il poussa la porte du Lahaina, il remarqua chez la fille d'une vingtaine d'années qui l'accueillit un léger accent de Hakata : Kyushu aussi devait vous laisser son empreinte...

« Je peux me tromper mais tu es flic, toi ? dit la patronne du Laihana après avoir passé à peine cinq minutes avec Honma.

– Exact, rit-il. A quoi le vois-tu ? »

La femme haussa les épaules : elle portait une robe à une seule bretelle qui dénudait une épaule ronde. Un grain de beauté, peut-être artificiel, à la naissance du cou, prolongeait en quelque sorte la robe.

La salle était longue et étroite, d'une trentaine de mètres carrés : avec un comptoir en fer à cheval et deux boxes. Le décor était très simple : juste une grande affiche représentant un arbre énorme. Le personnel se composait d'un serveur, de deux hôtesses et d'un barman.

Assis sur un tabouret, Honma faisait face à la patronne et au barman qui ressemblait curieusement à Isaka. L'établissement était modeste. On remarquait, à l'autre bout du comptoir, un grand vase rempli de fleurs artificielles, inadmissibles dans un bar de luxe. L'endroit, pas à proprement parler populaire, semblait plutôt réservé à une clientèle d'habitués : des cadres moyens, au salaire moyen. Les quatre clients qui se trouvaient là ne semblaient pas être venus ensemble. Un lieu de détente en petit comité : c'est sans doute sous cet angle-là que ce bar avait pu tenir dix ans.

« Tu recherches quelqu'un ? demanda la patronne à qui Honma confiait qu'il connaissait une de leurs anciennes employées.

– Tu ne m'as pas encore expliqué comment tu avais deviné que j'étais flic ? dit Honma en ajoutant : je pourrais aussi bien être venu revoir une amie qui travaillait ici. »

La patronne rit franchement :

« Nous n'avons pas de clients aussi fidèles ; d'ailleurs je suis de très près les relations de mes hôtesses, inutile de mentir.

– De très près : tu ne vas pas jusqu'à faire l'entremetteuse quand même ?

– Pour qui tu me prends ! Il n'y a qu'un flic pour dire des choses pareilles ! dit-elle en balayant le comptoir de sa main comme pour se débarrasser de cette accusation. Tu ne me montres pas ta carte ?

– Ça ferait mauvais effet sur les clients.

– C'est vrai, ça serait indélicat, dit-elle, et elle mordit ses lèvres nacrées. Tu es du commissariat de Sakuradamon ?... ou bien de Marunouchi ?

– Les gens de Marunouchi viennent boire jusqu'ici ?

– Hors de leur territoire, ils se sentent plus à l'aise. Bien sûr ils ne disent pas qu'ils sont flics mais je le sens tout de suite.

– A quoi le sens-tu ?

– A leur odeur sans doute, et puis à la dureté de leur regard. Toi, tu n'as pas vraiment ce regard-là, dit-elle en se reculant pour mieux l'examiner.

– C'est gentil de ta part.

– Alors de Sakuradamon ?

– Oui.

– De la police criminelle ? Habillé comme ça, tu ne t'occupes sûrement pas de la pègre.

– Oui, de la police criminelle. »

Honma hésita. A défaut de carte professionnelle, il sortit sa carte de visite privée et la posa sur le comptoir.

La patronne la prit à deux mains :

« Monsieur Honma, qu'est-ce que je peux faire pour vous ? Il y a un problème avec une de nos ex-hôtesses ? »

Honma se rassit sur le tabouret :

« Te souviens-tu d'une certaine Sekine Shoko qui a travaillé chez toi jusqu'au mois de mars il y a deux ans ? »

La patronne fixa d'abord Honma, puis le barman qui devait avoir suivi leur conversation, car il se retourna.

« Kikuchi, tu as entendu ? Il s'agit de Shoko ?

– Oui, répondit le barman en continuant d'essuyer les verres.

– Vous vous souvenez de ce nom ? demanda Honma.

– Bien sûr, dit la patronne, c'est celle qui a disparu sans même réclamer son salaire.

– Oui, c'est elle, confirma le barman.

– On n'avait jamais vu ça, hein, ici ! Moi qui croyais bien connaître mon personnel, ça m'a fait un choc. » La patronne souligna son émotion en posant la main sur son cœur : « Alors tu cherches Shoko ?

– C'est ça.

– Elle a fait une bêtise ?

– Non, pas précisément, et c'est pourquoi je ne t'ai pas montré ma carte de police. »

Cette fois, c'est Kazuya qui va porter le chapeau, se dit-il :

« Cette jeune femme s'est fiancée avec mon neveu. Mais au dernier moment elle a dû changer d'avis et elle s'est enfuie. Tout compte fait, je la comprends, car mon neveu le mérite. Ce n'est pas pour lui faire des reproches qu'on la recherche, mais pour lui rendre l'argent qu'il lui doit. Mon neveu pense que ce n'est pas la peine, mais moi qui devais être leur témoin pour le mariage, je trouve que ce n'est pas correct. »

La patronne et le barman se regardèrent. Vu de face, le barman était mieux qu'Isaka.

« Shoko fiancée..., murmura la patronne. Ton neveu, c'est aussi un flic ?

– Non, un banquier.

– Shoko avec un banquier...

– Ce n'était pas son genre ?

– Enfin, pas exactement. Comment dire..., elle n'est pas très vive. Avec un mari exigeant, elle aurait des problèmes.

– Elle ne ferait pas une bonne maîtresse de maison ?

– C'est un peu ça, dit la patronne en souriant, elle n'aimait pas beaucoup le ménage. »

Rien à voir avec la Sekine Shoko de Honan-cho.

La patronne n'avait pas loin de la quarantaine. Un peu ronde, elle avait un double menton. Elle jeta à Honma un regard plus sévère encore que celui avec lequel elle devait scruter le chiffre des kilos sur sa balance.

« Je ne sais vraiment pas où peut se trouver Shoko, déclara-t-elle. Depuis son brusque départ elle n'a même pas envoyé ses vœux. »

Ces mots pouvaient être interprétés ainsi : je crois volontiers que vous êtes un flic, mais je ne prends pas le risque de vous révéler ce que je sais.

« Bien sûr, j'imagine que vous ne connaissez pas son adresse, mais je voulais seulement savoir comment elle se comportait à l'époque, et si elle avait des amis qui pourraient nous aider. » Avant même d'attendre la réponse, Honma poursuivit. « Mon neveu ne voyait pas d'un mauvais œil le fait qu'elle ait travaillé dans un bar. De nos jours les employées de bureau arrondissent souvent ainsi leurs fins de mois. Ce n'est pas la raison de leur rupture. Mais il a un sale caractère et c'est pour ça qu'elle est partie.

– Oui, ça arrive, dit la patronne en riant.

– Shoko est quelqu'un de sobre, n'est-ce pas ? Elle a plus les pieds sur terre que mon neveu et elle n'est pas dépensière non plus...

– Oui, c'est quelqu'un d'économe, peut-être même trop, confirma la patronne.

– Vos hôtesses actuelles étaient déjà là du temps de Shoko ?

– Maki, oui », répondit l'autre en désignant l'hôtesse la plus âgée.

En regardant par-dessus son épaule, Honma aperçut la fille en question qui flirtaillait avec un monsieur grisonnant.

« Elle s'entendait bien avec ses collègues ?

– Elle était gentille, dit la patronne, évasive, en levant ses sourcils dessinés avec soin. Tiens, ton whisky est complètement noyé ! » Elle attrapa un autre verre et y mit des glaçons.

« Comme tu surveilles de près les fréquentations de tes hôtesses, tu dois connaître aussi leurs amies, dit Honma, en sortant le portrait de la fausse Shoko. Était-ce une amie de Shoko ? Il paraît que c'est elle qui l'héberge en ce moment. »

La patronne examina la photo avec attention, fit signe au barman d'approcher et appela Maki :

« Maki, peux-tu venir prendre ce verre ? » Et en tendant

un verre de bâtonnets au chocolat, elle ajouta à voix basse : « Tu te souviens de Shoko ?

– De qui ? demanda l'hôtesse aux cils chargés de mascara.

– De cette fille un peu endormie...

– Ah, je me souviens, répondit-elle en souriant à Honma ; son haleine sentait l'orange.

– Maki, sais-tu si c'était une copine de Shoko ?

– As-tu jamais vu cette fille-là ? Te parlait-elle de ses amies ? » compléta Honma.

Maki regarda la photo :

« Je ne sais plus, ça fait tellement longtemps.

– Tu ne te souviens pas ? »

Maki fit non de la tête. Une forte odeur de parfum se dégagea de ses cheveux :

« Je ne me souviens pas, elle ne parlait presque jamais d'elle.

– Elle habitait bien à Kawaguchi ?

– A Kawaguchi ? Je ne sais plus... mais loin. Vu le prix des taxis, elle partait toujours avant le dernier train. Pas vrai, patronne ? »

La patronne acquiesça en silence.

« Avant de travailler ici, où travaillait-elle ? Elle vous l'a dit ?

– Dans un bureau.

– Oui, à la société Kasai.

– C'est possible, je ne me souviens plus du nom ! C'est vrai, elle disait qu'elle avait travaillé dans le quartier de Kasai. »

Elle avait donc tu son passage au Gold. Il lui rappelait sans doute sa faillite et la période pénible où elle était poursuivie par ses créanciers. Autrement dit, la vraie Shoko aussi avait menti sur ses emplois précédents. En s'abstenant bien entendu de mentionner sa faillite.

« Avait-elle un petit ami ? »

Formelle, la patronne répondit en riant :

« Non.

– C'était une drôle de fille, intervint Maki, elle était très timide et acceptait rarement les invitations des clients, même lorsqu'on lui garantissait que la personne était très gentille et que ça n'irait pas plus loin. »

Le barman, silencieux jusque-là, ajouta calmement :

« Ce n'est pas bien d'avancer quelque chose sans preuve, mais j'ai l'impression qu'elle avait eu des problèmes de dettes. »

Honma tenta de rencontrer le regard du barman mais ce dernier contemplait la photo posée sur le comptoir.

« Qu'est-ce qui vous fait penser ça ?

– Je ne sais pas..., le flair !

– Autrement dit, vous n'avez pas de certitude.

– Non.

– Elle s'est peut-être fait dépouiller par un homme ? suggéra Maki, non sans une pointe de curiosité.

– Je ne crois pas.

– Ah bon, dit-elle déçue et elle s'en alla, le verre de bâtonnets au chocolat à la main.

– Elle n'était donc pas très liante ?

– Non. Elle ne venait jamais en voyage avec nous. »

Au moment de quitter son appartement, Honma avait reçu un coup de téléphone d'Ikari : Shoko avait bien son permis de conduire mais pas de passeport. En y repensant, il demanda :

« Elle n'est jamais allée à l'étranger ?

– Non, répondit immédiatement la patronne, elle détestait prendre l'avion, même sur les lignes intérieures.

– Jamais ?

– Non, jamais. Tiens, cet arbre-là sur la photo, tu le connais ? demanda-t-elle en désignant la photo sur le mur. C'est l'emblème de la ville de Lahaina sur l'île Maui à Hawaï. Ma petite sœur, mariée à un Américain, vit là-bas et j'y vais au moins une fois par an. J'invite toujours mes hôtesses à m'accompagner, mais Shoko refusait toujours. A cause de l'avion. »

Elle n'avait pas de passeport, se dit Honma. Mais la fausse Shoko le savait-elle ?

Puisque la vraie Shoko n'avait pas fait de demande de passeport, la fausse aurait pu, elle, s'en faire délivrer un et se rendre à l'étranger. Était-ce une des raisons pour lesquelles elle avait visé Shoko ? La question avait son importance. Avant de prendre l'identité d'une autre, la fausse Shoko avait dû se renseigner à fond. Une femme si prudente n'avait sûrement pas négligé de vérifier ces histoires de permis et de passeport. Elle avait sans doute tout pesé, tout vérifié, avant de se lancer dans l'aventure. Ce qui voulait dire aussi qu'elle devait être suffisamment proche de Shoko pour connaître tous ces détails.

Alors il s'agissait peut-être d'une de ses collègues du Gold ou de la société Kasai, pensa Honma, mais cette hypothèse tenait mal. En mesure de savoir si Shoko possédait un passeport et un permis de conduire, et même de connaître son domicile légal, l'usurpatrice aurait été aussi dans ce cas au courant de sa faillite. Pour celle du Gold au moins. Mais si c'était une collègue de la Kasai, elle aurait pu connaître les problèmes d'argent de Shoko mais pas forcément sa faillite survenue après son départ de la société. Dans ce cas elle aurait essayé de creuser la question. Et qu'aurait répondu Shoko à ce moment-là ?

De deux choses l'une : ou elle aurait dit la vérité en dévoilant sa faillite personnelle et la fausse Shoko aurait été au courant ; ou elle aurait inventé que c'était sa mère ou son protecteur qui avait réglé ses dettes : dans ce cas, l'autre aurait vérifié. Elle ne pouvait pas prendre la chose à la légère, au risque d'être à son tour poursuivie par les créanciers et de finir par être découverte.

Or, si elle avait usurpé l'identité de Shoko en toute connaissance de cause, elle n'aurait pas dû s'étonner de la lettre de l'avocat et n'aurait pas dû avoir besoin de fuir. Elle n'aurait pas non plus accepté de faire cette demande de carte de crédit.

Une amie assez proche pour connaître presque tous les détails de la vie de Shoko, mais pas assez pour être au courant de sa faillite, cela existait-il ?

Honma montra de nouveau le portrait de la fausse Shoko à la patronne :

« Tu ne connais vraiment pas cette femme ? Ce n'était peut être pas son amie, mais une cliente ou quelqu'un qui aurait travaillé très peu de temps chez vous.

– Si c'était le cas, je m'en souviendrais », répondit l'autre de façon catégorique.

Le barman était du même avis.

« Vous n'avez pas par hasard une photo de Shoko ?

– On n'a jamais eu l'occasion d'en faire, dit la patronne en haussant ses blanches épaules.

– Et ceci, ça ne vous dit rien ? Honma exhiba la photo Polaroïd. Cette maison ou l'uniforme que portent ces femmes ? »

La réponse demeura négative.

Le client du box se leva et Maki l'accompagna jusqu'à la porte. En revenant, elle jeta à son tour un coup d'œil sur la photo et déclara : « Ça ne me dit rien du tout.

– Cette maison est construite de façon bizarre », dit Honma à l'intention du barman qui, par son métier, devait connaître pas mal de choses. « Elle se trouve juste à côté d'un stade de base-ball. Vous voyez ce projecteur, il est tourné vers l'extérieur. Vous ne voyez pas où le stade peut se situer ? »

La patronne et Maki semblaient penser que Honma jouait aux devinettes, mais le barman prit la chose au sérieux.

« Est-ce qu'il existe vraiment ? dit-il.

– C'est aussi la question que je me pose. »

Cette piste ne menait à rien, Honma décida d'en changer.

« Shoko travaillait encore chez vous quand elle a perdu sa mère, n'est-ce pas ? Vous a-t-elle paru très affligée ? »

A cette question la patronne réagit vivement comme si on l'avait pincée.

« Une affaire épouvantable : sa mère était soûle et elle est tombée dans un escalier.

– Où était-ce ? Je n'ai pas eu de détails.

– Dans un sanctuaire ou un jardin public, je ne sais plus.

– Je ne me rappelle pas non plus », renchérit Maki et elle partit desservir la table du box.

Puis, soudain, elle s'arrêta et s'adressa à la patronne en ouvrant grands ses yeux :

« Ah ! tu ne te souviens pas, Shoko nous a parlé d'une jeune femme à l'époque... ?

– A propos de quoi ? » demanda Honma, devant le manque de réaction de la patronne et du barman.

Maki s'approcha et le prit doucement par le coude. Honma sentit ses ongles pointus.

« Lorsque la mère de Shoko est tombée, une jeune femme l'a vue et a appelé l'ambulance. Shoko parlait d'elle avec gratitude.

– Elle t'a donné son nom ? »

Maki baissa la tête avec coquetterie :

« Non, ou alors je l'ai oublié. »

Les dés venaient de tomber sur Utsunomiya.

14

De Tokyo à Utsunomiya, le Shinkansen du Nord-Est met à peine une heure. Depuis qu'il existe, nombreux sont ceux qui l'utilisent comme navette pour aller travailler à Tokyo.

Il était midi passé, Honma trouva une place libre dans un wagon non-fumeurs, s'assit et eut juste le temps de poser sa serviette que déjà le train s'ébranlait, ponctuel.

Les voyageurs étaient surtout des hommes d'affaires, en complet-veston, de la même génération que Honma. Devant lui, un jeune homme, un téléphone portable collé à l'oreille, n'en finissait pas de parler fort, sans se douter de son ridicule.

Après avoir quitté Tokyo, le Shinkansen s'enfonça sous terre. La communication devint difficile, le jeune homme s'énerva et éteignit le coûteux appareil. Honma ne put s'empêcher de penser qu'il l'avait peut-être acheté à crédit. Ce qui l'amena à tenter de faire l'inventaire des objets, chez lui, achetés à crédit : sans doute la plupart des meubles et des appareils ménagers. « Sans doute », car c'était Chizuko qui s'en occupait, le consultant uniquement pour le budget. Les hommes ne s'occupaient pas de ces choses-là.

Mais cela dépendait peut-être des générations. Les jeunes d'aujourd'hui devaient aimer décorer leur studio. Les publicités, les catalogues de vente par correspondance ou les réclames télévisées montraient des objets alléchants, de quoi faire perdre la tête aux jeunes ; une simple carte de crédit et hop ! ils emportaient celui-ci, celui-là et encore celui-là...

Aucune limite. On vous poussait à acheter et à acheter

encore, mais aucun vendeur ne vous disait qu'il valait mieux s'arrêter là. Ce n'était pas le rôle des commerçants : ils n'étaient pas censés prendre en charge les clients.

Le train s'arrêta à Ueno, puis repartit aussitôt. Il redevint alors aérien et se faufila entre les immeubles.

Par la fenêtre, Tokyo défilait.

Comment devenait-on multidébiteur ? Quel était le déclic ? Cela n'arrivait sûrement pas d'un seul coup. Se jeter dans la consommation pour compenser le fait d'avoir essuyé un savon par son patron, ou d'être lâchée par son petit ami, bien sûr, ça arrivait... mais la cause était plus profonde.

Il fallait que le train, qui roulait tranquillement, prît la mauvaise voie et s'engageât sur une pente dangereuse au bout de laquelle l'attendait un précipice. Un premier aiguillage puis un second, qui, insensiblement, changeaient la direction du convoi.

Honma repensa aussi aux paroles de Mlle Sawaki. Elle travaillait dans le cabinet Mizoguchi depuis dix ans et se souvenait de la période de l'« enfer des prêts libres » des années quatre-vingt. A l'époque il n'existait pas encore de loi contrôlant ces prêts, et les usuriers utilisaient des méthodes exécrables.

« Il y a eu tellement de suicides et de crimes qu'il a bien fallu prendre des mesures. Nos avocats eux-mêmes étaient menacés par des gangs à la solde des créanciers. On a tiré un jour sur la porte de l'associé de Me Mizoguchi. Heureusement, il n'a pas été blessé. »

Sans parler des menaces contre les débiteurs eux-mêmes. Mais ceux qui en étaient victimes n'osaient pas se plaindre, s'estimant les premiers fautifs.

Et si, poussés à bout, ils se décidaient enfin à appeler la police, un agent venait enquêter sur place. Pas bêtes, les usuriers ne laissaient aucune preuve de leurs menaces, prétendant qu'il s'agissait seulement d'un recouvrement de dettes. Alors la police laissait tomber sous le couvert du fameux article...

« De non-ingérence dans les affaires privées ? avait coupé Honma.

– Oui, et beaucoup de gens n'avaient plus alors que leurs

yeux pour pleurer. Un de nos clients se plaignait : " Il faut sans doute attendre d'être mort pour que la police intervienne. " »

Et il existait aussi toutes sortes d'autres méthodes. Certains usuriers menaçaient de prendre femme et filles pour les obliger à travailler dans des établissements de plaisir. A quoi la police faisait remarquer qu'il n'y avait pas de faits précis et que les femmes n'avaient pas été enlevées ni vendues. Il n'y avait pas de preuves puisque les menaces étaient orales, à moins de les enregistrer. Pourtant la menace était réelle et la vie devenait infernale : n'y tenant plus les débiteurs fuyaient.

Pour s'installer dans un nouvel endroit, y travailler et envoyer les enfants en classe, il fallait transférer la fiche de domiciliation. Il n'était pas difficile alors pour les usuriers, moyennant quelques recherches, de retrouver la trace de leurs débiteurs. Certains allaient même jusqu'à guetter les enfants à la sortie de l'école.

C'est pour éviter cela que les débiteurs ne transféraient pas leur adresse. Mais sans cette fiche, ils ne pouvaient pas obtenir un emploi ou un logement correct. Il leur était impossible aussi d'utiliser leur droit de vote ou de cotiser à la sécurité sociale. Et ainsi commençait la dégringolade.

« A présent la situation s'améliore un peu, avait dit Mlle Sawaki. Ce sont surtout les jeunes qui se font piéger. Mais avec cette nouvelle loi, ils peuvent recommencer leur vie ; tout au moins il n'y a plus de famille détruite. A l'époque de l'" enfer des prêts libres ", les victimes étaient surtout des chefs de famille avec femme et enfants.

– Quelle fut la cause de cette " panique " au début des années 1980 ? »

Mlle Sawaki réfléchit un moment puis répondit :

« Au départ, les gens empruntaient pour devenir propriétaires. Il leur fallait se serrer la ceinture pour arriver à joindre les deux bouts. Alors ils commençaient à emprunter de l'argent liquide aux officines de prêt.

– Et c'était la ruine de la famille.

– Oui. Le phénomène touchait alors surtout les banlieues ; mais actuellement il sévit en ville : non seulement à Tokyo mais dans toutes les grandes villes. C'est la conséquence de la société de consommation, de consommation de luxe. Tout le monde veut vivre dans l'opulence, sans avoir appris à gérer son budget.

« Paradoxalement, les faillites dues aux emprunts immobiliers sont désormais plus rares à cause de l'augmentation incroyable du prix des terrains. C'est tellement cher qu'on ne songe même plus à devenir propriétaire. Mais reste ceux qui ont investi dans des studios dans le but de les revendre et d'encaisser les plus-values. Or le marché immobilier s'est effondré. S'ils vendent maintenant, ils vendent à perte, et s'il faut qu'ils remboursent leurs emprunts. Beaucoup de jeunes sont tombés dans ce piège, des gens entre vingt et quarante ans. Et aussi de plus âgés qui ont dilapidé ainsi tout leur capital retraite et leur pension. Enfin, il y a ceux qui spéculent à la bourse. Personnellement, je pense que dans les années 1980, il y avait le désir de vivre mieux : avoir un logement plus confortable, plus d'opulence, mais aussi, le désir de paraître... Et les sociétés de crédit, en voie d'expansion, s'empressaient de répondre à cette demande. Aujourd'hui les faillites ont pour cause la “ surinformation ”.

– La “ surinformation ” ?

– Oui. On vous donne partout des recettes pour gagner de l'argent : à la bourse, dans l'immobilier, au golf. D'autre part on invite les jeunes à aller visiter tel ou tel pays, à habiter dans tel ou tel quartier à la mode. Voyage, appartement, vêtements, voiture, on vous conseille pour tout. Les gens sont très friands de ces informations et perdent le sens des réalités. Et, cette fois encore, les sociétés de crédit toujours mal contrôlées sont là pour prêter tout ce qu'on veut, en pensant uniquement au profit... Vous savez, certaines banques ont créé des filiales qui prêtent sans garantie, contournant la loi qui réglemente les officines de prêt. »

Pendant leur conversation Honma entendait en bruit de fond le téléphone sonner sans arrêt. Ce cabinet était un des seuls à s'efforcer d'empêcher le train de prendre le mauvais aiguillage et de dévaler la pente. S'il prenait feu, il fallait avant tout éteindre l'incendie.

« Lorsque vous êtes venu la dernière fois, on a parlé des femmes de l'empereur Ichijo, et forte de ça, je me suis mise à relire le *Genji Monogatari* », avait dit Mlle Sawaki d'une voix gaie, pour conclure.

Comment pouvait-elle trouver le temps de lire une œuvre aussi importante avec tout le travail qu'elle fournissait déjà !

La « surinformation »...

Elle avait raison. Mais ce n'était sûrement pas tout. Pourquoi ces gens étaient-ils tellement friands de ces informations ? Ils espéraient y trouver quelque chose, ils étaient sûrs d'y trouver quelque chose...

Or ce « quelque chose » qui poussait les jeunes, timides et sérieux comme Sekine Shoko, à emprunter, ne ressemblait-il pas à un mauvais aiguillage ?

Pour aller s'installer au « Castle-Mansion », Shoko avait dû acheter des meubles et des appareils ménagers et peut-être aussi quelques objets décoratifs. « Quelque chose » l'avait poussée à quitter le foyer. Ce même « quelque chose » l'avait-il précipitée dans l'enfer du crédit ?

Ce n'était sans doute pas seulement un désir d'opulence, encore moins les négligences de sa gestion quotidienne.

La fausse Shoko connaissait-elle l'existence de ce « quelque chose » chez sa future victime ?

Tôt ce matin-là, alors qu'il lisait distraitement son journal, Honma remarqua qu'un des coins trempait dans son café : il se frappa la tête ; la journée commençait mal... Satoru, en le voyant faire, lui demanda s'il avait mal à la tête, car c'était un geste de sa mère lorsqu'elle souffrait de migraines.

Satoru avait, lui aussi, repris quelques gestes de sa mère. Par exemple, lorsqu'il faisait froid, avant de se coucher, Chizuko avait l'habitude d'ôter ses vêtements tous ensemble, des sous-vêtements jusqu'au pull. Elle avait pour ce faire un tour de main remarquable, mais la chose en soi n'était pas très élégante.

Quand Honma lui en faisait la remarque, elle se contentait d'en rire, sans se décider à changer ses habitudes.

Or, à l'automne dernier, Honma avait surpris son fils se déshabillant exactement de la même manière.

Les êtres humains laissent toujours des traces derrière eux :

la chaleur de leur corps dans les vêtements qu'ils quittent, des cheveux sur les peignes... Sekine Shoko ne pouvait pas avoir échappé à la règle. Et c'était pour retrouver ces traces que Honma allait à Utsunomiya, abandonné aux vibrations du train, de ce train que Shoko et certainement l'autre aussi avaient dû prendre.

Et puis aussi..., pour retrouver celle qui « avait donné l'alerte lorsque la mère de Shoko était tombée de l'escalier ».

Et si la fiancée de Kazuya avait eu le projet de tuer la mère de Shoko, la seule personne de sa famille qui restait..., l'idée était-elle un peu trop audacieuse ?

15

A Utsunomiya, Honma découvrit une gare toute neuve. Il se promena dans la galerie marchande qui relie les deux sorties, en jetant un coup d'œil sur les magasins. Ils étaient en tous points semblables à ceux de Tokyo : même choix, mêmes couleurs, même goût.

Il remarqua des offres d'emploi pour une boutique, un café et un restaurant : ici aussi il y avait pénurie de main-d'œuvre ! Grâce au train à grande vitesse, cette ville de province était devenue une banlieue-dortoir de Tokyo.

Une gare propre et animée dans laquelle on ne voyait pas d'étrangers. Ils préféraient sans doute Tokyo et Osaka ou encore les sites touristiques plus éloignés. Pour eux, Utsunomiya était à la fois trop proche et trop lointain.

Honma choisit la plus grande sortie ; elle donnait sur une passerelle au pied de laquelle se trouvait une gare routière. Le panneau des destinations était si confus qu'il opta pour le taxi.

Pour se rendre à Ichozaka, le taxi prit l'avenue principale, puis, cinq minutes plus tard, tourna à gauche dans une autre avenue, vers l'ouest. Honma qui suivait le trajet sur un plan, vit qu'un peu plus loin devait se trouver le commissariat. Il lui aurait été facile d'aller y demander des renseignements sur la mort de la mère de Shoko. Mais il avait décidé de procéder autrement, pour éviter de se faire influencer.

L'accident remontait à deux ans et deux mois. Et on n'avait rien trouvé de suspect. Shoko avait touché l'assurance-vie vie sans problème. Une affaire classée. Il commencerait par aller sur le terrain faire sa propre enquête auprès des gens du quartier et n'irait à la police qu'en cas de besoin.

Le trajet en taxi prit environ vingt minutes.

« C'est par ici, le 2005 est au fond », dit le chauffeur, en arrêtant sa voiture à l'angle d'une rue en sens interdit, devant un poteau électrique sur lequel était écrit : 2010 Ichozaka. Puis il referma la portière et démarra.

Honma jeta un coup d'œil alentour. Dès son arrivée à la gare, il avait constaté de nouveau qu'Utsunomiya, situé en plein milieu de la plaine du Kanto, était une ville plate en dépit de l'adresse d'Ichozaka (colline aux Gingko) qui laissait supposer un relief. Dans un endroit pareil où pouvait-il bien y avoir un escalier aussi meurtrier ?

Il découvrit un quartier de maisons individuelles de style traditionnel ; peu d'immeubles. Il s'avança dans la rue et croisa un couple, main dans la main. La femme le regarda, sans doute intriguée par sa démarche, et détourna aussitôt les yeux tandis que l'homme continuait à parler fort. Honma remarqua au passage un salon de coiffure « L'Oréal », une école d'apprentissage du boulier, et un immeuble à deux étages avec du linge à toutes les fenêtres dont le rez-de-chaussée était occupé par une petite entreprise de construction ; puis, un peu en retrait, une maison d'un étage, en crépi. Sur la porte d'entrée coulissante, un panneau vieillot annonçait « Akane-So », à l'encre de Chine. C'était le 2005.

Honma, les mains enfoncées dans ses poches, se demandait par où commencer, lorsque deux écoliers, sans doute frère et sœur, sortirent de l'immeuble et vinrent dans sa direction. Personne d'autre.

« Bonjour », dit Honma.

Les enfants s'arrêtèrent. La petite fille lui rendit son salut. Tous deux avaient aux pieds des chaussures de sport décorées de héros de dessins animés, et la fille portait autour du cou un pendentif assez volumineux. Honma se baissa et sourit aux gamins.

« Vous habitez là ? » demanda-t-il, et la fillette hocha la tête.

« Je suis venu de Tokyo voir quelqu'un qui habitait ici autrefois. Est-ce que tu sais où habite le propriétaire ? »

La petite répondit par la négative.

« Il n'est pas dans ce quartier ?

– Je ne sais pas, je ne l'ai jamais vu. »

Honma remarqua qu'elle tripotait son pendentif.

« Qu'est-ce que c'est ? demanda-t-il, histoire d'être gentil.

– Une alarme. »

Honma s'attendait à tout sauf à ça.

« Dans le quartier il y a des " satyres " et c'est pour ça que maman me l'a achetée. Il paraît qu'ils s'enfuient avec ça. Tu veux l'entendre ?

– Non, non, merci ! »

Il ne manquerait plus qu'il se fasse emmener au poste !

« Votre mère est à la maison ?

– Non, mais elle est juste à côté, là-bas », répondit la petite en pointant le doigt.

Honma se retourna en craignant de rencontrer le regard sévère de la mère, mais il n'y avait personne : la petite indiquait le salon de coiffure « L'Oréal ».

« Maman aussi en a une », ajouta-t-elle.

La race la plus méfiante de la société actuelle, c'est certainement celle des jeunes mères, toujours inquiètes pour leur progéniture, se dit Honma.

A « L'Oréal », la coiffeuse mit un temps infini avant de s'intéresser à Honma.

Celui-ci expliqua qu'il cherchait des renseignements sur Sekine Shoko, la fiancée de son neveu.

« Je ne veux pas m'en mêler, répondit la coiffeuse aussitôt, sur la défensive.

– Vous n'avez aucune inquiétude à avoir. Je suis l'oncle du fiancé. Nous savons que Mlle Sekine n'a plus de famille, alors nous cherchons quelques renseignements sur elle », dit-il, conscient qu'elle devait le trouver odieux.

Toujours hésitante la coiffeuse consentit enfin à déclarer : « Oui, Mme Sekine... est morte d'une façon bien malheureuse ! » et par fournir quelques explications sur le fameux escalier : il s'agissait de l'escalier d'un vieil immeuble, à côté du parc Hachimanyama, à quelques kilomètres au nord ; un petit immeuble de deux étages, occupé au rez-de-chaussée et au premier étage par une banque et au second par des bistrots. Mme Sekine allait au moins une fois par semaine dans l'un d'eux, le Tagawa. L'escalier de secours extérieur, en béton, était particulièrement raide : elle en était tombée de tout en haut et s'était rompu le cou. Comme l'escalier n'était pas conforme aux normes de sécurité, on en avait parlé dans la presse.

Deux coiffeuses travaillaient à « L'Oréal », la mère des enfants qui s'appelait Kanae, et la patronne, sortie faire des courses pour le moment. Il y avait là une seule cliente, une vieille dame qui somnolait sur un fauteuil de skaï rouge, s'abandonnant aux mains de la coiffeuse. Honma, sans en demander l'autorisation, s'installa sur un des fauteuils équipés de casques. Kanae ne protesta pas. Elle semblait lasse.

« Et ça a fait beaucoup de bruit ?

– Oui, beaucoup. Mais on savait l'escalier dangereux et personne n'a été vraiment surpris.

– La police est venue sur place ?

– Il paraît, mais comme c'était un accident... ».

Shoko avait parlé des circonstances de la mort de sa mère au bar Lahaina sans donner trop de détails. Kazuya s'était contenté de dire que la mère de sa fiancée s'était tuée accidentellement, sans doute parce qu'elle ne lui en avait pas raconté davantage. Et Kazuya n'avait sûrement pas envie d'insister sur ce douloureux souvenir.

Pousser une personne ivre dans un escalier, puis simuler un accident..., facile, et pratiquement sans risque à condition de ne pas éveiller les soupçons.

« Il n'y avait personne à côté quand elle est tombée ?

– Ça, je n'en sais rien ! »

Honma passa à autre chose.

« Vous la connaissiez bien ?

– Plus ou moins. »

La coiffeuse logeait avec son mari et ses deux enfants dans l'appartement 201, au premier étage d'Akane-So ; la mère de Shoko, elle, occupait le 101, juste au-dessous de chez eux, depuis presque dix ans.

« Depuis quand habitez-vous ici ?

– Voyons, ça doit faire cinq ans...

– Vous avez fait la connaissance de Mme Sekine tout de suite ?

– Oui. J'ai pris les devants à cause des enfants. Ils sont bruyants, vous savez, et je ne voulais pas que la “ voisine du dessous ” vienne se plaindre.

– A l'époque, Mlle Sekine rendait visite à sa mère de temps en temps ?

– Je l'ai vue peut-être deux fois. Elle venait régulièrement, une fois en été et une fois pour le nouvel an. »

Ayant terminé la permanente de la vieille dame qui somnolait toujours, Kanae s'absenta un instant et revint avec une serviette sèche :

« Mlle Sekine, elle est jolie, n'est-ce pas ?

– C'est vrai, répondit Honma qui ne l'avait jamais vue. Il paraît qu'elle travaillait dans un bar ?

– Oui..., hésita la coiffeuse, en fixant la serviette sur la tête de sa cliente, je ne sais pas si je dois vous le dire, mais elle a eu des problèmes d'argent. Vous le saviez ?

– Oui, je suis au courant.

– C'était terrible, les usuriers sont même venus menacer sa mère, et il a fallu appeler la police. Il paraît que les parents n'ont pas l'obligation de rembourser les dettes des enfants, dit-elle, et on sentait percer dans sa voix une certaine indignation.

– Le contraire est vrai aussi, sauf dans le cas où les enfants se sont portés garants des parents, ou s'ils ont fait des dépenses communes. C'est la même chose entre mari et femme, d'ailleurs.

– Alors, si mon mari s'endette aux courses de vélo, je n'aurai pas à rembourser ?

– Absolument pas. »

Kanae versa le fixateur sur la tête de sa cliente et comme le liquide devait être froid, cette dernière se réveilla. Elle intervint :

« Ton mari joue toujours aux courses de vélo ?

– Pour m'offrir une maison..., répliqua Kanae en riant.

– Bêtise ! ajouta la vieille femme, qui dévisagea Honma pendant que la coiffeuse dépliait un bonnet de plastique.

Honma la salua.

« C'est le mari de la patronne ? demanda-t-elle à la coiffeuse.

– Non, un visiteur de Tokyo.

– Ah bon, je pensais que c'était l'ex-mari de la patronne. Et qu'est-il venu faire ici ? » ajouta-t-elle, à voix basse.

Kanae lui remit la tête droite puis la coiffa du bonnet :

« Me voir... Vous me direz si c'est trop chaud ? »

Kanae brancha le casque, le voyant rouge s'alluma et l'appareil commença à ronronner. Après avoir mis la minuterie en marche, elle vint s'asseoir à côté de Honma, sortit une cigarette de la poche de son tablier, l'alluma et souffla longuement la fumée, comme si elle avait attendu ce moment avec impatience.

« Si vous voulez des renseignements sur Mlle Sekine, vous devriez plutôt aller faire un tour à l'école primaire.

– A l'école primaire ?

– Oui. Mme Sekine travaillait à la cantine. Sa fille fréquentait aussi cette école quand elle était petite.

– Mais quel intérêt ?

– On ne sait jamais ! Elle devait parler de sa fille avec les autres employés. Et puis ... moi je ne la connais pas bien car elle est beaucoup plus jeune que moi, mais elle doit bien avoir des camarades de classe dans cette ville.

– Certaines de ses amies d'enfance viennent peut-être se faire coiffer chez vous ? »

La coiffeuse cria à l'intention de sa cliente :

« Madame, vous vous souvenez de Mme Sekine, qui habitait au-dessous de chez moi ?

– Celle qui est morte en tombant dans l'escalier ? répondit la vieille dame, la tête immobilisée sous le casque.

– Oui, elle avait une fille de vingt-cinq, vingt-six ans.

– Vingt-huit, cette année, corrigea Honma.

– Déjà ! s'étonna la coiffeuse, vingt-huit ans ! Madame, cria-t-elle de nouveau, vous ne savez pas qui étaient ses camarades de classe ? »

La cliente bâilla, engourdie par la chaleur. Honma se dit qu'il n'allait pas en tirer grand-chose.

Mais elle répliqua :

« A l'enterrement, je crois avoir vu Tamotsu de chez Honda.

– Tamotsu, ah oui, c'est un de ses camarades de classe ?

– Il me semble. Vous ne vous souvenez pas que sa mère est venue se faire coiffer chez vous pour les obsèques ? »

Honda Tamotsu. Honma nota ce nom ainsi que l'adresse du garage Honda Motors qui appartenait à la famille.

« Encore une question, dit-il en se levant et il sortit de sa poche le portrait de la fiancée de Kazuya : Vous n'avez jamais vu cette femme chez Mme Sekine ou avec sa fille ? »

Kanae prit la photo et la regarda avec la cliente.

« Moi, jamais, et vous ?

– Non, quel rapport ?

– Je ne peux pas vous l'expliquer maintenant, ce n'est pas très important.

– Vous ne pourriez pas me la laisser ? suggéra Kanae, piquée de curiosité, j'interrogerai mes clients. Je vous la rendrai sans faute ; si j'apprends quelque chose, je vous téléphonerai. »

Honma n'y vit aucun inconvénient car il avait fait faire plusieurs tirages du portrait :

« Si vous voulez. »

Il enfila son manteau et se dirigeait vers la porte lorsque Kanae l'appela :

« Avec qui est-elle fiancée déjà ?

– Avec mon vaurien de neveu.

– Et que fait-il ? »

Honma, après un moment d'hésitation, répondit :

« Il est dans la banque.

– Alors il vaut mieux qu'il laisse tomber », dit-elle après avoir échangé un coup d'œil avec sa cliente dans le miroir ; elle cachait mal son hostilité vis-à-vis de cette fille qui travaillait dans les bars, poursuivie par ses créanciers.

« Je ne manquerai pas de le mettre en garde », répondit Honma. Un sourire de satisfaction se dessina sur les lèvres de Kanae.

En sortant Honma poussa un soupir de soulagement.

« Tamotsu, on te demande ! » cria un mécanicien d'un certain âge, vêtu d'une combinaison tachée d'huile.

Au fond de l'atelier aux murs couverts de zinc, un jeune homme, accroupi en compagnie d'un lycéen près d'un cyclomoteur, se leva. Il était petit, trapu avec un menton volontaire et des cheveux courts : il transpirait à grosses gouttes.

Le garage se trouvait à dix minutes à pied du salon de coiffure, sur l'avenue principale. Il y avait là une vingtaine de voitures, plusieurs motos et une camionnette. Honma compta cinq employés en combinaison blanche marquée au nom de Honda Motors.

« Vous êtes bien monsieur Honda Tamotsu ? »

Le jeune homme, sans lâcher Honma du regard, opina.

« Je suis désolé de venir vous déranger ainsi sans prévenir », dit Honma, et il se présenta.

Quand il expliqua ce qui l'amenait, le jeune garagiste s'étonna :

– Shoko vit toujours à Tokyo alors ? Où exactement ?

– Où... ?

– J'ai perdu sa trace depuis qu'elle a quitté son appartement de Kawaguchi. Ça me tracassait.

– Vous êtes allé chez elle, à Kawaguchi ? demanda Honma avec une lueur d'espoir.

– Oui, mais elle n'était plus là.

– Vous avez vu la propriétaire ?

– Oui, elle était furieuse. Cela faisait une semaine que Shoko était partie.

– Fin mars, il y a deux ans ?

– Ça doit être ça, dit le jeune homme en essuyant ses mains pleines d'huile sur sa combinaison.

– Vous la connaissez bien alors ?

– Pas mal... mais ça ne me plaît pas beaucoup de répondre à vos questions », dit-il, soupçonneux.

Derrière lui, le lycéen attendait toujours, à côté de son cyclomoteur.

« Adressez-vous ailleurs, moi je ne veux pas...

– Vous n'y êtes pas, ce n'est pas ce que vous pensez... »

Maintenant que la brèche était ouverte, il n'allait sûrement pas la laisser se refermer.

« C'est plus compliqué que ça. Ce serait long à expliquer. Si vous aviez un peu de temps à m'accorder, je pourrais revenir. Moi aussi je la recherche... »

Le garagiste le fit patienter dans la salle d'attente, pendant une demi-heure environ. Le téléphone ne cessait de sonner, mais il y avait toujours quelqu'un pour répondre dès la deuxième sonnerie. Le personnel semblait bien formé.

Tamotsu qui en avait terminé avec le lycéen revint alors avec deux gobelets de café sur un plateau.

Son menton était balafré d'une cicatrice, sûrement due à un accident de la route. Par ailleurs il était assez beau gosse. Un léger strabisme augmentait son charme.

Il écouta les explications de Honma en demandant de temps en temps des éclaircissements.

« Pour le moment je ne peux pas vous montrer la preuve que je suis policier, car je suis en congé et j'ai dû remettre ma carte. Vous devez me faire confiance. »

Après avoir réfléchi un moment, Tamotsu répondit :

« D'accord..., de toute façon, je pourrai vérifier auprès de M. Sakai.

– M. Sakai ?

– Oui, un inspecteur de la police municipale. Je le connais bien. Il a été très gentil au moment de la mort de Mme Sekine.

– Est-ce que je pourrais le rencontrer ?

– Je vais lui demander, il acceptera certainement. Mais, si les choses en sont là, pourquoi ne pas faire une enquête officielle ? Il faut vite retrouver ma petite Shoko et chercher la femme qui a pris son identité.

– Si une fois retrouvées on s'apercevait qu'elles étaient de mèche..., d'ailleurs c'est ce qu'on pourrait souhaiter de mieux !

– Mais alors..., si Shii-chan est morte, il faudrait retrouver son corps pour que la police bouge, c'est ça ? dit-il en passant sa langue sur ses lèvres.

– C'est ça, pour qu'il y ait enquête. »

Tamotsu soupira.

Honma, en regardant le jeune garagiste, comprit qu'il était tombé sur quelqu'un de vraiment proche de Shoko. Shii-chan, « Ma petite Shoko »... Derrière ce surnom, on devinait une vieille habitude d'enfance.

« Vous savez..., avoua Tamotsu à regret, lorsque j'ai appris qu'elle avait disparu après la mort de sa mère, j'ai pensé une chose horrible : “ C'est elle qui l'a tuée. ”

– Vous étiez au courant de ses problèmes d'argent et vous avez tout de suite pensé à l'assurance-vie ? »

Tamotsu, un peu penaud, acquiesça.

« C'est aussi à cause de ce qu'Ikumi m'avait raconté. Au moment de la chute de Mme Sekine, elle a remarqué parmi les badauds une femme qui cachait son visage son visage derrière de grosses lunettes noires. Et je me suis demandé s'il ne s'agissait pas de Shii-chan.

– Une seconde, interrompit Honma, qui est cette Ikumi ?

– C'est ma femme.

– C'était aussi une amie de Shoko ?

– Non, elle passait juste au moment de l'accident et c'est elle qui a appelé l'ambulance. C'est la raison pour laquelle elle était à l'enterrement et c'est là que je l'ai rencontrée. »

16

Tamotsu lui donna rendez-vous, dans un petit restaurant à côté de la gare, vers neuf heures le soir même : « Je réserverai une petite pièce à tatami où il fera chaud. »

Honma comprit le sens de cette phrase lorsqu'il vit Tamotsu arriver, accompagné de sa femme : elle portait un pull à col roulé et une robe chasuble qui ne pouvait cacher une grossesse de six mois environ.

« Je vous présente Ikumi », dit Tamotsu en s'asseyant sur les tatami. Il superposa deux coussins minces près d'un radiateur à un endroit où sa femme pouvait s'adosser au mur.

« Enchantée, dit celle-ci, en s'asseyant sur ses talons.

– C'est votre premier enfant ?

– Non, le deuxième, répondit-elle en plissant ses grands yeux pleins de charme, mais mon mari est aussi affolé que pour le premier.

– Mais tu as failli perdre Taro !

– Quel âge a-t-il ?

– Il a juste fêté son premier anniversaire. »

Une serveuse vint prendre leurs commandes. Elle s'adressa sur un ton familier à Tamotsu et ferma la porte en disant que la fumée de cigarettes était un poison pour la future mère. En attendant son retour, ils parlèrent un peu de tout.

Tamotsu avait commencé à travailler avec son père à la sortie du lycée, car il « aimait s'occuper de voitures ». Il connaissait Shoko depuis l'école maternelle. Ils s'étaient séparés quand il avait opté pour un lycée technique. Mais ils avaient continué à se voir car ils habitaient dans le même quartier et fréquentaient les mêmes cours du soir : c'était sa « meilleure copine », déclara-t-il en jetant un petit coup d'œil à sa femme.

Ikumi, elle aussi, était originaire d'Utsunomiya mais elle avait fréquenté d'autres écoles. Après le lycée, elle avait fait deux années d'études à Tokyo, puis travaillé cinq ans dans un bureau à Marunouchi. Lorsque son frère, muté, avait dû partir pour Yokohama, ses parents se sentant trop seuls lui avaient demandé de revenir au pays.

« Moi aussi, j'étais contente de revenir, j'en avais assez de vivre seule à Tokyo où la vie est chère.

– Et quand on a dans les vingt-cinq ans, la vie est dure pour les employées de bureau, railla son mari.

– Le bureau se trouvait dans un quartier chic, mais ce n'était pas une grosse boîte et les salaires étaient en conséquence : pas de stages luxueux, pas d'espoir de promotion et des heures supplémentaires qui partaient tout en impôts. Tant qu'à travailler, il vaut mieux être dans une grande entreprise. Et puis, autour de moi, les gens devenaient de plus en plus indifférents. C'était vraiment pénible.

– Mais dans les grandes entreprises c'est la même chose, non ?

– Vous croyez ? Pas pour celles qui ont la chance d'avoir une spécialité, professeur ou autre, mais pour les employées de bureau, plus on est jeune, mieux c'est, et si possible pas plus de vingt-cinq ans : une fille de vingt et un ans fait figure de “ vieille peau ” quand arrive une employée de vingt ans.

« Je vais vous raconter quelque chose qui m'est arrivé il y a six mois environ : une ancienne collègue me téléphone chez mes parents où je me trouvais tout à fait par hasard. Elle me demande comment je vais. Un peu étonnée qu'elle m'appelle après un si long silence, je lui réponds que je vais bien et on parle de choses et d'autres. En fait il s'agissait plutôt d'un monologue ; elle me raconte son voyage à Hong-Kong, le prochain voyage de sa société à Ikaho, etc. Elle finit par me demander ce que moi je deviens. Je réponds que je suis très occupée avec mon bébé et...

– Alors ?

– ... interloquée, elle dit : “ Tu t'es mariée ? ” Je réponds : “ Effectivement je ne suis pas mère célibataire. ” Alors cela a jeté un froid, j'ai compris que je ne l'intéressais plus : elle a coupé court et raccroché. Je pense qu'en fait elle cherchait quelqu'un de plus paumé qu'elle.

– Plus paumé ?

– Oui, elle se sentait seule, sans doute au plus bas, et elle imaginait que ma situation était pire que la sienne puisque j'avais quitté mon travail pour me retirer en province, sans projets de mariage ni d'études.

– Ça, c'est quelque chose que je ne comprends pas, moi ! dit Tamotsu.

– Ça ne m'étonne pas, répliqua Ikumi.

– C'est peut-être une chose incompréhensible pour les hommes, hasarda Honma.

– Je ne vois pas pourquoi ! Entre hommes aussi il y a ce genre de rivalités pour les promotions ou pour les revenus, mais ce n'est pas le cas de Tamotsu.

– Pourquoi dis-tu ça ? demanda Tamotsu, vexé.

– Ne te fâche pas, répondit-elle en souriant avec un geste tendre. Je ne veux pas insinuer par là que tu es un peu simple.

– Si, tu l'insinues, lâcha-t-il du bout des lèvres en finissant par rire.

– Ce n'est pas ce que je veux dire. Mais toi, tu as de la chance.

– Pourquoi de la chance ? demanda Honma.

– Parce que depuis son plus jeune âge, il s'est toujours intéressé aux voitures et qu'il a choisi une voie qui correspondait à ce goût ; et en plus son père avait un garage. Et il est devenu un très bon mécanicien.

– Mais je n'étais pas bon dès le début, lança Tamotsu avec un brin de fierté.

– Certes, tu as fait beaucoup d'efforts, mais si tu es devenu bon, c'est parce que tu étais doué au départ. Il y a des gens qui font beaucoup d'efforts et qui n'y arrivent pas. Toi, tu savais ce que tu voulais faire, tu étais doué pour ça et il n'y avait aucun obstacle. Tu peux t'estimer heureux !

– Pourtant je rêvais de travailler dans une grosse boîte !

– Tu veux dire chez Mazda aux Vingt-Quatre Heures du Mans ? dit Ikumi en riant.

– Oui ; mais comme il y avait le garage de mon père, j'y ai renoncé. »

Ikumi se contenta de sourire.

Honma éprouvait de la sympathie pour cette jeune femme, pas particulièrement belle, sans doute pas brillante à l'école non plus, mais intelligente, les yeux ouverts sur la réalité.

« Est-ce que vous savez pourquoi Shoko est partie travailler à Tokyo ? » demanda alors Honma.

Ikumi regarda son mari et prit ses baguettes, décidée à le laisser répondre.

« Mangeons avant que ce ne soit complètement froid, suggéra Ikumi, j'ai grand-faim !

– Est-ce que vous savez ce que Shoko a fait après le lycée ? » demanda Honma.

Tamotsu se mordit la lèvre inférieure :

« Vous croyez que ça peut avoir un rapport avec ce qui est arrivé ?

– Oui, j'en suis persuadé. Si je pouvais avoir des détails sur sa façon de penser et d'agir, ça me permettrait de mieux comprendre ce qui s'est passé par la suite.

– Et aussi de savoir quelle est celle qui a remplacé Shii-chan, ajouta Tamotsu, avec un autre regard à son épouse. J'ai mis Ikumi au courant, elle est plus futée que moi », dit-il, en allongeant la main vers le petit sac de sa femme. Il en sortit une photo : « C'est une photo prise par mon père le jour où elle a quitté le lycée. »

Honma voyait enfin une photo de Shoko : en uniforme, elle tenait à la main son diplôme, roulé dans un étui noir, et fixait l'appareil avec sérieux. Il remarqua ses yeux joliment fendus, son petit nez et ses longues tresses. Elle était mince avec des genoux un peu en dedans. Son visage bien que régulier aurait eu besoin d'être rehaussé de maquillage pour soutenir la comparaison avec celui de la fiancée de Kazuya.

« Depuis qu'elle est partie pour Tokyo, je l'ai revue deux ou trois fois. La dernière fois c'était pour l'enterrement : elle était teinte en rousse, très voyante et bruyante. Mais ce n'était sans doute qu'une façade qui cachait ma vraie Shii-chan. »

Seulement une façade, se dit Honma en regardant la photo.

« Vous savez qu'elle a été poursuivie par ses créanciers ?

– Oui, dit Ikumi, Tamotsu m'a mise au courant.

– Moi, je le sais depuis longtemps, ajouta Tamotsu, car ma mère allait dans le même salon de coiffure que la sienne et on y papote beaucoup. Quand j'ai appris qu'on avait été obligé d'appeler la police, j'ai dit à sa mère de ne pas hésiter à me faire signe, s'ils recommençaient à l'ennuyer.

– Vous organisez des réunions d'anciens élèves ?

– Oui, d'anciens du lycée. Pendant ces réunions, vous savez, les potins circulent bien et c'est ainsi que j'ai appris qu'elle travaillait comme hôtesse dans un bar à Tokyo. Un copain a raconté qu'il l'avait rencontrée dans une boîte de bas étage à Shibuya et qu'elle portait des bas résille.

– A Shibuya ? C'est faux ! Elle n'a jamais travaillé à Shibuya.

– Alors où ?

– Au Gold à Shinjiku et au Lahaina à Shinbashi, où je suis allé. Ce n'est pas une boîte de bas étage, et il n'y a pas de filles en bas résille.

– Il a raconté ça pour se rendre intéressant, dit Ikumi.

– Et vos camarades aussi étaient au courant de ses problèmes d'argent ?

– Naturellement, c'est le genre de bruit qui court vite !

– Et aussi comment elle s'en était tirée ?

– Non, ça, en fait, on ne le savait pas. Une faillite... comment vous dites ?

– Faillite personnelle.

– Ça, on ne le savait pas. Vous m'avez mis au courant tout à l'heure, mais nous, on croyait à la version de sa mère : qu'elle avait tout remboursé grâce à l'aide de ses proches. »

Décidément..., pensa Honma, l'image qu'avaient les gens de la « faillite » restait sombre.

« Et cette version a été retenue ?

– Oui, mais il y avait quand même des gens qui trouvaient ça bizarre, car Mme Sekine n'avait pas de proches, du moins pas à Utsunomiya, susceptibles de l'aider à liquider cette dettes.

– Et tout le monde se demandait ce qu'elle avait bien pu faire pour se débarrasser de ses créanciers, ajouta Ikumi.

– C'est la raison pour laquelle vous l'avez soupçonnée d'avoir supprimé sa mère, n'est-ce pas ?

– Oui.

– Vous pensiez que Shoko était toujours dans la dèche et qu'elle avait commis ce crime pour l'assurance-vie ? »

Tamotsu se contenta de baisser la tête ; sa femme répondit :

« Oui, pour vingt millions de yens !

– Deux millions, corrigea Honma.

– Comment ? Seulement deux millions ? Qui a bien pu multiplier la somme par dix ?

– La rumeur publique...

– D'où avais-tu sorti cette somme ? demanda Ikumi à son mari.

– Je ne m'en souviens pas.

– Et à l'enterrement vous n'avez pas eu l'occasion de savoir où elle en était ?

– Ç'aurait été un peu délicat de parler d'argent à un moment où elle était bouleversée par la mort de sa mère...

– Mais vous la soupçonniez quand même ? »

Tamotsu se contenta de hocher la tête, honteux.

« Vous avez cité M. Sakai, l'inspecteur, tout à l'heure. Vous ne lui avez pas demandé si Shoko avait un alibi ?

– La police a fait une enquête mais ce n'était pas très clair, paraît-il. »

Honma sortit alors la photo de la fiancée de son neveu et la montra à Ikumi.

« Cette femme ne vous dit rien ? »

Ikumi prit la photo.

« Lorsque Mme Sekine est tombée de l'escalier, vous passiez par hasard et vous avez appelé l'ambulance. Dans l'attroupement, une femme à lunettes noires vous a paru bizarre. C'est exact ?

– Oui, répondit Ikumi, les yeux toujours rivés à la photo.

– Est-ce que vous voyez une ressemblance avec cette femme ? »

Ikumi ne répondit pas et resta un long moment silencieuse. On entendait à travers les cloisons de papier les ordres des serveurs. Enfin, les sourcils froncés, elle secoua la tête :

« Je ne la connais pas. Et je ne peux pas dire si c'était la même. Cela fait déjà deux ans et, après tout, je ne l'ai qu'entrevue.

– Dis au moins ton impression, insista Tamotsu.

– Non, je ne sais pas. Je ne veux pas raconter n'importe quoi. »

Ça ne marchait pas comme sur des roulettes mais Honma n'en admira pas moins Ikumi qui refusait de se laisser influencer.

« Vous vous souvenez bien de ce soir-là ?

– Oui, répondit-elle avec un frisson, à cette époque, je travaillais dans un salon de thé de la galerie commerçante de la gare. Je rentrais chez moi en portant des gâteaux invendus. Je me suis aperçue par la suite que dans la panique ils avaient été complètement écrasés.

– Excusez-moi d'insister sur des détails pénibles mais est-ce que Mme Sekine a crié en tombant ?

– La police m'a posé la même question, mais moi je n'ai pas entendu de cri. Tout à coup, je l'ai vue dégringoler de l'escalier. »

Honma réfléchissait en se frottant le menton.

« C'est pour ça que la police a parlé de suicide, intervint Tamotsu. Mais maintenant les gens sont partagés sur la question. L'inspecteur Sakai penche pour cette version : “ Quand on a bu, on ne prend pas cet escalier sauf si on a l'intention de se tuer, autrement on prend l'ascenseur.”

– En effet.

– Selon les clients du Tagawa, elle prenait toujours l'escalier car elle avait mal au cœur dans l'ascenseur. Mais M. Sakai continue de défendre l'hypothèse du suicide, en soulignant que si elle était tombée accidentellement ou poussée par quelqu'un, elle aurait crié. »

Pas forcément, pensa Honma. Le cri peut aussi s'étouffer dans la gorge comme un hoquet.

« C'est un endroit calme ?

– Pas vraiment, dit Tamotsu en riant : le Tagawa possède un karaoke et le bar d'à côté une piste de danse. Nous y sommes allés quelquefois : on ne s'entend même pas parler.

– C'est vrai, et lorsque j'ai crié, ce sont les gens des bâtiments voisins qui sont venus les premiers. Les clients du Tagawa, eux, ne s'étaient rendu compte de rien.

– Est-ce que Mme Sekine allait souvent dans ce bistrot ?

– Oui, souvent.

– Vous voulez dire de façon régulière ?

– Oui.

– C'est Shii-chan qui me l'a dit : même quand elle habitait encore avec sa mère, celle-ci y allait déjà, en disant que c'était son seul moment de détente.

– Elle avait un jour fixe ?

– Oui, le samedi soir. Ses jours de repos étaient le samedi et le dimanche. »

Tous les samedis, au Tagawa. Attendre sa sortie et hop ! un petit coup dans le dos..., ça paraissait facile. Mais il fallait connaître toutes les habitudes de la vieille dame, l'avoir observée longuement. Il y avait d'autres moyens plus simples de s'en débarrasser.

« Mais plutôt que de perdre notre temps à discuter, pourquoi ne pas aller directement au Tagawa ? proposa Tamotsu.

– Vous voulez bien m'y conduire ?

– Bien sûr !

– Je viens, moi aussi, dit Ikumi.

– Tu risques d'attraper froid !

– Mais non, je suis chaudement habillée. »

Pourtant Tamotsu se rassit en reposant son verre ; sans doute avait-il déjà convenu de cette tactique avec sa femme.

« Monsieur Honma, j'aimerais bien vous aider.

– Comment ?

– Vous aider, pour retrouver Shii-chan. Je vous en prie. »

Honma regarda Ikumi. Il fallait d'abord respecter le sentiment de la future mère. Elle pinçait les lèvres fièrement et abonda dans le sens de son mari.

« Mais le garage ? s'inquiéta Honma.

– Je vais prendre mes congés. J'ai une certaine liberté.

– Mais...

– Il n'y a pas de problème, Ikumi est déjà d'accord. C'est décidé, n'est-ce pas ? »

Sans attendre la réponse, il se leva et dit :

« C'est moi qui ai froid maintenant, je vais pisser.

– Pas de détails, je t'en prie », dit Ikumi en riant et elle lui donna une petite tape.

Puis, restée seule avec Honma, elle ajouta :

« C'est un brave garçon, vous ne trouvez pas ?

– Oui, et je suis désolé de vous embringuer dans une histoire pareille. A propos de ce que votre mari vient de suggérer...

– Ça me convient, dit-elle sans laisser Honma terminer.

– Non, ça ne vous convient pas.

– Mais si, affirma-t-elle, en repliant son mouchoir sur ses genoux. Vous êtes inspecteur, n'est-ce pas ?

– Oui, mais en congé.

– Je suis au courant, Tamotsu a vérifié après votre départ auprès de M. Sakai.

– Ah bon !

– Ce serait excitant pour lui de travailler avec un inspecteur de Tokyo.

– Vous êtes vraiment d'accord ? Il risque de s'absenter pendant un moment.

– J'en suis consciente. S'il vous plaît... »

Après une très courte pause, Honma répliqua :

« Moi, je ne suis pas d'accord.

– Pourquoi ?

– Je suis persuadé qu'au fond vous ne le désirez pas. Je ne veux pas semer la discorde entre vous. Je vous tiendrai au courant ; je vais convaincre Tamotsu de rester avec vous.

– Non, ce n'est pas possible, je vous en prie...

– Soyez sincère, ça ne vous déplaît pas ?

– Si, beaucoup. »

Honma remarqua le tremblement de ses joues rondes.

« Oui, ça me déplaît, mais ça serait pire encore s'il pensait tout le temps à elle, à la maison.

– Vous exagérez, c'est vous qui l'imaginez !

– Comment pouvez-vous dire ça, vous n'en savez rien !

– Racontez tout ce que vous voudrez, dit Honma sur la défensive, mais moi je suis sûr que vous et votre fils vous passez avant Shoko.

– C'est vrai, il nous aime, mais c'est différent...

– Quelle est la différence ?
– Vous avez des amis d'enfance, monsieur Honma ?
– Oui, mais j'ai un peu perdu le contact.
– Alors, vous ne pouvez pas comprendre !
– Mais Tamotsu non plus n'a pas continué à la voir !
– Non, mais il pense toujours à elle. Elle qui est partie pour Tokyo, qui a eu tous ces problèmes d'argent, qui est devenue hôtesse : il n'a jamais cessé de penser à elle, il l'aime.
– Il l'aime peut-être mais cela n'a rien à voir avec l'amour qu'il a pour vous.
– Bien sûr, c'est différent, et c'est pour ça que je suis d'accord pour qu'il la recherche. Je préfère qu'il le fasse maintenant. Je veux en finir avec cette histoire. »

Ikumi, la tête baissée, laissa échapper une larme.

« Ce n'est pas bon pour l'enfant », dit Honma comme pour plaisanter.

Mais Ikumi n'avait pas envie de rire : « Tamotsu m'appelle Ikumi, mais il dit Shii-chan, “ ma petite Shoko ” quand il parle d'elle. Ils ont des souvenirs communs. Je n'y peux rien... »

Honma ne put s'empêcher de penser à Ikari devant l'autel de Chizuko...

« S'il avait les sentiments que vous lui prêtez, alors pourquoi ne l'a-t-il pas épousée ?
– Shoko ne devait pas partager son sentiment ou bien alors ils étaient trop proches. »

Trop proches, c'était les termes d'Ikari.

« Une amitié d'enfance ça n'a rien à voir avec l'amour ou le mariage. Et puis...
– Et puis il se sent coupable de l'avoir soupçonnée.
– Donc il veut m'aider en quelque sorte pour se racheter ?
– Oui, par quelque chose de concret. C'est grâce à cet accident que nous nous sommes rencontrés. Cette affaire est au centre de notre relation. Il a raison de la prendre à cœur. Acceptez sa proposition. Pas plus tard que ce soir, nous avons discuté pendant trois heures, après la fermeture du garage : à peine étiez-vous parti qu'il a décidé de vous aider. Il a bon cœur et il est honnête. Acceptez, je vous en prie. »

Avec un soupir Honma suggéra :

« Après, il faudra qu'il vous fasse un beau cadeau.

– Oui, il veut nous faire construire une maison, dit-elle en riant, nous avons déjà le terrain.

– Ça c'est une idée ! »

La porte à glissière s'ouvrit et Tamotsu entra.

« On y va, Tamotsu ? » dit Ikumi en se levant.

Elle se retourna vers Honma et demanda :

« S'il fait bien son travail, est-ce que la police pourra lui donner un petit papier... ?

– Qu'est-ce que tu racontes ! dit Tamotsu embarrassé.

– Mais pourquoi pas ? Son papa adore décorer les murs de diplômes. Mais lui, il n'en a jamais eu, en dehors du certificat d'assiduité de l'école primaire. »

Honma pour la première fois depuis longtemps rit de bon cœur :

« Je ferai mon possible ! »

17

Honma comprit dès le premier coup d'œil le problème du fameux escalier : les marches très étroites, en béton, donnaient l'impression de vous dégringoler dessus en avalanche, tant il était raide. D'autre part, il était mal éclairé. Même sobre et accroché à la rampe, on avait toutes les chances de se casser le cou.

Tamotsu et lui prirent l'ascenseur. La banque, qui occupait le rez-de-chaussée et le premier étage, ne devait pas utiliser cet ascenseur poussif et grinçant, tout couvert de graffiti. S'il avait retrouvé toute sa mobilité, Honma aurait été plus vite à pied !

A leur arrivée au Tagawa, un homme se leva : c'était l'inspecteur Sakai. Tamotsu ne se débrouillait pas si mal ! Lors de voyages officiels Honma rencontrait souvent des inspecteurs locaux, la plupart du temps obséquieux ou prétentieux. Honma fut heureux de trouver un homme qui n'appartenait à aucune de ces catégories.

« Tamotsu m'a parlé de ce qui vous amenait. Ça n'a pas l'air simple ! Ce qui vous préoccupe pour l'heure, ce sont les circonstances de la mort de Mme Sekine ?

– Oui. On ne peut vraiment pas penser à un meurtre ? »

Sakai avait un visage avenant, le genre de visage qui amenait en douceur les suspects à passer aux aveux.

« Non, vraiment, j'en réponds.

– Mais..., intervint Tamotsu.

– Comme je te l'ai déjà expliqué plusieurs fois, Tamotsu, il est impossible qu'elle ait été poussée.

– Impossible ? demanda Honma. Impossible que quelqu'un l'ait poussée, ou impossible parce qu'on ne l'a pas entendue crier ?

– Impossible que quelqu'un l'ait poussée. Allons voir les lieux, vous comprendrez mieux. »

Laissant Ikumi au bistrot, ils sortirent dans la galerie extérieure : elle était en béton brut, d'une largeur d'un mètre environ, un peu abritée par le toit de l'immeuble. Le Tagawa était encadré à droite par un second café et à gauche par le bar-dancing dont on entendait la musique. A l'autre extrémité de la galerie se trouvait l'ascenseur par lequel ils étaient montés. Aucune autre porte ne donnait sur la galerie : ni placard ni toilettes.

« Vous voyez, dit Sakai en se dirigeant vers l'escalier, pas de cachette possible. Si quelqu'un avait poussé Mme Sekine, il n'aurait eu ensuite que deux solutions : ou bien s'enfuir par l'escalier ou l'ascenseur, ou bien entrer dans un des trois établissements.

– Dans les deux cas il fallait faire vite, murmura Honma.

– Oui, ce n'est pas à la portée de tous », renchérit Sakai.

Ils avancèrent jusqu'à la marche supérieure. En regardant la rue en bas, on avait l'impression de se trouver dans un tableau en trompe-l'œil : les proportions étaient complètement faussées ; et si on se penchait en avant, on ressentait une sensation de vide qui vous remontait dans tout le corps.

« Quand Mme Sekine est tombée, expliqua Sakai, il n'y avait personne en haut de l'escalier et personne n'est descendu. C'est bien ce qu'a dit ta femme, n'est-ce pas ? Il aurait fallu que l'assassin éventuel descende jusqu'au palier du premier étage pour pénétrer dans la banque. Mais à cette heure-là elle était fermée. Nous nous sommes livrés à une enquête : aucune possibilité de ce côté-là.

– Et l'ascenseur ?... demanda Honma, qui ne put s'empêcher de sourire en posant la question.

– Ce vieux machin ? renchérit Sakai. Mme Sekine tombe, Ikumi crie, et les gens se rassemblent : c'est trop court pour descendre par cet ascenseur et s'enfuir incognito. Les passants auraient repéré le meurtrier.

– Alors, il est entré dans un de ces trois établissements », insista Tamotsu sans en être vraiment convaincu.

Sakai secoua la tête doucement :

« Ça aussi, nous l'avons vérifié et on nous a assuré que personne n'était entré à cette heure-là. Comme les trois établissements ont téléphone et toilettes à l'intérieur, il y a peu de va-et-vient.

– Je me demande comment dans un bar aussi bruyant que celui-là, dit Tamotsu sceptique, on peut contrôler les allées et venues des clients : ils vous ont raconté n'importe quoi.

– Admettons, mais comment l'assassin pouvait-il savoir à quel moment Mme Sekine allait sortir du Tagawa ? Il aurait pu la guetter de la galerie mais dans ce cas on l'aurait remarqué. Et en supposant qu'il ait été dans le bar, il n'aurait pas entendu Mme Sekine passer, même si elle avait chanté à tue-tête.

– Quel est l'alibi de sa fille ? demanda Honma.

– L'accident a eu lieu un samedi, vers onze heures du soir. Ce jour-là Shoko travaillait au bar, ses collègues ont témoigné.

– Mais les alibis, on peut les fabriquer », remarqua Tamotsu.

Honma et Sakai échangèrent un regard entendu.

« Ce n'est pas un feuilleton à suspens, Tamotsu, dit Sakai. Si tu ne vas pas retrouver Ikumi maintenant, elle va se faire draguer par un ivrogne ! »

Tamotsu écouta le conseil de Sakai et retourna au Tagawa.

Honma commençait à ne plus sentir ses oreilles exposées au vent froid de la nuit :

« J'ai bien compris pourquoi vous écartez l'hypothèse d'un meurtre. »

Honma n'avait jamais pensé que Shoko avait voulu supprimer sa mère. Mais qu'en était-il de l'Autre ?

« Pourtant, je sens comme une réserve chez vous, dit Sakai avec raison.

– C'est vrai, j'ai aussi mes idées, ne le prenez pas mal.

– C'est tout à fait normal.

– Vous, vous croyez qu'elle s'est suicidée, m'a dit Tamotsu. »

Sakai hocha la tête, les yeux larmoyants à cause du froid :

« D'après ses collègues et des habitués du Tagawa qui la connaissaient bien, juste un mois auparavant, elle était déjà tombée dans cet escalier, mais de quatre ou cinq marches seulement.

– Quelqu'un l'a vue ?

– Oui, comme elle a crié, un client qui arrivait au Tagawa juste à ce moment-là, l'a entendue et s'est précipité pour la relever. “ On peut se tuer en tombant comme ça ! ” avait-elle dit. Sans qu'on attache beaucoup d'importance à ses propos, car elle était ivre. En outre, au dire de ses collègues, elle devait être déprimée : elle répétait qu'elle aurait préféré mourir plutôt que de mener cette vie sans intérêt.

– Elle était à ce point désespérée ?

– Surtout angoissée : avec sa fille toujours pas mariée à l'approche de la trentaine, qui travaillait dans un bar de seconde zone, avec tous ces problèmes d'argent. Elle-même vieillissait.

– Quel âge avait-elle ?

– Cinquante-neuf ans, c'est encore jeune, mais elle commençait à avoir des ennuis de santé. Alors l'idée d'en finir lui est peut-être venue, et je la comprends.

– Mais elle n'a pas laissé de testament, fit remarquer Honma.

– Il y a diverses sortes de suicides. Il n'y a pas seulement la mort qu'on se donne en avalant des produits toxiques ou en sautant d'un immeuble ; on peut aussi en quelque sorte se laisser glisser dans la mort. »

En disant ces mots, Sakai fit un pas en avant. Honma fit un geste pour le retenir mais s'aperçut alors que Sakai tenait fermement la rampe.

« Chaque fois qu'elle venait au Tagawa elle descendait par cet escalier. On lui a dit maintes fois que c'était dangereux mais elle continuait à passer par là en espérant, à mon avis, glisser un jour.

– Elle était si seule... ?

– Oui, je pense, dit Sakai en reculant. Tous les habitués lui conseillaient d'utiliser l'ascenseur mais personne n'a jamais pris la peine de l'accompagner. »

Honma avait réservé une chambre dans un hôtel près de la gare. En rentrant, il trouva un message : Satoru avait appelé à 19 h 25.

Isaka lui avait demandé l'autorisation de garder Satoru chez lui le soir. C'est donc chez Isaka qu'il rappela et il tomba sur Satoru :

« Papa ? tu aurais pu rappeler plus tôt ! »

Il était presque minuit.

« Excuse-moi, ça n'en finissait plus. Qu'est-ce qu'il y a ?

– Mme Machiko a appelé.

– Qui ?

– Mme Machiko, la physiothérapeute.

– Parce que je ne suis pas allé à ma séance ?

– Oui.

– Et c'est pour me dire ça que tu es resté éveillé si tard ?

– Tu ne vas quand même pas me gronder au téléphone, ça coûte cher, rétorqua Satoru furieux. En plus, je suis chez M. Isaka.

– Tu confonds tout, c'est ton père qui appelle, rectifia de loin Hisae, laisse-moi lui parler. Monsieur Honma, c'est à propos de la photo avec ce projecteur bizarre.

– Oui, celui qui est tourné vers l'extérieur. Et alors ?

– Satoru y pensait tout le temps et lorsque Mme Machiko a appelé, il lui a posé la question en pensant qu'elle pouvait être au courant.

– Et elle savait quelque chose ? » Honma serra le récepteur de plus près.

« Elle a dit : “ Pourquoi ton père ne m'a-t-il pas posé la question directement ? ”

– Ça veut dire qu'elle avait la réponse ?

– Oui, affirma Hisae. Ce projecteur n'a rien de bizarre. C'est le fruit de notre imagination.

– Comment ça ?

– Ce projecteur est tout à fait normal, on en trouve partout, dans tous les stades au Japon.

– Mais, sur cette photo...

– Ce que nous avons supposé était faux, interrompit Hisae gaiement. En regardant la photo vous avez déclaré : “ Cette maison est construite près d'un stade, car on voit un projecteur. ”

– C'est vrai. Et alors ?

– Et vous avez ajouté : “ Le projecteur est tourné vers la maison, il éclaire l'extérieur du stade parce qu'il n'y a pas de maison à l'intérieur des stades. ” C'est bien ce que vous avez dit ?

– Oui, car...

– C'est justement ce “ parce que ” qui est faux... »

Et c'est Satoru qui continua très fier, en appuyant sur chaque mot :

« Papa, tu sais, au Japon, il y a un stade dans lequel il y a des maisons. Le projecteur est tourné dans la bonne direction. Il éclaire bien l'intérieur du stade. Mais dans ce stade il y a des maisons, tu comprends ? »

Devant l'absurdité de ce propos Honma resta interdit et ne rit même pas : au ton de Satoru, il devinait que ce n'était pas une blague.

« Mme Machiko prétend connaître un endroit aussi bizarre ?

– Oui. Elle est d'Osaka et adore le base-ball.

– Alors, il est à Osaka ?

– Oui. C'est un stade désaffecté qu'on utilise pour des expositions. Par exemple pour les voitures d'occasion, ou encore pour la “ Living Fiesta ”.

– “ Living ”...

– En ce moment même il y a un salon, et on y expose des logements. C'est pour ça que c'est le seul stade dans lequel il y a des maisons. Celle qu'on voit sur la photo est un prototype ! »

18

Honma prit le train à grande vitesse pour Osaka, puis le métro jusqu'à la station Nanba. Après avoir traversé l'immense et superbe quartier souterrain tout neuf, il émergea à l'air libre, dans le vieux Nanba, sale et chaotique.

L'ancien stade d'Osaka se trouvait juste en face de la sortie du métro, coincé au milieu d'immeubles disparates aux murs couverts de panneaux publicitaires.

A côté du passage pour voitures limité en hauteur à deux mètres, Honma repéra une porte coulissante et au-dessus une banderole en tissu jaune : « Accueil de l'Exposition de logements ». C'était là le « seul stade au Japon à l'intérieur duquel il y avait des maisons ».

Il pénétra dans le corridor qui faisait office d'accueil. Dans la pénombre qui contrastait avec la lumière vive de l'extérieur, une hôtesse d'une trentaine d'années était assise à son bureau. Par la porte vitrée, derrière elle, on apercevait les prototypes exposés dans le stade, et les visiteurs qui s'y promenaient. C'était dimanche après-midi et il y avait du monde. Mais, par chance, personne à l'accueil.

Honma sortit la photo Polaroïd et la tendit à l'hôtesse :

« Je voudrais savoir à quelle époque ce prototype a été exposé, s'il vous plaît.

– Eh bien, dit la jeune femme aimablement, sans doute habituée à toutes sortes de questions, ce n'est pas un de nos modèles actuels. Vous cherchez cette maison ?

– Oui. J'ai pu identifier ce salon grâce au projecteur, mais je ne sais pas à quelle époque ce prototype a été présenté.

– Si vous voulez ce genre de construction à l'occidentale, nous avons des modèles plus récents.

– Je vous remercie, mais c'est sur cette maison que je voudrais des renseignements.

– C'est dommage. Vous êtes sûr qu'elle a bien été exposée au salon ?

– Pour ce qui est du site, c'est bien ici, n'est-ce pas ? »

La femme prit la photo et se retourna vers le stade ensoleillé :

« Oui, c'est bien ici.

– Quand s'est ouvert le salon ?

– L'automne dernier, en septembre.

– Et depuis le début vous exposez toujours les mêmes modèles ?

– Oui, monsieur.

– Et ce modèle-là n'est pas exposé. Il n'y a pas eu de changements ?

– Non, monsieur. Ce modèle n'est même pas dans le catalogue, vous pouvez vérifier si vous voulez. »

Honma jeta un coup d'œil vers les catalogues empilés sur le bureau :

« Il y a bien eu un salon " Living Fiesta " ?

– Oui, monsieur.

– A quelle époque ?

– Un instant... », dit-elle, et elle se mit à feuilleter un grand agenda : « La " Living Fiesta " s'est tenue pendant quatre mois de juillet à octobre 1989, mais les exposants étaient beaucoup moins nombreux à l'époque, à peine la moitié.

– Tous les exposants de 1989 sont là en ce moment ?

– Oui. »

Honma s'empara d'un des catalogues et le tendit à l'hôtesse :

« Pourriez-vous cocher les exposants de 1989 et les modèles qu'ils exposent aujourd'hui ? Je vais faire le tour et j'irai voir les représentants. »

Elle fit rapidement ce qu'on lui demandait : il y avait cinq exposants.

Honma entra dans le stade : le temps était d'une douceur printanière ; était-il possible qu'il ait neigé la semaine précédente ?

Honma posa trois questions à chaque représentant : « Est-ce un de vos prototypes ? » « Vous souvenez-vous de ces uniformes ? » et, exhibant le portrait de Shoko : « Avez-vous déjà rencontré cette femme ? »

Pour ne pas avoir à entrer dans les détails, il raconta qu'il s'agissait de sa fille et qu'elle avait fait une fugue. Ce prétexte se révéla très efficace et les gens s'empressèrent de l'aider. Honma éprouva une certaine gêne devant la compassion qu'on lui manifestait.

Les réponses furent invariablement négatives jusqu'au cinquième exposant, ou plutôt exposante, qui le gratifia enfin d'un « oui ». C'était la représentante de la New City House, qui portait un uniforme gris : une jupe et un gilet sans manches, sur lequel on pouvait lire son nom : Yamaguchi.

« Êtes-vous sûre ?

– Oui, pas d'erreur, il s'agit du modèle n° 2 du " chalet 1990 " exposé à la " Living Fiesta ", répondit-elle poliment avec un accent d'Osaka que Honma trouva agréable.

– Le chalet, c'est...

– Une maison comme on en voit en Suisse. En option, il y a même une " vraie cheminée ". Mais je me demande si j'ai encore des prospectus... je vais voir. »

Honma l'arrêta d'un geste :

« Ce n'est pas la peine, je voulais seulement savoir si ce prototype avait bien été exposé ici.

– Ah bon !

– Mais j'ai encore deux ou trois questions. » Il tendit la photo de Shoko qu'elle examina avec soin, non, elle n'avait pas d'idée.

« Je suis désolée...

– Il n'y a pas de quoi, c'est moi qui suis désolé de vous importuner. »

Il repartait lorsque Mlle Yamaguchi le rappela :

« Si vous n'êtes pas trop pressé, pouvez-vous attendre une seconde ?

– Pardon ?

– L'uniforme de ces jeunes filles me dit quelque chose.
– Vraiment ?
– Oui... je pense. Je voudrais vérifier auprès d'une collègue qui assistait au stage de la " Living Fiesta ". Je vais la chercher tout de suite. Je peux emprunter la photo ?
– Je vous en prie. »

Elle fila rapidement en direction du bureau et revint accompagnée d'une femme plus grande et plus jeune qui portait la même tenue, avec un badge : Mlle Komachi. La photo à la main, elle salua Honma et dit immédiatement :

« C'est l'uniforme de l'agence Sanyu.
– Agence ?
– Oui, une agence de voyages. J'ai fait un stage avec eux et je m'en souviens bien.
– Ce stage, expliqua Mlle Yamaguchi, a lieu une ou deux fois par an, pour le personnel du groupe Sanyu dont nous sommes une filiale.
– Et chacune porte alors l'uniforme de sa société, ajouta Mlle Komachi.
– Concrètement, que faites-vous pendant ces stages ?
– On suit des cours pour apprendre à se comporter avec la clientèle. Il y a aussi des travaux pratiques : la " Living Fiesta " nous permet d'appliquer ce que nous avons appris.
– Le personnel de l'agence de voyages était là aussi ?
– Oui. Essentiellement les employées de bureau et les hôtesses d'accueil. Les patrons trouvent bénéfiques ces réunions qui nous permettent de voir comment fonctionnent les autres services clientèle. On peut participer aussi à des concours comme celui de la " meilleure standardiste ". La gagnante se voit remettre une grande coupe en argent, ajouta Mlle Komachi avec un brin d'ironie.
– Une des filles de la photo fait un signe de la main vers la photographe, remarqua Mlle Yamaguchi ; elle aussi devait participer au stage.
– C'est ce que je pense, renchérit Mlle Komachi.
– Y a-t-il un moyen de le vérifier ? Par exemple, une liste des participantes ?
– Non, je ne crois pas, mais si vous alliez au Centre des stages...

– Centre des stages ?

– Oui. On y conserve tous les documents concernant les participants. C'est tout près de la gare d'Umeda. »

L'hôtesse que Honma trouva du Centre des stages, un immeuble de sept étages, sans compter les deux niveaux souterrains et le parking réservé, fut loin d'être aussi aimable que ses collègues du salon. A peine avait-il terminé d'expliquer les motifs de sa visite qu'elle lança :

« Nous ne sommes pas habilités à donner des renseignements sur l'identité et la composition de notre personnel. »

Rien à faire ! Honma se sentit projeté contre les murs en marbre, dignes des bains romains. Il ne fut pas vraiment surpris de cet accueil. Dans une boîte de cette importance, une certaine réserve était de rigueur, le contraire aurait même était choquant.

« Je suis conscient de l'audace de ma requête mais je voudrais simplement savoir si la personne qui se trouve sur cette photo a bien participé au stage qui s'est tenu entre juillet et octobre 1989.

– Je ne peux rien vous dire.

– Il s'agit d'une fugue. Même dans ce cas ?

– Avez-vous une preuve qu'elle a travaillé chez nous ?

– Cette photo... »

Il tendit la photo Polaroïd et reprit son explication, la femme l'écoutait, pincée, les sourcils froncés :

« Je vous ai dit que ce n'était pas possible.

– Vous êtes seule compétente en la matière ?

– Oui.

– Vraiment ?

– Si je vous le dis !

– Vous ne pouvez absolument pas m'aider ?

– Je n'ai pas la possibilité de vous répondre ici. Vous pouvez poser la question par écrit.

– Vous répondrez donc à une demande écrite ? »

Déconcertée, elle dit :

« Je vous prie d'attendre un moment. »

Après avoir traversé le grand hall, elle disparut.

Honma soupira. Il constatait, cette fois encore, combien il était difficile d'être un simple citoyen, privé du secours de sa carte de police.

Le groupe Sanyu devait être très riche si l'on en croyait le plan de répartition des bureaux, qui mentionnait en lettres dorées une salle de spectacles de cent places, un centre culturel avec plusieurs salles de classe et des salles de réunions à louer...

Afin de soulager sa jambe, Honma s'appuya des deux coudes sur le comptoir ; il remarqua à l'intérieur plusieurs brochures de tailles et de couleurs différentes. La plus grande était posée de telle sorte qu'il voyait bien sa couverture : il s'agissait de celle du groupe Sanyu « en plein essor » avec, en caractères plus petits, la liste de toutes ses filiales, dont la moitié était cachée par une autre brochure.

Tout d'abord Honma ne comprit pas ce qui avait arrêté son regard. Sous le nom de la Société de Construction Sanyu, il put lire le nom de sociétés qui n'avaient apparemment rien à voir avec la construction : Sanyu International, Distribution Sanyu, Centre sportif Sanyu, Tera-Bionix, Sanyu Engineering, Centre informatique Sanyu, Green Garden Minami...

Il lui fallut relire cette liste deux fois de haut en bas et de bas en haut pour comprendre : et il eut l'impression de recevoir un coup de poing à l'estomac. Il se souvenait. Il avait déjà vu ce nom.

Sans s'en rendre compte il avait presque plongé dans le comptoir et se releva brusquement en entendant des pas. L'hôtesse revenait au petit trot, toujours pincée ; elle se glissa à l'intérieur du comptoir :

« J'ai vérifié, on ne peut pas vous répondre.

– Ah bon !

– Nous conservons les noms des participants aux stages mais pas les photos. Sans le nom nous ne pouvons rien faire même avec une demande écrite.

– Eh bien, tant pis ! répondit Honma.

– Pardon ?

– Ça ne fait rien, vous avez raison. »

Un peu dépitée, l'hôtesse interrogea Honma du regard.

« Une dernière chose : pouvez-vous me donner cette brochure ? » demanda Honma en montrant une des publications.

D'un geste machinal, la jeune femme la fit glisser sur le comptoir.

« Merci. Cette société fait bien partie du groupe Sanyu ? demanda Honma, en désignant une des filiales mentionnées sur la couverture.

– Oui.

– Donc le personnel vient suivre des stages ici ?

– Bien sûr.

– Cette société se trouve aussi à Osaka ? »

L'hôtesse ouvrit la brochure et vérifia :

« Oui, dans l'immeuble de la maison mère.

– Elle a des succursales ?

– Non, à part l'entrepôt et les livraisons qui sont à Kobe. »

En haut de la page on voyait le nom de la société ainsi qu'un logo représentant une rose : « Dessous élégants importés, à prix raisonnables ».

Honma revit le carton que Konno Nobuko lui avait apporté.

Roseline... !

19

Au milieu des tours d'Umeda, quartier commerçant d'Osaka, Honma découvrit l'immeuble Sanyu. Il n'avait pas le côté tape-à-l'œil du Centre des stages ; plus vieux sans doute. Dans le hall d'entrée, un panneau signalait la société « Roseline » au quatrième étage.

Honma demanda à l'hôtesse vêtue de rose qui l'accueillit avec un sourire s'il ne pouvait pas voir le chef du personnel. Derrière elle, sur la porte vitrée, apparaissait le fameux logo.

« Vous avez un rendez-vous ?

– Non, mais c'est très urgent. Cette femme-là a dû travailler chez vous il y a deux ans », dit-il en se composant un visage sévère.

Et il tendit la photo de « Shoko ». L'hôtesse la regarda les sourcils froncés, sans doute impressionnée par le sérieux de Honma, s'empara de la photo et disparut rapidement, sans même lui demander son nom.

Honma remarqua de beaux catalogues sur une étagère. Il en prit un et chercha à la table des matières « comment passer commande ». C'étaient les seules pages sur lesquelles on ne voyait pas de mannequins provocants en sous-vêtements. Après les explications détaillées, se trouvait un bon de commande détachable :

– Lors de votre première commande veuillez noter clairement vos nom, adresse et lieu de travail.

– Vous pouvez aussi commander par téléphone (appel gratuit), ou par fax 24 h/24 h.

– Paiement par carte de crédit ou par mandat postal.

– Possibilité de vous faire livrer à la date de votre choix et d'obtenir des emballages cadeau.

Mais le regard de Honma s'arrêta à la phrase suivante :

– Soucieux de mieux connaître les désirs de notre clientèle, nous vous serions reconnaissants de bien vouloir répondre au questionnaire suivant. Toute personne ayant eu la gentillesse d'y répondre recevra une trousse de voyage de notre ligne « spéciale Roseline ».

Nous y sommes ! pensa Honma.

– (Situation de famille) (Propriétaire ou locataire ?) (Nombre d'années de travail) (Revenu annuel) (Changements d'emploi ?) (Diplômes et qualifications : machine à traitement de texte, bouliers, permis de conduire, etc.) (Montant de votre épargne) (Assurances ?) (Cartes de crédit ?).

Pour les célibataires : (Où pensez-vous célébrer votre mariage : hôtel, temple, église, autre... ?) (Où aimeriez-vous aller en voyage de noces ?) (Avez-vous déjà voyagé à l'étranger ? Quand ?).

Honma regarda le mur, les yeux remplis de cette couleur rose mais son esprit d'idées noires : il suffisait à quelqu'un d'avoir accès à ces fichiers informatiques pour obtenir tous ces renseignements personnels...

« Excusez-moi de vous avoir fait attendre, dit l'hôtesse en revenant, accompagnée d'une femme d'une trentaine d'années en tailleur vert tendre.

– Nous sommes désolés, mais nous ne pouvons pas répondre à votre question, dit celle-ci, catégorique.

– Je ne vous ai sans doute pas assez expliqué..., insista Honma avec courtoisie. Pourriez-vous m'accorder cinq minutes ?

– Je suis désolée, mais c'est impossible, nous ne recevons jamais sans rendez-vous. »

Elle était aimable comme une porte de prison. Honma cherchait quelque chose à dire, lorsqu'il remarqua un jeune homme qui les épiait derrière la porte. En voyant que Honma l'avait aperçu, il disparut.

« Dans ce cas, je reviendrai ; pourriez-vous me rendre la photo, s'il vous plaît ? »

La femme au tailleur jeta un regard de reproche à l'hôtesse qui, gênée, repartit vers le bureau.

Après avoir récupéré la photo, Honma revint vers l'ascenseur et appuya sur le bouton. Puis il se dirigea vers l'escalier, il descendit deux marches, et s'arrêta, dissimulé derrière le mur. La porte de l'ascenseur s'ouvrit et se referma. L'ascenseur partit vide.

Je me suis trompé, pensa Honma, mais au même moment il entendit des pas : c'était le jeune homme de tout à l'heure qui appuyait rageusement sur le bouton. Comme l'ascenseur ne venait pas, il se dirigea vers l'escalier.

Honma s'écarta et demanda :

« Vous me cherchiez ?

– Oui. La femme que vous avez vue occupe un poste important au service de la vente mais, moi, je travaille au service du personnel. »

Katase Hideki, âgé de trente-quatre, trente-cinq ans, avait des traits réguliers et un visage bronzé. Il était en manches de chemise et portait aux pieds des chaussures impeccables. Mais de façon tout à fait inattendue, cet homme élégant parlait dans le pur dialecte du Kansai.

« Vous avez tout de suite compris que je voulais vous voir ? demanda-t-il en descendant l'escalier avec Honma.

– Je m'en doutais sans en être sûr, répondit Honma en souriant, j'ai senti quelque chose. Monsieur Katase, vous avez vu la photo. Vous connaissez cette femme, n'est-ce pas ? »

Honma ressortit la photo de « Sekine Shoko ».

« Regardez-la bien ! »

Katase essuyait ses mains moites de sueur sur son pantalon.

Au dernier moment il hésitait.

« C'est quelqu'un qui a travaillé chez " Roseline " ? »

Katase acquiesça en silence.

C'était presque trop simple ! Le jeune cadre leva la tête en cessant d'essuyer ses mains :

« Pourquoi la cherchez-vous ?

– Ce serait très long à expliquer.

– Très compliqué ? » dit l'autre comme s'il s'attendait à une mauvaise nouvelle. Il devait bien la connaître.

Honma se décida :

« Elle a pris l'identité d'une autre femme, qui pourrait bien être une des clientes de “ Roseline ”, une certaine Sekine Shoko.

– Sekine Shoko..., répéta Katase dans un murmure.

– Oui, j'étais venu vérifier ces deux choses. »

Katase, déterminé, leva la tête et dit à la hâte :

« En sortant de cet immeuble, au quatrième feu à droite vous trouverez un café, le Kanteki. Je vous y rejoins. »

Honma dut patienter au moins une heure, mais cela ne lui parut pas très long. Il était si tendu que son dos lui faisait mal : une tension semblable à celle qu'il avait ressentie la première fois qu'il avait interrogé un suspect. Katase arriva enfin, vêtu d'un complet-veston bien coupé et de bonne qualité.

Après s'être excusé de l'avoir fait attendre, il s'assit devant Honma et posa sur la chaise à côté de lui une grande enveloppe à en-tête de la société :

« J'ai donné un prétexte pour avoir un peu de temps devant moi. Expliquez-moi tout. »

Katase écouta Honma en silence sans toucher à son café, se contentant d'étendre le bras de temps en temps en direction de l'enveloppe.

Lorsque Honma en eut fini, Katase laissa échapper un grand soupir, les yeux toujours rivés sur la photo que Honma avait ressortie.

« C'est tout ? demanda-t-il.

– C'est tout, répondit Honma d'une voix enrouée.

– Alors ceci vous sera utile », dit le jeune homme, en prenant l'enveloppe dont il vida le contenu : trois photocopies, et un listing d'ordinateur. Il tendit les photocopies agrafées ensemble et garda le listing près de lui.

La première page était un CV, Honma remarqua la photo : le même visage que celui du CV de « Sekine Shoko » qu'il avait vu dix jours auparavant, chez Imai. C'était bien la même.

Il lut : Shinjo Kyoko. L'écriture aussi était la même.

« Shinjo Kyoko, murmura Honma.

– Oui, Mlle Shinjo, je me souviens bien d'elle. »

Née le 10 mai 1966, elle avait vingt-six ans, deux de moins que Shoko. Son domicile légal était à Fukushima-ken et elle avait fréquenté le lycée de Koriyama jusqu'en 1984.

La deuxième feuille concernait son embauche chez « Roseline » : recrutée le 20 avril 1988, elle avait démissionné le 31 décembre 1989. Entre 1984 et son entrée chez « Roseline », il y avait un trou de quatre ans.

« Savez-vous ce qu'elle faisait avant de travailler chez vous ? »

Katase se frotta le dessous du nez avec l'index, l'air pensif.

« Ça vous gêne d'en parler ?

– Non, elle était mariée.

– Mariée ?

– Oui, mais ça n'a pas bien marché : elle a divorcé.

– Elle s'était mariée très jeune !

– Tout de suite après le lycée, elle a travaillé, paraît-il, mais elle ne l'a pas mentionné dans son CV. Pour nous, ça ne posait pas de problème. »

Ne pas perdre de vue qu'elle avait peut-être menti dans ce CV aussi.

Sur la page suivante, il lut : boulier (deuxième kyu) et permis de conduire.

Tiens, tiens, deuxième kyu, tu ne te débrouilles pas si mal, ma jolie ! Et en plus tu as le permis de conduire. Mais tu ne pouvais plus l'utiliser car Sekine Shoko aussi en avait un. Tu ne pouvais ni renouveler le sien à cause de la photo ni utiliser le tien. Donc tu as été obligée de prétendre ne pas en avoir et ne pas vouloir le passer, si je ne me trompe...

La rubrique familiale était vide.

« Elle n'avait plus de famille ?

– Elle disait que ses parents étaient morts depuis longtemps.

– Alors elle vivait toute seule ?

– Elle partageait un appartement avec une amie, près de la gare de Senri.

– Vous pouvez me donner le nom de cette amie ?

– Je ne l'ai pas ici...

– Vous pouvez le retrouver ?

– Oui, je pense, je vais essayer. »

Honma fit mine de se replonger dans le CV mais en fait continua d'observer Katase qui semblait ne pouvoir détacher son regard de la photo.

« Vous la connaissiez bien ? »

Katase leva les yeux vers Honma en clignant des paupières.

« Vous connaissiez bien Mlle Shinjo ? insista Honma.

– Oui..., même très bien. C'était une de mes collaboratrices ; j'avais assisté aussi à son entretien. »

Certes, mais ce n'est sûrement pas tout, pensa Honma.

« Sans vouloir être indiscret, et en privé ?

– Au bureau on s'entendait bien, dit-il avec un sourire forcé, nous allions déjeuner ensemble et quand elle m'a annoncé sa démission, j'ai été très étonné.

– Quelles raisons a-t-elle données pour son départ ?

– Je lui ai demandé, mais sans succès.

– Vous n'avez pas insisté ?

– Je n'en avais pas le droit.

– Le droit ?

– Oui, exactement. Ni droit de regard, ni droit de me plaindre.

– Cela venait d'elle ? »

Katase ne répondit pas, l'air abattu, dans son complet élégant.

« Mlle Shinjo a-t-elle participé au salon " Living Fiesta ", au stade d'Osaka, entre juillet et octobre 1989 ?

– Pardon ? » fit Katase, paraissant émerger d'un moment d'absence.

Honma répéta sa question.

« Voyez à la troisième page : *Stages de formation des employées, 9-10 septembre 1989 au Centre des stages, au Salon d'expositions de la New City House et à la Terrasse Sanyu.*

– La Terrasse Sanyu, c'est un petit restaurant, expliqua Katase.

– Ils sont très stricts, ces stages ?

– Non, pas les stages féminins. Ils sont complètement différent des nôtres.

– Vous pensez que pendant ces stages les participantes ont le droit de prendre des photos comme de simples touristes ?

– Oui, certains veulent des souvenirs. »

Honma sortit alors la photo Polaroïd de la maison couleur chocolat et la posa à côté du portrait de Kyoko :

« Comme je vous l'ai dit tout à l'heure, c'est grâce à ce cliché que j'ai trouvé “ Roseline ”. D'après vous, pourquoi Mlle Shinjo a-t-elle photographié cette maison ? »

Et elle l'avait même conservée après avoir changé d'identité.

Katase sourit :

« C'est à elle qu'il faudrait le demander. Moi je n'en ai aucune idée. Elle ne m'a jamais montré cette photo.

– Elle vous en a donc montré d'autres ? suggéra Honma avec un sourire. Vous en étiez à ce point d'intimité ? »

Katase détourna son regard et tendit la main vers sa tasse de café.

Bizarre ! Cet homme suffisamment intéressé par Kyoko pour bien vouloir coopérer prétendait ne pas avoir eu d'intimité avec elle. De quoi avait-il peur ?

Honma décida qu'il valait mieux changer de sujet.

« Au moment du recrutement, vous avez fait une enquête sur elle ?

– Non. D'ailleurs elle n'avait pas un poste officiel.

– Vous voulez dire qu'elle travaillait à mi-temps ?

– Non. Il s'agissait plutôt d'une différence de primes et d'avantages sociaux. »

Après en avoir demandé l'autorisation, Honma recopia le CV dans son calepin puis reprit son interrogatoire.

« Monsieur Katase, quel genre de travail faisait Mlle Shinjo chez vous ? »

Katase ne répondit pas immédiatement à cette question simple. Après un moment il finit par dire :

« “ Roseline ” est une société de vente par correspondance...

– Oui..., dit Honma, surpris de le voir passer ainsi à autre chose.

– Monsieur Honma, vous n'allez pas jusqu'à soupçonner Mlle Shinjo d'avoir profité de son travail pour voler les renseignements personnels de cette Sekine Shoko ?

– Je ne vois pas comment je pourrais faire autrement, répondit Honma encore plus surpris.

– Impossible. Il n'y a aucun moyen.

– Pourquoi ? Ne suffit-il pas d'appuyer sur les touches d'un clavier pour obtenir les renseignements concernant les clients ? »

Il restait jusqu'ici un grand point d'interrogation : qui pouvait être l'amie qui connaissait tout de Shoko excepté sa faillite personnelle ? Une « amie » qui n'avait jamais montré son nez, ni au Lahaina ni au Gold. Comment avait-elle pu connaître le domicile légal et la situation de famille de Shoko ? La réponse était là : la vente par correspondance !

« Votre société envoie des questionnaires. Les clientes, en y répondant, vous disent tout de leur vie privée... »

Shinjo Kyoko avait cherché quelqu'un de son âge et vivant seule. D'emblée elle avait écarté toute femme possédant déjà un passeport. Il aurait mieux valu aussi quelqu'un ne possédant pas de permis de conduire, mais le plus important était que la personne habite très loin d'Osaka où Kyoko vivait. Shoko devait remplir toutes ces conditions...

« Ce questionnaire donne des renseignements sur pratiquement tout, sauf sur la faillite personnelle. Et c'est la raison pour laquelle Shinjo Kyoko l'ignorait. »

Katase hocha la tête et, prenant le listing, dit :

« Tenez, voilà ce que je viens de sortir. »

Le nom de Sekine Shoko sauta aux yeux de Honma. C'était bien une cliente de « Roseline ».

« Vous l'avez donc trouvée.

– Oui, il existe en effet une cliente au nom de Sekine Shoko. Sur la première page on trouve les renseignements de base : vous voyez ici tout en bas le chiffre 205, c'est son numéro de client. A l'aide de ce code on obtient tous les renseignements personnels.

– Je vois », dit Honma. Le lien entre les deux femmes dormait dans l'ordinateur de « Roseline ».

« A partir de la deuxième page, sous le code 201, sont notées ses commandes, avec les dates d'enregistrement et de livraison. La dernière page est un relevé de compte : il indique les montants et dates de paiement. “ Y ” signifie paiement par virement postal.

– Elle n'utilisait pas de carte de crédit.

– Non, mais elle payait très régulièrement, sans jamais dépasser l'échéance. Elle ne faisait pas de gros achats, mais c'était une bonne cliente. Elle n'avait pas répondu à la question sur les cartes de crédit. Évidemment, on ne pouvait pas deviner pourquoi. Vous aviez raison, mais...

– Mais ?

– Ce n'est pas pour défendre Mlle Shinjo, insista Katase, mais notre système est tellement au point que ces renseignements ne peuvent pas fuir à l'extérieur. »

Honma voulut intervenir mais Katase l'arrêta d'un signe de main :

« Vous verrez tout à l'heure ; après sept heures il ne reste presque plus personne au bureau, je vous montrerai comment ça fonctionne.

– Je vous remercie.

– Oui, ces renseignements sont vraiment protégés, enfermés dans le système, car ils sont à usage interne et ne servent qu'aux services de livraison et de dépôt. Et vous, vous pensez que Mlle Shinjo, en travaillant ici, cherchait quelqu'un dont elle aurait pu prendre l'identité ?

– Oui. Mais ce que je ne sais pas c'est si elle s'est fait engager chez vous dans ce but, ou si l'idée lui est venue une fois sur place.

– Dans ce cas, vous voulez dire qu'elle avait défini un profil type et qu'elle notait les clientes qui y correspondaient.

– Oui, répondit Honma.

– Même si c'était possible..., mais non, c'est impossible. Elle n'a pas pris les renseignements sur Sekine Shoko chez nous.

– Qu'est-ce qui vous fait dire ça ?

– Son emploi même. Elle travaillait au service général et aidait à la comptabilité. Là aussi ; on utilise des ordinateurs, mais c'est un tout autre système que celui de la clientèle. Le code est différent et les autres services n'y ont pas accès. »

Katase semblait fier de sa défense, sans qu'on puisse discerner si c'était de celle du « système » informatique de sa société ou celle de Shinjo Kyoko.

« Je suis bien obligé d'admettre que Shinjo Kyoko a usurpé l'identité de Sekine Shoko mais je me refuse à admettre qu'elle a pris ces renseignements chez nous. Je maintiens qu'elle n'en avait pas la possibilité. »

Les deux hommes restèrent un moment à s'observer, puis Honma demanda :

« Vous ne l'auriez pas un peu aidée, par hasard ? »

Katase resta impassible, seul son sourcil gauche eut un frémissement.

« C'est elle qui vous les a demandés, et vous les lui avez donnés ou alors vous lui avez indiqué comment les obtenir, dans un dessein que j'ignore. »

Honma avait joué cartes sur table, mais peut-être un peu trop tôt...

Après une légère hésitation, Katase répondit :

« Pourquoi aurais-je fait ça ? Non, absolument pas. »

La photo de Shinjo Kyoko souriait sous les longs doigts du jeune homme.

20

« Alors finalement, tu as pu visiter cette section informatique ?

– Oui », répondit Honma.

Rentré tard la veille d'Osaka, il avait passé une très mauvaise nuit à cause de son genou gauche et il avait appelé Ikari dès l'aube pour lui raconter toute l'affaire.

Ikari avait débarqué en début d'après-midi. Assis dans un fauteuil, il fumait cigarette sur cigarette et jetait les mégots dans le cendrier de verre impeccablement nettoyé par Isaka.

« Et le système t'a paru aussi sûr qu'il le prétendait ?

– " Roseline " emploie trente-huit hôtesses qui prennent les commandes au téléphone en alternance de dix heures du matin à huit heures du soir, sans aucune minute de répit. »

Lorsque Honma avait vu ces femmes entre vingt et trente ans, en uniforme, devant leur tables d'écoute, il avait pensé à une publicité télévisée et, ébloui par cette concentration féminine, les avait toutes trouvées belles.

« On parle de " téléphone " mais il s'agit en fait d'un appareil compact sur lequel on manie des boutons avec un casque et un petit micro, tu sais, dans le genre de ceux qu'utilisent les musiciens qui chantent en s'accompagnant d'un instrument. Chaque hôtesse a un écran sur lequel elle vérifie les références tout en prenant les commandes.

– En tapant le numéro de client ?

– Oui. Ils ont depuis le 1er janvier 1988 un très bon système qui a coûté des centaines de millions de yens.

– Janvier 1988, dit Ikari en se frottant la nuque, Shinjo Kyoko a été embauchée en avril de cette année-là ?

– Oui, le 20 avril 1988.

– Depuis quand Sekine Shoko était-elle cliente ? »

La facture de l'hôpital sur laquelle était griffonné le numéro de téléphone de « Roseline », trouvé à Kawaguchi, était datée du 7 juillet 1988. Le 10 juillet, Shoko s'était fait envoyer le catalogue de « Roseline ». Après sa première commande, accompagnée du questionnaire, on lui avait attribué un numéro de client, le 25 du même mois.

« Pas de faille de ce côté-là, soupira Ikari.

– Non, malheureusement. Katase prétend que Kyoko n'a pas pu voler ces renseignements. Il est catégorique : l'organisation interne de “ Roseline ” qui sépare strictement le service général du service clientèle ne permet pas de passer de l'un à l'autre. Seuls les responsables du service informatique peuvent le faire avec leurs connaissances et le “ skill ”.

– Le “ skill ” ?

– Oui, la capacité, la parfaite maîtrise à la fois des ordinateurs et des logiciels.

– Je ne connais rien à ce domaine mais si certaines personnes possèdent ce “ skill ”, pourquoi pas Shinjo Kyoko ? »

Honma secoua la tête en riant :

« Ç'aurait été trop simple ! Au dire de Katase elle était complètement fermée aux ordinateurs et juste capable de jouer à quelques jeux.

– Mais qu'est-ce qui nous oblige à le croire ?

– Il avait sûrement des liens intimes avec elle. Il a prétendu le contraire mais je tâcherai d'approfondir la question la prochaine fois.

– Tu vas le revoir ?

– Oui, pour obtenir des renseignements sur Shinjo Kyoko. Il m'organisera une réunion avec ses anciennes collègues qui ne sont d'ailleurs plus très nombreuses.

– Tu lui fais confiance ? Ce zèle ne cache pas quelque chose ?

– Si, sans doute. Moi aussi je pense qu'il en sait plus que ce qu'il veut bien dire ; il me semble pourtant qu'il ne serait pas venu me montrer tous ces documents, s'il était complice.

A mon avis il était assez intime avec elle pour avoir trempé dans cette histoire de renseignements. Mais il ne devait pas savoir ce qu'elle avait l'intention d'en faire ; d'où son inquiétude.

– Tu crois ? dit Ikari sceptique. Moi je suis pour la thèse du complot avec Katase, qui est peut-être même impliqué dans le meurtre.

– Celui de Shoko ?

– Ou bien celui de sa mère.

– Ça, je me demande... Sa surprise devant la photo de Shinjo Kyoko n'était pas feinte.

– On ne sait jamais...

– Admettons..., mais à bien y réfléchir, complice ou pas, c'est normal qu'il se sente concerné par cette affaire en tant que responsable du personnel. Une femme disparaît, une autre lui vole son identité ; même un enfant flairerait un crime là-dessous. Et cette voleuse d'identité était aussi une de ses collaboratrices.

– Ouais !

– En outre, cette affaire est liée au fichier de la clientèle. Pour une société de vente par correspondance c'est délicat : ça ne plairait pas beaucoup à la maison mère. C'est pourquoi Katase s'en inquiète. Et s'il a pris contact avec moi, c'est pour mieux maîtriser la situation. En me raccompagnant à la porte ; il était blanc comme un linge. Pour en revenir à cette histoire d'ordinateur, même si Kyoko avait pu s'asseoir devant le clavier, il lui aurait fallu une parfaite connaissance du système pour pouvoir sortir des renseignements sans se faire remarquer. Et, par ailleurs, si elle avait introduit une disquette vierge pour les copier, ses voisines l'auraient vue faire. »

Ikari fit la moue. Il était interdit de prononcer le mot « ordinateur » devant lui qui ne savait même pas utiliser une machine à traitement de texte.

« Et la chose aurait été encore plus difficile pour l'employée d'un autre service, ajouta Honma. Même si elle avait saisi le code, ça ne suffisait pas, un peu comme quelqu'un qui essaierait de retirer de l'argent avec seulement le code sans avoir la carte de crédit, pour reprendre la comparaison de Katase.

– Alors, tu laisses cette question en attente pour le moment ? demanda Ikari en continuant de faire la grimace.

– Oui ; tout ce qu'on peut dire c'est qu'elle a piqué ces renseignements chez " Roseline " d'une façon ou d'une autre.

– La collègue qui partageait l'appartement de Shinjo Kyoko, tu l'as vue ?

– Malheureusement cette fille, Ichiki Kaori, est en vacances en Australie pour quinze jours. Elle aussi est employée de bureau. J'ai noté ses coordonnées.

– C'est Katase qui t'en a parlé ? Il ne raconte pas d'histoires ?

– Non. Katase a sorti sous mes yeux de l'ordinateur son adresse et son emploi du temps.

– Tout ça est informatisé !... Alors pour Shinjo Kyoko...

– Tu penses à son alibi ? Le 25 novembre 1989, vers onze heures du soir, au moment de l'accident de la mère de Shoko, où était-elle ? C'est ça ? J'ai vérifié. »

Bien entendu, Honma n'avait pas expliqué à Katase pourquoi il voulait des renseignements sur l'emploi du temps de Kyoko à cette époque.

« Il me l'a sorti sur papier, le voilà. » Ikari s'empara de la feuille.

« Du 18 au 26 novembre 1989, elle a été en congé de maladie pendant neuf jours. »

Ikari eut un petit sifflement.

« Je lui ai même demandé de montrer son agenda à lui.

– Alors ?

– Le 25 novembre, c'était un samedi, il travaillait, et il est resté au bureau jusqu'à neuf heures du soir.

– Donc, hors du coup, dit Ikari, déçu. Pour moi, il reste suspect malgré tout.

– Pour le moment, on le laisse courir. »

Enfin l'« affaire » commençait à se dessiner. Ils tenaient le bon bout. Surtout ne pas se précipiter !

« A propos, est-ce que je peux te demander encore un service ?

– Le domicile légal de Shinjo Kyoko, si je ne me trompe ?

– Exact.

– Facile ! Il suffit de remonter à partir de l'adresse indiquée sur le CV.

– Mais...

– ... toujours en cachette des supérieurs, bien entendu. C'est une affaire difficile. A ce stade, la direction pourrait freiner la recherche. Ce n'est pas par manque d'intérêt...

– ... mais il y a d'autres affaires plus urgentes, coupa Honma.

– Oui et c'est bien enquiquinant.

– C'est justement pour ça que je veux continuer tout seul, surtout qu'on n'a pas retrouvé le corps, dit Honma en baissant les yeux. Ils ne se priveraient pas de nous le faire remarquer.

– Elle est vivante pour toi ?

– Tu plaisantes !

– C'est évident, elle a été supprimée.

– Alors, comment te serais-tu débarrassé du corps ? »

Ikari se redressa sur sa chaise :

« Eh bien... ça dépend, si elle avait un complice ou non. Un type a pu lui prêter un coup de main. Tu as bien dit que la victime n'était pas petite ?

– Elle était plutôt grande.

– Alors pour une femme seule, ça n'a pas dû être commode de se débarrasser du cadavre.

– Moi, je pense pourtant qu'elle a agi seule. Je n'ai pas vraiment de preuve mais c'est mon impression. »

Cette expression volontaire de Shinjo Kyoko, cette façon qu'elle avait eue de disparaître sans se retourner, sans un mot pour Kazuya et Katase, cette facilité à se détacher... Une vraie solitaire !

« Donc, pas de complice.

– Non.

– Alors... »

Ikari suivit le regard de Honma : il s'était arrêté sur un porte-couteaux, installé par Isaka dans un coin de la cuisine et contenant cinq couteaux à usages différents.

« ... J'irai voir dans les journaux à la bibliothèque. Je demanderai aussi à mes amis journalistes, continua Honma.

– Une affaire aussi sanglante, dans le genre “ Un corps découpé non identifié ”, ça ne devrait pas être trop difficile à trouver », dit Ikari.

Le lendemain après-midi, Honma eut la visite de Tamotsu.

Il portait un jean délavé, une chemise blanche en coton, un pull tricoté à la main et un blouson de laine.

Tamotsu était très timide, le genre de visiteur à ne pas s'asseoir sans qu'on ne l'y ait invité plusieurs fois. Après maintes hésitations, il posa un grand sac sur la table :

« C'est pour votre fils. »

Honma le remercia. Cela venait de chez un grand pâtissier, sans doute une idée d'Ikumi.

Ils avaient à peine commencé à parler qu'Isaka entra. Honma les présenta.

« Un homme de ménage ! s'étonna Tamotsu.

– Oui, c'est un métier qui convient très bien aux hommes, vous savez. Nous les hommes, nous pouvons réparer les appareils ménagers et déplacer les meubles pour nettoyer derrière. Mes clients sont très contents.

– Clients ?

– Oui, les employeurs, “ clients ” fait plus chic ! »

A sa dernière rencontre avec Honma, Tamotsu avait promis de chercher des renseignements sur Shoko.

« La récolte n'est pas mauvaise », annonça-t-il en ouvrant sa serviette.

Isaka apporta du café et s'assit à côté de lui.

« J'ai pris des notes comme Ikumi me l'a conseillé, dit-il en sortant un petit cahier.

– Tu as bien fait.

– J'ai dit aux gens du quartier que Shoko était introuvable. Ça ne les a pas vraiment surpris ! »

Effectivement, une femme qui avait eu des démêlés avec ses créanciers et qui travaillait dans un bar...

« Une de nos anciennes camarades de classe l'a rencontrée un jour à la gare, il y a deux ou trois ans. Shoko était habillée de façon très voyante.

– A l'époque où elle travaillait au Lahaina ?

– Ce n'est pas sûr. Cette copine ne se souvient pas exactement quand, mais elle avait une demi-pastèque à la main, alors elle en a conclu que ça devait être en été. »

Voilà bien la mémoire humaine...

« Elle a trouvé Shoko en forme mais un peu trop maquillée. Elle lui a demandé si elle avait encore des problèmes, mais Shoko s'est contentée de sourire.

– Elle ne pouvait pas faire autrement, dit Isaka qui savait de quoi il parlait : il n'y a rien de plus désagréable que de rencontrer un ancien camarade de classe quand on est au plus bas !

– J'ai été voir tous les gens qui avaient assisté à la veillée ou à l'enterrement. Tous, mais cela s'est résumé en fait à quelques bonnes femmes du quartier. Elles ont toutes trouvé comme moi que Shoko était très abattue à la mort de sa mère. Il y a bien eu quelques critiques sur ses cheveux rouges...

– Le conservatisme est de mise dans toutes les cérémonies, remarqua Isaka.

– Oui. Mais personne n'avait vu la femme de la photo. Elles étaient formelles, elles auraient immédiatement remarqué la présence d'une étrangère. Mais finalement j'ai trouvé quelqu'un qui, elle, l'a reconnue.

– Vraiment ! dirent en même temps Honma et Isaka.

– Oui, curieusement, c'est ma mère !

– Ta mère ? demanda Honma les yeux écarquillés.

– Oui. Et je n'ai même pas eu besoin de lui demander. C'est elle qui est venue me dire qu'elle avait appris au salon de coiffure que je cherchais des renseignements sur Shoko.

– " L'Oréal " ? demanda Honma.

– Ah, vous le connaissez ? Ma mère y est allée et la coiffeuse lui a montré la photo. Elle s'en est tout de suite souvenue. D'habitude ma mère a une très mauvaise mémoire, mais elle se souvient des choses qui l'ont choquée. Quand mon grand-père est mort, elle a trouvé que le bonze n'était pas à ce qu'il faisait et ça l'a tellement marquée qu'elle se souvenait même du grain de beauté qu'il avait sur la nuque. Et plus tard, quand ce bonze est parti avec une femme, en emportant l'argent des offrandes... oh, pardon, je m'égare !

– Pas de mal. Donc ta mère s'en souvenait bien.

– C'est ça. Ma mère m'a affirmé avoir vu cette femme en sortant de “ L'Oréal ”.

– Quand ?

– A une date très précise, le jour de la cérémonie du “ quarante-neuvième jour ”. Au début elle ne se souvenait pas exactement de la date mais en consultant son livre de comptes, elle a vu que c'était le dimanche 14 janvier 1990.

– Ça, c'est précis au moins !

– Étonnant, n'est-ce pas ? Comme vous le savez, Shoko n'avait pas de proches, alors les voisins sont tous venus prier pour l'âme de sa mère. Moi, j'avais un empêchement, mais ma mère s'y est rendue ; elle a tenu à être bien coiffée pour l'occasion. Et c'est en sortant de chez le coiffeur qu'elle a remarqué une jeune femme devant Akane-so, cachée derrière le poteau électrique. »

Elle s'était approchée et avait demandé si elle cherchait quelqu'un. La jeune femme avait bafouillé quelque chose et était partie. La mère de Tamotsu intriguée lui avait couru après.

« “ Qui es-tu ? ” a crié ma mère. Alors, complètement affolée, l'autre s'est sauvée en courant. Elle s'en souvient très bien et dit qu'elle était aussi belle qu'une actrice. »

Honma récapitula : le 14 janvier 1990 n'était pas exactement le quarante-neuvième jour après la mort, puisque l'accident mortel remontait au 25 novembre 1989. Mais on avait choisi pour la cérémonie de prières le premier dimanche après les fêtes du nouvel an. Et c'est à ce moment-là que Shinjo Kyoko avait fait sa première apparition.

Kyoko avait démissionné de « Roseline » le 31 décembre 1989. Elle devait déjà être bien avancée dans son noir projet et elle était venue rôder sur place.

« Où la cérémonie a-t-elle eu lieu ? s'enquit Isaka.

– Dans le temple où les cendres de Mme Sekine sont provisoirement déposées.

– Provisoirement déposées...

– Oui, c'est un peu compliqué à expliquer, hésita Tamotsu, la mère de Shoko a toujours été fauchée après la mort de son mari.

– Même au point de ne pas pouvoir laisser de quoi se faire enterrer dans la tombe de son mari ?

– Je comprends, ajouta Honma, son mari non plus n'avait pas de tombe ! Elle n'a pas pu en faire faire une, faute d'argent.

– Le père de Shoko était le troisième fils et ne pouvait pas bénéficier de la tombe familiale. Il est mort quand Shoko était encore bébé.

– La mère de Shoko a demandé une aide à sa belle-famille mais ils ont refusé net, c'est ça ?

– Oui, et c'est ainsi que les cendres de son père sont restées au temple, moyennant une contribution tous les cinq ou dix ans. C'est d'ailleurs ce qui se fait de plus en plus de nos jours à cause du prix prohibitif des concessions. Shoko trouvait cela douloureux et elle a dit lors de la cérémonie qu'elle ferait faire un jour une tombe pour ses parents. “ Tu ne vas pas encore t'endetter pour ça ”, a fait remarquer quelqu'un ; et elle s'est mise à pleurer, paraît-il.

– A part ta mère, personne d'autre n'a vu cette femme ? »

Tamotsu secoua la tête. Honma pouvait déjà s'estimer heureux, car ordinairement les témoins, même d'événements aussi extraordinaires qu'un meurtre ou un cambriolage, n'ont pas toujours un souvenir très précis, alors que la mère du garagiste, elle, se souvenait parfaitement de cette inconnue qui ne faisait rien d'extraordinaire mais dont la seule particularité était d'être belle. « L'Oréal » se révélait être d'un grand secours.

Sekine Shoko et Shinjo Kyoko, qui avaient été en contact grâce aux fichiers de « Roseline », se croisaient cette fois à Utsunomiya.

« Nous avons découvert l'identité de l'usurpatrice, tu sais », dit Honma.

Tamotsu en eut le souffle coupé, son visage s'assombrit : derrière une simple idée à laquelle il s'était refusé de croire il y avait maintenant un nom !

« Quel genre de femme ? demanda-t-il, une amie de Shoko, quelqu'un qu'elle connaissait ?

– Non, c'est une parfaite étrangère. »

Après les explications de Honma, un silence s'abattit sur la pièce. Isaka desservit les tasses, histoire de faire quelque chose.

« C'est quand même un peu fort ! laissa échapper Tamotsu. Ma petite Shoko vivait modestement, non ?

– Oui.

– Mais elle a eu envie d'une petite fantaisie et d'acheter des jolis sous-vêtements. Ma femme fait pareil. Elle ne peut pas s'acheter souvent des vêtements neufs car les enfants coûtent cher, mais elle s'offre de temps en temps de jolis sous-vêtements.

– Shoko payait très régulièrement, par virements postaux. C'était une bonne cliente.

– Bonne cliente... », murmura Tamotsu, et il se tut, ses poings tachés de graisse, serrés sous la table, des poings qu'il aurait aimé utiliser contre l'adversaire.

C'est alors que Honma se demanda pourquoi lui-même tenait tellement à continuer cette enquête. Déformation professionnelle, souci de tenir sa promesse ou simple curiosité ? Il opta pour la dernière raison : il voulait rencontrer cette femme et comprendre les mobiles de son acte.

Honma décida Tamotsu à venir s'installer chez lui durant son séjour à Tokyo et, pendant que ce dernier allait récupérer ses valises à l'hôtel, il mit un peu d'ordre dans ses papiers.

Tôt, ce matin-là, il était allé à la bibliothèque rechercher dans les journaux d'éventuels articles sur « un corps découpé non identifié ». Il y passa toute la matinée, en vain. Il demanda à un journaliste à qui il avait déjà rendu service, de l'aider. Ce dernier, qui avait coutume de dire qu'« avec Honma on avait souvent des scoops », essaya de savoir pourquoi Honma avait besoin de ces renseignements, mais ne put rien tirer de lui. Il accepta quand même, en promettant une réponse rapide. Honma chercha également des articles sur l'accident de Mme Sekine, ce qui était plus simple car il avait la date précise : deux des trois principaux journaux relataient l'accident. Honma en fit des photocopies et sortit.

Il essaya de retracer l'itinéraire suivi par Kyoko à partir des renseignements qu'il avait recueillis jusqu'ici.

Elle avait voulu changer d'identité sans doute pour fuir quelque chose.

Impossible de dire si elle avait été se faire embaucher chez « Roseline » avec déjà un but précis ou si, une fois engagée, elle avait découvert les possibilités qu'offraient la consultation des fichiers (il optait plutôt pour la première hypothèse).

Comment avait-elle trouvé ces renseignements ? Sans pouvoir trancher, on pouvait supposer que Katase l'avait aidée.

Kyoko avait eu entre ses mains les renseignements personnels de nombreuses clientes parmi lesquelles elle aurait choisi Shoko.

Puis elle serait allée en personne chercher à la mairie l'état civil et la fiche de domiciliation de Shoko en se faisant passer pour l'intéressée.

Un peu plus tard, elle aurait assassiné la mère de Shoko, le dernier membre de sa famille. Mais là encore des points obscurs : comme le disait Sakai, la probabilité d'un accident ou d'un suicide était très forte, pourtant...

Le soir du 25 novembre, Shinjo Kyoko aurait fort bien pu donné rendez-vous à la mère de Shoko, près du Tagawa, sous un prétexte quelconque. Elle aurait attendu l'heure du rendez-vous au bar-dancing, à côté du Tagawa et, à l'heure dite, (en cas de rendez-vous précis la thèse de Sakai ne tenait plus), serait sortie et aurait poussé la vieille dame dans l'escalier avant de revenir au bar où on ne s'était aperçu de rien.

Quant au prétexte du rendez-vous, rien de plus facile : elle était une amie de Shoko et avait quelque chose à lui remettre de sa part. Elle arriverait tard et ne pourrait rester que cinq minutes, car elle serait accompagnée.

Ainsi Kyoko aurait supprimé Mme Sekine.

Mais pour cela, il aurait fallu qu'elle soit au courant des habitudes de la mère de Shoko, notamment de ses visites régulières au Tagawa, et de cet escalier si dangereux.

Ce n'était pas dans le fichier de « Roseline » qu'elle avait trouvé tout cela ! Par conséquent il fallait qu'elle ait rencontré ou contacté Shoko. La première chose à faire à présent était de retrouver la trace de ce contact.

Après avoir tué Shoko, Kyoko se débarrasse du corps, change d'identité et travaille chez Imai. Elle s'installe à Honan-cho, crée son état civil et transfère son domicile légal. Elle s'occupe aussi de régulariser les papiers de sécurité sociale, d'assurance-vieillesse, mais n'ayant pu trouver la carte d'assurance-chômage, elle se fait inscrire pour une première demande. Puis elle rencontre Kazuya et se fiance.

Restait encore la question de savoir pourquoi Kyoko n'avait jamais fait de demande de carte de crédit. Elle devait faire partie de cette petite minorité de gens qui, par peur de se laisser entraîner, ne se décident jamais à en avoir une. Car si elle avait fait une demande avant de rencontrer Kazuya, Kyoko aurait découvert la faillite de Shoko. Restait aussi à savoir pourquoi elle avait conservé cette photo Polaroïd. Était-elle liée à un souvenir important ? Dans ce cas, serait-elle liée à celle qui avait nom Kyoko ? Là, il ne comprenait vraiment pas, il n'avait pas de réponse.

Honma referma son carnet.

Satoru rentra de l'école à quatre heures passées et repartit aussitôt chez Katsu.

Isaka commença à préparer le dîner, et la cuisine s'emplissait déjà de vapeur quand Tamotsu revint. Juste à ce moment-là, le téléphone sonna. C'était le patron d'Imai, qui appelait du bureau pour avoir des nouvelles de Shoko.

« On ne l'a toujours pas retrouvée », répondit Honma sans entrer dans les détails.

Au bout du fil, Imai soupira :

« Mitsu aussi s'inquiète, je vous la passe.

– Allô, dit une voix aiguë, Shoko n'est toujours pas revenue ?

– Ce n'est peut-être pas si facile pour elle !

– M. Kurisaka doit être désespéré.

– Tant pis pour lui, ça lui fera les pieds !

– J'ai repensé à quelque chose, vous savez, ils se sont disputés une fois.

– Disputés ?

– Oui, à propos de la bague de fiançailles. Shoko aurait voulu une bague sans rapport avec son mois de naissance. M. Kurisaka s'y opposait, en disant que pour une bague de fiançailles, il fallait la pierre du mois ou un diamant. »

C'est bien Kazuya ! pensa Honma. Mais immédiatement après il comprit :

« Mitsu, Shoko préférait une pierre qu'elle aimait ?

– Oui, c'est ça. Et ils se disputaient pour ça. »

Honma, couvrant le récepteur de sa main, se retourna vers Isaka :

« Monsieur Isaka, vous connaissez les pierres précieuses des mois de l'année ? »

Isaka cligna les yeux, une louche à la main :

« Oui, à peu près. »

Honma s'entretint un moment avec lui puis revint à Mitsu :

« Allô, la pierre du mois de naissance de Shoko, c'était bien un saphir ?

– Oui, celle de septembre.

– Alors, je vais essayer de deviner celle qu'elle aurait voulue ?

– Vraiment ?

– Oui, répondit-il, le cœur battant la chamade, une émeraude ?

– Bravo, vous avez gagné. Shoko en voulait une parce qu'elle aimait la couleur verte et que c'est une pierre rare. »

Effectivement, c'était bien la pierre qui correspondait au mois de sa naissance, le mois de mai.

« Monsieur Honma, quand elle reviendra, dites-lui que nous avons été très inquiets pour elle et que nous aimerions la revoir.

– Je n'y manquerai pas », répondit Honma. Il raccrocha.

Un grand vacarme l'arracha à ses pensées : la porte s'ouvrit et se referma avec fracas.

Honma et Tamotsu se penchèrent pour voir : Satoru fouillait dans un placard. Il piétinait les balles et les vieux journaux qui lui dégringolaient dessus et sortit, une batte en métal à la main, lorsque son père l'arrêta :

« Qu'est-ce que tu vas faire avec ça ? »

Sans écouter son père, il partit à la hâte.

« J'y vais », dit Tamotsu, en se précipitant derrière lui, suivi d'Isaka.

Au bout du corridor, Satoru résistait à Tamotsu qui tentait de l'arrêter. Il avait le visage sali de boue et de larmes, les coudes et les genoux égratignés, un bleu énorme sur le tibia.

« Arrête, arrête, donne-moi ça. »

Tamotsu lui arracha la batte et le petit garçon s'écroula.

« Tu t'es battu ? demanda Honma, en s'accroupissant à côté de lui. C'est lâche de prendre ça pour te battre. »

Satoru laissa couler ses larmes et hoqueta entre deux sanglots :

« Boke...

– Boke ? répétèrent en écho Isaka et Honma.

– Qu'est-ce que c'est, Boke ? demanda Tamotsu.

– C'est un chien, répondit Honma.

– Qu'est-ce qui lui est arrivé, vous l'avez retrouvé ? »

Satoru serra les dents :

« Il est mort.

– Mort ?

– C'est Tazaki... qui l'a tué.

– Comment ? fit Isaka la voix cassée, c'est vrai ?

– Oui, c'est vrai, c'est ce qu'on vient de découvrir.

– C'est pour ça que vous vous êtes battus ?

– Oui », répondit une autre voix au-dessus de leur tête.

C'était Katsu, un garçon pourtant costaud, dans le même état que Satoru, blessé à la joue, le visage sali de larmes et de boue.

« Pourquoi l'a-t-il tué ? demanda Isaka, les traits contractés de colère.

– Il prétend que ce n'est pas permis d'avoir un animal dans ces immeubles.

– Ce n'est pas une raison pour le tuer !

– Mais... mais, bégaya Satoru, il dit que c'est pour donner une leçon à ceux qui font des choses défendues.

– C'est horrible, dit Tamotsu, alors je viens avec vous. »

Mais Satoru et Katsu n'étaient plus d'humeur belliqueuse. Katsu, à présent lui aussi affalé dans le couloir, rapporta les paroles de Tazaki : « Tu n'avais qu'à avoir une maison.

– Une maison... ?

– Lui, il a une maison avec un jardin.

– Et c'est pour ça qu'il peut avoir un chien. Mais nous, on n'est que des pauvres et on n'a pas le droit d'en avoir. »

Et ils se remirent à pleurer de plus belle. Honma et Isaka se regardaient en silence.

« Incroyable », murmura Tamotsu.

La batte gisait à ses pieds.

21

Le lendemain Honma et Tamotsu rencontrèrent, dans un café de Shibuya, Miyagi Fumie, la collègue du Gold qui avait hébergé Shoko après sa faillite.

« Vous avez bien fait de choisir une place au fond, j'aime mieux ne pas m'exposer au grand jour de si bon matin ! »

En dépit de ses cheveux sagement ramassés sous un bandeau, ses ongles longs et pointus, ses mules voyantes et le parfum entêtant qui se dégageait de sa personne laissaient facilement deviner ses activités nocturnes. Elle n'avait pas plus de trente-cinq, trente-six ans. Honma lui en avait donné beaucoup plus en entendant au téléphone sa voix rauque et lasse.

« Sans nouvelles de Shoko, je me faisais du souci pour elle. Mais je pensais qu'elle était partie avec quelqu'un, ajouta-t-elle en allumant une cigarette. Elle a vraiment disparu ? Sans rien dire à personne ?

– Oui, semble-t-il. Quand l'avez-vous vue pour la dernière fois ?

– Après votre coup de fil, j'ai réfléchi : j'ai dû la revoir il y a deux ans, aux alentours du nouvel an. »

Puis elle contempla longuement la photo de Kyoko que Honma avait sortie, et écrasa, sans même la regarder, sa cigarette qui s'était consumée toute seule.

« Non, je ne connais pas cette fille, je ne l'ai jamais vue.

– Au bar non plus ?

– Non. Une beauté de ce genre, je m'en souviendrais. Au

Gold nous ne sommes que cinq. C'est pas mal pour un bar mais en fait il s'agit plutôt d'un cabaret.

– Pas même comme cliente ? »

Fumie alluma une nouvelle cigarette et rit en recrachant la fumée :

« Ce n'est pas un endroit pour jeune fille seule, ni même en groupe, pas le genre d'adresse qu'on donne dans les revues féminines !

– Comment Shoko se comportait-elle dans le travail ?

– De son mieux, répondit aussitôt Fumie.

– Pour l'argent ?

– Bien sûr ! Ses usuriers sont venus la relancer jusque dans le bar. Heureusement pour elle, ceux-là n'étaient pas liés à la mafia : on n'avait pas à craindre qu'elle soit vendue dans un établissement louche.

– Elle avait plus de dix millions de yens de dette, comme vous devez le savoir.

– Oui, quelle idée de se faire avoir par une carte en plastique, dit Fumie.

– Elle n'était pas négligente pourtant, intervint Tamotsu, je la connaissais bien. »

Fumie regarda Tamotsu :

« Si vous étiez des amis d'enfance, vous n'ignorez pas qu'elle est partie à Tokyo pour fuir sa ville natale où tout allait mal : toute jeune elle avait perdu son père, la vie était difficile et en plus sa mère était entretenue par le propriétaire de l'appartement.

– Le propriétaire ? D'Akane-so ?

– Je ne connais pas le nom de l'immeuble, mais celui où elle a vécu jusqu'à sa mort. »

Après avoir bu une gorgée de café, Fumie reposa sa tasse bruyamment sur la soucoupe :

« Shoko voulait recommencer sa vie ailleurs, mais on ne peut pas changer de vie si facilement.

– Jamais dans le sens que l'on voudrait, intervint Honma.

– En effet, dit Fumie en souriant, la vie de petite employée de bureau n'a rien à voir avec la “ vie de rêve ” dont parlent les journaux féminins. Un salaire modeste et les contraintes d'un foyer de jeunes filles. Shoko l'avait compris dès son premier emploi.

– Vous parlez de son emploi à la Kasai ? demanda Honma. Justement j'y suis allé ce matin. »

L'accueil avait été assez froid : le responsable n'avait pas pris la peine de rechercher des renseignements dans les archives ; la photo de Kyoko ne lui disait rien non plus.

En fait Honma n'attendait pas grand-chose de cette visite : à cette époque Kyoko n'avait pas encore jeté son dévolu sur Shoko, dont le premier contact avec « Roseline » datait de juillet 1988.

Fumie reprit :

« Je ne me souviens pas du nom de la boîte où elle travaillait, mais ce n'était pas une grosse boîte. Elle se plaignait de son foyer-logement et elle l'a quitté. Mais ensuite elle n'a pas pu faire face, car le foyer de « Castle-Mansion » était très élevé.

– C'est sans doute ainsi qu'elle a commencé à emprunter de l'argent. »

Tout en cherchant ses mots, Fumie regarda dans son paquet ce qu'il restait de cigarettes, en prit une, mais ne l'alluma pas.

« Si elle a eu recours au crédit, c'était pour créer de l'illusion.

– Créer de l'illusion ?

– Oui. Elle n'avait ni argent, ni diplômes, ni capacités particulières et rien d'extraordinaire physiquement. Et elle devait se contenter d'un travail banal dans une petite boîte. Elle faisait partie de ces gens qui rêvent de la vie brillante dont on parle dans les journaux et à la télévision. Et de nos jours, même si on ne peut pas réaliser son rêve, on ne veut pas y renoncer et on cherche des moyens pour se donner l'illusion de l'avoir réalisé. Shoko, elle, avait choisi de dépenser beaucoup d'argent pour ça.

– Et les autres moyens ? questionna Honma.

– Il y en a de toutes sortes : j'ai une amie, par exemple, qui se fait refaire le visage régulièrement ; elle en est au moins à sa dixième opération. Elle croit que la beauté physique lui garantira le bonheur : un prince charmant trouvera en elle la belle princesse... Il y a aussi des femmes qui passent d'un régime à l'autre avec cette même illusion. Mais ce n'est pas réservé aux femmes. Il y a peut-être davantage d'hommes dans ce cas : travailler dur pour entrer dans une grande université ou dans une grande entreprise, ça aussi c'est une illusion... vous, messieurs, vous n'avez rien à nous envier !

– Vous travaillez au Gold depuis longtemps ? demanda Honma.

– Sept, huit ans. Je tenais un bar avec mon mari. Le bar ne marchait pas bien et mon mari m'a lâchée. Moi, je ne me suis pas déclarée en faillite, j'ai résolu le problème à l'amiable avec mes créanciers que je continue à rembourser. »

Elle recracha la fumée avec un sourire désabusé.

« Mon mari avait coutume de demander pourquoi les serpents muaient. Vous savez pourquoi, vous ?

– La mue c'est...

– Quand on change de peau. Il paraît que c'est une opération tellement épuisante que certains en meurent. Mais alors pourquoi la font-ils quand même ?

– Ce n'est pas pour grandir ? demanda Tamotsu.

– Non, je vais vous le dire : ils s'imaginent qu'après toutes ces mues, ils auront enfin des pattes. Est-ce que les serpents ont besoin d'avoir des pattes, me direz-vous ? Eh bien, ils s'imaginent qu'ils seraient plus heureux s'ils en avaient. Et dans notre société il y a beaucoup de serpents qui rêvent d'avoir des pattes mais qui sont trop fatigués ou trop paresseux ou encore qui ne savent comment s'y prendre. Et il y en a de plus intelligents qui leur vendent des miroirs dans lesquels ils se voient avec des pattes. Certains serpents veulent acheter ces miroirs même en s'endettant. »

Tamotsu tournait et retournait sa tasse à café vide entre ses mains. Ikumi aurait sans doute dit que Tamotsu faisait partie de la catégorie des serpents qui savent qu'ils n'auront jamais de pattes.

« Comme j'avais eu moi-même des problèmes d'argent, reprit Fumie, je comprenais Shoko et je l'ai hébergée. Après sa faillite, elle est allée travailler dans un autre bar, comment s'appelait-il déjà ?

– Le Lahaina.

– Oui ? On a continué à se téléphoner et on déjeunait quelquefois ensemble. Et puis sa mère est morte et comme elle était très déprimée, je lui ai proposé d'aller toutes les deux, une fois que les choses se seraient un peu tassées, passer quelques jours dans une station thermale, mais...

– Plus rien ?

– Plus rien. Comme elle ne m'a pas fait signe, j'ai laissé courir car je n'aime pas relancer les gens. Je regrette de ne pas pouvoir vous être utile.

– A l'époque où elle habitait à Kawaguchi, à la mort de sa mère, il n'y a rien eu de particulier ?

– De particulier, comme quoi ?

– Je ne sais pas, moi : une nouvelle amie, un changement de coiffeur ? »

Fumie se passa la main dans les cheveux :

« Depuis votre coup de téléphone j'ai essayé de me rappeler nos conversations, mais il ne m'en reste rien, c'est fou ce qu'on oublie vite. »

Puis, le visage entre ses mains jointes, elle se replongea dans ses réflexions.

Tamotsu et Honma attendirent en silence.

« Non, dit-elle en soupirant, plus je réfléchis, moins ça revient. Il y avait bien une histoire de coups de téléphone anonymes, mais ça arrive à tout le monde. »

Soudain une lueur s'alluma dans ses yeux :

« Ah, je me souviens maintenant, elle était très nerveuse à cause de ces coups de téléphone et prétendait aussi que son courrier était ouvert.

– Son courrier ? A la Co-op Kawaguchi ?

– Oui, quand elle habitait Kawaguchi. Elle disait qu'on ouvrait ses lettres. Je lui ai dit qu'elle voyait tout en noir parce qu'elle était trop nerveuse. D'autant plus nerveuse qu'elle venait de toucher l'argent de l'assurance-vie de sa mère. Elle voulait acheter une tombe pour ses parents. Je l'ai taquinée, je m'en souviens, en lui disant que ce n'était pas avec un million ou deux qu'elle pourrait acheter une tombe. »

Honma sursauta en repensant au prospectus du cimetière Midori Ryoen.

« Mais vous savez, elle avait vraiment l'intention de le faire. »

Fumie rit :

« Je sais, au point d'aller visiter ce cimetière. Quand je lui ai dit qu'il ne devait pas y avoir beaucoup de gens de son âge dans le car qui l'avait amenée là-bas, elle m'a raconté qu'en effet il n'y avait que des vieux, en dehors d'une femme, un peu plus jeune qu'elle, avec qui elle avait beaucoup parlé... »

Honma vérifia auprès de Konno Nobuko le nom du cimetière, puis passa un coup de fil au bureau des pompes funèbres qui s'en occupait.

Le bureau se trouvait du côté de Myogadani, au rez-de-chaussée d'un petit immeuble coquet. Sur la vitre étaient affichées des photos de concessions à vendre. Et dans le hall trônait la maquette d'un cimetière situé dans la montagne de Gumma.

L'employé de l'accueil avait les manières et le parler doucereux des croque-morts.

« Nous avons des problèmes d'héritage, expliqua Honma, nous voudrions vérifier si une personne de notre famille n'a pas participé à une de vos visites. Si vous aviez des photos ce serait facile à vérifier.

– Nous envoyons des photos-souvenirs à nos clients et nous en gardons un exemplaire, je vais vous les montrer. »

C'était presque trop facile !

Tamotsu et Honma patientèrent dans le hall bien entretenu, le temps que l'employé revienne avec un grand album :

« De janvier à avril 1990, c'est par ici », dit-il en l'ouvrant à une page et il disparut en laissant l'album sur le comptoir.

Les deux hommes se jetèrent dessus.

18 janvier, 29 janvier, 4 février, 12 février...

« Nous y voilà », dit Tamotsu, en montrant d'un doigt tremblant la date du dimanche 18 février 1990 : « Groupe n° 13 de la visite du cimetière Midori Ryoen ».

On voyait un groupe de sept ou huit personnes, encadré de deux guides tenant un drapeau vert. La photo était prise d'assez près pour qu'on distingue bien les visages. Shoko était au milieu. Elle était tout à fait reconnaissable : c'était bien le même visage que sur la photo de Tamotsu, seule la coiffure différait : ses cheveux longs étaient bouclés et teints en châtain. Elle portait un jean et un blouson de laine brute ; les yeux plissés à cause du soleil, elle souriait d'un sourire presque indécent pour la circonstance, qui laissait voir ses jolies petites canines. A côté d'elle, Kyoko souriait en découvrant ses dents bien rangées. Elles se tenaient par le bras, sympathisant dans l'obligation de penser, si jeunes, à des histoires de tombeaux.

« Ma petite Shoko », dit Tamotsu.

22

Ise, département de Mie, à une heure et demie de Nagoya par le train express. Dans cette ville de province, célèbre pour son sanctuaire et son gâteau *akafuku,* vivait l'ex-mari de Kyoko ; Honma avait retrouvé sa trace grâce à l'état civil de Kyoko, fourni par Ikari.

Kurata Koji : 30 ans.

En consultant, à la bibliothèque, l'annuaire de la ville d'Ise, Honma avait été surpris par le nombre considérable de sociétés au nom de Kurata. La plus importante était une agence immobilière ayant pignon sur rue, près de la gare. Sous le nom de la société on lisait : « Expertises et transactions immobilières » suivi du nom du président et immédiatement après, de celui de Kurata Koji.

Il avait divorcé de Kyoko quatre ans auparavant, s'était remarié et avait une fille de deux ans et quatre mois.

Honma commença par appeler la famille de Kurata et tomba sur la mère. En entendant prononcer le nom de Kyoko, elle resta muette. Honma de son côté garda le silence pour mesurer le poids exact de ce nom.

« Que voulez-vous demander à mon fils à propos de Kyoko ? » demanda-t-elle enfin, troublée.

Honma expliqua les liens de Kyoko avec son neveu et dit :

« Nous la recherchons de toute urgence et sommes à l'affût du moindre indice. J'ai pensé que votre fils connaissait peut-être les gens qu'elle fréquentait. J'aimerais beaucoup lui parler. Je sais à quel point ma requête est délicate...

– Oh ! vous savez, nous avons tourné la page », répondit la mère avec un calme inattendu, et elle ajouta en hésitant : « Elle n'a vraiment pas eu de chance.

– Pourriez-vous faire passer un message à votre fils ? »

Après un nouveau silence, la mère dit d'une traite :

« Nous sommes vraiment désolés pour elle, désolés de tout notre cœur. Mais nous ne pouvons vous être d'aucune utilité, nous n'avons plus aucun contact avec elle. Alors je vous prie de laisser mon fils tranquille. » Et elle raccrocha.

Bien entendu, Honma ne s'attendait pas à rencontrer un accueil chaleureux chez les Kurata mais il fut désemparé devant ce refus et cette absence de passion. Il aurait préféré la colère, car la colère délie les langues. Mais il décida de tenter sa chance.

Satoru et Isaka l'avaient accompagné à la gare et devaient profiter de l'occasion pour faire des courses. Honma en partant les avait prévenus qu'il pensait être absent deux ou trois jours ; Satoru résigné s'était contenté de dire :

« Appelle-moi quand même, que je sache si tu es toujours vivant... »

Installé confortablement dans le train express qu'il prit à Nagoya, il commença à étudier le dossier que lui avait remis son ami journaliste, sur les cas de « corps découpés non identifiés ». Le dossier était très complet et comportait notamment un tableau donnant les lieux où on avait découvert des cadavres, les parties découvertes, l'âge supposé des victimes, le sexe, les objets trouvés à côté des victimes et la situation des enquêtes à ce jour.

Ce dossier lui facilita beaucoup la tâche : seul un cas pouvait correspondre.

Le 5 mai 1990, dernier jour d'un long week-end, dans un cimetière à Nirazaki, Yamanashi-ken, on avait découvert un bras gauche, un torse et deux jambes qui semblaient appartenir à une femme. La décomposition étant déjà assez avancée, les os commençaient à être visibles. Les ongles de la main étaient peints en rouge. Une chaîne en laiton doré entourait la cheville droite. Shoko avait quitté son appartement le 17 mars 1990. Si l'on supposait qu'elle avait été tuée dans la semaine qui avait suivi, le cadavre aurait présenté le 5 mai un aspect de décomposition correspondant à cette description. Chaque partie avait été enveloppée séparément dans un sac plastique et jetée dans la décharge du cimetière. Un visiteur avait remarqué un bras émergeant du tas d'ordures, sans doute fouillé par des chiens ou des corbeaux.

Les sacs venant d'une importante chaîne de magasins de la région ne pouvaient fournir d'indices et il en était de même de la petite chaîne de pacotille.

La police préfectorale de Yamanashi avait procédé à une grande enquête pour retrouver la tête et le bras droit, mais en vain. Il n'y avait pas de suspect et l'enquête piétinait. Le cimetière en question, situé tout près d'un site touristique, drainait une foule de visiteurs les jours de fête : ils venaient pour le grand Bouddha et le musée historique. Ce site jouxtait par ailleurs des stations thermales toujours très fréquentées.

Nirazaki faisait-il partie des endroits que fréquentait Kyoko ? Il le demanderait à son ex-mari. Mais où se trouvait le reste du corps, surtout la tête ?

En dehors de la perversité pure, si l'on découpe un cadavre c'est d'abord pour en rendre l'identification plus difficile et ensuite pour s'en débarrasser plus facilement. Et c'est ce qu'avait fait Shinjo Kyoko. Oui, sans nul doute c'est elle qui avait tué Shoko. Le sombre pressentiment de Honma commençait à se concrétiser.

Il regarda par la fenêtre : les nuages gris qui occupaient le ciel à Nagoya étaient encore plus bas. Quand il sortit de la gare, il tombait une petite pluie fine et froide : Kyoko avait dû connaître souvent ce vilain temps quand elle habitait là.

Il vérifia l'adresse de l'agence Kurata pour l'éviter, et entra deux rues plus loin dans une petite agence immobilière dont la vitrine était couverte d'annonces. Un vieil homme souleva ses rondeurs d'un fauteuil volumineux au point de paraître occuper la moitié de la petite boutique :

« Un instant ! » cria-t-il sans quitter des yeux l'écran de sa télévision portable : l'héroïne du feuilleton, une femme très chic, était en train de passer aux aveux, devant une falaise surmontée d'un phare.

Honma comprit qu'il allait devoir attendre un bon moment.

Une fois la criminelle arrêtée, l'agent immobilier daigna enfin se retourner vers son visiteur.

« Et alors ? » dit-il de façon un peu cavalière pour un commerçant vis-à-vis d'un client.

Honma préféra s'en amuser.

« Je dois venir habiter ici quelques mois, six tout au plus et je cherche un petit appartement pour moi tout seul.

– Un appartement ? dit l'agent en étouffant un bâillement. Pour vous tout seul ?

– Oui, un célibat provisoire.

– Votre société ne s'en occupe pas ?

– Non, ce n'est pas une grosse entreprise. Mais elle prend en charge le loyer. »

L'homme réfléchit un moment et demanda :

« Quelle société ? Si elle est de la région, je la connais sûrement.

– Je préfère ne pas la nommer.

– *Top secret...*

– Oui, c'est ça.

– Mes propriétaires n'aiment pas louer pour une période si courte, dit l'agent en bâillant cette fois ouvertement, ils ne sont pas intéressés. Ils cherchent des locataires plus stables. D'ailleurs je n'ai pas de petits appartements. Allez voir ailleurs.

– J'ai cherché dans l'annuaire du téléphone mais il y a tellement de publicités que je n'ai pas su quoi choisir. Pouvez-vous m'indiquer un confrère dans ce quartier ? »

Le vieil homme fit un vague signe de la main :

« Un peu plus loin, vous verrez l'enseigne de chez Kurata, c'est l'agent le plus important du coin.

– Et vous croyez qu'il s'occupera d'un client comme moi ?

– Oui, ils ont assez de temps et d'argent pour traiter même les petites affaires. »

Honma se dirigea donc vers l'agence de Kurata : « ... le plus important, le plus riche »...

L'immeuble, entièrement recouvert de carrelage gris clair ne comptait que trois étages : au rez-de-chaussée la boutique et au-dessus les bureaux.

Autour de la porte, les carreaux, mouillés de crachin, luisaient. Honma qui observait la boutique un peu à l'écart du flot des passants, remarqua un petit enfant en capuchon jaune. De ses bottes un peu trop grandes, le bambin martela le sol devant la boutique et la porte automatique s'ouvrit.

« Qu'est-ce que tu fabriques ? » gronda la mère, en lui donnant une petite tape, et elle le tira par la main. Le gamin frappa du pied une dernière fois devant la porte qui se rouvrit.

Un sourire aux lèvres, Honma accompagna du regard l'enfant qu'entraînait sa mère. Toujours souriant, il se retourna vers la porte de l'agence : au même moment, un jeune homme se leva à l'intérieur et leurs yeux se croisèrent.

Cinq ou six mètres les séparait et entre eux la porte automatique se refermait. Le jeune homme ne détourna pas son regard. Debout, il continuait à fixer Honma au-dessus de la tête des clients.

Honma en était sûr : c'était Kurata Koji. Sa mère avait dû l'avertir et il s'attendait à cette visite.

Honma entra au moment même où son collègue appelait le jeune homme. Ce dernier s'empara du téléphone, son attention toujours fixée sur Honma.

Trois ou quatre clients discutaient avec les employés sur fond de musique classique.

« Bonjour, monsieur, que puis-je faire pour vous ? » demanda une jeune femme qui rangeait des prospectus sur une étagère ; elle s'approcha de Honma.

« Je viens voir M. Kurata Koji.

– Avez-vous un rendez-vous ?

– Oui. J'ai téléphoné. »

L'intéressé qui parlait au téléphone se retourna :

« Madame Kato, je m'en occupe », dit-il à haute voix, en bouchant le récepteur de sa main.

Honma attendit en silence. Kurata termina sa conversation puis s'adressa à Honma à voix basse :

« Pouvez-vous m'attendre dehors ? J'arrive. »

Et il alla chercher son parapluie. Ils s'éloignèrent suffisamment pour ne plus être à portée de voix des employés :

« C'est vous qui avez téléphoné... ?

– Oui, votre mère vous a prévenu ?

– Elle vous a pourtant dit qu'on ne pouvait pas vous être utile, dit Kurata en se passant la langue sur les lèvres.

– Vous non plus ?

– Plus aucune nouvelle de Kyoko..., elle est peut-être morte », lança le jeune homme en clignant les yeux très fort.

Honma s'attendait à tout, sauf à ça.

« Qu'est-ce qui vous fait dire ça ?

– Je ne sais pas, dit l'autre avec un rire nerveux.

– Vous dites ça en l'air ?

– Je ne sais pas, je ne peux pas bien l'expliquer. »

Honma lui répéta ce qu'il avait raconté à sa mère. Kurata regardait la pluie, comme s'il voulait compter les gouttes.

« Je n'ai plus rien à voir avec elle.

– Peut-être. Mais moi j'ai besoin de détails, même des plus petits, qui pourraient nous éclairer.

– Pourquoi ? s'étonna Kurata. Elle a laissé tomber votre neveu, donc c'est fini, pourquoi la recherchez-vous ?

– Parce que ça me tracasse.

– Ça vous tracasse ?

– Oui. Je n'arrive pas à comprendre pourquoi elle s'est enfuie de la sorte. Elle a peut-être des problèmes et elle n'arrivera pas à les résoudre toute seule.

– Ça ne me regarde plus, dit Kurata en détournant la tête.

– Bon, dans ce cas je n'insiste pas. Je n'ai plus qu'à m'en aller ; le souvenir de Kyoko doit vraiment vous être désagréable. »

Il salua et s'apprêtait à partir quand Kurata l'arrêta :

« Avez-vous déjà visité le sanctuaire d'Ise ?

– Non, jamais. »

Kurata hésita de nouveau, et Honma comprit que sa dernière phrase avait porté. Son ex-mari n'aimait peut-être plus Kyoko, mais il gardait à son égard un certain sentiment ou peut-être des regrets.

Kurata passa son parapluie d'une main dans l'autre, tout en le secouant pour en faire tomber l'eau et sans doute aussi pour se débarrasser de ses hésitations :

« Prenez un taxi devant la gare, allez à la pâtisserie Akafuku, près du sanctuaire, et attendez-moi dans le salon de thé.

– Ça ne vous dérange pas de me parler dans un endroit très fréquenté ?

– Ce n'est pas encore la saison touristique et puis nous sommes en semaine. D'ailleurs ça m'arrangerait qu'on vous prenne pour un touriste. » Et baissant la voix : « Je jouerai à celui qui vous fait visiter la ville. Cela coupera court aux rumeurs éventuelles : mon père est quelqu'un de très connu ici, et moi-même il faudrait que j'aille jusqu'à Nagoya pour passer incognito.

– Ce serait embêtant qu'on sache que quelqu'un est venu à propos de Kyoko ?

– ... Oui. »

Leur divorce qui remontait à quatre ans avait-il fait tant de bruit ?

« Pour ma femme aussi, d'ailleurs. »

Paroles de bon sens ! Ils se donnèrent rendez-vous à quatre heures et Honma s'éloigna. Il entendit dans son dos la porte automatique se refermer.

La pâtisserie, tout en bois, semblait sortie d'un film historique. Devant, le magasin était assez animé, mais le salon de thé au fond, une grande pièce à tatami, un peu surélevée, était presque vide à cette heure-là : seules quatre femmes en kimono bavardaient joyeusement. Çà et là des *hibachi*[1] au charbon de bois dispensaient une chaleur discrète.

Honma s'assit au bord de l'estrade que formait le salon de thé, posa son manteau mouillé à côté de lui et enleva sa chaussure droite. Une serveuse habillée elle aussi comme dans un film historique, lui apporta une tasse de thé, une théière et les inévitables akafuku. Peu amateur de sucreries, il se contenta de boire le thé en pensant que Satoru et Isaka, eux, auraient bien aimé manger ces gâteaux. Le thé avait un goût différent de celui qu'il buvait chez lui : c'était sans doute parce qu'ici, comme il l'avait vu en arrivant, on chauffait l'eau dans un récipient traditionnel sur un feu de bois.

Il leva les yeux, et vit Kurata se diriger vers lui. Il vint s'asseoir à son côté :

« Vous avez trouvé sans problème ?

– Oui, sans problème. »

1. Sorte de braseros. *(N.d.T.)*

Kurata paraissait complètement abattu. Le nœud de cravate un peu desserré, il fixait en silence le hibachi :

« ... C'est parce que ce pâtissier est très connu. Vous avez sans doute remarqué qu'il y a beaucoup de magasins en bois dans ce quartier.

– Oui.

– A Ise, les commerçants détruisent même les constructions en béton pour les remplacer par du bois. Nous essayons de redonner à cette ville le cachet qu'elle avait avant. Mon père, engagé activement dans ce projet est connu de tous ; c'est pour ça que nous sommes tenus d'être discrets.

– Je n'ai pas l'intention de vous ennuyer avec des vieilles histoires, je comprends parfaitement votre réaction.

– Je suis obligé de vous croire. Mais si vous me mentez et que vous tentiez de me soutirer des renseignements pour la presse, vous le regretterez.

– Vous pouvez être tranquille. »

Même un fils à papa pouvait avoir des soucis... Mais Honma n'en éprouvait pas moins une certaine compassion pour Kurata, car si celui-ci consentait à lui parler, c'était sans doute parce qu'il n'avait pas complètement réglé le problème Kyoko.

Honma expliqua l'affaire, en se contentant de dire que Kyoko et Shoko avaient toutes deux disparu. S'il avait parlé de meurtre et de soupçons, en effet, son interlocuteur aurait aussitôt battu en retraite. Kurata réagit vivement en apprenant que la fuite de la fiancée de Kazuya, qui n'était autre que son ex-femme, avait pour origine une faillite personnelle.

« C'est absurde, dit-il en se levant à moitié, les yeux exorbités.

– Pourquoi absurde ?

– Il est impensable que Kyoko ait pris l'identité d'une femme qui avait fait faillite.

– Mais elle ignorait ce détail.

– Alors, elle aurait changé d'identité en ignorant un détail aussi important ?

– C'est plus compliqué que ça. A votre sens, c'est impossible parce qu'elle n'aimait pas les cartes de crédit et les emprunts ?

– Oui, bien sûr. Elle détestait ça. Elle s'en méfiait.
– Mais elle n'est pas la seule à s'en méfier.
– Ce n'est pas ça, dit Kurata, les yeux toujours écarquillés.
– Pardon ?
– Ce n'était pas simplement parce qu'elle s'en méfiait.
– Alors ?
– La famille de Kyoko a dû se disperser autrefois pour cause de dettes, expliqua-t-il, d'une voix cassée. Incapables de rembourser un emprunt immobilier, ils se sont enfuis une nuit. Et mon divorce aussi a quelque chose à voir avec ça. »

Kurata serra ses poings sur ses genoux et continua :

« Notre mariage a été automatiquement inscrit sur l'état civil de ses parents, et c'est ainsi que les usuriers ont retrouvé sa trace. Ils sont venus la relancer jusque chez nous. Quatre ans après leur fuite qui datait de 1983, leurs dettes, gonflées des intérêts, représentaient une somme faramineuse. La mafia utilisait toutes sortes de menaces pour nous faire rembourser. Et nous n'avons rien pu faire d'autre que de nous séparer. »

23

Vous étiez de la même race... pensa Honma, le même fardeau, le même joug, les mêmes prédateurs. Quelle histoire ! Il avait l'impression d'avoir reçu une gifle. Il se passa les mains sur le visage. Ses mains desséchées par le froid étaient trempées de sueur, de sueur froide.

« C'était... c'était donc ça ! » dit-il avec peine.

Il vit sa propre surprise se refléter dans les yeux de Kurata.

« Vous ne le saviez pas ?

– Non, c'est une révélation. »

Il comprenait enfin pourquoi Kyoko avait besoin d'une nouvelle identité et le zèle qu'elle avait mis à devenir quelqu'un d'autre.

Et comme Kurata le disait, les usuriers retrouvaient toujours la trace de leurs débiteurs dès qu'un changement était apporté au domicile légal.

Kyoko était sûrement au courant de ça, mais...

« En 1983, elle avait dix-sept ans et était encore au lycée ?

– Oui. Elle n'a pas pu terminer à son grand regret. »

Quatre ans plus tard, ils se mariaient. Kyoko devait penser que les usuriers avaient fini par renoncer au remboursement.

1983, la fuite, l'éclatement de la famille... Honma repensa à ce que lui avait dit Mlle Sawaki.

« Vous dites que leur fuite avait pour cause un emprunt immobilier ?

– Oui, son père était salarié dans une petite entreprise locale. Ses revenus étaient modestes, mais il a voulu, comme le dictait la mode de l'époque, devenir propriétaire et il n'a pu faire face.

– A la fin, il est tombé sur une officine vraiment louche, de mèche avec la mafia, où toutes ses dettes s'étaient concentrées. Le jour, on relançait le père au bureau. La nuit, on venait frapper à leur porte. Et on menaçait même leurs proches. La mère a fait une dépression et ils ont échappé de justesse au suicide. Kyoko pour sa part, vivait dans une angoisse permanente. »

Les coins de sa bouche tremblaient comme lorsqu'un enfant va éclater en sanglots.

« D'ailleurs, c'est pour protéger Kyoko qu'ils ont décidé de s'enfuir. »

Honma fronça les sourcils : à dix-sept ans Kyoko devait déjà être très jolie.

« Ils voulaient prendre Kyoko en otage ?

– Elle ne m'a pas donné de détails, balbutia Kurata. Elle a seulement dit qu'ils avaient décidé de partir pour éviter qu'elle ne soit enlevée. Ils s'étaient d'abord réfugiés chez des proches. Mais ils ont craint d'être découverts trop facilement et de leur causer des ennuis. Le père est parti de son côté travailler comme journalier, sans doute à Sanya ; Kyoko et sa mère sont venues à Nagoya. Elles se sont installées dans une petite auberge ; la mère travaillait dans un snack-bar et Kyoko dans un bistrot.

« Elles ont vécu ainsi pendant un an en communiquant avec le père par courrier ou par téléphone, mais un jour la mère a dû se rendre à Tokyo auprès de son mari, victime d'un petit accident. Moins vigilants, après une année de répit, ils sont allés faire visite aux parents qui les avaient accueillis lors de leur fuite. »

Cette imprudence leur avait été fatale : la mafia, qui gardait un œil sur leurs parents de Tokyo, leur avait mis la main dessus alors qu'ils sortaient de chez eux. Emmenés de force, le père avait dû signer une nouvelle reconnaissance de dette avec l'obligation de travailler pour les gangsters ; la mère, ramenée à Fukushima, avait été assignée à une boîte de nuit qui faisait partie d'un réseau de prostitution. Elle a réussi à s'enfuir au bout d'un an.

« La mafia a essayé par tous les moyens de savoir où se trouvait Kyoko, mais en vain. »

Voyant que sa mère ne revenait pas, Kyoko avait compris : elle avait déménagé aussitôt et changé de travail. Elle envoyait régulièrement à sa mère des lettres poste restante, comme elles en avaient convenu.

« Quand sa mère a réussi à s'enfuir, elles se sont retrouvées à Nagoya. »

Il ne restait de la pauvre femme qu'une mue remplie d'eau sale, selon sa propre expression. Peu de temps après, elle était morte d'une grippe mal soignée qui avait tourné à la pneumonie. C'était à l'automne 1986, trois ans et demi après la première fuite : Kyoko avait vingt ans.

« N'ayant aucune trace de son père, elle s'est occupée toute seule des obsèques puis a quitté Nagoya en emportant les cendres de sa mère. Kyoko a été frappée par la légèreté des cendres : elle avait tenté de prendre les os avec des baguettes mais ils s'étaient désagrégés aussitôt et réduits en poussière [1]. »

Honma savait ce que cela voulait dire : la mère de Kyoko avait dû être droguée pendant qu'elle travaillait pour la mafia.

Kyoko avait alors trouvé par petite annonce un travail à demeure dans une auberge d'Ise. Elle n'espérait plus revoir son père mais continuait à lui écrire poste restante.

Or six mois plus tard, il lui avait téléphoné. Elle ne savait comment il s'était libéré : s'il s'était enfui ou s'il avait été rejeté par la mafia parce qu'il ne leur était plus bon à rien. Il répondait par oui ou par non à ses questions, d'une voix morte. Lorsqu'elle lui avait proposé de venir à Ise il n'avait même pas réagi.

« Quand Kyoko lui a demandé où il vivait, il a donné le nom d'un quartier abominable dont je ne me rappelle plus le nom. Kyoko en a été bouleversée. »

Kurata se tut, repoussa l'assiette de gâteaux qu'il n'avait pas touchée, chercha dans sa poche ses cigarettes et demanda :

1. Le rite veut qu'après l'incinération on récupère les os avec des baguettes pour les mettre dans l'urne. *(N.d.T.)*

« Je peux fumer ? »

La main qui tenait le briquet tremblait.

« Pour vous aussi ça a dû être pénible... »

Kurata qui avait réussi à allumer sa cigarette hocha la tête :

« Je connaissais le fils du patron de l'auberge dans laquelle Kyoko travaillait ; c'est lui qui me l'a présentée en me disant qu'elle était belle, gentille et travailleuse. Il avait raison. »

Le fils d'un notable de la région et la bonne d'une auberge... Il ne devait pas être sérieux au début, pensa Honma, qui posa la question de façon détournée. Kurata se dérida pour la première fois :

« C'est un peu ça, je voulais simplement m'amuser. »

Mais ses sentiments avaient rapidement évolué.

« J'ai voulu l'avoir pour moi tout seul, dit-il après avoir cherché ses mots.

– Elle est belle... et intelligente aussi ?

– Oui, mais ce n'est pas tout. De belles femmes, il y en a d'autres. Mais avec Kyoko, comment dirais-je..., je me sentais un homme. J'avais l'impression de protéger quelqu'un qui comptait vraiment sur moi. »

Honma pensa à Kazuya et à ce qu'il avait dit de sa fiancée.

Kyoko avait le charme d'une femme fragile qui suscitait chez les hommes un désir de protection.

Kazuya et Kurata avaient des points communs : toux deux issus de familles riches, bons élèves, soucieux de l'apparence sociale, bien de leurs personnes, doués de capacités au-dessus de la moyenne dans leur travail. Face à des parents infaillibles qui leur avaient donné une enfance heureuse et préparé leur avenir avec soin, ils avaient besoin de quelqu'un qui leur fournisse l'occasion de se prouver à leur tour. Kyoko devait jouer ce rôle.

Aussi bien Kurata que Kazuya avaient été honnêtes. Ils auraient pu garder Kyoko comme maîtresse mais ils ne l'avaient pas fait parce qu'ils étaient jeunes et bien élevés.

A moins qu'elle ne les ait manipulés. A vingt ans elle avait acquis une force que ces garçons n'auraient sans doute jamais.

Quand Kurata avait voulu présenter la jeune fille à ses parents, elle avait refusé en disant qu'elle « sortait de nulle part ».

Cette façon de faire, songea Honma, avait sans doute pour but de renforcer Kurata dans sa décision.

« Elle m'a tout raconté de son passé. Cette franchise aussi m'a plu chez elle. Je me disais qu'il n'y avait aucune raison d'avoir honte d'une fille pareille et que mon choix était le bon. »

Ce discours ressemblait à celui de Kazuya.

L'amour et le zèle de Kurata finirent par lui obtenir le consentement de ses parents et ils se marièrent en juin 1987.

« Ma mère s'y est opposée jusqu'au bout, mais mon père a réussi à la convaincre. Il avait peut-être rencontré avant son mariage quelqu'un comme Kyoko et avait dû y renoncer. J'ai senti chez lui comme un regret : " On ne vit qu'une fois et il est important d'agir selon ses convictions ", m'a-t-il dit alors que nous parlions d'homme à homme, et cela m'a fait plaisir. »

Il avait vingt-six ans à l'époque. Il était jeune.

« Conformément au désir de Kyoko, nous n'avons pas fait de grande cérémonie, et nous nous sommes contentés d'un petit voyage de noces à Kyushu... »

Ses yeux s'adoucirent comme pour caresser son souvenir, un souvenir miné. Il se plongea le visage dans les mains, resta immobile un certain temps, puis murmura :

« Après ce voyage nous avons enregistré le mariage à la mairie ; ce n'est qu'une formalité, mais j'étais très fier de fonder une famille. Et c'est à partir de là que l'enfer a commencé.

– Il me vient quelque chose à l'idée, intervint Honma, elle n'avait pas de dettes, c'était son père qui en avait. Les créanciers n'ont pas le droit d'exiger des enfants qu'ils remboursent les dettes de leurs parents. N'y avait-il pas une loi pour vous protéger ?

– Oui, la loi existe sur le papier, dit Kurata avec un sourire désabusé. La mafia connaît très bien les lois, elle n'a jamais avancé ouvertement l'obligation de rembourser. Mais elle faisait jouer l'obligation morale, surtout depuis que Kyoko était la bru d'une grande famille. Et ces gens nous harcelaient pour obtenir l'adresse de son père, laissant courir toutes sortes de bruits auprès de nos clients, notamment celui que la jeune belle-fille était endettée. A la suite de ces rumeurs, une de nos banques nous a lâchés. »

Honma commençait à comprendre la méfiance de Kurata.

« Et la déclaration de faillite personnelle ? demanda Honma, pas pour Kyoko bien sûr, mais pour son père. Avec les intérêts cumulés en quatre ans, la dette devait atteindre des dizaines de millions de yens, une somme impossible à rembourser pour un simple salarié. On la lui aurait accordée. »

D'ailleurs, avant de s'enfuir de Fukushima déjà, pourquoi n'avaient-ils pas eu recours à ce moyen ? Honma repensa à ce qu'avait dit l'avocat : « Pensez à la faillite personnelle avant de faire une fugue, de vous suicider ou de commettre un crime... »

« On avait complètement perdu la trace de son père.

– Vous l'avez recherché ?

– Bien entendu, on a fait tout ce qu'on a pu.

– Kyoko, ne pouvait-elle pas se substituer à son père pour cette déclaration ?

– Si c'était le cas, nous n'aurions pas souffert autant ! Nous avons consulté nos avocats, mais ils nous ont confirmé qu'il n'y avait rien à faire : comme Kyoko n'était pas forcée par la loi de rembourser les dettes de son père, " il n'y avait aucune raison pour qu'elle soit ennuyée ". Par conséquent " elle ne pouvait faire de déclaration de faillite ". On pouvait bien sûr demander de façon officielle aux créanciers de cesser leurs menaces mais ils venaient quand même nous relancer en se faisant passer pour des clients. On ne pouvait pas non plus porter plainte pour diffamation, car il était avéré que son père était endetté. Par ailleurs, comme il n'y avait pas de violence physique, la police ne pouvait pas intervenir en raison du fameux principe de non-ingérence dans les affaires privées. Kyoko, moi et mes parents avons tous frôlé la dépression nerveuse. Certains de nos employés ont démissionné à cause de cela... Les avocats ne voyaient qu'une solution : déclarer le père disparu, ce qui équivaut à une mort putative et Kyoko pouvait alors faire une démarche pour renoncer à l'héritage de son père ; le bien, qu'il soit négatif ou positif, reste le bien. Or on ne peut déclarer quelqu'un disparu que si on est sans nouvelles de lui depuis sept ans.

– Et il était impossible d'attendre aussi longtemps », dit Honma, compréhensif.

Kurata renchérit :

« Oui, et les avocats nous ont conseillé de faire des recherches, car le père était peut-être vraiment mort, surtout s'il travaillait comme journalier, un métier à risques. »

La confirmation du décès aurait permis à Kyoko de renoncer à l'héritage, ou de l'accepter et de se déclarer en faillite.

« Alors, Kyoko et moi sommes allés à Tokyo et nous l'avons recherché partout. Ensuite nous sommes allés à la bibliothèque.

– Pour consulter le Journal officiel ? »

Le Journal officiel comprend une rubrique nécrologique de personnes non identifiées par la famille, et donnant tous les détails possibles.

« Je n'arrive pas à oublier, dit Kurata en serrant les poings sur ses genoux. Kyoko tournait les pages avec avidité, les yeux exorbités, et elle semblait supplier son père : “ Sois mort, sois mort. ” Ça, je n'ai pas pu le supporter. Pour la première fois, je l'ai trouvée odieuse. Et j'ai craqué », ajouta-t-il, d'une voix douloureuse.

Lorsque Kyoko leva les yeux du journal, elle découvrit dans le regard de son mari pire qu'un reproche, un dégoût. Elle comprit qu'elle venait de le perdre.

Honma ne pouvait pas reprocher à Kurata, issu d'une famille aisée, de ne pouvoir supporter le spectacle de sa femme recherchant son propre père parmi ces pauvres hères.

« Va te voir dans le miroir, ai-je dit, on dirait une sorcière ! »

Cette vie qu'elle tenait enfin entre ses mains, Kyoko l'avait serrée tellement fort qu'elle l'avait étouffée. Honma ne s'était pas trompé : elle était seule, cruellement seule, glacée par le vent de la solitude.

Sois mort, papa, sois mort. Honma ne pouvait s'empêcher de la plaindre.

« Quinze jours après, nous avons divorcé », dit Kurata d'une voix à peine audible.

C'était en septembre 1987. Trois mois après le mariage.

« Ensuite je l'ai complètement perdue de vue. Mais elle

avait annoncé notre mariage à une personne, une seule, une amie de Nagoya. Si vous voulez, je peux retrouver ses coordonnées chez moi. On peut y aller tout de suite, c'est à un quart d'heure en taxi », dit Kurata en se levant.

Tout le temps du trajet, la pluie ne cessa de tomber. Ils arrivèrent devant une maison avec un jardin aussi grand que le parc voisin de l'immeuble de Honma. Kurata ne l'ayant pas invité à entrer, Honma resta à l'extérieur. Le portail de cèdre était luisant de pluie. En levant les yeux, il remarqua, sous l'auvent de tuiles, la corde de paille tressée du culte shinto.

Cinq minutes plus tard Kurata revenait avec un papier dans une main et un parapluie en plastique dans l'autre. Il tendit le papier à Honma :

« Voilà l'adresse. Vous n'avez pas de parapluie ? Alors gardez celui-ci, et si vous n'en avez plus besoin, faites-en don à la gare en partant. »

Après l'avoir remercié, Honma l'interrogea sur la corde tressée.

« Oui, c'est une coutume de la région de la garder toute l'année.

– C'est lié au temple d'Ise ?

– Oui. Kyoko aussi l'aimait bien, surtout pour son symbole de pureté et son côté sacré. Elle était assez superstitieuse : elle récitait des formules incantatoires lorsqu'elle plantait un clou dans un mur. »

C'était la première parole de Kurata décelant quelque chose de leur intimité.

« Mais cette corde tressée ne nous a pas protégés non plus des usuriers !

– Je voulais vous demander... Est-ce que Kyoko connaissait la région de Yamanashi ?

– Vous voulez savoir si elle y était allée en voyage, ou si elle y avait des amis... ?

– Oui.

– Je n'ai pas l'impression. Je n'en ai pas le souvenir. Ensemble nous sommes allés à Kyushu en voyage de noces et à Nemu-no-Sato jouer au golf le week-end. C'est tout : notre vie conjugale n'a duré que trois mois... »

C'était très court, en effet.

« Pourtant je l'ai vraiment aimée. Je vous le jure. »

Soulagé d'avoir tout dit, il se tut. Honma, n'ayant plus de raisons de rester, prit congé.

« Ah je me souviens, entendit-il dire à haute voix dans son dos, alors qu'il s'éloignait.

– Pardon ?

– Ça me revient maintenant, le nom du quartier où son père habitait : Namidabashi. »

Namidabashi, « Le Pont aux larmes », dans le quartier de Sanya à Tokyo.

« C'est le coin des journaliers.

– Ah ? Un bien triste nom ! murmura Kurata.

– Eh... oui ! »

Lorsque Honma le salua pour la dernière fois, il vit que les yeux de Kurata étaient humides...

24

Le papier que lui avait donné Kurata portait un nom et une adresse : Sudo Kaoru, Kobata, Moriyama-ku, Nagoya. Mais dans l'annuaire, Honma ne trouva rien qui correspondait. Il dut se rendre sur place, ce qui lui prit une journée entière, pour finir par apprendre d'un livreur que la personne en question avait déménagé.

Il lui faudrait de nouveau faire appel à Ikari pour essayer de retrouver son adresse actuelle.

Lorsque Honma rentra chez lui à Tokyo, il était minuit passé. La cuisine était encore allumée et Tamotsu, assis devant la table ronde, regardait attentivement un document quelconque. Il n'entendit même pas la porte s'ouvrir.

« C'est moi ! »

Surpris, Tamotsu sursauta et ses genoux heurtèrent la table :

« Vous... vous... m'avez fait peur !

– Pardon, pardon. »

Tous deux éclatèrent de rire.

Pendant le voyage de Honma à Ise et à Nagoya, Tamotsu avait consacré son temps à glaner des renseignements sur Shoko à Kasai, au Gold, au Lahaina et même dans les quartiers de « Castle-Mansion » et de Co-op Kawaguchi.

« Qu'est-ce que tu regardes avec tellement d'attention ? » demanda Honma.

Tamotsu, qui riait en se frottant les genoux, retrouva son sérieux :

« Ça..., devinez ce que c'est.

– ... Des photos de classe ? demanda Honma, en remarquant sur la table des albums de grande taille.

– Oui, de nos années d'écoles successives : maternelle, primaire, collège et lycée... »

En effet il y avait quatre volumes de tailles et de couleurs différentes : Tamotsu feuilletait celui du lycée.

« C'est à toi ? demanda Honma en cherchant Shoko parmi les élèves.

– Non, ils appartiennent à Shoko. »

A la dernière page on pouvait voir son nom entouré des petits mots de ses camarades de classe.

« Où les as-tu trouvés ? »

Honma, lui, n'avait rien trouvé ni à Co-op Kawaguchi, ni à Honan-cho.

« Dans un endroit inattendu, expliqua Tamotsu. C'est une ancienne camarade de classe, Kazue, qui les avait chez elle. Avant de venir ici j'ai été voir plusieurs de nos anciens camarades. Kazue les a apportés à ma mère qui me les a envoyés par la poste.

– C'est Shoko qui les lui a confiés en personne ?

– Non, répondit Tamotsu, en sortant une petite lettre tapée sur une machine à traitement de texte. Lisez : »

> Chère Kazue,
>
> Je t'écris pour te demander un service. Tu auras sûrement été très surprise de recevoir ce gros paquet. Tu serais gentille de me garder ces albums pendant un certain temps.
>
> Ma vie est très pénible à Tokyo comme tu as dû l'entendre dire. Je ne suis pas heureuse et je sais pourquoi.
>
> Maintenant que ma mère est morte, je voudrais refaire ma vie. Ces albums me donnent le cafard et, dans mon petit appartement, je ne peux pas ne pas les voir. Alors s'il te plaît, garde-les, toi qui étais ma meilleure amie. Je viendrai les récupérer lorsque je pourrai les regarder sans trop de peine.
>
> Avec toutes mes amitiés.
>
> Shoko.

Le nom aussi était tapé à la machine. Honma relut la lettre et jeta de nouveau un coup d'œil sur la dernière page de l'album, celle des signatures : « Restons toujours les meilleures amies ! Nomura Kazue. »

« C'est forcément Shinjo Kyoko qui les a envoyés à Kazue, remarqua Tamotsu, avec une émotion contenue.

– Quand Kazue les a-t-elle reçus ? »

Puisqu'il était question de la mort de sa mère, ce ne pouvait être qu'après le 25 novembre 1989.

Tamotsu sortit son calepin et dit :

« Kazue avait jeté l'emballage, elle n'a donc pas pu vérifier la date d'expédition, mais elle pense que cela remonte au printemps suivant la mort de la mère. »

Autrement dit, le printemps 1990. Mais ce mot de printemps n'était pas précis. Ou bien Kazue avait reçu ce paquet avant le 17 mars, date à laquelle Shoko avait disparu. Ou bien elle l'avait reçu après cette date et dans ce cas il y avait de fortes chances que ce fût Kyoko qui l'ait envoyé.

« Kazue m'a dit qu'elle les avait rangés au fond d'un placard au moment où elle ressortait ses vêtements de printemps.

– C'est quand même un peu vague, “ la période où l'on sort les vêtements de printemps ”. Ça peut être mars, avril...

– A Utsunomiya il fait plus froid qu'à Tokyo, ce n'est jamais en mars, jamais. »

Honma comprenait ce que voulait dire Tamotsu mais réfutait le « jamais » appliqué à une coutume personnelle ou familiale.

« Elle n'a rien raconté d'autre qui puisse nous éclairer sur la date ? »

Tamotsu feuilleta son calepin et réfléchit en se mordant la lèvre inférieure :

« En allant à la poste, finit-il par dire, elle n'avait pas ses papiers d'identité et on a refusé de le lui donner.

– Comment ? Tu veux dire que ce paquet est arrivé alors qu'il n'y avait personne chez Kazue ?

– Oui... oui, c'est ça. Je me suis mal exprimé. Elle a appris qu'il y avait un paquet pour elle et quand elle a vu ce que c'était, elle a été un peu déçue.

– C'est courant qu'il n'y ait personne chez eux ?

– Non, comme ils sont commerçants, d'habitude il y a toujours quelqu'un. Ce jour-là, par hasard, ils étaient sortis tous ensemble.

– Pour quelle raison ?

– Je ne crois pas l'avoir demandé. »

Il feuilleta encore son calepin et dit en se grattant la tête :

« Non, je ne l'ai pas demandé.

– Est-ce que tu me laisserais jeter un coup d'œil sur ton arme secrète ?

– D'accord, mais j'écris très mal », dit Tamotsu très gêné.

Effectivement son écriture n'était pas facile à déchiffrer mais en haut de la page il y avait une date et le titre : « Propos de Kazue ». Honma remarqua un mot inattendu juste au-dessus du mot « déçue » : « Thé sucré ».

« Qu'est-ce que c'est ?

– Kazue est grosse mais elle aime les sucreries et elle parle souvent de nourriture. Elle m'a dit qu'en revenant de la poste, elle s'était arrêtée devant le temple qui offrait du thé sucré. Qu'est-ce que ça a de drôle ?

– C'est un très bon indice, dit Honma en riant. Kazue a été chercher le paquet à la poste et au retour elle a bu du thé sucré, c'est bien ça ?

– Oui.

– Il n'y a qu'un jour par an où les temples offrent ainsi aux passants du thé sucré, c'est pour la fête des Fleurs.

– La fête des Fleurs ?

– Oui, l'anniversaire du Bouddha, le 8 avril. »

Tamotsu resta bouche bée :

« Ça veut dire...

– ... que le paquet est arrivé la veille, le 7 avril, donc ce n'est pas Shoko qui l'a expédié.

– Je ne me débrouille pas si mal ! »

A la fin de l'album se trouvait la liste des noms des élèves. C'est grâce à cette liste que Kyoko avait choisi Kazue pour envoyer les albums.

D'après la lettre on comprenait que Kyoko était au courant des difficultés de Shoko. C'était sans doute Shoko qui lui en avait parlé lorsqu'elles avaient fait cette visite au cimetière.

Il n'est pas rare de se montrer plus bavard avec de parfaits étrangers, comme un chauffeur de taxi ou une rencontre de hasard, qu'avec ses proches. L'absence de liens rend les choses plus faciles. D'ailleurs Kyoko qui s'était approchée de Shoko dans un but précis devait poser les bonnes questions.

Pourtant Shoko avait tu sa faillite personnelle.

Quelle ironie du sort, pensa Honma, si Shoko en avait parlé, à cette heure elle serait toujours vivante.

« Est-ce que tu lui as demandé d'où avait été expédié le paquet ?

– Oui, mais elle ne s'en souvenait pas bien.

– A part sa petite déception, comment a réagi Kazue en recevant ces albums ?

– Elle a été très surprise, dit Tamotsu en montrant du doigt ce qu'avait écrit Kazue : “ Restons toujours les meilleures amies ! ”, car c'était un peu exagéré.

– Elles n'étaient pas les meilleures amies ?

– Elles étaient amies, mais tu sais ce que c'est : en fin de scolarité, elles étaient émues de se quitter, alors elles en ont un peu rajouté... Kazue a raison d'avoir trouvé que c'était un peu sans-gêne de la part de Shoko. Moi j'ai pensé tout de suite que ce n'était pas elle qui avait expédié les albums. La lecture de la lettre m'a confirmé dans cette idée.

– Pourquoi ?

– Schii-chan n'aurait pas éprouvé de tristesse à la vue des albums, car ils ne lui évoquaient pas de souvenirs heureux. »

Sans doute, pensa Honma, Shoko n'avait jamais été heureuse, même dans son enfance. Elle recherchait sans cesse une image d'elle différente de celle du passé. Simplement, elle s'était trompée dans les moyens d'y ressembler : elle avait cherché à se procurer le miroir qui donne l' « image idéale de soi ».

Par le biais d'une carte de plastique...

« Ma petite Shoko est morte, elle n'est plus de ce monde, j'en suis désormais convaincu. A l'instant même où j'ai eu ces albums entre les mains, j'ai compris que ce n'était pas elle qui les avait envoyés et qu'elle était morte. »

Tamotsu releva le menton et crispa ses mains sur ses genoux pour dominer sa colère et son chagrin. Il avait l'air de s'accrocher à quelque chose.

A son souvenir, pensa Honma. Et il se mit à lui parler de Kyoko. Tamotsu l'écouta en silence la tête baissée, puis il remarqua :

« Bizarre, cette Shinjo Kyoko !

– Bizarre ?

– Oui, tu ne trouves pas ? Elle se sert de ma petite Shoko comme d'un objet mais elle prend la peine d'envoyer ses albums à une de ses amies... Bizarre ! Elle aurait pu les jeter. On dirait qu'elle a fait ça pour demander pardon à Shoko. »

Tamotsu se leva, traversa la pièce et sortit sur le balcon. Honma entrevit son pull blanc dans la nuit.

Mieux valait le laisser tranquille.

Honma eut certaines difficultés à localiser Sudo Kaoru. Il avait demandé au commissariat local, par le truchement d'Ikari, de trouver son adresse, mais cela prenait du temps. Conscient de ce qu'il lui devait déjà, Honma se sentait gêné vis-à-vis de son ami, mais Ikari était d'excellente humeur, car il avait résolu son affaire de meurtre.

Ainsi que Honma l'avait imaginé, c'était bien la femme qui avait monté le coup avec une de ses anciennes collègues dans l'intention de s'approprier les biens et les affaires du mari.

« Tu as visé juste. Je t'en suis reconnaissant », dit joyeusement Ikari au téléphone.

Honma croyait voir son visage rayonnant.

« Qu'est-ce qui a été décisif ?

– Il a fallu beaucoup de patience. Nous l'avons fait filer de telle sorte qu'elle s'en aperçoive. Quand on a senti qu'elle était mûre, on l'a appelée pour témoigner au commissariat : alors elle a craqué et éclaté en sanglots. La guerre des nerfs, c'est fatigant, tu sais ! » Il faudrait encore un certain temps pour vérifier les aveux. « Mais cette affaire m'a fait réfléchir à la psychologie humaine, reprit Ikari.

– Tu dis ça chaque fois !

– Oui, mais cette fois, c'est vrai... Devine où elles ont décidé du coup ? »

Honma chercha, tout en pensant que s'il tombait juste, Ikari serait vexé.

« A un enterrement, lança Ikari, sans attendre la réponse.

– De qui ?

– De leur ancienne directrice, morte à trente-huit ans d'un cancer. Elles complotaient pendant que le prêtre lisait les sûtras.

– Elles ont alors eu la révélation de la brièveté de la vie...

– De ton côté où en es-tu ? Ça avance ? »

Honma expliqua rapidement l'état de son enquête.

« Il est important de mettre la main sur Kyoko, mais ce serait pas mal non plus de trouver le corps, remarqua Ikari.

– ... Oui.

– As-tu déjà parlé au commissariat de Yamanashi du " cadavre découpé non identifié " ?

– Non, pas encore. Je suis pratiquement sûr, mais cela ne suffit pas. Je manque d'éléments pour demander officiellement une identification. Il n'est pas suffisant de dire qu'une femme A a disparu et qu'une femme B, elle aussi disparue, a toutes chances de l'avoir tuée. Il faudrait retrouver quelques indices ou signes particuliers, par exemple ces canines saillantes. »

Ikari lui aussi pensait à la tête toujours manquante.

« Autant chercher une épingle dans une botte de foin ! ajouta-t-il.

– Non, pas forcément.

– Ah, pourquoi ? »

Honma répéta les remarques de Tamotsu :

« Kyoko possède malgré tout un certain sens de l'obligation morale. Elle aurait pu jeter les albums. Mais elle s'est donné la peine de les envoyer. En faisant ça, elle a pris un gros risque.

– Hum...

– Elle n'est pas froidement calculatrice : elle a des sentiments. Elle a pesé ses moindres actes à l'exception de l'envoi des albums. »

Honma se souvint que Kurata avait dit qu'elle était superstitieuse.

« Tu penses donc, dit Ikari, qu'elle a enterré la tête selon le rite ?

– Pourquoi pas ? Ça revient à ça.

– Hum..., alors c'est tout simple, conclut Ikari avec conviction, moi je chercherais du côté des tombes de ses parents.

– Facile à dire, rétorqua Honma, justement des tombes, il n'y en a pas.

– Mince alors, autant en effet chercher une épingle dans une botte de foin ! »

Avec un claquement de langue Ikari raccrocha.

En attendant de retrouver les traces de Sudo Kaoru, Honma put enfin passer quelques nuits chez lui. Il eut un peu de temps à consacrer à Satoru et retourna aussi à la rééducation se faire martyriser par Mme Machiko. Tamotsu, lui, passait ses journées dehors et revenait chaque soir avec sa petite récolte. Il essayait surtout de reconstituer la vie de Shoko pour découvrir éventuellement le point de contact entre elle et Kyoko, ce qui était la seule chose importante à ce stade.

« J'ai une requête à vous adresser, dit Tamotsu.

– Laquelle ?

– On va retrouver Kyoko, n'est-ce pas ?

– Je l'espère.

– Nous allons la retrouver tout seuls ? Sans la police ?

– C'est ce que je souhaite.

– Alors, à ce moment-là, laissez-moi lui adresser la parole en premier. Je vous en prie ! Je voudrais être le premier à entendre sa voix. »

Trois jours après son retour d'Ise, Honma reçut un appel de Katase : il avait rencontré les anciennes collègues de Kyoko, mais sans en tirer rien d'intéressant.

Honma le trouvait de plus en plus suspect.

« Avez-vous pris contact avec Mlle Ichiki ? » demanda Katase d'un ton poli.

Honma jeta un coup d'œil sur le calendrier : la jeune femme devait rentrer le lendemain.

« Non, elle est toujours à Sydney ou à Canberra.

– Ah, oui, c'est vrai ! »

Katase semblait très agité. Ce n'était peut-être pas un mauvais bougre mais son comportement était étrange.

« Je lui téléphonerai demain. Merci de votre appel. Je vous

contacterai au besoin car j'ai encore des questions à vous poser.

– D'accord », répondit docilement Katase qui interprétait sans doute cette phrase comme une menace. Il raccrocha.

Honma appela Mlle Ichiki le lendemain en fin d'après-midi.

« M. Katase m'a mise au courant, répondit-elle. Il doit toujours être amoureux d'elle ! ajouta-t-elle en riant.

– C'est ce que j'avais cru comprendre.

– Quand Kyoko habitait avec moi, il venait souvent la raccompagner. Lui, il prenait ça au sérieux mais pas elle. »

C'est sans doute la raison pour laquelle Katase se préoccupait beaucoup de cette affaire. Il se tracassait pour Kyoko mais craignait aussi que les choses ne tournent mal pour lui.

« Je ne sais pas grand-chose d'elle, car nous avions convenu de ne pas nous mêler de nos vies privées respectives. De plus, les jours de congé, nous étions très rarement à la maison.

– Vous voulez dire que Kyoko n'était pas là les jours de congé ?

– Oui, elle partait toujours, je ne sais pas où, mais sûrement assez loin.

– Elle avait son permis de conduire ?

– Oui. Et elle louait une voiture.

– Elle partait avec quelqu'un ?

– Je n'ai pas l'impression... Plutôt seule. »

Elle devait faire des voyages de reconnaissance en vue de son changement d'identité.

« Vous travaillez pour " Roseline "... ?

– Oui, entre autres. Je suis au service informatique de Sanyu.

– !...

– Allô, allô ?

– ... Excusez-moi, vous êtes donc au service informatique. »

Katase avait menti ! Il avait omis de préciser dans quel bureau elle travaillait, et prétendu qu'elle n'était qu'une simple employée.

« Je m'occupe des fichiers de " Roseline ", de " Green Garden ", et de trois autres sociétés du groupe.

– Où se trouve votre bureau ?

– Dans l'immeuble de la maison mère. J'ai connu Kyoko grâce au bulletin interne.

– Bulletin interne ?

– Oui, j'ai vu dans le bulletin qu'elle cherchait à partager un appartement. Avec un seul salaire on ne peut couvrir le loyer d'un appartement.

– Excusez la brutalité de ma question mais ne vous a-t-elle pas demandé les fichiers de la clientèle de Roseline ? »

Après un instant de silence, Mlle Ichiki se mit à rire :

« Quelle idée !

– Si on vous les réclamait, vous auriez la possibilité de les donner ?

– Oui, bien sûr. Mais si on l'apprenait, je serais immédiatement renvoyée et je ne pourrais plus jamais exercer ce métier.

– Encore une chose. M. Katase aurait-il été capable de le faire, si Kyoko l'en avait prié ?

– Tout à fait impossible.

– Pourquoi ? Lui aussi s'y connaît en ordinateurs, non ?

– Devant vous, il a fait semblant, dit-elle en riant très franchement cette fois. Pour nous ce n'est pas un bien grand spécialiste, d'ailleurs il n'est pas habilité. »

Elle riait toujours. Mais Honma ne trouvait pas ça drôle : comment Kyoko avait-elle fait, alors, pour se procurer ces fichiers ?

« Dans la vie quotidienne comment était-elle ? » demanda-t-il pour changer de sujet.

Devant l'imprécision de cette question elle hésitait.

« Une bonne maîtresse de maison, soigneuse ?

– Ah, pour ça, oui, dit-elle, enfin éclairée. Elle faisait bien la cuisine aussi : de temps en temps elle prenait tous les restes pour faire du riz cantonais économique. Il était délicieux. »

Honma repensa au ventilateur dont les pales brillaient dans l'appartement de Honan-cho.

« Elle n'utilisait pas, par hasard, de l'essence pour nettoyer le ventilateur ?

– Comment le savez-vous ? s'étonna-t-elle.

– Je tiens ça de quelqu'un qui la connaissait.

– Ah bon, mais c'est quand même surprenant ! Moi je n'aimais pas beaucoup ça ; d'abord ça sent mauvais et c'est dangereux ! Je lui disais qu'il valait mieux utiliser des détergents ; elle en avait dans une petite bouteille qu'elle avait dissimulée quelque part sur le balcon. Mais sur le balcon il y avait aussi des vieux journaux... Tenez, à propos de journaux, elle était abonnée à un quotidien de Tokyo.

– De Tokyo ?

– Oui, *Asahi*... ou *Yomiuri*..., ah, ça me revient, c'était le *Yomiuri*. Et je lui ai même demandé pourquoi elle lisait celui de Tokyo alors que le *Yomiuri* d'Osaka est beaucoup plus intéressant.

– Qu'a-t-elle répondu ?

– Je ne m'en souviens plus. »

Voulait-elle connaître ce qui se passait à Tokyo où Shoko vivait, ou bien se préparer à s'installer dans cette ville après la réalisation de son projet ?

« Depuis quand lisait-elle le journal de Tokyo ?

– Depuis toujours sans doute. Elle découpait des articles.

– Vous vous souvenez quel genre d'articles ?

– Non, dit la jeune femme en riant, je n'ai pas une bonne mémoire. Peut-être la “ recette du jour ” dans les pages familiales. »

Honma raccrocha après lui avoir demandé de le rappeler si elle se souvenait d'autre chose.

L'énigme restait entière : Mlle Ichiki était assez bien placée pour savoir quelque chose de sa vie, mais Kyoko en avait gardé jalousement les secrets.

Alors comment avait-elle pu obtenir les fichiers ?

« Ça ne va pas, murmura Honma qui, sans s'en rendre compte, s'était mis à parler avec l'accent d'Osaka.

– Qu'est-ce qui t'arrive, papa ? demanda Satoru qui faisait ses devoirs. Tu es devenu inspecteur à Osaka ? » dit-il en singeant son accent et il s'esclaffa.

Ça faisait longtemps que Honma n'avait pas entendu son fils rire d'aussi bon cœur.

« On dirait que tu vas mieux, toi !

– ... Oui.

– Tu ne pleures plus ?

– Si, de temps en temps. Mais je me retiens.

– Bien.

– Mme Hisae m'a dit que quand on pleure trop, on risque d'avoir des otites. »

Effectivement ce n'était pas le genre de Hisae d'aller dire : un garçon ne pleure pas !

« Katsu et moi, nous avons décidé de creuser une tombe pour Boke. »

Honma savait qu'on n'avait pas retrouvé le corps de Boke.

« On va enterrer son collier.

– Son collier ?

– Oui. Il en avait deux. Il portait son collier antipuces mais l'autre, le beau en cuir avec son nom, nous l'avons toujours.

– Et où allez-vous l'enterrer ?

– On ne sait pas encore. Tamotsu va fabriquer quelque chose pour marquer l'endroit. M. Isaka dit que maintenant c'est maman qui s'occupe de Boke.

– Hum, hum...

– Là où ils sont, Boke pourra se promener sans laisse, dit-il en regardant la photo de sa mère... Papa ?

– Oui ?

– Pourquoi Tazaki a-t-il tué Boke ?

– Qu'est-ce que tu en penses, toi ? »

Satoru réfléchit assez longuement en agitant ses pieds :

« Par ennui peut-être, lâcha-t-il.

– Ennui ?

– Oui. Lui, il ne pouvait pas en avoir.

– Mais je croyais qu'il en avait un ?

– Non, M. Isaka a entendu dire que sa mère ne voulait pas de chien pour ne pas salir la maison. »

La maison qu'elle avait enfin pu acheter en faisant un gros emprunt.

« Tazaki n'avait peut-être pas l'intention de le tuer.

– Tu crois ?

– Il aurait bien voulu avoir un chien. Mais comme on ne l'y autorisait pas, il était jaloux.

– Et c'est pour ça qu'il a tué Boke ?

– Sans doute.

– Il aurait pu venir chez Katsu pour jouer avec lui.

– Il n'y a même pas pensé, trop jaloux sans doute... »

Et puis certaines gens sont incapables de régler leurs problèmes autrement que par la violence. C'était encore un peu trop tôt pour l'expliquer à Satoru. Dans deux ou trois ans..., pensa Honma.

« J'ai demandé aussi à M. Isaka, continua Satoru en faisant tourner son crayon dans sa main...

– ... la raison pour laquelle on a tué Boke ?

– Oui.

– Et qu'est-ce qu'il a dit ? »

Satoru chercha longuement dans son vocabulaire encore limité les mots exacts d'Isaka :

« M. Isaka, se décida-t-il enfin... Papa, tu m'écoutes ?

– Oui.

– Il a dit qu'il y a des gens tellement jaloux qu'ils commencent par détruire et cherchent des prétextes ensuite et qu'il ne fallait pas écouter les justifications de Tazaki. Ce qui importait, c'était ce qu'il avait fait, quelles qu'en aient été les raisons. »

Un discours pareil dans la bouche d'un homme aussi doux qu'Isaka avait quelque chose de surprenant, mais il avait peut-être pour but de panser la blessure de Satoru...

L'inflexibilité de la douceur...

« Les gens qui font des choses horribles ne prennent pas la peine de réfléchir à la raison de leur acte. Tazaki aussi est comme ça.

– Et est-ce qu'Isaka t'a dit de ne pas lui pardonner ?

– Non, s'il réfléchit bien à ce qu'il a fait et s'il vient s'excuser, je dois lui pardonner.

– Oui, je suis d'accord avec lui », songea Honma soulagé.

Satoru lui aussi était soulagé ; il s'apprêta à se remettre à ses devoirs. Honma prit son journal mais Satoru lança soudain :

« Papa ?

– Qu'est-ce qu'il y a ?

– La femme que tu cherches, tu ne l'as toujours pas trouvée ?

– Non, pourtant on fait ce qu'on peut.

– A-t-elle tué quelqu'un ?
– On ne le sait pas encore.
– Lorsque tu l'auras trouvée, tu l'amèneras à la police ?
– Oui, il faudra l'interroger.
– Pourquoi l'interroger ? Parce que c'est ton métier ? »

Pour la première fois Satoru lui posait des questions sur son métier. Jusque-là, il se contentait de dire : « Papa est inspecteur, il arrête les méchants. »

« Oui, c'est mon métier. »

Pourtant il avait l'impression que cette fois ce n'était pas seulement ça...

« La femme qu'on cherche n'a pas commis de crime uniquement par ennui, ça c'est clair, ajouta-t-il.

– Hum..., murmura Satoru, après un petit silence, et maintenant tu attends encore des renseignements ?
– Oui.
– Quand tu les auras, tu iras où ?
– Sans doute à Nagoya ou à Osaka.
– Alors... »

La voix de Satoru fut couverte par la sonnerie du téléphone.

« ... achète-moi du *uiro*[1] », dit Satoru avec un soupir de résignation.

1. Spécialité de Nagoya (gâteau). *(N.d.T.)*

25

« Cela fait deux ans que je suis sans nouvelles de Kyoko, je ne sais pas du tout ce qu'elle est devenue », dit Sudo Kaoru.

Elle s'était mariée l'année précédente, ce qui expliquait que Honma ne l'ait pas trouvée sous son nom de jeune fille, et habitait à présent dans la banlieue de Nagoya. Agée d'environ trente-deux, trente-trois ans, elle était grande et mince avec un fin visage : une allure de mannequin.

Honma avait suggéré qu'ils se rencontrent dans le quartier de Kobata où elle habitait lorsqu'elle fréquentait Kyoko. Elle avait trouvé l'idée bonne :

« Justement il y a un salon de thé près de mon ancien studio, avait-elle dit. On y mangeait bien. Même après son départ pour Osaka, lorsque Kyoko venait me voir, on continuait d'aller y déjeuner. »

Le patron du petit salon de thé se souvenait de Kaoru : elle discuta avec lui un moment avant de venir rejoindre Honma :

« M. Ikari m'a dit au téléphone que Kyoko avait disparu. »

Honma expliqua la situation comme d'habitude en omettant la présomption de meurtre.

Après l'avoir écouté, Kaoru but son café lentement. Elle était calme, mais entre ses sourcils bien dessinés, son front demeurait soucieux :

« Qu'est-ce qui a bien pu se passer ? » murmura-t-elle.

Elle avait rencontré Kyoko pour la première fois quand celle-ci était arrivée à Nagoya avec sa mère.

« Elle m'a tout raconté, les dettes, la fuite. »

Elle confirma par ses propos tout ce que Kurata avait dit, mais révéla qu'après son divorce, Kyoko avait été rattrapée par la mafia.

« C'est la raison pour laquelle je ne l'ai pas revue tout de suite après son divorce mais seulement l'année suivante... sans doute en février, car il neigeait ce jour-là. »

Ce qui faisait environ six mois après le divorce.

« Vous vous souvenez de ce moment-là ?

– Oui, car Kyoko est venue se réfugier chez moi. »

Elle était arrivée en taxi en pleine nuit. Et c'était même Kaoru qui avait payé le taxi.

« Sous son imperméable, elle était presque nue. Elle avait le regard éteint et les lèvres sèches. J'ai tout de suite compris ce qu'on l'obligeait à faire. »

Kaoru avait voulu savoir si on la forçait à travailler pour rembourser la dette, mais elle avait répondu : « Non, j'ai été vendue. »

Après avoir passé un mois chez Kaoru, Kyoko lui avait demandé de lui prêter un peu d'argent.

« Je lui ai donné 500 000 yens. Elle est partie pour Osaka chercher du travail, car elle craignait en restant plus longtemps chez moi de m'attirer des ennuis. »

Kyoko avait en effet débuté en avril chez « Roseline ».

« Quelque temps après, elle m'a écrit, à mon grand soulagement, qu'elle s'était installée avec une collègue dans un appartement. Elle touchait sans doute un salaire correct, elle venait de temps en temps me voir en voiture.

– Toujours en voiture ? Jamais en train ?

– Elle avait peur du train, ou plus exactement elle avait peur de la foule : on ne sait jamais qui on peut rencontrer, disait-elle ! Elle pensait qu'il lui serait plus facile en voiture d'échapper aux mauvaises rencontres. Pour la même raison elle n'utilisait que des voitures de location. »

Elle redoutait toujours une mauvaise rencontre. C'était devenu pathologique. Honma imaginait facilement quel genre de vie elle avait pu mener dans l'intervalle et il en souffrait pour elle.

« A-t-elle été vraiment inquiétée à l'époque où elle travaillait à Osaka ?

– Non. Mais, quand je lui disais qu'elle ne craignait plus rien, elle refusait de me croire. Elle prétendait toujours qu'il fallait faire quelque chose. »

Il « fallait faire quelque chose ». Elle pensait sans doute qu'elle ne pourrait pas vivre en paix sous le nom de Shinjo Kyoko.

« J'essayais de la rassurer en lui faisant remarquer que dans quatre ou cinq ans il y aurait prescription et que les usuriers finiraient par renoncer. Mais Kyoko n'arrivait pas à surmonter sa peur. Elle s'était mariée en pensant qu'on la laisserait tranquille et voilà que ça recommençait ! Moi, je ne savais trop quoi lui dire.

– Quand elle vous parlait de “ faire quelque chose ”, est-ce qu'elle vous a donné des détails ?

– Non. »

Vivre comme tout le monde, libérée de cette angoisse permanente et faire un mariage heureux comme tout le monde, c'est tout ce qu'elle souhaitait.

Elle n'avait eu aucun soutien ni de son père ni de sa mère. La loi même n'avait été d'aucune aide. Et ni Kurata ni sa fortune ne l'avaient protégée. Elle était comme un grain dans une poignée de sable qu'on laisse couler entre ses doigts. Personne ne prendrait la peine de le ramasser. C'était à elle de se débrouiller pour s'en sortir. Il fallait se battre par tous les moyens.

« Kyoko vous a-t-elle montré la photo d'une maison ?

– La photo d'une maison ?

– Oui, celle-ci. »

Honma sortit le cliché Polaroïd et le fit glisser sur la table.

« Ah, celle-ci !

– Vous la connaissez ?

– Oui, acquiesça-t-elle avec un sourire, c'est une photo prise pendant son stage. Elle avait emprunté l'appareil à une collègue : Kyoko aimait bien aller voir les prototypes de maisons et je la taquinais toujours.

– Malgré les problèmes dus au désir de ses parents de devenir propriétaires de leur maison ?

– C'est vrai, c'est curieux, mais dans un sens c'est compréhensible : elle rêvait d'être heureuse dans une maison comme celle-ci, sa préférée. Elle affirmait qu'elle allait reconstruire sa vie et qu'elle vivrait dans ce genre de maison.

– Elle ne vous a pas dit qu'elle vous inviterait à venir la voir dans sa nouvelle demeure ? demanda Honma.

– Maintenant que vous en parlez... Eh bien, non ! »

Rien d'étonnant, car pour avoir ce bonheur, elle le savait, il faudrait qu'elle change de nom, projet qu'elle nourrissait déjà.

« Vous êtes vraiment sans nouvelles d'elle ? insista Honma.

– Oui, vraiment, je n'ai aucune raison de vous mentir, dit Kaoru en se redressant, un peu pincée.

– Et des coups de téléphone muets ? Il vous arrive d'en recevoir ?

– Non, rien de tel. »

Kyoko, dont le projet de changement d'identité avait tourné court, ne venait même plus voir l'amie qui l'avait tirée d'affaire dans le passé et à qui elle avait confié ses rêves. Honma essaya de comprendre ce que ça voulait dire.

« Au moment où j'étais liée avec elle, je connaissais déjà mon mari et Kyoko savait qu'on se marierait bientôt. Alors, elle doit penser que je ne suis plus aussi disponible qu'avant et elle hésite à me déranger. »

Elle ne pouvait même plus compter sur Kaoru : il ne lui restait plus que la fuite en solitaire.

Bon, arrête-toi maintenant ! dit Honma en s'adressant en pensée à Kyoko. Tu dois être fatiguée de fuir. Moi je suis épuisé de courir derrière toi. Il faut que ça cesse. Tu ne peux pas fuir éternellement...

« Kyoko est venue me voir pour la dernière fois après avoir quitté " Roseline ". »

Honma vérifia dans son carnet :

« Elle en est partie fin décembre 1989.

– Oui, elle est venue après le nouvel an, sans doute fin janvier, car je l'ai invitée à dîner en ville, ce qui veut dire que j'avais touché mon salaire. »

A cette époque elle devait être déjà bien avancée dans son projet.

« Elle m'a dit qu'elle avait quitté Osaka et qu'elle allait peut-être habiter à Kobe.

– Tiens, tiens...

– Mais elle mentionnait toujours la ligne de Tokyo à Yokohama. Je me suis étonnée qu'elle soit à Tokyo ; elle a été obligée d'avouer qu'elle habitait provisoirement à Kawaguchi dans un hôtel-studio. Mais elle ne m'a pas donné ses coordonnées. »

Un petit déclic se fit dans l'esprit de Honma. Janvier 1990, Kyoko était à Kawaguchi. Il repensa aux paroles de la collègue de Shoko au Gold : « Shoko disait qu'on ouvrait son courrier. »

Voilà la manière dont Kyoko recueillait des informations. Et c'est ainsi qu'elle avait su pour le cimetière ! A l'époque, Shoko se levait vers midi et travaillait le soir jusqu'à minuit. Il n'était pas difficile pour Kyoko de sortir le courrier de la boîte aux lettres pour le remettre ensuite. Le lien entre ces deux femmes s'éclaircissait.

« Mademoiselle Sudo, essayez de vous souvenir. Pendant ces trois ou quatre années, n'avez-vous pas remarqué un moment où elle était particulièrement bizarre ?

– Particulièrement bizarre ? répéta Kaoru.

– Oui, agitée, nerveuse... »

C'était une question un peu vague mais Honma pensait à la date de la mort de la mère de Shoko, le 25 novembre 1989. Si son hypothèse était juste, Kyoko devait se trouver ce jour-là à Utsunomiya. Il savait grâce à Katase que, entre le 18 et le 26, elle avait été en congé. Ce que Honma voulait savoir alors, c'était si Kyoko avait contacté Kaoru le jour, ou plus probablement, le soir du 25. Kyoko était venue chercher du secours auprès d'elle après avoir échappé à la mafia : il y avait fort à parier que si elle avait tué la mère de Shoko, même sans vouloir l'avouer, elle aurait aimé parler un peu, ne serait-ce que pour entendre une voix amie. Mais il est vrai que, après avoir tué Shoko en mars (elle l'avait bel et bien tuée, à présent Honma en était sûr), elle n'avait pas téléphoné à Kaoru, puisque leur dernier contact remontait à la fin janvier.

« Si vous allez par là, la dernière fois que je l'ai vue, fin janvier, elle était bizarre, dit Kaoru en choisissant ses mots. D'habitude au moment de me quitter, elle disait toujours “ à bientôt " en agitant la main, mais cette fois, elle m'a dit " adieu " et elle s'est inclinée poliment. »

Honma hocha la tête : Kyoko savait qu'elles ne se reverraient plus. Kyoko allait disparaître pour devenir Shoko.

« Je me souviens que ce jour-là, elle a parlé de sa mère morte, elle a parlé sans cesse de la mort. Elle m'a même demandé où je voulais être enterrée. Pour sa part, elle ne voulait plus jamais retourner à Fukushima, même après sa mort. »

Et Kaoru lui ayant demandé si elle avait un problème de santé, Kyoko s'était contenté de sourire.

« J'ai trouvé ça bizarre, poursuivit Kaoru et j'ai même eu un pressentiment. Et là-dessus, la voilà qui me dit adieu... Ensuite, lorsque je n'ai plus eu aucune nouvelle, j'ai pensé que je ne m'étais pas trompée. C'est trop tard maintenant... »

Ce « trop tard » révélait clairement son inquiétude. Honma repensa aux paroles de Kurata : « Kyoko est peut-être déjà morte ! »

Malgré tout le soin que Kyoko mettait à cacher ses projets, elle devait susciter une vague inquiétude dans son entourage.

« A part ça ? Rien d'autre ?

– Je ne me souviens pas comme ça des détails, soupira Kaoru.

– Si je vous donnais une date ?... Le 25 novembre 1989, ça vous dit quelque chose ?

– Pourquoi cette date précise, dit-elle les yeux plissés, soupçonneuse. Que s'est-il passé ?

– Rien, simplement d'après son emploi du temps de " Roseline " Kyoko s'est absentée neuf jours autour de cette date. Elle n'est pas venue vous voir ? »

Kaoru leva les yeux au ciel pour réfléchir. Elle prit sa tasse machinalement, puis la reposa et s'enquit :

« Kyoko a-t-elle pris d'autres congés aussi longs à " Roseline " ? »

Honma jeta un regard sur son carnet :

« Non. Il y a d'autres absences de moins de trois jours, mais c'est le seul congé aussi long : entre le 18 et le 26 novembre. »

Le visage de Kaoru se détendit et elle dit fièrement :

« Alors, je m'en souviens bien. Ma mémoire n'est pas très bonne, mais si c'est le seul, c'est bien celui auquel je pense.

– Elle vous a contactée à ce moment-là ? demanda Honma avec empressement.

– Elle est venue me voir. C'était le deuxième jour de son congé, donc le soir du 19. Elle était très bizarre. Et puis elle était blessée. »

Elle était blessée !

« Quel genre de blessure ?

– Une brûlure. Heureusement pas trop grave, mais elle a dû être hospitalisée à cause d'une poussée de fièvre. »

Un instant, Honma crut qu'il avait mal entendu : être hospitalisée ?

« Pardon ?

– Elle a dû aller aux urgences, dans un grand hôpital juste à côté d'ici. Elle y est restée jusqu'au 26 au matin. Le congé de neuf jours, c'est cela, sans erreur. C'est moi qui l'ai conduite à l'hôpital et je me suis occupée d'elle tout le temps. »

Pour Honma c'était une véritable bombe : Kyoko, au moment de la mort de Mme Sekine, était hospitalisée à Nagoya.

« Elle a fait une pneumonie. Elle avait eu un accident de voiture, et elle a débarqué chez moi le 19, à minuit passé. Je lui ai demandé avec qui elle était, mais elle a refusé de le dire. Elle était brûlée à la main droite, une plaie superficielle mais étendue. Pour la saison, elle était habillée très légèrement, juste un manteau sur un chemisier. Le moteur avait pris feu au moment de l'accident et son pull avait brûlé. Elle était rentrée par le train à grande vitesse, transie de froid, et c'est ainsi qu'elle était tombée malade. »

Au début, Kaoru l'avait gardée chez elle.

« Et puis j'ai été dépassée. Elle délirait, et quand elle se levait, elle se frappait la tête contre les murs. Elle était comme folle, tellement excitée qu'elle ne me voyait même pas : j'ai dû appeler l'ambulance. J'ai téléphoné à “ Roseline ” pour dire qu'elle devait rester couchée à cause d'un rhume mal soigné. Et c'est passé. En tout, elle est restée sept jours à l'hôpital. Elle n'a jamais voulu me dire plus tard non plus avec qui elle était dans la voiture, au moment de l'accident. Sans doute quelqu'un dont elle voulait absolument cacher l'identité.

« Je ne tiens pas de journal mais je note ma comptabilité. J'ai dû payer la prise en charge à sa place et ça doit apparaître quelque part sur mon cahier de comptes de l'époque. Si vous voulez, je peux le rechercher pour plus de précisions. »

Kaoru appela Honma le soir même à l'hôtel pour confirmer les dates. Elle envoya même par fax la note de l'hôpital de Kobata : Shinjo Kyoko, sécurité sociale n°..., hospitalisée du 19 au 26 novembre 1989, chambre à six personnes, coût de la prise en charge : 70 000 yens.

Shinjo Kyoko n'avait pas tué la mère de Shoko...

26

« Mais cela ne remet pas tout en question », fit remarquer Ikari ; son air sombre contredisait ses paroles.

Il sirotait du thé aux algues dans la cuisine. L'avant-veille, Honma était rentré avec sa bombe, en oubliant complètement le gâteau promis à son fils.

« Elle avait peut-être un complice », intervint Isaka, qui faisait cuire une grande marmite d'*oden*[1], à la demande de Satoru.

Malgré cette atmosphère familiale et chaleureuse, Honma ne put réprimer une grimace.

« S'il y avait un complice, on l'aurait déjà découvert.

– Et ce Katase ? Qu'est-ce que tu en penses ?

– Ce jour-là il était à Osaka, au bureau, jusqu'à neuf heures du soir. Il lui était impossible d'être à Utsunomiya à onze heures.

– Alors c'est une coïncidence, murmura Ikari sans trop croire à ce qu'il avançait. Ça arrive.

– La mère de Shoko, qu'on voulait supprimer, meurt accidentellement juste au bon moment, c'est quand même incroyable !

– On ne sait jamais, quelquefois la " réalité dépasse la fiction "...

– Son complice insista Isaka, n'était-ce pas celui qui se trouvait dans la voiture au moment de l'accident ? »

1. Sorte de potée, plat populaire servi en hiver. (*N.d.T.*)

Honma réfléchissait en silence. Il ne savait plus ce qui était vraisemblable et ce qui ne l'était pas.

« Et s'il s'agissait de Kazuya ? hasarda Ikari sans y croire.

– Tu lis trop de romans policiers !

– C'est bien possible.

– A propos, qu'est-il devenu ? demanda Isaka soucieux. C'est lui qui nous a plongés dans cette affaire et il ne vous téléphone même pas !

– Si c'était quelqu'un d'aussi attentionné, il ne serait pas venu te demander de t'en charger, remarqua froidement Ikari qui ne pardonnait pas à Kazuya d'avoir jeté les billets de cette façon. »

Isaka souleva le couvercle de la marmite : il s'en échappa un nuage de vapeur.

« Comme ça sent bon ! grommela Ikari.

– Reste dîner avec nous.

– Tous ensemble, avec ces têtes d'enterrement, dit Ikari en riant. D'ailleurs, elle aussi doit manger en ce moment.

– Qui ça ?

– Kyoko, bien sûr. Eh oui ! Elle mange, elle se lave, elle se maquille, elle flirte peut-être. Quelque part, en pleine forme ! Pendant que nous, nous nous cassons la tête, elle essaye peut-être un nouveau rouge à lèvres dans un salon de beauté Shiseido.

– Vous en connaissez un rayon ! » dit Isaka avec admiration.

Honma jeta un coup d'œil à son collègue et expliqua à Isaka :

« A sa dernière rencontre matrimoniale on lui a probablement présenté une esthéticienne de chez Shiseido...

– Comment l'as-tu deviné ? Tu es vraiment insupportable ! »

Où pouvait bien se trouver Shinjo Kyoko à présent et que faisait-elle ? Honma ne s'était pas encore posé la question. Il ne trouvait pas d'intérêt à ce genre de devinettes.

Il fallait peut-être reprendre les choses de zéro, suivre le conseil de l'avocat et mettre une annonce dans un journal : « Kyoko, nous avons tout compris, reviens. »

Signé de qui ? De Kazuya ? Absurde !

Mais si elle y répondait, ça risquait d'être encore plus absurde :

« Shoko m'a vendu son état civil. Vous voulez savoir où elle est ? Elle travaille à Hakata, je l'ai eue au téléphone tout récemment. Je suis désolée de vous avoir causé du souci... »

Kazuya ému lui pardonnerait et ils se marieraient. Et moi, hospitalisé pour un ulcère à l'estomac ou pour hypertension... Non, non ce n'est pas possible, complètement stupide !

Kyoko devait se cacher quelque part, loin, le plus loin possible de Tokyo, démoralisée par son échec.

Honma se leva brutalement de sa chaise.

« Qu'est-ce qu'il y a ? s'inquiéta Ikari.

– Eh bien, dit Honma sans le regarder, je me demandais ce que Kyoko faisait en ce moment.

– Elle pleure peut-être, ou elle bavarde avec une esthéticienne de Kanebo, dit Ikari moqueur.

– Elle doit travailler, avança Isaka. Il faut bien qu'elle se loge et qu'elle mange. Elle n'a sûrement pas beaucoup d'argent.

– Est-ce qu'elle ne tenterait pas un nouveau coup ? suggéra Honma.

– Quel coup ?

– Prendre l'identité d'une autre femme. »

Le plus vite possible.

« Si Kyoko ne vient plus voir Kaoru, une amie si intime, et qu'elle ne lui téléphone même pas, c'est à mon avis parce qu'elle a peur.

– Elle a peur ?

– Oui. Elle a fui quand elle risquait d'être démasquée. L'affolement passé, elle a dû réfléchir, se demander si Kazuya n'avait pas découvert que Sekine Shoko n'était autre que Shinjo Kyoko.

– Tu crois ?

– Je n'en suis pas certain, mais si elle évite les gens qui ont connu Shinjo Kyoko, c'est qu'elle a peur. Elle n'a pas réussi à devenir Shoko et, acculée, elle doit se chercher une autre identité, vous ne croyez pas ? »

Ikari et Isaka se regardèrent.

« Pour ça, dit Ikari, il lui faut trouver une autre société de vente par correspondance...

– Et recommencer à la case départ, ajouta Isaka en hochant la tête.

– Peut-être », dit Honma avec un soupir. Une idée lui traversa l'esprit mais s'évanouit aussitôt : il croyait avoir aperçu l'ombre d'un poisson mais ce n'était qu'une vague.

« Il faut y aller », dit Isaka en regardant l'heure à l'horloge de la cuisine : il était trois heures moins cinq.

Satoru et Katsu leur avaient demandé de venir à l'« enterrement de Boke » à trois heures. Ils avaient décidé de creuser une tombe dans le petit jardin, devant l'appartement des Isaka, juste sous leur fenêtre. Ce n'était pas un jardin privé, mais ils avaient pris la liberté de le faire quand même. Tamotsu, habile et pieux, avait sculpté une petite croix dans un bout de bois.

« Je viens avec vous, décida Ikari, ça me rappelle *Jeux interdits* ! »

Hisae avait préparé une petite couronne et de l'encens.

Satoru et Katsu creusèrent un trou à l'aide de petites pelles et y déposèrent le collier marqué au nom de Boke. La cérémonie se déroula dans le plus grand sérieux : Tamotsu dressa la croix, Hisae déposa la couronne et chacun planta un bâton d'encens en plissant les yeux pour éviter la fumée avant de se recueillir les mains jointes.

« Maintenant il est tranquille ? demanda Satoru.

– Oui, il repose en paix.

– Parce que nous y avons mis tout notre cœur, ajouta Ikari en tapotant l'épaule de Satoru.

– En été, on installera des tuteurs ici, dit Satoru en montrant la balustrade de la fenêtre, pour planter des volubilis qui fleuriront tout l'été.

– J'ai des graines, dit Katsu.

– On plantera diverses sortes de fleurs pour que ce soit fleuri toute l'année, ajouta Hisae avec un sourire. Maintenant vous allez ranger les pelles et vous laver les mains. Allons goûter. »

En repartant, Honma remarqua que Tamotsu était un peu

étrange. Il parlait très peu. Il penchait la tête comme à l'écoute d'une douleur profonde.

« Qu'est-ce qui ne va pas ? »

Tamotsu leva les yeux et regarda autour de lui : les autres avaient déjà tourné le coin.

« Il y a quelque chose, je ne sais pas quoi, qui me trotte dans la tête, dit-il en brossant la terre de ses genoux. Pendant qu'on creusait cette tombe et qu'on dressait la croix, j'ai eu une impression de déjà vu.

– Tu as peut-être déjà enterré un animal ?

– Non. Mon père n'aimait pas les animaux et n'a jamais accepté d'en avoir, dit Tamotsu en continuant à marmonner. Je vais interroger Ikumi, elle connaît tous les détails de ma vie.

– Elle est extraordinaire !

– Oui, rien ne lui échappe. Quelquefois, ça m'agace. »

Le soir même Tamotsu appela Ikumi. Honma étudiait son dossier étalé sur la table.

Tamotsu téléphonait chaque soir à sa femme. Il commençait invariablement par prendre des nouvelles de Taro et du futur bébé, ce qui ne manquait pas d'irriter Ikumi.

« Allô, c'est moi.

– ...

– Je te dis que c'est moi. »

Elle avait dû lui faire la remarque qu'elle ne connaissait personne qui s'appelât « Moi ».

« Bien sûr, il n'y a pas que les enfants, je pense aussi à toi », dit-il, pour s'excuser.

Honma se leva par discrétion mais Tamotsu, d'un geste, s'empressa de le faire rasseoir.

« Arrête ! Ce soir j'ai quelque chose de spécial à te demander. »

Tamotsu lui raconta la petite cérémonie de l'après-midi :

« J'ai l'impression d'avoir fait quelque chose de semblable moi aussi il y a très longtemps. Or, tu le sais, avec mon père nous n'avons jamais pu avoir d'animaux, tu ne vois pas de quoi il peut s'agir ? »

Après avoir écouté un moment sa femme, Tamotsu haussa la voix :

« Comment ? Les activités ? Élevage ? Moi ? »

Ikumi dit encore quelque chose.

« Comment se fait-il que ce soit toi qui te souviennes de ça ? C'est moi qui t'en ai parlé ? »

Honma se replongea dans son dossier ; Tamotsu haussa de nouveau la voix.

« Ça y est, dit-il en frappant du poing la table du téléphone. Je me souviens, Shii-chan était là aussi. »

En entendant citer Shoko, Honma leva les yeux ; Tamotsu hochait la tête à son intention.

« Ikumi, tu es vraiment formidable », dit-il très fort avant de raccrocher le téléphone.

« On faisait ensemble de l'" élevage ", expliqua Tamotsu en hachant ses mots, en quatrième année d'école primaire, nous avions tous les deux la charge d'un oiseau. »

Quand cet oiseau était mort, ils l'avaient enterré dans un coin du jardin de l'école.

« Shoko aimait beaucoup cet oiseau, reprit Tamotsu très agité. Elle était très triste et elle a pleuré tout le temps de l'enterrement, comme Satoru. Elle disait : " Pauvre oiseau, tout seul ici ! " »

Les joues de Tamotsu étaient rouges d'excitation. Et tout à coup Honma comprit :

« Tu ne veux quand même pas dire...

– Si, elle n'avait sûrement pas oublié. Ikumi aussi l'a entendue parler de cet oiseau à l'enterrement de sa mère. Vous comprenez ce que ça signifie ? continua Tamotsu en postillonnant. Ikumi l'a entendue dire : " Je suis bien désolée de ne pas pouvoir acheter une tombe pour mes parents et de ne pas pouvoir être enterrée avec eux. Je demanderai à être enterrée avec Piou-Piou. " Ikumi l'a clairement entendue. Qu'est-ce que ça signifie ? "

– Ne t'excite pas trop. On ne peut pas en déduire...

– Vous croyez ? pourtant il me semble... Vous comprenez, Kyoko est allée visiter le cimetière dans le but de la rencontrer. C'est le genre d'endroit où on se laisse aller à sa sentimentalité. Shoko a peut-être parlé de Piou-Piou et de l'école. Kyoko n'aurait eu aucun mal à retrouver de quelle école il s'agissait. »

De deux choses l'une : ou bien Shoko avait parlé spontanément, ou bien Kyoko avait sollicité ses confidences. Mais pour quoi faire ? Il suffisait de jeter le corps. Oui, le jeter...

Honma s'étrangla ; Kyoko qui n'avait même pas pu jeter de simples albums !

Obligée de découper le cadavre, elle n'avait pu se résoudre à jeter la tête et avait voulu l'enterrer convenablement là où Shoko le souhaitait.

L'excitation de Tamotsu faillit déteindre sur Honma mais celui-ci se força à rester calme.

« Vrai ou faux, nous n'avons aucune preuve.

– Bien sûr, dit Tamotsu avec véhémence, c'est pour ça qu'il faut creuser. Avec mes anciens camarades de classe nous creuserons toute la cour. »

Tamotsu partit le lendemain par le premier train, en promettant de tenir Honma au courant.

C'était dimanche. Honma n'arrivait toujours pas à se rappeler l'idée qui avait traversé son esprit la veille, ce qui l'agaçait intensément. En faisant la vaisselle du petit déjeuner, il cassa une assiette et Satoru remarqua :

« Tu ne fais pas attention, tu as un gage !

– D'accord.

– Comme ton genou va mieux, tu te demandes si tu ne vas pas pouvoir reprendre ton travail, c'est ça ? » demanda le gamin qui essuyait les couverts.

Ce n'était pas tout à fait faux. Honma songeait plus précisément qu'il ne pourrait pas continuer à s'occuper indéfiniment de cette affaire.

« Je me demande ce qu'en penserait Mme Machiko.

– Comme tu sèches tes séances tout le temps, elle dira que c'est encore trop tôt.

– Pourtant je marche presque comme avant.

– C'est ce que tu crois, toi ! Mais on voit bien que tu fais toujours attention à ton genou.

– Ah bon, » dit Honma en serrant très fort le robinet. Dès que j'en aurai terminé avec cette affaire, je retournerai au travail à quatre pattes s'il le faut.

Même si je dois enquêter avec des béquilles, je ne resterai pas à la maison, pensa-t-il.

Satoru parti, il se retrouva seul sans rien d'autre à faire que de revenir à Kyoko et à Shoko. Il étala le dossier sur la table. Malgré le grand beau soleil, il restait la tete dans les mains à réfléchir. Il fit le point :

Comment Kyoko avait-elle obtenu les fichiers de la clientèle de « Roseline » ? Katase avait-il quelque chose à voir là-dedans ?

Comment avait-elle tué Shoko (à moins qu'elle ne l'ait pas tuée) ?

Ce qu'il avait fait en deux semaines n'était-il rien de plus qu'un château de cartes prêt à s'écrouler au premier coup de vent ? Alors qu'il considérait ces deux questions cruciales, l'image de Kyoko, en larmes, se jetant dans les bras de Kazuya après avoir répondu à leur annonce, lui revint à l'esprit.

« Je n'y comprends plus rien ! » grommela-t-il et il se leva et se rassit plusieurs fois sans raison.

Satoru rentra en demandant ce qu'il y avait pour le déjeuner. Il était une heure passée. Lorsque Isaka n'était pas là, Honma préparait les repas, mais ce jour-là il n'avait pas eu le cœur à ça.

« Si on allait déjeuner dehors ? » proposa Honma.

Satoru sauta de joie. Une fois dans la rue, Honma se sentit mieux. Après le déjeuner dans un petit restaurant du quartier, il n'eut pas envie de rentrer tout de suite :

« Tu as quelque chose à faire cet après-midi ? demanda-t-il à Satoru.

– A trois heures, je vais voir Katsu ; il est allé à Shinjuku acheter un nouveau jeu.

– Quel genre, cette fois ? »

Malgré les explications de Satoru, Honma n'y comprit rien.

« Bref, c'est nouveau ?

– Oui, ça vient de sortir. »

Satoru s'en tint là de ses explications : il était assez normal que cette toute nouvelle disquette ne fût pas compatible avec le circuit intellectuel un peu démodé de son père.

« On se sent bien, dit-il en s'étirant.

– Il fait beau !

– Papa, tu marches pas mal, tu sais !

– Ah, tu vois ! C'est ce que je t'ai dit.

– Si tu es guéri, tu vas manquer à Mme Machiko !

– On va se balader ?

– C'est pas ce qu'on est en train de faire ? dit Satoru très content. Et si on allait au jardin ? »

Après une heure de promenade dans ce jardin public plus proche par sa taille d'un parc, ils commencèrent à avoir froid aux oreilles.

Le printemps avait beau s'afficher sur le calendrier, les arbres ne semblaient pas être au courant. Les peupliers agitaient leurs branches nues pour rappeler que l'hiver était encore là. Les corbeaux portaient toujours leurs habits d'hiver. Le jardin d'iris se résumait à une simple mare. Sur les toiles des peintres qui avaient dressé leurs chevalets au bord de l'étang aux nénuphars, la verdure était quelque peu fictive.

Quand ils sortirent du jardin, il était trois heures moins le quart.

« On va peut-être rencontrer Katsu, remarqua Satoru alors qu'ils approchaient de chez eux.

– Il n'y avait peut-être plus de disquette et il va revenir bredouille, lança Honma pour le taquiner.

– Il l'avait réservée, qu'est-ce que tu crois ! »

Les enfants d'aujourd'hui sont vraiment très organisés...

En arrivant près de leur immeuble Honma plissa les yeux et Satoru aussi s'arrêta :

« Qu'est-ce que c'est ? »

Une fumée malodorante venait de leur droite, du côté de l'incinérateur à ordures.

« Je vais voir.

– Moi aussi. »

Devant l'incinérateur, un homme en combinaison triait un tas de déchets en repoussant la fumée de ses mains.

Il reconnut en Honma un des locataires de l'immeuble et le salua :

« Je suis désolé, il n'y a que du papier mais comme il est humide, ça fume. »

La fumée sortait même par les interstices de la lourde porte métallique. Satoru toussota.

« Ce n'est pas grave, bon courage ! » dit Honma.

En partant, il aperçut aux pieds de l'homme un tas de vieux cahiers attachés ensemble par des liens noirs.

« Vous allez brûler tout ça ?

– Oui, répondit l'autre, s'essuyant le front de sa main protégée d'un gant de coton. L'expert-comptable qui a déménagé dimanche dernier a laissé ses cahiers périmés.

– C'est un gros travail !

– Oui, c'est embêtant mais on ne peut pas faire autrement. A présent, grâce aux ordinateurs, on n'a plus besoin de tout ça. Les données une fois enregistrées, on n'a plus besoin de papier.

– Ce n'est pas toujours vrai, intervint Satoru.

– Ah bon ? s'étonna l'homme avec un sourire.

– Non, notre maître a acheté un carnet électronique et dans le mode d'emploi on conseille de garder une copie sur papier car, quand les piles sont mortes, toutes les données s'effacent.

– C'est sans doute de la camelote !

– Non, c'est toujours ainsi et c'est pourquoi il garde aussi son carnet. »

Il y a toujours une copie sur papier des données informatiques, se répéta Honma. C'était si simple, si évident...

– Alors ça fait double emploi, ajouta l'homme.

– Oui, c'est un gaspillage de ressources naturelles. »

L'homme ouvrit la porte et enfourna une nouvelle liasse de papiers ; Satoru jeta un regard interrogateur à son père qui restait planté là.

« Qu'est-ce qu'il y a, papa ?

– Tu m'as sauvé.

– Comment ?

– Je vais devoir retourner à Osaka », dit Honma, en lui ébouriffant les cheveux.

27

« Les doubles ? De chez nous ? » demanda Katase avec une grimace.

Honma était arrivé tôt le matin ; ils étaient installés dans le salon d'attente de « Roseline », la porte soigneusement fermée.

« Vous vous êtes déplacé exprès pour cette simple question ?

– Ce n'est pas une question si simple, fit remarquer Honma, il s'agit des questionnaires et des commandes, ajouta-t-il en haussant le ton. Après avoir copié les renseignements sur ordinateur, que faites-vous ? Vous les détruisez tout de suite ?

– Naturellement, ça prendrait trop de place. On les détruit le mois suivant.

– C'est vrai ?

– C'est la vérité, répondit-il d'une voix assurée, peut-être un peu trop.

– C'est la vérité, hum, hum... Qui est chargé de les détruire ? »

Pris de court, le jeune homme hésita.

« Qui ? » répéta Honma.

Katase baissa la tête pour éviter le regard de Honma.

« Vous ne pouvez pas répondre à ma question ?

– ... Affaires générales, service général », finit par répondre Katase, et il s'empressa d'ajouter : « Mais Kyoko n'appartenait pas au service général.

– Comment les détruit-on ?

– Une fois par mois, une entreprise spécialisée vient les chercher.

– Et en attendant ?

– On les garde aux archives, dans la cave.

– N'importe qui peut y accéder ? »

Un silence encore plus long.

« Monsieur Katase ?

– Oui.

– N'importe qui peut entrer aux archives ? »

Katase toussota et répondit :

« Toutes les employées de bureau. »

Nous y voilà, pensa Honma, les données brutes étaient à la portée de Kyoko ! Elle n'avait pas eu besoin d'avoir recours à l'ordinateur. Mais quelles étaient les preuves ?

« Vous avez sûrement un contrat de protection du secret professionnel avec l'entreprise en question ?

– Bien entendu. Les questionnaires et les commandes comptent beaucoup pour nous.

– Dans ce cas, vous tenez un compte exact des documents que vous détruisez ?

– Oui. Je crois que le service général le fait.

– Voudriez-vous vérifier si dans le passé, plus exactement entre avril 1988 et décembre 1989, la période où Kyoko travaillait ici, il n'y a pas eu d'irrégularités, de disparitions de documents ? demanda Honma.

– Il faut vraiment que je vérifie ? renâcla Katase en lui jetant un regard en dessous.

– Oui, s'il vous plaît.

– Mais je n'ai pas beaucoup de temps !

– Alors je vais demander à vos supérieurs. Je dispose de moyens...

– Non ! je vous en prie, ne faites pas ça, dit-il affolé, je préfère que vous n'ébruitiez pas cette histoire. »

Honma comprit en voyant le visage déformé par la peur, presque comique, de Katase, que ce dernier savait quelque chose.

« Monsieur Katase, vous n'avez jamais montré de documents à Mlle Shinjo ? »

Katase finit par avouer :

« Elle me l'a demandé et je l'ai un peu aidée. »

Honma laissa échapper un grand soupir.

« Je ne me souviens pas quand c'était.

– Pas du tout ? Alors laissons ça de côté. Comment avez-vous procédé pour l'aider ?

– Il suffisait de prendre des documents dans le carton destiné à la destruction. C'est facile. L'entreprise ne vient qu'une fois par mois.

– Qu'est-ce qu'il y avait dans ce carton ?

– Les questionnaires.

– De quand ? »

Katase haussa les épaules :

« Je vous l'ai déjà dit, je ne m'en souviens pas, c'est la vérité. »

Honma fixa Katase et comprit qu'il mentait : son regard fuyait.

« Je ne me souviens pas...

– Pas du tout ? »

Après un silence Katase dit tout bas :

« La première fois, c'était au mois de mai. »

La première fois ?...

« Il y a donc eu plusieurs fois ? »

Katase fit oui de la tête.

« Le mois de mai de quelle année ?

– L'année où elle a commencé à travailler chez nous. »

Donc 1988.

« Combien de fois en tout ?

– ... Quatre fois.

– Autrement dit, jusqu'au mois d'août ?

– Oui. C'était les questionnaires des clients de la région de Tokyo. Je me souviens avoir pensé : quelle fille curieuse.

– Elle vous a dit ce qu'elle voulait en faire ?

– Oui.

– Quoi ?

– Elle prétendait les utiliser pour ses exercices sur ordinateur à la maison, balbutia-t-il.

– Vous y avez cru ? »

Katase resta muet.

« Oui ou non ?

– Je me demandais si ce n'était pas plutôt pour les vendre », finit-il par dire très gêné.

Mais pour lui plaire, il l'avait laissée faire.

« Monsieur Katase ?

– Oui.

– Est-ce qu'il y a un moyen de savoir si le questionnaire de Shoko faisait partie de ces documents ?

– Non, pas ici. Je ne raconte pas d'histoires. Mais avec un peu de temps on doit y arriver. Les informations que donnent les questionnaires sont enregistrées puis classées par dates, expliqua-t-il, en bousculant de plus en plus ses mots. Autrement dit, les informations peuvent être ressorties par périodes.

– Monsieur Katase, pourriez-vous me faire la copie de tous les questionnaires enregistrés pendant ces quatre mois ? Je ne suis pas pressé, je peux attendre.

– Est-ce absolument nécessaire ? soupira Katase.

– Si vous refusez, je demanderai à vos supérieurs...

– Bon, bon, je le ferai, dit Katase en se prenant la tête à deux mains. Mais n'en parlez pas, je vous en prie.

– Je vous le promets, dans la mesure du possible », dit Honma en pensant qu'il ne pourrait pas tenir sa parole si son hypothèse était exacte.

Il alla au Kanteki attendre Katase comme celui-ci le lui avait demandé. Il fuma cigarette après cigarette.

Un quart d'heure plus tôt que prévu, Katase arriva avec à la main un listing d'ordinateur d'au moins cinq centimètres d'épaisseur.

« Cent soixante personnes ! » annonça Katase en posant sur la table le paquet qui paraissait bien lourd.

Honma se mit à tourner les pages et demanda :

« Vous avez trouvé le nom de Sekine Shoko ?

– Oui, aux pages du mois de juillet. »

Quels avaient été ses critères de choix parmi cette succession de noms, d'âges, d'adresses, de professions... ?

D'abord l'âge sûrement : il fallait qu'il soit sensiblement le même que le sien. Éviter les professions solides, préférer les sans profession ou les travailleurs temporaires qui pouvaient disparaître sans donner d'explications. Et surtout pas de famille. Elle avait dû éplucher toutes ces données à mesure qu'elle les recevait : d'abord mai puis juin, juillet et août.

« Voilà, je l'ai trouvé », dit Honma, en bousculant la table. Dans le verre, l'eau trembla.

« Il faut que je m'en aille, balbutia Katase.

– Encore cinq minutes, s'il vous plaît. »

Alors que Honma lisait ce qui concernait Shoko, un éclair lui traversa l'esprit, si vif qu'il en ressentit une sorte d'éblouissement.

« Qu'est-ce qui vous arrive ? » demanda Katase.

Sekine Shoko n'était pas la seule. Elle n'avait pas été dès le début l'unique cible, puisque Kyoko avait continué à chercher parmi les questionnaires du mois d'août. Elle avait dû en sélectionner plusieurs. Jusqu'ici son hypothèse selon laquelle Kyoko avait pris les informations dans les fichiers de « Roseline » avait été purement théorique. S'il avait eu entre les mains ce listing lourd de cent soixante noms, il aurait sans doute compris que Shoko n'était pas la seule en cause.

Et si Shoko n'était pas la première visée ? S'il y avait eu avant Shoko une autre femme qu'elle essayait de supprimer ? Or juste à ce moment elle apprenait par hasard la mort de la mère de Shoko ? Kyoko était abonnée à un journal de Tokyo qui avait mentionné, même de façon succincte, cette mort. Kyoko avait pu voir l'article et en conclure que Shoko était à présent complètement orpheline.

Oui, la mort de la mère était accidentelle ; c'était peut-être un suicide, mais sûrement pas un meurtre. Il était possible qu'à la suite de cette mort, Kyoko ait dirigé son choix sur Shoko une nouvelle cible qui comportait moins de risque.

« C'est si important ? demanda Katase qui commençait à être inquiet.

– Sans doute plus que vous croyez !

– Mais... je...

– Monsieur Katase, essayez de vous souvenir, est-ce que Kyoko est allée à Yamanashi ?

– Yamanashi ?

– Oui, plus exactement à Nirazaki près de Kofu. Là où il y a un grand Bouddha ?

– Il il me semble, dit-il en bégayant.

– Qu'est-ce qui vous fait dire ça ?

– Nous y avons été ensemble.

– Vous et elle ?

– Oui, en voiture. C'était notre deuxième voyage ensemble, dit-il en avalant sa salive. Ma sœur vit à Kofu et je voulais lui présenter Kyoko. A cette occasion nous sommes allés aussi à Nirazaki.

– Monsieur Katase, vous aviez un petit faible pour Kyoko ?

– ... Oui, mais...

– Alors, vous l'auriez su si elle avait quelqu'un d'autre dans sa vie ? Elle n'avait personne d'autre ?

– Non, répondit-il indigné.

– Vous pouvez dire ça avec certitude ?

– Oui, nous... nous...

– Parce que vous aviez une liaison physique avec elle ? »

Katase acquiesça d'un signe de tête, en baissant les yeux pudiquement.

Alors qui était cet homme avec qui elle était en voiture au moment de l'accident ? Celui dont elle n'avait jamais voulu révéler le nom à Kaoru.

« Je l'aimais, reprit Katase. C'était vraiment sérieux. Et je pense qu'elle le savait. Impossible qu'elle ait eu quelqu'un d'autre. »

Impossible qu'elle ait eu quelqu'un d'autre.

Honma leva la tête et regarda Katase droit dans les yeux :

« Vous avez raison : il n'y avait pas d'autre homme. »

C'était bien ça ! L'histoire de l'accident de voiture du 19 novembre était montée de toutes pièces. Kyoko ne voulait pas dire la vérité à Kaoru. Si elle n'avait pas donné le nom de l'homme, c'est parce qu'il n'y avait pas d'homme. Il n'y avait eu ni voyage ni accident.

Honma frissonna mais il se reprit et consulta de nouveau le listing.

Ce jour-là, le 19 novembre 1989, n'était-elle pas sur le point de supprimer sa première cible, une femme cachée dans ce listing, à Tokyo, Yokohama, Kawasaki, ou ailleurs ?

(– Une brûlure superficielle mais étendue.)

(– Son pull avait brûlé...)

La petite bouteille d'essence que Honma avait trouvée dans son appartement à Honan-cho, cette odeur fort désagréable qui s'échappait de la bouteille, les pales du ventilateur impeccables...

De l'essence.

Un incendie.

De retour à Tokyo, Honma ne lâcha plus son téléphone. Avec l'aide d'Ikari, qui avait pris sa journée spécialement et des Isaka, ils téléphonèrent à toutes les jeunes femmes figurant au listing et âgées d'une vingtaine d'années.

« Vous pouvez dire que c'est pour la police et demander si dans leur entourage personne n'a été victime d'un incendie. »

Il leur fallut beaucoup de patience. Dans la soirée, Honma libéra les Isaka et continua sa recherche avec Ikari. En excluant celles qui avaient déjà déménagé et celles qui avaient branché leur répondeur automatique, il ne restait plus grand monde. Vers onze heures, alors qu'ils s'apprêtaient à remettre leur recherche au lendemain, la chance leur sourit enfin.

« Ça y est ! dit Ikari en faisant signe à Honma qui s'étirait près de la fenêtre, je vous passe le responsable... »

Honma entendit une petite voix douce : Kimura Kozue, vingt-deux ans, travail temporaire. Elle interrompait les explications de temps en temps pour dire :

« Ce n'est pas une farce au moins ?

– C'est tout à fait normal que vous ne puissiez pas croire ce que je vous dis, mais ce n'est ni une farce ni un mensonge. Nous avons eu vos coordonnées par les fichiers de " Roseline ". »

Et il lui demanda de l'écouter jusqu'au bout.

« Mademoiselle Kimura, excusez-nous de cette indiscrétion mais vous n'avez pas beaucoup de proches, vous vivez toute seule maintenant ? Vous n'avez sans doute plus vos parents ?

– Comment savez-vous tout ça ? dit-elle d'une voix tremblante.

– La personne qui vous a parlé au téléphone tout à l'heure

vous a demandé si quelqu'un de votre entourage avait été victime d'un incendie au cours de ces trois dernières années. Et vous avez répondu “ oui ”. »

Après une brève hésitation elle répondit :

« Oui, il s'agit de ma sœur.

– Votre sœur ?

– C'est ça.

– Qu'est-ce qui s'est passé ?

– Maintenant ça suffit, je vais couper, la plaisanterie a assez duré, vous n'êtes pas de la police. »

Ikari arracha le téléphone de la main de Honma et donna le numéro de téléphone du service des enquêtes :

« Vous l'avez noté ? Téléphonez à ce numéro et donnez nos noms pour vérifier, si vous voulez. Vous direz à la personne qui vous répondra que vous voulez parler à M. Honma. Mais vous donnerez un nom et un numéro faux ; ne donnez pas vos vrai nom et vrai numéro. La personne nous rappellera d'urgence et alors nous pourrons vous rappeler et vous répéter le nom et le numéro que vous avez donnés. Ça vous va ? »

En raccrochant le téléphone Ikari dit à Honma :

« Hâtons-nous lentement !

– Tu as raison, merci, dit Honma en essuyant la sueur de son visage.

– Pas de quoi, moi aussi je suis impatient. »

Il tendit la main pour prendre une cigarette, l'alluma et demanda :

« Maintenant que tu connais l'existence de Kozue, que comptes-tu faire ?

– Je n'ai pas de preuve mais je suis sûr d'une chose.

– Quoi encore ?

– Au moment où on se demandait ce que faisait Kyoko, une idée m'a traversé l'esprit et elle s'est précisée quand j'ai vu ce gros listing : Kyoko a échoué avec Shoko, elle a dû se tourner vers une autre cible. Et cela de toute urgence. Elle est très pressée.

– C'est possible.

– Tu comprends, elle n'a pas besoin de recommencer de zéro. Il suffit qu'elle réutilise ces documents, qu'elle a dû conserver, car c'est une femme organisée qui ne fait rien au hasard.

– Sans doute..., grommela Ikari.

– Alors à présent elle doit revenir à sa première cible, celle qu'elle avait abandonnée pour s'intéresser à Shoko. C'est pourquoi je voudrais absolument voir cette fille.

– Tu penses que Kyoko va faire irruption dans la vie de Kimura Kozue ? »

Le téléphone retentit. Le collègue de permanence leur fit savoir qu'une certaine Sato Akiko voulait absolument que Honma l'appelle.

« A quel numéro ?

– Le... 55 55 44 44, drôle de numéro, non ?

– Ça va, merci. »

Il raccrocha puis rappela Kimura Kozue.

« Elle n'a pas beaucoup d'imagination ! » remarqua Ikari.

Kozue répondit immédiatement. Honma essaya de rester calme :

« Mademoiselle Kimura ? C'était bien Sato Akiko au numéro 55 55 44 44 ?

– Alors, c'était vrai », dit Kozue d'une voix étranglée.

« C'était il y a trois ans, à la mi-novembre 1989, un dimanche..., le 19, ma sœur a été gravement brûlée », expliqua Kozue en retrouvant son calme.

19 novembre 1989. C'était bien ça. Le jour où Kyoko était venue chez Kaoru, la main droite brûlée.

« Ma sœur a été intoxiquée par la fumée, son cerveau a subi des lésions et elle est restée dans le coma jusqu'à sa mort, l'été dernier. »

Honma sentit un nœud se délier. Son horizon s'éclaircissait. J'y suis ! J'y suis cette fois !

Kyoko avait bien échoué dans son premier projet. La personne qu'elle voulait supprimer avant d'attaquer Kozue, sa cible numéro un, vivait toujours, même dans un état végétatif. Si Kozue disparaissait en laissant tomber sa sœur malade, on la rechercherait ; c'était trop dangereux de continuer sur cette piste. Alors elle s'était tournée vers Shoko qui venait de perdre sa mère.

Quelle avait dû être sa joie d'apprendre la nouvelle dans les journaux !

« Mademoiselle Kimura, il s'agissait bien d'un incendie ? demanda encore Honma.

– Oui. On n'a pas découvert la cause. La police et les pompiers en ont conclu à un incendie criminel. A cette époque il y avait beaucoup d'incendies criminels dans notre quartier et comme la presse en avait parlé, cela avait entraîné une escalade dans la pyromanie qui nous inquiétait beaucoup. »

Honma ferma les yeux. Kyoko avait dû apprendre ça dans les journaux de Tokyo et en avait profité.

« Ce soir-là j'étais sortie prendre une leçon, c'est ce qui m'a sauvée, mais ma sœur dormait déjà et elle n'a pas eu le temps de s'enfuir. »

Non, ce n'était pas exactement ça ; cet incendie-là la visait personnellement...

« Mlle Kimura ? demanda encore Honma en jetant un coup d'œil à Ikari qui était tout oreilles, à cette époque-là, ou un peu avant, personne ne s'est approché de vous ou de votre sœur ?

– Une femme ?

– Oui. »

Après un petit silence elle répondit :

« Comment dire... après un tel choc, je ne me souviens pas bien.

– Bien sûr, dit Honma avec un soupir. Mais alors, ces derniers temps vous n'avez pas fait de nouvelles connaissances ?

– Nouvelles connaissances ?

– Oui, par exemple, quelqu'un qui vous aurait demandé son chemin dans la rue, quelqu'un qui se serait présenté comme une amie de votre sœur...

– Ah ça, oui !

– Oui ? la gorge de Honma se serra, qui ça ? Son nom ? »

Tout de suite, presque trop facilement, elle répondit :

« Mlle Shinjo. Shinjo Kyoko. »

Shinjo Kyoko, répéta Honma. En entendant ce nom, Ikari se frappa le front et leva les deux poings en signe de victoire.

« Qui est cette femme ?

– Une amie de ma sœur, elle m'a contactée récemment.

– Comment ? » dit-il le souffle coupé.

Impressionnée par le ton de la question, Kozue resta muette.

« Vous avez dit qu'elle vous avait contactée récemment ? »

Le « oui » de Kozue fut couvert par le « bravo » d'Ikari qui se mit à danser. Honma lui donna un coup de pied pour le calmer et s'excusa :

« Ne vous inquiétez pas, ce n'est rien. »

Kozue se contenta de rire.

« Donc Mlle Shinjo vous a contactée ?

– Oui, elle s'est excusée d'être restée aussi longtemps sans donner de ses nouvelles. Elle ne savait pas que son amie était morte. Elle avait l'air très désolé et m'a demandé si je ne pouvais pas l'accompagner sur sa tombe. Nous avons rendez-vous à Ginza, samedi prochain. »

28

Honma fit une visite à Kimura Kozue et obtint sa collaboration pour le samedi suivant. Puis il se rendit à Utsunomiya. Il fallait stopper les recherches de Tamotsu.

Depuis son départ, il était sans nouvelles de lui. Le projet de creuser partout dans la cour de l'école devait se révéler impossible. D'ailleurs, si on retrouvait Kyoko, on pourrait repousser la recherche du corps de Shoko.

Dans le train à grande vitesse, Honma n'arrivait pas à savoir ce qu'il souhaitait vraiment : d'une part il aurait aimé que les recherches de Tamotsu soient fructueuses mais d'autre part il n'arrivait pas à souhaiter qu'il ait un jour cette tête entre les mains : ce serait vraiment trop cruel !

Si Tamotsu retrouvait de ses propres mains les restes de sa « petite Shoko », il aurait le sentiment d'avoir accompli son devoir mais il risquerait d'en être marqué à vie.

Tamotsu l'attendait à la gare. Au téléphone, la veille, Honma avait décelé chez lui une excitation qu'il cachait mal, et à laquelle à présent il laissait libre cours. Il semblait en forme et plein d'énergie.

Il faisait froid, le vent du nord qui balayait le Kanto lui pinçait le nez, les oreilles et le visage. Une fois installé dans la camionnette peinte au nom de Honda Motors, Honma se sentit mieux. Si, quelques jours auparavant, il était très fier de son genou, aujourd'hui il devait le masser longuement car il le faisait de nouveau souffrir.

« J'ai des nouvelles pour vous, annonça Tamotsu le nez rougi par le froid.

– Moi aussi.

– C'est pour ça que vous vous êtes déplacé ? C'est si important que vous n'ayez pu m'en parler au téléphone ?

– Oui. »

Honma commença par dire qu'ils allaient voir Shinjo Kyoko. Tout à fait excité Tamotsu cligna des yeux, cria et se mit à conduire comme un fou, Honma dut le calmer par deux fois.

« Super ! On y est arrivé ! » dit-il d'une voix tremblante d'excitation. Et il dut même s'arrêter sur le bord de la route pendant une dizaine de minutes, pour se calmer.

« Je... comment dire, comment vous exprimer...

– Je ne suis pas tout seul, nous avons tous contribué. Ça prend une très bonne tournure !

– Samedi prochain ? C'est après-demain ! Je viens. Vous permettez ?

– Bien sûr.

– Vous n'avez pas oublié votre promesse ? Je veux lui parler le premier.

– Je n'ai pas oublié.

– Avant d'aller chez moi, on va passer d'abord à l'école, proposa Tamotsu.

– A l'école primaire ?

– Oui. »

Il traversa la ville et arrêta la voiture : au loin on apercevait des collines verdoyantes. C'était une grande ville mais une ville de province : l'école était dotée d'un vaste terrain de sport, si vaste qu'on aurait pu y jouer à la fois au rugby et au base-ball. Il n'était pas asphalté mais en terre battue ; tout au bout, très loin, on apercevait un bâtiment de trois étages en béton. Le terrain était entouré de cerisiers qui devaient être magnifiques au printemps.

« Je vois qu'il est impossible de creuser », remarqua Honma.

Une trentaine d'enfants sautaient à la corde au milieu du terrain. Leur maître sifflait de temps en temps.

« Avec les amis, on a essayé de reconstituer l'état des lieux.

– Reconstituer ?

– Oui. L'école a été complètement reconstruite il y a cinq ans.

– Ah, on aurait dû s'en douter !

– Oui, dit Tamotsu en se grattant la tête. Le bâtiment a été déplacé et on ne sait plus où se trouve la tombe de l'oiseau », ajouta-t-il en riant.

Honma s'étonna qu'il ne soit pas plus déçu.

« J'allais justement vous téléphoner, continua Tamotsu. Je n'étais pas complètement bredouille, mais j'attendais d'en savoir plus. »

Deux ans auparavant, au printemps 1990, quelqu'un avait rencontré une femme qui pouvait être Shinjo Kyoko. Les cerisiers étaient en fleur.

« C'est vrai ?

– Oui, c'est une employée de service, qui est là depuis longtemps, mais elle s'en souvient très bien. »

Tamotsu lui avait montré la photo de Kyoko et elle l'avait reconnue.

« Elle avait été frappée par sa beauté et c'est pour ça qu'elle s'en souvenait.

– Sous quel prétexte était-elle là ? Et comment l'autre l'a-t-elle vue ?

– Un samedi après midi, elle est entrée dans l'école comme ça, juste par là, dit Tamotsu en indiquant du doigt les rangées de cerisiers. Elle se promenait avec l'air d'apprécier la vue. Ça arrive souvent que les gens du pays ou les touristes viennent admirer les arbres de l'école, mais elle, elle est restée tellement longtemps que la femme de service lui a adressé la parole.

« Maquillée très discrètement, elle portait un tailleur noir et un chemisier blanc. La femme de service a pensé qu'elle revenait d'une veillée mortuaire ou d'un enterrement. Une veillée mortuaire ou un enterrement, insista Tamotsu, vous entendez ?

– Oui... »

La jeune femme avait expliqué qu'elle était entrée dans l'école par hasard, attirée par la beauté des cerisiers. Et la femme de service lui avait demandé si elle était de passage.

« Elle a répondu par l'affirmative et, écoutez bien, elle a dit qu'elle était venue à la place d'une amie. Cette amie avait fréquenté l'école et se souvenait d'avoir enterré un oiseau dans un coin. La jeune femme a demandé alors s'il y avait un endroit précis où l'on enterrait les animaux que les élèves élevaient à l'école. Quand elle a appris qu'il n'y en avait pas, elle s'est contentée de sourire. »

La femme de service l'avait trouvée un peu étrange et avait posé beaucoup de questions, par exemple : où se trouvait cette amie qui ne pouvait pas venir ce jour-là. Après un long silence la jeune femme avait répondu que cette amie était morte.

Honma regardait les enfants en survêtement qui s'étaient dispersés sur le terrain, le vent froid était chargé d'une bonne odeur de terre. Il réfléchit : Shinjo Kyoko était réellement venue ici, là où Shoko désirait être enterrée.

« Je fais tout mon possible pour convaincre le directeur et l'association des parents d'élèves de m'autoriser à creuser le terrain, dit Tamotsu. Ça vaut la peine. Si Kyoko est venue, c'était pour enterrer Shoko, je suis sûr qu'elle est là quelque part.

– Kyoko est bien venue ici...

– Oui.

– Mais, malgré tout, je ne pense pas qu'elle ait enterré Shoko ici.

– Pourquoi ? Elle s'est déplacée pour ça, non ? insista Tamotsu en regardant Honma droit dans les yeux.

– Elle en avait peut-être l'intention, mais en arrivant ici elle s'est rendu compte que c'était trop dangereux.

– Pourtant...

– Kyoko a cherché à se débarrasser de la tête de Shoko en le jetant dans l'endroit le plus sûr, dans la mer, ou au plus profond d'un précipice, coupa Honma en essayant de garder le plus grand calme. C'est normal. Elle voulait coûte que coûte empêcher qu'on reconnaisse la victime. »

Tamotsu resta immobile. Le sifflet retentit et les enfants se regroupèrent en courant.

« Elle a jeté les morceaux du cadavre dans des endroits qu'elle croyait sûrs. Elle est venue là pour s'excuser ; du moins, c'est ce que je pense. »

De la même façon que Satoru et Katsu s'étaient contentés d'enterrer le collier...

Au printemps, sous les cerisiers en fleur elle était restée là, longtemps, sous une pluie de pétales. Que pensait-elle alors ? Est-ce qu'elle implorait son pardon ? Ou bien essayait-elle de graver dans son esprit le site cher à sa victime, dans le but de mieux s'identifier à elle ?

« Dans ce cas, où Shii-chan a-t-elle été enterrée, ou bien jetée ? » demanda Tamotsu d'une voix éraillée.

Une seule personne le savait.

Dans l'air froid et coupant comme de la glace un nouveau coup de sifflet aigu retentit, semblable aux trilles d'un oiseau mystérieux.

« Rentrons à Tokyo ! »

Honma posa sa main sur l'épaule de Tamotsu :

« Allons la voir. »

29

Au jour et au lieu dits...

Kimura Kozue et Shinjo Kyoko avaient rendez-vous dans un restaurant italien à une heure. Pour Ginza c'était un restaurant assez spacieux : il occupait trois niveaux : le rez-de-chaussée, une mezzanine et un entresol en forme d'entonnoir.

Il était une heure moins dix.

Honma avait expliqué à Kozue que sa présence n'était pas indispensable, car il reconnaîtrait Kyoko, mais Kozue avait refusé :

« J'ai peur... mais c'est celle qui a tué ma sœur, je veux voir sa tête. »

Elle attendait à une table située au milieu de l'entonnoir : un peu tendue, mais aussi naturelle que possible, comme on le lui avait recommandé. Elle ne touchait pas au cappucino qu'elle avait commandé.

Honma et Tamotsu étaient assis à une table, dans un coin du rez-de-chaussée, près de l'escalier, de là où on pouvait voir l'entresol. Pas plus que Kazue, ni l'un ni l'autre ne touchaient à son café. Tamotsu n'arrêtait pas de boire de l'eau.

« On est bien d'accord, c'est moi qui parle en premier ? dit-il, d'une voix légèrement tremblante.

– Oui, qu'est-ce que tu vas lui dire ?

– Je ne sais pas », avoua Tamotsu les yeux baissés.

Dans un autre coin, caché derrière son journal, Ikari, dans

son costume sombre qui jurait avec l'ambiance décontractée du restaurant, en était déjà à son deuxième café.

De leurs places ils avaient l'œil sur les deux portes ; ils pourraient l'empêcher de fuir...

La veille, Honma et Ikari avaient passé toute la nuit à discuter.

Pas de pièce à conviction, pas de cadavre, seulement une femme disparue et une autre qui avait pris son identité. On devinait le mobile mais on ne connaissait ni les armes du crime ni les moyens :

« Tout ce que nous avons, ce sont de simples présomptions ! Le procureur n'aimera pas ça, il ne pourra pas mener une enquête, affirma Ikari.

– Tu crois ? Ce n'est pas si sûr que ça.

– Il n'y a même pas d'empreintes digitales et on ne peut pas espérer trouver de témoins...

– Tu es bien critique...

– J'ai l'impression que tu te fiches de l'enquête maintenant, et que la seule chose qui compte pour toi, c'est de retrouver Kyoko. »

Honma, les yeux fixés sur le parquet ensoleillé, se demandait si Ikari n'avait pas un peu raison.

Il avait beaucoup de questions à poser à Kyoko mais il était sans colère.

Lui non plus ne savait pas par où commencer. Allait-il lui demander si elle comptait recommencer, si elle avait l'intention, puisqu'elle avait échoué avec Shoko, de prendre Kozue comme nouvelle cible et où elle avait l'intention d'aller ?

Ou bien, lui demanderait-il où elle avait jeté la tête et ce qu'elle avait éprouvé quand Kazuya lui avait révélé la faillite personnelle de Shoko ?

A moins qu'il ne lui fasse part de l'inquiétude de Mitsu et du directeur de chez Imai ?

Ou alors, lui parler de Kazuya qui claquait des dents lorsqu'il était venu le charger de l'enquête ? Et encore : que cela ne lui servait strictement à rien de continuer à fuir ?

Nierait-elle ? Elle n'avait que deux solutions : fuir ou lutter, mais en aucun cas prendre une nouvelle identité.

Dans ce restaurant blanc, bois et or, la présence de ces trois hommes avait quelque chose d'insolite et c'est ce que semblaient dire les coups d'œil des serveurs et d'une clientèle de jeunes. Est-ce que Kyoko aussi y serait sensible ? A peine entrée, tournerait-elle les talons en flairant le danger ? Dans ce cas, il aurait la réponse à sa question.

A côté de lui, l'air bougea.

« La voilà ! » dit Tamotsu en se redressant. Honma vit le journal d'Ikari se baisser lentement.

Shinjo Kyoko, en manteau bleu à capuche, se frayait un passage entre les chaises. C'était bien elle, coiffée un peu différemment, les cheveux coupés au carré et frisés, des boucles d'oreilles scintillant sous ses cheveux. Sans se laisser intimider par le regard des serveurs, elle avançait avec beaucoup d'allure. Elle s'arrêta, regarda autour d'elle. Honma voyait bien son visage, son nez fin, ses lèvres bien dessinées, et son teint pâle : pas la moindre couleur de souffrance ni ombre de solitude.

Elle était belle.

Elle aperçut Kozue et la salua. C'est leur première rencontre, se dit Honma. Kyoko, elle, devait connaître Kozue mais Kozue ne l'avait jamais vue. Honma, retenant son souffle, attendit la réaction de Kozue. Elle se tenait bien et se leva légèrement pour rendre son salut à Kyoko.

Et à présent elles étaient toutes les deux à table et se saluaient de nouveau.

Honma crut entendre un « bonjour » au milieu du brouhaha joyeux du restaurant.

Était-ce la voix de Kyoko ou celle de Kozue ?

Kyoko se releva pour ôter son manteau, le posa sur un siège voisin et s'assit en face de Kozue. Elle portait un pull blanc orné d'une collerette. Elle leur tournait le dos.

Ikari leur fit signe du regard.

Le serveur apporta la carte aux deux femmes : elles l'ouvrirent ensemble en riant. Le rire de Kozue était légèrement forcé...

« Tu y vas ? » demanda Honma.

Tamotsu se leva, les yeux rivés sur le dos de Kyoko.

Comme tiré par un fil, il descendit maladroitement l'escalier. Honma se leva. Ikari s'était levé aussi et se dirigeait lentement vers l'escalier. Honma lui, comme paralysé, fixait le dos de Kyoko.

Comme elle paraissait fragile !

Enfin il la tenait !

Tamotsu s'approcha des deux jeunes femmes ; comme convenu, Kozue s'efforçait de ne pas le voir. Une boucle d'oreille de Kyoko scintilla, ses épaules menues s'agitèrent joyeusement.

A présent Honma savait : il ne lui poserait pas de questions. Ce qu'il avait toujours désiré, c'était l'écouter, écouter son histoire, une histoire lourde qu'elle avait portée seule pendant toutes ces années.

A présent, raconte-moi, j'ai tout mon temps...

Honma vit la main de Tamotsu se poser sur l'épaule de Kyoko.

Composition réalisée par l'imprimerie Hérissey
à Evreux (Eure)

Impression réalisée sur CAMERON par
BRODARD ET TAUPIN
La Flèche

pour le compte des Éditions Stock
*23, rue du Sommerard, Paris V^e^*
en mai 1994

Imprimé en France
Dépôt légal : Mai 1994
N° d'édition : 1185 – N° d'impression : 1977 J-5

54-05-4321-01/3
ISBN : 2-234-04321-2

1… 2… GO!

Du rêve à la réalité

Catalogage avant publication de Bibliothèque et Archives nationales du Québec et Bibliothèque et Archives Canada

Desroches, Josiane
1... 2... Go! Du rêve à la réalité
ISBN 978-2-89436-722-3
1. Succès - Aspect psychologique. 2. Réalisation de soi. I. Titre.
BF637.S8D47 2015 158.1 C2015-941619-1

Nous reconnaissons l'aide financière du gouvernement du Canada par l'entremise du Fonds du livre du Canada (FLC) pour nos activités d'édition.

Nous remercions la Société de développement des entreprises culturelles du Québec (SODEC) pour son appui à notre programme de publication.

Gouvernement du Québec – Programme de crédit d'impôt pour l'édition de livres – Gestion SODEC.

Infographie de la couverture : Marjorie Patry
Mise en pages : Josée Larrivée
Correction d'épreuves : Michèle Blais

Éditeur : Les Éditions Le Dauphin Blanc inc.
Complexe Lebourgneuf, bureau 125
825, boulevard Lebourgneuf
Québec (Québec) G2J 0B9 CANADA
Tél. : 418 845-4045 Téléc. : 418 845-1933
Courriel : info@dauphinblanc.com
Site web : www.dauphinblanc.com

ISBN version papier : 978-2-89436-722-3
ISBN version numérique epdf : 978-2-89436-723-2
ISBN version numérique epub : 978-2-89436-724-7
ISBN version numérique mobi : 978-2-89436-725-4

Dépôt légal : 3e trimestre 2015
Bibliothèque nationale du Québec
Bibliothèque et Archives Canada
Données de catalogage disponibles auprès de Bibliothèque et Archives nationales du Québec.

Imprimé au Canada

Limites de responsabilité

L'auteure et la maison d'édition ne revendiquent ni ne garantissent l'exactitude, le caractère applicable et approprié ou l'exhaustivité du contenu de ce programme. Elles déclinent toute responsabilité, expresse ou implicite, quelle qu'elle soit.

Josiane Desroches

avec la collaboration de Marilou Brousseau

1… 2… GO !

Du rêve à la réalité

15 stratégies de préparation mentale
pour performer et rayonner dans vos projets et votre vie

Le Dauphin Blanc

Je dédie ce livre à
mon fils Tristan et à ma fille Alexia.

Gardez toujours la lumière des étoiles dans vos yeux.
Soyez créatifs, proactifs et positifs.
Faites ce que vous aimez !
Performez, rayonnez et brillez !

TABLE DES MATIÈRES

REMERCIEMENTS

Cet ouvrage représente une belle occasion de vous livrer, avec tout mon cœur, mes outils de préparation mentale. Je ne me prétends pas auteure, car j'ai énormément de respect pour ce métier. Toutefois, un matin, j'ai senti le besoin impérieux de partager mon bagage d'outils. Pourquoi pas dans un livre ? Je l'ai écrit d'abord pour mes enfants : pour leur transmettre la lumière brillant dans mes yeux remplis d'étoiles, et pour vous, afin de vous aider à réaliser chacun de vos rêves en vous outillant pour la vie.

Mille mercis...

À Marilou Brousseau, une écrivaine en OR que j'adORe ! Je n'aurais jamais pu écrire cet ouvrage sans ta précieuse aide. Merci de t'être investie dans mon projet tout en ayant autant d'engagements, d'y avoir mis ma couleur d'une façon aussi magnifique !

À tous ceux et celles qui ont généreusement pris le temps de livrer de magnifiques témoignages dans mon livre : Nancy Fleurent, Dominique Brown, Marc-André Coallier, Pierre Allard, Isabelle Hudon, Daniel Desroches, Catherine Renaud, Yannik Morin, Annie Blanchard, Rick Hughes, Mélanie Levasseur, Marcel Leboeuf, Katy St-Laurent, Josée Boudreault, Natasha Jean-Bart et Jean-Michel Anctil. Merci de votre si grande largesse de cœur ! Vous m'inspirez !

À mes parents, Diane et Daniel. Vous êtes et serez toujours mes meilleurs coachs à vie ! Je vous suis infiniment reconnaissante pour tout. Merci d'être là !

À mon conjoint et à mes enfants. Yannick, Tristan et Alexia, votre amour me donne des ailes au quotidien ! Nous sommes la famille des Cailloux ! (Desroches-Desrochers) Restons unis et solides comme le « rock » à jamais !

À Wayne Halliwell : c'est un privilège de vous connaître et de vous côtoyer régulièrement. Merci de votre soutien indéfectible ! Vous avez eu (et continuez d'avoir) un impact incroyable dans ma vie !

À Marie-Pierre Archambault, ma précieuse amie, continuons de rêver et de réaliser chacun de nos rêves « ensemble », et ce, très longtemps !

À Élizabeth Dubé Saint-Martin, ma « sœur de cœur ». Merci d'être simplement dans ma vie ! Je t'aime !

À tous mes clients ! Merci de votre confiance, vous avez tous contribué à me faire grandir. Vous avez toujours été ma deuxième famille.

À tous mes amis – à qui je parle sans arrêt de mes projets –, merci de m'écouter, de me supporter et de m'aimer telle que je suis !

À toute l'équipe des Éditions Le Dauphin blanc. Merci d'avoir cru en mon projet et d'avoir pu en assurer si rapidement la réalisation.

PRÉFACE

Dynamique, passionnée, créative et énergique sont quelques mots qui décrivent assurément Josiane la personne et Josiane la professionnelle. J'ai eu le grand plaisir d'enseigner à Josiane et de l'encadrer lors de ses études dans le programme de kinésiologie à l'Université de Montréal. Je suis très content qu'elle utilise ses connaissances dans les domaines de la préparation physique et de la préparation mentale pour changer la qualité de vie de tous ses clients. Son énergie est contagieuse et son livre va offrir aux lecteurs les stratégies, les outils et la motivation pour rechercher plus de richesse et d'excellence dans toutes leurs activités quotidiennes.

Wayne Halliwell, Ph.D.
Professeur
Département de kinésiologie
Université de Montréal

Chapitre 1

Allez..., osons le premier pas vers le succès !

Ohé ! C'est moi. Josiane. Je vous écris aujourd'hui pour une bonne raison : VOUS ! Oui, oui. Vous êtes au centre de mes réflexions depuis bien des années. Je suis convaincue que vous possédez des rêves merveilleux, mais qu'ils dorment encore au fond d'un vieux placard. Je viens donc vous parler de mon ascension vers le succès et vous préparer à la grande aventure que sera la vôtre. Parce que j'ai vécu diverses expériences de haut niveau dans le sport, le milieu artistique et au travail, j'ai envie de vous offrir des outils – habituellement réservés aux athlètes olympiques –, qui contribueront à transposer vos rêves et vos passions dans la réalité. Je sais, pour l'avoir vécu, que l'on peut les réaliser et passer de petite poussière sous le tapis à une grande étoile brillante sur le podium du succès. Il suffit d'une vision, d'un brin de détermination, d'un engagement sincère...

Pour ma part, depuis que je suis toute petite, je suis fascinée par l'attitude et les moyens que prennent les gens pour réaliser leurs plus grands rêves et leurs ambitions. Je sais, non seulement par conviction, mais par mes accomplissements, que le mot « possible » est réel. Il agit dans nos vies pour autant que nous lui ouvrions la porte. Chaque jour nous offre des occasions de succès. Les attrapons-nous au vol ? Passons-nous à l'action ? Persévérons-nous dans l'atteinte de nos objectifs ?

Pour vous amener sur les voies de la réalisation de vos rêves, laissez-moi d'abord lever le rideau sur mon propre cheminement et sur mes démarches. Vous constaterez qu'effectivement, tout est « possible ». Je vous donnerai ensuite des outils et des moyens concrets pour guider vos pas vers le sommet de votre montagne. Croyez-moi, j'en ai plein mon sac à dos. Je vais vous les offrir le sourire aux lèvres et avec des étoiles dans les yeux. D'ailleurs, ils brillent de bonheur à cette idée. En constatant la simplicité et l'efficacité de ces outils, votre propre détermination à poursuivre votre ascension sera encore plus grande, je vous l'assure !

Mes premiers pas

Avant d'aller plus loin, regardons par le rétroviseur de ma vie. Je suis née à Cowansville, le 24 février 1984, un jour d'hiver rude comme il en existe au Québec. Déjà, le goût du sport avait été insufflé dans mes veines par mes parents ; des sportifs invétérés. À l'âge de deux ans, mes petites jambes chaussaient deux longs bouts de bois qu'on appelle des skis et aussi des patins. Si vous jetez un coup d'œil dans votre passé, vous constaterez que, bien souvent, nos passions s'éveillent à un âge très jeune...

À cinq ans, question de me **responsabiliser**, mes parents m'ont donné une liste de « *to do* » ; des tâches à effectuer. Je l'ai collée sur mon mur de chambre. Chaque fois que j'en accomplissais une, je la cochais : « J'ai fait mon lit (√) », « J'ai brossé mes dents (√) »,

« J'ai fait mes devoirs (√), « J'ai rangé ma chambre (√)... Déjà, mes parents mettaient l'emphase sur mon autonomie personnelle ; elle me servira ensuite toute ma vie.

À cette époque – où on veut vivre toutes les expériences mises à notre disposition –, un de mes passe-temps préférés consistait à créer des parcours pour mettre mon corps en mouvement. J'ignorais alors que j'inventais des programmes d'entraînement. Les matériaux utilisés étaient simples, mais efficaces, soit tout ce qui se trouvait à la maison : corde à sauter, ballon sauteur (pogoball), cerceaux... Visuelle et organisée, j'inscrivais sur un tableau noir, telle une professeure en herbe, mes plans et mes parcours afin d'y référer à ma guise et à mon heure. Je prenais aussi un soin minutieux à choisir les différentes musiques qui accompagneraient mes passions. En fait, j'avais 3 jeux distincts. Le premier : l'entraînement. Le deuxième : jouer à l'école en utilisant mon tableau, en m'auto-enseignant et en trouvant des trucs mnémotechniques. Le troisième: danser sur la musique qui jouait dans le salon, en interprétant les paroles des chansons par ma gestuelle. Mon imagination en liesse était et demeure totalement créatrice, capable d'inventer sans relâche des scénarios de succès.

Depuis mon enfance, j'accomplis tout ce que j'entreprends avec une intensité remarquable, simplement parce que j'aime la vie. Je suis une véritable scénariste jouant du mieux que je peux tous les rôles pour lesquels je suis inspirée. Jeune, quand je dévalais les pentes en ski alpin, je m'imaginais être dans l'équipe de compétition. J'observais les enfants qui portaient le manteau du club et je me tenais comme eux : droite, le regard en avant, déterminée. Je reproduisais leur attitude, leur manière d'être et de se comporter en tout temps. Ski ? Voyons ! J'étais la meilleure skieuse ! Bicyclette ? Voyons ! J'étais la meilleure cycliste ! Je misais sur mes capacités de visualiser et en l'espace de quelques secondes, je devenais une vraie de vraie athlète, rien de moins que

LA médaillée d'or. Mon cinéma intérieur ne cessait de projeter des images gagnantes !

Un des éléments de ma force, depuis ma tendre enfance, a toujours été d'observer, de saisir le « double niveau » de chaque situation. Par exemple, au primaire, non seulement j'écoutais mon professeur pour apprendre sa matière, mais en parallèle, j'observais ses méthodes d'enseignement. De plus, la réaction des élèves me renseignait sur la façon dont ils recevaient l'information, leur degré de réceptivité ainsi que leur apprentissage. Je tirais alors mes propres leçons sur les méthodes d'enseignement et d'instruction : celles fonctionnant très bien ainsi que celles fonctionnant peu ou pas du tout. À cette époque, j'ignorais néanmoins que j'avais les deux pieds ancrés dans ce qui allait s'avérer mon devenir : l'activité physique, l'enseignement et la musique.

J'ai toujours beaucoup appris par moi-même. Cela peut parfois créer des remous autour de moi, mais je ne me laisse plus perturber par le négatif. « Ma vie est une symphonie. Si les autres m'envient, TANT PIS ! » La musique fait partie intégrante de mon quotidien depuis ma tendre enfance. Aussi précieuse que l'air que je respire, elle ne s'arrêtera jamais et me guidera toujours joyeusement.

Munie de mes connaissances, de mes expériences et de ma détermination, j'ai commencé ma carrière à l'âge où tous et toutes sont occupés à la construire. À quatorze ans, je suis devenue entraîneure pour le Club de gymnastique artistique « Les Arabesques de Beloeil » et à dix-sept ans je travaillais au centre « Énergie Cardio » de Mc Masterville comme entraîneure et professeure. Ainsi donc, avant même de commencer mes études universitaires, j'acquérais de l'expérience dans mon domaine de prédilection.

Vous vous demandez sûrement : « Qui donc est cette fille blonde et pétillante aux multiples talents ? Nous ne la connaissons pas... Nous n'en avons jamais entendu parler auparavant!» En effet, je n'ai gagné aucune médaille d'or aux Jeux olympiques et j'ai encore moins connu le privilège d'être interviewée par les médias. En contrepartie, j'ai cumulé des centaines de médailles en gymnastique, donné de multiples spectacles en tant qu'acrobate dans presque tous les festivals du Québec – ainsi que certains autres aux États-Unis –, avec une magnifique troupe, les *Gymnasters*. J'ai fait partie de la distribution du *Super Cirque* au Centre Bell (Centre Molson à l'époque) durant trois années consécutives. Après un entraînement des plus intensifs en danse *hip-hop*, mon équipe s'est classée en quatrième position aux Championnats Internationaux de danse hip-hop à Los Angeles, en 2006. J'ai obtenu un contrat de danse à l'Opéra de Montréal dans le spectacle *Aïda*. De plus, mettant à profit l'ensemble de mes expériences, j'ai obtenu la deuxième position mondiale en fitness routine à Toronto, en 2008. Je pourrais poursuivre la liste de mes exploits. Je vous invite plutôt à visiter mon site internet au [www.josianedesroches.com] pour en connaître davantage.

Au plan académique, je me suis munie de diplômes indispensables. Je possède un baccalauréat en kinésiologie de l'Université de Montréal. En 2008, après avoir déménagé à Sherbrooke pour suivre mon conjoint, j'ai profité de la proximité de l'université pour poursuivre des études supérieures afin d'obtenir une formation scientifique. En 2011, je suis devenue titulaire d'une maîtrise en kinanthropologie – profil santé et vieillissement –, et en 2012, j'ai complété un microprogramme de 3e cycle en enseignement. Ce magnifique cursus universitaire m'a amenée à présenter des résultats de recherche dans différents congrès internationaux autant à Dijon en France, qu'à Washington et à San Diego aux États-Unis. En 2009 et 2010, j'ai participé au «Grand Défi Pierre Lavoie» afin de promouvoir un mode de vie actif et une saine alimentation au Québec. Enfin, bouquet de fleurs sur la table de mes exploits de **cœur**, je suis maman de deux magnifiques enfants: Tristan (né en 2011) et Alexia (en 2012). Un mois après la naissance de ma fille, je mettais sur pied la compagnie *Entraînement CAP SANTÉ inc.* « Active, la fille », direz-vous ? Oh que oui ! Pendant toutes mes années d'apprentissage et d'affinement, je n'avais que pour seule mission : développer des compétences en matière de mode de vie active/santé pour motiver et aider les gens dans leur propre vie. J'ai « coaché » et réalisé des plans d'entraînement pour des milliers de personnes déjà... Aujourd'hui, je transmets ma passion et mon expertise par le biais de conférences, de projets dans la communauté, de recherches et d'interventions de groupe, individuelles et familiales. Je vous l'affirme : je n'exerce pas un « véritable » métier... En réalité, il s'agit d'une véritable passion ; d'un jeu que je joue depuis que je suis toute petite.

Je suis un « mini-wheat » ! Eh oui ! J'ai un côté *givré* et *amusant* ; c'est-à-dire athlétique et artistique, ainsi qu'un autre *nutritif* et *en santé* représentant celui professionnel et scientifique. Mes parents sont à l'origine de mon aspect « mini-wheat ». Je suis vraiment le fruit et le mélange des deux. Ma mère, Diane, est infirmière. Elle est dotée d'une intelligence émotionnelle incroyable, d'une énergie débordante en plus d'être une organisatrice hors pair ! Mon père, Daniel, a un quotient intellectuel au-dessus de la normale. Il est rationnel, à la fois émotif et secret. C'est l'homme des concepts, compétitif et bien organisé. Il a été directeur général de diverses municipalités au Québec ; fonction qu'il cumule encore aujourd'hui à Mont-Saint-Hilaire. Personnellement, j'ai longtemps cru que je devais choisir un seul des deux côtés du « mini-wheat ». Au lieu de conjuguer mes forces, je passais mon temps à diviser mes efforts et mes actions. Pourtant, ces deux côtés ne forment-ils pas un seul tout ? Un beau mini-wheat ? Aujourd'hui, je sais que ma force réside dans la conjugaison de ces deux aspects. Évidemment, pour en arriver à cette conclusion, j'ai cependant dû vivre des expériences déterminantes...

MES ÉCHECS TREMPLINS

Bon, ne sortez pas vos violons. Je n'ai pas un passé misérable. Néanmoins, j'en ai un qui m'a demandé de retrousser mes manches, d'affronter des défis majeurs, de dépasser des incertitudes et des fatigues extrêmes. Chacun de mes échecs a été le tremplin de grands accomplissements et de grandes envolées vers le succès. Il ne faut donc jamais désespérer ou abandonner la partie, surtout lorsque la lumière brille au bout de la route. Si elle ne brille plus et que votre objectif demeure le même, alors c'est en vous qu'il importe de rallumer la flamme.

À cette époque de découvertes et de combats, j'ignorais que l'histoire de mon destin s'inscrivait en lettres d'or sur le tableau de ma vie. Je ne voyais pas les germes de mon devenir dans mes exploits, mes défis, mes compétitions et mes jeux. Pourtant, de ma naissance à mes quatorze ans, tout a concouru à poser les assises du métier qui me passionne tant aujourd'hui. Mon père et ma mère, dans leur désir sincère de me voir réussir ma vie, me poussaient à exploiter mon plein potentiel. Par exemple, nous pouvions partir toute une journée en randonnée de ski de fond. Au bout de quelques heures, n'en pouvant plus, je m'arrêtais brusquement. Pas question pour moi d'aller plus loin! Oh que non! Mon père, dans son extrême ambition de voir grandir en moi la vaillance et la détermination, me disait alors des mots clés pour m'aider à avancer: « Pousse, pousse, glisse. Pousse, pousse, glisse... » Je prenais alors mon courage à deux mains et reprenais la route, non sans maugréer juste un petit peu..., quand même!

Mes parents focalisaient surtout leur attention sur les activités sportives. Les unes n'attendaient pas les autres: camping, randonnée, vélo, ski alpin, ski de fond. J'ai pleuré plus souvent qu'à mon tour, car nous ne partions pas pour une petite heure, mais bien pour une grosse journée! Nous n'avions pas le choix de poursuivre la route avec eux, avant de revenir enfin à la maison.

Aujourd'hui, je réalise que cette éducation précieuse a forgé la personne que je suis : intense et positive. Je fonce, je me plante, je pleure et je me relève. Je m'entoure de gens qui croient en moi. Je n'hésite jamais à aller chercher les meilleurs coachs dans tous les domaines afin de progresser vers mon but. J'ai dit adieu à tout ce qui estompait la lumière dans mes yeux étoilés. Dans mon entourage, on me décrit comme un soleil chaleureux, une boule d'énergie. Je suis effectivement un boute-en-train sur deux pattes et je souhaite sincèrement que la lumière de mes passions rayonne sur chacun de vous.

Bien sûr, ça n'a pas toujours été ainsi. Au secondaire, je souffrais d'une gêne maladive, ce qui m'amenait sans cesse à prendre des chemins contraires aux miens plutôt que de rester centrée sur le mien. Je ne pouvais même pas traverser la cafétéria tant j'avais peur des regards pouvant se poser sur moi. Les gens m'effrayaient... Je dînais sur un banc, en face de ma classe, les yeux baissés sur mon sandwich. Je ne possédais aucune flexibilité intérieure. J'étais stressée à en être malade et ma confiance ne volait pas haut. En réalité, elle n'avait pas d'ailes. Même si en apparence j'avais l'air solide, dans les faits, j'étais une hyper sensible, une émotive de haut grade.

Après avoir terminé les championnats internationaux de danse hip-hop et mon baccalauréat (je les faisais en même temps), ce qui devait arriver arriva : un surmenage. Durant mes pratiques de danse, mon professeur me poussait vraiment à l'extrême de mes capacités. Sans doute pour me défier, il me pointait mes choix: « Ou tu poursuis dans la danse ou tu fais autre chose. » Pour lui, il n'y avait aucune place à l'erreur, aucune demi-mesure, aucune marge de manœuvre. La décision ultime de m'engager ou non me revenait entièrement... et avec tout ce que cela impliquait d'intensité. J'ai foncé et... défoncé.

Burnout ! Surmenage !

J'ai alors perdu ma voie (celle du succès), ma raison d'être (le défi sportif) et ma passion (atteindre mes objectifs et motiver les autres en ce sens). Pendant près de cinq ans, je me suis retrouvée dans une sorte de prison avant de respirer un peu plus d'air... en liberté conditionnelle. Je devais me rebâtir, reprendre les rênes de ma vie. Avec le temps, je suis sortie définitivement de ma prison.

À cette époque, si je n'avais pas vu et pris en compte ma petite lumière rouge intérieure, j'aurais versé dans la dépression. Je frôlais dangereusement ses rives. Au cœur même de cette vulnérabilité, je me suis donc bâti un gros sac à outils. Je souhaitais changer ma dynamique intérieure, je désirais retrouver ma solidité, développer ma confiance en moi, apprendre à focaliser sur ce que je voulais vraiment vivre, trouver les moyens d'être mieux dans ma peau, gérer d'une manière différente mon énergie... « Là où il y a de l'espoir, il y a de la vie », dit-on. Un jour, j'ai choisi de lever les yeux vers le ciel étoilé. J'en ai gardé les magnifiques reflets. Je suis la fille aux yeux étoilés, remplis de rêves brillants accomplis avec une grande détermination. Au cœur de mon désarroi, j'ai compris qu'il me restait encore quelque chose d'intouché: mon sourire. Je pouvais choisir de l'afficher ou non sur mes lèvres. Je suis donc partie avec lui vers mon futur en me fixant des buts dans le moment présent.

Peu à peu, je me suis reconstruit une santé émotionnelle, physique et mentale – grâce à ma créativité, mon imagination, ma discipline, et mon incroyable sens de l'organisation. Maintenant, j'ai atteint mes objectifs et j'avance le pied alerte et le cœur léger vers d'autres avenirs lumineux.

Oh là! Est-ce que je me trompe? Je vous entends dire: « Bien sûr, Josiane, tu avais les bases optimales! Bien sûr, tu avais les bons parents. Bien sûr, tu avais les bons coachs! Bien sûr, tu avais une condition physique première... »

Tut ! Tut ! On se calme ! Je suis désolée de vous contredire, mais il n'y a pas de « bien sûr » ! Il n'y a que des « pour sûr ». Pour sûr que j'en ai sué un coup ! Pour sûr que j'ai choisi d'aller la plupart du temps à contre-courant. Pour sûr que j'ai CHOISI d'aller me chercher de bons coachs. Pour sûr que j'ai des parents qui m'ont supportée, mais j'aurais pu, aussi, me révolter et entrer dans la délinquance. Lorsque nous avons une vision et que nous sommes déterminés à la mener à terme, nous pouvons franchir un à un les différents obstacles obstruant possiblement notre route, particulièrement nos limites mentales et nos pensées négatives. Tout le monde peut choisir de bien s'entourer. Tout le monde peut oser frapper à une porte (la bonne autant que possible). Tout le monde peut oser l'ouvrir (ça aide). Tout le monde peut accueillir ce que l'autre nous propose pour notre croissance (ça demande de l'humilité – parfois beaucoup). Avec de l'aide et de bons choix, même en ce qui a trait à la délinquance, la dépression et tout autre souci minant le bonheur et la santé sur tous les plans, il est possible, éventuellement, de laisser place à la vie souhaitée. Il importe avant tout de le « vouloir ». Ensuite vient le choix judicieux des bonnes personnes pour nous accompagner dans notre périple.

À ce stade-ci, j'ose donc vous poser la question: que voulez-vous pour VOUS, « pour sûr » ?

Moi, je suis devenue une artiste, une athlète de haut niveau dans plusieurs disciplines, une professionnelle de la santé (kinésiologue) et une entrepreneure. J'ai appris à décoder et à analyser les déterminants d'une bonne attitude positive qui mène les gens au succès et à la santé, qu'il s'agisse d'artistes, d'athlètes, de gens d'affaires et de toutes les personnes intéressées au dépassement personnel. J'avance avec eux et à leur rythme. JAMAIS je ne vais les tirer derrière moi pour qu'ils avancent… Il n'en est pas question ! Chacun doit être responsable, engagé et déterminé pour lui-même avant tout, et ensuite pour ses rêves. Mes outils sont simples et je les analyserai plus loin: le développement de la confiance en soi, la focalisation, l'usage de mots clés, le discours interne positif, la visualisation, la fixation d'objectifs, et j'en passe.

Mission du livre

Le but de mon livre est de transmettre la valeur de l'engagement et de la concentration. Je désire partager au plus grand nombre de personnes possible les outils qui m'ont propulsée vers le succès. Je souhaite optimiser la qualité de vie des gens et faire briller des étoiles dans leurs yeux. Mon plus grand rêve: être membre de VOTRE équipe de succès! J'aimerais vous outiller pour la vie et non le temps d'une rencontre, d'une journée, d'une semaine ou... d'un livre. Nous vivons dans un monde en mode « vitesse maximale ». Sachez que réussir véritablement des projets, vivre de son métier et avancer dans son travail s'avère un défi et un processus à long terme. Trop de gens sont pressés et arrêtent en cours de route.

Petit secret dévoilé ici: je possède un grand talent, celui de motiver les individus ainsi que les troupes. Je connais ma valeur. Je sais TOUCHER et MOTIVER profondément les gens. Je les MARQUE à long terme. Je suis en mesure de leur transmettre des outils permettant de poursuivre la route, et ce, jusqu'à destination! J'aime sortir de ma zone de confort et suivre mes passions. Je suis une visionnaire créative, passionnée et ayant à cœur la qualité de vie et la santé des gens. Ou bien on y va, ou bien on n'y va pas. Moi, je choisis d'aller là où ma passion appelle mon âme...

1. Intention pour ce livre

Vous transmettre les 4 « **C** » du succès :

- **C**onscience ;
- **C**onnaissance ;
- **C**hoix ;
- **C**ontrôle sur ma vie.

Plus nous sommes conscients de qui nous sommes et de nos besoins, plus nous possédons des connaissances, plus nous effectuons les choix appropriés, plus nous prenons le contrôle et voyons des résultats. Ainsi, nous devenons davantage autonome et responsable comme personne. Il vous arrive sûrement de mettre en application l'un ou l'autre des outils présentés dans ce livre, sinon tous. Néanmoins, les mettre en mots et les actualiser dans votre quotidien permet d'effectuer encore plus de choix, d'exercer un plus grand contrôle sur vos capacités de réalisation et, surtout, de savourer pleinement le processus ! Bref, de garder le CAP ! Je veux ainsi rendre accessibles pour vous, des concepts très importants ! Je vais vous les présenter de manière simple et vulgarisée par le biais de mes multiples expériences dans différents domaines ainsi que par celui de mes inspirations ultimes.

2. Parmi les défis à relever

- Ralentir quand le monde autour va trop vite ;
- Mieux gérer son stress ;
- Retrouver l'équilibre dans votre vie ;
- Déserter les distractions multiples !

3. Ce livre s'adresse

- À ceux et celles qui veulent optimiser ou transformer leur vie ;
- Qui désire s'offrir un coffre à outils pour réaliser leurs plus beaux rêves.

Il n'y a pas de recettes magiques. En commençant à intégrer un outil à la fois et en développant vos habiletés à les utiliser au bon moment, vous risquez gros… Oui. Vous risquez de réussir tout ce que vous entreprenez !

4. Pourquoi ce livre

- Pour vous offrir les bons outils afin d'escalader un mur…, mais encore faut-il choisir et gravir le bon !
- Pour être réellement heureux ;
- Pour allumer des étoiles dans vos yeux et les faire briller de mille feux dans vos activités.

5. Je souhaite vous dire

- Que votre tête est votre studio de cinéma. Vous pouvez y créer ce que vous voulez !
- Qu'un pas à la fois, avec des outils, une équipe, de la patience et de la persévérance…, **tout est possible** !
- Qu'il est essentiel de savourer le processus et de développer le sentiment de fierté ;

- Qu'il est important d'avoir une bonne préparation mentale dans tous les aspects de la vie : relations, travail, sport... ;
- Qu'il est primordial de vibrer avec des projets passionnants, que ce soit dans votre vie personnelle, au travail, dans vos loisirs... ;
- D'adopter une attitude positive ;
- De faire des plans ;
- De foncer et de savoir s'adapter ;
- De s'immerger complètement dans votre projet pour vibrer réellement ;
- D'être « connecté », déjà en lien avec le défi suivant ;
- D'effectuer des constats et de poursuivre la route ;
- De savourer le moment de gloire, de succès, mais aussi, chacun des petits pas exécutés sur le parcours.

Nous pouvons tous accomplir nos rêves les plus audacieux. Pour cela, il importe de commencer à la base, sans se laisser distraire en chemin par les « qu'en-dira-t-on », les jalousies et les envies de toutes sortes. Laissons briller de petites étoiles dans nos yeux ; celles qui font de nous des êtres habités par des désirs et des ambitions à la hauteur de notre potentiel..., peut-être même davantage. Pourquoi pas ? Osons toujours un peu plus. Dépassons, en toute sécurité, les limites imposées par nos prescriptions intérieures, familiales, sociétales... Au-delà du ciel connu, il existe bien d'autres galaxies. Je vous l'assure !

Vous me suivez ? Alors, par là la route du succès et de l'accomplissement...

TÉMOIGNAGE DE NANCY FLEURENT, CHANTEUSE

Du plus loin que je me souvienne, lorsqu'on me demandait quel serait mon métier de rêve plus tard, je répondais « actrice ou chanteuse ». Bien sûr, comme les autres enfants, j'ai aussi pensé être vétérinaire jusqu'à ce que je réalise que je devrais parfois insérer un couteau chirurgical dans la peau d'un animal. Ce rêve-là n'a duré que quelques jours !

Même si aucun membre de ma famille n'a choisi les arts comme métier, ils m'ont toujours encouragée à pratiquer les activités qui me rendaient heureuse. C'est ainsi que j'ai commencé à chanter dans la chorale du village alors que j'étais encore aux premières années de l'école primaire. J'ai poursuivi mes études en musique jusqu'à l'université. Je ne vais pas vous mentir, tout ne s'est pas déroulé parfaitement comme dans un film. « Au Québec en 2005, 48 % des diplômés du baccalauréat en musique travaillaient à temps plein dont 56 % en lien avec leur formation[1]. » 56 % de 48 %. Après mes études, j'ai effectué d'autres études en gestion pour être sérieuse et décrocher un emploi plus stable. Puis, j'ai travaillé comme serveuse, adjointe, commis, assistante-gérante... Je voyais certains de mes amis obtenir des contrats de musique et partir en Asie et au Moyen-Orient. Je l'avoue, j'étais jalouse. Les années passaient et j'avais très peur de « passer à côté ». J'imaginais la « fin de ma vie ». Malgré la future maison, le futur emploi, la future famille..., l'idée de ne pas réussir à pratiquer ce métier, ne serait-ce que quelque temps, aurait

1. Source : [http://www.etudier.uqam.ca/perspectives-professionnelles-baccalaureat-en-musique].

été le plus grand regret de ma vie. Alors, un jour, je me suis dit : « C'est maintenant ou jamais ! »

J'ai auditionné pour un groupe de musique de reprises de chansons et j'ai eu le poste. Depuis un an, nous avons voyagé et fait de la musique ensemble au Royaume de Bahreïn, en Chine et aujourd'hui, je suis… à Dubaï. Mon rêve s'est réalisé. Dans le monde de la musique, il y a toujours de la place pour l'amélioration, et les efforts investis sont considérables. Depuis quelque temps, je me suis fixé de nouveaux objectifs en lien avec mon rêve : pendant que je suis sous contrat, je veux améliorer ma posture, mon aisance sur scène, ma danse et ma qualité de vie globale. C'est là que Josiane entre en scène.

J'avais besoin d'un entraînement particulier qui combinerait le cardio, la musculation et la danse et qui serait malléable avec mon horaire particulier. Je ne désirais pas de surentraînement puisque, sous contrat, nous travaillons déjà six soirs par semaine à raison de trois heures par soir. Josiane a compris exactement ce que je souhaitais travailler avec elle. Pendant deux mois, une fois par semaine, elle a pris le temps de pointer les faiblesses musculaires à travailler pour améliorer ma posture, m'a créé un entraînement sur mesure et malléable dans le temps, m'a grandement aidée à développer ma présence sur scène et ma façon de bouger en talons hauts. Elle m'a également conseillé sur ma préparation mentale, mon alimentation et sur le type de vêtement que je pourrais porter – considérant ma silhouette –, pour donner une impression de légèreté. Bref, elle m'a donné tous les outils nécessaires à la poursuite de mes objectifs. Le plus important, c'est qu'elle m'a aidée et m'aide toujours à garder le cap sur mes objectifs à travers les semaines. Il est vrai que la motivation est intrinsèque et que notre entraîneur ne peut pas effectuer le travail à notre place…, mais l'énergie positive et la détermination de Josiane sont contagieuses. On sent qu'au fond, elle tient vraiment à cœur de nous pousser à réaliser nos rêves.

Chapitre 2

Les étoiles dans les yeux

Comme mentionné dans le précédent chapitre, mon objectif en écrivant ce livre est de vous aider à exploiter le plus possible votre plein potentiel : que vous soyez artiste, athlète ou une personne déterminée à mieux vivre, tout simplement. C'est ma mission et je l'adORe !

Laissez-moi tout de même vous éveiller à une certaine réalité. Les chemins qu'empruntent les rêves pour se concrétiser ne sont pas toujours en ligne droite. D'ailleurs, il s'agit là d'une des raisons principales du taux important d'abandon, en cours de route. Un tel processus se vit un peu comme le jeu de société : « Serpents et échelles ». Parfois tout se déroule merveilleusement bien. Nous avançons d'un pas alerte et confiant vers notre but. Puis, soudain, c'est la débandade : nous sommes confrontés à un revers. Nous dégringolons ou retournons plusieurs cases en arrière. Ces allers-retours ne sont pas vains, mais constituent des expériences tremplins si nous savons le moindrement les reconnaître comme telles. Sachez que nous acquérons TOUJOURS de l'expérience en chemin. Toute réussite comporte des déceptions, des retours en arrière, des constats ainsi que, oui, oui, du bonheur au centuple ! Ce qu'il importe de réaliser c'est que ces étapes (épreuves et dépassements) sont déjà écrites en lettres d'OR dans le ciel de votre succès. Elles ne sont pas négatives, à moins de les voir ainsi. Elles permettent plutôt de vous affirmer, de vérifier votre engagement, d'ajuster le tir, de mieux accomplir vos actions et... hop ! d'aller de l'avant. Alors, accrochez-vous ! Nous partons vers les étoiles de la réussite !

À ce stade premier, je vous invite à mettre en relief vos rêves, à donner forme à votre passion. Il n'y a pas de hasard si vous tenez ce livre entre vos mains. Un désir de réaliser un but (ou plusieurs) se tient nécessairement au seuil de votre porte. Peut-être même avez-vous envie d'exceller dans un domaine précis. Avec cet ouvrage, vous êtes « au bon endroit au bon moment », comme dit le *vieux* dicton, pourtant toujours d'actualité !

Ouvrez bien grand votre sac à dos ! Je vais y déverser de superbes outils pour activer, mettre à jour et actualiser votre vision. Dans un premier temps, laissez-moi vous poser des questions essentielles. Elles détermineront d'emblée si vous avez bien précisé la couleur, les contours et la profondeur de votre désir.

- Avez-vous une vision de ce que vous aimeriez poursuivre comme projet ?

- Savez-vous dans quelle direction vous désirez aller ?

- Que voulez-vous accomplir ?

- Qu'est-ce que cela changera dans votre vie (ou pensez que cela changera) ?

- Comment vous sentez-vous à cette simple et merveilleuse idée ?

Il est très important de répondre à ces questions et de déterminer si votre but est clair. Sinon, prenez du temps pour y réfléchir sérieusement. Si oui, le moment est venu de l'éclaircir à vos yeux! Pour qu'un désir prenne forme, il doit d'abord devenir aussi clair que l'eau de l'île Linapacan, aux Philippines; reconnue comme la plus transparente du monde. Rien de moins, les amis! Cela signifie que vous devez réfléchir souvent à votre vision, à votre rêve, à votre désir. Que voulez-vous exactement? Qu'est-ce qui vous captive? Si vous aviez un million de dollars, que feriez-vous?

Certains diront qu'ils ignorent leurs rêves. Qu'à cela ne tienne! Voici des moyens simples pour les trouver, car «pour sûr», vous en avez...:

- Pensez à un endroit où vous aimeriez aller...
- Pourquoi ce lieu?
- Qu'est-ce que vous aimeriez y accomplir?
- Quel rêve portez-vous depuis si longtemps en vous?
- Qu'est-ce qui vous fait vibrer?
- Jeunes, quels étaient vos jeux préférés?
- Quelles sont les personnes qui vous inspirent (un athlète, un chanteur, un musicien, un psychologue, un médecin, un cuisinier, un lanceur de javelot, un tourneur d'assiettes sur son nez...)?

Tous vos rêves, même les plus farfelus sont légitimes et méritent que vous vous y arrêtiez, au moins pour déterminer leur faisabilité. N'oubliez pas que tous les jours nous prenons des décisions, et ce, dans toutes les sphères de notre vie. Les choix de nos choix demeurent notre choix. Quand les conditions le permettent, il nous appartient toujours d'aller à gauche ou à droite. Alors, permettez-moi de vous répéter : VOUS avez le CHOIX ! Les options ne manquent pas dans notre société où les métiers et les ressources pullulent comme des fleurs au printemps...

Alors ? Avez-vous déterminé et choisi votre rêve ? Celui qui vous donne des frissons heureux à sa simple pensée ? Optez toujours pour celui qui vous inspire, celui que vous désirez VRAIMENT accomplir. Puis, décidez de le faire. Choisissez de le faire. Faites-le ! N'attendez pas ! Les occasions passent comme les nuages dans le ciel. Ils ne reviennent jamais tout à fait pareils. Parfois même, ils ne reviennent pas du tout. C'est la canicule. La sécheresse. Le désert. Le problème c'est que vous perdez alors de vue votre rêve ou bien le relayez aux oubliettes. Osez ! MAINTENANT !

1...2... GO !

Mes parents sont un très bon exemple de personnes qui effectuent des choix et osent les actualiser dans le temps. Chaque année, ils effectuent un voyage de deux semaines en vélo-camping en Europe. À mes seize ans, ils ont vendu leur tente-roulotte. Le jour où ils ont décidé de s'équiper, j'ose vous le dire : je capotais. Ils ont passé plus de trois heures dans un magasin à essayer des sacs de couchage sur les estrades, à entrer dans toutes les tentes ouvertes au public, à vérifier tous les accessoires... Un vrai spectacle ! Croyez-le ou non : ILS ONT TOUT ACHETÉ !

J'étais bouche bée ! Ahurie ! Médusée ! Vous connaissez l'émission : *UN GARS, UNE FILLE* ? Bien on se serait cru en plein tournage d'un nouvel épisode. Je leur ai dit : « Vous êtes fous ! » Ils m'ont répondu : « Josiane, toi et ton frère êtes rendus beaucoup trop vieux pour venir camper avec nous. Nous devons modifier nos projets et nous équiper puisque nous avons comme objectif d'effectuer un voyage par année durant les dix prochaines qui viennent ! »

Ils ont commencé leur projet par la Hollande. Pendant un an, mon père s'est constitué une feuille de route, préparant leur voyage dans les moindres détails. Il a lu de nombreux ouvrages portant sur le pays, noté les endroits à visiter, préparé un itinéraire de vélo, déterminé les lieux où camper, établi la liste du matériel à apporter et organisé toute la logistique du transport. Lors du voyage, ils ont ainsi pu savourer pleinement chaque instant, laissant tout de même une large place à l'improvisation. À la fin de chacun de leurs voyages, ils réfléchissent à leur prochaine destination. Ils le préparent chaque année, et ce, depuis maintenant quinze ans !

Mes rêves, eux, émergent de différentes manières. Il peut s'agir de l'inspiration d'un moment, de discussions, de rencontres avec des gens, etc. Je réfléchis. J'analyse le pour et le contre. Je me pose des questions. Quel est mon prochain projet ? Qu'est-ce qui me fera vibrer chaque jour et me permettra de surfer de l'un à l'autre pour aller toujours plus loin ? Vous l'avez sûrement deviné : pas question, pour moi, de vivre longtemps sans vision. Je suis tellement habituée à vivre « de » et « pour » mes passions, mes buts, mes objectifs que lorsque je suis à la croisée des chemins – entre deux objectifs –, je m'arrête, je réfléchis et j'effectue le bilan de ce qui a été accompli pour aller vers d'autres projets. Cette action importante me permet d'ouvrir ensuite sur mon prochain désir. Il s'agit là d'une véritable valse, d'un aller-retour sur mes accomplissements passés et ceux à venir...

Quelle est votre danse ? Quelles sont vos forces ? Quelles sont vos passions ? Vos qualités ? Prenez-vous le temps de dîner ou de prendre un café avec chacune des personnes qui a été significative pour vous, qui a joué un rôle majeur dans votre vie ? Redéfinissez-vous vos prochains projets ? Lequel vous allume réellement ?

À L'ÉCOUTE DE L'INSPIRATION

Voici d'ailleurs quelques moments clés dans ma vie qui ont créé un déclic, une vision, un moment de bonheur dans mon cœur :

À l'âge de 6-7 ans, je dansais le ballet et le ballet jazz comme bien des petites filles de Cowansville. Je me souviens avoir vu la vidéo de l'une d'entre elles ; amie de mes parents. Elle devait avoir 15 ans. Elle dansait merveilleusement bien. Mes yeux d'enfant ont scintillé d'étoiles. Je me suis mise à rêver... Sa performance a été un déclencheur, une motivation incroyable. Je voulais devenir aussi bonne qu'elle, alors j'ai continué ! Ma vision de devenir danseuse s'est donc établie à partir d'un modèle. Nous sommes rarement conscients de ces appels-là, pourtant, ils jalonnent notre parcours.

À cette même époque, je voyais des enfants danser la claquette. Je voulais apprendre, moi aussi, ces pas-là. Mes parents continuant toujours de me supporter m'ont dit : « Parfait ! Nous allons t'inscrire et t'acheter un carré de contre-plaqué (*plywood*) pour tes pratiques. » Malheureusement, par manque d'inscriptions cette année-là, le cours a été annulé ! Ma mère, consciente de mon besoin de créer et de bouger, m'a demandé : « Veux-tu apprendre à être acrobate dans un cirque ? » Je me rappelle qu'à huit ans, « cirque » signifiait pour moi « animaux » et... j'ai peur des chiens ! Mauvaise association ! Finalement, j'ai appris à marcher sur un baril, à jongler et à effectuer des exercices de base en gymnastique.

Voyant mon engouement, ma mère m'a alors demandé si apprendre la gymnastique serait susceptible de m'intéresser éventuellement. Pour une petite fille de mon âge, il s'agissait là d'un bien grand mot ! Puisque ce sport permettait de bouger plus que la danse, j'ai tout de suite dit OUI !

Oh ! Je ne pouvais être vraiment plus débutante !

Je n'étais pas du tout flexible. J'essayais d'effectuer des *flips* arrière et je tombais invariablement sur ma tête. Comme je n'en ai qu'une et qu'on tenait à ce que je la conserve tout d'une pièce, mon parrain et ma marraine m'ont acheté un tapis bleu de gymnastique : un vrai de vrai ! Je capotais ! Je l'ai encore vingt-cinq ans plus tard !

Je suis née en même temps que le Cirque du Soleil et j'ai grandi dans cet univers magique ! Je me suis entraînée durant des centaines d'heures, seule dans mon sous-sol, immergée par la musique du Cirque du Soleil, dont *Allegria*... Je voulais devenir aussi bonne que Tiana et Audrey, les grandes du Club ! Je voulais devenir LA grande du Club à mon tour ! Je me suis mise à m'étirer tous les soirs. De débutante et gauche, je suis devenue forte et coach !

Autre moment d'inspiration magique alors que j'ai neuf ans. Je suis dans un grand amphithéâtre extérieur de Drummondville, les yeux grands ouverts, complètement émerveillée devant le spectacle grandeur nature qui se déroule sous mes yeux : *Les Légendes Fantastiques*. Le spectacle est incroyable ! Hors de l'ordinaire ! Tout, mais absolument TOUT m'interpelle : les chevaux, l'éclairage, le décor gigantesque... Puis, arrive le moment fort où de petits lutins lèvent des planches de bois pour y révéler un *tumble track* ; une piste de trampoline. Ils se mettent à effectuer sans arrêt des *flips* arrière pour impressionner les spectateurs. À CE MOMENT PRÉCIS, une explosion a eu lieu en moi ! Je suis assise sur le bout de mon banc et, tout le long du spectacle, je ne cesse de dire à mes parents : « Je veux être DANS le spectacle ! Je veux être DANS le spectacle ! » Voyant l'insistance de mon ***désir***, mes parents me disent : « À la fin du spectacle, nous irons demander les coordonnées de la personne à contacter pour que tu puisses faire partie de la distribution l'an prochain. »

J'ouvre une petite parenthèse ici pour dire à quel point les parents ne doivent jamais être des éteignoirs. Encore moins l'inverse, soit de toujours prendre des décisions pour l'enfant. Par ailleurs, certains parents sont moins nantis, d'autres le sont plus. Il faut se rappeler que lorsqu'on veut, on peut... Il est possible d'aller frapper à d'autres portes pour obtenir des résultats concrets. L'important est de s'assurer qu'il s'agit bien du désir de l'enfant et non celui des parents, des grands-parents, des oncles et des tantes !

Bien sûr, à cet âge, je n'avais pas les moyens de faire la route de Beloeil à Drummondville pour réaliser ce projet, mais vous comprenez qu'une inspiration et une ambition sont nées ! J'ai donc poursuivi mes entraînements hebdomadaires de gymnastique, retenant quelque part dans mon esprit qu'un jour je ferais partie d'un beau gros spectacle. Les années ont passé et je me suis améliorée en gymnastique.

Donc, en résumé :

- Petite, j'ai vu *Les Légendes Fantastiques* à Drummondville ;
- J'étais sur le bout de mon banc durant tout le spectacle : FATIGANTE comme pas une pour mes parents ;
- Je n'arrêtais pas de dire : « Je veux ÊTRE DANS LE SPECTACLE ! » ;
- Très important : je me savais capable ;
- Très important : mes parents me savaient capable ;
- Quelques années plus tard, je n'ai pas performé dans *Les Légendes Fantastiques*, mais dans d'autres spectacles à travers le Québec et au Vermont. Entre autres : dans l'Opéra de Montréal, le Super Cirque au Centre Bell (pendant trois années consécutives) et j'ai participé à des championnats internationaux dans deux disciplines différentes : danse hip-hop et fitness routine, etc.

J'étais toujours très stimulée quand je commençais un nouveau défi. Ma passion décollait comme une fusée dans le ciel. Dans ma tête, je créais mon futur. Je le voyais et je savais où je voulais aller, où je voulais me rendre... Il en est encore ainsi.

Suite à l'arrêt de mes entraînements en gymnastique, à 17 ans, alors que je travaillais chez Énergie Cardio, j'ai vu un spectacle dans un congrès. Les filles dansaient et effectuaient des *flips* avant et arrière... WOW ! De nouveau, j'ai pensé : « Je veux faire partie de cette troupe-là. Je me savais CAPABLE ! Il importe donc de connaître ses forces, mais aussi ses limites.

Devant cette troupe de *break dance*, j'ai vite compris que j'allais réellement vibrer (mon authenticité). Deux points essentiels touchaient ce rêve-là : la musique et la danse. C'était physique et moi, vous savez... Je me suis donc rendu la semaine suivante au studio de danse. Pour la première fois, j'ai vu la troupe pratiquer dans un local. J'ai dit au professeur : « Je veux faire partie de votre troupe ! » Il m'a regardé en riant avant de me dire : « C'est une troupe, ça, ma chère ! Tu dois passer des auditions. Viens à la "classe ouverte" mardi soir prochain. »

Ce soir-là, il nous montra une chorégraphie en moins d'une heure. Tout allait passablement vite. Je ne connaissais rien encore du hip-hop. Je ne suivais pas le rythme. Venant du monde de la gymnastique où j'avais travaillé mes muscles pendant des années, j'étais raide comme une barre. On m'avait enseigné à serrer les fesses, à rentrer mon ventre et à avoir les épaules droites. Alors, dans cette salle, avec cette nouvelle troupe, je pleurais tout le temps. « *Cry baby* ! » C'était rendu mon surnom ! J'ai arrêté de penser que la danse était innée. Oh que non !

À cette classe ouverte, mon professeur m'a demandé d'effectuer une « rondade *flip* salto arrière» sur le plancher, là, comme ça, devant tout le monde ! Je n'avais pas le choix. Je devais faire mes preuves. Je l'ai donc accomplie dans la douleur physique et émotionnelle. Je n'étais pas habituée à m'exécuter sans matelas, de surcroît le soir et pas échauffée. Bref, suite à ma performance, mon professeur m'a invitée à revenir passer une audition deux semaines plus tard.

TADAM ! J'ai été sélectionnée ! Là, le vrai travail a commencé. « Josiane, t'es trop raide ! Josiane, écoute la musique ! *Flip* Josiane ! Peux-tu *flipper* comme ci, comme ça. » Ouf !

Nos pratiques se terminaient à 22 heures alors que, normalement, je me couchais à 21 heures. Brûlée ! J'étais brûlée ! Je me sentais de plus en plus mal. Pourtant, n'avais-je pas eu cela comme vision ?

Financièrement, mon salaire d'étudiante y passait au complet. Pendant que certains accumulaient de l'argent pour des voyages, une maison ou une voiture, moi, j'investissais dans le développement de mon plein potentiel. Je pouvais investir entre 50$ et 100$/semaine en cours de danse – soit l'équivalent de 400$/mois. Vous qui désirez être en santé, êtes-vous réellement prêt à investir, à engager des professionnels, des coachs ou d'autres personnes de qualité pour vous rendre à bon port ? Pour ma part, je n'ai jamais hésité ! Plus de retour en arrière ! Même si j'étais poche, j'étais stimulée, j'allais devenir bonne ! Je voulais être dans une troupe et faire des spectacles. **Ma vision était claire et j'avais des étoiles dans les yeux !**

Faire partie d'une troupe impliquait de suivre des classes, de me rendre aux pratiques libres ainsi que celles de la troupe, de participer à divers spectacles, de faire des rassemblements ; des « *get together* »... Ce fut le début d'un nouveau mode de vie : les études à l'Université de Montréal, la danse et le travail.

Je me construisais...

Témoignage de Dominique Brown, Entrepreneur, Président chez Chocolats Favoris

Je suis une personne instinctive. Certains matins, au réveil, je suis très rationnel, tandis que d'autres fois, je me lève très émotif. Toutes mes grandes décisions sont prises en écoutant mes tripes. Une grande partie de moi demeure encore un jeune ado, un enfant. Je trouve ça important car lorsqu'on est jeune, on ne sait pas ce qui est possible ou impossible et on se permet de rêver sans limites. À la vie adulte, on se crée toutes sortes de barrières en fonction de nos expériences passées perçues impossibles et on limite ainsi nos « possibles » immédiats et futurs. Moi, en affaire, je me demande toujours : « Qu'est-ce que l'on doit faire ? » J'essaie toujours de penser sans contrainte. Par exemple, quand il fut question du design de la chocolaterie, mon équipe et moi nous sommes assis, avons réfléchi à ce que nous voulions et avons lancé plein d'idées « flyées *». Le fruit de nos réflexions et de notre audace a donné la chocolaterie que l'on connaît aujourd'hui :* Chocolats Favoris*. Lorsque nous avons couché sur papier notre vision, nos objectifs, etc., nous tripions vraiment comme des enfants. On se disait que si nous étions un enfant passant la porte d'une chocolaterie, nos yeux s'ouvriraient tout grands pour voir ce qui s'étale devant nous. Il importait donc d'innover, de créer quelque chose de magique, quelque chose d'extraordinaire. Dès que nous avons eu cette vision, nous avons décidé de travailler avec différentes personnes pour la réaliser... À plusieurs reprises, pendant ce processus-là, des gens nous ont dit que c'était impossible, que personne n'oserait accomplir telle idée ou telle autre partie de notre concept. Nous n'avons pas écouté ces commentaires négatifs, mais plutôt persévéré dans notre rêve. Dans notre esprit, nous savions qu'il était réalisable. Des astronautes se sont bien* *posés sur la Lune en 1969! Nous savions que nous pouvions parvenir à notre but puisque ce que nous allions faire, au jour le jour, était bien plus simple que cet exploit! Nous avons donc poursuivi dans nos intentions, ce qui a donné d'heureux résultats.*

Une fois que notre vision est bien définie, il faut garder le cap. Seuls les objectifs et le plan de match peuvent être remis en question, mais pas le rêve. Au départ, on pense toujours que l'on va se rendre au but comme sur une ligne droite. Eh non! Le chemin parcouru prend parfois les allures d'un « S ». C'est méandreux, il y a des allers-retours, mais tôt ou tard, on finit par se rendre au but final, soit notre rêve réalisé. Lorsqu'une personne possède une vision claire, c'est très facile, à une croisée des chemins, d'effectuer un choix, de savoir où aller et de déterminer quels seront les prochains pas. Alexandre Taillefer (de l'émission Dans l'œil du dragon*) m'a dit un jour: « Quand tu ne sais pas où tu t'en vas, tous les chemins y mènent. » Cela m'avait frappé car, effectivement, si notre vision ultime n'est pas claire, il est facile de s'égarer en chemin en croyant être dans la bonne direction.*

Chez Chocolats Favoris, nous nous arrangeons toujours pour être bien entourés et travailler avec des gens qui tripent sur les mêmes choses que nous. C'est fantastique comme ambiance de travail et les accomplissements à court et à long terme sont remarquables.

Chapitre 3

Je me construis chaque jour de ma vie ! Je m'engage !

Mon plus grand pouvoir dans la vie est ma capacité de DÉCIDER. Je me construis chaque jour de ma vie ! Je m'engage.

> *Résolution. Motivation. Perte de poids. Santé. Mise en forme. Je recommence. Je m'accomplis. Je réussis tel projet. Je vis de mon art. Je resplendis...*

Voilà des mots et des phrases que vous avez sûrement entendus autour d'une table, lors de soupers durant le temps des Fêtes ou avec des amis dans des soirées sociales. Peut-être les avez-vous prononcés vous-même ?

Bien que je sois une adepte de féerie et d'imagination, il faut arrêter de croire que la ***Fée motivation*** existe et qu'un bon matin, en ouvrant les rideaux, vous serez, tel Harry Potter, investi du pouvoir de changer votre vie par la motivation et, de surcroît, celle des autres. Tut ! Tut ! Illusion ! J'ai la tâche délicate, mais essentielle, de vous annoncer que la *fée motivation* n'existe pas. À compter d'aujourd'hui le mot d'ordre est : **engagement.**

Que diriez-vous si tous les jours de l'année devenaient maintenant des 1er janvier ? Hum ! Je vous entends dire : « Super ! D'accord ! Yééé ! Je me construis chaque jour de ma vie ! Je m'engage ! J'embarque. 1... 2... GO ! Ouiiii ! »

Prenons par exemple, la santé. Elle doit être prise en charge comme tout autre projet, c'est-à-dire qu'il importe de planifier et de mettre en place un plan d'exécution avec les variables dont nous avons le contrôle : les exercices adaptés, l'alimentation, la gestion du stress, les horaires, etc. Un projet de santé, comme tout processus, demande du temps, une équipe d'experts, un budget équilibré (pour des projets plus spécifiques) et un engagement réel. Si votre santé est bien prise en compte et en charge, vous obtiendrez définitivement des résultats. Même les gens autour de vous remarqueront votre mine resplendissante, votre sourire radieux, votre énergie décuplée... On recherchera encore plus votre compagnie. Pas beau, ça ? Avec votre nouvelle force physique et vos projets plein la tête, vous aurez toujours – dans vos loisirs – quelqu'un prêt à partir avec vous à l'aventure: sur une piste de ski (de fond ou alpin), un sentier pédestre, un plan d'eau en ski nautique et, pour les plus intrépides, dans les airs, à 4000 pieds d'altitude, pour sauter en parachute en descente libre. Frissons garantis et pas juste en raison de la température là-haut ! En prenant votre vie en main, vous ne serez plus contraint de subir les aléas du hasard, à effectuer des résolutions sans lendemain ou à espérer que tout se passera bien. Vous aurez le contrôle de ce qui est contrôlable. Le reste demeurera les surprises de la vie (bonnes ou mauvaises) à rencontrer comme tout le monde sur cette planète.

CONSTRUIRE MA VIE À LA HAUTEUR DE MES ASPIRATIONS

- Votre vision est-elle plus claire maintenant ?
- Êtes-vous engagé à effectuer un pas de plus, tous les jours, vers votre objectif ?
- Qu'avez-vous fait, aujourd'hui, pour avancer un pas de plus vers votre rêve ?
- Dans quelle mesure prenez-vous plaisir (très important) dans votre processus (hier, aujourd'hui, demain) ?
- Vos engagements respectent-ils vos valeurs ?

L'engagement est la clé pour passer du rêve à la réalité. Elle amorce la plus belle aventure de votre vie. Pourquoi déserter votre bonheur ? Tout commence avec un engagement avec vous-même ; celui d'accomplir ce que vous souhaitez vraiment et surtout, ce que vous aimez profondément. Comment sait-on qu'il s'agit d'un projet qu'on aime ? FRISSONS ! Les frissons internes du bonheur ; tel le thermomètre de la joie qui monte en nous à la simple évocation du rêve. Vous avez le sentiment d'être à la bonne place. D'accomplir un de vos plus grands désirs. 1... 2... GO !

Voici des exemples d'engagement

- Vous voulez réellement vivre de la musique ? Alors, engagez-vous à part entière dans ce projet. Vous voulez réussir : VOUS LE POUVEZ ! Premier pas : engagement envers vous-même ! Simple, simple, mais FAITES-LE ! Là est la clé !

- Vous désirez acquérir un équilibre dans votre vie ? VOUS LE POUVEZ ! Pensez-y à toute heure du jour et de la nuit (en vous réservant quand même quelques heures pour récupérer et rêver). Engagez-vous maintenant à réellement développer un équilibre de vie. Premier pas : engagement envers vous-même !

- Vous voulez devenir le meilleur dans votre travail et grandir au sein de l'entreprise pour laquelle vous travaillez ? VOUS LE POUVEZ ! Engagez-vous dans cette mission. Premier pas : engagement envers vous-même !

- Vous voulez améliorer ou maintenir votre santé ? Vous souhaitez vivre longtemps avec une belle qualité de vie auprès de vos petits-enfants ? VOUS LE POUVEZ ! Saviez-vous que 1 cancer sur 3 et 80 % des maladies chroniques peuvent être contrôlés par des habitudes de vie ? Engagez-vous à être en santé ! Là, tout de suite. VOUS LE POUVEZ ! N'attendez pas. Attendre c'est croire que demain viendra avec sa baguette magique vous délivrer d'un mauvais sort... Souvenez-vous, *la fée motivation* est une illusion. Premier pas : engagement envers vous-même !

JE M'ÉQUIPE D'UNE ÉQUIPE ET ÇA CLIQUE EN UN CLIC !

ÇA PIQUE VOTRE CURIOSITÉ, N'EST-CE PAS ? ALLEZ, JE VOUS EXPLIQUE...

Dès lors qu'une vision se manifeste et s'incruste comme une perle dans une huître, ouvrez tout de suite vos horizons. Cela veut dire : ne restez pas seul dans votre coin à cogiter des heures et des heures sur les manières de parvenir à sa réalisation. Vous avez besoin d'une équipe de succès. Elle peut se composer de gens de toutes les sphères de la société:

- Vos parents ;
- Vos coachs techniques : professeur de chant, de danse, entraîneur de hockey, de patin, coach d'écriture, de mise en forme, etc. ;
- Votre professionnel de la santé : kinésiologue, nutritionniste, physiothérapeute, etc. ;
- Votre préparateur mental : pour vous aider à vous fixer des objectifs, apprendre à mieux focaliser, à devenir plus résilient, à développer votre confiance et votre estime de vous-même… ;
- Vos amis ;
- Vos mentors ;
- Vos coéquipiers ;
- Vos collègues de travail ;
- Divers professionnels complémentaires (écrivain, technicien de son, etc.)

Pour ma part, je n'ai jamais accompli mes rêves sans mon équipe de succès. Ma famille immédiate fut, bien sûr, la première à me supporter et à guider mes pas. Quel honneur de faire partie de ce clan !

Ensuite, j'ai eu le meilleur coach de gymnastique ! Non seulement Marc Bourgeois (ancien champion canadien) savait techniquement nous enseigner les mouvements et la biomécanique de la gymnastique, mais il nous a appris la préparation mentale.

Fort de son savoir, il nous a donné tous les rudiments de la visualisation ainsi que ceux essentiels pour une concentration optimale, maximale. Surtout, dois-je absolument ajouter, il nous a enseigné à goûter, savourer, avoir du plaisir durant toute compétition et à s'immerger dans le moment présent au lieu de disperser notre attention sur des résultats probables – non encore inscrits au pointage – ou sur les performances possibles d'autres athlètes en compétition dans notre catégorie. Je ne peux passer sous silence mon mentor, Wayne Halliwell, qui m'a enseigné et encadrée avec brio lors de mes études dans le programme de kinésiologie à l'Université de Montréal, en plus de m'ouvrir de nombreuses portes... Et tant d'autres personnes qui m'ont soutenue et aidée...

Comme déjà mentionné, je n'ai jamais hésité à offrir des honoraires pour avoir dans mon équipe les meilleurs professeurs, les meilleurs coachs... Pour devenir moi-même « préparatrice physique et mentale », je suis allée à l'université, j'ai acheté des centaines de livres et j'ai déboursé beaucoup d'argent pour des formations offertes par mes collègues. Je savais que chacun possédait des outils fiables, pratiques, adaptés, indispensables, ainsi qu'un vécu ayant fait ses preuves, que ce soit dans le sport, dans la vie courante, dans des domaines connus et inconnus. Tous ces investissements humains et monétaires allaient contribuer à augmenter mon bagage d'outils autant pour moi-même que pour mes amis et mes clients. Il m'est arrivé plus d'une fois d'avoir à débourser plus de 500$ pour des formations et même, croyez-le ou non, pour une consultation d'une heure... Quand on veut, on peut, dit-on. Voulez-vous réussir ? Voulez-vous donner vie à votre rêve ? Voulez-vous le rendre à terme ? Jusqu'à quel point ?

Chaque fois que j'ai un projet, je regarde quelle est la meilleure personne dans ce domaine et je vérifie dans quelle mesure il ou elle peut m'aider à grandir, évoluer et déplacer des montagnes.

Pour écrire ce livre, donc réaliser ce rêve que je porte en moi depuis si longtemps, j'ai retenu les services d'une écrivaine, Marilou Brousseau. La meilleure, je vous l'assure : drôle, pimpante, imaginative au centuple ; la reine des mots et des idées. Plus fascinant encore, au fur et à mesure qu'elle écrivait, elle enracinait mes principes et mes outils dans sa propre vie ainsi que pour l'écriture de ce livre au délai extrêmement serré... Une championne, je vous le dis !

- Alors, quel est votre rêve ?
- Êtes-vous réellement engagé à le réaliser ?
- Si oui, êtes-vous prêt à chercher et trouver les bonnes personnes qui feront partie de votre équipe de succès ?
- Savez-vous que ces partenaires de rêves vont réellement vous aider, mais que l'engagement premier de réaliser votre projet vous revient entièrement ?

Choisissez les équipiers qui VOUS conviennent pour VOTRE vision. Autant certaines fois des mentors font partie de mon équipe de succès, autant d'autres fois, c'est moi qui suis appelée à faire partie de l'équipe de succès de quelqu'un d'autre.

Exemple 1: J'effectue la préparation physique et mentale de danseurs et de chanteurs. Mes outils diversifiés et personnalisés aident chacun d'eux à optimiser leur plein potentiel et à briller dans leur performance !

Exemple 2 : Les gens qui veulent optimiser leur qualité de vie viennent me chercher pour que je sois dans leur équipe de succès. Je deviens alors leur guide, leur entraîneure, leur préparatrice mentale et physique par excellence. J'arrive avec des outils à profusion. Par contre, j'impose une condition et elle est *sine qua non* (indispensable et essentielle) : ils doivent être réellement engagés à obtenir le succès (but, rêve, vision). Comme mentionné dans un chapitre précédent, je ne tirerai personne derrière moi. En aucun temps je ne ferai le travail pour eux. Par contre, je m'engage à devenir un membre très important dans leur équipe de succès et dans l'accomplissement de LEUR engagement.

Si quelqu'un vient me chercher comme coach : je suis la première à croire en lui. En son projet. En sa valeur. En son potentiel. Je m'engage avec lui et pour lui ! De plus, élément des plus importants : j'adORe mon travail qui me permet de contribuer largement aux rêves de ceux qui ont à cœur de les voir devenir réalité.

JE SUIS RÉSILIENTE POUR UNE ALLIANCE AVEC MES RÊVES

Comme dans tous projets, il y a des hauts et des bas. Quand nous sommes dans les hauteurs et que tout va bien, la vie est belle. Nous avons même l'impression, parfois, d'être au-dessus de tout. Par contre, il y a aussi des bas, des vallons, des creux de vagues, des épreuves, des moments où l'on frappe définitivement des murs..., et ils sont solides. Il importe alors d'être résilient ou de développer cette force latente en nous pour qu'elle nous permette de rebondir en tout temps et de la bonne manière. Pour ma part, tous ceux qui me connaissent le savent: j'ai aussi mes périodes de bas, de noirceurs, comme tout le monde. Il m'arrive même de pleurer des heures et des heures. Par contre, quand j'ai fini de me noyer dans mes larmes, je me relève, je me redresse et je me positionne en mode solution ; restant bien accrochée à mon engagement. C'est surtout lui qu'il importe de ne jamais perdre de vue.

Exemple : Lorsque j'ai quitté mon emploi et que j'ai démarré mon entreprise *Entraînement CAP SANTÉ inc.*, j'ai décidé d'aller chercher un grand mentor dans mon équipe de succès. J'ai eu le privilège de déjeuner avec un homme d'affaires hors pair qui gère des milliards de dollars. Lors de notre rencontre, je lui ai parlé de mes divers projets. Il m'a regardé droit dans les yeux et m'a dit : « Toi, tu n'es pas conférencière, tu n'es pas ceci, tu n'es pas cela. » Je peux vous assurer que ma gorge s'est nouée très vite. Pourtant, je lui avais parlé avec emphase et détermination. Vous dire à quel point j'ai pleuré ! Pas une heure, pas deux heures, pas trois, mais tout l'avant-midi ! Je me suis finalement calmée en me disant : « Il ne me connaît pas. Je vais lui montrer à quel point j'ai de la valeur. » Quand j'ai quelque chose en tête, rien ne m'arrête dans la vie, encore moins des paroles démoralisantes. Deux mois plus tard, j'établissais une belle collaboration et complicité avec les propriétaires du *Métro Famille Riendeau* de Ste-Julie. Six autres mois plus tard, j'avais atteint le salaire que je gagnais à mon ancien travail. Pas sans misère, je dois l'admettre. Mes grands alliés furent : mon engagement, ma résilience, mon plaisir et ma constance.

Pour clore cette histoire, neuf mois après mon démarrage d'entreprise, j'ai dîné avec mon mentor. Je ressentais le besoin d'un avis externe et expérimenté dans le domaine de l'entrepreneuriat. Évidemment, je m'en doutais, beaucoup de choses restaient à raffiner dans mon plan d'affaires, ainsi que dans mes façons de faire avancer mes réalisations. Il s'est dit ravi de voir mon haut niveau d'engagement et surtout, de réaliser à quel point j'étais une fille d'ACTION !

Votre engagement envers votre but va croître, s'accroître, grossir si :

- Vous vous engagez à avoir du plaisir ;

- Vous persévérez malgré les obstacles sur la route ; même lorsqu'ils paraissent insurmontables ;

- Vous vous fixez des objectifs personnels clairs : modestes ou ambitieux ;

- Vous avancez un peu plus tous les jours sur le sentier de la réalisation de votre objectif.

Si vous aimez ce que vous accomplissez et que vous êtes capable de vous y engager et d'y rester concentré, vous allez définitivement développer des compétences et devenir bon dans votre domaine de prédilection. La chance joue certes un rôle, mais à un très faible pourcentage. Tout est effort mesuré : accompagnement, esprit d'équipe, collaboration, motivation et ENGAGEMENT.

Personnellement, lorsque je m'engage, ce n'est jamais à 100 %, mais davantage. Je défonce les pronostics. Je suis une fonceuse, mais TOUJOURS dans la réalité de mes limites ! Je suis une gagnante ! Je suis debout, telle une étoile sur le podium du succès. Mes médailles représentent tous mes petits et grands succès accumulés en cours de route, ainsi que tous ceux de mes clients, partenaires, amis, famille…

- Je m'engage toujours à poursuivre mes objectifs (car il n'y en a rarement qu'un seul), et ce, malgré les hauts et les bas de la vie ;

- Je m'engage entièrement envers mon rêve malgré les échecs impromptus et les barrières inévitables.

Mon plus grand pouvoir demeure **MA CAPACITÉ DE DÉCIDER !**

Maintenant que vous vous êtes engagé à réaliser votre rêve, êtes-vous prêt mentalement à l'actualiser dans le monde concret ?

Certes, c'est bien de voir (vision), c'est bien d'y croire (engagement), mais si vous restez assis à regarder les feuilles s'envoler, les flocons tomber, les tulipes pousser, les années passer..., tout ce qui vous restera, en fin de compte, seront les regrets de n'avoir rien fait pour engager votre rêve sur la voie de l'actualisation, sur la voie de sa réalisation. Il y a une différence entre parler de ses rêves et être réellement prêt, au plan mental, à les accomplir, à leur donner vie.

« Être prêt mentalement » s'avère un autre outil de base à mettre dans votre sac à outils. Cette prémisse suppose d'être positif, d'avoir une focalisation constante, d'être fidèle au projet, persévérant, complètement engagé, déterminé à passer à l'action et de poser des gestes en lien avec votre objectif.

Ça va ? On continue ? Prêts à planifier les plans générateurs de succès ? WOW ! Quelle équipe, vous êtes !

Témoignage de Marc-André Coallier: animateur, comédien, entrepreneur, propriétaire du Théâtre La Marjolaine

Pour moi, l'engagement demande une implication totale de soi. C'est une promesse d'investir TEMPS, TALENT et PASSION. Un projet ne peut être mené à terme sans ces trois qualités de base. Lorsqu'on l'anime de ces éléments, il se transforme en un accomplissement. Les projets dont je suis le plus fier sont ceux dans lesquels je me suis ENGAGÉ avec TEMPS, TALENT et PASSION. Pour moi, l'engagement est aussi important dans mes projets professionnels (une émission de télévision, une production théâtrale, etc...) que personnels (voyages et, surtout, être auprès de ma famille).

Il m'arrive régulièrement de croiser de jeunes 100 watts. Ils me disent: « Je t'écoutais à la télé et tu m'as donné l'étincelle. » Je suis fier de voir qu'aujourd'hui, ils pratiquent un métier qui les passionne complètement. Je suis fier d'avoir compté pour mes auditeurs, d'avoir su allumer la 100 watts en eux. J'en suis fier, car à l'époque je m'étais engagé autant dans mon travail qu'auprès des jeunes croisés dans la rue. Au cours des dernières années, mon engagement s'est orienté davantage vers le théâtre la Marjolaine. Stimulé par les défis, je me suis lancé avec passion dans cette belle aventure de sauvegarder ce « théâtre légendaire ». Je me suis engagé à poursuivre la mission de ce haut lieu de l'histoire culturelle de chez nous, de ce lieu de création de la première comédie musicale canadienne-française, de cette scène qui a connu les premières expériences professionnelles de plusieurs comédiens et comédiennes, musiciens et musiciennes, chanteurs et chanteuses. Je me suis rapidement aperçu que « l'histoire » de ce théâtre n'était pas suffisante pour attirer à elle seule la clientèle. Je devais être sur place, soir après soir pour raconter l'histoire magnifique de ce fleuron québécois..., il faillait que je transmette ma passion. QUE JE M'ENGAGE ! Puisque nous ne sommes jamais seuls dans des projets d'envergure comme celui-là, moi-même je devais m'entourer de gens ENGAGÉS et passionnés.

Pour que nos enfants prennent la relève dans une entreprise familiale, il importe de leur insuffler et de leur inculquer la discipline de « l'engagement ». Il ne s'agit pas seulement d'un devoir, mais d'un impératif de s'impliquer, d'aller jusqu'au bout de ses passions : d'y mettre son cœur, sa passion et son TEMPS. Il en est ainsi lorsque l'on fonde une famille. Il faut s'impliquer et croire en la réussite d'une vie heureuse.

*Lorsque je m'interroge parfois sur le temps qu'impose un projet, je pense au Petit Prince de St-Exupéry et à cette citation : « C'est le temps que tu accordes à ta rose qui rend ta rose si importante » (*Le Petit Prince*). Autrement dit, l'importance du projet grandit avec le temps qu'on y investit. C'est vrai avec votre entreprise, vos employés, vos enfants, votre famille. Tout prend de la valeur lorsqu'on réalise ne pas vouloir perdre ce que l'on a gagné si fièrement : ce qu'on aime et ce qui compte réellement – ce qui a de la valeur. La valeur croît avec l'engagement..., l'engagement réel.*

Enseigner à nos enfants, à nos amis et à ceux qu'on aime la valeur de l'engagement représente un cadeau qui durera toute la vie. Dire à son entourage : « Pensez-y ! Vous m'aimez comme ami parce que je suis quelqu'un qui s'engage, que ce soit dans ma famille, avec mes amis, mes partenaires de travail... Pourquoi, vous aussi, ne pas faire la même chose ? »

Partagez autour de vous la valeur de l'engagement. Je pense vraiment que ce mouvement peut être contagieux.

CHAPITRE 4

PLANS, PLANS, PLANS, TOUJOURS EN ARRIÈRE-PLAN POUR ALLER DROIT DEVANT !

Bon ! Nous y sommes ! Nous entrons dans l'action. Êtes-vous PRÊT à élaborer un PLAN ? Le mot plan commence par un « **P** » comme dans **P**rêt et non comme dans **P**arking, là où tout s'arrête... 1... 2... GO ! Rappelez-vous !

Voici une première approche. Vous connaissez sans doute cette taxe : la TPS. Moi, je vous offre la **TPS** de la réussite.

TPS = ***T****oujours* ***P****rêt au* ***S****uccès*

DR WAYNE HALLIWELL

C'est ici que l'invisible devient visible. Que le rêve se transforme en action. Lorsque votre mission est établie et votre engagement bien ancré, il importe dès lors de transformer votre rêve en projet. Une bonne préparation demeure essentielle. Cette étape est primordiale, pour ne pas dire cruciale, dans la transformation de votre rêve en projet. Il s'agit d'un pas déterminant à accomplir.

Si l'imagination est l'atelier de l'esprit, votre tête en est le studio ou, si vous préférez, un genre de laboratoire dans lequel se développent vos plans – grâce à votre créativité participative. Je vous suggère de vous munir d'un cahier dans lequel vous noterez votre évolution vers le succès. Pour ma part, j'ai toujours le mien dans mon sac.

Vous êtes maintenant prêt pour des plans, des plans, des plans !

La table de la confiance

À cette étape-ci, il importe de vous asseoir avec votre équipe de succès (des amis, des collègues, des coachs, des professeurs, vos parents, votre petit copain…) et de mettre toutes vos idées et vos plans sur la table. Pour qu'une table soit solide, elle doit comporter quatre belles pattes massives. Dans le domaine de la performance sportive, artistique ou autre, Wayne Halliwell fait souvent appel à l'image d'une table. Elle permet de se rappeler rapidement que pour bien performer, il demeure essentiel de développer des habiletés techniques, stratégiques/tactiques ou artistiques, physiques et mentales. Voici d'ailleurs cette fameuse table sur laquelle installer la confiance en votre processus. Elle est soutenue par les pattes solides de la *préparation physique*, de la *tactique*, de la *technique* et de la *préparation mentale*.

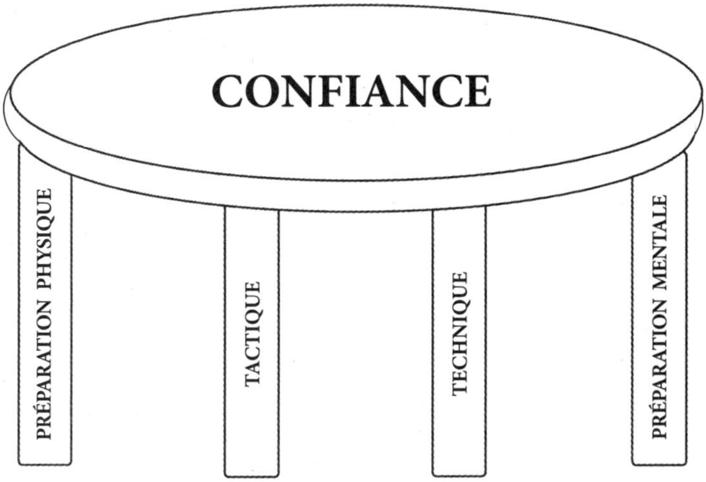

La Préparation physique correspond bien évidemment à la condition physique : la capacité cardiovasculaire, la musculation pour développer votre force, la vitesse, la puissance, l'endurance, la flexibilité, l'agilité...

Les Tactiques/stratégies représentent les tactiques de jeux et les stratégies spécifiques utilisées dans des sports d'équipe (focalisation, esprit d'équipe, etc.) et des performances artistiques (présence sur scène, interprétation, relation avec le public, etc.) pour aider à rencontrer les objectifs et les buts fixés, ainsi que pour amorcer ou redresser une entreprise.

Les Techniques sont celles à déployer dans un sport, en chant (technique vocale), dans une spécialisation au travail, etc.

La Préparation mentale consiste à développer la concentration, à exercer une saine gestion du stress, à adopter une attitude positive, à contrôler ses contrôlables, à s'engager dans un discours interne positif, à trouver et à ancrer des mots clés, etc.

L'idée de cette table est d'assurer un appui solide et positif. Dans un moment critique, lorsque la pression monte jusqu'à en trembler intérieurement, vient alors le moment de s'appuyer sur cette table de confiance aux quatre pattes solides. Lorsqu'elle est bien construite – que vous êtes bien préparé –, cette table ne pourra s'écrouler, elle résistera à la pression.

Prenons l'exemple d'une gymnaste de douze ans qui s'entraîne dix heures par semaine. Elle travaille la **technique** pour optimiser ses mouvements, par exemple : effectuer une roue sur la poutre sans l'appui des mains. Elle augmente ainsi sa condition physique par de la musculation, des exercices de flexibilité en plus de se donner de la prestance en suivant assidûment sa routine. Elle apprend ainsi à maximiser son potentiel d'exécution. Par contre, lorsqu'arrive le jour J, celui de sa compétition, si elle est stressée à en être malade, si elle tremble, si elle regarde les autres gymnastes et se compare à eux en les trouvant très bons (leur classement au tableau le prouvant d'autant plus), le risque d'échouer devient potentiellement grand – ou inévitable. Ainsi, quand arrive son tour sur la poutre, elle peut chuter et se retrouver dans les derniers rangs ou, pire, ne pas se classer au tableau. Que s'est-il donc passé ? Techniquement, physiquement et au niveau artistique elle était fin prête. Par contre, mentalement, il lui manquait des outils pour exploiter son plein potentiel : le contrôle de ses émotions, la gestion de son stress, la capacité de garder sa focalisation, une technique de relaxation, la capacité de demeurer dans le moment présent, etc. Alors, que faire ? Plutôt que de ne pas aimer les compétitions et tout arrêter, mieux vaut continuer, mais en améliorant sa préparation mentale tout en se soumettant de nouveau à la pression.

Chacune de vos expériences – peu importe laquelle – permettra ainsi de consolider vos acquis et de mettre graduellement à l'épreuve vos outils de préparation mentale. Voilà la seule façon de renforcer la patte vacillante de votre table. Lorsque tous ces outils (la confiance en soi, la gestion du stress, la concentration, etc.), sont acquis très jeune dans la vie, soit dans le sport ou en milieu artistique, ils se transposent inévitablement dans la vie en général.

Les plans 3D

Des plans, des plans, des plans…, mais des **PLANS 3D, s'il vous plaît!** Dans le domaine de la préparation mentale, on utilise l'approche interactionniste mettant en relation la personne, la tâche et le contexte.

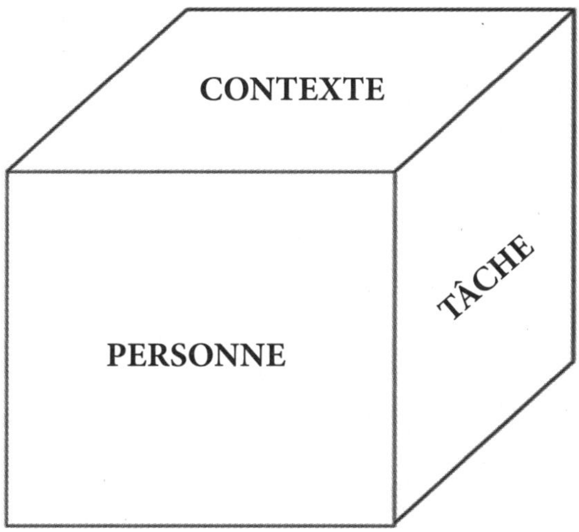

Concevoir des plans en 3D signifie que ceux-ci ne sont pas seulement orientés sur la tâche, mais qu'ils tiennent en compte la personne et son contexte. Dans l'élaboration de vos plans, pensez à la tâche que vous voulez accomplir, sans vous oublier, ni le contexte dans lequel vous vous trouvez:

- Comment suis-je en tant que **personne** ?
- Qu'est-ce que j'aime ? (**personne**)
- Quel est mon budget ? (**contexte**)
- Quelles sont les ressources disponibles dans ma région, etc. (**contexte**)
- Qu'est-ce que je peux accomplir ? (**tâche**)

Voici un exemple de **plan 2D**... Il y a quelques années, j'étais travailleure autonome et j'avais un bureau à Montréal. Mon conjoint demeurait à Sherbrooke, ma famille et mes amis à Beloeil. Mon « **plan de localisation** » était d'habiter à Montréal, au coin des autoroutes 20 et 25 pour diminuer mon temps de voyagement vers mon lieu de travail. Quoi de mieux que de se trouver près de l'autoroute pour voyager ? De plus, pour réduire les coûts, je cohabitais avec un collègue. J'avais toutefois oublié la 3e dimension : **ma PERSONNE !** Certes, sur papier, c'était stratégique, mais dans les faits, j'entendais le trafic, il n'y avait aucun espace vert où relaxer et je cohabitais avec une personne alors que je souhaitais me trouver dans mon espace, dans ma bulle. Bref, je ne me sentais pas très heureuse. J'ai donc revisité mes plans ! N'allez jamais croire que votre plan est définitif, surtout s'il est en 2D et même, en 3D. L'important est de comprendre que, malgré un premier choix, il est toujours possible de revenir sur nos décisions et de choisir autrement.

Exemples de plans de match

- Plan d'exercices ;
- Plan alimentaire ;
- Plan de gestion du temps dans votre semaine ;

- Plan de gestion de vos émotions;
- Plan de gestion de votre énergie;
- Plan de focalisation;
- Plan de confiance en soi;
- Etc.

Avec un plan **3D** et une équipe de succès, vous pouvez réaliser beaucoup plus facilement et rapidement vos objectifs. Beaucoup d'éléments peuvent être planifiés pour optimiser votre réussite.

Voici mes « **Plans secrets** »... enfin dévoilés! Répondez à ces questions dans votre cahier. Elles vous aideront à clarifier votre pensée et à agir en fonction de la direction choisie. À vos marques: 1...2... GO!

Plan d'exercices:

- Quelles sont vos activités préférées?
- Comment les pratiquez-vous: en groupe, seul, dans un lieu public, à la maison, en plein air?
- À quel moment de la journée êtes-vous enclin à bouger?
- Quelle est votre condition physique actuelle?
- Quel est votre niveau actuel de santé?
- Quel est votre degré d'expérience en entraînement, en sport?
- Que croyez-vous devoir améliorer pour être en bonne condition physique?

Point important, ici : après avoir exécuté un plan de musculation avec constance pendant 4 semaines, vous devez le modifier. Le corps s'étant adapté à un entraînement spécifique, il doit rencontrer de nouveaux stimuli (exercices) pour progresser vers le but fixé. Votre kinésiologue sera le mieux placé pour vous guider !

Plan alimentaire :

- Qu'avez-vous mangé ce matin ?
- Quelle a été votre collation ?
- Avez-vous préparé votre lunch ?
- À quelle heure avez-vous dîné ?
- Votre souper est-il préparé ?
- Mangez-vous avant de vous coucher ?
- Que mangez-vous ?
- Combien de temps mangez-vous avant votre exercice ?
- Que buvez-vous pendant votre exercice ?
- Qu'avez-vous mangé après votre entraînement ?
- Etc.

Plan de gestion du temps de votre semaine

- Stratégie : chaque dimanche, planifiez le déroulement de votre semaine ;
- Analysez ce qui a été bon et moins bon dans la semaine précédente ;
- Que pouvez-vous changer ?
- Prenez des rendez-vous avec « Constance », votre nouvelle amie.

« Oui, mais qui est Constance ? » me direz-vous. Constance est celle qui vous suit dans toutes vos activités. Constance est la digne représentante de l'assiduité, du courage, de l'énergie, de la fermeté, de l'engagement, de la persévérance, de la persistance, de la volonté... Oui, oui ! À partir d'aujourd'hui, elle est votre meilleure amie. Engagez-vous envers elle ! Marchez avec elle main dans la main. Ne lui faites pas faux bond !

Plan de gestion des émotions

- Quelles sont vos cordes sensibles ?
- Quelles sont vos réactions premières devant un événement (heureux ou dérangeant) ?
- Vos émotions ont-elles le dessus sur vous ?
- De quelle manière gérez-vous vos émotions ?
- Etc.

Plans de gestion d'énergie

- Identifiez le bon niveau d'énergie selon chaque tâche à effectuer ;
- Identifiez ce qui vous donne de l'énergie et ce qui la disperse ou la diminue ;
- Assurez-vous de toujours vous réserver des périodes de récupération dans votre journée, dans votre semaine, dans votre mois, dans votre année ;
- Quelle est la qualité de votre alimentation ?
- Quelle est la qualité de votre sommeil ?
- Etc.

Plan de focalisation

- Quels sont vos objectifs aujourd'hui ?
- Quels sont les éléments pouvant vous distraire et comment pouvez-vous les éliminer ?
- Quel état allez-vous privilégier pour optimiser votre focalisation ?
- Etc.

Plan de confiance en soi

- Établissez la liste de vos compétences, de vos forces, de vos qualités ;

- Établissez un discours interne positif (j'y reviendrai dans un chapitre subséquent);
- Identifiez des mots clés (j'y reviendrai dans un chapitre subséquent);
- Etc.

Dans l'élaboration de vos plans, n'oubliez jamais votre équipe de succès. Elle doit figurer au premier rang, quelque part dans votre plan. Elle doit être assise autour de votre table de confiance en train de cogiter, d'élaborer, de suggérer, d'épauler, d'énergiser, d'encourager... Soyez à l'écoute des conseils de chacun des membres de votre équipe afin de solidifier encore et toujours votre table d'appui. Vous n'avez pas encore d'équipe? Pensez à tous ces gens (coachs, professeurs, experts, mentors, parents...) que vous connaissez et qui sont d'une aide précieuse pour vous. Osez aller à la rencontre de ceux que vous admirez... Demandez-leur de vous aider à créer encore de meilleurs plans. Ils connaissent la route pour l'avoir parcourue de long en large. Ils peuvent vous guider et vous éclairer pour autant que vous leur donniez cette chance. En retour des services rendus, il y a mille et une façons de les remercier: utilisez votre imagination. Allez! Trouvez un cadeau original, digne de ces personnes et du temps qu'elles vous ont alloué avec générosité.

Plan de succès

Pour revenir aux plans, n'oubliez jamais, s'ils ne fonctionnent pas, établissez des constats (sans culpabilité!), puis établissez-en encore de nouveaux plutôt que de conclure à l'échec et de vous avouer vaincu – ce qui ne remontera certainement pas votre estime personnelle. Vous avez le choix de rester dans une attitude positive ou d'en adopter une négative. Que choisissez-vous?

Voici 7 mots à éliminer de votre vocabulaire pour éviter l'ÉCHEC :

- **É**chec ;
- **C**ulpabilité ;
- **H**onte ;
- **É**goïsme ;
- **C**ontemplation.

Voici les 10 mots clés (des mots à répéter, à vivre intensément) en acronyme pour un **PLAN** de **SUCCÈS**.

- **P**rêt : la préparation vaut pour 50 % de la confiance. Pourquoi ne pas s'en prévaloir ?
- **L**iens : effectuez des liens entre vos habiletés, vos plans, votre équipe de succès ;
- **A**ctif : soyez actif physiquement, mentalement, émotionnellement. Avancez un pas à la fois ;
- **N**ourriture : nourrissez convenablement votre rêve, votre cerveau et votre corps ;
- **S**ourire : souriez aux autres et à vous-même ! Rayonnez !
- **U**n pas à la fois : avancez lentement, vitement (à votre rythme), mais sûrement ;
- **C**onviction : rappelez-vous que la conviction se conjugue avec assurance et donne des résultats ponctuels ;
- **C**onstance : adoptez cette amie pour la vie. Elle sera votre alliée quand vos engagements voudront partir à la dérive ;

- **E**ffort : continuez vos efforts. Mieux vaut les efforts continus que les relâchements sans avenir !
- **S**avourer : savourez l'instant présent, car il s'agit du petit havre de bonheur dans lequel vous pouvez déguster vos petites et grandes réussites. Vous le méritez !

Pour ma part, échafauder des plans est devenu un véritable métier. Par exemple, au mois de mars dernier, deux de mes clients de 50 ans (Sylvain et André-Jean) se sont donné pour défi de participer à la boucle de 135 km du grand *Défi Pierre Lavoie* prévu à la mi-juin. Quand ils m'ont proposé de les aider, j'ai répondu avec enthousiasme : « YESSS ! WOW ! SUPER ! Nous allons dresser des plans... Il nous reste 4 mois pour huiler, réchauffer, perfectionner et mettre la machine en marche à plein régime. Avez-vous des questions, car j'attaque le plan tout de suite ? C'est partiiiiiii ! 1... 2... GO ! » Je travaillais déjà sur les habitudes de vie et la condition physique de Sylvain depuis septembre et j'allais commencer le même travail avec André-Jean, le mois de janvier suivant. Je les ai donc rencontrés, chaque mois, individuellement, leur concoctant des plans mensuels pour améliorer autant leur santé, leur condition physique que leurs habitudes de vie.

Évidemment, pour leur défi, des questions de base demeuraient essentielles : « Quelle sorte de vélos avez-vous ? Êtes-vous prêts à mettre temporairement en pause votre programme de perte de poids pour un autre qui dynamisera votre énergie ? » Je voulais qu'ils soient performants au maximum de leurs capacités. « Êtes-vous prêts à consacrer plus de temps à vos entraînements ? Êtes-vous disposés à en ajouter plus à votre horaire ? » Leur réponse fut sans équivoque : un beau OUI franc et fort.

Un plan alimentaire a été conçu par une superbe nutritionniste de mon équipe pour les mois précédant le défi, et un autre spécifique pour la journée même de l'événement. Une stratégie d'entraînement physique (musculation et flexibilité) et un plan de préparation mentale ont également été établis, tandis que nous adoptions une technique méthodique et impeccable pour progresser en vélo.

Je vous assure qu'ils ont vécu une expérience magnifique autant durant leur préparation que lors de leur défi sportif. Ils étaient rayonnants en me racontant leur aventure !

Sachez anticiper ! Sachez effectuer des plans ! Ainsi vous aurez la tête libre de soucis et de pensées organisationnelles. Tout aura été prévu. Vous avancerez définitivement plus vite et savourerez définitivement mieux l'expérience. Plus vous réalisez des plans, plus vous avez des chances de réussir : c'est prouvé ! De plus, vous **MAXIMISEZ LE TEMPS QUOTIDIENNEMENT, HEBDOMADAIREMENT ET MENSUELLEMENT.**

FAITES DES PLANS, REFAITES-LES, AJUSTEZ-VOUS, ADAPTEZ-VOUS.

Allez, mes amis ! Empoignez votre rêve, levez-le à bout de bras et à 1... 2... GO... PARTEEEEZ vers son accomplissement.

TÉMOIGNAGE DE PIERRE ALLARD: KINÉSIOLOGUE, EXPERT EN PRÉPARATION PHYSIQUE POUR LES CANADIENS DE MONTRÉAL

Mon ami et collègue, Pierre Allard, est un expert en préparation physique. Il œuvre auprès de l'équipe de hockey Les Canadiens de Montréal. Des plans, je vous l'assure, il en fait pour eux et... s'en concoctent lui-même pour une performance de haut niveau. D'ailleurs, leur performance ne commence pas juste avant les matchs. Des plans de préparation s'inscrivent dans une planification annuelle incluant la préparation physique générale, l'augmentation de la force, l'acquisition d'une plus grande vitesse, le retour sur les blessures, la récupération après match (20 minutes de vélo). Même la saison morte (*off season*) fait partie de cette dynamique préparatoire, que ce soit sur la route, sur un terrain de golf, à la maison, etc.

En tant qu'ex-athlète olympique, ex-hockeyeur professionnel, Ironman et préparateur physique du Canadien de Montréal, ma vie est une planification constante.

Au début de ma carrière d'athlète, je m'étais donné 3 objectifs professionnels, soit la LNH, les Jeux olympiques et terminer un jour un Ironman. Je m'y suis pris de la même façon pour chacun de mes objectifs. J'ai d'abord placé un logo du but à atteindre (Logo LNH, Logo des JO et Logo Ironman) sur ma table de nuit, pour que chaque matin et chaque soir, je puisse me rappeler mes engagements. De cette façon, chacune de mes actions quotidiennes me rapprochait de mon objectif. Par la suite, j'ai établi un plan d'action que j'ai révisé et réajusté constamment. En effet, mon plan devait me permettre de trouver un équilibre dans ma vie professionnelle, familiale et personnelle.

Finalement, je dirais qu'il faut toujours aller chercher le positif dans chacune de nos journées. Il y a toujours des hauts et des bas, mais l'important est de rester positif afin de garder le cap.

Pour les athlètes que j'entraîne, j'ai la même approche : les objectifs doivent être réalistes et réalisables. Mon travail me demande de m'ajuster constamment, d'où le besoin d'avoir une bonne planification. Même si le hockey est un sport d'équipe, chaque joueur est différent, et c'est pourquoi les plans d'entraînement sont différents selon la position du joueur, son temps de jeu, ou le moment de la saison. La périodisation de l'entraînement permet de planifier également les moments forts de la saison et de prévoir les moments de repos.

Donc, que ce soit pour des objectifs sportifs ou de vie, la planification marque le début de la route vers notre réussite. Par contre, comme dans tout long voyage, il faut être capable d'apporter des ajustements en cours de route afin d'assurer la réussite de sa planification.

CHAPITRE 5

1... 2...GO!

TÊTE HAUTE, JE SAUTE EN TOUTE SÉCURITÉ!

Traduction:

Tête haute: JE SUIS FIER DE MOI!

Je saute: GO! JE FONCE dans mon projet qui me passionne!

En toute sécurité: J'ai mon rêve, mon engagement et mes plans comme filets de sécurité!

AVEC CONFIANCE, AVEC COURAGE, AVEC DÉTERMINATION, JE VISE MON BUT

Une fois que notre mission a été établie, que nous nous y sommes engagés émotionnellement et que nous avons établi les meilleurs plans, il n'est plus nécessaire de compter jusqu'à 3.

Pourquoi perdre du temps, même une infime seconde ? À partir d'aujourd'hui, nouvelle internationale, le 3 n'existe plus ! Oui, oui. C'est sérieux, là !

ALLEZ : 1... 2... GO !

Nous sommes maintenant capables de le voir, notre rêve, de le palper, de sentir qu'il a une consistance et qu'il est réalisable. Nous pouvons y croire, nous avons le loisir d'aller de l'avant et de nous amuser.

Sautez, foncez, tournez et défoncez !

Allez de l'avant avec confiance et détermination : **FONCEZ !**

Ça ne fonctionne pas comme vous le voulez et selon vos plans établis ? Qu'à cela ne tienne, alors **TOURNEZ**, prenez un autre chemin, refaites vos plans et...**DÉFONCEZ !** Bien sûr, cela ne veut pas dire de tout saccager sur votre passage, de devenir une poule pas de tête et de vous en prendre à tout le monde. Pas du tout ! Cela signifie plutôt de relever vos manches, de retourner sur la route, d'**OSER** ouvrir d'autres portes ou, encore, d'aller cogner à celles derrière lesquelles se trouvent des personnes ayant le potentiel de vous amener vers votre prochaine étape. Avancez un pas à la fois..., encore et encore, toujours vers votre but.

Bien sûr, il se peut que la *dame procrastination* s'incruste chez vous: la saboteuse par excellence. Elle a le don de s'étendre sur vos jours, de s'installer pour prendre le café, de vous faire perdre votre focalisation ainsi qu'un temps fou. Que faire ? Simple : ne la laissez pas engourdir vos journées. Donnez-lui un billet d'avion : un allez simple pour Tombouctou. « Allez, chauffeur ! Amenez-moi ça à l'aéroport ! » Le moment est venu, pour vous, de passer à l'action. Vous n'avez pas besoin de cette compagne dérangeante. Le temps est à l'actualisation de votre rêve, et ce, dans le moment présent. Rappelez-vous : votre plus grand pouvoir est celui d'effectuer des choix. Vous avez décidé d'amener votre rêve à son plein aboutissement ? Vous avez choisi d'y aller à 100 % ? Alors maintenant, le moment est venu : FAITES-LE ! 1... 2... GO !

❖ Vous avez choisi de vous prioriser et de bouger tous les matins en vous levant ? 1... 2... GO !

❖ Vous avez choisi d'avoir un équilibre de vie ? 1... 2... GO !

❖ Vous avez choisi de devenir le meilleur dans votre domaine ? 1... 2... GO !

❖ Vous avez choisi de devenir un athlète ? 1... 2... GO !

❖ Vous avez choisi de vivre de la musique ? 1... 2... GO !

❖ Vous avez choisi de devenir le meilleur coiffeur ? 1... 2... GO !

❖ Vous avez choisi d'effectuer un voyage par année ? 1... 2... GO !

❖ Vous avez choisi de devenir entrepreneur ? 1... 2... GO !

Pourquoi pas 1... 2... **3**... Go ! ? Parce que le 3 est de trop. Vous n'avez pas de temps à perdre. Peut-être l'avez-vous même déjà trop perdu dans de vaines tergiversations. Alors, n'attendez pas plus longtemps : 1... 2... GO !

Si les plans et la préparation valent pour 50 % de la confiance, il vous reste maintenant à développer le courage, la fierté et la confiance en vos habiletés.

JE CROIS EN MOI, EN MES HABILETÉS, EN MON TALENT !

À cette étape-ci, grâce à vos plans, vous pouvez être certain que vous emprunterez la bonne route. Chassez vos doutes et commencez la joute avant que s'ajoutent peurs et incertitudes ! Avancez vers votre but le sourire aux lèvres, la tête haute, l'esprit clair, le regard lumineux rempli de ces étincelles qui font de vous quelqu'un de vraiment exceptionnel. Je suis très bien placée pour savoir que la route est parfois remplie d'obstacles difficiles : à écarter, à contourner, à solutionner, à passer par-dessus ou au travers. Évitez de vous apitoyer et de vous dire vaincu ! C'est dans ces moments plus laborieux, dans les tempêtes existentielles que nous pouvons développer des muscles intérieurs d'engagement, de persistance, de dépassement... Surmontez les obstacles ! Polissez votre vie ! Devenez tel un cristal brillant de ses mille éclats ! Saviez-vous qu'un cristal bien lustré a la capacité de transposer la lumière dans toutes les nuances de l'arc-en-ciel ? Saviez-vous que vous êtes à l'image de ces éclats quand vous vibrez intensément sur votre rêve et que vous mettez tout en action pour qu'il prenne vie ?

Pour ma part, afin de croire en moi, en mes habiletés et en mon talent, je dresse régulièrement ma liste des « je sais que » afin d'optimiser ma confiance. Cette liste permet autant aux athlètes de haut niveau, ainsi qu'à vous et moi, de maintenir un niveau de confiance optimal. Cette liste des « je sais que » s'avère indispensable quand viennent les moments plus critiques durant lesquels la pression est plus grande ou à son apogée. Pas besoin, alors, de paniquer... Regardez ce que vous avez accompli jusqu'à présent, puis rédigez votre propre liste de « je sais que ». Prenez votre « cahier de succès » et écrivez 10 « je sais que ». Voici des exemples :

- Je sais que je suis en santé ;
- Je sais que je suis en forme ;

- Je sais que j'ai eu un beau camp d'entraînement;
- Je sais que j'ai le temps;
- Je sais que mes parents ont leurs billets et seront présents à mon spectacle;
- Je sais que j'ai des gens qui me supportent;
- Je sais que je peux m'ajuster;
- Je sais que je suis prêt;
- Je sais que je rencontre les bonnes personnes au bon moment.

Construisez votre liste à partir de vos propres besoins et désirs de dépassement. Votre liste «Je sais que» permet d'éliminer les doutes de votre esprit, et de maintenir votre confiance. Vous aurez ainsi l'esprit clair, vif et pétillant comme des bulles de champagne ou des gouttes de rosée au petit matin. Je me répète, mais écrivez toujours vos listes dans votre cahier de succès. Bâtissez-les au fur et à mesure, au fil des jours, au fil des semaines. À l'aube d'une performance, sortez toutes vos listes et relisez-les. Elles seront à la fois un rappel et une source de confiance, de détermination et de focalisation. Vérifiez ensuite si vous avez bien suivi vos plans. Si vous avez bien simulé et testé vos performances dans différentes conditions. À titre d'exemple, si vous avez une prestation à accomplir (une nouvelle conférence, un spectacle de chant ou de danse, etc.) pratiquez votre programme seul (devant un miroir), devant un groupe d'amis, de collègues ou autres. Portez exactement le costume ou le vêtement que vous aurez lors de votre performance réelle. Dans cette pratique, accomplissez les mêmes gestes, les mêmes mimiques, les mêmes pas..., que vous devrez effectuer sur la scène ou lors de votre présentation. Pratiquez, pratiquez, pratiquez...

Si vous êtes un skieur, beau temps mauvais temps, pratiquez, pratiquez, pratiquez... encore et encore : sous la pluie, dans le vent, au froid, etc. Vous pourrez ensuite indiquer au bas de votre liste des « Je sais que » :

- Je sais que ma condition physique est à son summum !
- Je sais que j'ai simulé dans toutes les conditions !
- Je sais que...

1... 2... GO ! Je continue mon ascension vers le succès.

Au-delà de la confiance, nous établissons et ancrons de l'assurance, nous nous forgeons une belle attitude et nous développons la **conviction** d'être prêt à offrir le meilleur de nous-mêmes.

Je suis prêt pour le pas suivant... Hop ! Hop ! Hop !

1... 2... GO !

Et le pas suivant... se nomme : le discours interne.

Discours interne

Connaissez-vous le discours interne ? Le discours interne c'est quand vous placotez avec vous-même. Quand vous monologuez positivement ou vous déraisonnez dans le négatif. Bref, quand votre mental effectue des roues, des pirouettes et des galipettes incessantes avec les mots, les idées et les scénarios de peurs ou de joie (dépendamment de votre humeur).Je suis convaincue de ne pas être la seule à me parler ainsi. Est-ce que ça vous arrive ? Votre discours est-il positif ou négatif ? En êtes-vous conscient ?

Voici quelques exemples de ces deux différents discours :

DISCOURS INTERNE POSITIF	DISCOURS INTERNE NÉGATIF
Go go go, je suis capable !	Je suis vraiment poche !
Je suis fière de moi !	Je n'y arriverai jamais !
J'ai le privilège de pouvoir présenter...	Je DOIS faire cela !
Je sais que j'ai contrôlé mes contrôlables !	J'espère que je vais réussir !

OUPS ! Peut-être venez-vous de prendre conscience que vous vous perdez parfois – ou trop souvent, ou tout le temps – dans un discours interne négatif. Voici une stratégie pour vous entraîner à en prendre conscience afin de le transformer en un discours positif :

- Première étape : à compter d'aujourd'hui, soyez conscient de votre discours interne, que vous soyez en silence ou que vous parliez avec un interlocuteur ;

- Deuxième étape : si votre discours interne s'avère négatif, portez un élastique à votre poignet. Chaque fois que vous aurez un discours interne ou que vous parlerez négativement : *Shling* ! Un petit pincement d'élastique.

- Troisième étape : changez tout de suite votre discours en un positif.

- Quatrième étape : au fil du temps, lorsque vous serez sur le point d'amorcer un discours interne négatif, ravalez tout de suite vos paroles (sans vous étouffer) et faites le changement – ou si vous préférez, le «*switch*». Dites tout de suite

SWITCH! Changez aussitôt votre pensée. Ne vous battez pas avec elle. Ne luttez pas. Laissez-la partir...

- Cinquième étape (dans le temps) : savourez l'être merveilleusement positif que vous êtes devenu. N'est-ce pas là votre plus belle récompense ? Celle qui apporte : fruits, dividendes, succès et... de lumineux éclats dans vos yeux.

Je suis fière de moi et de mes accomplissements.

Je suis POSITIVE et PROACTIVE

- **Proactive** : Je me prépare, je cogne aux portes, j'essaie d'anticiper ce que sera mon aujourd'hui tout en laissant la voie libre à l'inspiration ainsi qu'au moment présent et ses merveilleuses occasions. J'aime beaucoup ce mot : proactive. Je suis **PRO**fessionnelle et **ACTIVE !** Autant je le suis dans ma vie, autant je désire vraiment inspirer plein de gens à être *proactifs* dans la leur. Oui, soyez **PRO**fessionnel et **ACTIF**. Gardez-vous du temps pour vos activités et pour bouger. Maintenez toujours à un haut niveau les rêves qui vous passionnent dans la vie ! Pour ma part, je suis proactive physiquement (je planifie du temps pour bouger), mentalement (j'ai une attitude positive), émotionnellement (je me félicite lorsque j'accomplis de bons exploits) et socialement (je planifie des sorties ou des soupers avec des amis).

- **Positive** : Avoir un discours interne positif au quotidien s'applique aussi de manière très précise lors de vos performances. N'allez pas croire qu'il s'agit là d'une attitude égoïste ou arrogante. Les deux mènent directement à l'échec. Par contre, un discours positif permanent conduit nécessairement à la confiance et même, à la fierté. « Le **plaisir** croît avec l'usage »...

Voici d'autres exemples de discours interne positifs qui contribuent à renforcer votre confiance:

Avant de donner une conférence grand public:

- Je suis expert dans mon domaine;
- Je suis bien préparé;
- Ma conférence est vraiment bonne, dynamique et permet la participation;
- J'entraîne de belles prises de conscience;
- J'offre des connaissances utiles et solides pour l'avancement des participants;
- Je fais carrément vibrer les gens. Ouiiiiii!

Avant de performer sur une scène:

- C'est ma musique;
- C'est ma scène;
- C'est ma chorégraphie;
- C'est mon talent;
- C'est mon moment;
- Je suis capable;
- Je suis en plein contrôle de moi-même;
- WOW! Moi, ______________ (votre prénom), je vais réussir… Oh que **OUI**!

Avant de rencontrer des clients en consultation :

- Je suis expert dans mon domaine ;
- J'ai testé, étudié et approuvé tous mes outils ;
- J'ai bien préparé ma rencontre ;
- J'ai hâte de vous offrir mon bagage d'outils et de travailler avec vous.

Avant de pratiquer la course à pied :

- Je me prépare pour mon marathon ;
- Je prends du temps pour effectuer une longue course en me répétant : « Un pas de plus vers mon marathon... » ;
- Je savoure la température ;
- Mes idées sont claires et positives ;
- Je suis capable ;
- 1... 2... GO ____ (dites votre prénom) ;
- C'est mon moment et j'y vais à fond ;
- Je suis vraiment fier de moi ;
- Je suis un magnifique modèle pour mes enfants (s'il y a lieu).

Discours interne dans notre vie en général:

❖ Ma vie, c'est mon spectacle, c'est mon histoire;

❖ Je suis le scénariste, le producteur, le directeur et l'acteur de ma vie;

❖ Ma vie, ma scène, mon spectacle;

❖ Je suis au centre de ma vie et j'y demeure!

Je vous en conjure, après un accomplissement, ne tombez pas dans le genre de discours pessimistes, négatifs, démoralisants, épuisants suivants... :

❖ Ahhh! Je n'étais vraiment pas bon!

❖ Ahhh! Ma prestation était poche (ou pourrie)!

Tut! Tut! Pas de culpabilité, de plaintes, d'apitoiements! Non seulement ces discours internes sont-ils négatifs, mais ils renforcent le sentiment d'ÉCHEC.

Vous avez choisi de réussir? Alors, pas de culpabilité! Que des CONSTATS, s'il vous plaît! Que des constats! Exemples:

❖ O.K. Je suis fier de moi: j'ai réussi à bien livrer mon message;

❖ Techniquement, je vais améliorer ma présentation pour la prochaine fois;

❖ Je suis content, car j'ai reçu un commentaire positif;

❖ J'ai vu des gens satisfaits, ça me motive davantage.

Un pas à la fois, prenez le temps d'être fier et satisfait de vous et de vos accomplissements. Avant de vous coucher, ce soir, prenez une grande respiration et effectuez un retour sur votre journée, POSITIF, je dis bien ! Prenez le temps de vous dire BRAVO pour tous vos accomplissements ! Soyez rempli de gratitude envers vous-même et tous les gens côtoyés et les événements qui vous ont permis d'effectuer un pas de plus.

- Bravo __________ (votre prénom) ! Aujourd'hui j'ai effectué un pas de plus pour être entrepreneur en rendant une visite à mon conseiller ;

- Je suis fier de moi, car j'ai bien mangé, j'ai bougé (une marche de 20 minutes sur mon heure de dîner – ou autres) ;

- Je suis content d'avoir joué avec mes enfants...

Nous voilà arrivés à une nouvelle destination...

Prêt pour le pas suivant ?

1... 2... GO !

TÉMOIGNAGE D'ISABELLE HUDON : CHEF DE LA DIRECTION — FINANCIÈRE SUN LIFE, QUÉBEC VICE-PRÉSIDENTE PRINCIPALE SOLUTIONS CLIENTS — FINANCIÈRE SUN LIFE CANADA

Dans ce chapitre, ce qui m'interpelle et me ressemble beaucoup, dans ma façon de fonctionner, c'est toute la question de la « posture » mentale. Je suis l'une de celles qui croit que nous avons tous, particulièrement toutes les filles, un parachute bien accroché dans le dos. Ce qui nous permet et devrait nous permettre de sauter plus souvent et plus rapidement. Même si nous ne sommes pas certaines de nous à 100 % tout le temps, en contrôle de tous les détails et malgré un atterrissage parfois au mauvais endroit, le parachute s'ouvrira quand même et nous toucherons le sol avec nos deux pieds, au pire sur nos deux genoux, mais nous allons nous relever et continuer notre chemin.

La question du doute est un frein bien plus important qu'on ne le pense. Elle va de pair avec celle de l'insécurité. Personnellement, je suis convaincue de mes succès, tout en étant convaincue de ne jamais perdre. J'obtiens donc que des succès et des demi-succès. Depuis que j'ai adopté cette posture mentale, j'ai rapidement conclu que j'apprends plus de mes demi-succès que de mes succès. Après les demi-succès, on prend le temps de s'arrêter, de s'interroger, de corriger le tir. On veut davantage comprendre un demi-succès qu'un succès. Le succès, lui, nous entraîne dans l'euphorie, la célébration, puis l'overdose de fierté ! C'est correct, bien sûr ! Par contre, devant un demi-succès, les questions affluent toujours dans notre esprit. Se poser des questions est très sain, mais pas il ne faut pas verser dans l'autoflagellation.

En raison de mes questionnements et de mes ajustements, je chemine et m'aperçois souvent que je suis meilleure après un demi-succès qu'un succès. J'ai pris plus de temps à analyser qu'à célébrer. Je n'ai pas une vie différente de celle des autres. Elle n'est pas facile, mais exigeante. Dès qu'on arrive au sommet et qu'on veut grimper plus haut, on se retrouve de plus en plus seule. Il fait froid, il vente, on a certes des vents de dos, mais aussi de face. C'est alors que vient à notre rescousse notre équipement comportant plusieurs outils, dont la « posture » mentale. Chaque jour je fais donc face à la réalité avec une posture mentale optimale. Si j'avais seulement écouté mon cœur, ma raison et les autres, je ne suis pas certaine que j'aurais foncé autant. La vie est tellement courte. Je veux donc me donner à 100 %.

Chapitre 6

Sur mon X avec mon idée fixe

Je me fixe un objectif de rêve

Bien sûr, me direz-vous, nous l'avons établi notre objectif de rêve au chapitre 2, pourquoi y revenir à cette étape-ci ? La raison est fort simple. Trop souvent, des gens déçus me disent qu'ils ne parviennent pas à réaliser leur objectif. Puisque le but consiste à y parvenir, voici mes stratégies :

Je suis ICI

- À l'aide d'un grand carton, confectionnez-vous une carte aux trésors (celle sur laquelle sont inscrits vos désirs, vos rêves, vos visions…). Je l'appelle aussi mon mur de rêves !

- Soyez généreux, imaginatif, coloré…

- ❖ Sur votre carte aux trésors, repérez celui qui vous tient le plus à cœur, dans l'immédiat. Au lieu de dire : « Où est Charlie ? » dites plutôt : « Où est mon précieux trésor ? » Prenez votre temps. Choisissez-le bien entre tous. Lequel résonne le plus, vous fait le plus vibrer à sa simple vue, à sa simple évocation ?

- ❖ Quand vous aurez déterminé lequel de vos trésors est le plus important en ce moment, placez un **X** dessus ou tout à côté. Vous êtes LÀ. Un peu comme le X que vous voyez sur une carte dans le hall d'entrée d'un Centre d'achats, qui vous indique : « Vous êtes ici. » Maintenant, quel chemin devez-vous suivre pour vous rendre à destination ?

Rêve établi... on planifie...

***Notre esprit court plus vite que la vie.* Il ne s'agit pas d'une affirmation, mais bien d'une constatation : nous, les êtres humains sommes pressés.** De plus, nous nous pressons nous-mêmes comme des citrons en plus de presser les autres. Tout ça pour nous rendre à destination avant d'avoir effectué les premiers pas du parcours. On se calme, les amis ! N'y a-t-il pas un vieux dicton qui dit : « Rien ne sert de courir, il faut partir à point » ? Aussi, qu'il « ne faut pas confondre vitesse et précipitation » et que « plus on se hâte, moins on avance... » Donc, on prend une grande respiration et on s'accorde le temps requis pour bien planifier notre projet. Sachez que les stratégies et le bon sens vous mèneront bien plus rapidement, et dans la joie, vers votre but que la précipitation et l'énervement.

La réalisation de votre rêve peut s'étaler sur un horizon à court, moyen ou long terme. Plus l'échéancier est long, plus il faut le décortiquer en petites étapes. Surtout, il faut se laisser une marge de manœuvre qui nous permet de pallier aux imprévus de la vie sans jamais perdre de vue notre vision. Un peu comme un GPS, on se met en mode « recalcule » et on arrive à destination.

Attention de ne pas tomber dans le piège du tout ou rien, dans la rigueur à outrance, qui peut rapidement devenir un facteur de démotivation. Souplesse, souplesse et encore souplesse, mais toujours dans la détermination... et AVEC notre équipe championne! 1... 2... GO!

Avec souplesse et précision, je me pose ces questions :

- **Cette année :** que puis-je faire pour réaliser une partie de mon rêve ou avancer vers lui ?

- **Ce mois-ci :** quel objectif est-il réaliste d'accomplir ou de consolider ?

- **Cette semaine :** quel objectif aimerais-je me fixer et atteindre ?

- **AUJOURD'HUI :** qu'est-ce que je peux accomplir pour avancer un pas de plus ?

Certes, votre rêve va vous motiver et vous guider, mais les objectifs aux quotidiens sont indispensables pour avancer **un pas à la fois.**

Le bon défi selon mes habiletés

Si le défi n'est pas assez grand et que vos habiletés et capacités sont élevées, vous allez vous ennuyer en cours de route. À l'inverse, si le défi est trop élevé selon vos habiletés et capacités, vous allez stresser et devenir anxieux. Habituellement, un bon coach dans votre équipe de succès sait bien vous guider pour vous sortir de votre zone de confort et vous enligner sur les bons objectifs – selon vos habiletés – en plus de vous aider à progresser grâce à des actions spécifiques dans le temps.

Un Objectif au quotidien avec ma nouvelle amie Constance

Vous vous souvenez de votre meilleure amie Constance ? Toute une dame de compagnie, je vous l'assure ! Constance est très gentille, elle est à l'écoute et compréhensive, néanmoins, ce qui l'horripile, ce sont les excuses et les faux bonds. Non, elle n'aime pas ça du tout. Dame Constance est disciplinée et avance un pas de plus chaque jour. Constance est une grande gagnante devant l'éternel. Collez-vous à son énergie, elle est merveilleuse. Elle vous aidera à cheminer vers votre succès en insufflant en vous autant sa résolution, sa persévérance, son courage que sa fermeté. Qui voudrait se départir d'une telle alliée ? Pas moi, en tout cas !

- ❖ O.K. C'est difficile de faire une marche tout seul ? Appelez Constance !
- ❖ Vous avez de la difficulté à vous prioriser, à vous choisir ? Appelez Constance !

Écrivez chaque jour dans votre agenda, votre rendez-vous avec Constance. Ne lui faites pas faux bond. Rappelez-vous : elle n'aime pas ça ! Ainsi..., vous garderez le **CAP** !

Constance

Avec

Plaisir

Constance est souriante et aime le plaisir. Elle est très sociable et adore qu'on lui raconte des histoires avant de s'endormir dans les bras de Morphée. Alors, parlez-lui de ce pas de plus accompli dans votre journée. Elle aime entendre que **VOUS êtes fier** de vos succès.

JE DÉTERMINE CE QUE JE VEUX ACCOMPLIR AUJOURD'HUI

Sur ma liste, tout en haut, il y a l'inscription « Aujourd'hui ». Ainsi, je demeure focalisé dans le présent et sur ce que j'ai à exécuter avant la tombée du jour. Le mot « Aujourd'hui » est préférable à « choses à faire » qui, lui, peut-être démoralisant.

Aujourd'hui :

- Marche de 30 minutes ;
- Douche ;
- Travail ;
- Aller chercher les enfants à la garderie (s'il y a lieu) ;
- Faire l'épicerie ;
- Souper ;
- Préparer le lunch pour demain ;
- Bain ;
- Échanger avec le conjoint, un ami, etc. ;
- Lecture ;
- Gratitude ;
- Dodo…

Voici une citation de John Wooden qui m'inspire énormément :

« Make every day your masterpiece. »

« Faites de chaque jour votre chef-d'œuvre. »

GRILLE DE BONHEUR QUOTIDIEN : ENTRAÎNEMENT, BLOC DE TRAVAIL, DE PLAISIR...

On m'a déjà dit : « Oui, mais Josiane, c'est vraiment plate d'être trop organisé ». À cela je réponds : « Oh que NON ! » Mon organisation et l'établissement de mes objectifs quotidiens me permettent d'être dans l'action et d'avancer dans la réalisation à long terme de mes rêves. J'éprouve un réel plaisir, chaque jour, à faire avancer mes projets. Je me sens fière.

« Oui, mais Josiane, c'est le fun de s'asseoir dans son sofa. »

Je ne m'en prive pas, je vous l'assure !

Ma grille de bonheur au quotidien est d'effectuer un petit peu de tout, tout le temps ! Par exemple :

- ❖ Jouer avec mes enfants ;
- ❖ Bouger ;
- ❖ Travailler ;
- ❖ Avoir du plaisir : tous les jours, je ris à gorge déployée avec quelqu'un ;
- ❖ Parler avec un ami, un membre de ma famille (socialiser) ;
- ❖ Être avec mon conjoint ;
- ❖ Prendre un bain pour relaxer.

N'oubliez jamais, nous sommes uniques avec des besoins différents. Rappelez-vous le plan 3D (tâche, personne, contexte). Ne faites pas l'erreur de suivre l'objectif de quelqu'un d'autre. J'entends beaucoup de gens me dire: « Je dois courir mon 5 km en 25 minutes. » Pourquoi ? Vous avez 42 ans, vous êtes chef d'entreprise, vous avez été sédentaire toute votre vie ou presque. Pourquoi vous imposer une vitesse, un temps, une pression inutile, un objectif qui n'est pas le vôtre ? Si c'est VOTRE objectif, alors : 1... 2... GO ! Par contre, si ça ne l'est pas, pourquoi ne pas focaliser, garder le CAP en essayant plutôt de courir 5 km, tout simplement. Vous serez d'autant plus satisfait et vous aurez évité tout le stress que votre vitesse aura imposé.

Voici une anecdote personnelle :

Jusqu'à cette année, je n'avais jamais accompli de marathon. D'ailleurs cette idée ne m'était jamais passée par l'esprit. Pourtant, **le 25 janvier dernier, j'accomplissais mon premier marathon, à Miami.**

L'été précédent, une cliente – une maman et chef d'entreprise – est venue me voir pour que je l'aide à atteindre un but très précis : accomplir le marathon de Miami du 25 janvier 2015. Souffrant d'un problème au genou, son entraînement a donc dû être adapté en fonction de renforcer cette région de la jambe. Elle s'est entraînée chez elle afin de pouvoir réaliser son rêve, tout en continuant à vaquer à ses occupations.

En août 2014, il n'était pas encore question, pour moi, de faire le marathon. Je m'étais toutefois inscrite au demi-marathon de Montréal (21km), en septembre, afin d'y accompagner des clients. En raison d'une série d'imprévus médicaux, ils ont tous dû canceller leur participation la veille même du départ de la course. Pour ceux qui me connaissent bien, j'ai un horaire chargé et j'effectue toujours des plans serrés afin d'être en mesure de tout accomplir autant professionnellement qu'au niveau familial.

Quand les plans tombent à l'eau à la dernière minute, je ressens toujours une profonde déception. Heureusement, les mauvaises nouvelles ne viennent pas toujours seules. Elles ouvrent parfois d'autres avenues… Quelques heures plus tard, le samedi soir, j'ai reçu un appel de Pascale : ma cliente qui avait un problème de genou, ainsi que de sa sœur Emmanuelle, me disant: « Hey Jo ! On fait le demi-marathon avec toi, demain, à Montréal ! » Quelle belle surprise ! Mon énergie a rapidement grimpé en flèche, comme lorsqu'on frappe au maximum un marteau dans une foire pour faire monter le thermomètre. J'ai grimpé jusqu'à l'indicatif 100 %. Je me suis exclamée: « WOW ! SUPER ! »Je débordais d'enthousiasme. C'est rare qu'on arrive vraiment à me surprendre dans la vie. Quel cadeau ! Quel ravissement !

À la blague, j'ai lancé aux filles: « Dois-je maintenant prendre mes vacances au mois de janvier pour, qu'à mon tour, je puisse vous accompagner dans votre marathon (42 km) à Miami ? »

De cet exemple, j'en ai tiré quelques constats:

- Je n'ai jamais réfléchi trop longtemps ;
- J'ai suivi mes intuitions et embarqué dans la ronde dès le moment venu ;
- Étant préparée pour une course de 21 kilomètres, j'ai « surfé » sur la vague et continué ma préparation en vue du marathon qui aurait lieu 4 mois plus tard, à Miami. En affirmant vouloir participer à ce marathon, j'ai appliqué le principe du « Foot in the door » (du pied dans la porte) : je venais de m'engager personnellement à courir le marathon avec elles ;
- Ma parole est très importante. Je ne pouvais plus reculer. Je me suis donc engagée à accomplir le marathon de 42km, à Miami, le 25 janvier 2015, tout en m'exhortant

à l'équilibre dans tous les autres secteurs de ma vie. Je souhaitais éviter que cette sphère ne prenne trop de place, comme ce fut le cas lors de mes performances à des niveaux plus élevés. Cette fois-ci, je voulais définitivement maintenir l'harmonie entre mes performances sportives et ma vie familiale (offrir du temps de qualité à mes enfants et à mon conjoint).

Or donc – pour revenir au marathon – les trois mousquetaires (3 mamans en préparation pour leur exploit) avions établi un **même objectif:**

Accomplir notre marathon de 42 km avec le SOURIRE
et fêter ensuite notre victoire avec la petite bouteille
au liquide rempli de bulles d'OR. ☺

Allez ! Tintement de verres :
TCHIN TCHIN !

Vous comprendrez que, pour nous, le facteur temps n'a pas été une variable à prendre en ligne de compte. Bien sûr, nous aurions pu courir plus vite, effectuer davantage d'intervalles lors de la préparation, nous donner des objectifs de temps et performer comme nous l'avions toutes fait préalablement, dans nos vies. La différence : **cette année, notre objectif était de maintenir notre équilibre de vie**.

Lorsque j'ai parlé de cette expérience avec beaucoup de gens autour de moi, plusieurs m'ont lancé : « Tu n'étais pas comme ça avant ! (comme si je ne voulais pas PERFORMER...) » Une autre essaya de me remettre en question: « Es-tu certaine que tu es bien avec cette façon de fonctionner ? » Ou encore, de manière plus positive : « Ton fonctionnement me fait réfléchir, car effectivement, j'ai tendance à lâcher, à tout abandonner si je n'y vais pas à fond ! »

Bref, nous avons réussi avec brio notre marathon. Pendant 6 mois, nous nous sommes entraînées avec beaucoup de plaisir, tout en performant au travail et en mettant au premier plan nos enfants et notre vie familiale.

Alors je vous invite à être sur **votre X** avec votre idée fixe (mais modifiable en cours de route par des ajustements) et, avec le temps, vous parviendrez à votre but.., croyez-moi.

TCHIN TCHIN !

TÉMOIGNAGE DE DANIEL DESROCHES : DIRECTEUR GÉNÉRAL DE LA VILLE DE MONT-SAINT-HILAIRE

Dans notre vie personnelle ou professionnelle, nous nous fixons des objectifs à atteindre. La planification d'un projet, peu importe son envergure, peut paraître contraignante. Elle est cependant nécessaire.

Comme le disait la publicité de McDonald, tout commence par un rêve. Le « rêve », c'est notre vision de quelque chose à atteindre, une « vision » de l'avenir. C'est cette vision qui est importante, immuable. Comme directeur général d'une ville, je me dois d'établir, via une planification stratégique, la vision du développement de la ville sur un horizon de 15 ou 20 ans avec les membres du conseil municipal, les employés et les citoyens. Cette vision est accompagnée de la planification d'une multitude de projets qui permettront de l'atteindre. Chaque projet est aussi assorti d'une planification avec son propre échéancier. Évidemment, comme tout projet, nous devons nous ajuster et revoir les échéanciers et les budgets selon ce qui se passe dans notre environnement.

J'ai travaillé comme directeur général dans quelques municipalités. J'ai eu à contribuer à l'élaboration de diverses visions, à établir des objectifs qui parfois étaient mis de côté ou reportés pour causes majeures. Je pense plus particulièrement aux inondations de 2011, à Saint-Jean-sur-Richelieu, ou à la crise du Verglas en 1998 que j'ai dû gérer alors que j'étais directeur général à la ville de Beloeil. Évidemment, lors de ces événements majeurs, l'organisation doit se consacrer entièrement à répondre aux besoins primaires des citoyens. Plusieurs objectifs et échéanciers de notre planification ont été revus au lendemain de ces événements, mais jamais la vision.

Personnellement, ma conjointe et moi faisons du cyclotourisme en Europe depuis plusieurs années et souvent je fais des parallèles avec ma vie professionnelle. Nous avons notre vision, notre rêve de visiter à vélo tel ou tel pays. Nous planifions pendant un an notre projet, mais sur place, nous adaptons nos objectifs en cours de route... Tous les éléments de notre planification peuvent varier dans le temps et être modifiés au besoin, mais nous ne perdons jamais notre rêve ultime qui est de visiter un pays en vélo-camping. À titre d'exemple, en 2008, lors de notre voyage au Portugal, il nous a fallu refaire l'entière planification de notre parcours, et ce, dès le jour de notre arrivée. Un petit détail m'avait échappé. En partant de l'aéroport de Lisbonne, nous étions censé faire la première étape en train. Nous avons découvert sur place que nous devions emballer les vélos et les déposer à la gare 48 heures à l'avance... De plus, aucun transport par autobus n'était possible. Du jamais vu pour nous en Europe. Impossible, dans le délai que nous avions, de parcourir les 300 kilomètres que le train nous permettait de franchir en quelques heures. Nous avons donc trouvé un camping et, pendant le souper, révisé l'ensemble de nos déplacements. Nous avons refait la totalité de notre planification en quelques heures. Ce fut un très beau voyage.

Selon moi, les deux plus grandes qualités d'un bon planificateur sont la souplesse dans les moyens et l'inflexibilité sur l'objectif.

Comme le dit un vieux dicton portugais : « Personne ne peut diriger le vent, mais on peut toujours apprendre à ajuster ses voiles. » C'est un travail de tous les jours. Tant dans ma vie professionnelle que personnelle j'ai appris à détecter à quel moment le vent change et quelle direction prendre. Aujourd'hui, je suis à l'écoute de mon environnement et je sais à quel moment ajuster mes voiles.

Chapitre 7

Soyez focalisé ! Vous savez ce que cela veut dire, n'est-ce pas ?

Bon, ce n'est pas compliqué ! Nous avons tous **24 heures top chrono** dans une journée, pas une seconde de plus, ni de moins.

Puisque nous avons une limite de temps journalière, soyez prêt mentalement à donner votre maximum dans chacune de vos tâches, et ce, d'une façon efficace. En maintenant bien votre focalisation, vous avancerez avec efficacité et compétence vers la réussite ! Voici un slogan que je me répète souvent pour me mettre en action : « Je ZOOM, je VROOM et je BOOM ! »

- **Zoom** = je focalise ;
- **Vroom** = j'entre en action ;
- **Boom** = je réussis.

TCHIN TCHIN!

Avec ces mots clés correspondant à ma personnalité, je peux atteindre mes objectifs. De plus, j'ai du temps pour m'entraîner, passer du temps en famille et relaxer dans un bon bain moussant.

Les trois phrases à retenir dans ce chapitre sont celles-ci:

1. Moi seul est responsable de ma focalisation, celle qui influence mes performances et ma vie ;

2. Je contrôle mes contrôlables et ne perds aucune énergie sur mes incontrôlables ;

3. Je ZOOM, je VROOM et je BOOM ! Vous avez le droit de vous inventer une phrase avec vos propres mots clés, ceux ayant le pouvoir de vous inciter à l'action. Soyez original. Ne craignez pas de paraître ridicule. L'important est la réussite en fin de compte, n'est-ce pas ?

Savez-vous ce que veut dire le mot *focus* ? Le mot focus veut dire focaliser. Savez-vous ce que veut dire le mot *focaliser* ? Le mot focaliser veut dire: se concentrer sur un point, un objectif, une action.

Votre focalisation (ou focus, à votre guise), c'est un peu comme si votre esprit était un appareil photo. Quand vous appliquez le ZOOM, l'image apparaît plus nette, plus proche, plus délimitée. Le ZOOM s'applique à mettre en relief l'élément le plus important que vous voulez photographier. En zoomant, vous avez l'occasion d'améliorer la qualité de l'image, de mieux voir, de choisir de prendre de nouveaux angles (ou non), etc. Il en va ainsi dans votre vie. Quand vous avez un rêve, une vision, un objectif, utilisez le ZOOM pour vous concentrer sur la tâche à accomplir dans l'immédiat. Ensuite, VROOM, entrez en action, et BOOM, faites éclater le succès. Bulles de bonheur garanties !

CONTRÔLER LES CONTRÔLABLES

Nous vivons dans un monde rempli de distractions. La focalisation joue un rôle primordial dans l'atteinte de nos objectifs. Mon mentor, le psychologue sportif Wayne Halliwell, utilise l'acronyme **CLC** avec ses athlètes:

Contrôler **L**es **C**ontrôlables

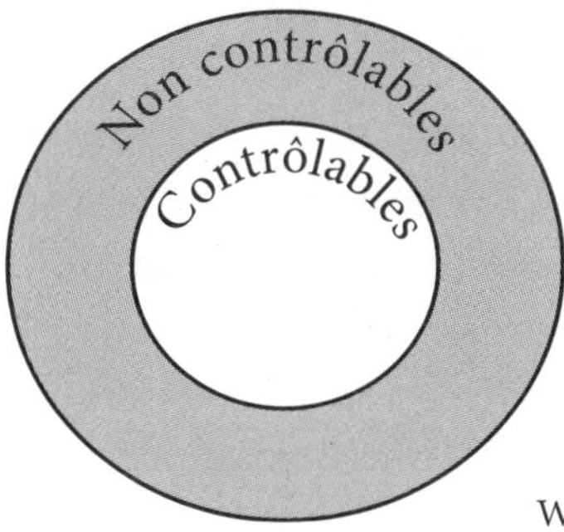

WAYNE HALLIWELL

Faites la liste de tout ce que vous pouvez contrôler et de tout ce que vous ne pouvez pas contrôler.

Exemple d'éléments Non Contrôlables: la température, les pensées des autres, les médias, la circulation, la maladie, etc.

Exemple de Contrôlables: ma planification, ma focalisation (focus), mon discours interne, mes mots clés, mon alimentation, mon repos, ma préparation physique, la gestion de mes émotions, ma gestion de stress, mon attitude positive, mon éthique de travail.

Comprenez bien que nos « contrôlables » ne sont pas tous « contrôlables » d'emblée. D'où l'importance de travailler à les améliorer.

FOCALISER sur ce que vous pouvez contrôler. Il ne sert absolument à rien de perdre votre énergie à vouloir que les tulipes poussent demain matin dans votre jardin s'il fait - 40 degrés à l'ombre ! Vous ne pouvez pas contrôler la température ? Soit ! Vous pouvez par contre contrôler l'habillement à porter pour affronter le froid et sortir pratiquer une activité sportive ! Ne focalisez pas sur ce qui n'est pas contrôlable ! Focalisez sur le contrôlable et allez de l'avant dans votre journée !

Autre exemple : vous vous rendez à une rencontre importante et vous êtes pris dans la circulation. Constat : vous serez définitivement en retard. Premier choix : vos épaules montent jusqu'à vos oreilles, vos mains serrent le volant à vous en casser les jointures, la moutarde vous monte au nez, vous récitez tous les noms des saints sur une tonalité loin d'être angélique (ou si vous préférez, vous sacrez à l'indicatif, au subjonctif, à l'impératif, à l'infinitif..., bref sur tous les temps).

J'interviens donc ici avec fermeté :

« STOP ! »

Vous ne pouvez rien y faire ! Vous ne pouvez pas contrôler la circulation. À moins, évidemment, de conduire un de ces prototypes volants : *la voiture-avion avec laquelle vous pourriez conquérir le ciel, à l'heure de pointe, grâce à la sortie de ses ailes. Ce dont je doute fort, bien sûr...*

Deuxième choix : dans le trafic, respirez tranquillement en pensant à un 5 à 7. J'inspire pendant 5 secondes et j'expire pendant 7 secondes. Relaxez !

Évidemment, appeler au travail (contrôlable) pour mentionner votre retard serait une bonne idée pour éviter le stress d'un affrontement avec le patron. Peu importe la situation, il importe d'être capable d'identifier rapidement s'il s'agit d'un contrôlable ou d'un non-contrôlable. Un non-contrôlable ? OK ! Qu'est-ce que je peux faire alors ?

Vous devez devenir les personnes capables de trouver les meilleures solutions. Devenez des « solutionnistes » experts ! Même si vous possédez les meilleurs plans au monde, des imprévus peuvent survenir à n'importe quel moment. En repérant rapidement les non-contrôlables, en ZOOMANT tout de suite sur les contrôlables, vous entrez en mode solution et perdez moins d'énergie et de temps. VROOM... vous continuez à avancer, malgré les quelques embûches dressées sur votre route.

LES FACTEURS DE DISTRACTIONS : LES ENNEMIS DE LA FOCALISATION (DU FOCUS)

De temps en temps, prenez le temps de vous observer, prenez le recul nécessaire pour analyser ce que vous faites, ce qui vous motive, mais surtout, ce qui vous distrait de vos objectifs. Une bonne concentration permet d'augmenter votre efficacité. Celle-ci est constamment mise à l'épreuve par une multitude de distractions externes et internes. En prenant conscience de ces facteurs qui vous empêchent de vous concentrer, vous pourrez trouver des moyens pour les éliminer et ainsi avancer plus rapidement vers vos objectifs. Heureusement, la concentration s'entraîne. Par exemple, lorsque vous débutez un bloc de travail intellectuel ne faites pas autre chose, tel que prendre vos courriels (distraction externe). Aussi, prenez conscience des pensées qui vous distraient et tentez de les bloquer. Si cela ne fonctionne pas, inscrivez vos idées sur une feuille afin de libérer votre esprit et retournez à votre concentration (distraction interne).

Je vous suggère de bien identifier vos valeurs et de tabler sur elles tant au travail que dans vos autres activités. Vous pourrez ainsi mieux contrôler vos éléments de distractions.

EN FOCALISANT MIEUX, J'ACCOMPLIS DE MEILLEURS EFFORTS.

MOMENT PRÉSENT

Le fameux moment présent est important. Voici, par exemple, une façon simple de prendre conscience de votre bavardage mental afin de ramener rapidement vos pensées vers ce que vous désirez accomplir. Vos pensées peuvent s'attarder dans le passé, dans le futur ou bien s'ancrer dans le moment présent.

Passé : expériences positives ou négatives, des souvenirs…

Présent : focalisation sur le moment, sur la tâche. Savourer pleinement l'activité en cours…

Futur : doutes, peurs, inquiétudes ou joie, anticipation, plaisir…

Il n'y a rien de plus normal que des pensées voyageant dans notre esprit à tout instant, de jour comme de nuit (blanche). Par contre, il faut savoir les faire atterrir, déposer les contenus mentaux, les mettre au repos et revenir au présent. Bien sûr, une visite dans le passé peut certainement être importante pour vous rappeler vos bonnes expériences ; elles vous incitent à aller plus loin ou à changer de direction. Ce retour en arrière permet aussi d'effectuer des constats sur de moins bons résultats, de corriger le tir et de rediriger vos efforts. L'idée, vous en convenez sûrement, n'est pas de rester dans le passé, mais d'aller de l'avant en planifiant dans le présent grâce à un regard sur les expériences passées.

Si, d'autre part, vous stagnez trop dans le futur que vous ne connaissez pas et sur lequel vous n'avez pas de contrôle, alors vous ouvrez toute grande la porte aux doutes, aux peurs et aux inquiétudes.

Je vous invite à être plus conscient de vos pensées ; celles qui voyagent à votre insu dans toutes les directions. Quand vous vous rendez compte de ce mouvement perpétuel de vos pensées, que vous réalisez être en train de patauger (surtout négativement) dans le passé ou le futur : mettez rapidement vos mains de chaque côté de vos yeux comme des œillères de cheval. Maintenant, avancez dans le présent... droit devant !

SILENCE ON TOURNE ! ZOOM IN – ZOOM OUT !

Une autre stratégie consiste à prendre le contrôle de votre FOCALISATON (focus).Pour cela, vous avez besoin de votre caméra. À compter d'aujourd'hui, soyez conscient de ce merveilleux outil qui vous permet de ZOOMER IN et de ZOOMER OUT.

Voici les 4 cadrans de la caméra dans lesquels vous pouvez zoomer votre attention. Je prendrai pour exemple un joueur de hockey.

ZOOM interne étroit :

Sensations physiologiques (tendu ou détendu) ;

Sensations émotionnelles (calme ou anxieux) ;

Sensations mentales (conscient ou inconscient).

Exemple : sur la glace le joueur se sent solide et puissant en patinant.

ZOOM interne large :

Tactiques et stratégies ;

Connaissances ;

Compréhension ;

Expériences.

Exemple : selon le déroulement du jeu, le coach va guider les joueurs avec des tactiques et des stratégies précises.

ZOOM externe étroit :

Cibles, endroit où les yeux regardent, où ils portent leur attention.

Exemple : lorsque le joueur vient pour lancer la rondelle vers le but, ses yeux et son champ de vision deviennent rapidement très précis, centrés sur la cible.

ZOOM externe large :

Vision large de notre environnement.

Exemple : avant de compter un but, un joueur de hockey zoom out et voit rapidement tous les jeux et où sont positionnés ses coéquipiers.

Plus vous devenez habile à *zoomer in* (zoom interne) et à *zoomer out* (zoom externe) rapidement – selon le besoin de la tâche –, meilleure sera votre focalisation et meilleure sera votre performance.

J'ai appris très tôt dans ma vie le principe de ces trois mots conjugués en une formule gagnante : ZOOM VROOM BOOM ! Focalise, avance, réussis.

Au secondaire, non seulement je m'entraînais 15 heures par semaine en gymnastique, mais je prenais du temps avec mes amis. Je privilégiais aussi les sorties familiales. J'ai dû apprendre très jeune à focaliser afin de bien performer dans toutes les sphères de ma vie. Je m'entraînais en gymnastique le lundi soir de 17h30 à 20h30, le mercredi soir de 18h à 21h, le vendredi de 18h à 21h et le samedi matin je coachais de 7h30h à 11h30 et je m'entraînais de 12h30 à 16h30. Le jeudi soir j'apprenais le karaté de 18h à 20h. Le mardi soir et le dimanche, j'effectuais mes devoirs. Je devais être extrêmement organisée et focalisée pour parvenir à tenir un agenda aussi serré. Je me faisais un plan de travail et je décortiquais les tâches en segments. Exemple :

- ❖ Mes accomplissements et mes apprentissages de 18h à 21h.
- ❖ Mini-pause de 5 min de 18h55 à 19h.
- ❖ Mini-pause de 19h55 à 20h.

Afin de maximiser mon focus, j'avais installé ma table de travail dans le coin de ma chambre, faisant face à un mur, pour n'avoir aucune distraction. Étant visuelle, j'utilisais un tableau sur lequel je jouais à la fois le rôle du professeur et le rôle de l'élève. J'étais très concentrée et mes trois heures de travail étaient hyper efficaces !

Pour maintenir une focalisation plus « macro » : un focus sur un projet ou un processus, j'ai développé d'autres stratégies. Par exemple, durant ma préparation aux compétitions de fitness, je focalisais complètement sur mon plan d'entraînement et sur mon alimentation. Sans devenir maniaque, comprenez-le bien, je me suis acheté des objets jaunes pour visualiser la médaille d'or. Je ne lésinais pas sur les objets pouvant m'inspirer à atteindre mon but : assiette jaune, tasse jaune, cahier jaune – dans lequel j'écrivais mes états et les suivis de mes entraînements (cahier de succès). Cette focalisation sur la couleur jaune me permettait de rester en contact avec mon ambition et me poussait à toujours faire de mon mieux chaque jour.

Le secret pour maintenir sa focalisation est de créer un environnement physique qui vous rappelle, au quotidien, le pourquoi de tous vos efforts. Par exemple, en vous écrivant ce livre, je porte le bijou *Collier SOLEIL* de la joaillière Caroline Néron : une chaîne au bout de laquelle est accroché un soleil. En la gardant ainsi dans mon cou, elle me rappelle mon but et m'incite chaque jour à effectuer un pas de plus. Je veux que ce livre, mes conférences et mes produits dérivés puissent aider les gens à focaliser sur leur objectif et à briller de mille feux dans leur propre domaine.

TÉMOIGNAGE DE CATHERINE RENAUD, COMÉDIENNE

Mon métier de comédienne me demande de travailler et d'optimiser constamment ma focalisation tant lors du processus d'audition, dans la préparation d'une scène de télévision, sur la scène au théâtre, qu'au niveau de ma carrière globale. Avant d'auditionner, je me prépare du mieux que je peux à tous les niveaux. Par exemple : je peux engager un coach ; je visualise ma performance en écoutant des paroles de chansons positives ; je colle des « post it » et j'écris dans un cahier les noms des gens qui pourraient m'engager. Je me répète tous les jours que c'est possible. Lors de l'audition, je reste authentique afin de livrer le rôle comme je le vois, je le ressens ; du mieux que je le peux. Toutefois, je n'ai pas de contrôle sur comment la comédienne avant ou après moi va jouer son rôle... Peut-être qu'elle va amener une couleur différente de la mienne, que le réalisateur va l'aimer davantage et la choisir... Je focalise donc sur ma bonne préparation, mais surtout j'essaie d'être le plus disponible possible, prête à m'abandonner. Je reste ouverte au changement, aux notes que le réalisateur me donne. Si l'audition a donné des résultats négatifs, ils me serviront d'apprentissages pour aller toujours de l'avant.

Concernant ma focalisation sur un plateau de tournage, deux mots clés me font entrer rapidement dans mon personnage et me recentrer dans le moment présent : ICI et MAINTENANT. Pour pouvoir dire ces mots clés et qu'ils fonctionnent, je dois être bien préparée. Cela commence par l'apprentissage de mes textes. Pour bien me concentrer, lorsque j'apprends mes textes à la maison, dans un premier temps j'éteins la musique pour ensuite m'installer à mon bureau. Ensuite, je les apprends en accomplissant des tâches quotidiennes. Je m'assure de bien les mémoriser tout en accomplissant une autre activité en même temps. Lorsque je suis bien préparée, je me sens prête comme une athlète. Par exemple, lorsque je suis allée jouer un rôle en Suisse et que je n'étais pas encore connue au Québec, j'écoutais la chanson « J'imagine » d'Annie Villeneuve, conçue pour les Jeux olympiques de 2010. Dans cet autre pays où personne ne me connaissait, l'équipe s'attendait à une excellente performance de ma part. On m'avait choisie à distance pour une audition dans le but que je sois l'héroïne de l'histoire. J'écoutais donc la chanson dans l'avion pour m'imprégner des paroles positives. Avant la première lecture en groupe, je me souviens m'être regardée dans le miroir en me disant : « Tu es capable ! Tu es comme une athlète ! Tu es prête ! GO ! » Mes devoirs, je les avais accomplis, mes textes, je les avais préparés et travaillés, mes recherches sur le personnage avaient été effectuées, bref : j'étais prête.

Sur un plateau de tournage, une quinzaine de personnes gravitent autour de nous et une caméra s'approche près de notre visage. Je parviens à l'oublier et à me sentir immergée dans mon rôle tout en restant consciente de mon environnement plus large. J'apprends en regardant les plus grands ! Par exemple, je joue avec l'acteur Guy Nadon et dans une scène très dramatique il se replace subtilement pour s'assurer que la lumière est bien sur nous, je réalise alors sa grande habileté et son immense professionnalisme. Son centre d'attention est rivé autant vers l'intérieur que l'extérieur. J'observe, j'apprends et je continue à m'améliorer en observant les piliers de ce milieu artistique. Quand je joue au théâtre, c'est différent. On dirait davantage une partie de hockey ! Nous devons jouer chacun notre rôle, échanger avec les comédiens, nous ajuster spontanément lors de l'oubli d'une réplique, et aussi, développer une complicité avec le public. Nous sommes à l'affût des réactions dans la salle. Nous entendons les rires, restons concentrés et continuons à jouer avec toute notre âme.

Pour moi, il importe également de mettre l'accent sur ma carrière. J'ai travaillé très fort, jour après jour et un pas à la fois pour en arriver à travailler dans ce qui me passionne le plus. En aucun temps je ne laisserai un refus m'empêcher de poursuivre ma route. Je ne baisserai jamais les bras. Avec mon agent, nous avons choisi de ne pas douter de l'avenir et d'être proactifs. Nous appelons les gens susceptibles d'être intéressés par mon jeu, leur envoyons des courriels, les approchons... Nous ne laissons pas tout au hasard et à l'aléatoire. Je prends le contrôle de tous mes possibles et je vais de l'avant. Nul sentiment de tristesse, par la suite, car je n'ai pas le regret de ne pas avoir essayé. Mon entourage me supporte et je désire continuer longtemps à faire ce métier. Je souhaite que mes rôles touchent les gens jusqu'au cœur.

CHAPITRE 8

MANGE, ENTRAÎNE-TOI ET DORS

Mes plus grandes valeurs sont le bien-être physique, mental et émotionnel. Que vous soyez artiste, athlète ou retraité, vous demeurez un être humain et vous avez besoin de manger, de bouger et de dormir. Question pour vous: « En ce moment, avancez-vous vers votre trésOR avec une santé d'OR ou une santé qui dORt sur son sORt ? Si c'est le cas, il vous faut un mentOR, car il sera votre pesant d'OR sur la route du succès ! » Êtes-vous d'accORrd ?

Vous ne bougez pas ? Alors 1...2... GO ! Le mouvement demeure un élément essentiel pour la réalisation de votre rêve. Rassurez-vous, l'être humain n'aime pas le changement, mais il s'adapte très vite. Par contre, si vous êtes aussi intense que moi, soyez prudent. Il existe un principe : celui de la qualité versus la quantité. Il est donc important de s'entraîner intelligemment.

Étant kinésiologue de profession, j'ai à cœur votre performance, votre santé et votre qualité de vie. « Un *kiné* quoi ? » demanderez-vous. Un kinésiologue ! Il s'agit du professionnel de la santé, spécialiste de l'activité physique, qui utilise le mouvement à des fins de prévention, de traitement et de performance. Nous sommes les mieux placés pour regarder la planification de votre entraînement, son intensité et ses moments de repos. De plus, nous établissons les bons choix d'exercices, leurs dosages selon votre condition physique, ainsi que le contexte et les objectifs. Dans le domaine de la prévention de la santé, sur un continuum, le kinésiologue travaille à optimiser les habitudes de vie des gens en prévention des maladies alors qu'à l'autre pôle, le médecin, lui, effectue un travail curatif. *C'est un peu ingrat comme travail, car on ne saura jamais si nous avons sauvé quelqu'un d'une maladie en optimisant les habitudes de vie. Mais c'est bien documenté scientifiquement et réel, croyez-moi !*

La marche peut prévenir un événement mortel. Il est scientifiquement démontré qu'elle est aussi puissante qu'un médicament si elle est pratiquée régulièrement… Alors, soyez avant-gardiste ! Investissez dans votre projet santé en vous donnant une équipe de succès ainsi que du temps. **Gardez en tête que les recommandations en matière de santé publique sont de bouger au minimum 150 minutes (intensité élevée) ou 300 minutes (intensité de faible à modérée), par semaine.**

Bien que la physiologie de l'exercice soit fascinante, je vous offre plutôt ma petite mine d'or personnelle : des notions dont on parle rarement, mais qui pourtant sont d'une importance capitale : rapport au corps, les grandes stratégies alimentaires, mes perspectives positives et une anecdote inspirante.

RAPPORT AU CORPS

Parlons d'abord du « rapport au corps » sans toutefois vous submerger de détails fastidieux. Le rapport au corps est la manière dont nous percevons notre corps, la façon dont nous le nourrissons, dont nous l'habillons et dont nous l'entretenons. Il existe différents types de rapport au corps :

- **Instrumental :** la personne pour qui le corps est son instrument de travail, par exemple, un travailleur dans la construction.

- **Esthétique :** la personne qui survalorise l'esthétique au point même d'aller dans les extrêmes pour répondre à des critères de beauté.

- **Réflexif :** la personne pour qui le rationnel est important. Elle va prendre le temps d'analyser ce qui apporte des bienfaits au corps. Par exemple, elle va lire les étiquettes sur les produits à l'épicerie, lire des magazines santé, etc.

- **Hygiénique :** la personne pour qui entretenir son corps et le nourrir de manière adéquate est important afin d'éviter la maladie, par exemple un diabétique.

- **Performatif :** la personne pour qui le corps est perçu comme une machine devant répondre aux demandes et aux prouesses.

Il est possible qu'à différentes étapes de votre vie, votre rapport au corps change. Vous pouvez ainsi acquérir des pourcentages distincts – dans l'un ou l'autre des types précités – au lieu d'être dans un continuum extrême de 100 %. Ainsi, vous pouvez obtenir un pourcentage de rapport à votre corps de 20 % au plan *esthétique*, de 33 % au plan *performatif* et de 47 % au plan *réflexif*. Tout dépend de votre personnalité, de vos objectifs et de vos propensions personnelles. Ces données changent avec le temps, avec votre nouvelle vision de la vie et selon vos nouveaux objectifs.

Dans le premier chapitre, je vous ai mentionné m'être classée au 2e rang mondial en fitness routine. Cette année-là, j'étais une travailleure autonome dans un laboratoire privé de haute performance. Mon collègue, Yannik Morin, entraînait alors des culturistes. Il m'a lancé, dans un seul souffle: « Jo..., prends la nuit pour y penser..., mais si tu désires embarquer dans cette activité, je te donne ton plan d'entraînement et ta diète dès demain matin ! » Je l'ai regardé dans les yeux avant de lui demander directement : « Es-tu confiant ? » Il m'a répondu : « Oui. » Le lendemain je commençais le projet. Par le fait même, j'allais devenir mon propre laboratoire en vivant un entraînement et une diète extrêmement précis. Cette perspective me permettait ainsi d'étudier la physiologie de l'exercice et l'impact de la nutrition sur moi (**mon rapport au corps instrumental**). Évidemment, puisque j'embarquais dans ce projet ambitieux, j'allais mettre toutes les chances de mon côté et performer au meilleur de mes capacités (**rapport au corps de performance**).

Puisque vous ne me connaissez pas, il vous serait probablement facile de penser que j'ai fait ces compétitions pour l'esthétique (**rapport au corps esthétique**). Je vais vous répondre tout de suite : non ! Certaines personnes choisiront cette option ; ce sera leur choix. Il n'y a pas de bon ou de moins bon choix, il n'y a que des choix. Pour ma part, ma passion du mouvement et du défi ont été mes motivateurs. L'important consiste à vous investir complètement dans les choix qui vous conviennent en ce moment. Personnellement, durant le processus d'entraînement et lors des compétitions, j'analysais le niveau de confiance des participantes. Avec ébahissement, je constatais que plus leur corps se modifiait... plus leur confiance augmentait. Les filles plus *girly* couraient partout à la recherche de photographes pour que leur nouveau corps soit immortalisé sur pellicule. Moi, plus *tom boy*, je ressentais l'effet inverse. J'enfilais des pantalons amples en me disant: « On verra bien, sur scène, qui performera le mieux. » Toute ma focalisation était dirigée sur mes mouvements, sur mon perfectionnement journalier – au mieux de mes capacités, en y mettant des efforts, en suivant les plans de mon collègue et en créant la meilleure chorégraphie.

L'année durant laquelle je suis arrivée 2e au monde en fitness routine est la même où j'ai été le plus en ***« shape »***, mais le moins en ***forme***. Bien qu'à mon agenda il y avait de la musculation 6 jours sur 7, il manquait un entraînement de type « cardio », tout de même ! Il faut aussi comprendre que modifier notre composition corporelle (masse maigre, masse grasse) et perdre du poids demandent de l'énergie. Il importe donc de se trouver des plages de repos pour que le corps puisse récupérer à son maximum. Pour ceux qui connaissent ma grande énergie et vous qui commencez à me connaître, vous comprendrez que sortir mon petit tapis pour dormir sous mon bureau, au cœur même de ma journée de travail, n'était vraiment pas une situation habituelle.

Le revers de médaille de cette aventure ? Il m'a fallu un an pour retrouver un équilibre à la fois mental, émotionnel et physique. Malgré une diète soutenue de 9 mois, je n'ai jamais eu de trouble alimentaire et j'ai toujours conservé de saines habitudes de vie. Mes connaissances du corps humain m'ont été très utiles.

LES GRANDES STRATÉGIES ALIMENTAIRES : JE MANGE SANTÉ POUR MIEUX BOUGER

- Manger dans la première heure après le lever ;
- Ne jamais sauter plus que 4-5 heures sans manger ;
- Manger des repas équilibrés (1/3 protéines, 1/3 féculents, 1/3 fruits et légumes) ;

- Manger avec équilibre et constance tout au long de la journée, jour après jour, semaine après semaine, mois après mois et année après année ;
- Savourer avec plaisir votre assiette d'aliments et non de nutriments (il ne s'agit pas de devenir obsessif !).

Mes perspectives positives ! ☺

1) Les « 3 P » santé

Bien ancrés dans notre culture québécoise, les « 3 P » (ou les 3 aliments interdits dans les régimes populaires) : pain – pâtes – patates sont heureusement encore présents dans nos assiettes. N'oubliez pas que ces trois aliments sont importants dans une alimentation saine et équilibrée – ce qui semble avoir été écarté sans discernement. Il ne s'agit pas de s'empiffrer de ces aliments, mais de les équilibrer dans un régime sain. J'ai décidé de vous partager mes 3 P santé: PLAISIR – PLEIN AIR – POUR MOI ! Répétez : PLAISIR – PLEIN AIR – POUR MOI !

2) Le minutage santé

Je vous invite à calculer le nombre de minutes dans une journée durant lesquelles vous vous dites: « Ah je ne suis pas en forme ! », « Ah je suis fatigué ! »« Ah je dois perdre du poids ! », « Ah je dois me prendre en main ! » Etc. Très souvent, ces minutes en totalisent 20 par jour ! Imaginez, au bout de la semaine, vous en êtes à 140 minutes de pensées négatives. La recommandation d'activité physique pour un adulte est de 150 minutes alors que vous passez 140 minutes dans l'hésitation. Là, je n'ai pas encore parlé de toutes celles inconscientes qui trottent sans cesse dans votre tête et qui gonflent le minutage de vos radotages internes. Lorsque ces pensées arrivent, dites immédiatement : **STOP ! 1... 2... GO !** Allez marcher, et ce, même si c'est pour une période de 10 minutes. Faites le vide intérieur. Chassez de votre esprit vos pensées pour vous concentrer sur l'environnement, la vie autour de vous.

3) Le marathon cumulatif

Un jour, avec une cliente, nous avons établi le constat qu'elle avait accompli l'équivalent d'un marathon durant le mois précédent. Après 11 courses – de 3 à 5 km chacune –, elle a finalement atteint le total de 42 km. OUI, OUI, 42 km ! Magnifique ! Si vous effectuez 3,5 km 3 fois par semaine, et ce, avec Constance, semaine après semaine, et mois après mois, vous accomplirez l'équivalent de 12 marathons dans votre année ! N'est-ce pas là une motivation de plus ? Quelle perspective positive incroyable !

Je dors sur mes deux oreilles et je récupère mon énergie

Le sommeil et la récupération sont des éléments primordiaux dans l'équation de la récupération physique et de l'humeur.

Scientifiquement démontrée, une des fonctions du sommeil est de contrôler le poids. Un sommeil adéquat (environ 7,5 heures/nuit) influence positivement la capacité de bien contrôler notre appétit et donc de perdre du poids dans certains cas. Sans tomber dans les détails, au niveau hormonal, le sommeil agit comme régulateur pour l'hormone de la faim (la ghréline) et pour celle de la satiété (la leptine). Un sommeil adéquat assure que ces hormones jouent leur rôle de manière efficace : soit que les apports alimentaires de la journée correspondent aux besoins énergétiques. À l'inverse, un sommeil inadéquat entraîne une élévation de l'hormone de la faim et nous sommes portés à manger davantage. Pour ma part, si je ne dors pas assez, je suis fatiguée et je mange plus pour compenser mon énergie. Est-ce que cela sonne une cloche en vous ? Évidemment, le niveau de pratique d'activité physique est également influencé par notre sommeil. Un manque de sommeil entraîne une fatigue dans les tâches quotidiennes et diminue l'envie de bouger.

Une anecdote inspirante

En terminant ce chapitre, je veux vous partager une merveilleuse anecdote qui démontre à quel point il n'y a pas d'âge pour faire briller les étoiles dans nos yeux.

> En visite dans une ville du Québec avec mon conjoint, nous nous rendons au parc pour que nos deux enfants s'amusent dans les jeux. À ma grande surprise, il y a de magnifiques installations pour que les aînés puissent effectuer de l'activité physique. Non seulement sont-elles splendides, mais 5 personnes âgées s'y entraînent avec enthousiasme. WOW ! Je m'empresse d'aller regarder ces personnes en action. Je les observe avec une grande admiration. Rapidement une dame âgée de plus de 85 ans descend de son appareil dans le but de me céder sa place. Je la regarde et lui adresse mon sourire contagieux avant de lui dire : « Continuez ! Ces installations sont vraiment géniales ! Est-ce que vous venez souvent ici faire de l'exercice ? C'est vraiment une très belle initiative ! »
>
> Je lui explique rapidement que je suis une passionnée de l'exercice physique et que j'ai aussi étudié en santé et vieillissement. Je lui confirme qu'elle accomplit les bons gestes tout en lui offrant deux ou trois petits trucs pour aider à sa routine. Elle me regarde et, avec un grand sourire, me prend par le bras. Elle veut me présenter à son animatrice. Plus moyen de partir ! Ils sont une dizaine de personnes. Deux fois par semaine, ils viennent s'entraîner dans ce parc. Au creux de mon oreille, avec son sourire taquin, la belle dame pleine de vie m'avoue qu'elle sort

> marcher 40 minutes par jour... sans le dire. CHUT, c'est un secret ! Elle m'annonce alors que je viens de « faire sa journée ». Et moi donc ! Je lui chuchote à mon tour: « Continuez ainsi, vous êtes sur la bonne voie ! » J'étais tout simplement RAVIE.

J'espère que cette belle dame saura vous inspirer autant qu'elle a eu un impact positif sur moi. Il n'y a pas d'âge pour débuter ou maintenir un mode de vie actif ! Dès que nous bougeons avec constance, nous ouvrons un parachute qui a pour effet de ralentir les effets d'un vieillissement normal du corps humain.

TÉMOIGNAGE DE YANNIK MORIN : OLYMPIEN ET EXPERT EN PRÉPARATION PHYSIQUE

Ma carrière d'athlète et de préparateur physique m'a permis de vivre dans un monde qui reflète la santé et la forme. Mais qu'en est-il vraiment ? Voici mon bref constat :

Au début de ma carrière, mes clients me consultaient afin que je puisse les aider à développer leur masse musculaire, des muscles saillants et des abdominaux taillés au couteau. Quelques semaines après avoir ouvert mon bureau de « consultation en transformation physique » au centre-ville de Montréal, mon horaire était déjà surchargé ! Mannequins, acteurs, culturistes et adeptes du fitness faisaient la file à ma porte pour obtenir la recette du succès.

Après d'innombrables « make over », *et une clientèle toujours grandissante, je réalisai que pour plusieurs d'entre eux, j'étais davantage une source de problèmes que de solutions... Mes méthodes restrictives et mes entraînements rigoureux pouvaient, tel que souhaité, modifier leur look et les amener tout droit vers leurs objectifs. Cependant, je constatais que le modèle que je leur proposais n'était pas viable à long terme et que la satisfaction engendrée par leur succès rapide était oblitérée par l'impossibilité de maintenir ce niveau au fil du temps.*

Tôt ou tard, confronté à cette réalité, le client se décourage et la culpabilité s'installe, alors qu'en réalité, ce modèle si convoité était voué à l'échec... dès le départ !

Ma solution, développer une approche à long terme : « Pourriez-vous intégrer les changements suivants à votre style de vie pour le reste de vos jours ? » Si vous ne pouvez répondre par l'affirmative à cette question, vous serez un jour, encore une fois, contraint à abandonner... Votre estime personnelle dégringolera jusqu'au plancher.

Vingt ans plus tard, je suis toujours à parfaire ce modèle auprès de ma clientèle. « Le meilleur de chacun », voilà ce que je désire puiser chez mes clients, peu importe leur niveau. Les termes « Rigueur », « Nécessité » et « Obligation » seront remplacés par « Plaisir », « Dépassement » et « Passion ».

La « prise en charge » est remplacée par « l'éducation »; celle qui insiste sur l'importance de la collaboration avec le corps. Aucun objectif de performance de santé, d'amaigrissement ou de forme physique ne sera accessible à long terme si les besoins primaires du corps ne sont pas comblés au départ.

Voici quelques incontournables d'un modèle de forme à long terme:

- *Appréciez vos choix alimentaires. Tolérer uniquement sa diète n'est pas un gage de succès à long terme;*
- *Semez des passions chez vous et dans votre famille, découvrez des activités nouvelles et pratiquez-les suffisamment. Parfois un peu de pratique est nécessaire pour adhérer à une nouvelle activité;*
- *Soyez passionné de votre activité sportive. Par exemple, si tout ce qui vous tient au gym est votre perte de poids, vous serez démotivé à poursuivre dès le premier plateau de progression atteint;*
- *Ne vous laissez pas séduire par l'industrie. Détox, suppléments, cure, diète miracle et autres ne peuvent contribuer qu'à vider votre portefeuille. Investissez*

plutôt dans une alimentation variée et saine, dans un sommeil profond et réparateur;

- *N'adhérez à aucune nouvelle habitude si vous ne croyez pouvoir l'adopter pour toujours;*

- *Faites confiance à vos « sensors » internes (vos antennes intérieures) qui vous dictent votre faim, votre satiété, votre fatigue ou votre désir de vous dépasser. Ces capteurs sont beaucoup plus précis et adaptés à vos besoins que le dernier article sur le sujet, dans votre magazine favori.*

Vous ne pourrez gagner un combat mené contre votre corps. Collaborer avec lui est votre seul gage de succès. Les performances athlétiques sont un luxe que pourront se permettre seulement ceux qui auront, au préalable, respecté les besoins et les limites du corps.

Chapitre 9

Ma vie est une symphonie à l'infini

J'aime ma vie : une véritable symphonie ! Une harmonie ! Une amie ! Aimez-vous la vôtre ? Comment la musique influence-t-elle votre quotidien ? Le fait-elle vibrer ? Vous fait-elle avancer, bouger, relaxer... ?

À ce stade-ci, récapitulons un peu. Rappelez-vous les outils placés dans votre sac à dos jusqu'à maintenant : le rêve, la vision, l'engagement, les plans, la détermination, les objectifs quotidiens, la focalisation (le focus) et la mise en forme (avoir une santé en OR).

Bien que votre rêve soit sûrement passionnant, n'oubliez jamais que votre cœur se doit de battre à un rythme porteur de grandes promesses. Les étoiles dans vos yeux pourront continuer de briller au quotidien et pour longtemps. Pour cela, ajoutons un autre volet à votre progression vers votre rêve, soit la musique.

En avant la musique !

Avez-vous déjà remarqué l'importance des sons et de la musique dans votre vie ? Qu'il s'agisse d'un chant, d'un hymne national, d'une foule applaudissant un athlète, d'un concert émouvant, d'une musique relaxante..., les sons jouent un rôle important (conscient ou non) dans l'émergence d'émotions et de sentiments.

Prenez le temps de répondre à la liste de questions suivantes :

- Écoutez-vous de la musique ?
- À quel moment ?
- Où êtes-vous à ce moment ?
- Écoutez-vous de la musique dans votre voiture ?
- Utilisez-vous de la musique pour relaxer ?
- Est-ce que la musique joue toujours en sourdine, doucement ou à plein volume dans votre maison ?
- Quelle musique (ou lesquelles) agit comme trame de fond dans les différentes phases de votre journée ?
- Dansez-vous sur la musique ?
- Portez-vous des écouteurs pendant vos entraînements ?
- Chantez-vous les paroles d'une chanson ?
- Planifiez-vous consciemment de mettre une chanson précise pour ressentir une émotion précise ?

Il est démontré que la musique peut avoir un impact physiologique, psychologique et émotionnel, que ce soit consciemment ou inconsciemment.

Qu'apporte la musique pour le« CORPS » ?

- ❖ Une augmentation de l'activation (niveau d'énergie physique) ;
- ❖ Une amélioration des performances physiques ;
- ❖ De la relaxation ;
- ❖ De la réduction des tensions ;
- ❖ Le détournement de l'attention de la fatigue et de la douleur ;
- ❖ L'amélioration des capacités psychomotrices (agilité, coordination, mobilité) ;
- ❖ Une réduction de la sensation de fatigue.

Qu'apporte la musique pour le « CERVEAU » ?

- ❖ La réduction et l'arrêt des pensées lorsque le hamster court trop vite (on met la *switch* à zéro) ;
- ❖ La stimulation de la créativité ;
- ❖ L'amélioration des capacités cognitives (concentration, attention, mémoire). En opposant une barrière aux bruits environnants, elle peut favoriser la concentration. Attention, tout de même, à vos choix musicaux, car certains peuvent vous distraire de votre objectif.

Qu'apporte la musique pour le « CŒUR » ?

- L'amélioration de l'humeur ;
- Un impact émotionnel selon certaines chansons – de par leur histoire, le contexte dans lequel vous les écoutez, la ou les personnes à qui elles vous font penser ou avec qui vous étiez au moment de la première écoute. Chacune d'elles suffit à déclencher en vous des états de joie ou de tristesse, d'euphorie ou de mélancolie.

Durant son émission à la radio de « Rythme FM », le chanteur Gregory Charles se donnait le rôle du Dr Feelgood. Les auditeurs devaient appeler et raconter une situation et son contexte. Avec une belle créativité et un gros bon sens, Dr Feelgood leur prescrivait une chanson. Quelle idée intelligente ! Brillante ! La chanson choisie jouait autant le rôle d'apaisement, de soulagement, d'ami... Elle venait combler le manque ou le désir de l'auditeur. Il s'agissait là d'une belle manière de redonner à l'autre un peu de son existence, un peu de ses connaissances, un peu de bonheur par la musique ! Chapeau à cette superbe initiative !

Orchestrer sa vie comme un musicien

Avez-vous déjà écouté un film sans trame sonore ? Généralement, sans la musique comme support à la scénarisation, un film risque de perdre de sa valeur, de son intensité, de sa créativité, de sa capacité à propulser l'imaginaire d'une personne dans la fantasmagorie. Alors, n'hésitez pas. Choisissez une pièce et... allez ! Activez-vous ! En avant la musique !

Rappelez-vous : le plus grand pouvoir que vous avez sur vous, sur votre rêve, sur votre vie est celui de décider... Dans vos contrôlables, vous pouvez judicieusement choisir les chansons qui vous font du bien, à quel moment et à quel endroit en faire l'écoute.

Voici quelques exemples de ma liste de musique et de chansons. Évidemment, chacun de mes choix est profondément personnel et varie avec le temps, selon les lieux émotionnels et physiques dans lesquels je me trouve. Voyez par vous-même !

- **Marie-Mai – la chanson *Différent***
  Persévérance, pour que j'avance un pas à la fois ;

- **Angèle Dubeau – thème du jeu *Angry Birds***
  Pour être complètement focalisée sur mon travail ;

- **Loreena McKennitt – la chanson *The Mystic's Dream***
  Pour relaxer physiquement, mentalement et émotionnellement;

- **James Brown – la chanson *I Feel Good***
  Pour que mon sourire me reste collé aux lèvres toute la journée et me fasse « rocker » quand mon énergie semble vouloir disparaître ;

- **Jean-Pierre Ferland – la chanson *Une chance qu'on s'a***
  Pour retrouver la connexion profonde et émotionnelle avec ma famille proche ;

- **Lost Fingers – la chanson *Pump Up the Jam***
  Pour ressentir l'ambiance relaxante d'un petit 5 à 7 ;

- **Céline Dion – la chanson *Je ne vous oublie pas***
  Pour toujours me rappeler d'offrir des moments de gratitude à tous les gens qui me supportent constamment (conjoint, enfants, parents, clients, partenaires) et m'aident à donner vie à mes réalisations. MERCI !

Je vous invite à effectuer l'exercice suivant :

1) Faites une liste des chansons et des musiques que vous aimez ;

2) Identifiez quelle émotion chacune d'elles éveille en vous ;

3) Identifiez à quel moment elles vous font du bien (le matin, dans l'auto, le soir, en marchant, etc.) ;

4) Utilisez consciemment vos trames sonores pour amplifier votre énergie, pour vous aider à relaxer, pour accroître ou apaiser vos sentiments, vos émotions…

5) 1… 2… GO !

Pour ma part, étant émotive, tout m'affecte : les gens que je rencontre, ce que je vois, la musique qui joue, la température du moment… Rien ne me laisse indifférente. J'effectue donc des choix de chansons judicieux et conscients pour ensuite les écouter à différents moments de ma journée. Si une chanson a un impact positif sur vous, ne la laissez pas flotter dans l'air en trame de fond. Plongez en elle et savourez-la ! Chantez, dansez, pleurez, souriez : vivez chacune des notes de musique !

GÉRER VOTRE ÉNERGIE

Soyez pleinement présent et actif dans votre parcours. Choisissez la trame sonore dont vous avez envie pour chacune des scènes de votre scénario. Profitez de toutes les occasions pour écouter vos pièces préférées : sous la douche, dans la voiture, à vos pauses, durant votre entraînement, durant la préparation du souper, le soir avec vos enfants et avant de vous retirer pour la nuit.

Voici un exemple de gestion d'énergie que j'ai nommé : « Le temps d'une toune » !

- 7h15 : dans la voiture, en route vers la garderie avec les enfants, j'insère le CD *Reine des neiges.* Ils aiment ! Ils chantent ! Leur énergie s'élève bellement avant leur journée ;
- 7h45 : 5 minutes avant d'arriver au bureau, pour m'activer, j'écoute *Beat It* de Michael Jackson ;
- 12h30 : pendant ma marche ou mon jogging, à l'heure du dîner, les *80's* m'incitent à chanter et à mettre mon cerveau en circuit fermé ;
- 16h30 : en voiture pour le retour à la maison, afin de créer une zone tampon ou interrompre les pensées liées au travail, je chante : *Nous sommes les mêmes* de Marc Dupré ;
- 17h00 : en préparant le souper, j'écoute *So Danco Samba* de Bete & Stef ;
- 18h00 : le soir, dans le sous-sol avec les enfants, nous lâchons notre fou et bougeons au rythme de *Happy* de Pharrell Williams ;
- 20h00 : en relaxant dans mon bain, je me laisse bercer par la douce voix de *Sarah McLachlan.*

Pour vous **activer**, écoutez une chanson rythmée: *Beat It* de Michael Jackson. **Pour accentuer les mots clés et focaliser sur votre objectif** laissez-vous « entraîner » par la chanson : *Un peu plus haut* de Ginette Reno ou encore *Roar* de Katy Perry. Pour **relaxer,** pourquoi pas du Loreena McKennitt ?

La musique est là pour créer des atmosphères durant votre journée. N'oubliez pas que celle des autres a aussi un impact sur vous ! Soyez attentif à ce qu'elle fait émerger en vous. Du positif ou du négatif ? Lorsque je donne une conférence, je m'assure d'offrir une ambiance plaisante et relaxante en laissant une douce musique envelopper la salle où elle sera donnée. Les gens qui arrivent s'apaisent doucement comme dans un 5 à 7.

Mettez de la couleur dans votre vie et orchestrez vos journées comme un musicien, à l'aide de mélodies, pour une meilleure gestion de stress et d'énergie ainsi qu'une meilleure focalisation. Votre vie deviendra rapidement une superbe symphonie.

TÉMOIGNAGE D'ANNIE BLANCHARD, CHANTEUSE

La musique est ma passion et mon métier. J'en ai besoin dans ma vie et, aussi, parce qu'elle fait du bien aux gens. Quand je chante, je donne et je reçois en même temps. C'est un tourbillon d'émotions et de partages avec le public qui touche directement au cœur. Je ne compte plus les fois où quelqu'un m'a dit, après un spectacle, qu'une de mes chansons l'avait aidé à traverser une épreuve difficile. Que mes chansons l'avaient accompagné dans les moments les plus heureux de sa vie. La musique marque les gens de façon positive et bénéfique. Je ne peux imaginer un monde sans musique.

En dehors de ma profession de chanteuse, j'aime écouter des mélodies précises pour accompagner les différentes sphères de mon quotidien. Une des premières choses que j'effectue le matin, c'est mon entraînement physique. À ce moment, j'ai besoin de rythme, de chansons qui vont me donner un maximum d'énergie. Après avoir bougé, j'aime m'étirer et terminer ma session avec une petite séance de méditation. J'écoute alors des chansons qui m'inspirent et m'aident à retrouver un état de calme et de sérénité. Quand j'écris et que j'ai besoin de me concentrer, j'aime écouter de la musique classique ou des airs sans paroles. Par contre, l'endroit où j'écoute le plus de musique, c'est en voiture. Je m'abandonne à elle. Je découvre de nouveaux artistes et je voyage dans leur univers.

Les chansons sont souvent reliées à des souvenirs, à des moments importants de la vie et aux gens qu'on aime. La musique nous donne de l'énergie ou nous apaise, selon notre besoin du moment. Il s'agit d'une thérapie, d'un véritable baume pour le cœur. J'encourage tout le monde à se constituer des listes d'écoute ! Souvent, 5 minutes peuvent suffire pour nous installer exactement dans l'état souhaité ! C'est efficace, pas compliqué et tellement bon pour le corps et l'esprit !

Chapitre 10

Attitude d'un rocker

Je vous l'ai dit, ma vie est une symphonie. Donc, si les autres m'envient, TANT PIS! Je me nomme Josiane Desroches, mais on me surnomme: *Jo The Rock.* Adopter l'attitude d'un rocker ne veut pas dire devenir quelqu'un de dur et sans émotion. Au contraire, c'est:

- Savoir réagir face aux critiques et aux commentaires;
- Ne jamais laisser la jalousie atteindre votre but;
- Vous éloigner des « oui, mais » et des « on sait bien, toi ! »;
- Ne pas se laisser affecter par les regards et les jugements des autres.

Allez hop! À partir d'aujourd'hui, un nouvel outil entre dans votre sac à dos: le « look de rocker ». Veste de cuir, guitare à la main et flammes dans les yeux!

Voici leurs fonctions respectives :

- **Veste de cuir = votre armure !** Une critique et boom ! Plus rien ne vous atteint. Écoutez, analysez, effectuez des constats et avancez tout simplement. Rien ne vous atteindra ; c'est votre armure !

- **Guitare = symphonie !** Maintenant que les critiques et les jugements ne traversent pas votre veste de cuir, repartez guitare en main et continuez à faire avancer votre projet. N'oubliez pas : votre vie est une symphonie !

- **Flamme = attitude positive, passionnée et heureuse !** Laissez toujours la passion vous animer et continuez de laisser briller votre flamme à travers vos projets. Jamais les jugements des autres ne doivent éteindre votre ardeur à la tâche. Conservez une belle attitude positive, car vous ROCKEZ vos projets et votre vie du mieux que vous le pouvez dans les circonstances qui sont les vôtres.

Comment réagir aux commentaires et aux critiques

« On sait, bien, toi ! » Rappelez-vous, dans le chapitre 1, les « Pour sûr que... » beaucoup plus positifs et engageants.

Dès que vous entendez des commentaires, des critiques, des jugements négatifs..., que vous captez des regards négatifs et percevez de la jalousie, ayez tout de suite le réflexe d'identifier s'ils font partie de vos INCONTRÔLABLES. Ne perdez pas d'énergie. Ramenez rapidement votre focalisation vers ce que vous pouvez contrôler, tel que vu dans le chapitre 7.

Face à la critique ou aux jugements, vous pouvez **contrôler** ce qui entre en vous ou pas. Restez focalisé au maximum. Ne laissez pas votre attention être détournée. Gérez tout de suite les émotions qui émergent, conservez des pensées positives, développez votre confiance et ne laissez personne vous imposer des pressions inutiles.

Face à la critique: choisissez de focaliser votre attention

OUST ! OUST ! Chassez vos distractions, vos pensées négatives et retrouvez votre centre d'attention afin de poursuivre votre propre plan de match. C'est dans vos contrôlables qu'il vous est possible de vous recentrer rapidement de manière positive. Cela est essentiel pour réussir votre performance et votre avancement. Vos distractions peuvent être externes (ex: une critique), mais également internes (ex: vos propres pensées ou attentes).

Lors d'un entraînement en gymnastique, alors que je me trouvais sur la poutre, mes petites oreilles ont entendu une maman dire à une autre personne: « Lui as-tu vu les cuisses ! » J'avais 14 ans. Je me rappelle avoir pensé: « J'ai deux choix: trouver que j'ai de grosses cuisses, m'en faire, commencer à manger de la salade compulsivement et ne pas avoir d'énergie comme d'autres filles de mon école secondaire. Je peux aussi assumer que j'ai des cuisses musclées, fortes et puissantes. Tête haute et fière, j'ai rapidement opté pour le deuxième choix. J'ai répété des phrases positives dans ma tête: "J'ai des cuisses musclées et puissantes ! Je suis une gymnaste exceptionnelle et je suis une sportive de haut niveau." » Voilà ! C'en était terminé de cette remarque désobligeante. Rapidement, mon esprit est devenu plus clair et j'ai refocalisé sur MA vie et mes perceptions.

ROCKEZ votre vie avec **confiance**.

Rocker votre vie avec confiance

Croyez en votre potentiel ! Lorsque mes clients me parlent de leurs rêves ou de leurs objectifs, immédiatement, je suis la première à croire en eux. Je sais sincèrement que la personne se présentant à moi, le baluchon rempli d'espoir, a tout pour réussir. Je peux et je veux la guider vers le meilleur d'elle-même. Il s'agit là de la première étape du développement de la confiance chez une personne: **quelqu'un qui croit complètement en vous**. Ensuite, **commencez vous-même à croire**, même si c'est « un peu », qu'il est possible pour vous d'accomplir votre mission. Allez ! 1...2... GO ! **Agissez maintenant** comme si vous pouviez réellement accomplir votre but. Croyez et sachez que vous allez réussir ! Puis, pour terminer le crescendo du développement de la confiance en vous: ayez **pleinement confiance** que vous allez parvenir à votre but. TCHIN ! TCHIN ! les amis !

Sachez que votre confiance grandira jour après jour grâce à de petites améliorations, de petites réussites, aux rétroactions positives et constructives que vous recevrez en plus du soutien de votre équipe de succès. Votre confiance vous gardera solide devant la critique ou des commentaires négatifs. Allez ! Adoptez maintenant l'attitude d'un rocker !

Une de mes grandes inspirations provient de la reine du rock au Québec : la chanteuse Marie-Mai. Au début de sa carrière, elle a dû affronter la jalousie des rabat-joie, pour ensuite grandir dans les épreuves et avancer malgré les courants adverses. En dépit des blessures intérieures à panser, elle n'a jamais dérogé de son « plan de match ». Marie-Mai a maintenu sa confiance en son potentiel. Son parcours jalonné d'obstacles et son succès phénoménal d'aujourd'hui nous démontrent à quel point demeurer dans son point central peut mener à une réussite spectaculaire et des plus exemplaires.

LES « OUI, MAIS » NE SONT QUE DES SABOTEURS. ÉLOIGNEZ-VOUS !

Savez-vous ce qui est inscrit sur la porte du vestiaire des Canadiens ? « ***No Excuses*** ». Chaque fois que vous pointez une excuse du doigt (placez votre main avec l'index en avant et les autres doigts fermés dans votre paume), trois autres doigts sont dirigés vers vous. À chacune de vos excuses, demandez-vous si vous avez bien exécuté votre tâche, si vous avez bien géré vos émotions et si vous y avez mis tous les efforts nécessaires. Faites comme moi..., devenez allergique aux « Oui, mais ».

TOURNER TOUT EN POSITIF

Récemment, mon conjoint, nos deux enfants et moi avons pris des vacances en famille à Walt Disney World. Ce voyage se voulait magique. À peine avions-nous quitté pour ce site merveilleux que la température corporelle de notre petit Tristan, 3 ans, s'est mise à monter drastiquement. Pendant deux jours, elle s'est fixée au-dessus de la barre du 40 degrés. Asthmatique et connaissant des épisodes historiques de convulsions, son état s'est aggravé et nous avons dû faire appel au service d'urgence. Son hospitalisation a duré deux jours. Heureusement, juste avant de prendre l'ambulance, il a réalisé son rêve : celui d'aller à Walt Disney et de posséder une « vraie de vraie » épée de Star Wars. Le cœur chamboulé, j'ai dû retourner à l'hôtel pour dormir avec notre petite Alexia de 2 ans, me séparant ainsi de mon fils et de mon conjoint. J'aurais pu tout amplifier et m'offrir une scénarisation cauchemardesque de l'événement. Je suis demeurée focalisée dans une attitude forte et positive. Le lendemain matin, je suis partie avec ma fille, réaliser son propre rêve : rencontrer Minnie. Les larmes aux yeux, nullement insensible à la condition de mon fils étendu sur un lit d'hôpital, j'ai mis ma veste de rocker pour m'engager dans ma journée et remplir notre baluchon de souvenirs impérissables pour ma toute petite. Je savais que mon fils se trouvait au meilleur endroit pour sa condition physique du moment. Lorsqu'il est sorti de l'hôpital, j'ai rapidement tourné la situation vécue en une positive. J'ai regardé mon gars et, avec un large sourire, je lui ai lancé : « Dis-donc, Tristan, tu es chanceux ! Tu as pris tous les moyens de transport possibles durant ton voyage : l'avion, l'autobus, un petit train, de petits bateaux et même... l'ambulance. » Tristan a si bien intégré l'information qu'à son retour à la garderie, non seulement il parlait de son voyage en termes élogieux, mais aussi, de tous les moyens de transport utilisés pendant son périple aux États-Unis. Excellent, n'est-ce pas ?

Subir ou imposer la pression : nous avons le choix

Peu importe où vous tournez votre regard, vous serez témoin de la concurrence et de la compétition. Il y en a partout. Ce qui vous distingue, c'est votre capacité d'effectuer des choix. Dans ce cas-ci, vous en avez deux: subir la pression des autres ou l'imposer aux autres.

Imposer de la pression ne signifie pas critiquer les gens négativement ; bien sûr que non ! C'est plutôt imposer son rythme aux autres. C'est exposer une personne à une performance qui ne respecte pas son rythme, son talent, ses buts fixés.

Laissez tomber les commentaires qui vous pressent comme un citron et focalisez votre énergie sur vous et la manière d'être au meilleur de vous-même. Pratiquez, focalisez, pratiquez, focalisez, pratiquez, entraînez-vous, mangez et dormez. Votre préparation sera telle que vous inciterez les autres à sortir de leur zone de confort. **VOUS imposerez la pression..., mais une qui est juste et respectueuse de votre rythme.**

Récemment je donnais une conférence dans le cadre d'un programme de préparation à la retraite en entreprise. Je suis arrivée sur place très bien préparée et fort enthousiaste à cette perspective. À peine les deux pieds dans la salle, une autre conférencière – que je ne connais pas –, ayant deux fois mon âge, me dit gratuitement, et ce, devant tous les gens présents, que le groupe de la semaine précédente n'avait pas aimé mon atelier. Choc ! J'ai 31 ans, je possède une maîtrise en santé et vieillissement, je suis à l'affût de l'actualité dans mon domaine, je travaille depuis plusieurs années avec la clientèle du groupe 40-60 ans, j'ai un microprogramme en enseignement, j'ai présenté mes données dans des congrès internationaux en plus d'avoir effectué plusieurs allers-retours avec l'entreprise qui m'engage pour ce contrat afin de m'assurer de bien répondre à leur demande. Je n'arrivais pas là sans des connaissances importantes.

De façon gratuite, cette dame a évidemment cherché à me déstabiliser. ERREUR. J'ai un bagage rempli d'outils de préparation mentale (partagé allègrement avec vous dans ce livre !). Bien sûr, j'aurais pu m'effondrer devant son attitude et ses propos désobligeants. J'ai choisi de prendre la bonne solution et de contrôler mes contrôlables. J'ai immédiatement écrit à l'entreprise en question pour connaître les fameux commentaires négatifs. La réponse fut : « Il n'y a eu AUCUN commentaire négatif. Tout est beau et parfait. » Je m'en doutais bien puisque j'avais très bien perçu mon public ; chacun des participants était enthousiaste. J'ai rédigé ma liste des « je sais que » et, ensuite, j'ai enfilé ma veste de cuir, j'ai pris ma guitare et maintenu la flamme dans mes yeux. La tête haute, fière, pleinement confiante en mes connaissances et en mes compétences, j'ai commencé ma présentation en révélant mon parcours à l'audience. Jeune, blonde et pimpante, j'ai utilisé l'humour en leur disant que j'avais 108 ans, mais que je connaissais le secret du vieillissement actif réussi… Je venais donc leur en jaser et leur donner les outils. Par mon humour serein, ma pédagogie active, mes connaissances approfondies et mes outils précieux et indispensables, je les ai finalement tous éblouis. **J'AI** imposé la pression à l'autre intervenante. Non pas avec arrogance, au contraire, mais en étant tout simplement authentique et en livrant le meilleur de moi-même.

Attitude de rocker… qui refuse les éteignoirs de vie !

Soyez positif malgré l'adversité, devenez allergique aux « oui, mais », focalisez sur vos contrôlables, persévérez dans votre voie et ROCKEZ votre destinée. Voilà ma prescription santé-bonheur-joie !

TÉMOIGNAGE DE RICK HUGHES, ARTISTE ROCKER

Étant un chanteur rock, je suis plongé dans le monde de la critique. Parfois elle s'avère positive et parfois négative. La manière dont nous prenons la critique et y réagissons est très importante. Dès mon jeune âge, j'ai appris qu'il fallait humblement accepter la critique positive afin d'être en mesure d'accepter celle négative. Si nous devenons trop emballés par les critiques positives, nous risquons de tomber vraiment bas lorsque les commentaires négatifs nous visent de manière rigoureuse. Peu importe dans quel domaine nous voulons évoluer et performer, il faut être prêt à rencontrer autant les échecs que les victoires. C'est dans le temps et à travers l'adversité que j'ai pu faire grandir ma force de caractère. Pour moi, l'attente de contrats, les refus, les décès et les erreurs font partie des moments d'adversité. Quand ceux-ci arrivent, une de mes stratégies est de rester dans l'action et de continuer à avancer. Par exemple, lorsque j'auditionne pour un rôle, je ne reste pas assis chez moi à attendre la réponse... à espérer que quelque chose se passe. Je suis proactif et je continue à avancer, à cogner aux portes et à m'améliorer pour réussir la carrière que je désire au plus profond de moi.

Dans mes moments de fragilité, toutefois, je déploie diverses stratégies, dont la prière et les mantras. Par exemple, je peux me répéter dans ma tête : « Merci, mon Dieu, pour tout ce que tu me donnes. » Cette phrase m'aide à me ramener à l'ordre et à me rappeler que je ne manque de rien. Oui, je travaille fort pour m'améliorer, obtenir toujours de meilleurs résultats et être meilleur. Cela ne veut pas dire que mes acquis ne sont pas bons, bien au contraire ! Ça signifie plutôt que j'avance toujours, que je ne stagne pas.

Dans ma boîte à outils, j'ai des phrases clés que je me répète tous les jours. Elles m'aident à rester fort et solide. Je me donne régulièrement de petites pauses. Je me parle et je m'encourage sans cesse, peu importe l'endroit ou l'heure. Cela peut être sur une scène, en coulisse, dans ma loge, chez moi, le matin après le petit-déjeuner, sur le bord de la piscine ou encore en allant prendre une marche avec mes chiens. Je me répète des phrases qui ne peuvent faire autrement que tracer des chemins positifs en moi et dans ma vie.

Chapitre 11

Le jour et la nuit n'existent plus (super héros)

Le saviez-vous ? Le superhéros aux yeux étoilés avec de grands pouvoirs magiques, une énergie débordante et une grande conviction de réussir son projet à un haut niveau : c'est vous, c'est moi, c'est nous...

À chaque début de projet, assumez pleinement de commencer en bas de l'échelle, de partir à zéro et de gravir une à une chacune des étapes menant à votre but. « Montez » vers le succès une marche à la fois. Rappelez-vous que commencer en bas de l'échelle veut simplement dire : COMMENCER. Commencer l'apprentissage en mettant vos super pouvoirs en action. Commencer à mettre à contribution vos talents, vos passions, vos convictions, vos engagements au service de votre projet. Vous pouvez avancer soit en marchant lentement, soit en marchant rapidement, soit en courant, soit en riant, mais COMMENCEZ ! Soyez motivés ! PENSEZ GRAND ! *THINK BIG !*

Plus vos habiletés se développent, plus vous grimperez les échelons vers le succès, plus vous performerez et plus vous chercherez à recommencer parce que le « goût croît avec l'usage. » Vous êtes des êtres passionnés ! Alors, choisissez de toujours viser le haut, le but, le résultat. 1... 2... GO !

PENSEZ GRAND ! *THINK BIG !* Certes, oui, mais attention de ne pas dégringoler : BING BANG BOUM... **La ligne est mince entre l'atteinte du sommet et le surmenage.** Pour ma part, j'ai appris à mes dépends que se pousser pour dépasser ses limites peut entraîner de lourdes et graves conséquences. Donc, j'insiste : même avec de super pouvoirs, des talents et des aptitudes hors normes, trouvez le moyen de préserver votre énergie afin de ne pas éteindre votre flamme. **Connaissez et respectez vos limites !** Un superhéros n'est pas un surhomme ! Un superhéros se donne des défis, il respecte ses limites ; ne les transgresse jamais au point de voir tout s'écrouler en lui et autour de lui.

Quand j'étais étudiante à l'université, je travaillais à temps partiel et j'avais choisi d'intégrer deux troupes de danse. Mon mode de vie dépassait largement mes limites. J'en avais par-dessus les oreilles. Prise dans mon tourbillon, je n'étais pas consciente de ma dérive. Mon bateau coulait de plus en plus, mais je continuais, malgré tout, à conserver la même cadence.

Croyez-le ou non, voici une journée type de cette période de ma vie :

- 6h00 à 8h00 : travail dans un centre de conditionnement physique ;
- 9h00 à 12h00 : cours à l'université ;

- 13h00 à 15h00 : dîner et devoir ;
- 16h30 à 17h30 : pratique libre de danse (*breakdance*) ;
- 17h30 à19h00 : souper et activité sociale avec ma gang de mon cours de danse ;
- 19h30 à 20h30 : classe ouverte de danse ;
- 20h30 à 22h00 : cours de danse ;
- 22h00 à 1h00 : pratique avec la troupe quand les classes étaient terminées et que le studio était libre ;
- 2h00 à 5h00 : dodo.

LE JOUR ET LA NUIT N'EXISTAIENT PLUS

Mes journées se divisaient en blocs de 3h00 s'enchaînant dans un mouvement perpétuel. Pas de répit pour Jo ! Pendant plusieurs mois, je me suis laissé définir et contrôler par une vie sens dessus dessous : 3h00 de travail – 3h00 à l'université – 3h00 de danse – 3h00 de dodo. Je ne cessais de me tuer à petit feu jusqu'à ce que notre troupe accomplisse sa mission : les championnats internationaux de danse hip-hop à Los Angeles. En même temps, je terminais mon baccalauréat en kinésiologie. Je me rappelle, c'était en mai. J'ÉTAIS PERSONELLEMENT FINIE, ANÉANTIE, BRÛLÉE : EXIT JOSIANE !

Ce type d'horaire, nous pouvons tous le connaître à un moment ou l'autre de notre vie : que vous soyez chanteur, médecin, écrivain, journaliste, entrepreneure, sportif ou lecteur de ce livre. Bien sûr, vous pouvez VRAIMENT être emballé par votre projet, vouloir gravir les échelons et performer au maximum pour atteindre votre objectif. Toutefois, je vous dis : attention ! Ne brûlez pas la lumière rouge ! Il pourrait vous en coûter cher..., beaucoup plus que vous ne pouvez l'imaginer.

Personnellement, à cette période de ma vie, je suis passée de superhéros à super-zéro ! Du jour au lendemain, ma chandelle est morte, je n'avais plus de feu. J'ai connu ma limite, celle que l'on nomme : surmenage ou *burnout.*

LE SURMENAGE

Le surmenage ne fait pas bon ménage avec le succès

Il m'a fallu descendre dans les bas-fonds de l'exténuation pour comprendre que je m'étais donné une trop grande charge de travail pour mes capacités humaines. Aujourd'hui, je suis aux aguets et surveille le petit bouton rouge qui s'allume sur mon tableau de bord. Quand il se met à CLIGNOTER et qu'il indique : SURCHARGE, je l'ÉCOUTE immédiatement. Je n'attends pas que le voile de la fatigue vienne obscurcir ma route vers mes accomplissements et surtout, ma santé et mes relations.

Signes et symptôme de surmenage

- Ganglions enflés ;
- Épuisement ;
- Concentration réduite ;
- Irritabilité ;
- Brusquerie ;
- Tristesse ;
- Pleurs...

Les causes peuvent être multiples :

- Mauvaise alimentation ou déficit alimentaire versus la quantité de dépense énergétique ;
- Pas assez ou trop d'exercice ;
- Manque de sommeil ;
- État psychologique négatif ou destructeur pour soi-même ou les autres (ou venant des autres) ;
- Pression externe et pression interne que l'on s'impose ou que l'on impose.

Personnellement, je n'aime vraiment pas être dans cet état de surtension et de surcharge, car cela diminue ma qualité de vie. Quand je me perds dans cette dynamique, que je suis prompte envers les gens autour de moi, alors je réalise m'être engagée sur la mauvaise voie. Je rectifie aussitôt le tir et surtout, je m'excuse auprès des personnes que j'aurais pu blesser, les assurant de tout mon amour pour eux. Je leur explique que je suis débordée en ce moment et que je travaille à remédier à la situation. En échangeant aussi avec mes proches, ceux-ci me donnent leur avis, m'aident à voir clair et à trouver des solutions.

J'entre en mode « solution ». Je remédie à l'état de surcharge et j'avance droit devant.

Stratégies à adopter

Voici 3 stratégies à adopter lorsque votre lumière rouge est allumée:

1) **Ne pas accepter de demandes additionnelles** : mentionnez aux gens que vous êtes en retraite fermée, en sabbatique, en silence ou autres et déplacez ce qui peut être repoussé ;

2) **Trouver une place, un lieu où vous évader** : allez manger au restaurant, visionnez un film en pleine semaine, gâtez-vous dans un spa, allez danser... ;

3) **Journée de congé (*day off*) ou journée de vacances (*day vacation*)** : prenez une journée complète de congé. Oubliez tous et tout, y compris les courriels et le téléphone. Offrez-vous une superbe journée à vous seul, une vraie de vraie journée de vacances bien méritée durant laquelle vous vous abandonnerez à vos activités de plaisir et de joie. Sinon, à tout le moins, prenez une pause-répit. Vous pouvez même louer un chalet ou une chambre dans un hôtel éloigné pour ressentir une coupure radicale avec votre quotidien. Cette fameuse journée de vacances, donnez-lui un nom ou créez-vous une phrase d'ancrage. Cela pourrait être : « Ma journée à moi ! » ; « Bonheur à chaque heure ! », « Youpi ! » ; « À moi les prochaines heures-bulles-de-champagne ! » « Je me réjouis et m'abandonne à ce qui est ! » À vous de choisir, de créer ce qui vous plaît, de vous ancrer à ce qui est sensé pour vous. Vous éviterez ainsi d'accumuler des surcharges inutiles et de vous retrouver, à moyen ou long terme, à vivre l'épuisement. Prendre une journée de vacances est un moyen ponctuel éprouvé pour recharger ses batteries ! Cette journée-à-vous-seul libère les tensions et vous permet de refaire le plein d'énergie. Appréciez chacun des petits

bonheurs qui se présentent à vous pendant cette période de relâche. Que votre cœur soit rempli de gratitude !

Je veux préciser que performer ne signifie pas être obligé d'entreprendre de nombreuses activités pour ensuite se sentir SURCHARGÉ ! Vous seul avez le pouvoir de contrôler et d'améliorer votre efficacité ainsi que votre productivité. Vous seul connaissez vos limites et pouvez choisir de les respecter en tout temps, non juste quand cela vous tente. Respectez-vous ! Pour ma part, je connais maintenant mes capacités physiques, émotionnelles et intellectuelles. Je suis donc en mesure d'assurer une prévention qui m'empêche de commettre des excès et de miner ma santé sur tous les plans. Par exemple, lorsque mes journées sont remplies (il m'arrive de quitter la maison à 5h30 le matin et de revenir à 11h00 le soir), je prévois de fainéanter le lendemain matin pour récupérer de mon abus de la veille. Je ne prends aucun engagement. Le soir, je m'assure d'accomplir des tâches intellectuelles et physiques légères. Dans cette planification, je prévois toujours un temps de récupération à court ou moyen terme. Me connaissant – et sachant ma capacité et le volume de travail que je peux accomplir –, je peux facilement anticiper des plages de repos. J'écoute mes signaux d'alarme internes. Bien sûr, une surcharge momentanée n'est pas dramatique. Toutefois, une surcharge constante est définitivement nuisible. Il est scientifiquement démontré que le stress augmente la probabilité de développer des maladies telle l'hypertension artérielle, entre autres. Le stress entraîne une diminution des performances et du bien-être, autant psychologique qu'émotionnel. Pourquoi jouer avec le feu ? Rappelez-vous que votre chandelle a pour mission de vous éclairer et non de vous brûler !

STRATÉGIES POUR ÉVITER LE SURMENAGE

10 stratégies pour éviter que la lumière rouge ne s'allume

Les stratégies que je vais vous proposer permettent d'avoir et de maintenir un équilibre en tout temps et en toute situation. Être équilibré ne signifie pas de cesser toute performance, bien au contraire ! Être équilibré est une façon de réduire le stress, d'être plus concentré, de demeurer positif, d'apprécier davantage le travail et de performer, à son rythme.

1) Rédigez une liste de vos priorités du moment.

2) Soyez le maître de votre propre entreprise et écrivez votre plan stratégique. Dites OUI à tout ce que vous voulez vraiment et... NON au reste. Suivez VOTRE plan.

3) Quand vous hésitez à dire oui..., alors dites non ! Difficile, mais bénéfique en toutes circonstances. Vous affirmez du coup vos limites.

4) Établissez votre plan selon vos capacités : combien de rendez-vous pouvez-vous prendre dans votre journée ? Calculez aussi votre temps de préparation à une tâche, les déplacements, vos activités, vos périodes de relaxation, etc. (150-300 min d'activité physique /semaine = 30-60 min / jours du lundi au vendredi).

5) Effectuez des ajustements. Lorsque votre lumière rouge clignote ou que vous vous sentez inconfortable : ÉCOUTEZ ce signal et modifiez votre plan de match TOUT DE SUITE ! N'attendez pas. Vous risquez de glisser sur la voie du surmenage...

6) Jouez votre carte d'AS : **A**nticipez le **S**tress ! Préparez des plans en fonction d'éviter le stress, prévoyez la suite et préparez-vous en conséquence !

7) Accordez-vous de réels petits plaisirs au quotidien. Dînez avec des amis, marchez sur le bord de l'eau, lisez un bon livre, écoutez de la musique, chantez à voix basse ou à tue-tête (attention aux voisins, quand même !). Pour ma part, cuisiner en écoutant de la musique me donne un réel petit plaisir. Trente minutes top chrono et me voilà en mesure de modifier mon attention et d'avoir de nouveau le contrôle sur mon temps.

8) Ayez une activité que vous aimez en dehors du travail ou de votre domaine de performance. Pour certains, cette activité consiste à jouer avec les enfants, d'autres à courir, à marcher, à faire un aménagement paysager, du vélo.... Moi, c'est la danse, la marche ou la course à pied. En fait, je danse dans ma tête et je crée des chorégraphies pendant que je cours... L'effort physique de la course et l'aspect émotionnel de la musique s'avèrent très ressourçants pour moi. Les chants et la musique m'accompagnent dans la plupart de mes activités.

9) Rayonnez ! Un de mes amis m'appelle son petit soleil. J'adORe ! Il ressent parfaitement mon bien-être intérieur et mon allégresse dans ma vie quotidienne. Vous aussi pouvez rayonner de tous vos feux ! Surprenez-vous à sourire pour des petites choses, aux gens qui vous saluent dans la rue et en voiture, écoutez de la musique, regardez les paysages s'étendant devant vous... Soyez présent, vrai, authentique !

10) Ralentissez votre tempo. Savez-vous que vous détenez le « pouvoir » de ralentir votre tempo ? Je vous le transmets, en tout cas. Bien sûr, je rigole ! Rappelez-vous, néanmoins, que votre tempo réside dans vos contrôlables. Vous

avez le pouvoir en tout temps de le ralentir lorsque vous traversez votre journée à haute vitesse. Essayez ce pouvoir ! STOPPEZ vos pensées et respirez lentement… Relaxez…

Soyez les magiciens de votre vie ! Changez-la, transformez-la… Vos jours ne seront plus jamais les mêmes !

1…2…GO ! ☺

Témoignage de Mélanie Levasseur: professeure-chercheure au Centre de recherche sur le vieillissement du CSSS-IUGS, École de réadaptation, Université de Sherbrooke

Quelques métiers exigent d'atteindre une performance et une productivité exceptionnelles, exigences exacerbées de la vie moderne. Le travail de professeur-chercheur fait partie de ces métiers et requiert diverses compétences en lien avec l'enseignement, la réalisation de projets de recherche, la publication, l'obtention de financement, les présentations orales ou par affiches de résultats d'étude, la gestion des finances et des ressources humaines, la planification de la programmation de recherche, etc. Ainsi, au fil du temps, les demandes et les implications se multiplient, surtout lorsque l'excellence de notre travail est reconnue. On performe, on réussit et on pense qu'on peut en faire plus. Même si personne n'est à l'abri d'un surmenage, ces métiers impliquent des risques particulièrement élevés, notamment à cause du stress et du nombre d'heures de travail requis pour s'engager de manière optimale dans les divers rôles attendus. Le fait d'être passionné par son travail, lorsqu'on s'investit à 100 %, qu'on ne compte plus les heures et qu'on coupe dans son temps de sommeil, peut aussi exacerber ces risques. Par ailleurs, même si quelqu'un peut en avoir beaucoup, l'énergie n'est pas une ressource inépuisable...

Ayant moi-même vécu cette expérience, je peux témoigner que le surmenage a d'importantes conséquences sur son entourage et soi-même ; il faut donc à tout prix l'éviter. Un surmenage implique ensuite de se reconstruire, ce qui nécessite non seulement de revoir ses priorités et ses valeurs, mais aussi son organisation quotidienne du travail. Afin d'éviter la rechute, il est important de bien gérer son stress et son énergie. La respiration abdominale, la méditation pleine conscience et le yoga ont ainsi été des révélations pour moi. Il importe aussi de bien doser l'intensité du travail, par exemple, réserver une partie de sa journée pour les travaux intellectuels exigeants et une autre partie pour les rencontres ou le travail terrain. Les pauses et l'heure du dîner, ainsi que les congés hebdomadaires et annuels doivent être pris. Une planification à la fois microscopique (quotidienne et hebdomadaire) et macroscopique (mensuelle et annuelle) est également très importante et la clé d'un retour réussi au travail et à l'équilibre. Enfin, il est essentiel d'avoir de l'aide, que ce soit d'un kinésiologue (j'ai eu la chance d'être accompagnée par Josiane Desroches elle-même qui, à l'époque, était une de mes agentes de recherche), un psychologue, un ergothérapeute (j'en suis moi-même une et j'ai plusieurs amies ergothérapeutes) et notre entourage (famille et amis). Bref, nous devons être engagés et contribuer à la société, mais il importe de le faire en ayant une vie équilibrée.

Chapitre 12

La reconstruction d'une tête de champion

Qui êtes-vous sans votre costume de :

- sportif de haut niveau ?
- professionnel ?
- super parent ?
- comédien ?
- chanteur ?
- voyageur ?

Comment vous sentez-vous lorsque vous prenez un instant pour enlever votre costume de super héros ? Nu ? Vide ? Personnellement je vous recommande d'avoir un vêtement de rechange dans votre sac à dos. Bien qu'au chapitre 3 vous ayez choisi de vous engager réellement envers votre objectif, il importe d'éviter la fusion d'identité entre vous et votre objectif. Ne soyez pas votre objectif ! Même pour réussir à atteindre un haut niveau, il est préférable de ne pas vous identifier à votre mission et d'éviter le surinvestissement aveugle dans une performance exigée.

Votre mission est accomplie et votre transition rime avec détermination... rarement et... pourtant !

Les transitions

Il existe diverses transitions: de la maison à l'école ; du secondaire au cégep et à l'université ; les changements d'emploi ; la retraite : professionnelle (cessation de travail) et sportive ; une séparation ; devenir parent ; le départ des enfants de la maison, etc.

Dans tous ces grands moments de vie, il arrive à chacun de nous de vivre des hauts et des bas, des changements de direction, des prises de conscience, des retraits, des avancées...

Les transitions sont souvent synonymes de changement :

- création d'une nouvelle routine ;
- redéfinition de son identité ;
- poursuite d'un nouveau rêve passionnant.

Vous pouvez vivre la transition d'une façon difficile ou fluide. Évidemment, nous voulons éviter le : super héros un jour et super zéro le jour suivant !

La transition est vécue plus difficilement:

- quand elle arrive rapidement ou par surprise ;
- lorsqu'elle n'est pas planifiée ;
- quand vous perdez votre horaire établi au quotidien ;
- quand vous perdez votre « équipe de succès » qui vous aidait à orienter vos plans et à vous guider vers votre but.

La transition est vécue de façon plus fluide:

- lorsque vous avez une meilleure connaissance de vous-même ;
- quand vous maintenez actives les diverses sphères de votre vie ;
- quand vous changez de routine durant la *saison morte* (*off-season*) ou lors de vos vacances ;
- quand vous la voyez comme étant une opportunité d'entrer dans une nouvelle sphère de votre vie.

Personnellement, à 15 ans, lorsque j'ai enlevé mon costume de Josiane la gymnaste (mon identité), ce fut très difficile et j'ai pleuré beaucoup. En donnant une nouvelle dynamique à mes pratiques, en dédramatisant mon rapport à la gymnastique, j'ai pu poursuivre cette expérience jusqu'à mes 17 ans, telle une Dominique Michel qui disait prendre sa retraite, mais revenait année après année. J'ai ensuite transité vers une gymnastique davantage acrobatique dans une troupe, puis vers la danse… tout en devenant Josiane l'étudiante, future kinésiologue.

Dans le chapitre précédent, je vous ai mentionné avoir passé de super héros à super zéro. J'avais 22 ans. Je me trouvais sous la tutelle d'entraîneurs intenses, exigeants à l'extrême, donnant des rétroactions négatives et exerçant une pression démesurée, écrasante, insupportable. Nous devions danser sans arrêt, 24 heures sur 24, en vivre jour et nuit sinon nous n'étions pas considérés des danseurs. Je croyais que cette manière de fonctionner était normale. J'étais une athlète, c'était ma vie, mon métier, je devais performer…

Ébranlée par des choix à effectuer qui auraient un impact sur mon destin, je me trouvais désormais à la croisée des chemins. Je devais choisir entre la danse à temps plein, de niveau professionnel, ou opter pour ma profession de kinésiologue. Un choix déchirant. En constatant que cette aventure était désormais associée à une expérience devenue négative, particulièrement vers la fin, j'ai cessé mes activités de danse.

Au bout du rouleau : couchée en étoile sur mon lit ; incapable de traverser la rue et d'effectuer une commande d'épicerie, etc. J'étais à sec. Vidée. Mes missions accomplies (championnats internationaux de danse hip-hop et baccalauréat), j'étais au bout du rouleau. Je n'avais pas prévu de suite pour moi après toute cette intensité. À cette époque, je n'ai même pas souvenir d'avoir vu mes amis et mes parents. Bref, je ne savais même pas que je vivais une « dégringolade », et ce, même si je commençais ma jeune vie « professionnelle ». J'étais épuisée physiquement, mentalement et émotionnellement. Je devais me retrouver, me reconstruire ; j'étais en TRANSITION.

S'ensuivit tout un travail de la phase d'adaptation…

La reconstruction d'une tête de champion !

Un mois s'écoula, étendue sur mon lit, à compter les étoiles. Un jour, la réalité me frappa de plein fouet. Il n'était pas question, me suis-je dit, de rester dans cet état de super zéro : « Je dois faire quelque chose MAINTENANT ! Me reconstruire. LENTEMENT. À mon rythme. Sans me brusquer. En avançant. »

MUR DE RÊVE POUR CRÉER NOTRE CARTON DE VIE, DE RÉALISATIONS, DE RÊVES

J'ai pensé à la personne que j'étais avant ma descente, comment je me comportais, comment j'évoluais dans la vie. J'ai commencé à me visualiser comme tel. Je me suis rappelé que les gens me disaient souvent SOURIANTE. Tout de suite, j'ai écrit ce mot sur un papier pour le coller ensuite sur mon mur, bien en vue. Dès ce moment, je me suis donné le mandat de sourire, et ce, malgré ma nonchalance du moment. Je devais sourire simplement ! Une fois cette routine intégrée, j'ai ajouté d'autres mots comme : dynamique, proactive, persévérante, et ce, atteignant graduellement 10 qualités. Je les écrivais sur des « post it » et les collais les uns à la suite des autres, à côté de ma porte de chambre. Je les lisais tous les jours. Ensuite, je me suis mise à coller des bulles sur lesquelles j'inscrivais des citations positives telles que : « Je suis le directeur de mon film », « Je suis l'acteur et le réalisateur de mon scénario », « Je suis adéquate en toute situation », « J'avance à mon rythme et je suis heureuse », « J'ai des étoiles dans les yeux ».

Couchée, je les relisais sans cesse. Finalement, mes journées reprenaient du service et moi, le contrôle sur ma vie.

Après quelque temps, j'avais tout remis en perspective, repris confiance en moi et remis ma vie sur les rails.

Certes, il est important de poursuivre la route de ses rêves, d'atteindre ses objectifs, de s'y engager pleinement et de croquer la vie à pleines dents, mais n'abandonnez pas le reste de votre existence en bordure du chemin.

Leçon apprise pour moi ! Par la suite, lorsque je me suis lancée dans l'aventure d'une compétition de fitness, j'ai pris l'engagement de maintenir un équilibre avec ma famille, mes amis et mon travail. Je n'allais certainement pas performer en y sacrifiant de nouveau mon identité. Cette manière de vivre appartient désormais au passé. Je n'y reviendrai pas. *Adios !* Aussi, en parallèle, j'ai maintenu mes activités sociales et professionnelles.

Exceller, tout en maintenant une harmonie dans votre vie, est possible et optimal, je vous l'assure (je suis arrivée 2e au classement mondial). En réalité, être équilibré ne veut absolument pas dire d'accorder le même pourcentage de temps à chaque sphère de votre vie, mais bien d'apprécier les petits plaisirs journaliers, de maintenir un lien avec les autres (souper du samedi soir avec des amis), de prendre de petits moments pour soi (marcher dehors, prendre son bain, s'offrir la lecture d'un bon livre...), mais surtout, de savoir que vous avez une valeur et que vous êtes aimé même en dehors de vos performances.

Apprentissage continu

L'excellence exige que vous développiez une méthode efficace pour vous évaluer constamment. Par exemple :

- Qu'est-ce que j'ai accompli de bien ?
- Qu'est-ce que je peux améliorer ?
- Est-ce que mon attitude était optimale ?
- Comment était ma concentration ?
- Etc.

L'importance que vous accordez à cet apprentissage personnel et constructif – en continu – vous permet d'augmenter le rythme auquel vous tirez vos propres leçons. Vous avancez alors du mieux que vous le pouvez vers votre objectif. Vos constats peuvent être écrits, discutés ou pensés. Évidemment, chaque méthode est personnelle. L'important est surtout d'agir d'une manière cohérente et constructive devant eux. Prenez l'habitude de prendre conscience de vos diverses performances (entraînement physique, examen, une rencontre, une conférence, etc.) et de répertorier les bons et les moins bons coups. Réajustez rapidement le tir devant vos performances moindres et continuez à avancer. Les constats sont un puissant vecteur de changements et d'avancement.

Aujourd'hui, ma perception des transitions est positive

- Je ne vis plus de dégringolade, je vis des transitions ;
- Lorsqu'une phase se termine, une autre commence : une autre scène de mon film débute ;
- Je vois les transitions comme un avancement personnel et des développements vers d'autres objectifs ;
- Tout ce que j'ai appris dans le sport, au niveau artistique, en science, en entrepreneuriat, etc., me sert d'habiletés dans un autre domaine ou dans un autre projet.

Mes astuces de zone de transitions :

- Je refais le bilan de mes qualités, compétences, talents ;
- J'effectue le bilan de ce que j'ai accompli professionnellement et personnellement ;

- ❖ J'écoute ma petite voix intérieure et je reprends le processus élaboré dans le chapitre 1 : « Quelle est ma prochaine vision, mon ambition… » ;
- ❖ J'écris mes rêves dans un cahier. J'y colle des photos et les citations de mes inspirations ;
- ❖ Je prends même le temps d'identifier mes bons coups et de les mettre dans une section nommée « inspiration » afin de m'inspirer moi-même.

Aujourd'hui, je sais qui je suis et je connais ma valeur :

Josiane la **gymnaste** – Josiane la **danseuse** – Josiane la **scientifique** – Josiane l'**entrepeneure**, mais SURTOUT que je suis… :

Josiane la **cinéaste** de ma vie: créative, souriante, rayonnante, sociale, énergique, remplie de projets passionnants, débrouillarde, proactive, déterminée, sportive, organisée… ☺

Aujourd'hui, je crois pleinement en mes habiletés et en ma personne.

Aujourd'hui, je sais que je contribue à aider les autres.

Aujourd'hui, je possède un pouvoir magique et de l'énergie à revendre…

Et vous ?

TÉMOIGNAGE DE MARCEL LEBOEUF : COMÉDIEN, CONFÉRENCIER ET ANIMATEUR DE RADIO

Le chemin de Compostelle est arrivé au bon moment dans ma vie. J'ai marché sur ses sentiers à l'âge de 47 ans pour trois raisons :

1) Parce que le téléphone n'avait pas sonné pendant un an. Comme comédien, je n'avais plus de travail;

2) J'étais en peine d'amour;

3) Je voulais prendre les moyens de me rencontrer, de découvrir qui je suis vraiment et de réfléchir sur ma vie.

Je m'étais souvent dit qu'un jour j'effectuerais le pèlerinage de Compostelle. Ce n'est qu'au moment de toucher le fond, au début de ma dépression, que je me suis rappelé les paroles de mon bon ami : Pierre. Il me lança, avant de mourir : « Tu sais, le chemin de Compostelle dont tu m'as souvent parlé, fais-le donc ! Tu en as encore la chance. » Quant à mon associé au théâtre, qui savait que je n'allais pas bien à ce moment-là, il m'a dit, comme en écho à Pierre : « Va donc marcher ! »

En marchant Compostelle, je me retrouvais dans l'action. Je ne traînais pas assis dans mon salon. Tous les jours, je me levais et déterminais mes objectifs de la journée : la route à faire. Exemple : aujourd'hui je vais marcher 25 kilomètres.

Je me suis attaché aux gens que j'ai rencontrés et avec qui je marchais. Je ne voulais pas les perdre. Comme je vivais une grosse peine d'amour, j'ai pris conscience de toutes mes dépendances, mais après coup. Même si je ne voyais pas ma dynamique au moment de marcher, je savais intérieurement qu'avancer sur le chemin de Compostelle me permettait d'effectuer un travail intérieur à la fois tangible et intangible.

Quand je suis arrivé en France et que j'ai débarqué de l'avion, ce n'était pas drôle. J'avais trop chaud, j'étais mal équipé et je traînais un sac à dos mal ajusté; bref, c'était un peu représentatif de ma vie. Il nous arrive bien souvent, dans notre existence, d'accumuler des affaires, de nous charger les épaules alors que nous n'avons pas nécessairement besoin de tant de bagages émotionnels et physiques. Sur le chemin, j'appris à me délester du superflu. Mon sac à dos était trop rempli d'éléments inutiles. J'ai aussi appris à effectuer du délestage dans ma tête. Quelle délivrance! Quelle légèreté, ensuite!

En marchant longtemps, de 20 à 25 km sur Compostelle, je me suis mis à l'écoute des autres. Je partageais aussi avec eux la situation problématique qui m'habitait alors. Sans m'en rendre compte, des milles et des milles plus loin, j'ai soudain réalisé que le problème exprimé était resté derrière moi. J'ai avancé. Je me suis de nouveau délivré. Lorsque je marchais seul, je faisais aussi du chemin dans ma tête. Curieusement, dans ces paysages propices à l'intériorité, les solutions arrivaient au fur et à mesure.

Un jour que je voulais tout abandonner, que je contemplais l'idée de prendre le prochain train vers la civilisation connue, voilà que j'ai rencontré un homme dénommé Michel. Il est devenu mon miroir. Avec lui, j'ai pris conscience que le Marcel Leboeuf d'avant était positif comme lui. Où se terrait ce Marcel, désormais? Par son discours et sa manière de voir la vie, Michel m'a donc aidé à raviver les couleurs en moi, que j'avais ternies au cours de ma dépression. Je me suis littéralement retrouvé grâce à lui, au moment même où « tout quitter » me semblait la seule option.

J'ai appris le lâcher-prise. Si je n'ai pas d'emploi aujourd'hui, d'accord ! Je vais m'en trouver, une job ! « Le chemin » m'a montré physiquement comment me placer dans l'action. Comment me fixer des objectifs d'une journée, d'une semaine, d'un mois et d'une vie. J'ai aussi lâché prise sur ma peine d'amour. Oui, cette rupture est triste, mais maintenant, j'ai tourné la page sur cette aventure merveilleuse et sur mes regrets. J'ai pardonné et j'avance ! Je savais que viendrait une autre personne dans ma vie. C'est ainsi quand on lâche prise sur ce qui ne peut plus être…

Dans ce périple, une de mes grandes leçons a été d'apprendre l'importance de vivre le moment présent. Là. Ici. Maintenant.

À mon retour de Compostelle, je suis entré dans l'action. Cette expérience est venue nourrir le contenu de mes conférences. Je suis convaincu que je n'aurais jamais effectué 2000 conférences si je n'avais pas marché sur le chemin de Compostelle. Je devais connaître, avec mes tripes, la descente au fond du baril et la remontée. Aujourd'hui, je suis plus en mesure de rebondir devant des situations adverses.

CHAPITRE 13

MON POUVOIR MAGIQUE : MON ÉNERGIE !

Les gens pensent que je suis hyperactive ! Désolée de décevoir quiconque, mais NON, au contraire, j'ai de l'énergie à revendre. Voilà mon pouvoir magique !

Fatigué ? Débordé ? Sans énergie ? Moi, NON, pas du tout…

En réalité, le constat que j'ai fait après mes surmenages physiques et émotionnels est que dépenser son énergie sans compter ne mène pas plus rapidement au but désiré. Malheureusement, l'énergie ne peut s'emmagasiner pour un usage ultérieur. Aucun cumul n'est possible et encore moins une petite boîte magique à ouvrir en cas de besoin. Il est donc préférable d'apprendre à gérer cette fameuse énergie au quotidien.

La gestion d'énergie pour optimiser ses actions

J'ai développé des moyens pour bien gérer mon énergie, la créer et la récupérer rapidement. La planification de mes besoins énergétiques demeure une part essentielle de mon quotidien. Impossible pour personne de constamment donner son 120 % sans dégâts à la ligne d'arrivée. Pensez-y plutôt comme s'il s'agissait d'une Formule 1 effectuant plusieurs arrêts aux puits pendant sa course. Il en est ainsi pour vous aussi. Apprenez à recharger vos batteries durant la journée. Ne soyez pas comme ce petit lapin dont les batteries sont trop faibles pour accomplir sa tâche. Chaque jour, alternez les activités exigeantes avec celles qui le sont moins ; cela requiert beaucoup moins d'énergie, mais une grande présence d'esprit, de l'engagement et de la détermination.

Apprendre à doser son niveau d'énergie tout au long de la journée permet de mieux canaliser vos efforts aux moments désirés. Non seulement pour prévenir une fatigue excessive, mais pour véritablement optimiser vos performances.

Niveau d'activation

Voyez l'énergie comme une aiguille aimantée suivant votre rythme et votre cadence. Elle va et vient sur un continuum spatio-temporel, soit : de l'état calme du sommeil à celui extrêmement stressé. Dans quelle zone pointe votre aiguille ? Dans le rouge ? Le vert ? Le jaune ? Vous avez le contrôle de votre niveau d'activation et le pouvoir de l'ajuster selon la demande de chaque tâche.

Évidemment, vous n'êtes pas sans savoir que tout le monde, même les plus aguerris, éprouve du stress à un moment ou l'autre de la journée, de la semaine ou du mois. Vous n'êtes pas un cas isolé, loin de là. Acceptez que vous puissiez être stressé. N'ignorez pas ce fait. Ne vous mettez pas la tête dans le sable comme une autruche. Au contraire, tenez-la bien haute et apprivoisez le stress. Apprenez à reconnaître rapidement les signes mentaux et physiques indiquant qu'il vient de prendre logis en votre intérieur. Ensuite, trouvez des solutions rapides pour remédier à cette situation grugeant votre énergie. En un clin d'œil, vous serez en mesure d'effectuer un plan de relaxation et de focalisation pour obtenir le bon niveau de concentration. Par exemple, si à l'approche d'une prestation vous devenez tendu et crispé physiquement, prenez conscience de vos signes physiques. Est-ce que vos épaules ont rejoint vos oreilles ? Avez-vous le front plissé comme un singe ? Avez-vous les mâchoires serrées ? Si oui, votre mot clé peut être : RELAXE ! En appliquant ce mot aux expériences et aux situations stressantes, vous effectuez chaque fois un ancrage important en vous. Vous associez une réponse de calme à une situation de stress. Toutes les fois que vous dites ce mot, ancrez-le aussi dans une profonde respiration. Prenez une grande inspiration par le nez et expirez doucement. Par contre, aller dans l'autre extrême, à l'autre pôle du stress, c'est-à-dire être « trop calme », n'est pas souhaitable non plus. Ennui, manque de concentration, manque de dynamisme ne sont pas au menu ! Si à un moment ou l'autre de la journée vous ressentez les signes physiques et mentaux que je vais décrire ici-bas, sachez qu'ils sont des indices vous rappelant d'augmenter votre niveau d'énergie.

- Manque de tonus musculaire ;
- Diminution de la vitesse de réaction ;
- Fatigue ou nonchalance ;
- Lourdeur, accablement ;
- Difficulté attentionnelle (augmentation des distractions) ;
- Remise en question ;
- Baisse de de la confiance.

Visez la meilleure concentration et le meilleur rendement possible pour que chaque tâche demeure un objectif optimal. Bonne nouvelle ! Voici des trucs pour réguler votre niveau d'énergie rapidement : l'augmenter ou le diminuer.

Pour augmenter votre niveau d'énergie:

- ❖ Respirer rapidement ;
- ❖ Effectuer des étirements dynamiques ;
- ❖ Développer une routine ;
- ❖ S'offrir un dialogue interne positif et puissant ;
- ❖ Utiliser des techniques d'imagerie ;
- ❖ Se fixer des objectifs atteignables ;
- ❖ Écouter de la musique dynamique.

Pour diminuer votre niveau d'énergie:

- ❖ Respirer lentement et profondément ;
- ❖ Méditer ;
- ❖ S'offrir un dialogue interne positif avec des mots calmants ;
- ❖ Utiliser des techniques d'imagerie ;
- ❖ Se fixer des objectifs atteignables ;
- ❖ Écouter de la musique relaxante.

ÉNERGIE PHYSIQUE, MENTALE ET ÉMOTIONNELLE: INDISSOCIABLES!

Une autre astuce dans la gestion d'énergie est d'être conscient de tout ce qui contribue à affecter positivement ou négativement votre énergie, et ce, physiquement, mentalement et émotionnellement.

Évidemment les exemples dans le tableau suivant sont personnels, donc différents pour chacun. Effectuez l'exercice en identifiant vous-même ce qui physiquement, mentalement et émotionnellement diminue et augmente votre énergie.

CE QUI DIMINUE MON ÉNERGIE (NÉGATIF)		
AU PLAN PHYSIQUE	AU PLAN MENTAL	AU PLAN ÉMOTIONNEL
Manquer de sommeil	Effectuer des tâches non plaisantes	Perdre un être cher
Avoir une mauvaise alimentation	Souper avec des gens négatifs	Accompagner un proche malade
Manquer d'exercice	Vivre du stress au travail	Se quereller avec un ami
Effectuer des efforts physiques extrêmes	Se donner des délais trop courts pour une tâche	Entendre ou émettre des commentaires négatifs
CE QUI AUGMENTE MON ÉNERGIE (POSITIF)		
AU PLAN PHYSIQUE	AU PLAN MENTAL	AU PLAN ÉMOTIONNEL
M'entraîner	Être focalisé	Sourire
Bien manger	Vivre des discussions stimulantes	Recevoir des câlins d'un être cher
Bien dormir	Lire un livre	Écouter de la musique
Danser	Être organisé et accomplir ma liste de choses à faire	Aller souper avec de bons amis
Relaxer dans un spa	Travailler sur des projets que j'aime	Recevoir des rétroactions positives de mes pairs

Vous avez sûrement remarqué l'impact émotionnel d'une mauvaise nouvelle dès son annonce. Nous sommes moins concentrés et notre énergie physique décline d'un coup. *A contrario*, lorsque vous pratiquez un exercice, avez-vous observé que vous êtes plus heureux et concentré ensuite ?

Vérité de La Palice (évidente) : nous sommes tous des êtres humains ! Incontestablement, notre tête, notre cœur et notre corps sont indissociables. Ainsi donc, tout ce qui diminue votre énergie au plan mental ou émotionnel se répercute sur le plan physique et à l'inverse, ce qui vous stimule émotionnellement permet d'augmenter votre niveau d'énergie physique. Plus vous deviendrez conscient de tout ce qui augmente ou diminue votre énergie dans une journée, plus vous aurez le contrôle sur celle-ci. Si, en ce moment, votre constat est que vous êtes complètement happé par des activités qui épuisent votre source d'énergie, empressez-vous de rétablir votre bilan par des petites actions simples. Devenez un véritable chef d'orchestre ; celui sachant rythmer une belle énergie au quotidien afin de mener ses buts et sa vie à bon port.

Intensité / relaxation

Je vous présente une journée type de ma super maman « Diane ». Cette femme est MON mentor d'énergie depuis mes premiers pas. Elle représente tout simplement un modèle. Elle est infirmière, maman (de mon frère et moi) et grand-maman de 5 petits-enfants. Elle prend autant soin des gens à son travail que ceux dans sa vie familiale et personnelle.

1. Elle se lève au petit matin, prend son café et un repas équilibré ;

2. Elle quitte la maison pour son travail à 6h30 pour débuter à 7h00 ;

3. Son niveau de concentration est maximal lors d'évaluation de ses patients ;

4. Physiquement : elle travaille debout, marche, monte et descend les escaliers ;

5. À sa pause, elle s'assoit avec un café et une collation santé. Même si elle ne dure que15 minutes, elle RELAXE et donne une trêve à son cerveau ;

6. Elle retourne ensuite à son travail ! Go-go-go, un arrêt cardiaque ici, une admission là, une crise plus loin... ;

7. Pendant son dîner (45 minutes), elle ne mange pas une soupe, mais bien un repas équilibré. Elle prend le temps de s'asseoir et de relaxer son être entier ;

8. Ensuite, 1...2... GO ! Elle entame le sprint d'après-midi et termine par son rapport à rédiger ;

9. Dès son retour à la maison, à 15h45, elle s'offre une petite collation ;

10. Avant le souper, elle enfourche sa bicyclette pour une randonnée de 20 km ;

11. Le souper vient immédiatement après son périple ;

12. Une petite marche avec mon père permet un apaisement plus grand ;

13. Ensuite vient la douche pour relaxer davantage et libérer les tensions de la journée ;

14. Avant de se coucher, en écoutant la télévision, elle prend un petit bol de céréales ;

15. Enfin arrive le dodo bien mérité.

C'était un exemple d'une journée de travail. Même en congé, ma mère a une liste sans fin d'activités à effectuer. C'est vraiment incroyable tout ce qu'elle accomplit dans une journée ! Chacune d'elles comprend toujours de petites périodes de repos, des collations, de l'activité physique et des échanges avec une amie au téléphone. Je n'ai JAMAIS vu ma mère éprouver une fatigue excessive. Elle GÈRE son énergie au quotidien avec de bons dosages intensité/relaxation. Chaque jour, ou presque, elle bouge, se met en mouvement et se donne suffisamment d'énergie pour être en mesure d'en donner aux autres.

Pour ma part, je suis tout simplement énergique : une championne de la gestion d'énergie. Quand je suis en consultation avec mes clients, je suis toute là, entièrement avec eux, complètement focalisée. Ensuite, dès que j'entre dans mon auto, je relaxe et j'écoute de la musique. Lorsque je suis tendue, je m'en rends compte rapidement et je détends un à un mes muscles. Je calme mes pensées. Quand je travaille de la maison, je peux décider de prendre un bain, et ce, même s'il est 10h00 du matin : je suis ensuite complètement d'aplomb pour poursuivre ma journée. Lorsque la fébrilité s'empare de moi avant une rencontre importante et que j'ai un horaire très chargé, je prends une grande respiration et je reviens rapidement à mon bon niveau d'activation.

Performer au quotidien implique de se mettre en ACTION avec le bon niveau d'énergie pour chacune de nos activités. 1…2… GO ! Allez de l'avant et planifiez, en chemin, de vous activer et de relaxer. C'est toujours un 2 pour 1 ! Dites-vous souvent : « Je me connais, je me respecte, je gère mon énergie comme un chef d'orchestre. » Soyez conscient ! Respectez vos besoins personnels – pas ceux des autres –, l'espace dont vous avez besoin, votre plan alimentaire, de marche, de repos, des petits moments heureux. Nous sommes tous différents avec des agendas différents. Planifiez bien le vôtre !

Mon énergie, c'est mon pouvoir magique, elle est précieuse et je dois la gérer habilement.

TÉMOIGNAGE DE KATY ST-LAURENT, CHEF D'ENTREPRISE

Étant chef d'entreprise de KSL, une ligne de vêtements pour les femmes qui ont une vie active, maman monoparentale de deux enfants et ex-athlète, les gens me demandent souvent comment j'arrive à accomplir toutes ces fonctions en conservant une énergie contagieuse. Pour moi il y a trois facteurs clés : garder une grande place pour le sport dans ma vie, faire un travail que j'aime et qui me stimule, et avoir une vision claire et bien définie sur mes rêves et objectifs à venir.

Avec le brouhaha de la vie, le travail et les enfants, cela est parfois plus difficile de garder une grande place pour le sport dans une vie. Mais je sais que sans ça, je perdrais mon efficacité et tranquillement mon enthousiasme. Il est donc essentiel pour moi de prendre du temps seule avec moi-même ou avec des amis pour faire du sport. Je trouve souvent l'opportunité de faire du sport lors d'événements sportifs. Ce qui me permet de concilier sport et travail puisque c'est la meilleure façon de faire connaître mon produit.

C'est lorsque je suis fatiguée que c'est le plus bénéfique pour moi d'aller courir ou d'enjamber mon vélo. Je reviens l'esprit gonflé à bloc et avec plein de solutions pour les problèmes à résoudre dans mon entreprise. Ces moments que je prends « pour moi » me permettent de me donner de l'énergie et de bien réaligner mes pensées. J'ai intégré chez KSL des meetings jogging. À la place d'aller s'assoir dans un café pour discuter avec mes employés, fournisseurs ou autres, nous allons courir dans la montagne. De nos jours, c'est facile de prendre des notes avec un téléphone. Nous revenons toujours motivés et joyeux.

Mes enfants n'aimaient pas toujours me voir partir courir ou pédaler tôt la samedi matin et les laisser une heure ou deux avec une petite gardienne. Mais ils comprennent aujourd'hui, que si je prends ce temps pour moi, je suis une meilleure maman quand je suis avec eux. Ma grande de 6 ans le répète chaque fois à son petit frère de 4 ans. De toute façon, je pars souvent lorsqu'ils dorment encore...

Faire un travail que j'aime, c'est primordial pour moi. Auparavant j'étais représentante pharmaceutique : métier que je n'aimais pas. Je me disais sans cesse : « Si je continue à l'exercer, je vais devenir malheureuse. » Tel n'était certainement pas mon désir. En réalité, j'ai toujours voulu être une athlète professionnelle, c'était un rêve. Mon rêve. Même si je gagnais un bon salaire, un jour, j'ai tout quitté : travail, maison et même mon chum pour arriver à mes fins. Je suis partie en Europe faire du vélo et, un an plus tard..., j'étais championne canadienne ! Vous dire comment je « tripais » !

J'ai lancé KSL parce que je suis une femme de défi. Je ne pouvais pas devenir autre chose qu'une entrepreneure. Avec un père inventeur et une mère couturière, j'ai trouvé le bon créneau pour stimuler mon cerveau. Être présidente et designer d'une compagnie amènent un lot de tâches importantes. J'adore ça, je ne compte pas mes heures. Même après 8 ans, je suis toujours aussi motivée.

Il est normal d'être plus efficace dans les choses qu'on aime. Mais on doit normalement accomplir aussi des tâches qu'on aime moins dans la vie. Mais lorsque c'est possible... je délègue les bonnes tâches aux bonnes personnes. Le travail d'équipe nous permet d'être plus efficaces. Ex. : Je ne me passe plus de ma femme de ménage et chez KSL, j'ai les bons employés à la bonne place.

Avoir une vision claire et bien définie sur mes rêves et objectifs à venir, me permet de rentabiliser mon temps et de focuser sur ce qui est important. Adieu procrastination !

La rentabilisation de mon temps est d'égale importance. À 17h, comme bien des gens, lorsque je vais chercher les enfants à l'école, je suis fatiguée. M'assoir devant la télévision ne va certainement pas me redonner de l'énergie. Ma stratégie est de dresser une liste d'activités (piscine, vélo, etc.) avec mes enfants. Nous établissons un plan qui nous permet de bouger ensemble et d'échanger sur notre journée, nos joies, nos peines, nos rêves… Pour moi, prendre le repas en 15 minutes, partir faire du sport en famille, et échanger en bougeant a beaucoup plus de sens que de m'asseoir devant un souper laborieux et de ne pas bouger par la suite. Au fur et à mesure que les enfants grandissent, nous trouvons des solutions adaptées au moment. Par exemple, un soir après l'école, nous pouvons partir en chariot à la course pour aller faire un pique-nique dans un parc. Dans le chariot, j'apporte les petits vélos sans pédale (plus léger). Ce qui leur donne le choix : en cours de route, ils peuvent courir avec moi, prendre leur vélo ou se reposer dans la poussette. Ils sont fiers d'eux après tandis que moi : j'ai bougé avec mes enfants. Ma fille me dit souvent : « J'aime ça, maman, passer du temps avec toi quand on fait du sport. »

Elle a bien raison. Quand nous sommes tous à la maison, nous nous voyons étrangement moins souvent puisque chacun est occupé à ses propres activités. Par contre, lorsque nous pratiquons un sport, nous sommes tous ensemble, nous parlons, nous échangeons, nous sommes de bonne humeur.

Je pense que tout ça c'est mon secret pour avoir de l'énergie, oui, mais c'est aussi mon secret pour être heureuse.

J'organise ma vie pour faire des choses que j'aime et qui me font grandir. Je carbure aussi à stimuler les autres à déployer leurs ailes. J'en ai même fait le slogan de mon entreprise KSL. J'aime essayer de donner des trucs... démontrer aux gens que tout est possible. J'ai de l'énergie, oui.... Mais j'aime aussi en donner. Et quand je sais que j'ai réussi à motiver quelqu'un à se réaliser, c'est toute l'énergie déployée qui me revient et qui me stimule à recommencer. Alors voilà, vous savez presque tout sur moi.

Chapitre 14

Ne pas vendre ton âme à la société

« Fais ce que tu aimes dans la vie ! » Telle est la phrase que mes parents m'ont toujours répétée. Aujourd'hui, c'est une VALEUR SÛRE ! De 14 à 24 ans j'ai gagné ma vie grâce à mes passions : danse, enseignement et entraînement. Toutefois, après avoir gagné les championnats mondiaux en fitness, j'ai souhaité mettre davantage en avant-plan ma vie de couple et éventuellement familiale. J'ai rencontré mon conjoint, qui demeurait à Sherbrooke. Il m'a offert de venir habiter avec lui, le temps que je puisse « me trouver quelque chose ». À ce moment de ma vie, je me sentais bien. La vie à Sherbrooke versus le mode de vie que je m'étais créé à Montréal différait complètement. J'étais plus détendue, plus en contrôle de moi-même. Je n'ai donc pas hésité un seul instant à faire le saut. Lorsque nous soupions avec nos amis (comptables, ingénieurs, psychoéducateurs...), tous trouvaient fascinant que je sois arrivée 2e au monde en fitness routine. De mon point de vue, rien de plus normal puisque j'avais investi tout ce que je pouvais en temps, en énergie et en travail pour parvenir à cet heureux résultat. En contrepartie, moi je les enviais d'avoir un « vrai métier », une stabilité financière leur évitant de conjuguer avec mille et une avenues pour parvenir à vivre, à payer le loyer, etc. Ils n'avaient pas à s'évertuer à être proactifs au quotidien pour vivre. Ils étaient simplement actifs dans leur milieu, dans leur carrière. Moi, j'étais fatiguée... Je livrais sans cesse une bataille pour ma survie au lieu de vivre une vie coulant doucement comme une rivière.

En 2008, à Sherbrooke, lorsque je cherchais un emploi de kinésiologue dans les moteurs de recherche d'emploi, aucun poste ne s'affichait dans cette catégorie. Cette profession s'avérait encore nouvelle à cette époque. Déracinée de ma ville, je ne trouvais pas évident de me rebâtir une clientèle en partant à la barre zéro. Pour ne pas sombrer dans une dépression et éviter la procrastination à la maison, je suis allée travailler comme commis dans une pharmacie de la région. Un pas de géant « en arrière » pour moi qui était travailleure autonome à Montréal et chargée de cours en préparation mentale à l'École nationale du cirque. J'ai mis mon ego de côté et j'ai accompli mon boulot la tête haute. Il n'y a pas de sous-métier. Tous peuvent éventuellement aider à nous rendre à bon port. Ensuite, j'ai profité de la proximité de l'Université de Sherbrooke pour effectuer une maîtrise en santé et vieillissement. Le sujet m'intéresse particulièrement compte tenu du vieillissement de la population. Puisque le milieu de la recherche est un monde de performance : j'ai allumé complètement ! Je retrouvais mon énergie, mon sourire..., ma vie.

Dès ma maîtrise complétée, j'ai obtenu un poste d'agente de recherche au Centre de recherche sur le vieillissement de Sherbrooke. Je considérais détenir enfin un « VRAI » métier et, de surcroît, offrant des avantages sociaux, dont celui de congé de maternité. Pour une femme, cette perspective est attirante. J'ai sincèrement aimé mon expérience ainsi que l'équipe de travail avec qui j'évoluais chaque jour. Toutefois, après deux années à cet endroit, je me surprenais à pleurer en travaillant. Ça n'allait plus du tout. Sur mon tableau de bord personnel, une lumière rouge s'est allumée. Si je ne changeais pas mon environnement au plus vite, j'allais sûrement craquer et ça : pas question !

Mes constats ? Certains projets m'allumaient, particulièrement lorsque je devais établir des partenariats ou réussir à atteindre des échéanciers impossibles. Pourquoi ? Certes, j'étais stimulée et je mettais en application mes outils de préparation mentale afin d'exceller à cet emploi. Mais un jour, j'ai dû travailler sur un projet quelque peu insoutenable. Je devais répertorier des milliers d'articles scientifiques à longueur de journée, jour après jour, semaine après semaine, et ce, pendant plusieurs mois. Nul besoin de vous dire que la Josiane heureuse et pétillante éteignait sa lumière graduellement. J'étais malheureuse. Accablée. Misérable. Je n'exploitais pas du tout mon potentiel, celui pour lequel je me savais capable de déplacer des montagnes. Je le savais que je piétinais sur place au lieu d'aller vers mon plus grand bien, mon plus grand achèvement.

PRENDRE LA BONNE VOIE

C'est donc durant mon congé de maternité avec mon bébé sous le bras que j'ai utilisé ma force de caractère, mon enthousiasme et mon goût de la réussite pour démarrer mon entreprise. J'ai écouté mon cœur, ma tête et mon corps, vérifiant s'ils étaient tous alignés pour cette nouvelle aventure. Oui. Ils étaient complètement harmonisés. Les étoiles dans mes yeux n'allaient pas s'éteindre, mais briller de tous leurs feux.

1… 2… GO !

Je suis revenue sur ma voie, j'ai repris ma direction et je me suis munie d'une équipe de succès. Je suis allée chercher de l'aide pour les jeunes entrepreneurs et j'ai démarré la compagnie *Entraînement CAP SANTÉ*. Ayant participé à divers congrès internationaux, j'étais donc à l'affût de l'actualité dans mon domaine. Je me suis donné pour mission de transmettre toutes ces belles notions au grand public. Je me savais être celle pouvant transmettre, vulgariser et effectuer le pont entre la recherche et la vie des gens. Avec mon côté proactif et mon authenticité, j'ai avancé pas à pas, peu importe sur quel terrain. J'avançais, mon but bien logé au cœur et implanté dans mon présent et mon avenir. Avec courage et détermination, j'ai quitté ma stabilité professionnelle acquise – celle que j'enviais aux autres –, eh oui ! J'ai usé de ma créativité, mais surtout de mes expériences passées afin d'offrir mes outils aux gens et de contribuer à une meilleure société par le biais de mes services de kinésiologue.

1... 2... GO ! J'ai établi une collaboration avec un Métro à Ste-Julie et, sans hésiter, j'ai effectué avec détermination des allers-retours « Sherbrooke – Ste-Julie » pour m'établir une clientèle. Mon objectif visait l'atteinte du salaire préalablement octroyé au centre de recherche dès ma première année. Je vous l'assure, certains déplacements frisaient le ridicule tant ils n'en valaient pas la peine. Heureusement, dans mon for intérieur je savais qu'il s'agissait là d'une étape capitale à franchir. Je n'allais certainement pas baisser les bras. Six mois après, j'avais bâti une clientèle suffisante pour que les déplacements soient lucratifs. J'ai offert des conférences, des consultations, des services en entreprises, etc. Non seulement ai-je atteint mon objectif, mais j'ai réellement eu un impact dans la vie d'une centaine de personnes, et ce, en une seule année. Tape dans le dos ! Bravo Josiane !

Évidemment, j'ai évité de suivre la recette facile, et celle du moindre effort, menant souvent à la déception et à la non-réalisation de nos objectifs.

Un jour, mon mentor en affaires m'a dit : « Tu as deux choix : travailler pour quelqu'un ou créer ton emploi. Si tu crées ton emploi, du coup, tu en offriras à d'autres. »

Quelle belle perspective que ce deuxième choix !

Notre plus grand pouvoir ? Notre capacité de décider ! Sachez qu'il n'y a pas de voie meilleure qu'une autre. Par contre, il y en a une qui est la meilleure pour vous !

Récemment, j'échangeais avec une collègue. Elle me racontait que son fils avait 36 de cote R au Cegep et qu'il désirait devenir médecin. Pour diverses raisons, il n'a pas réussi l'entrevue préalable à l'admission et ne sera donc pas admis en médecine à l'université cette année.

Ce jeune homme de 19 ans, résilient comme pas un, se lancera dans le bénévolat durant cette année-là, pour acquérir une expérience plus grande de la vie. Il repassera l'examen d'entrée l'année suivante. Il est convaincu que ce métier est tout désigné pour lui. En ce sens, il mettra tout en œuvre pour parvenir à son but. Je trouve cette histoire très inspirante, car à 19 ans, il aurait pu choisir de suivre les traces empruntées par plusieurs personnes avant lui. Il aurait pu choisir d'endosser sa deuxième option : celle de physiothérapie. Néanmoins, il a conservé sa vision intacte, s'engageant même à réussir dès l'an prochain. Chapeau à cette détermination et ce courage d'aller de l'avant malgré les obstacles !

Je crois que les personnes les plus vulnérables et susceptibles de dévier de leur propre route, sont les personnes les plus créatives : cuisinier, comédien, chanteur, entrepreneur, humoriste, danseur, acrobate, musicien, styliste, artiste peintre, graphiste, maquilleur, concepteur de jeux vidéo, metteur en scène, écrivain, réalisatrice, dessinatrice, designer d'intérieur, etc.

Même si votre métier ne rejoint pas la dite « norme » au plan sociétal, et qu'il ne se retrouve pas dans un bottin d'emplois, sachez que vous avez tout autant votre place dans ce vaste monde. Vous avez le droit de réussir tout ce que vous entreprenez, en y mettant bien sûr des efforts équilibrés. Si vous êtes une personne intuitive, ne laissez surtout pas les autres dicter vos ambitions ou choisir votre voie : ni parents, ni amis, ni conjoints. Vous avez un rêve ? Alors, prenez la voie qui vous inspire : vous savez mieux que quiconque ce qui est bon pour vous. Cela ne veut pas dire, par contre, de ne pas prendre avis auprès d'experts.

Vous avez le droit d'échouer dans votre domaine. Vous avez le droit de changer de direction. Vous pouvez aussi choisir d'être aidé (ce qui peut vous donner un bon coup de pouce). Évidemment, des gens bien intentionnés vous montreront certains chemins. Parfois, il s'agira des vôtres, d'autres fois ils ne vous conviendront pas. Soyez à l'écoute de vous-même. De vos désirs. De vos aspirations. Suivez votre instinct puissant. Nous sommes tous des êtres humains et personne n'a atteint la perfection – à ce que je sache. Soyez vous-même ! Voilà ce qui vous distinguera de la foule et surtout :

SOYEZ FIER DE VOUS ! ALLEZ SOURIEZ

Soyez des personnes authentiques et audacieuses. Lors du processus d'écriture de ce livre, j'ai eu le privilège d'échanger sur le sujet avec l'animatrice, auteure et conférencière Josée Boudreault. Voici ce qu'elle voulait vous partager sur le sujet :

Témoignage de Josée Boudreault : animatrice, auteure et conférencière

Il est important de retourner souvent à l'intérieur de soi et d'être à l'écoute de la personne que nous sommes. Parfois nous avançons facilement, d'autres fois, péniblement. Des barrières se dressent devant nous. Il peut s'agir d'une perte d'argent, d'une maladie, d'une route parcourue autre que la nôtre ; c'est-à-dire celle que nous aurions voulue ou qui ne nous était pas destinée. Arrivent finalement nos 40 ans : le moment des bilans. Nous constatons alors que nous sommes heureux dans des secteurs de notre vie, mais pas dans un tel ou un autre.

Je suis une communicatrice. J'anime des émissions tant à la radio qu'à la télévision. L'élément déclencheur qui m'a fait réfléchir, et m'a portée à effectuer des changements, a été mon travail à Rythme FM. Pour préparer et animer mon émission du matin, je devais me lever à 3h30 du matin. Cet horaire était complètement incompatible avec celui de mes enfants. Je devais trouver une façon de fonctionner plus harmonieuse, plus en accord avec qui je suis profondément.

Je me suis donc mise à mon écoute. Ayant accumulé 25 années de carrière en communication, je connaissais très bien l'importance d'exprimer ce qui nous habite... Ma solution est donc venue par le biais de discussions, l'écriture d'un livre et des conférences offertes un peu partout au Québec. Mon conjoint m'a supportée dans mon nouveau choix de vie en constatant mon attrait et mon plaisir à m'adresser ainsi à un public. Mes horaires me conviennent donc mieux et je peux mettre à contribution ma grande joie de communiquer avec les gens ; d'être tout simplement près d'eux.

Plus nous sommes proches de qui nous sommes, de ce qui nous habite, plus nous sommes heureux. Aujourd'hui, en suivant ma rivière personnelle, je nage dans le bonheur. Je n'ai plus peur ! Je ne vis plus dans l'insécurité d'avoir ou non un travail. Je me laisse voguer sur les vagues de l'abandon dans mon présent tout étant capable d'anticiper ce qui viendra par la suite. Sur cette voie – la mienne –, je suis zen et en paix. Je suis en mesure de savourer le moment présent. De plus, dans cette authenticité heureuse, j'attire des projets qui me ressemblent beaucoup plus. Bonheur ! Bonheur ! Bonheur !

Aujourd'hui, je suis exactement sur mon x, là où je dois être pour mon avancement et celui des autres. Je trouve très important de miser sur notre talent, sur nos aptitudes. Plus vite nous nous connaissons, plus vite nous nous découvrons heureux. La peur flétrit nos ailes. Elle les brise. Il importe d'OSER aller de l'avant. D'accepter de ne pas être parfait pour être simplement nous-mêmes.

Alors, permettez-vous d'être vibrant et vivant...
C'est captivant !

Chapitre 15

Les morceaux du puzzle s'assemblent

Depuis ma tendre enfance, j'avance d'une expérience à l'autre, grâce à mes constats, et en tirant des leçons de chacun d'eux. Je me les représente comme des morceaux de puzzle qui, au final, s'assemblent tous; s'emboîtent les uns dans les autres pour former un tout. Par exemple, mes années de gymnastique se sont avérées un tremplin pour ma troupe de danse hip-hop, car je pouvais, entre autres, effectuer des «*Power moves*» (des mouvements puissants). J'avais également développé une très grande discipline et un engagement à toute épreuve. Mes années de danse, quant à elles, m'ont amenée à développer ma musicalité et ma créativité et à me démarquer rapidement en fitness routine. D'ailleurs, les diètes restrictives, lors de ces compétitions, m'ont permis de comprendre la réalité de certains de mes clients qui s'étaient imposé un tel type de régime. Finalement, mon expérience en recherche m'a apporté de la rigueur, de la confiance dans l'établissement de partenariat et de l'efficacité au travail.

Aujourd'hui, je suis entrepreneure et je mets à profit toutes ces expériences entremêlées m'ayant conduite au succès.

Tableau synthèse pour réajuster vos pas

À chaque morceau de puzzle, il est important d'en tirer des leçons positives et constructives et, selon, de réajuster vos pas afin d'avancer vers vos projets de rêve. Dans cette optique :

- Identifiez ce qui vous amène à vibrer ;
- Identifiez les « lumières rouges » qui se sont allumées en vous quand votre énergie déclinait et que rien n'allait plus. Pourquoi est-ce survenu ?
- Quelles ont été vos forces ?
- Que voulez-vous vraiment, maintenant ?

Oui ! Restez focalisé et positif en tout temps

Voyez les transitions comme de nouvelles opportunités. Même lorsque l'incertitude règne, demeurez focalisé. Pour ma part, dans ces moments de passage, je trouve toujours des éléments positifs, ce qui m'amène à grandir continuellement. Savez-vous quoi ? Lorsque vous acceptez d'être vous-même, d'être authentique, alors vous acceptez aussi ce que vous avez vécu et ce que vous ne pouvez contrôler. En tout temps, vous pouvez utiliser votre énergie pour changer ce qui ne va pas et diriger votre destinée vers ce que vous aimez profondément. Pensez à vos talents, vos compétences et le milieu dans lequel vous aimeriez évoluer, poursuivre et atteindre vos rêves. Choisissez MAINTENANT d'accomplir ce qui est nécessaire pour avancer dans cette direction. Il n'est jamais trop tard pour tenter quelque chose de différent, commencer un nouveau travail dans un autre domaine, accomplir des objectifs simples ou ambitieux...

NOS EXPÉRIENCES S'EMBOÎTENT LES UNES DANS LES AUTRES

Au fil des années, chaque projet auquel j'ai participé m'a énormément apporté de plaisir et de bonheur. Toutes mes expériences ont contribué à donner un sens à ma vie et m'ont aidée à poursuivre sans relâche vers l'avant. J'ai appris que si je ne voulais pas travailler pour quelqu'un – et choisir parmi un des milliers d'emplois qui existent –, je devais créer ma propre voie et mes propres opportunités. Passionnée par la préparation mentale, j'ai trouvé une façon de l'intégrer dans ma vie et mon travail. Aujourd'hui, mon passé d'athlète, d'artiste de la scène, de professionnelle de la santé et d'entrepreneure me donne un avantage : celui d'ouvrir des portes. J'ai su développer des compétences à travers mes diverses expériences pour maintenant initier des missions qui donnent un sens à ma vie, tout en permettant d'offrir une contribution à la société.

Choisissez d'accomplir ce que vous voulez et FOCALISEZ afin que vos rêves deviennent RÉALITÉ.

Emboîtez vos expériences et... n'hésitez jamais à ouvrir vos propres portes ! Toc ! Toc ! Toc !

Témoignage de Natasha Jean-Bart : danseuse au Cirque du Soleil et directrice chez Wättssoul

À mi-chemin entre la naissance et l'inconnu, je m'apprête à me relancer sur cette corde raide de la vie. Les quatre dernières années ont été une mini-retraite essentielle pour retrouver cette équanimité qui harcèle constamment l'esprit humain. Assise sur le toit, j'ai presque réussi à maîtriser cet équilibre élusif en observant la cour d'école et ces jeux extrêmes des enfants qui y jouent. J'étais comme eux quand j'étais jeune: la tête dans les nuages et les pieds sur terre. Des rêves plein la tête et fonceuse comme le taureau qui règne sur ma charte native, je me suis lancée dans le monde de la danse. Comme Claude Dubois le chantait si bien : « J'aurais voulu être un artiste » ; chanson qui jouait tous les matins à la radio AM lors de mes visites grandement anticipées chez mes grands-parents adorés. Néanmoins, je ne voulais pas rêver d'être une artiste avec un regard mélancolique sur le passé.

Je regardais la télévision religieusement tous les samedis matins, bouche bée devant les danseurs explosifs de « Soul Train ». *Je m'empreignais sans cesse de tous ces mouvements de danse exécutés par ma plus grande inspiration : Michael Jackson. Je les mettais en pratique avec espoir de les maîtriser le plus vite possible. J'avais de grands rêves de devenir danseuse. Je préférais l'impromptu et l'expression libre de la danse à tous les cours de ballet classique et de danse jazz combinés. Avec les années, j'ai dévié vers la danse de rues, car celle-ci me parlait beaucoup plus que toutes les autres formes établies. Se professionnaliser en danse de rues dans les années 70 et 80 à Montréal n'était pas un parcours légitime, mais j'étais une fille résiliente qui malheureusement détestait la compétition. J'ai dû prouver et justifier maintes fois mes ambitions à la société, qui elle n'avait pas inclus la* « Street dance » *dans sa liste de parcours de vies.*

L'amour était le plus grand compétiteur contre ces ambitions. À l'âge de 15 ans, j'appris que j'étais enceinte et la vie prit soudainement un chemin qui n'était pas écrit. J'ai donc pris cette vie par les cornes et je suis partie à l'aventure. Malgré les chemins parsemés d'obstacles, je ne me laissais jamais abattre. À 19 ans, avec deux enfants, la danse m'a sortie du ghetto malgré les épreuves difficiles. J'ai terminé mes études à Rosalie-Jetté, cette école spécialisée pour adolescentes et jeunes mères enceintes. Montréal-Nord, dans les années 80, était une ville assez violente ; beaucoup de gangs de rues, et surtout beaucoup de rêves oubliés. Grâce à mon papa qui travaillait au YMCA, j'ai réussi à décrocher mon premier travail d'enseignante en danse. Tous les matins, je me déplaçais en bus et dans le métro de Montréal-Nord, jusqu'au YMCA de Westmount, pour donner mes cours de jazz d'influence « Street ». *Je comblais le déficit financier en y travaillant aussi comme responsable de garde et monitrice de camps. Avec deux enfants sur les bras, je me lançais dans le futur. J'étais maman à temps plein et je dansais à temps partiel. À d'autres moments, la corde basculait et tous les rôles se métamorphosaient, créant des passages ambigus. La danse n'était plus un passe-temps. Elle séjournait en moi, elle existait comme partie intégrale de mon dessein humain. Mon futur était certainement impossible à prophétiser, mais l'amour pour mes enfants et l'amour de la danse étaient deux sources de carburant essentielles à la réalisation de mes ambitions. J'ai compris très jeune que tous les choix de vie sans passion et amour n'amenaient aucune joie ou satisfaction à l'être humain. Les trente-cinq prochaines années furent tout un spectacle où je me lançais avec acharnement sur les pavés cimentés du Vieux-Port de Montréal, les plateaux de tournage télévisés, les planchers de studios de danse et sur plusieurs scènes de théâtre. J'ai investi le peu d'argent que je gagnais pour des voyages à New York et à Los Angeles afin d'apprendre et maîtriser ces techniques élusives de danses de rues. J'ai côtoyé les pionniers qui les avaient créées et je revenais dans ma ville natale avec un sac rempli de savoir. C'est durant ces retours à Montréal que j'ai rencontré l'ambitieuse et belle Josiane dans un cours de danse Locking que j'enseignais à Montréal. Elle avait ce feu en elle que je reconnaissais si bien. Elle aussi marchait sur cette corde raide.*

Cette corde raide m'a appris à balancer ces extrêmes entre la passion et la peur. On prend son courage à deux mains ou à deux pieds, on s'élance les pieds ancrés sur l'instabilité d'un fil qui traverse le néant. On perd l'équilibre, on fait face à nos peurs, on trébuche, on se blesse, on remonte l'escalier et on recommence toujours à zéro. Sans le réaliser, on apprend à apprécier l'inconnu, à perfectionner chaque passage et à corriger et absorber chaque chute. Sans le savoir, tout cela m'avait amené une certaine reconnaissance et notoriété dans le monde de la danse de rues. J'étais la première à Montréal à m'y lancer avec ce désir de professionnalisation en tête. Le Cirque du Soleil a même répondu à l'appel et redirigé mon destin en m'engageant pour le rôle de Lady Madonna dans le spectacle de Beatles LOVE. Le caractère du personnage reflétant parfaitement mon parcours de vie : « Lady Madonna, children at her feet - Wonder how you manage to make ends meet... »

À 44 ans, avec 4 enfants et 2 petits-enfants, j'habite maintenant à Las Vegas. Je souris à la vie parce que la corde se raidit à nouveau. J'ai compris, en rétrospective durant ce mini-retrait sur le toit de la vie, que le succès n'était pas l'aboutissement de mes désirs, mais que l'échange, le partage de connaissances et l'envie de servir l'humanité étaient les plus grands cadeaux que je pouvais donner aux autres. L'inconnu m'appelle toujours et encore sur la corde raide et cette fois-ci je me lance en talons hauts pour mon dernier saut tout en espérant pouvoir guider et inspirer les autres à croire à l'imaginaire. Les inviter à faire ce premier pas instable vers un futur à la fois passionnant et fou. J'ai même gagné à la loterie Universelle le jour où j'ai rencontré mon idole dans les coulisses du MGM Mirage, après avoir dansé la source entière de mon âme : Michael Jackson. La petite fille aux yeux brillants et aux rêves extravagants vivait maintenant dans le corps mature d'une femme presque sage qui émulait un personnage fictif du nom de Lady Madonna. Cette femme qui, au bout du compte, avait finalement réussi à créer une symbiose presque parfaite entre tous ses rêves et choix de vies vers un destin toujours et à jamais voilé.

CHAPITRE 16

MA TÊTE: MON SCÉNARIO...

Les scénarios, c'est dans notre tête que nous les créons et les cultivons ! Il importe donc de vous poser plein de questions et d'en tirer de bonnes conclusions. Sachez composer avec votre environnement, mettre les situations en perspective, vous adapter et vous ajuster en toute chose et en tout temps. Personnellement, au fil des années, je suis devenue et je continue de devenir une meilleure personne. Je suis moins stressée, plus équilibrée et, surtout, j'applique les outils de préparation mentale que j'ai apprise et que je perfectionne constamment.

LES 4 « C » DU SUCCÈS

Mon intension en écrivant ce livre était de vous transmettre les 4 « C » du succès.

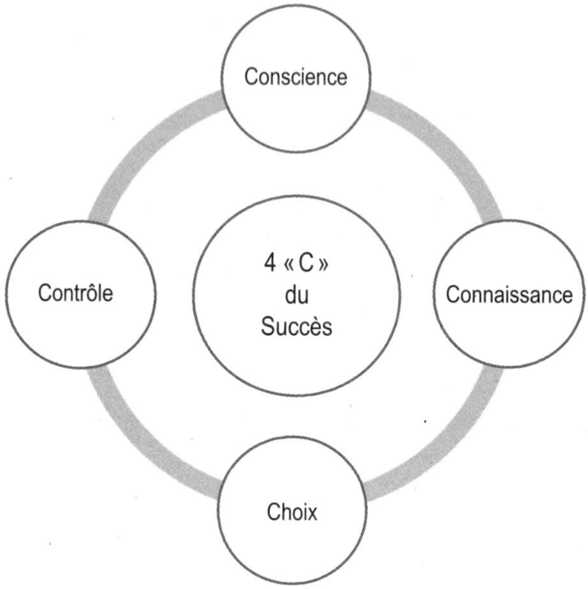

Pour être autonome, vous débrouiller et trouver des solutions, vous devez :

1) prendre conscience de vos pensées, de votre centre d'attention (focalisation), de votre état physiologique ;

2) détenir des connaissances (allez chercher des outils, diverses connaissances…) ;

3) effectuer des choix (pour être en mesure de faire de bons choix, il importe de rester dans le moment présent plutôt que de penser aux résultats. Soyez capable de mettre les choses en perspective !) ;

4) être en contrôle (contrôlez vos actions, vos projets, votre destinée).

DANS MON SAC À DOS, J'APPORTE MES OUTILS DE PRÉPARATION MENTALE

Dans mon sac à dos de la vie, j'apporte mes réflexions à méditer, mes outils et mes stratégies. Voici le résumé des outils mis dans votre propre sac depuis le début de notre aventure ensemble:

STRATÉGIES	OUTILS ET RÉFLEXIONS
Mes premiers pas vers le succès	Quels sont vos premiers pas? Quels sont vos échecs tremplins?
Des étoiles dans les yeux	*Votre futur* Quel est votre rêve? Votre vision? Que voulez-vous accomplir? Qu'est-ce qui vous fait vibrer?
Je me fabrique, je me construis, je m'engage	Mon plus grand pouvoir: ma capacité de décider La fée motivation n'existe pas Quelle est votre équipe de succès?
Plans, plans, plans	TPS (Toujours Prêt au Succès) *Table de la confiance* 4 pattes solides: physique, mental, technique et tactique Plan 3D (personne, tâche, contexte) Plans de...: exercice, nutrition, gestion de temps, émotion, énergie, focalisation, confiance en soi

Stratégies	Outils et réflexions
1...2...GO !	Tête haute : je saute en toute sécurité Confiance : liste des « Je sais que » Discours interne positif Être positif et proactif
Sur mon x avec mon idée fixe	Objectif de rêve (*dream goal*) Souplesse dans les objectifs à long terme Le bon défi selon nos habiletés Ma nouvelle amie Constance Je garde le **CAP** : **C**onstance **A**vec **P**laisir
FOCALISATION	Quand on ZOOM, on VROOM et on BOOM ! *Focalisation* **CLC** : **C**ontrôler **L**es **C**ontrôlables Devenir expert en solutions Un petit 5 à 7 ? (respiration) Éliminez les facteurs de distractions Moment présent ZOOM IN ZOOM OUT ! (focalisation interne et externe, large et étroit)

STRATÉGIES	OUTILS ET RÉFLEXIONS
Mange, entraîne-toi et dors	Le kinésiologue Le rapport au corps Je mange santé pour mieux bouger Les 3 « P » santé Perspectives positives
Ma vie est une symphonie à l'infini	En avant la musique! Quand écoutez-vous de la musique? Qu'apporte la musique pour le « CORPS » ? Qu'apporte la musique pour le « CERVEAU » ? Qu'apporte la musique pour le « CŒUR » ?
Attitude d'un rocker	Look de rocker: veste de cuir, guitare, flammes dans les yeux. Comment réagir aux commentaires et aux critiques Face à la critique: contrôler votre focalisation Rocker votre vie avec confiance Les « oui, mais » ne sont que des saboteurs. Tournez tout en positif! Subir la pression ou l'imposer...

STRATÉGIES	OUTILS ET RÉFLEXIONS
Le jour et la nuit n'existent plus	Ligne mince entre le sommet et le surmenage Connaissez et respectez vos limites De superhéros à super zéro Signes et symptômes du surmenage Causes du surmenage Stratégies lorsqu'on vit le surmenage Stratégies pour éviter le surmenage
La reconstruction d'une tête de champion	La transition L'apprentissage continu ? Astuces pour les moments de transition
Mon pouvoir magique : mon énergie	Trouver le bon niveau d'activation Identifier ce qui vous donne et vous enlève de l'énergie physique, émotionnelle et mentale Jouer au chef d'orchestre avec votre énergie
Les morceaux du puzzle s'assemblent	Ne pas vendre son âme à la société Restez authentique Tableau synthèse pour réajuster vos pas Restez focalisé et positif en tout temps Nos expériences s'emboîtent les unes dans les autres

L'ÉTOILE DU SUCCÈS

PERFORMER, RAYONNER ET BRILLER!

Le « P » : **P**odium du succès pour rayonner et avoir du plaisir en chemin!

Les « 5 P » du succès pour briller :

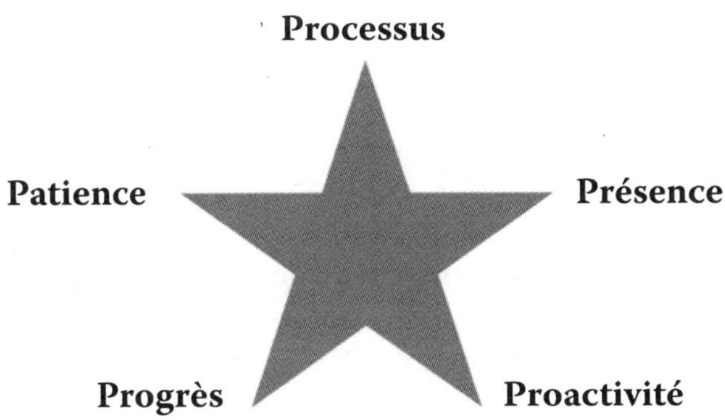

Posséder et maîtriser ces outils est certes de la plus haute importance, mais encore faut-il la passion, l'éthique de travail (ardeur, dévouement, qualité versus quantité) et le développement de vos habiletés émotionnelles. Les voici :

Plaisir : savourez le moment présent ;

Joie : profitez de chaque jour pour être heureux ;

Fierté : soyez fier de vos choix ;

Passion : choisissez une passion harmonieuse versus obsessive ;

Autorégulation : détectez rapidement votre nervosité et utilisez les moyens pour retrouver votre calme.

RÊVE ET RÉALITÉ STUDIO !

Depuis que je suis toute petite, je passe du rêve à la réalité. Fascinée depuis ma tendre enfance par les gens qui réussissent, j'ai eu le privilège d'étudier les concepts de la psychologie du sport avec Wayne Halliwell, psychologue sportif auprès d'athlètes. Ayant mis à profit tous ses outils, aujourd'hui je peux dire :

TESTÉS ! ÉTUDIÉS ! APPROUVÉS !

« Du rêve à la réalité » a toujours débuté, pour moi, par une inspiration. Je suis à l'affût des exemples de succès dans la société. Je regarde les réalisations des grands performeurs et des gens de mon entourage. Je les étudie, puis j'applique leurs outils de préparation mentale (et les miens) pour réussir à mon tour. Puis, la roue tourne. Je suis inspirée de nouveau, sans cesse, tout le temps ! Pour moi l'inspiration est encore plus grande que la passion ! Quand il y a accomplissement, que le rêve devient réalité, eh bien mes amis : sortez le champagne, remerciez et célébrez ! Vous le méritez ! Soyez fier de vos réussites. Vous avez travaillé fort pour arriver enfin en haut, sur la dernière marche ! Cela mérite une bonne tape dans le dos, non ? OUIII !

TÉMOIGNAGE DE JEAN-MICHEL ANCTIL: HUMORISTE ET COMÉDIEN

Tout petit, déjà, j'étais émerveillé par les spectacles, les costumes et l'humour. Un jour, ma mère m'a amené voir le spectacle de Jean Lapointe au Grand Théâtre de Québec. En pleine représentation, je lui ai chuchoté à l'oreille: « Un jour, tu vas venir ici et c'est moi qui serai sur la scène. »

Lorsque j'ai réalisé mon rêve, mon premier « one man show » au Grand Théâtre de Québec, de savoir ma mère dans l'assistance revêtait une grande importance pour moi. J'étais très émotif et, surtout, très fier d'être enfin sur les planches... devant elle.

Une éternité a passé avant que je ne me lance dans l'humour. J'ai toujours eu le sens de la répartie comique. Mon entourage, la famille, les amis riaient devant mes plaisanteries, mes bouffonneries, mes pitreries. Néanmoins, faire rire des gens inconnus demeure le véritable défi en humour. Inscrit en sciences politiques à Laval, je me suis rendu compte assez vite que j'étais très loin d'être sur mon X – d'être à ma place! Je craignais de choisir l'option théâtre, car selon bien des commentaires, j'allais crever de faim! Bon, passé outre ce petit détail..., moi c'est l'humour qui nourrissait mon être! C'était LE métier dans lequel je voulais évoluer toute ma vie!

J'ai abandonné les sciences politiques pour me diriger en théâtre à l'Université Laval. Là, je me suis vraiment retrouvé dans mon élément. Plus tard j'ai fait les auditions du Conservatoire de théâtre, je n'ai pas été accepté. Premier échec. Ne baissant pas les bras, je suis allé passer une audition à l'École nationale de l'humour, à Montréal, dans une ville que je ne connaissais pas et qui, je dois l'avouer, me faisait peur. J'ai donc fait ma première audition sans intérêt et réelle envie d'être choisi. De retour à la maison, ma blonde m'a dit: « Si tu veux faire ce métier-là, tu n'as pas vraiment le choix, c'est le premier pas à effectuer... » On m'a rappelé pour la 2e audition où j'ai mis le paquet et là je suis entré à l'école, fier et heureux.

Après ma période d'apprentissage, il y a eu la tournée Juste pour Rire qui a duré un an. Quand un projet se terminait, il y en avait un autre qui se présentait. Suite à la tournée JPR j'ai été invité à joindre l'équipe des Midis fous *à la radio de CKOI, où j'ai travaillé pendant 3 ans. C'est durant cette période que j'ai préparé mon premier « One man show ». Les expériences se sont emboîtées et j'étais très proactif. Un jour, j'ai établi le constat que je tirais et conduisais à la fois la charrette. Réalisant qu'après la tournée de mon premier spectacle je n'avais rien de prévu, je me suis donc remis plus vite que prévu à l'écriture d'un autre spectacle. Ce qui devait prendre plus d'un an a été monté en 4 mois.*

S'ensuivit la tournée « Rumeur *» qui fut très grande et productive. Bien qu'elle m'ait apporté énormément, elle m'a aussi complètement épuisé. J'effectuais 5-6 représentations par semaine. Lorsque tout s'est arrêté d'un coup, après 4 années de spectacles, la peur de ne plus jamais travailler est survenue, s'est installée... La panique s'est emparée de moi. Je me sentais comme dans une course. À la ligne de départ, je voyais tout le monde partir et continuer d'avancer dans leurs réalisations tandis que moi, je restais là, sans bouger... Mon scénario interne me dictait que je ne serais jamais capable de rattraper mes pairs...*

Avec le temps, j'ai réalisé qu'il ne s'agissait pas d'une course ! Loin de là ! Aujourd'hui, j'y vais donc à mon rythme. J'ai hâte à mes prochains spectacles et je ne m'inquiète plus des pauses entre deux projets. Je planifie mes vacances, je gère mon horaire et mon temps. J'ai aussi appris à mobiliser et à concentrer mon énergie de manière constructive. Je sais à quel moment retirer le pied de la pédale à gaz tout en restant une fusée! Bien que je sois la même personne dans la vie comme sur scène, je sais que mon énergie ne peut être déployée de manière maximale au quotidien comme lors d'un spectacle. Avec l'expérience, j'ai appris à ne plus focaliser sur les deux personnes qui ne rient pas dans la salle, mais sur toutes les autres.

Pour expérimenter un état optimal sur scène, avant mon spectacle, je pense à un spectacle qui s'est bien déroulé et je visualise qu'il en sera ainsi le soir même! Dans les moments de grande nervosité, j'opte pour des stratégies ponctuelles: écouter de la musique, respirer lentement et je pratique la technique du « taping » *afin d'obtenir le niveau d'activation optimal. Au fil des années, j'ai avancé, grandi, appris, évolué... et je continue sans cesse sur ma lancée. J'ai appris à aimer mon métier. Je suis fier d'être humoriste.*

Conclusion

Avant de vous laisser partir accomplir vos rêves, voici mes trois citations personnelles:

« C'est avec des étoiles dans les yeux, le sourire aux lèvres et l'attitude d'une rockeuse que je fonce dans la vie. »

Josiane Desroches (Jo The Rock)

« Ma vie est une symphonie ! Si les autres m'envient, tant pis ! »

Josiane Desroches (Jo The Rock)

« 1... 2... GO ! »

Josiane Desroches (Jo The Rock)

Je continuerai toujours de rêver !
Je continuerai toujours de pousser !
Je continuerai toujours de réaliser !

Pour sûr !

Pour MOI, pour VOUS, pour NOUS !
TCHIN TCHIN !

N'oubliez jamais : j'y crois si vous y croyez !

1…2…GO !

Rêve et réalité ! Ma tête : mon scénario, mon studio !

Pour rejoindre l'auteure

Vous êtes invité à rejoindre l'auteure à l'adresse courriel suivante :

josianedesroches@hotmail.com

ou visiter son site Internet :

www.josianedesroches.com

MARQUIS

Québec, Canada

RECYCLÉ
Papier fait à partir de matériaux recyclés
FSC® C103567
FSC
www.fsc.org

Imprimé sur du papier Enviro 100% postconsommation traité sans chlore, accrédité ÉcoLogo et fait à partir de biogaz.

100%

PERMANENT

BIO GAZ ÉNERGIE

Le voleur de doudous

ISBN 978-2-211-07912-9
Première édition dans la collection *lutin poche*: mai 2005

Loi numéro 49 956 du 16 juillet 1949 sur les publications
destinées à la jeunesse: septembre 2003
Dépôt légal: janvier 2021
Imprimé en France par Estimprim à Autechaux

Alan Mets

Le voleur de doudous

les lutins de l'école des loisirs
11, rue de Sèvres, Paris 6e

Connaissez-vous le voleur de doudous ?
La nuit, sans bruit, il entre dans les maisons
en passant par la cheminée.
Sur la pointe des pieds, il se glisse
dans les chambres des enfants.
Malgré l'obscurité, il repère les doudous.
Il ne vole que les plus beaux,
ceux que les enfants aiment vraiment du fond du cœur.
Et comme il est très discret, personne ne l'a jamais vu.
Personne, sauf moi, Natacha !
Laissez-moi vous raconter mon histoire…

Une nuit, le voleur de doudous pousse la porte d'une chambre. Et dans cette chambre, il voit le plus beau doudou de tous les doudous du monde.
Normal, c'est mon doudou !
Sous le coup de l'émotion, le voleur fait un faux pas.
Il marche sur un petit canard en caoutchouc.
Coin !
J'entrouvre un œil. Et je vois un petit lutin sortir de la chambre en un éclair, avec mon doudou sous le bras.
Je ne suis pas une omelette, ça ne va pas se passer comme ça !

À tâtons, je sors de ma chambre.
J'entends un minuscule grincement dans le salon.
Par la porte entrouverte, je vois le voleur
mettre mon doudou dans un énorme sac
posé devant la cheminée.
Et puis il va vers la chambre de mon petit frère.
Je me précipite pour sauver mon doudou.
Le sac est tellement grand
que je suis obligée d'entrer dedans.
Ce n'est pas facile de le retrouver au milieu
de centaines de doudous.
Le voilà ! Je le serre contre mon cœur.

Oups ! Une terrible secousse nous entraîne
au fond du sac.
Je comprends que nous sommes emportés !
Où allons-nous ? Tout à coup j'ai peur
et je serre très fort mon doudou contre moi.
J'essaye de crier : « Maman ! »
Mais les peluches étouffent mon cri.
Dehors personne ne m'entend, même pas
le voleur de doudous…

Au bout d'un horrible voyage,
le sac est vidé et je me retrouve les fesses par terre,
enfouie sous une montagne de doudous.
« Quelle belle récolte ! Ce doudou en peluche vert
tout suçoté est magnifique !
Et ce vieux doudou-chiffon rose est superbe !
Mais où est le plus beau ? Ah ! Je l'aperçois.
Mais qu'est-ce que c'est que ça ? »
hurle le voleur de doudous en me voyant.
Il m'arrache mon doudou des bras.
« Donne-moi cette merveille. Alors, on vole
le voleur de doudous ? »

« C'est mon doudou ! Rendez-le-moi ! » dis-je.
« Ce qui est volé est volé ! » répond le voleur de doudous,
« reprendre c'est voler ! »
J'ai les larmes aux yeux.
« Tu en aimeras un autre ! Si tu survis... »
murmure-t-il, embêté.
On frappe à la porte.
« Chut ! Tais-toi, c'est une question de vie ou de mort »,
dit-il en me poussant de force dans un coffre à jouets,
« ma pauvre, ici tu es au Pays des sorcières.
Et les sorcières mangent les affreuses gamines
dans ton genre... Cache-toi là, et pas un mot ! »
Il va ouvrir la porte.

« Hum, ça sent la chair fraîche »,
dit une affreuse sorcière en entrant.
« Non, non, ça sent le doudou frais cueilli »,
rectifie le voleur en montrant la montagne de doudous,
« admirez cette collection magnifique ! »
« Je vois, je vois », grince la sorcière.
« Oh ! Le magnifique spécimen ! »
De son doigt crochu, elle montre mon doudou.
« Votre Altesse, ce doudou est bien trop ordinaire,
et puis il n'est pas à vendre… » dit le voleur,
« regardez plutôt celui-ci, un véritable travail d'orfèvre,
et celui-là, je l'ai volé à la petite-fille
de l'empereur de Chine. »

« Billevesée et coquecigrue », grogne la sorcière,
« je suis là pour t'acheter un doudou,
histoire de me faire une bonne potion,
pas pour que tu me racontes des salades !
Je veux ce doudou ! Avec un peu de bave de crapaud,
ça fera une fameuse soupe de sorcière. »
« Mais non, il vous donnera des aigreurs d'estomac »,
dit le voleur.
« Si tu ne me le vends pas », hurle la sorcière,
« je te transforme en grenouille... C'est compris ? »

« Bon, ne nous énervons pas », soupire le voleur,
« OK ! Mais il est très cher. »
« Le prix n'a aucune espèce d'importance »,
dit la sorcière en fouillant dans sa poche.
Elle en sort deux gros diamants.
« Je pense que ça devrait convenir », rigole le voleur,
les yeux brillants. Il lui tend mon doudou.

Je sors du coffre comme un diable de sa boîte.
« Ce doudou n'est pas à vendre,
parce que c'est mon doudou. »
« Voilà une surprise craquante », ricane la sorcière
en m'attrapant, « viens là que je te croque ! »
« C'est mon apprentie ! » hurle le voleur de doudous.
« Arrête de me raconter des histoires »,
gronde la sorcière,
« tu n'es qu'un menteur et un voleur … »
Et elle disparaît dans un nuage de fumée,
en emportant mon doudou, les deux diamants et…
moi.

« Bienvenue chez toi ! » dit la sorcière
en m'enfermant dans une cage.
J'essaye pendant un bon moment
de forcer la serrure de ma prison,
mais rien n'y fait, je suis prisonnière.
« J'ai préparé une bonne soupe de sorcière,
tu en veux un peu ? Ça donne des forces
et ça ne fait pas grossir », propose-t-elle,
en me tendant un bol fumant. « Allez goûte !
Je l'ai préparée avec ton doudou ! »
J'éclate en sanglots.
« Ah ! Ton malheur fait mon bonheur ... »
rigole l'abominable sorcière.

La nuit arrive enfin.
Mais sans mon doudou, je n'arrive pas à m'endormir.
J'écoute mon ventre vide qui fait de drôles de bruits.
Tout à coup, j'entends un minuscule grincement.
« Hé ! Pssst ! Voleur de doudous », j'appelle à voix basse,
« c'est toi ? Hou ! Hou ! Je suis là. »
« Chut ! Tu vas me faire repérer. Que veux-tu ? »
demande-t-il.
« Eh bien… libère-moi ! » dis-je.
« Ha ! Ça non ! C'est pas mes oignons ! » grogne-t-il,
« moi, je suis juste ici pour les diamants. »

Je proteste : « Mais la sorcière va me manger ! »
« Bien sûr, puisque les sorcières mangent
les petites filles », remarque le voleur,
« c'est dans l'ordre des choses ! Je t'avais prévenue
mais tu ne m'as pas écouté. Alors maintenant,
débrouille-toi ! Moi, je n'y peux plus rien,
même si cette sorcière est une affreuse vieille bique ! »
La lumière s'allume.
« Alors comme ça, je suis une affreuse vieille bique »,
ricane la sorcière, « au fait, c'est ça que tu cherches ? »
Dans sa main, elle fait sauter une grosse clé
et les deux diamants.
« Tu es le plus minable des voleurs microscopiques ! »
Elle éclate de rire.

« Peuh ! Vous oubliez à qui vous avez affaire.
Je n'ai pas besoin de clé pour ouvrir une porte, moi ! »
dit le voleur en me libérant.
Je prends mon sauveur sur mon cœur et
smack ! je lui fais un énorme bisou sur la joue.
« C'est la première fois que quelqu'un me fait un bisou »,
murmure le voleur avec un sourire béat.
« Beurk ! mais quelle horreur ! » hurle la sorcière,
« ce sentimentalisme me fait tourner de l'œil. »
« Est-ce que je peux t'en faire un aussi ? »
me demande timidement le voleur.
« Bien sûr ! »
Il me rend mon bisou.
« Arrêtez les bisous ! Snif ! » dit la sorcière en pleurant,
« le bonheur me rend tellement malheureuse, snif ! »

« Puisque c'est comme ça, je vais vous transformer en grenouilles ! » crie-t-elle, « voilà des animaux qui vous ressemblent et dont les cuisses sont succulentes. »
Le voleur et moi, on se fait un clin d'œil et on se jette sur elle !
Moi, je l'assomme avec un gros bisou baveux.
Lui, d'une main, il lui pique sa baguette magique et, de l'autre, il la ficelle comme un saucisson.
« Je crois qu'il va falloir que je change de métier », me dit le voleur de doudous en rigolant.

« Tiens, prends ce doudou », dit le voleur, « c'est le dernier qui me reste, et c'est le plus beau. »
« Mais ? C'est mon doudou ! »

« Normal », dit le voleur, « c'est le plus beau de tous les doudous du monde, et moi, je suis le plus grand de tous les voleurs du monde. »
« Merci de nous avoir ramenés au Pays des enfants », dis-je en lui faisant un dernier bisou.
« Pas de quoi ! Je sens qu'ici je vais faire des affaires. »
Il s'éloigne en criant : « Sorcière ! Sorcière à vendre ! Qui veut acheter une vilaine sorcière pour lui botter le derrière ? »

Voilà, mon histoire est terminée...
Et comme le voleur de doudous a changé de métier, vous pouvez dormir sur vos deux oreilles. Bonne nuit !